Das

Recht der Grundstücke

nach dem Bürgerlichen Gesetzbuche

und der

Grundbuchordnung für das deutsche Reich

von

Karl Maenner,
Oberlandesgerichtsrath in Zweibrücken.

München.
J. Schweitzer Verlag (Arthur Sellier).
1899.

Vorwort.

Das Recht der Grundstücke oder, um mich eines geläufigeren Ausdrucks zu bedienen, das Immobiliarrecht des Bürgerlichen Gesetzbuchs nimmt für die Uebergangszeit eine besondere Stellung ein. In vollem Umfange erlangt es Geltung erst mit dem Zeitpunkte, in welchem das Grundbuch als angelegt anzusehen ist, einige seiner Vorschriften werden gleichzeitig mit dem Bürgerlichen Gesetzbuch in Kraft treten, Kenntniß aller Bestimmungen wird heute schon bei denjenigen vorausgesetzt, die mit den Vorbereitungsarbeiten zur Anlegung des Grundbuchs betraut sind oder die als Anwälte oder Notare dem Publikum über die Gestaltung des künftigen Rechtes Auskunft geben sollen. Bei solchen Verhältnissen dürfte es erklärlich sein, daß der Gedanke entstehen konnte, zu versuchen, ob nicht dieser Theil des Rechtsstoffes aus dem Bürgerlichen Gesetzbuche sich herausgreifen und losgelöst von den übrigen Bestimmungen des Gesetzes sich zur Darstellung bringen lasse. Im Verlauf meiner Arbeit habe ich mich überzeugt, daß eine strenge Scheidung des Immobiliarrechtes von dem Rechte der beweglichen Sachen nicht durchführbar ist und daß eine Bearbeitung des reinen Immobiliarrechtes für die Praxis ohne Werth wäre. So hat sich denn das „Recht der Grundstücke" zu einem Sachenrechte ausgewachsen, in welchem allerdings die beweglichen Sachen nicht in der gleichen Ausführlichkeit behandelt sind wie die Grundstücke. Wegen dieser ungleichen Behandlung der Immobilien und der Mobilien ist der ursprünglich in Aussicht genommene Titel beibehalten worden, obgleich diese Bezeichnung mit dem Inhalte nicht mehr übereinstimmt.

Das Buch ist bestimmt, den Bedürfnissen der Praxis zu dienen; aus diesem Grunde sind die Ausführungen kurz gehalten. In mündlichen Vorträgen, die ich als Grundbuchaufsichtsbeamter zu halten hatte, habe ich mich überzeugt, daß eine größere Ausführlichkeit nicht erforderlich ist. Ein tieferes Eindringen in Einzelfragen läßt sich an der Hand der Citate oder mit Hilfe sonstiger Kommentare — nicht alle konnten angeführt werden — unschwer vornehmen.

Die Schwierigkeit, eine systematische Darstellung eines Rechtes zu geben, das erst in Monaten zur Einführung gelangt, wird die Mängel der Arbeit entschuldbar erscheinen lassen.

Zweibrücken, im Frühjahr 1899.

Maenner.

Inhalt.

Einleitung.

		Seite.
§ 1.	Das Recht	1
§ 2.	Der Rechtsinhaber	1
§ 3.	Der Gegenstand des Rechts	2
§ 4.	Die Sache	5
§ 5.	Das Rechtsgeschäft	16

Erster Abschnitt.

Die Grundbucheinrichtung.

§ 6.	Grundsätze	29
§ 7.	Der öffentliche Glaube des Grundbuchs	31
§ 8.	Eintragung und dinglicher Vertrag	39
§ 9.	Rangverhältniß dinglicher Rechte	47
§ 10.	Berichtigung des Grundbuchs	52
§ 11.	Vorläufige Eintragungen; Widerspruch, Vormerkung	54
§ 12.	Verjährung und Ersitzung	61
§ 13.	Grundbuchführung	64

Zweiter Abschnitt.

Der Besitz.

§ 14.	Begriff und Arten	90
§ 15.	Besitzer und Gegenstand des Besitzes	93
§ 16.	Erwerb und Verlust des Besitzes	95
§ 17.	Besitzschutz	101
§ 18.	Aufsuchen und Wegschaffen von Sachen auf fremden Grundstücken	110
§ 19.	Sonstige rechtliche Folgen des Besitzes	111

Dritter Abschnitt.

Das Eigenthum.

§ 20.	Begriff und Inhalt	113
§ 21.	Gegenstand des Eigenthums	114
§ 22.	Gesetzliche Eigenthumsbeschränkungen	115
§ 23.	Erwerbsarten	132
§ 24.	Erwerb des Eigenthums an Grundstücken	133
§ 25.	Erwerb des Eigenthums an beweglichen Sachen	140
§ 26.	Verlust des Eigenthums	156
§ 27.	Ansprüche aus dem Eigenthum	157
§ 28.	Miteigenthum	177
§ 29.	Gemeinschaft zur gesammten Hand	185

Seite.

Vierter Abschnitt.

Das Erbbaurecht.

§ 30. Begriff und Inhalt 190
§ 31. Entstehung 193
§ 32. Erwerb eines entstandenen Erbbaurechtes 194
§ 33. Belastung 195
§ 34. Erlöschen 195
§ 35. Schutz 196

Fünfter Abschnitt.

Dienstbarkeiten.

§ 36. Eintheilung 197

I. Grunddienstbarkeiten.

§ 37. Begriff und Inhalt 198
§ 38. Entstehung 201
§ 39. Ausübung 205
§ 40. Endigung 209
§ 41. Schutz 211

II. Nießbrauch.

§ 42. Begriff und Inhalt; Rang 214
§ 43. Gegenstand 216
§ 44. Entstehung 217
§ 45. Rechte des Nießbrauchers 222
§ 46. Pflichten des Nießbrauchers 232
§ 47. Rechte des Eigenthümers (Bestellers) 244
§ 48. Verbindlichkeiten des Eigenthümers (Bestellers) 248
§ 49. Endigung 249

III. Beschränkte persönliche Dienstbarkeiten.

§ 50. Begriff und Inhalt 251
§ 51. Berechtigter und Gegenstand der Dienstbarkeit 253
§ 52. Entstehung 254
§ 53. Ausübung 254
§ 54. Endigung 256
§ 55. Schutz 257

Sechster Abschnitt.

Vorkaufsrecht.

§ 56. Begriff und Inhalt 258
§ 57. Berechtigter und Gegenstand des Vorkaufsrechtes 260
§ 58. Entstehung 261
§ 59. Ausübung 262
§ 60. Erlöschen 266

Siebenter Abschnitt.

Reallasten.

§ 61. Begriff und Inhalt 268
§ 62. Berechtigter und Gegenstand der Belastung 270
§ 63. Entstehung 273
§ 64. Endigung 274

Seite.

Achter Abschnitt.

Hypothek, Grundschuld, Rentenschuld.

§ 65. Uebersicht 276
§ 66. Begriff und Inhalt der Hypothek, Grundschuld und Rentenschuld 278
§ 67. Gegenstand der Haftung 283
§ 68. Wofür wird gehaftet? 291
§ 69. Entstehung der Hypothek, Grundschuld und Rentenschuld . . . 295
§ 70. Der Berechtigte 304
§ 71. Der Brief nach der Grundbuchordnung 325
§ 72. Rechtsverhältniß zwischen dem Berechtigten und dem Eigenthümer 329
§ 73. Die Gesammthypothek, Gesammtgrundschuld, Gesammtrentenschuld 340
§ 74. Endigung der Hypothek, Grundschuld, Rentenschuld 347

Neunter Abschnitt.

Pfandrecht an beweglichen Sachen und an Rechten.

§ 75. Arten 350
§ 76. Das Pfand 351
§ 77. Begriff des Pfandrechts 353
§ 78. Die Forderung des Pfandberechtigten 354
§ 79. Bestellung 356
§ 80. Rang 359
§ 81. Uebertragung 360
§ 82. Rechte und Pflichten des Pfandläubigers 362
§ 83. Rechte des Verpfänders (Eigenthümers, Gläubigers) 376
§ 84. Endigung des Pfandrechts 378

Sachregister 382

Abkürzungen.

Arch. = Archiv für die civilistische Praxis.
Becher = Das rechtsrheinisch-bayerische Landescivilrecht und Landescivilproceßrecht, dargestellt von Dr. Heinrich Becher, München 1896.
Best = Das Grundbuch- und Hypothekenrecht der neuen bürgerlichen Gesetzgebung, erörtert von Dr. G. Best, Gießen 1897.
Biermann = Das Sachenrecht des Bürgerlichen Gesetzbuchs, erläutert von Johannes Biermann, Berlin 1898.
Bl. f. R.A. = Dr. J. A. Seufferts Blätter für Rechtsanwendung, herausgegeben von Dr. Julius von Staudinger.
Buchka = Vergleichende Darstellung des Bürgerlichen Gesetzbuchs und des Gemeinen Rechts von Dr. Gerhard von Buchka, Berlin 1897.
BGB. = Bürgerliches Gesetzbuch.
CPO. = Civilproceßordnung in der Fassung nach dem Gesetze vom 17. Mai 1898.
Crome Allg. Th. = Allgemeiner Theil der modernen französischen Privatrechtswissenschaft, von Dr. Carl Crome, Mannheim 1892.
Denkschr. = Denkschrift zum Entwurf eines Bürgerlichen Gesetzbuchs, Verhandlungen des Reichstages 1895/96.
Dernburg = Das Sachenrecht des Deutschen Reichs und Preußens von Dr. Heinrich Dernburg, Halle 1898.
E. = Einführungsgesetz.
Endemann = Einführung in das Studium des Bürgerlichen Gesetzbuchs, von Dr. F. Endemann, Berlin 1898.
Entsch. d. Reichs. = Entscheidungen des Reichsgerichts.
Fischer-Henle = Bürgerliches Gesetzbuch, Handausgabe, München 1898.
Förster-Eccius = Preußisches Privatrecht, bearbeitet von Dr. M. E. Eccius, Berlin 1896.
Förtsch = Vergleichende Darstellung des code civil und des Bürgerlichen Gesetzbuchs, von R. Förtsch, Berlin 1897.
GBO. = Grundbuchordnung für das Deutsche Reich vom 24. März 1897.
GVG. = Gerichtsverfassungsgesetz.
Hachenburg = Das Bürgerliche Gesetzbuch, Vorträge von Dr. Max Hachenburg, Mannheim 1897.
Haidlen = Bürgerliches Gesetzbuch, herausgegeben von Dr. Haidlen, Stuttgart 1897.
Hand.Ges.B. = Handelsgesetzbuch vom 10. Mai 1897.
Jur. W. = Juristische Wochenschrift.
Kom.Ber. = Bericht der Reichstags-Kommission über den Entwurf eines Bürgerlichen Gesetzbuchs, Reichstags-Verhandlungen 1895/96.
K.P. = Protokolle der Kommission für die zweite Lesung, bearbeitet von Dr. Achilles, Dr. Gebhard und Dr. Spahn, Berlin.
K.O. = Konkursordnung in der Fassung nach dem Gesetze vom 17. Mai 1898.
Kuhlenbeck = Das Bürgerliche Gesetzbuch, erläutert von Dr. Ludwig Kuhlenbeck, Berlin 1898.
Leske = Vergleichende Darstellung des Bürgerlichen Gesetzbuches und des Preußischen Allgemeinen Landrechts, von Dr. Franz Leske, Berlin 1898.
Matthiaß = Lehrbuch des bürgerlichen Rechtes, von Dr. Bernhard Matthiaß, Berlin 1899.

Mot. = Motive zu dem Entwurfe eines Bürgerlichen Gesetzbuches. Amtliche Ausgabe.
Planck = Bürgerliches Gesetzbuch, erläutert von Dr. G. Planck, Berlin 1897.
Puch. Zeitschr. = Zeitschrift für Französisches Civilrecht, begründet von Dr. S. Puchelt, Mannheim.
Reatz = Die zweite Lesung des Entwurfs eines Bürgerlichen Gesetzbuchs, dargestellt von Dr. Reatz, Berlin, 1894.
Staudinger = Kommentar zum Bürgerlichen Gesetzbuche, herausgegeben von Dr. Julius von Staudinger, München.
Stobbe-Lehmann = Handbuch des deutschen Privatrechts, bearbeitet von H. O. Lehmann, Berlin 1897.
Strecker = Die allgemeinen Vorschriften des Bürgerlichen Gesetzbuchs über Rechte an Grundstücken, von O. Strecker, Berlin 1898.
Strohal = Der Sachbesitz, von Dr. Emil Strohal, Jena 1897.
Windscheid = Lehrbuch des Pandektenrechts, Frankfurt a. M., 1891.
Zach.-Crome = Handbuch des Französischen Civilrechts, bearbeitet von Dr. Carl Crome, Freiburg 1895.
ZVG. = Reichsgesetz über die Zwangsversteigerung und die Zwangsverwaltung vom 24. März 1897.

Druckfehlerberichtigung.

S. 43 Zeile 9 v. u. ist zu lesen „eintragen" statt „übertragen", S. 90 Zeile 5 v. o. „Verhältniß" statt „Rechtsverhältniß".

Einleitung.

§ 1. Das Recht.

Wir sprechen von „Recht" in einem doppelten Sinne, in einem objektiven und in einem subjektiven.

Das Recht im objektiven Sinne ist entweder öffentliches Recht oder bürgerliches Recht. Das öffentliche Recht regelt die Verhältnisse der Gesammtheit, das bürgerliche die Verhältnisse der Einzelnen. Eine scharfe Abgrenzung des bürgerlichen Rechts von dem öffentlichen ist durch die Reichsgesetzgebung nicht getroffen, obgleich durch Art. 55 des Einf.Ges. zum BGB. die privatrechtlichen Vorschriften der Landesgesetze aufgehoben werden, soweit nicht in dem BGB. und dem Einführungsgesetze ein Anderes bestimmt ist, während die öffentlich-rechtlichen Vorschriften der Landesgesetze unberührt bleiben, soweit nicht aus den reichsgesetzlichen Bestimmungen ein Anderes sich ergibt.

Im Allgemeinen wird man das bürgerliche Recht als den Inbegriff der Normen bezeichnen dürfen, welche die den Personen als Privatpersonen zukommende rechtliche Stellung und die Verhältnisse, in denen die Personen als Privatpersonen unter einander stehen, zu regeln bestimmt sind. [1])

Auch der Begriff des Rechtes im subjektiven Sinne wird von dem BGB. nicht festgestellt. Es wird jedoch den Bestimmungen des BGB. entsprechen, wenn die Windscheid'sche Definition zu Grunde gelegt wird. Darnach [2]) ist Recht eine von der Rechtsordnung verliehene Willensmacht. Innerhalb der durch den Inhalt eines Rechtes bestimmten Grenzen soll der Wille des Berechtigten maßgebend sein. [3])

§ 2. Der Rechtsinhaber.

Die Fähigkeit, Inhaber von Rechten zu sein, kommt dem einzelnen Menschen zu. Der einzelne Mensch, und zwar jeder einzelne Mensch, ist rechtsfähig, ist Person. Die Rechtsfähigkeit des einzelnen Menschen dauert so lange als er selbst lebt, sie beginnt mit der Geburt [1]) und endigt mit dem Tode.

Zu § 1.

¹) Mot. 1 S. 1. — Vergl. Stobbe-Lehmann 2 §§ 71—74.
²) Windscheid 1 S. 88. Vergl. dagegen Stobbe-Lehmann 2 § 75.
³) Planck § 226 Anm. Abs. 1 und 2.

Zu § 2.

¹) § 1 BGB.

Die Rechtsfähigkeit wird von der Rechtsordnung auch gewissen von Menschen geschaffenen und von Menschen geleiteten Einrichtungen verliehen, die dadurch zu Personen werden. Im Gegensatze zu den Menschen — den natürlichen Personen — heißen diese Personen juristische Personen. Als juristische Personen auf dem Gebiete des bürgerlichen Rechts nennt das BGB. Vereine und Stiftungen, als juristische Personen des öffentlichen Rechts führt es den Fiskus, die Körperschaften, Stiftungen und Anstalten des öffentlichen Rechtes an[2]).

Während bei den Vereinen oder Körperschaften dadurch, daß die einzelnen Personen in der von der Rechtsordnung vorgeschriebenen Weise zusammentreten, eine neue Persönlichkeit gebildet wird, kann ein Rechtssubjekt auch aus einer Mehrheit von einzelnen Personen bestehen. In einem solchen Falle ist der Einzelne Mitinhaber des Rechts; das Recht steht den mehreren Personen gemeinschaftlich zu. Die Befugnisse des Einzelnen in der Ausübung des Rechtes sind verschieden, je nachdem es sich um eine Gemeinschaft nach Bruchtheilen oder um eine Gemeinschaft zur gesammten Hand handelt.[3])

Es können Rechte mit einem Rechtssubjekt verknüpft werden, das nicht individuell bestimmt ist; so kann als Subjekt eines Rechtes jede Person bezeichnet werden, der das Eigenthum an einem bestimmten Grundstück zusteht. Rechte, deren Subjekt der jeweilige Eigenthümer eines Grundstückes ist[4]), werden subjektiv-dingliche Rechte genannt. Berechtigt ist aber auch hier die Person, nicht das Grundstück.

§ 3. Der Gegenstand des Rechts.

Jedes subjektive Recht muß einen Gegenstand haben, über den es dem Rechtsinhaber die Verfügung gewährt. Gegenstand eines Rechtes können sein die körperlichen Dinge und das Thun und Lassen der Personen. Es wäre wohl richtiger, zu sagen, Gegenstand eines Rechts könne nur das Thun und Lassen, das Verhalten, von Personen sein[1]), da im Reiche des Rechtes die Herrschaft über ein körperliches Ding nur negativen Inhalt (Untersagung der Einwirkungen Nichtberechtigter) haben kann, — aber das BGB. nimmt diesen Standpunkt nicht ein, bei der Auslegung und Anwendung dieses Gesetzes wird davon auszugehen sein, daß durch die Rechtsordnung auch unmittelbare Beziehungen zwischen den Menschen und den körperlichen Dingen hergestellt werden.

Ist der Berechtigte befugt, unmittelbar auf den körperlichen Gegenstand einzuwirken, so ist sein Recht ein dingliches, ist er nur

---

[2]) § 89 BGB.
[3]) Unten §§ 28, 29.
[4]) Vergl. §§ 96, 1018, 1094 Abs. 2, 1105 Abs. 2 BGB.

Zu § 3.

[1]) Windscheid 1 S. 91, dagegen Stobbe-Lehmann § 74; vergl. Cosack § 39.

befugt, auf das Verhalten, auf den Willen von Personen einzuwirken, so ist sein Recht ein persönliches.[2])

Das Merkmal der Dinglichkeit ist das Verhältniß der unmittelbaren Herrschaft zur Sache. Das persönliche Recht kann auf das Geben eines bestimmten körperlichen Gegenstandes gerichtet sein, Gegenstand des Rechtes ist in einem solchen Fall nicht die Sache selbst, sondern die Leistung. Andererseits kann mittels eines dinglichen Rechts auch ein Thun einer Person verlangt werden, auch wird wohl ausnahmslos mittels des dinglichen Rechtes ein Unterlassen — das Unterlassen von Beeinträchtigungen — von Anderen begehrt. Der Charakter der Dinglichkeit wird dadurch nicht geändert.

Ob die unmittelbare Macht der Person über den körperlichen Gegenstand von dem Berechtigten nach eigenem Belieben ausgeübt werden darf oder ob ein besonderes von der Rechtsordnung festgesetztes Verfahren einzuhalten ist (z. B. Zwangsvollstreckung bei dem Rechte des Hypothekgläubigers an dem belasteten Grundstück § 1147 BGB.), ist ohne Belang. Entscheidend ist für die Frage der Dinglichkeit, daß das Recht sich ohne den Willen eines Anderen zu bethätigen vermag[3]).

Besteht ein Recht (z. B. ein Pfandrecht) an einem dinglichen Rechte (z. B. an einer Grundschuld), so ist eine unmittelbare Einwirkung auf das körperliche Ding (in dem angenommenen Falle: auf das mit der Grundschuld belastete Grundstück § 1291 mit § 1282 BGB.) durch denjenigen möglich, dem das Recht an dem dinglichen Rechte des Andern zusteht, seinem eigenen Rechte kommt daher selbst Dinglichkeit zu. Man spricht aber auch von Dinglichkeit bei Rechten an persönlichen Rechten, insbesondere an Forderungen d. h. an Rechten der Gläubiger, von den Schuldnern Leistungen zu fordern (§ 241 BGB). Die Bethätigung eines Rechtes an einer Forderung läßt sich ohne Einwirkung auf den Willen eines Andern (des Schuldners) nicht erreichen, ein körperlicher Gegenstand, auf den unmittelbar eingewirkt werden könnte, ist nicht vorhanden, trotzdem werden Rechte an Forderungen ebenfalls dinglich (im übertragenen Sinne dinglich) genannt, insofern der Berechtigte, ohne des Gläubigers, des Inhabers der Forderung, zu bedürfen, über die Forderung verfügen kann, also der Wille des Berechtigten maßgebend ist für das zwischen dem Gläubiger und dem Schuldner bestehende Rechtsverhältniß[4]).

Nach dem Umfange der Befugnisse, welche die dinglichen Rechte an körperlichen Gegenständen gewähren, unterscheidet man das Eigen-

---

[2]) Vergl. Windscheid 1 §§ 38 und 39, Förster-Eccius 1 § 23, Stobbe 1 S. 624.

[3]) Mot. 3 S. 2.

[4]) Vergl. Förster-Eccius 3 S. 478. — Die Motive (3 S. 2) sagen: Dingliche Rechte können nur stattfinden an Sachen im eigentlichen Sinne, an körperlichen Dingen. Ueber Dinge, welche nur in der Vorstellung bestehen, namentlich über Sachgesammtheiten und Rechte, läßt sich eine reale Macht nicht üben.

thum und die begrenzten Rechte[5]). Das Eigenthum ist das umfassende, unbegrenzte Recht an dem körperlichen Gegenstand, der Wille des Berechtigten ist hier für die Sache in allen ihren Beziehungen maßgebend, bei den begrenzten Rechten dagegen ist der Wille des Berechtigten nur in gewissen Beziehungen der Sache maßgebend[6]) (z. B. der Nießbraucher hat ein Nutzungsrecht (§ 1030 BGB.), der Pfandgläubiger ein Veräußerungsrecht (§ 1228 BGB.).

An dinglichen Rechten kennt das BGB. außer dem Eigenthum nur: Erbbaurecht, Grunddienstbarkeiten, Nießbrauch, beschränkte persönliche Dienstbarkeiten, Vorkaufsrecht, Reallasten, Hypothek, Grundschuld, Rentenschuld und Pfandrecht[7]). Die Zahl der Arten der dinglichen Rechte ist eine geschlossene[8]); dingliche Rechte können nur insoweit begründet werden als das Gesetz die Begründung ausdrücklich zuläßt, eine Sache oder ein Recht kann nur insoweit belastet werden als das Gesetz die Belastung gestattet[9]).

Nach der Wirkung lassen sich die Rechte unterscheiden in relative und absolute. Das persönliche Recht wirkt in der Regel nur relativ, es begründet für den Berechtigten einen Anspruch auf eine Leistung gegen den Verpflichteten, regelmäßig stehen sich bestimmte Personen als berechtigt und als verpflichtet gegenüber. Das dingliche Recht dagegen wirkt regelmäßig absolut; mag es als Eigenthum die Sache dem Willen des Berechtigten in allen, oder als begrenztes Recht nur in gewissen Beziehungen unterwerfen, — insoweit es die Sache dem Willen des Berechtigten unterwirft, schließt es die Einwirkung

---

[5]) Mot. 3 S. 2 Anm. 1. — Der Ausdruck „begrenzte dingliche Rechte" wird dem Ausdruck „beschränkte dingliche Rechte" (Stobbe-Lehmann § 78) vorzuziehen sein, da das Wort Eigenthumsbeschränkungen nicht zu entbehren ist.

[6]) Von Rechten an fremder Sache zu sprechen, wird unter dem BGB. (vergl. §§ 889, 1163, 1173, 1177, 1196, 1256 Abs. 1) nicht am Platze sein. Vergl. Dernburg Sachenrecht § 61 Ziff. 2.

[7]) Als begrenzte dingliche Rechte an beweglichen Sachen kommen hauptsächlich der Nießbrauch (§ 1030 BGB.) und das Pfandrecht (§ 1204) in Betracht. Es werden aber auch bewegliche Sachen von dem Erbbaurecht (§§ 1017, 926), dem Vorkaufsrecht (§ 1096), von Hypothek-, Grundschuld und Rentenschuld (§§ 1120, 1121, 1192, 1199) berührt.

[8]) Dernburg Sachenrecht S. 452 rechnet die durch Vormerkung gesicherten Ansprüche zu den dinglichen Rechten. Dieser Ansicht ist nicht beizutreten; der durch Vormerkung gesicherte Anspruch bleibt ein persönlicher, muß gegen den Schuldner geltend gemacht werden, ebenso gewährt § 888 BGB. nur einen persönlichen Anspruch gegen den Erwerber. Vergl. Biermann § 883 Anm. 2.

[9]) Für Rechte, mit denen eine Sache oder ein Recht am 1. Januar 1900 belastet ist, gilt im Allgemeinen der Satz, daß sie mit dem aus den bisherigen Gesetzen sich ergebenden Inhalt und Range bestehen bleiben; Ausnahmen s. Art. 184, 192—195 Einf.Ges. z. BGB. Der Erwerb und Verlust des Eigenthums sowie die Begründung, Uebertragung, Belastung und Aufhebung eines andern Rechtes an einem Grundstück oder eines Rechtes an einem solchen Rechte erfolgen auch nach dem Inkrafttreten des BGB. nach den bisherigen Gesetzen, bis das Grundbuch als angelegt anzusehen ist; doch kann ein nach den Vorschriften des BGB. unzulässiges Recht vom 1. Januar 1900 ab nicht mehr begründet werden. Art. 189 Einf.Ges. z. BGB.

eines jeden Anderen aus, es kann sich gegen einen Jeden bethätigen, dessen Verhalten mit ihm in Widerspruch steht. Die absolute Wirkung kann übrigens einem dinglichen Rechte durch besondere Bestimmung des Gesetzes versagt werden, ohne daß der Charakter der Dinglichkeit dadurch verloren geht[10]).

Mit der Unterscheidung zwischen absoluten und relativen Rechten hängt ein anderer Begriff, der Begriff Anspruch, zusammen. Das BGB. versteht (§ 194) unter Anspruch das Recht, von einem Anderen ein Thun oder ein Unterlassen zu verlangen. Im Sinne des BGB. liegt ein Anspruch nur vor, wenn das Recht auf ein Thun oder ein Unterlassen, auf eine Leistung, gegen eine bestimmte Person begründet ist. Bei den relativen Rechten, insbesondere bei den obligatorischen (§ 241 BGB.), ist durch den Begriff des Rechts selbst eine bestimmte Person als Verpflichteter gegeben[11]), so daß mit dem Rechte auch ein Anspruch besteht. Bei den absoluten Rechten dagegen liegt ein Anspruch erst dann vor, wenn Jemand in einem das absolute Recht beeinträchtigenden Zustande sich befindet; der Anspruch geht alsdann darauf, daß die Person, welche in den das absolute Recht beeinträchtigenden Zustand (z. B. in den Besitz der fremden Sache) gerathen ist, ihn beseitigt und den Zustand wiederherstellt, welcher dem absoluten Rechte entspricht (in dem angenommenen Falle also die fremde Sache dem Eigenthümer herausgibt).

§ 4. Die Sache.

Im Sinne des BGB. sind Sachen nur die körperlichen Gegenstände.[1]) Der Körper des lebenden Menschen scheidet aus, er zählt nicht zu den Rechtsobjekten, sondern ist Theil des Rechtssubjektes. Man wird sagen dürfen[2]) daß unter Sache das einzelne Stück der vernunftlosen Natur zu verstehen ist. Ob der Stoff, aus welchem die Stücke der vernunftlosen Natur bestehen, fest, flüssig oder luftförmig ist, bleibt für die Körperlichkeit ohne Bedeutung. Welche Stücke als Einzelsachen zu betrachten sind, bestimmt sich nach der Verkehrsauffassung und nach dem Willen der Betheiligten.[3]) Sachgesammtheiten kennt das BGB. nicht; eine Mehrheit von Sachen,

---

[10]) Mot. 3 S. 2: Die Begriffe der Dinglichkeit und der Absolutheit decken sich nicht. Wenn auch das obligatorische Recht grundsätzlich nur relativ wirkt, so gibt es doch eine Reihe anderer persönlicher Rechte, welche absolute Wirkung haben; so namentlich verschiedene Rechte, welche dem Familienrechte angehören und die sogenannten immateriellen Rechte. Die Absolutheit kann nur als eine regelmäßig dem dinglichen Rechte beiwohnende Eigenschaft angesehen werden. Vergl. Planck 1 S. 47, 48.

[11]) Planck 1 S. 48.

Zu § 4.

[1]) § 90 BGB.

[2]) Windscheid 1 § 137.

[3]) Planck 1 S. 127.

die im Verkehr mit einem besonderen Namen bezeichnet zu werden pflegt (z. B. Heerde), ist als eine Mehrheit von Einzelsachen zu behandeln. Dagegen spricht das BGB. von einem Sachinbegriff. Nach § 92 hat die Zugehörigkeit zu einem Sachinbegriff, dessen bestimmungsmäßiger Gebrauch in der Veräußerung der einzelnen Sachen besteht, für die beweglichen Sachen zur Folge, daß sie als verbrauchbar gelten, nach § 1035 sind bei dem Nießbrauch an einem Inbegriffe von Sachen der Nießbraucher und der Eigenthümer einander verpflichtet, zur Aufnahme eines Verzeichnisses der Sachen mitzuwirken, ebenso hat nach § 260 derjenige, welcher verpflichtet ist, einen Inbegriff von Gegenständen (also von Vermögensgegenständen überhaupt ohne Rücksicht darauf, ob sie wirthschaftlich ein Ganzes bilden) herauszugeben oder über den Bestand eines solchen Inbegriffs Auskunft zu ertheilen, dem Berechtigten ein Verzeichniß des Bestandes vorzulegen. Das BGB. hat auch besondere Bestimmungen getroffen für das Inventar eines Grundstücks (§§ 586 ff., 1048). Indem aber in dieser Weise das Gesetz eine Mehrheit von Sachen mit einem gemeinschaftlichen Namen bezeichnet, schafft es in der Vereinigung nicht etwa eine neue, wenn ich so sagen darf juristische Sache, es bleiben vielmehr auch unter dem Gesammtnamen die einzelnen Sachen Gegenstand des Rechtes.[4])

Von großer Bedeutung war in dem bisherigen Rechte die Unterscheidung der Sachen in bewegliche und unbewegliche. Der erste Entwurf des BGB. hatte in § 781 die Bestimmung: „Unbewegliche Sachen sind die Grundstücke.“ Begründet war dieser Satz mit der Behauptung, die Eintheilung der Sachen in bewegliche und unbewegliche sei von Natur gegeben, unbeweglich seien nur die Grundstücke, alle übrigen Sachen seien beweglich.[5]) Die zweite Commission hat den Rechtssatz gestrichen, weil er nur terminologische Bedeutung habe.[6]) Das BGB. spricht demgemäß zwar von beweglichen, nicht aber von unbeweglichen Sachen, es stellt in Gegensatz zu den beweglichen Sachen die Grundstücke[7]), dagegen ist der Ausdruck unbewegliches Vermögen beibehalten in § 1551, doch zählt Abs. 2 dieses Paragraphen die Gegenstände auf, die im Sinne dieser Vorschrift das unbewegliche Vermögen bilden. Andere Reichsgesetze verhalten sich weniger ablehnend gegen den Begriff unbewegliche Sachen. Die Civilprozeßordnung kennt auch in der neuen Fassung unbewegliche Sachen: §§ 24, 25, 848, 855, 885, sie spricht sogar von „körperlichen Sachen“ in § 846. Die Konkursordnung gebraucht den Ausdruck „unbewegliche Gegenstände“ (§§ 126, 134), das neue Handelsgesetzbuch die

---

[4]) Vergl. Mot. 3 S. 28, dagegen Dernburg Sachenrecht S. 6. — Räumlich getrennte Grundstücke können übrigens zu einer rechtlichen Einheit verbunden werden, vergl. § 890 BGB.

[5]) Mot. 3, 36.

[6]) Reatz 1, S. 399. Kom.Prot. 3 S. 3.

[7]) Vergl. Buch 3 Abschn. 3 Titel 2 und 3.

Ausdrücke „unbewegliche Sachen“ (§ 93) und „unbewegliche Gegenstände“ (§ 207 Abs. 1, anders in Abs. 5).

Für das bürgerliche Recht wird als Regel aufzustellen sein, daß die Sachen entweder beweglich sind oder unbeweglich, und daß im Sinne des BGB. und der Grundbuchordnung unbewegliche Sachen nur die Grundstücke sind. Als beweglich sind demnach zu behandeln alle Sachen mit Ausnahme der Grundstücke.[8])

Durch Rechtsgeschäft läßt sich kein Grundstück in eine bewegliche Sache umwandeln, noch einer beweglichen Sache Grundstückseigenschaft geben.

Bei den beweglichen Sachen unterscheidet das BGB. vertretbare und verbrauchbare. Vertretbare Sachen sind bewegliche Sachen, die im Verkehre nach Zahl, Maß oder Gewicht bestimmt zu werden pflegen,[9]) verbrauchbare solche, deren bestimmungsmäßiger Gebrauch in dem Verbrauch oder in der Veräußerung besteht, doch gelten als verbrauchbar auch bewegliche Sachen, die zu einem Waarenlager oder zu einem sonstigen Sachinbegriffe gehören, dessen bestimmungsmäßiger Gebrauch in der Veräußerung der einzelnen Sache besteht.[10]) Für das Recht der Grundstücke ist diese Eintheilung der beweglichen Sachen von geringem Interesse.

Dem BGB. fremd ist die Eintheilung der Sachen in Sachen in und außer dem Verkehr. Nach dem Preuß. Landrecht (I, 4 § 15) können durch Natur oder Gesetz und auch durch rechtliche Privatverfügungen Sachen dem Verkehr entzogen werden. Das BGB. enthält keine solche Bestimmung. Allerdings wird auch unter der Herrschaft des BGB. die Natur der Dinge die Begründung von Rechten an allen Sachen ausschließen, die vermöge ihrer natürlichen Beschaffenheit der thatsächlichen Beherrschung durch menschliche Willkür entzogen sind, aber fraglich erscheint, ob es auf unserm Erdball körperliche Gegenstände gibt, die vermöge ihrer natürlichen Beschaffenheit unfähig wären, Gegenstand eines Rechtes zu sein.[11]) Gesetz-

[8]) Was für die Grundstücke gesagt ist, gilt auch für die Bestandtheile der Grundstücke. Sachen, die nur zu einem vorübergehenden Zwecke mit dem Grund und Boden verbunden sind, sowie Gebäude und andere Werke, die in Ausübung eines Rechtes an einem fremden Grundstücke von dem Berechtigten mit dem Grundstück verbunden worden sind, gehören aber nicht zu den Bestandtheilen des Grundstücks (§ 95 BGB.), sind also im Sinne des BGB. bewegliche Sachen, auch wenn jede Möglichkeit, sie von der Stelle zu bringen, ausgeschlossen ist. Dernburg (Sachenrecht S. 12) glaubt, die Eigenart dieser Sachen verbiete, sie dem Rechte der beweglichen Sachen unbedingt unterzuordnen. Ein Mittelding zwischen Grundstücken und beweglichen Sachen kennen jedoch das BGB. und die GBO. nicht.

[9]) § 91 BGB.

[10]) § 92 BGB.

[11]) Nach § 1 J. de rer div. 2, 1 werden gewöhnlich angeführt die Luft, das Wasser und das Meer. Daß die Meeresufer Gegenstand von Privatrechten sein können, dürfte nicht zu bestreiten sein (Mot. 3 S. 26). Ob das fließende Wasser und ein Meer Gegenstand von Privatrechten sein können, ist eine Frage des der Landesgesetzgebung überlassenen Wasserrechts. Was schließlich die freie

liche Bestimmungen, die einer Sache die Fähigkeit entzögen, Gegenstand von Rechten zu sein, finden sich im BGB. nicht. Unberührt bleiben die landesgesetzlichen Vorschriften über das Recht zur Benutzung eines Platzes in einem dem öffentlichen Gottesdienste gewidmeten Gebäude oder auf einer öffentlichen Begräbnißstätte[12]). Für die öffentlichen Wege und Gewässer, die Grundstücke der landesherrlichen Familien, des Fiskus und anderer juristischer Personen kann durch landesherrliche Verordnung bestimmt werden, daß sie nur auf Antrag ein Grundbuchblatt erhalten[13]); dem Verkehr entzogen sind sie nicht. Nach dem öffentlichen Rechte bestimmt sich, wer zur Verfügung über Sachen, die dem Gemeingebrauche dienen, befugt ist. Vom Standpunkte des bürgerlichen Rechts aus erscheint es zulässig, daß Sachen, die dem Gemeingebrauche dienen, von dem Verfügungsberechtigten dem Gemeingebrauche entzogen, veräußert oder dinglich belastet werden; damit ist nicht gesagt, daß es auch zulässig erscheinen könnte, daß die persönlichen Gläubiger einer politischen oder Kirchengemeinde, oder einer sonstigen juristischen Person ohne Zustimmung des Verfügungsberechtigten ihren Zugriff auf derartige Bestandtheile des Vermögens ihrer Schuldner nehmen. Was die Privatverfügungen angeht, so kann durch Rechtsgeschäft einer Sache die Fähigkeit, Gegenstand von Rechten zu sein, nicht genommen werden; dagegen hat ein rechtsgeschäftliches Verfügungsverbot obligatorische Wirkung[14]).

Die Einzelsache besteht aus Theilen, die durch Natur oder durch Kunst zusammengesetzt, das Ganze, die Sache bilden[15]). Das BGB. unterscheidet wesentliche und nicht wesentliche Bestandtheile. Wesentliche Bestandtheile sind solche, die von einander nicht getrennt werden können, ohne daß der eine oder andere Theil wirthschaftlich zerstört oder in seinem Wesen verändert wird.[16])

Uns interessieren vornehmlich die Grundstücke. Grundstücke sind mathematisch begrenzte Erdausschnitte. Die Begrenzung wird durch Flächen bewirkt, welche von den auf der Oberfläche befindlichen Grenzlinien nach dem Mittelpunkte der Erde sich ausdehnen, bis sie zusammentreffen. In die äußere Erscheinung tritt ein solcher Ausschnitt durch die Begrenzung seiner Oberfläche; das einzelne Grundstück stellt sich daher dar als ein räumlich abgegrenzter Flächenabschnitt[17]).

Was mit dem Grund und Boden körperlich zusammenhängt, ist

Luft angeht, so hat das BGB. den Luftraum getheilt (§ 905 BGB.); es wird kaum fraglich sein, daß ein Grundeigenthümer die Ableitung der über seinem Grundstück befindlichen Luft nicht dulden muß, vielmehr nach § 1004 BGB. vorgehen kann.

[12]) Art. 133 Einf.Ges. BGB.

[13]) § 90 GBO.

[14]) § 137 BGB.

[15]) Kuhlenbeck § 93 Anm. 1.

[16]) § 93 BGB.

[17]) Mot. 3 S. 48.

Bestandtheil des Grundstücks, sofern[18]) es nicht zu einem vorübergehenden Zwecke[19]) mit dem Grund und Boden verbunden ist oder als Gebäude oder anderes Werk[20]) in Ausübung eines Rechtes an dem fremden Grundstücke[21]) von dem Berechtigten[22]) mit dem Grundstücke verbunden worden ist. Eine Sache, bei der eine dieser Voraussetzungen zutrifft, ist kein Bestandtheil des Grundstücks, weder ein wesentlicher noch ein nichtwesentlicher. Von den Sachen, die hienach als Bestandtheile der Grundstücke sich darstellen, bei denen also keine der Ausnahmen gegeben ist, erklärt das BGB.[23]) – ohne Rücksicht darauf, ob die Begriffsbestimmung des § 93 im einzelnen Falle paßt oder nicht, — als wesentliche Bestandtheile: die mit dem Grund und Boden fest verbundenen Sachen[24]), insbesondere Gebäude[25]), sowie die Erzeugnisse des Grundstücks, so lange sie mit dem Boden zusammenhängen. Samen wird mit dem Aussäen, eine Pflanze wird mit dem Einpflanzen wesentlicher Bestandtheil des Grundstücks[26]).

Für Gebäude trifft das BGB. ähnliche Bestimmungen wie für Grundstücke: Sachen, die nur zu einem vorübergehenden Zwecke in ein Gebäude eingefügt sind, gehören nicht zu den Bestandtheilen

---

[18]) § 95 BGB. Die Beweislast trifft denjenigen, der behauptet, daß die Ausnahme vorliege.

[19]) z. B. für die Dauer der Miethzeit, bis zur Fertigstellung eines Gebäudes (Bauhütte), bis zum Verkaufe (Bäumchen in Baumschule, Pflanzen des Handelsgärtners). Die Aussaat des Pächters fällt nicht unter die Ausnahme; was der Pächter pflanzt, soll, so lange es existirt, mit dem Grundstück verbunden bleiben, gehört also zu den (wesentlichen) Bestandtheilen des Grundstücks.

[20]) z. B. Wasserleitung, nicht auch Pflanzen.

[21]) Unter einem Rechte an einem Grundstück versteht das BGB. nur ein dingliches Recht (z. B. Erbbaurecht, Nießbrauch, Grunddienstbarkeit), nicht auch ein persönliches (z. B. Pachtrecht). Vergl. Planck 1 S. 133. Kuhlenbeck § 95 Anm. 4, anders Dernburg Sachenrecht S. 17 Ziff. 7.

[22]) oder für ihn von einem Anderen.

[23]) § 94 BGB.

[24]) Verbindung mit Kalk und Mörtel ist nicht erforderlich, Einstecken in den Boden (bei Weinbergspfählen, Baumpfählen, Zäunen) kann genügen. Vergl. Dernburg Sachenrecht S. 19.

[25]) Die feste Verbindung mit dem Erdboden wird für den Begriff des Gebäudes wesentlich sein. Ein Gebäude muß unbeweglich sein, darf nicht in seiner Gesammtheit, unbeschadet seiner Gestalt und Verbindung, transportabel sein. Die allein durch die Schwere begründete Verbindung wird genügen können. Rechtspr. des Reichsger. in Strafs. 6 S. 138. Man wird unter Gebäude zu verstehen haben ein selbständiges, von Menschen errichtetes, mit dem Erdboden fest verbundenes Werk, das bestimmt ist, Menschen oder Sachen gegen äußere Einflüsse Schutz zu gewähren, das zugleich aus einem zweckentsprechend dauerhaften und festen Material hergestellt ist und einen größeren räumlichen Umfang hat, so daß der Eintritt von Menschen ermöglicht wird. — Dauernde Verbindung mit dem Erdboden wird für den Begriff des Gebäudes nicht wesentlich sein, aber ein nur vorübergehenden Zwecken dienendes Bauwerk (Circus-, Ausstellungsgebäude) erscheint in Folge der Bestimmung des § 95 BGB. nicht als Bestandtheil des Grundstücks, kann also auch kein wesentlicher Bestandtheil des Grundstücks sein.

[26]) Gleichviel, wer das Aussäen oder Einpflanzen vorgenommen hat. – Daß die Pflanze Wurzel gefaßt hat, ist nicht erforderlich.

des Gebäudes[27]); Sachen, welche Bestandtheile des Gebäudes sind, gehören zu den wesentlichen Bestandtheilen, wenn sie zur Herstellung des Gebäudes eingefügt sind[28]). Es kommt hiebei auf den wirthschaftlichen Zweck des Gebäudes an, nicht auf die Art der Einfügung[29]); Sachen, die nicht zur Herstellung des Gebäudes in diesem Sinne, sondern für den persönlichen Gebrauch desjenigen eingefügt sind, der das Gebäude benutzt, gehören nicht schon auf Grund des § 94 Abs. 2 zu den wesentlichen Bestandtheilen des Gebäudes, sie können, falls sie nicht zu einem vorübergehenden Zwecke eingefügt sind, auf Grund des § 93 wesentliche Bestandtheile des Gebäudes sein.

Die einzelnen Flächenabschnitte eines Grundstücks sind keine wesentlichen Bestandtheile des Grundstücks, sie lassen sich von einander ohne Veränderung ihres Wesens trennen. Bis zur rechtlichen Abtrennung sind sie Bestandtheile des Grundstücks, nach der Abtrennung selbständige Grundstücke[30])

Nicht immer erfordert das BGB. für die Bestandtheile des Grundstücks körperlichen Zusammenhang. Es können räumlich getrennte Flächen ein einheitliches Grundstück bilden (Hofgut, Rittergut u. s. w.); die Verbindung der einzelnen Flächenabschnitte zu dem einheitlichen Grundstück erfolgt durch Vereinigung oder Einverleibung[31]).

Wesentliche Bestandtheile einer Sache können nicht Gegenstand besonderer Rechte sein[32]). So lange also ein derartiges Verhältniß dauert, ist das Bestehen eines dinglichen Rechtes, das nicht das Ganze ergreift, ausgeschlossen[33]). Dagegen können obligatorische Rechte hinsichtlich wesentlicher Bestandtheile einer Sache begründet werden,

---

[27]) § 95 Abs. 2 BGB. Z. B. ein eingemauerter Wandspiegel eines Miethers.

[28]) § 94 Abs. 2 BGB.

[29]) Planck 1 S. 131 Ziff. 6. Eine Einfügung muß stattgefunden haben, der Hausschlüssel ist kein wesentlicher Bestandtheil. Planck a. a. O. Das Auflegen von Dachziegeln wird als Einfügen anzusehen sein. Anscheinend anders Radlkofer Bl. f. R.A. 63 S. 6.

[30]) Ueber landesgesetzliche Untersagung oder Beschränkung der Theilung von Grundstücken s. Art. 119 Einf.Ges. BGB.

[31]) § 890 BGB. — Dernburg Sachenrecht S. 9 und 10. Mot. 3, 56. — Voraussetzung für die Anwendung des § 890 ist, daß die Grundbucheinrichtung die Möglichkeit gewährt, ein ganzes Gut als ein einziges Grundstück in das Grundbuch einzutragen, und daß nicht vorgeschrieben ist, daß jede einzelne Plannummer als selbständiges Grundstück einzutragen ist.

[32]) § 93 BGB. — Das am 1. Januar 1900 bestehende Stockwerkseigenthum bleibt nach Art. 182 Einf.Ges. bestehen, das Rechtsverhältniß der Betheiligten unter einander bestimmt sich nach nach den bisherigen Gesetzen. Auch das am 1. Januar 1900 begründete Sondereigenthum an stehenden Erzeugnissen eines Grundstücks, insbesondere an Bäumen, bleibt bestehen (Art. 181 Abs. 2 Einf.Ges.), obgleich ein solches Sondereigenthum und das Stockwerkseigenthum mit der Bestimmung des § 93 nicht in Einklang stehen.

[33]) Erzeugnisse eines Grundstücks können, auch solange sie mit dem Boden zusammenhängen, gepfändet und veräußert werden, gemäß §§ 810, 824 CPO., Art. 32 Einf.Ges. BGB. — Keine Ausnahme liegt vor, wenn das ganze Grundstück mit einem Rechte belastet ist, kraft dessen bestimmte Bodenbestandtheile (z. B. Steine, Torf) bezogen werden dürfen.

stehende Bäume und andere Früchte eines Grundstücks können verkauft, Wohnräume in einem Theile eines Gebäudes können vermiethet werden.

Wird eine Sache zum wesentlichen Bestandtheile einer anderen Sache gemacht, so geht das dingliche Recht, das vor der Einverleibung an ihr bestand, unter, lebt auch nicht wieder auf, wenn später eine Trennung erfolgt. So erstreckt sich, wenn eine bewegliche Sache mit einem Grundstück dergestalt verbunden wird, daß sie wesentlicher Bestandtheil des Grundstücks wird, das Eigenthum an dem Grundstück auf diese Sache, gleichzeitig erlöschen die sonstigen an der Sache bestehenden Rechte[34]), ohne Rücksicht auf guten oder bösen Glauben. Der Eigenthümer oder sonstige Berechtigte, der in dieser Weise einen Verlust erleidet, kann in der Regel nur eine Vergütung in Geld fordern. S. unten unter Erwerb des Eigenthums.

Da die einzelnen Flächenabschnitte eines Grundstücks keine wesentlichen Bestandtheile des Grundstücks sind, so lassen sich an ihnen gesonderte Rechte begründen, doch soll ein Grundstückstheil, wenn er mit einem anderen Rechte als einer Dienstbarkeit oder einer Reallast belastet werden soll, im Grundbuch von dem Grundstück abgeschrieben und als selbständiges Grundstück eingetragen werden[35]).

Was die nicht wesentlichen Bestandtheile einer Sache betrifft, so theilen auch sie im Allgemeinen das rechtliche Schicksal der Sache, dies gilt aber nur, soweit nicht im einzelnen Falle besondere Rechte an ihnen begründet sind. So wird durch die Uebertragung des Eigenthums der Sache das Eigenthum an den nicht wesentlichen Bestandtheilen nicht übertragen, welche im Eigenthum eines Anderen stehen (vorbehaltlich der Bestimmungen der §§ 932, 892); ebenso berührt die Belastung der Sache mit einem Rechte diejenigen Bestandtheile nicht, über die der Verfügende zu verfügen nicht berechtigt ist. Wird eine Sache als nicht wesentlicher Bestandtheil mit einer anderen Sache verbunden, so bleiben die an ihr begründeten Rechte bestehen und kann Trennung verlangt werden[36]).

Der Bestandtheilsbegriff bezieht sich nur auf körperliche Gegenstände, auf Sachen. Dagegen werden auch Rechte, die mit dem Eigenthum an einem Grundstück verbunden sind (sog. subjektiv dinglose Rechte), wie Bestandtheile des Grundstücks behandelt. Sie sind keine Bestandtheile des Grundstücks, aber sie gelten als solche[37]). Daß sie als wesentliche Bestandtheile zu gelten hätten, ist nicht bestimmt, in Folge dessen erscheint es möglich, daß z. B. ein an einem Grundstück bestehender Nießbrauch nicht auf die mit dem Grundstücks-Eigenthum verbundene Grunddienstbarkeit sich erstreckt. Ob ein sub-

---

[34]) §§ 946, 949 BGB. Verbindung mit einer beweglichen Sache § 947 Abs. 2.

[35]) Vergl. § 6 GBO.

[36]) Planck 1 S. 130, Dernburg, Sachenrecht. S. 18.

[37]) § 96 BGB.

jektiv-dingliches Recht von dem Eigenthum an dem Grundstücke getrennt werden kann, ist aus den für das betreffende Recht geltenden Vorschriften zu entnehmen[38]). Derartige Rechte können öffentlichrechtlicher Natur sein (z. B. das Recht auf Sitz und Stimme in einer politischen Körperschaft); regelmäßig sind es Rechte des bürgerlichen Rechts, nämlich Grunddienstbarkeiten, Reallasten und Vorkaufsrechte. Im Grundbuch werden Rechte, die dem jeweiligen Eigenthümer eines Grundstücks zustehen, auf Antrag auf dem Blatte des Grundstücks (des Berechtigten) vermerkt[39]).

Von den Bestandtheilen einer Sache ist das Zubehör zu unterscheiden. Es können Sachen, die an sich völlig selbständig sind, mit einer andern Sache, der Hauptsache, in einem solchen Verhältnisse stehen, daß sie im Verkehr als zu dieser Sache gehörig angesehen werden; solche Sachen werden Zubehör genannt[40]). Zubehör können nur bewegliche Sachen sein. Unbewegliches Zubehör kennt das BGB. nicht; auch wenn ein Grundstück dazu bestimmt ist, dem wirthschaftlichen Zwecke eines anderen Grundstückes zu dienen, ist es rechtlich kein Zubehör. Zubehör kann ferner nicht sein, was Bestandtheil ist; Zubehör können nur selbständige Sachen sein[41]). Selbständige bewegliche Sachen, die dem wirthschaftlichen Zwecke der Hauptsache[42]) zu dienen bestimmt sind[43]) und zu ihr in einem dieser Bestimmung entsprechenden räumlichen Verhältnisse stehen, sind Zubehör, sofern sie nicht[44]) im Verkehre nicht als Zubehör angesehen werden[45]). Das Zubehörverhältniß endigt, sobald eine im Gesetze angegebene Voraussetzung der Zubehöreigenschaft wegfällt, die vorübergehende Trennung eines Zubehörstückes von der Hauptsache hebt jedoch die Zubehöreigenschaft nicht auf.

---

[38]) Vergl. §§ 1103, 1110 BGB.

[39]) § 8 GBO.

[40]) § 97 BGB.

[41]) Das Schloß an der Hausthüre ist Bestandtheil, der Schlüssel Zubehör; die Fenster des Wohnhauses sind Bestandtheile, die Winterfenster Zubehör.

[42]) Gegensatz ist der persönliche Gebrauch durch den Besitzer der Sache; die Braufässer sind Zubehör, das Weinfaß, aus dem der Bierbrauereibesitzer sich seinen Tischwein zapft, hat nicht dem wirthschaftlichen Zwecke des Brauhauses zu dienen.

[43]) Wer die Sachen zu diesem Dienste bestimmt hat, der Eigenthümer oder wer sonst, ist gleichgiltig. Jedenfalls müssen die Sachen zur dauernden Benutzung bestimmt sein, die vorübergehende Benutzung einer Sache für den wirthschaftlichen Zweck einer anderen begründet nicht die Zubehöreigenschaft (§ 97 Abs. 2 BGB.). Zubehör werden ferner nur solche Sachen sein, die als bewegliche Sachen dem wirthschaftlichen Zwecke der Hauptsache zu dienen bestimmt sind, so daß Materialien, welche zur Ausbesserung, Vergrößerung oder Verschönerung eines Gebäudes bestimmt und auf dem Bauplatz befindlich sind, nicht als Zubehör des Gebäudes sich darstellen. A. A. Dernburg Sachenrecht S. 23.

[44]) Denjenigen, der die Zubehöreigenschaft bestreitet, trifft die Beweislast.

[45]) Ist das Zaumzeug des Pferdes Zubehör? Es wird auf die Auffassung des Verkehrs ankommen. Ueber Oefen s. Mot. 3 S. 63, Kom.Prot. 3 S. 19.

Daß bei Gebäuden und Grundstücken, welche durch ihre Einrichtung zum Betriebe eines Gewerbes, besonders der Landwirthschaft, bestimmt sind, das Inventar dem wirthschaftlichen Zwecke der Hauptsache, nicht den persönlichen Zwecken des Besitzers zu dienen bestimmt ist, erkennt das BGB. ausdrücklich an; nach § 98 gilt dies bei einem Gebäude, das für einen gewerblichen Betrieb dauernd eingerichtet ist, insbesondere bei einer Mühle, einer Schmiede, einem Brauhaus, einer Fabrik, von den zum Betriebe bestimmten Maschinen und sonstigen Geräthschaften, bei einem Landgut (d. h. bei Grundstücken, die zum selbstständigen Betriebe der Landwirthschaft eingerichtet sind)[46]) von dem zum Wirthschaftsbetriebe bestimmten Geräth und Vieh, von den landwirthschaftlichen Erzeugnissen, soweit sie zur Fortführung der Wirthschaft bis zu der Zeit erforderlich sind, zu welcher gleiche oder ähnliche Erzeugnisse voraussichllich gewonnen werden, sowie von dem vorhandenen auf dem Gute gewonnenen Dünger. Diese Sachen sind Zubehör, wenn sie keine Bestandtheile der Hauptsache sind und wenn sie zu der Hauptsache in einem entsprechenden räumlichen Verhältnisse stehen, sofern nicht der Verkehr sie nicht als Zubehör ansieht.

Ein Recht kann weder Zubehörstück noch Hauptsache sein; auch die Hypothekurkunde ist kein Zubehör der Hypothekforderung[47]).

Während die Bestandtheile einer Sache zur Vollendung derselben dienen und von den auf die Sache sich beziehenden Rechtsgeschäften begriffsmäßig getroffen werden, so, daß die Rechte, welche an der Sache erworben werden, ohne weiteres auf jeden Bestandtheil sich erstrecken, folgt das Zubehör an sich nur den obligatorischen Beziehungen der Hauptsache. Wo das Gesetz nicht bestimmt, daß ein an der Hauptsache begründetes Recht auch das Zubehör ergreift, theilen die Zubehörstücke das sachenrechtliche Schicksal der Hauptsache nur insoweit, als bezüglich ihrer die Voraussetzungen erfüllt sind, von denen das Gesetz den Rechtserwerb abhängig macht[48]).

---

[46]) Planck 1 S. 136; vergl. Entsch. des Reichsg. 20 S. 262. Mot. 3, 67. — Förster-Eccius 1 S. 110 Anm. 10: Landgut ist ein Gut, mit welchem Ackerbau und Viehzucht verbunden ist, gleichviel, ob das Grundstück auf städtischem Territorium oder auf dem platten Lande liegt, oder ob die Viehzucht in einem Züchten zum Verkauf besteht oder überhaupt nur im Interesse der Landwirthschaft gepflegt wird. — Jedenfalls wird eine Villa, die keine Beziehung zur Cultur des Grund und Bodens hat, nicht als Landgut anzusehen sein.

[47]) S. jedoch Dernburg Sachenr. S. 25.

[48]) Mot. 3, 62. Der Wiederverkäufer hat den gekauften Gegenstand nebst Zubehör herauszugeben (§ 498 BGB.); die dem Ehegatten gehörenden Grundstücke nebst dem Zubehör sind eingebrachtes Gut (§ 1551). Soll sich die Veräußerung eines Grundstücks auf das Zubehör erstrecken — im Zweifel ist dies anzunehmen —, so erlangt der Erwerber mit dem Eigenthum an dem Grundstück auch das Eigenthum an den Zubehörstücken, jedoch nur soweit sie dem Veräußerer gehören, das Eigenthum an fremden Zubehörstücken erlangt er nur durch gutgläubigen Erwerb des Besitzes dieser Sachen (§§ 926, 932 ff.). Gleiches gilt für den Nießbrauch (§ 1031). Die Hypothek erstreckt sich auf das Zubehör, jedoch mit Ausnahme der Zubehörstücke, welche nicht in das Eigenthum des Grundeigenthümers gelangt sind (§ 1120). Vergl. § 1265, ferner §§ 314, 1062, 1096.

Allgemeine Vorschriften gibt das BGB. noch über die Früchte einer Sache und über die Früchte eines Rechtes. **Früchte einer Sache** sind die Erzeugnisse der Sache und die sonstige Ausbeute, welche aus der Sache ihrer Bestimmung gemäß gewonnen wird[49]). Die Erzeugnisse der Sache sind Früchte, ohne Unterschied, ob die Sache wirthschaftlich zur Fruchtziehung bestimmt ist oder nicht[50]). Ebensowenig ist der Fruchtbegriff beschränkt auf die Erzeugnisse, welche ohne Verminderung der Substanz der Sache gezogen werden können. Letzteres gilt auch für die Ausbeute, die aus der Sache gewonnen wird, auch hier ist die wirthschaftliche Ausnutzung keine Voraussetzung des Fruchtbegriffes. Dagegen ist die Ausbeute nur dann als Frucht zu behandeln, wenn sie zur bestimmungsmäßigen Nutzung der Sache gehört (es gehört demnach z. B. die Ausbeute an Steinen zu den Früchten eines Steinbruches, aber nicht zu den Früchten eines Weinberges, dagegen gehören die Rebstöcke ebensogut zu den Früchten des Weinbergs wie die Trauben)[51]). Während hienach auch die Ergebnisse eines Raubbaues unter den Fruchtbegriff fallen, hat das BGB. das Recht auf den Bezug der Früchte eingeschränkt. So ist dem Pächter der Genuß nur an den Früchten zu gewähren, die nach den Regeln einer ordnungsmäßigen Wirthschaft als Ertrag anzusehen sind (§ 581), in ähnlicher Weise treffen die §§ 993, 1039, 2133 Vorkehrungen.

Früchte einer Sache sind ferner die Erträge, welche die Sache vermöge eines Rechtsverhältnisses (z. B. Miethverhältnisses) gewährt[52]).

Früchte eines Rechtes sind in erster Linie die Erträge, welche das Recht seiner Bestimmung gemäß gewährt, insbesondere bei einem Rechte auf Gewinnung von Bodenbestandtheilen die gewonnenen Bestandtheile[53]). Diese Erträge entsprechen den natürlichen Früchten einer Sache (§ 99 Abs. 1). Sodann sind Früchte eines Rechtes auch

---

Was den Besitz des Zubehörs betrifft, so wird, da es sich bei dem Besitze um ein thatsächliches Verhältniß, nicht um ein Recht handelt, mit dem Besitze der Hauptsache nicht ohne weiteres der Besitz des Zubehörs erworben. Stobbe 1 S. 618, Biermann § 854 Anm. 4.

[49]) § 99 Abs. 1 BGB. Z. B. Feldfrüchte, Thierjungen, Milch der Kühe, Wolle der Schafe, Viehdünger; Ausbeute des Steinbruchs, der Kiesgrube, der Mineralquelle u. s. w.

[50]) Förtsch S. 69 sagt: „Nicht alle Erzeugnisse der Sache gehören zu den Früchten"; diese Ansicht wäre richtig, wenn es in § 99 Abs. 1 wirklich, wie Förtsch annimmt, hieße „gewonnen werden", es heißt aber „gewonnen wird".

[51]) Die Bestimmung des Grundstücks zur Gewinnung der Ausbeute ergibt sich aus der Natur des Grundstücks oder erfolgt durch den Eigenthümer. Planck 1 S. 137. Vergl. § 1037 BGB.

[52]) § 99 Abs. 3 BGB.

[53]) § 99 Abs. 2 BGB. Z. B. Zinsen der Forderung, Reallastleistungen; Steine, die ein Grunddienstbarkeits-Berechtigter in fremdem Grundstück bricht u. s. w. Die Bestimmung des Rechtes zur Gewährung solcher Erträge ergibt sich aus dem Inhalte des Rechts. Vorausgesetzt wird, daß es sich um Erträge handelt, die das Recht gewährt; die zur Amortisation eines Kapitals dienenden Beträge sind keine Früchte des Kapitals. Planck 1 S. 138.

die Erträge, welche das Recht vermöge eines Rechtsverhältnisses gewährt z. B. bei Verpachtung des Rechts[54]).

Die Früchte einer Sache oder eines Rechtes sowie die Vortheile, welche der Gebrauch (Gegensatz: Verbrauch) der Sache oder des Rechtes gewährt, bezeichnet das BGB. mit dem Worte Nutzungen[55]).

Tritt ein Wechsel in der Person des Nutzungsberechtigten ein, so bedarf es häufig einer Auseinandersetzung hinsichtlich der Früchte. Für die Fälle, in denen weder durch besondere gesetzliche Bestimmung[56]) noch durch Rechtsgeschäft die Vertheilung der Früchte geordnet ist, hat das BGB. allgemeine Vorschriften gegeben. Ist Jemand berechtigt, die Früchte einer Sache oder eines Rechtes bis zu einer bestimmten Zeit oder von einer bestimmten Zeit an zu beziehen, so gebühren ihm die natürlichen Früchte einer Sache (§ 99 Abs. 1), auch wenn er sie als Früchte eines Rechtes zu beziehen hat, insoweit, als sie während der Dauer der Berechtigung von der Sache getrennt werden, andere Früchte soweit, als sie während der Dauer der Berechtigung fällig[57]) werden, jedoch gebührt dem Berechtigten ein der Dauer seiner Berechtigung entsprechender Theil, wenn die Früchte in der Vergütung für die Ueberlassung des Gebrauchs oder des Fruchtgenusses, in Zinsen, Gewinnantheilen oder anderen regelmäßig wiederkehrenden Erträgen bestehen[58]). Diese Vorschriften finden Anwendung, gleichgiltig ob das Bezugsrecht ein dingliches oder obligatorisches ist, also z. B. für die Auseinandersetzung unter mehreren auf einanderfolgenden Eigenthümern, für das Verhältniß zwischen Eigenthümer und Nießbraucher, zwischen Verpächter und Pächter. Die Ausdehnung auf den Besitzer verfügt § 993 Abs. 2 BGB. Fällt der Erwerb des Eigenthums an den Früchten nicht mit der Bezugsberechtigung zusammen, so kann der Bezugsberechtigte die Herausgabe von dem Eigenthümer verlangen[59]). Wer hienach oder auf Grund einer sonstigen gesetzlichen Bestimmung[60]) oder rechtsgeschäftlich zur Herausgabe von Früchten verpflichtet ist, kann Ersatz der auf die Gewinnung der Früchte verwendeten Kosten insoweit verlangen, als sie einer ordnungsmäßigen Wirthschaft entsprechen und den Werth der Früchte nicht übersteigen[61]).

---

[54]) § 99 Abs. 3 BGB. (bürgerliche oder juristische oder Civil-Früchte).

[55]) § 100 BGB. Gebrauch eines Reitpferdes, Zugthieres, eines Wohnhauses, Gartens u. s. w.

[56]) Vergl §§ 1039, 2133.

[57]) Der Zeitpunkt ist demnach maßgebend, in welchem nach dem betreffenden Rechtsverhältnisse die Leistung gefordert werden kann; eine Stundung kommt nicht in Betracht. Planck 1 S. 140.

[58]) § 101 BGB.

[59]) Planck 1 S. 139.

[60]) Vergl. §§ 292, 347, 446, 487, 667, 818, 987, 1656, 2020, 2023, 2184. Besondere Vorschriften über den Kostenersatz geben die §§ 592, 998, 1055, 1421 BGB.

[61]) § 102 BGB. Es werden auch außergewöhnliche Bestellungskosten früherer Jahre in Ansatz zu bringen sein. Dernburg Sachenr. S. 38.

Wie die Vertheilung der regelmäßig wiederkehrenden Erträge nach dem Verhältnisse der Dauer der Berechtigung erfolgt, so hat auch, wer verpflichtet ist[62]), die Lasten einer Sache oder eines Rechtes bis zu einer bestimmten Zeit oder von einer bestimmten Zeit anzutragen, sofern nicht ein Anderes bestimmt ist[63]), die regelmäßig wiederkehrenden Lasten[64]) nach dem Verhältnisse der Dauer seiner Verpflichtung zu tragen, andere Lasten, also einmalige oder in unbestimmten Zeiträumen wiederkehrende, treffen ihn insoweit, als sie während der Dauer seiner Verpflichtung zu entrichten sind[65]).

§ 5. Das Rechtsgeschäft.

Rechtsgeschäft im Sinne des BGB. ist eine Privatwillenserklärung, die gerichtet ist auf die Hervorbringung eines rechtlichen Erfolges, dessen Eintritt die Rechtsordnung von dem Wollen abhängig macht[1]). Nur die Willenserklärungen von Privatpersonen nennt man Rechtsgeschäfte; Verfügungen, die vermöge einer Amtsgewalt ergehen, Urtheile, Beschlüsse, Eintragungen in das Grundbuch u. s. w., sind keine Rechtsgeschäfte. Ist aber eine Person zur Abgabe einer Willenserklärung verurtheilt, so gilt die Erklärung als abgegeben, sobald das Urtheil die Rechtskraft erlangt hat[2]); eine derartige urtheilsmäßig abgegebene Willenserklärung fällt unter die Rechtsgeschäfte. Gleiches trifft zu für Willenserklärungen, die Kraft gesetzlicher Vorschrift als abgegeben gelten, sobald ein bestimmtes Ereigniß eingetreten ist, z. B. in den Fällen der §§ 108 Abs. 2, 177 Abs. 2, 1396 Abs. 2, 1448 Abs. 2.

Der Wille des Privaten muß erklärt sein, wenn er als Rechtsgeschäft in Betracht kommen soll. Erst dadurch, daß er durch eine Handlung in die Außenwelt tritt, erhält er für das Recht eine Bedeutung. Die Erklärung oder die Aeußerung des Willens kann ausdrücklich oder stillschweigend sein, sie muß aber dem inneren Vorgange, dem Willen, entsprechen[3]).

Der kundgegebene Wille muß auf die Hervorbringung eines rechtlichen Erfolges gerichtet sein. Regelmäßig wird es sich um die Entstehung oder die Aenderung, Uebertragung oder Aufhebung oder auch um die Sicherung eines Rechtes handeln. Aus der Willenserklärung muß sich das Rechtsverhältniß erkennen lassen, welches behufs Erreichung des wirthschaftlichen Zweckes, den die Betheiligten vor Augen haben, gewollt wird, mag auch der Erklärende nicht aller

---

[62]) Vergl. §§ 446, 546, 748 BGB.
[63]) S. §§ 995, 1047, 1385 BGB.
[64]) Z. B. Grundsteuern, Hypothekzinsen, Renten bei Rentenschuld.
[65]) § 103 BGB. Kom.Prot. 3 S. 25.

Zu § 5

[1]) Mot. 1, 126.
[2]) § 894 CPO.
[3]) Planck 1 S. 142.

rechtlichen Consequenzen des betreffenden Rechtsverhältnisses sich bewußt sein[3]). Willenserklärungen (Handlungen), an welche Rechtswirkungen sich anschließen, für deren Eintritt aber nach der Rechtsordnung gleichgiltig ist, ob sie von dem Handelnden gewollt oder nicht gewollt sind, fallen nicht unter den Begriff Rechtsgeschäft, sie gehören zur Kategorie der Rechtshandlungen[4]).

Es muß endlich die Rechtsordnung die Verwirklichung des beabsichtigten rechtlichen Erfolges durch Rechtsgeschäft zulassen. Allgemeine Bestimmungen in dieser Beziehung enthalten die §§ 134, 138 BGB. Im Uebrigen ergeben die auf die einzelnen Rechtsverhältnisse sich beziehenden Vorschriften des BGB., ob und in welcher Art ein Rechtsverhältniß durch Rechtsgeschäft begründet oder geändert werden kann[5]). Auf dem Gebiete der Schuldverhältnisse gilt im Allgemeinen der Grundsatz der Vertragsfreiheit; was nicht für unzulässig erklärt ist, ist zulässig. Anders ist es auf dem Gebiete des Sachenrechts; im Sachenrecht sind die zulässigen Rechtsverhältnisse besonders bestimmt.

Ein Rechtsgeschäft, das aus irgend welchem Grunde den gewollten rechtlichen Erfolg nicht hat, wird als unwirksam bezeichnet.

Die Fähigkeit zur Vornahme wirksamer Rechtsgeschäfte bezeichnet das BGB. als Geschäftsfähigkeit. Geschäftsunfähig sind Kinder unter 7 Jahren, ferner die wegen Geisteskrankheit Entmündigten und solche Personen, welche sich in einem die freie Willensbestimmung ausschließenden Zustande krankhafter Störung der Geistesthätigkeit befinden, sofern nicht der Zustand seiner Natur nach ein vorübergehender ist[6]). Die Willenserklärungen Geschäftsunfähiger sind nichtig. Nichtig sind auch Willenserklärungen, die im Zustande der Bewußtlosigkeit oder vorübergehenden Störung der Geistesthätigkeit abgegeben werden[7]).

Beschränkt geschäftsfähig sind die Minderjährigen, welche das 7. Lebensjahr vollendet haben, und die wegen Geistesschwäche, Verschwendung oder Trunksucht Entmündigten und die nach § 1906 BGB. unter vorläufige Vormundschaft Gestellten[8]). Diese Personen bedürfen zu Willenserklärungen der Einwilligung, d. h. der vorherigen Zustimmung, des gesetzlichen Vertreters; ausgenommen sind Willenserklärungen, durch die sie lediglich einen rechtlichen Vortheil erlangen,

[4]) Mot. 1, 127. Die wichtigsten Rechtshandlungen sind die unerlaubten Handlungen (§§ 823 ff.), außer ihnen werden in den Motiven angeführt die Begründung und Aufhebung des Wohnsitzes, die Führung fremder Geschäfte ohne Auftrag, die Besitzerwerbshandlung, die Specifikation. Die Grenze ist häufig bestritten z. B. bei der Mahnung (§ 284), bei der Aufgabe des Eigenthums (§ 959), bei der Aneignung (§ 958). Soweit das Gesetz nicht Bestimmungen getroffen hat (§§ 8, 682), ist bei den einzelnen Rechtshandlungen zu prüfen, ob die Fähigkeit zur Vornahme nach den Vorschriften über die Geschäftsfähigkeit zu beurtheilen ist. Vergl. Planck 1 S. 149.

[5]) Planck 1 S. 143.

[6]) § 104 BGB. Vergl. § 51 Strafges.B.

[7]) § 105 BGB. Für Empfangnahme von Willenserklärungen s. § 131 BGB.

[8]) §§ 106, 114 BGB.

ferner Willenserklärungen, welche der Betrieb eines Erwerbsgeschäftes mit sich bringt (§ 112), und Willenserklärungen, welche die Eingehung oder Aufhebung eines Dienst- oder Arbeitsverhältnisses oder die Erfüllung der sich aus einem solchen Verhältnisse ergebenden Verpflichtungen betreffen (§ 113 BGB.).

Die bloße Einwilligung des gesetzlichen Vertreters reicht unter Umständen nicht aus; nimmt nämlich der beschränkt Geschäftsfähige mit der Einwilligung des gesetzlichen Vertreters ein einseitiges Rechtsgeschäft einem Anderen gegenüber vor, so ist das Rechtsgeschäft unwirksam, wenn der beschränkt Geschäftsfähige die Einwilligung nicht in schriftlicher Form vorlegt und der Andere das Rechtsgeschäft aus diesem Grunde unverzüglich zurückweist. Doch ist die Zurückweisung ausgeschlossen, wenn der Vertreter den Anderen von der Einwilligung in Kenntniß gesetzt hatte[9]).

Mangelt die Einwilligung des gesetzlichen Vertreters, so können Verträge, die der beschränkt Geschäftsfähige geschlossen hat, wirksam werden durch Genehmigung, d. h. nachträgliche Zustimmung, des Vertreters oder des unbeschränkt geschäftsfähig Gewordenen selbst (§§ 108, 109) oder durch Erfüllung mit Mitteln, die dem beschränkt Geschäftsfähigen zur Verfügung stehen (§ 110). Einseitige Rechtsgeschäfte dagegen (z. B. Kündigungen), die der beschränkt Geschäftsfähige ohne die erforderliche Einwilligung des gesetzlichen Vertreters vornimmt, sind unwirksam[10])[11]).

Die Unwirksamkeit von Rechtsgeschäften hat häufig ihren Grund in Willensmängeln. Es kann sein, daß ein Wille, der in einer Erklärung (Handlung) ausgedrückt erscheint, in Wirklichkeit nicht vorhanden ist. Der Wille kann fehlen, weil der Erklärende absichtlich eine seinem Willen nicht entsprechende Erklärung abgibt, er kann auch fehlen in Folge eines Irrthums des Erklärenden, sei es, daß der Erklärende in Folge des Irrthums nicht erkannte, daß er eine Erklärung des betreffenden Inhalts abgebe, oder daß er den Inhalt seiner Erklärung unrichtig auffaßte[12]). Ist sich der Erklärende der Nichtübereinstimmung der Erklärung mit seinem Willen bewußt, so ist die (nicht dem Willen entsprechende) Erklärung nichtig. So ist eine nicht ernstlich gemeinte Willenserklärung, die in der Erwartung abgegeben wird, der Mangel der Ernstlichkeit werde nicht verkannt, nichtig[13]), ferner ist eine Willenserklärung, die einem Anderen gegenüber abzugeben ist, nichtig, wenn sie mit dessen Einverständniß nur

---

9) §§ 107, 111 BGB.

10) § 111 BGB.

11) Ueber die Verantwortlichkeit für unerlaubte Handlungen s. §§ 827—829, für Verletzung obligatorischer Verpflichtungen § 276 BGB. Ueber die Geschäftsfähigkeit der Ausländer Art. 7 Einf.Ges. BGB., der Ehefrauen Art. 200 Abs. 3 Einf.Ges. BGB.

12) Planck 1 S. 165.

13) § 118 BGB.; hierher gehören z. B. die Fälle des Scherzes, der Prahlerei. Jedoch kann nach § 122 BGB. eine Schadensersatzpflicht eintreten.

zum Schein abgegeben wird [14]). Ebenso ist eine empfangsbedürftige Willenserklärung nichtig, wenn der Erklärende sich insgeheim vorbehält, das Erklärte nicht zu wollen, (also nicht im Einverständniß mit dem Andern handelt) der Andere aber den Vorbehalt kennt [15]). Dagegen ist eine Willenserklärung (ohne Unterschied, ob empfangsbedürftig oder ob nicht empfangsbedürftig) nicht deshalb nichtig, weil sich der Erklärende, ohne daß der Andere den Vorbehalt kennt, insgeheim vorbehält, das Erklärte nicht zu wollen [16]).

In den Fällen, in denen der Erklärende im Irrthum über die Abgabe der Erklärung oder im Irrthum über den Inhalt seiner Erklärung ist, ist die Erklärung unter gewissen Voraussetzungen anfechtbar. Wer bei der Abgabe einer Willenserklärung über deren Inhalt im Irrthum war oder eine Erklärung dieses Inhalts überhaupt nicht abgeben wollte, kann die Erklärung anfechten, wenn anzunehmen ist, daß er sie bei Kenntniß der Sachlage und bei verständiger Würdigung des Falles nicht abgegeben haben würde [17]). Unter der gleichen Voraussetzung kann eine Willenserklärung angefochten werden, welche durch die zur Uebermittelung verwendete Person oder Anstalt unrichtig übermittelt worden ist [18]). Die Anfechtung muß unverzüglich (ohne schuldhaftes Zögern) erfolgen, nachdem der Anfechtungsberechtigte von dem Anfechtungsgrunde Kenntniß erlangt hat, sie ist ausgeschlossen, wenn seit der Abgabe der Willenserklärung 30 Jahre verstrichen sind [19]).

Da der Wille frei sein soll, kann auch derjenige, der zur Abgabe einer Erklärung durch arglistige Täuschung oder widerrechtlich durch Drohung bestimmt worden ist, die Erklärung anfechten [20]).

---

[14]) § 117 BGB.; Scheingeschäft. Die Nichtigkeit gilt auch Dritten gegenüber, unbeschadet der Vorschriften, die zu Gunsten derjenigen gegeben sind, welche Rechte von einem Nichtberechtigten herleiten (vergl. §§ 892, 932). Schadensersatzpflicht gegebenen Falles nach §§ 823 ff. BGB. Ist durch das Scheingeschäft ein anderes Rechtsgeschäft verdeckt, so ist das verdeckte Rechtsgeschäft wirksam, wenn es den für solche Rechtsgeschäfte geltenden Vorschriften entspricht (§ 117 Abs. 2).

[15]) § 116 BGB.

[16]) Mentalreservation § 116 Satz 1 BGB.

[17]) § 119 BGB. Ein Irrthum über den Gegenstand oder die Art des Rechtsgeschäfts sowie über die Person, mit welcher das Rechtsgeschäft vorgenommen wird, ist immer ein Irrthum über den Inhalt des Rechtsgeschäfts. Planck 1 S. 169. Als Irrthum über den Inhalt der Erklärung gilt auch der Irrthum über solche Eigenschaften der Person oder der Sache, die im Verkehr als wesentlich angesehen werden (§ 119 Abs. 2). — Schadensersatzpflicht nach § 122 BGB.

[18]) § 120 BGB. Auf welchen Gründen die Unrichtigkeit der Uebermittelung beruht, ist gleichgiltig. — Schadenersatzpflicht nach § 122 BGB.

[19]) § 121 BGB. Die Anfechtung erfolgt durch Erklärung gegenüber dem Anfechtungsgegner (§ 143 BGB.). Die einem Abwesenden gegenüber erfolgte Anfechtung (§ 130) gilt als rechtzeitig erfolgt, wenn die Anfechtungserklärung unverzüglich abgesandt worden ist (§ 121 Abs. 1 Satz 2). — Wird ein anfechtbares Rechtsgeschäft angefochten, so ist es als von Anfang an nichtig anzusehen (§ 142 BGB.).

[20]) Hat ein Dritter die Täuschung verübt, so ist eine Erklärung, die einem Anderen gegenüber abzugeben war, nur dann anfechtbar, wenn dieser Andere die

Die Anfechtung kann nur binnen Jahresfrist erfolgen; sie ist ausgeschlossen, wenn seit der Abgabe der Willenserklärung 30 Jahre verstrichen sind[21]).

Was die einzelnen Arten der Rechtsgeschäfte anlangt, so unterscheidet das BGB. vor allem einseitige Rechtsgeschäfte und Verträge. Das Rechtsgeschäft ist ein einseitiges, wenn zu seiner Vollendung die Willensäußerung einer einzigen Person genügt (z. B. Testament). Bedarf es zum Eintritt des rechtlichen Erfolges der zusammentreffenden und ihrem Inhalte nach sich entsprechenden Willensäußerung mehrerer Personen, die einander gegenüber stehen[22]), so ist das Rechtsgeschäft ein mehrseitiges oder ein Vertrag. Nur in wenigen Fällen (z. B. Annahme einer Erbschaft §§ 1943, 1946) genügt zur Herbeiführung der rechtlichen Wirkung die einseitige irgendwie abgegebene Willenserklärung. In den meisten Fällen muß die Willenserklärung, um wirksam zu sein, gegenüber einer Privatperson (z. B. bei der Anfechtung § 143) oder gegenüber einer Behörde (z. B. Verzicht auf das Eigenthum an einem Grundstück § 928) oder entweder gegenüber einer bestimmten Privatperson oder einer Behörde (z. B. in den Fällen der §§ 875, 876, 880 Abs. 2) abgegeben werden. Darauf beruht die Unterscheidung zwischen empfangsbedürftigen und nicht empfangsbedürftigen Rechtsgeschäften.

Von besonderer Bedeutung ist die Scheidung zwischen Schuldvertrag oder obligatorischem Vertrag und dinglichem Vertrag. Schuldvertrag ist die wechselseitige Einigung zur Begründung, Aenderung, Uebertragung oder Aufhebung eines Schuldverhältnisses, dinglicher Vertrag[23]) ist die Willenseinigung über die Begründung, Aenderung, Uebertragung oder Aufhebung eines dinglichen Rechtes. Der obligatorische (oder Schuld-)Vertrag begründet die persönliche Verpflichtung zu einer Leistung, der dingliche Vertrag bewirkt die Leistung, ist Vollzug des obligatorischen[24]). Für die Rechtsgeschäfte,

---

Täuschung kannte oder kennen mußte. Soweit ein Anderer als derjenige, welchem gegenüber die Erklärung abzugeben war, aus der Erklärung unmittelbar ein Recht erworben hat, ist die Erklärung ihm gegenüber anfechtbar, wenn er die Täuschung kannte oder kennen mußte (§ 123 BGB.).

[21]) § 124 BGB. Die Frist beginnt im Falle der arglistigen Täuschung mit dem Zeitpunkte, in welchem der Anfechtungsberechtigte die Täuschung entdeckt, im Falle der Drohung mit dem Zeitpunkt, in welchem die Zwangslage aufhört. Auf den Lauf der Frist finden die für die Verjährung geltenden Vorschriften des § 203 Abs. 2 und der §§ 206, 207 entsprechende Anwendung.

[22]) Die Zustimmung eines Gewalthabers macht das Rechtsgeschäft nicht mehrseitig.

[23]) Das BGB. spricht in den §§ 873, 880, 925, 929, 1015, 1032, 1205 nicht von Vertrag, sondern von Einigung der Parteien. Diese Einigung ist Vertrag, es finden daher auf eine solche Einigung die allgemeinen Vorschriften über Rechtsgeschäfte und Verträge Anwendung. Vergl. Planck 1 S. 196.

[24]) Durch den Kaufvertrag z. B. wird der Verkäufer verpflichtet, dem Käufer die Sache zu übergeben und das Eigenthum an der Sache zu verschaffen (§ 433). Durch den Abschluß dieses (obligatorischen) Vertrages entstehen nur persönliche (obligatorische) Beziehungen zwischen dem Verkäufer und Käufer. Ver-

durch welche unmittelbar ein Recht übertragen, belastet, geändert oder aufgehoben wird, hat das BGB. ein besonderes Wort, es nennt diese Rechtsgeschäfte Verfügungen[25]). Enger sind die Begriffe Veräußerung und Belastung. Unter Veräußerung versteht das BGB. nur die Uebertragung des Eigenthums oder eines sonstigen Rechtes, unter Belastung die Begründung eines dinglichen Rechtes an einem Gegenstand. Außer der Veräußerung und Belastung umfaßt der Begriff Verfügung auch die Aenderung und Aufhebung eines Rechtes. Als Aufhebung stellt sich auch die Annahme einer geschuldeten Leistung dar, desgleichen der Erlaß einer Forderung; die Kündigung eines Rechtsverhältnisses durch den Berechtigten erscheint als Aenderung des Rechts[26]).

Mit der Unterscheidung in obligatorische und dingliche Rechtsgeschäfte deckt sich nahezu die Unterscheidung in kausale und abstrakte Rechtsgeschäfte. Jede rechtsgeschäftliche Willenserklärung, durch die aus dem Vermögen des Einen etwas in das Vermögen eines Anderen gebracht werden soll, geschieht entweder zum Zwecke der Erlangung eines Gegenwerthes oder zum Zwecke der Erweisung einer Freigebigkeit. Dieser Zweck bildet zugleich den Grund, aus welchem das Rechtsgeschäft vorgenommen wird, den Rechtsgrund oder die Kausa. Hinter dem unmittelbaren Rechtsgrunde, der zur Abschließung des Rechtsgeschäfts führt, können andere Beweggründe stehen. Eine Schenkung z. B. kann aus Dankbarkeit, aus Wohlwollen erfolgen, ein Kauf aus dem Grunde, weil man mit dem Kaufobjekt eine Schenkung machen oder weil man durch Weiterverkauf Gewinn erzielen will. Diese Beweggründe sind rechtlich regelmäßig ohne Bedeutung, aber der Rechtsgrund hat immer rechtliche Bedeutung. Diese Bedeu-

---

letzt der Verkäufer seine Vertragspflicht, indem er z. B. die Sache einem Dritten zu eigen gibt, so hat der Käufer Ansprüche gegen den Verkäufer, aber nicht gegen den Dritten, auch wenn dieser Kenntnis von dem Kaufabschlusse hatte. Der Vertragswille erstreckt sich bei dem obligatorischen Vertrage nicht über die Person der Parteien und ihrer Universalsuccessoren hinaus, ein dingliches Recht, eine unmittelbare Herrschaft über die Sache, erzeugt der obligatorische Vertrag nicht. Erst durch den Abschluß des dinglichen Vertrags, erst durch die Einigung, daß das Eigenthum übergehe, kommt das dingliche Recht, hier das Eigenthumsrecht des Käufers, zur Entstehung. Selbstverständlich können, soweit nicht Formvorschriften bestehen, der obligatorische und der dingliche Vertrag in Einem Akte vor sich gehen.

[25]) Obligatorische Rechtsgeschäfte fallen nicht unter den Begriff Verfügung, durch ein solches Rechtsgeschäft kann man sich nur zu einer Verfügung verpflichten (vergl. z. B. § 1444). Vergl. Planck 1 S. 148. Die Prozeßführung gehört nicht zu den Verfügungen.

Häufig ist der rechtsgeschäftlichen Verfügung eine Verfügung gleichgestellt, die im Wege der Zwangsvollstreckung oder der Arrestvollziehung oder durch den Konkursverwalter erfolgt, vergl. §§ 135, 161, 184, 353, 499, 883, 2115.

Der Ausdruck Verfügung wird im BGB. noch in zwei anderen Bedeutungen gebraucht. Es wird von gerichtlicher Verfügung, einstweiliger Verfügung, Verfügung der Staatsgewalt, ferner von Verfügung von Todeswegen oder letztwilliger Verfügung gesprochen. Planck 1 S. 148.

[26]) Planck 1 S. 148.

tung ist verschieden, je nachdem der Rechtsgrund einen wesentlichen Bestandtheil des Rechtsgeschäftes bildet oder nicht. Rechtsgeschäfte, bei denen der Rechtsgrund zum Wesen des Rechtsgeschäftes gehört, heißen kausale, Rechtsgeschäfte, bei denen der Rechtsgrund nicht wesentlich ist, heißen abstrakte [27]). Bei dem abstrakten Rechtsgeschäft wird von dem Rechtsgrund abgesehen, es ist wirksam ohne Rücksicht darauf, ob ein Rechtsgrund bestand und worin er bestand. Abstrakter Natur sind z. B. die Rechtsgeschäfte, welche den sachenrechtlichen Verkehr vermitteln. An den Inhalt des dinglichen Rechtsgeschäftes stellt das BGB. nur die Anforderung, daß der auf die Herbeiführung des rechtlichen Erfolges (also auf die Begründung, Aenderung, Uebertragung oder Aufhebung des dinglichen Rechtes) gerichtete Wille der Betheiligten erklärt wird. Diese Kundgebung des Willens genügt, auf einen Rechtsgrund kommt es nicht an. Die Parteien mögen bei einem dinglichen Vertrage verschiedene Rechtsgründe vorausgesetzt haben, es kann auch der vorausgesetzte Rechtsgrund ungiltig oder nicht vorhanden sein, die Wirksamkeit des dinglichen Vertrages wird dadurch nicht berührt. Der Mangel des Rechtsgrundes äußert seine Bedeutung auf dem obligatorischen Gebiete. Wer durch die Leistung eines Anderen oder in sonstiger Weise auf dessen Kosten etwas ohne rechtlichen Grund erlangt, ist ihm zur Herausgabe verpflichtet; diese Verpflichtung besteht auch dann, wenn der rechtliche Grund später wegfällt oder der mit einer Leistung nach dem Inhalte des Rechtsgeschäfts bezweckte Erfolg nicht eintritt [28]). Hat demnach z. B. im Vollzuge eines nichtigen Kaufvertrags die Einigung über den Uebergang des Eigenthums an einem Grundstücke stattgefunden und ist der Käufer als Eigenthümer in das Grundbuch eingetragen, so hat der Verkäufer, da auf seine Kosten der Andere ohne rechtlichen Grund die Liegenschaft erlangt hat, gegen ihn einen persönlichen Anspruch auf Rückübertragung des Eigenthums an dem Grundstück.

Daß im Sachenrecht *keine Vertragsfreiheit* gilt, ist schon hervorgehoben [29]); die Betheiligten können auf dem Gebiete des Sachenrechts nur solche Rechte begründen, deren Begründung das Gesetz zuläßt, es ist nicht gestattet, jedem beliebigen persönlichen Rechte, welches sich auf eine bestimmte Sache bezieht, dinglichen Charakter beizulegen. Für die Rechtsgeschäfte des Sachenrechts gilt auch der Grundsatz der *Formfreiheit* nicht. Regelmäßig muß die erforderliche Willenserklärung in einer bestimmten Form abgegeben werden oder doch von einem formalen Elemente begleitet sein, um die beabsichtigte sachenrechtliche Wirkung hervorzubringen. Dieses formale Element ist für die beweglichen Sachen die Uebergabe (Tradition), für die unbeweglichen die Eintragung in das Grundbuch, in gewissen Fällen die Uebergabe des Hypotheken-, Grund-, oder Rentenschuld-

[27]) Planck 1 S. 147.
[28]) § 812 BGB.
[29]) S. 17.

briefes[30]). Soweit allerdings das Gesetz eine Form nicht vorgeschrieben hat, ist natürlich im Sachenrecht ebensowenig wie im Recht der Schuldverhältnisse eine Form zu beobachten. Ein Rechtsgeschäft, das der durch Gesetz vorgeschriebenen Form ermangelt, ist nichtig; ist durch Rechtsgeschäft eine Form bestimmt, so hat der Mangel der Form im Zweifel gleichfalls Nichtigkeit zur Folge[31]).

Bei den obligatorischen und den dinglichen Rechtsgeschäften kann die rechtliche Wirkung durch eine aufschiebende oder eine auflösende Bedingung sowie durch die Bestimmung eines Anfangs- oder Endtermins beschränkt werden. Für einzelne Rechtsgeschäfte ist dies untersagt, insbesondere durch § 925 für die Auflassung. Soweit kein derartiges Verbot besteht, ist bei allen Rechtsgeschäften die Beifügung einer Bedingung oder die Bestimmung eines Termins zulässig.

Im Sinne des BGB. ist Bedingung die in einem Rechtsgeschäft enthaltene Bestimmung, kraft welcher die Wirkung des Rechtsgeschäfts erst mit dem Eintritt eines zukünftigen ungewissen Ereignisses eintreten oder mit dem Eintritte des Ereignisses aufhören soll[32]). So lange die aufschiebende Bedingung nicht erfüllt ist, ist die rechtliche Wirkung des Rechtsgeschäfts nicht eingetreten, das Recht noch nicht entstanden. Mit dem Eintritt der Bedingung tritt die rechtliche Wirkung ohne Weiteres ein, aber ohne Rückwirkung[33]). Vorher besteht nur eine rechtliche Gebundenheit. Hat Jemand unter einer aufschiebenden Bedingung über einen Gegenstand verfügt, so ist jede weitere Verfügung, die er während der Schwebezeit über den Gegenstand trifft, insoweit unwirksam, als sie die von der Bedingung abhängige Wirkung vereiteln oder beeinträchtigen würde[34]). Der rechtsgeschäftlichen Verfügung steht eine Verfügung gleich, die während der Schwebezeit im Wege der Zwangsvollstreckung oder der Arrestvollziehung oder durch den Konkursverwalter erfolgt. Die eintretende Unwirksamkeit der Verfügungen ist eine absolute, sie kann von Jedem geltend gemacht werden; es finden aber die Vorschriften zu Gunsten

---

[30]) Mot. 3, 7.

[31]) § 125 BGB. Der Mangel der gesetzlichen Form kann durch Erfüllung geheilt werden in den Fällen der §§ 313, 518, 766 BGB.

[32]) Planck 1 S. 204. Ist die Bedingung zur Zeit der Vornahme des Rechtsgeschäfts bereits eingetreten oder ausgefallen, so liegt ein bedingtes Rechtsgeschäft auch dann nicht vor, wenn die Parteien den Eintritt oder den Ausfall der Bedingung nicht gekannt haben. Rechtsgeschäfte dieser Art sind jedoch wie bedingte Rechtsgeschäfte zu behandeln. Vergl. Planck 1 S. 205.

[33]) Ist nach dem Inhalte des Rechtsgeschäfts die Zurückbeziehung auf einen früheren Zeitpunkt gewollt, so ist diese Zurückbeziehung keine dingliche, sondern nur eine obligatorische; die Betheiligten sind verpflichtet, einander zu gewähren, was sie haben würden, wenn die an den Eintritt der Bedingung geknüpften Folgen in dem früheren Zeitpunkt eingetreten wären (§ 159 BGB.).

[34]) Ist z. B. das Eigenthum an einer beweglichen Sache unter einer aufschiebenden Bedingung übertragen, so wird der bedingt Berechtigte mit dem Eintritt der Bedingung Eigenthümer, der Dritte, dem während der Schwebezeit die Sache unbedingt zu eigen übergeben worden ist, ist dem Herausgabe-Anspruch des nunmehrigen Eigenthümers ausgesetzt.

derjenigen, welche Rechte von einem Nichtberechtigten erwerben (insbesondere die §§ 892, 932, 936, 1032, 1138, 1155, 1207, 1208, 1244 BGB.) entsprechende Anwendung, so daß das durch den Eintritt der Bedingung erlangte Recht gegenüber demjenigen versagt, der in Unkenntniß der dinglichen Gebundenheit des Verfügenden erworben hat[35]). Hat der Gebundene während der Schwebezeit das von der Bedingung abhängige Recht durch sein Verschulden vereitelt oder beeinträchtigt, so ist er im Falle des Eintritts der Bedingung dem anderen Theile zu Schadensersatz verpflichtet[36]).

Fällt bei dem aufschiebend bedingten Rechtsgeschäft die Bedingung aus, so entsteht die davon abhängig gemachte rechtliche Wirkung nicht.

Die rechtliche Wirkung eines unter einer auflösenden Bedingung vorgenommenen Rechtsgeschäfts ist bei Eintritt der Bedingung eine zeitlich beschränkte, mit dem Eintritte der Bedingung hebt sich das Recht ohne Zuthun der Betheiligten auf und fällt an den früheren Inhaber zurück. Auch der Eintritt der auflösenden Bedingung hat keine rückwirkende Kraft. Wem das Recht bedingt übertragen war, bleibt für die Zwischenzeit Berechtigter. Dingliche Gebundenheit besteht auch hier. Die Verfügungen desjenigen, dessen Recht mit dem Eintritt der Bedingung endigt, sind ebenso unwirksam wie die Verfügungen desjenigen, der unter einer aufschiebenden Bedingung über einen Gegenstand verfügt hat. Auch besteht eine gleiche Schadensersatzpflicht (wie bei der aufschiebenden Bedingung) zu Gunsten desjenigen, an den das Recht zurückfällt[37]).

Fällt die auflösende Bedingung aus, so hat das Rechtsgeschäft dieselbe Wirkung wie ein unbedingt vorgenommenes[38])[39]).

Bei den Rechten, die in das Grundbuch eingetragen werden,

---

[35]) §§ 158, 161 BGB. Das rechtskräftige Urtheil, welches in einem von dem Gebundenen über den Gegenstand der Verfügung geführten Prozeß ergeht, wirkt auch für und gegen den bedingt Berechtigten; mit dem Eintritt der Bedingung wird er Rechtsnachfolger der Partei. Planck 1 S. 208.

[36]) § 160 BGB. Vergl. § 916 CPO. § 154 KO.

[37]) §§ 158, 161, 160 BGB. Die Zurückbeziehung auf einen früheren Zeitpunkt kann nur mit obligatorischer Wirkung bedungen werden. § 159 BGB. — Derjenige, zu dessen Gunsten beim Eintritt der Bedingung der frühere Rechtszustand wiedereintritt, ist nicht Rechtsnachfolger des Gebundenen; das gegen diesen ergehende Urtheil wirkt nicht gegen ihn. Vergl. Planck 1 S. 208.

[38]) Wird der Eintritt der aufschiebenden oder auflösenden Bedingung von der Partei, zu deren Nachtheil er gereichen würde, wider Treu und Glauben verhindert, so gilt die Bedingung als eingetreten. Wird der Eintritt der Bedingung von der Partei, zu deren Vortheil er gereicht, wider Treu und Glauben herbeigeführt, so gilt der Eintritt als nicht erfolgt (§ 162 BGB.).

[39]) Was die Beweislast bei bedingten Rechtsgeschäften angeht, so trifft, wenn Beklagter einwendet, das Geschäft sei unter einer aufschiebenden Bedingung geschlossen, den Kläger die Beweislast für den bedingungslosen Abschluß; behauptet dagegen der Beklagte die Beifügung einer auflösenden Bedingung, so trifft den Beklagten selbst die Beweislast. Windscheid § 86 Z. 4 und 6. Entsch. d. Reichsg. 18, 158. 28, 145. Crome Allgem. Theil § 34 Z. 6. Kuhlenbeck § 158 Anm. 1 und 4, Jurist. Wochenschr. 1896 S. 429. Vergl. Mot. 1, 384.

bedarf auch die dem dinglichen Rechtsgeschäft beigefügte Bedingung der Eintragung. Das Grundbuch gibt aber nur über die Bedingtheit Auskunft; ob und wann eine Bedingung erfüllt ist, muß außerhalb des Grundbuchs ermittelt werden.

Einem Rechtsgeschäft kann ein bestimmter künftiger Zeitpunkt oder ein künftiges Ereigniß, dessen Eintritt gewiß ist, als Anfangstermin beigefügt werden in der Weise, daß die rechtliche Wirkung des Rechtsgeschäfts sofort eintritt, und nur die Geltendmachung auf den Anfangstermin hinausgeschoben wird [40]), es kann aber auch bei Vornahme eines Rechtsgeschäfts der Eintritt der durch das Rechtsgeschäft bezweckten rechtlichen Wirkung selbst auf einen Anfangstermin hinausgeschoben werden. Die Feststellung, ob im einzelnen Falle das Eine oder das Andere gewollt ist, ist Sache der Auslegung. Ist die Wirkung des Rechtsgeschäfts auf einen Anfangstermin hinausgeschoben, so finden die für die aufschiebende Bedingung geltenden Vorschriften der §§ 158, 160, 161 BGB. entsprechende Anwendung. Ist für die Wirkung eines Rechtsgeschäfts bei dessen Vornahme ein Endtermin bestimmt worden, so finden die für die auflösende Bedingung geltenden Vorschriften der §§ 158, 160, 161 entsprechende Anwendung [41]). Mit dem Eintritt des Endtermins tritt der frühere Rechtszustand von selbst ein.

Rechtsgeschäfte können durch Vertreter abgeschlossen werden. Keine Vertretung liegt vor, wenn der Wille einer Person durch eine andere Person kundgegeben wird. Derjenige, der den Willen eines Anderen übermittelt, ist Bote, nicht Vertreter; er erscheint rechtlich als bloßes Werkzeug.

Ein Rechtsgeschäft kommt durch die Mitwirkung eines Vertreters zu Stande, wenn die in dem Rechtsgeschäft abgegebene Erklärung den eigenen Willen des Erklärenden zum Ausdruck bringt, das Rechtsgeschäft aber nicht als von dem Erklärenden, sondern von einem Dritten abgeschlossen rechtlich in Betracht kommt. Damit diese Wirkung eintreten kann, muß der Handelnde Vertretungsmacht haben und es muß auch bei Abgabe der Willenserklärung durch den Vertreter oder ihm gegenüber erkennbar gemacht werden [42]), daß die Wirkung

---

[40]) Entw. I § 141.

[41]) § 163 BGB.

[42]) Es macht keinen Unterschied, ob die Erklärung ausdrücklich im Namen des Vertretenen erfolgt oder ob die Umstände ergeben, daß sie in dessen Namen erfolgen soll. § 164 Abs. 1 und 3 BGB. Tritt der Wille in fremdem Namen zu handeln, nicht erkennbar hervor, so kommt der Mangel des Willens, im eigenen Namen zu handeln, nicht in Betracht (§ 164 Abs. 2 BGB.). Nach Planck 1 S. 211 ist diese Bestimmung dahin zu verstehen, daß in einem solchen Falle die Erklärung als von dem Erklärenden im eigenen Namen abgegeben gilt und ihre rechtlichen Wirkungen (Verpflichtungen und Rechte) in seiner Person eintreten. Diese Auslegung wird als richtig erscheinen müssen, weil eine solche Norm schon in dem heutigen Rechte sich findet. Preuß. Landrecht: Reichsg. 2. Januar 1897, Jur. Wochenschr. 1897 S. 93 Ziff. 44. Franz. Recht: Zach.-Crome 2 S. 696, Reichsg. 29. Januar 1897, Jur. Wochenschr. 1897 S. 163 Ziff. 59,

nicht für ihn, sondern für den Vertretenen eintreten soll. Da das Gesetz unter Vertretung nur eine Vertretung im Willen versteht, die Willenserklärung eines Geschäftsunfähigen aber nichtig und eine dem Geschäftsunfähigen gegenüber abgegebene empfangsbedürftige Willenserklärung nicht wirksam ist (§§ 105, 131 BGB.), so kann Vertreter nur sein, wer nicht geschäftsunfähig ist. Dagegen wird die Wirksamkeit einer von oder gegenüber einem Vertreter abgegebenen Willenserklärung nicht dadurch beeinträchtigt, daß der Vertreter in der Geschäftsfähigkeit beschränkt ist[43]), gleichgiltig, ob die Vertretung eine gesetzliche ist oder auf Rechtsgeschäft beruht. Die durch Rechtsgeschäft (also durch Willenserklärung) ertheilte Vertretungsmacht heißt Vollmacht. Die Ertheilung erfolgt durch Erklärung gegenüber dem zu Bevollmächtigenden oder dem Dritten, dem gegenüber die Vertretung stattfinden soll[44]). Vertretung ist bei allen Rechtsgeschäften zulässig, soweit das Gesetz nicht anders bestimmt (z. B. §§ 1317, 1336).

Die Erfordernisse der Willenserklärung werden aus der Person des Vertreters beurtheilt. Soweit die rechtlichen Folgen einer Willenserklärung durch Willensmängel oder durch die Kenntniß oder das Kennenmüssen gewisser Umstände beeinflußt werden, kommt nicht die Person des Vertretenen, sondern die Person des Vertreters in Betracht. Beruht jedoch die Vertretung auf einer Vollmacht und hat der Vertreter nach bestimmten Weisungen des Vollmachtgebers gehandelt, so kann der Vollmachtgeber in Ansehung solcher Umstände, die er selbst kannte, sich nicht auf die Unkenntniß des Vertreters berufen. Die Unkenntniß des Vertreters nützt ihm in einem solchen Falle nicht; hat der Vertreter Kenntniß, so kommt es auf die Frage, ob der Vertretene Kenntniß hat, überhaupt nicht an. Kennt der Vollmachtgeber z. B. die Unrichtigkeit des Grundbuchs und weist er Jemanden an, das Grundstück von dem Nichtberechtigten zu erwerben, so kann er sich auf die Unkenntniß des Vertreters (§ 892 BGB.) nicht berufen. Dasselbe gilt von Umständen, die der Vollmachtgeber kennen mußte, sofern das Kennenmüssen der Kenntniß gleichsteht (§§ 122, 932 u. a.)[45])[46]).

Tritt Jemand als Vertreter eines Anderen auf, ohne Vertretungsmacht zu haben, sei es, daß er überhaupt keine Vertretungsbefugniß hat, sei es, daß er seine Befugnisse überschreitet, so ist zu unterscheiden, ob es sich um einen Vertrag oder um ein einseitiges

---

13. Juli 1883 Buch. Zeitschr. 15 S. 67. Gemeines Recht: Entsch. d. Reichsg. 2 S. 167. A. A. außer Eck Vorträge S. 66 Kuhlenbeck § 164 Anm. 3.

[43]) § 165 BGB.

[44]) § 167 BGB. Die Erklärung bedarf nicht der Form, welche für das Rechtsgeschäft bestimmt ist, auf das sich die Vollmacht bezieht.

[45]) § 166 BGB. Da die rechtlichen Wirkungen des Rechtsgeschäfts in der Person des Vertretenen eintreten, muß die Fähigkeit, die durch das Rechtsgeschäft begründeten Rechte zu erwerben, in der Person des Vertretenen vorhanden sein (s. z. B. Art. 88 Einf.Ges. z. BGB.). Planck 1 S. 215.

[46]) Erlöschen der Vollmacht §§ 168 ff. BGB.

Rechtsgeschäft handelt. Schließt Jemand ohne Vertretungsmacht im Namen eines Anderen einen Vertrag, so hängt die Wirksamkeit des Vertrags für und gegen den Vertretenen von dessen Genehmigung ab. Bis zur Genehmigung des Vertrages ist der andere Theil zum Widerrufe berechtigt, sofern er nicht den Mangel der Vertretungsmacht bei dem Abschlusse des Vertrags gekannt hat[47]). Bei einem einseitigen Rechtsgeschäft ist Vertretung ohne Vertretungsmacht unzulässig. Handelt es sich aber um ein empfangsbedürftiges einseitiges Rechtsgeschäft, so finden die Vorschriften über Verträge entsprechende Anwendung, wenn derjenige, welchem gegenüber das Rechtsgeschäft vorzunehmen war, die von dem Vertreter behauptete Vertretungsmacht bei der Vornahme des Rechtsgeschäfts nicht beanstandet hat oder damit einverstanden gewesen ist, daß der Vertreter ohne Vertretungsmacht handele, ferner wenn ein einseitiges Rechtsgeschäft gegenüber einem Vertreter ohne Vertretungsmacht mit dessen Einverständniß vorgenommen ist[48]). Demnach hängt in solchen Fällen die Wirksamkeit des Rechtsgeschäfts von der Genehmigung des Vertretenen ab.

Mit sich im eigenen Namen oder als Vertreter eines Dritten kann ein Vertreter regelmäßig kein Rechtsgeschäft vornehmen, ausnahmsweise ist es zulässig, wenn das vorzunehmende Rechtsgeschäft ausschließlich in der Erfüllung einer Verbindlichkeit besteht (z. B. Zahlung) oder wenn das Selbstkontrahiren dem Vertreter sei es durch das Gesetz oder durch die Vollmacht gestattet ist[49]). Selbstverständlich muß dem Vertreter zur Vornahme des beabsichtigten Geschäftes überhaupt Vertretungsmacht zustehen und muß das Rechtsgeschäft in irgend einer Weise (z. B. durch Eintragen in ein Buch) in die äußere Erscheinung treten.

Wie schon angeführt, hängt die Wirksamkeit der Rechtsgeschäfte der beschränkt geschäftsfähigen Personen von der Einwilligung oder der Genehmigung dritter Personen, die Wirksamkeit der Rechtsgeschäfte der Vertreter ohne Vertretungsmacht von der Genehmigung der Vertretenen ab; ebenso bedarf es der Zustimmung eines Dritten, wenn ein Nichtberechtigter über einen Gegenstand verfügt, oder wenn Jemand, indem er über ein ihm zustehendes Recht verfügt, ein fremdes Recht beeinträchtigt. Für die Fälle, in denen die Wirksamkeit eines Vertrages oder eines empfangsbedürftigen einseitigen Rechtsgeschäfts von der Zustimmung eines Dritten abhängt, gibt das BGB. einige allgemeine Vorschriften. Die Ertheilung oder die Verweigerung der Zustimmung des Dritten kann sowohl dem einen als dem anderen Theile gegenüber erklärt werden, sie muß entweder dem einen oder dem anderen Theile gegenüber erklärt werden[50]). Die Zustimmung

[47]) §§ 177, 178 BGB. Haftung des angeblichen Vertreters nach § 179 BGB.

[48]) § 180 BGB. Wird ein einseitiges Rechtsgeschäft einer Behörde gegenüber vorgenommen, so ist die Vertretungsmacht nachzuweisen. Planck 1 S. 230.

[49]) § 181 BGB.

[50]) Die Zustimmung ist also selbst ein einseitiges empfangsbedürftiges Rechtsgeschäft.

bedarf keiner besondern Form; wird aber ein einseitiges empfangsbedürftiges Rechtsgeschäft mit Zustimmung des Dritten vorgenommen, so ist das Rechtsgeschäft unwirksam, wenn diese Zustimmung nicht in schriftlicher Form vorgelegt wird und der Andere das Rechtsgeschäft aus diesem Grunde unverzüglich zurückweist, doch ist die Zurückweisung ausgeschlossen, wenn der Dritte den Anderen von der Zustimmung in Kenntniß gesetzt hatte[51]). Die vorherige Zustimmung wird als Einwilligung bezeichnet; sie ist bis zur Vornahme des Rechtsgeschäfts widerruflich, soweit sich nicht aus dem ihrer Ertheilung zu Grunde liegenden Rechtsverhältnisse ein Anderes ergibt. Der Widerruf kann sowohl dem einen als dem anderen Theile gegenüber erklärt werden[52]). Die Widerruflichkeit ist gesetzlich ausgeschlossen in den Fällen der §§ 876, 880, 1071, 1245, 1255, 1276 u. a. Die nachträgliche Zustimmung wird Genehmigung genannt. Sie wirkt auf den Zeitpunkt der Vornahme des Rechtsgeschäfts zurück, soweit nicht ein Anderes bestimmt ist. Das genehmigte Rechtsgeschäft gilt als von Anfang ab wirksam; jedoch werden durch die Rückwirkung Verfügungen nicht unwirksam, die vor der Genehmigung von dem Genehmigenden über den Gegenstand des Rechtsgeschäfts getroffen worden oder im Wege der Zwangsvollstreckung oder der Arrestvollziehung oder durch den Konkursverwalter erfolgt sind[53]). Widerruflich ist eine ertheilte Genehmigung nicht. Die Weigerung, eine Genehmigung zu ertheilen, steht einer späteren Genehmigung nicht im Wege, vorausgesetzt, daß durch die Erklärung, nicht zu genehmigen, nicht das zu genehmigende Rechtsgeschäft zu bestehen aufgehört hat[54]).

Für Verfügungen, also für einseitige oder mehrseitige Rechtsgeschäfte, durch welche unmittelbar ein Recht übertragen, belastet, geändert oder aufgehoben wird[55]), gilt noch eine besondere Bestimmung. Eine Verfügung, die ein Nichtberechtigter über einen Gegenstand trifft, ist wirksam, wenn sie mit Einwilligung des Berechtigten erfolgt, sie wird (mit rückwirkender Kraft § 184) wirksam, wenn der Berechtigte sie genehmigt. Die Verfügung wird ohne rückwirkende Kraft wirksam, wenn der Verfügende den Gegenstand erwirbt oder wenn der Verfügende von dem Berechtigten beerbt wird und dieser für die Nachlaßverbindlichkeiten unbeschränkt haftet; sind mehrere mit einander nicht in Einklang stehende Verfügungen getroffen worden, so wird nur die frühere Verfügung wirksam[56]).

---

[51]) § 182 BGB.

[52]) § 183 BGB. Ueber die Anwendbarkeit der §§ 170—173 s. Planck 1 S. 235.

[53]) § 184 BGB.

[54]) Vergl. §§ 108, 177, 415 BGB. Planck 1 S. 237.

[55]) S. Ziff. 25.

[56]) § 185 BGB.

I. Abschnitt.

Die Grundbucheinrichtung.

§ 6. Grundsätze.

Da die dinglichen Rechte regelmäßig gegen Alle wirken [1]), erscheint es nothwendig, sie auch für Alle erkennbar zu machen. Bei den beweglichen Sachen dient zur Kenntlichmachung der Besitz, bei den unbeweglichen werden die Rechtsverhältnisse erkennbar gemacht durch die Eintragung in ein öffentliches Buch, das Grundbuch.

Die Voraussetzung der Rechte an einer fremden Sache ist das Eigenthum, welches durch diese Rechte eingeengt wird, die Voraussetzung des Eigenthums ist der Gegenstand, welchen es ergreift. Die Aufgaben der Grundbucheinrichtung sind daher darin zu erblicken, die Grundstücke, deren Rechtsverhältnisse erkennbar gemacht werden sollen, zu ermitteln und so zu bezeichnen, daß sie mit Sicherheit in der Natur aufzufinden sind, das Eigenthum zu sichern und zu befestigen und die sonstigen Rechte an den Grundstücken darzustellen. Nach dem Grundbuchsystem wird das Eigentum um seiner selbst willen, nicht bloß der Hypotheken wegen veröffentlicht [2]).

Als Hauptgrundsätze des Grundbuchrechts sind hervorzuheben das Eintragungsprinzip, das Prinzip des dinglichen Vertrags (auch materielles Konsensprinzip genannt) und der Grundsatz des öffentlichen Glaubens des Grundbuchs (auch Oeffentlichkeitsprinzip im materiellen Sinne genannt) [3]).

Das Eintragungsprinzip bedeutet nicht, daß der Eintritt einer

---

Zu § 6.

[1]) S. § 3 Text bei Ziff. 10.

[2]) Mot. 3, 19.

[3]) Als formelles Konsensprinzip wird die Norm des § 19 GBO. bezeichnet, wonach eine Eintragung auf Bewilligung desjenigen erfolgt, dessen Recht von ihr betroffen wird, ohne daß geprüft wird, ob die materiellrechtlichen Voraussetzungen der Rechtsänderung vorliegen (vergl. Mot. 3, 158); Ausnahmen s. §§ 20 ff. GBO. Der Name Oeffentlichkeitsprinzip im formellen Sinne oder formelles Publizitätsprinzip wird für die Norm des § 11 GBO. beliebt, wonach die Einsicht des Grundbuchs demjenigen gestattet ist, der ein berechtigtes Interesse darlegt. Strecker S. 18 führt 8 Grundsätze des deutschen Grundbuchrechts an, jeder Grundsatz hat einen Namen, als ob er dem corpus juris entstammte, das Eintragungsprinzip bildet die einzige Ausnahme. Außer den schon erwähnten sog. Prinzipien spricht man noch von einem Prioritätsprinzip (§ 879 BGB.), einem Specialitätsprinzip (Strecker S. 21: Der Grundsatz, daß die Grundstücke und Rechte, welche von einer Eintragung betroffen werden, und ebenso der Inhalt der eingetragenen Rechte bestimmt bezeichnet werden müssen; Förtsch S. 75: Das

jeden Rechtsänderung von der Eintragung und nur von der Eintragung abhängig ist. Nur die rechtsgeschäftliche Rechtsänderung, die Aenderung auf Grund eines Rechtsgeschäfts, tritt (in der Regel) nicht ein, wenn sie nicht in das Grundbuch eingetragen ist. Wenn aber die Eintragung — unter Eintragung ist auch die Eintragung eines Löschungsvermerks, also die Löschung[4]) zu verstehen — erfolgt, so bewirkt die Eintragung die Rechtsänderung nicht für sich allein; die Eintragung schafft nicht Recht, sie ist nur eines der Erfordernisse der Rechtsänderung. Ein weiteres Erforderniß der Rechtsänderung ist das dingliche Rechtsgeschäft, nämlich die Einigung der Betheiligten oder, in bestimmten Fällen die einseitige Erklärung des Berechtigten (Konsensprinzip oder Prinzip des dinglichen Vertrags). Der abstrakte Konsens der Betheiligten[5]) in Verbindung mit der Eintragung vermittelt die Rechtsänderung. Wenn aber auch die Eintragung für sich allein nicht Recht schafft, so begründet sie doch die Vermuthung, daß, wenn im Grundbuch für Jemand ein Recht eingetragen ist, ihm das Recht zustehe, und daß, wenn im Grundbuch ein eingetragenes Recht gelöscht oder ein eintragungsfähiges Recht nicht eingetragen ist, das Recht nicht bestehe[6]). Die durch das Grundbuch festgestellte Erwerbung oder Aufhebung eines Rechtes gilt für und gegen denjenigen, der von einer solchen Feststellung betroffen wird, als bewiesen, bis dieser Beweis durch Gegenbeweis entkräftet wird[7]), gleichgiltig, ob dingliche oder persönliche Ansprüche geltend gemacht werden. Die bezeichnete Vermuthung ist ausgeschlossen, soweit Einträge im Grundbuche sich widersprechen[8])[9]).

Prinzip, daß bei allen Eintragungen im Grundbuch immer die einzelnen Grundstücke bezeichnet werden, auf die sie sich beziehen), endlich von einem Legalitätsprinzip (§ 46 der Preuß. Grundbuchordnung vom 5. Mai 1872: „Der Grundbuchrichter ist verpflichtet, die Rechtsgiltigkeit der vollzogenen Auflassung, Eintragungs- oder Löschungsbewilligung nach Form und Inhalt zu prüfen." Vergl. § 29 GBO.).

[4]) § 47 GBO.

[5]) S. § 5 Text bei Ziff. 27.

[6]) Vergl. § 891 BGB. Nur für Rechte gilt diese Vermuthung, und zwar für Eigenthum und für begrenzte Rechte und für Rechte an Rechten; bei Briefhypotheken, Brief-Grund- und Brief-Rentenschulden tritt an die Stelle der Eintragung der Besitz des Briefes §§ 1117, 1155 BGB. Bucheinträge über thatsächliche Verhältnisse z. B. über Größe und Werth des Grundstücks haben die Vermuthung der Richtigkeit nicht für sich. In § 1138 BGB. ist die Vorschrift des § 891 ausgedehnt auf die persönliche Forderung des Hypothekgläubigers und auf die dem Eigenthümer nach § 1137 zustehenden Einreden. Im Falle des § 1148 wird aus der Vermuthung eine Fiktion: Bei der Verfolgung des Rechtes aus der Hypothek gilt zu Gunsten des Gläubigers derjenige, welcher im Grundbuch als Eigenthümer eingetragen ist, als der Eigenthümer.

[7]) § 292 CPO.

[8]) Dernburg S. 142.

[9]) Die Bestimmung des § 891 kommt auch zur Anwendung für Rechte, welche zu der Zeit bestehen, zu welcher das Grundbuch als angelegt anzusehen ist. Vergl. Biermann § 891 Anm. Art. 189 Einf. BGB.

§ 7. Der öffentliche Glaube des Grundbuchs.

Vermöge des öffentlichen Glaubens, der dem Grundbuch beigelegt wird, gilt der Inhalt des Grundbuchs als richtig zu Gunsten desjenigen, welcher ein Recht an einem Grundstück oder ein Recht an einem solchen Rechte durch Rechtsgeschäft erwirbt, es sei denn, daß ein Widerspruch gegen die Richtigkeit eingetragen oder die Unrichtigkeit dem Erwerber bekannt ist (§ 892 BGB.).

Während die Vorschrift des § 891 BGB. nur eine Vermuthung begründet, die durch Gegenbeweis entkräftet werden kann, stellt § 892 eine Fiktion auf. Der Inhalt des Grundbuchs gilt als richtig, auch wenn er der wirklichen Rechtslage nicht entspricht; Gegenbeweis ist ausgeschlossen. Den Inhalt des Grundbuchs, der als richtig zu gelten hat, bilden die gesammten Einträge, welche sich auf die dinglichen Rechtsverhältnisse des Grundstücks beziehen, ohne Rücksicht darauf, in welcher Abtheilung des Buches sie sich vorfinden. Wenn Einträge sich widersprechen, hat weder der eine noch der andere Eintrag den öffentlichen Glauben für sich. Die Einträge gelten als der wirklichen Rechtslage entsprechend, sollten sie selbst mit ihr in Widerspruch stehen[1]), sie gelten auch als vollständig, eintragungsfähige, aber nicht eingetragene Rechte gelten als nicht bestehend, gelöschte als aufgehoben[2]). Bei der Abtretung einer Sicherungshypothek z. B. gilt der als Gläubiger Eingetragene als dinglich Berechtigter, das Grundstück gilt als für den angegebenen Betrag belastet, das dingliche Recht gilt als mit dem angegebenen Range versehen, andere Rechte endlich außer den eingetragenen gelten (soweit sie eintragungsfähig sind[3])) als nicht bestehend. Die Angaben des Grundbuchs über Lage, Größe, Werth der Grundstücke werden von dem öffentlichen Glauben des Grundbuchs nicht gedeckt[4]), ebenso kommt nur dem Inhalte der Urkunden, auf die im Grundbuche Bezug genommen ist[5]), nicht dem Inhalte sonstiger Urkunden, Grundakten oder den über Grundbucheinträge ausgefertigten Urkunden öffentlicher Glaube im Sinne des § 892 zu[6]).

Die Fiktion gilt nur zu Gunsten des Erwerbs durch Rechts-

Zu § 7.

[1]) Positive Richtung des öffentlichen Glaubens des Grundbuchs.

[2]) Negative Richtung des öffentlichen Glaubens. Strecker S. 87, Dernburg S. 135.

[3]) Auch Rechte, welche zu ihrer Entstehung der Eintragung nicht bedürfen, aber der Eintragung fähig sind (§§ 1075, 1287 BGB.), fallen unter § 892, dagegen nicht die Rechte, welche der Eintragung nicht fähig sind (§§ 914, 917). Biermann S. 42 Anm. b, Strecker 87, 88.

[4]) Denkschrift zu § 2 GBO.

[5]) Vergl. § 874 GBO.

[6]) Dernburg S. 134. — Auf den öffentlichen Glauben des Grundbuchs kann sich auch nicht berufen, wer von einer Person erwirbt, die fälschlich unter dem Namen des Eingetragenen verfügt hat, denn nicht sein Vertrauen auf das Buch, sondern sein Vertrauen auf die Person des Kontrahenten hat ihn getäuscht.

geschäft. Der Erwerb im Wege der Zwangsvollstreckung oder der Arrestvollziehung steht dem rechtsgeschäftlichen Erwerbe nicht gleich, vorausgesetzt, daß nicht der als Berechtigter eingetragene Schuldner verurtheilt ist, in eine Rechtshandlung zu willigen (§ 894 CPO.); in diesem Falle — Verurtheilung zur Abgabe einer Willenserklärung — handelt es sich um einen rechtsgeschäftlichen Erwerb, der nicht anders zu beurtheilen ist als wenn der Schuldner das Recht freiwillig bestellt (§ 898 CPO.). Der Schutz des § 892 wird sonach nicht gewährt dem pfändenden Gläubiger, mag ihm eine eingetragene Forderung zur Einziehung oder an Zahlungsstatt überwiesen sein, und nicht dem Gläubiger, für den eine Zwangs- oder Arresthypothek eingetragen ist[7]). Auch dem Erwerb, der kraft Gesetzes vor sich geht, kommt die Bestimmung des § 892 nicht zu Statten. Kraft Gesetzes, nicht durch Rechtsgeschäft, vollzieht sich die Erwerbung der ehelichen und der elterlichen Nutznießung (§ 1363 und § 1649 BGB.) und die mit dem Gütergemeinschaftsvertrage eintretende Rechtsgemeinschaft der Ehegatten an dem unbeweglichen Vermögen (§§ 1438 Abs. 2, 1519 BGB.)[8]). Nicht zu dem rechtsgeschäftlichen Erwerb gehört ferner der Erwerb durch Zwangsversteigerung (§ 90 ZVG.). Der Charakter des Erwerbs durch Zwangsenteignung und einer agrarrechtlichen Erwerbung bestimmt sich nach den Landesgesetzen (Art. 109, 113 Einf. z. BGB.). Der Erbe kann, da er das Vermögen des Erblassers nicht nur in aktiver, sondern auch in passiver Beziehung erwirbt, auf den öffentlichen Glauben des Grundbuchs für seinen Erwerb sich nicht berufen, auch wenn er durch Testament bestimmt ist; die Berufung auf § 892 steht ihm nur aus der Person des Erblassers zu[8]).

Der rechtsgeschäftliche Erwerb steht unter dem Schutze des öffentlichen Glaubens des Grundbuchs ohne Unterschied, ob es entgeltlicher oder unentgeltlicher[9]) Erwerb ist, er wird auch geschützt, wenn die Eintragung in das Grundbuch keine Voraussetzung des Erwerbes ist.

Die Fiktion der Richtigkeit des Grundbuchinhaltes gilt nicht nur zu Gunsten desjenigen, der ein Recht an einem Grundstück oder ein Recht an einem solchen Rechte durch Rechtsgeschäft erwirbt, sie findet auch Anwendung, wenn an denjenigen, für welchen ein Recht im Grundbuch eingetragen ist, auf Grund dieses Rechtes eine Leistung (z. B. Zinszahlung[10]) bewirkt oder wenn zwischen ihm und einem Andern in Ansehung dieses Rechtes ein nicht unter die Vorschriften des § 892 fallendes Rechts-

[7]) Haidlen, 2, 84, Kom.Prot. 3 S. 78.

[8]) Mot. 3, 214.

[9]) Ein Unterschied besteht allerdings in Folge der Bestimmung des § 816 BGB.

[10]) Kapitalzahlungen auf Briefhypotheken und Briefgrundschulden gehören nicht hierher, bei solchen Leistungen hat sich der Gläubiger durch Vorlegung des Briefs zu legitimiren (§§ 1144, 1145, 1150 BGB.). Biermann S. 43. Kom. Prot. 3 S. 86.

geschäft vorgenommen wird, das eine Verfügung über das Recht enthält (wenn z. B. der eingetragene Nichtberechtigte einem Anderen gegenüber [11]) auf das Recht verzichtet, eine Hypothek gekündigt wird) [12]). Auch bei den hier in Frage kommenden Rechtsgeschäften steht die erzwungene Willenserklärung (§ 894 CPO.) der freiwilligen gleich [13]).

Der Grundsatz des öffentlichen Glaubens des Grundbuchs gilt nicht ausnahmslos; im Falle des § 1028 BGB. finden die Vorschriften des § 892 keine Anwendung, ebenso nicht in den Fällen der §§ 1158, 1159. Grunddienstbarkeiten des bisherigen Rechts sind eintragungsfähig, bedürfen aber zur Erhaltung der Wirksamkeit gegenüber dem öffentlichen Glauben des Grundbuchs nicht der Eintragung (Art. 187 Einf.Ges. z. BGB.). Gesetzliche Pfandrechte des bisherigen Rechtes können durch landesherrliche Verordnung dem öffentlichen Glauben des Grundbuchs entzogen werden, ebenso dingliche Mieth- und Pachtrechte (Art. 188 Einf.Ges. z. BGB.). Ablösungsrenten und Reallasten der in Art. 114 Einf.Ges. z. BGB. bezeichneten Art bedürfen nach landesgesetzlicher Vorschrift zur Wirksamkeit gegenüber dem öffentlichen Glauben des Grundbuchs nicht der Eintragung.

Auf der andern Seite erscheint der Grundsatz des öffentlichen Glaubens des Grundbuchs erweitert in der Bestimmung des § 1138 BGB. Nicht allein das dingliche Recht steht bei der gewöhnlichen Hypothek unter der Wirkung des öffentlichen Glaubens des Grundbuchs, sondern auch die persönliche Forderung des Hypothekgläubigers nebst den dem Eigenthümer nach § 1137 zustehenden Einreden; auch bezüglich der persönlichen (durch die Hypothek gesicherten) Forderung gilt der Inhalt des Grundbuchs als richtig und es sind die bezeichneten Einreden ebenso gut ausgeschlossen, wie nach § 892 die Einwendungen gegen das dingliche Recht [14]). Vergl. auch § 1157 BGB.

Der öffentliche Glaube des Grundbuchs erstreckt sich auch auf Verfügungsbeschränkungen. Ist der Berechtigte in der Verfügung über ein im Grundbuch eingetragenes Recht zu Gunsten einer bestimmten Person beschränkt, so ist diese Beschränkung demjenigen gegenüber, der ein Recht an einem Grundstück oder ein Recht an einem solchen Rechte durch Rechtsgeschäft erwirbt, nur wirksam, wenn sie aus dem Grundbuch ersichtlich oder dem Erwerber bekannt ist [15]).

---

[11]) Wird der Verzicht dem Grundbuchamt gegenüber erklärt (§ 875 BGB.), so kommt die Vorschrift nicht zur Anwendung. Biermann S. 43. Vergl. Kom.-Prot. 3 S. 87.

[12]) § 893 BGB. Die Rücksicht auf die Sicherheit im Rechtsverkehr verlangt, daß diese Rechtsgeschäfte zu Gunsten des bei seiner Vornahme aktiv oder passiv betheiligten Dritten, welcher die durch das Grundbuch verdeckte Sachlage nicht kannte, als giltig behandelt werden. Mot. 3, 223.

[13]) Die Prozeßführung ist kein Rechtsgeschäft; der den Rechtsgeschäften gewährte Schutz erstreckt sich demnach nicht auf die Prozeßführung mit demjenigen, der als Berechtigter in das Grundbuch eingetragen ist, ohne daß ihm das Recht zusteht. Mot. 3, 223.

[14]) Strecker S. 91, Hachenburg S. 271, Endemann 2 S. 242.

[15]) § 892 BGB.

Zu den Verfügungsbeschränkungen, von denen hier die Rede ist, gehören nicht die Fälle, in denen der Berechtigte über das für ihn eingetragene Recht nicht verfügen kann, weil er geschäftsunfähig oder in der Geschäftsfähigkeit beschränkt ist. Eine Eintragung, die sich nur auf die Willenserklärung einer solchen Person zu stützen vermag, ist in Folge der Nichtigkeit dieser Erklärung unzulässig, und, wenn sie gleichwohl vorgenommen wird, wirkungslos. Auch kommen hier nicht in Betracht die im öffentlichen Interesse verhängten Verfügungsbeschränkungen; diese wirken gegen Jedermann, gleichviel, ob sie in das Grundbuch eingetragen sind oder nicht[16]). Es gehören hierher nur die zum Schutze des Interesses bestimmter Personen dienenden Verfügungsbeschränkungen. Solche Verfügungsbeschränkungen können durch das Gesetz oder durch eine gerichtliche Anordnung oder durch Rechtsgeschäft begründet sein. Verfügungen, die gegen ein gesetzliches Verbot verstoßen, sind in der Regel nichtig (§ 134 BGB.), handelt es sich aber um ein gesetzliches Veräußerungsverbot, das nur den Schutz bestimmter Personen bezweckt, so ist die dagegen verstoßende Verfügung[17]) nur diesen Personen gegenüber unwirksam. Auch wenn sich das Veräußerungsverbot auf ein im Grundbuch eingetragenes Recht bezieht, bedarf es, um gegen Dritte wirksam zu sein, nicht selbst der Eintragung, aber es finden die Vorschriften zu Gunsten derjenigen, welche Rechte von einem Nichtberechtigten entsprechende Anwendung[18]); damit also die Verfügungsbeschränkung demjenigen, der durch Rechtsgeschäft ein Recht an einem Grundstück oder ein Recht an einem solchen Rechte erwirbt, entgegengehalten werden kann, muß sie aus dem Grundbuch ersichtlich oder dem Erwerber bekannt sein. So sind im Interesse der Konkursgläubiger und den Konkursgläubigern gegenüber Rechtshandlungen, welche der Gemeinschuldner nach der Eröffnung des Verfahrens vornimmt, unwirksam, vorbehaltlich der Bestimmungen der §§ 892, 893 BGB.[19]) Für den Fall der Rechtshängigkeit bestimmt § 266 CPO., daß, wenn über das Bestehen oder Nichtbestehen eines Rechtes, welches für ein Grundstück in Anspruch genommen wird, oder einer Verpflichtung, welche auf einem Grundstücke ruhen soll, zwischen dem Besitzer und einem Dritten ein Rechtsstreit anhängig ist, im Falle der Veräußerung des Grundstücks der Rechtsnachfolger berechtigt und auf Antrag des Gegners verpflichtet ist, den Rechtsstreit in der Lage, in welcher er sich befindet, als Hauptpartei zu übernehmen. Diese Verpflichtung hat aber der Rechts-

---

[16]) Die Mot. 3, 216 führen hiezu an § 93 Strafges.B., § 480 StPO., ferner die gesetzlichen Verbote der Theilung oder Zusammenschlagung gewisser Grundstücke (Art. 119 Einf.Ges. z. BGB.).

[17]) Der rechtsgeschäftlichen Verfügung steht eine Verfügung gleich, die im Wege der Zwangsvollstreckung oder der Arrestvollziehung erfolgt. § 135 BGB.

[18]) § 135 Abs. 2 BGB.

[19]) § 7 KO. Durch die Bekanntmachung des Eröffnungsbeschlusses wird die Berufung auf den guten Glauben des Erwerbers nicht ausgeschlossen.

nachfolger nicht, wenn die Verfügungsbeschränkung des Rechtsvorgängers nicht aus dem Grundbuch ersichtlich oder ihm bekannt ist. Vergl. § 325 Abs. 2 CPO. Hierher gehört auch die Beschränkung der Verfügungsbefugniß des Vorerben (§§ 2113, 2129) und des Erben bei Verwaltung durch Testamentsvollstrecker (§ 2211 BGB.); vergl. §§ 52, 53 GBO.

Die Beschränkung des Verfügungsrechts der Ehefrau (§§ 1395 ff. BGB.) ist zwar zum Schutze des Interesses einer bestimmten Person, des Ehemannes, festgesetzt, einer Eintragung in das Grundbuch bedarf es aber nicht, die Beschränkungen muß ein Dritter auch dann gegen sich gelten lassen, wenn er nicht gewußt hat, daß die Frau eine Ehefrau ist[20][21].

Ein Veräußerungsverbot, das von einem Gericht oder von einer anderen Behörde innerhalb ihrer Zuständigkeit erlassen wird, steht einem gesetzlichen Veräußerungsverbote gleich (§ 136), ist also ohne Eintragung wirksam, aber eine gegen ein amtliches Veräußerungsverbot verstoßende Verfügung ist nur den Personen gegenüber unwirksam, zu deren Schutz es bestimmt ist, auch finden die Vorschriften zu Gunsten derjenigen, welche Rechte von Nichtberechtigten erwerben, entsprechende Anwendung. Ist demgemäß der Berechtigte in der Verfügung über ein im Grundbuch eingetragenes Recht durch amtliches Verbot zu Gunsten einer bestimmten Person beschränkt, so

---

[20]) § 1404 BGB. Ist die Eintragung überhaupt zulässig? Die Mot. 4, 238 sagen: „Eine Bestimmung des Inhalts, daß die Eintragung in das Grundbuch zur Begründung der ehelichen Nutznießung und Verwaltung und zur Wirksamkeit der damit verbundenen Beschränkung des Verfügungsrechtes der Ehefrau in Ansehung des Ehegutes weder erforderlich noch zulässig sein soll, ist entbehrlich. . . . Anlangend die mit der Eheschließung kraft des Gesetzes eintretende Verfügungsbeschränkung der Ehefrau, so läßt die Bestimmung des § 1305 (Gesetz § 1404) in Verbindung mit dem Zwecke der im § 837 (Gesetz § 892) vorgeschriebenen Eintragung einer Verfügungsbeschränkung keinen Zweifel darüber aufkommen, daß Dritte sich auf den Mangel des Eintrags der Beschränkung des Verfügungsrechtes der Ehefrau nach Maßgabe des § 837 (Gesetz 892) nicht berufen können. Daß aber andererseits die Eintragung der ehelichen Nutznießung und Verwaltung und der Verfügungsbeschränkung in das Grundbuch nicht zulässig ist, folgt aus dem Grundsatze des Grundbuchrechtes, daß die Zulässigkeit einer Eintragung immer besonders bestimmt werden muß und überhaupt Eintragungen, an welche sich eine rechtliche Wirkung nicht knüpft, unzulässig sind." In Uebereinstimmung hiemit enthielt § 37 des Entw. I der GBO. die Bestimmung: „Die Eintragung der ehelichen Nutznießung und Verwaltung sowie der elterlichen Nutznießung ist nicht zulässig." In der GBO. findet sich eine derartige Bestimmung nicht. Reichsgesetzlich dürfte gegen die Zulässigkeit solcher Eintragungen im Hinblick auf § 894 BGB. nichts einzuwenden sein; vergl. § 1438 Abs. 3, § 1485 Abs. 3 BGB.

[21]) Biermann S. 42 rechnet die Verfügungsbeschränkung der unter gesetzlichem Güterrecht stehenden Ehefrau zu den Verfügungsbeschränkungen, die im öffentlichen Interesse gegeben sind, und sagt alsdann: „anders bei vertragsmäßigem Güterrecht vergl. z. B. § 1445." Was § 1445 anlangt, so handelt es sich dort nicht um Eigenthum des Mannes oder der Frau, sondern um Gesammtgut, gemeinschaftliches Vermögen beider Ehegatten.

ist die Beschränkung dem Erwerber gegenüber nur wirksam, wenn sie aus dem Grundbuch ersichtlich oder dem Erwerber bekannt ist.

Zu den gerichtlichen Verfügungsbeschränkungen zu Gunsten bestimmter Personen sind zu rechnen alle Anordnungen, durch die das Gericht die Verfügung über ein eingetragenes Recht dem Berechtigten zum Schutze des Interesses eines Anderen untersagt, insbesondere die Arrestbefehle mit Einschluß der Beschlagnahme zu Gunsten der Staatskasse nach §§ 325, 326 StPO., ferner die Anordnungen, welche im Wege der einstweiligen Verfügung nach § 938 CPO. erlassen werden können, auch das Veräußerungsverbot nach § 106 KO.[22]) Ueber die Beschlagnahme eines Grundstücks durch das Vollstreckungsgericht s. § 23 ZVG.

Durch Rechtsgeschäft kann die Befugniß zur Verfügung über ein veräußerliches Recht nicht ausgeschlossen oder beschränkt werden (vergl. übrigens § 399 BGB.), dagegen ist die persönliche Verpflichtung, über ein Recht nicht zu verfügen, wirksam[23])[24])[25].)

Ueber die Eintragung von Verfügungsbeschränkungen sind im BGB. besondere Bestimmungen nicht getroffen; soweit

---

[22]) Mot. 3, 218. Durch § 113 KO. wird Bestimmung über die Eintragung in das Grundbuch getroffen.

[23]) § 137 BGB. Ob die in den Art. 57—59 Einf.Ges. z. BGB. angeführten Verfügungsbeschränkungen als gesetzliche oder als rechtsgeschäftliche zu bezeichnen sind, kann dahin gestellt bleiben, jedenfalls findet die Vorschrift des § 892 BGB. gemäß Art. 61 Einf.Ges. z. BGB. Anwendung.

[24]) Sind Bedingung und Zeitbestimmung zu den Verfügungsbeschränkungen zu rechnen? Die Motive 3, 218 führen sie unter den rechtsgeschäftlichen Verfügungsbeschränkungen an, ebenso Best S. 134, Strecker S. 89, Fischer-Henle § 892 Anm. 7; Biermann (S. 42) rechnet sie zu den gesetzlichen Verfügungsbeschränkungen. Zweifellos finden bei der Bedingung oder Zeitbestimmung die Vorschriften der §§ 892, 893 Anwendung, das geschieht aber auf Grund des § 161 Abs. 3 BGB., nicht gemäß § 892 Abs. 1 Satz 2. Die Bedingung und Befristung sind Nebenbestimmungen der Rechtsgeschäfte; die Formen, die für die Rechtsgeschäfte vorgeschrieben sind, gelten auch für die Nebenbestimmungen. Bedarf es für das Rechtsgeschäft des dinglichen Vertrages und der Eintragung, so sind auch Bedingung und Befristung diesen Formen unterworfen. Wird einem eingetragenen Rechtsgeschäft eine Bedingung oder Befristung beigefügt oder soll eine Bedingung oder Zeitbestimmung aufgehoben werden, so sind die für die Aenderung des Inhalts des Rechtsgeschäfts gegebenen Vorschriften zu beachten. All dies paßt nicht für Verfügungsbeschränkungen. Ein weiterer Unterschied besteht darin, daß, wenn derjenige, der sich unter Bedingung oder Zeitbestimmung gebunden hat, während der Schwebezeit über den Gegenstand verfügt, seine Verfügung bei Eintritt der Bedingung absolut unwirksam ist (s. § 5 Text bei Ziff. 35), während die Verfügungsbeschränkungen nur eine relative Unwirksamkeit herbeiführen; die gegen eine Verfügungsbeschränkung verstoßende Verfügung ist wirksam für diejenigen, zwischen welchen sie vorgenommen ist, und für jeden Dritten, der nicht zu denjenigen gehört, zu deren Schutz das Verbot bestimmt ist (Planck, 1, 186). Es möchte daher vorzuziehen sein, die Verfügungsbeschränkungen und die bedingten oder befristeten Rechtsgeschäfte auseinander zu halten.

[25]) Eine am 1. Jan. 1900 bestehende Verfügungsbeschränkung bleibt wirksam, unbeschadet der Vorschriften des BGB. zu Gunsten derjenigen, welche Rechte von einem Nichtberechtigten herleiten (also auch der §§ 892, 893). Art. 168 Einf.Ges. z. BGB.

nicht für die einzelnen Fälle besondere Anordnungen gegeben sind (z. B. in § 113 KO., § 941 CPO., §§ 52, 53 GBO., § 19 ZVG.), greifen die allgemeinen Vorschriften der GBO. Platz, d. h. die Eintragung erfolgt nur auf Antrag (§ 13 GBO.), sie erfolgt, wenn derjenige sie bewilligt, dessen Recht von ihr betroffen wird (§ 19 GBO.), es bedarf aber zur Berichtigung des Grundbuchs für die Eintragung oder Löschung einer Verfügungsbeschränkung dieser Bewilligung nicht, wenn die Unrichtigkeit nachgewiesen wird (§ 22 GBO.). Durch die Eintragung einer Verfügungsbeschränkung wird keine Sperre des Grundbuchs herbeigeführt; das Grundbuchamt hat weiter beantragte Eintragungen zu vollziehen.

Der Anspruch der durch die Verfügungsbeschränkung geschützten Person richtet sich gegen denjenigen, der in der Verfügung beschränkt ist. Soweit aber der Erwerb eines eingetragenen Rechtes oder eines Rechtes an einem solchen Rechte ihr gegenüber unwirksam ist, kann sie von dem Erwerber (des Grundstücks oder des Rechtes) verlangen, daß er seine Zustimmung zu der Eintragung oder Löschung gebe, die zur Verwirklichung des durch die Verfügungsbeschränkung gesicherten Anspruchs erforderlich ist (§ 888 BGB.).

Die Berufung auf den öffentlichen Glauben des Grundbuchs ist ausgeschlossen, wenn ein Widerspruch gegen die Richtigkeit des Grundbuchs eingetragen oder die Verfügungsbeschränkung aus dem Grundbuch ersichtlich ist. Ueber Widerspruch s. § 11. Rückwirkende Kraft eines Widerspruchs im Falle des § 1139 BGB.

Die Wirkungen des öffentlichen Glaubens des Grundbuchs sind ferner ausgeschlossen, wenn derjenige, der von dem Eingetragenen erwirbt, an ihn leistet oder mit ihm sonst ein Rechtsgeschäft abschließt, die Unrichtigkeit des Buchinhalts oder das Bestehen einer aus dem Buche nicht ersichtlichen Verfügungsbeschränkung gekannt hat. Es wird kein Beweis der Erwerbung in gutem Glauben verlangt, es wird vielmehr von dem, der bei einem Rechtsgeschäft das Grundbuch für sich hat, angenommen, daß er im Glauben an die Richtigkeit des Inhaltes des Buches, dessen Einsicht ihm gestattet war (§ 11 GBO.), gehandelt hat, Sache des Gegners ist es, die Kenntniß der Unrichtigkeit darzuthun. Nur die wirkliche Kenntniß der Unrichtigkeit, nicht auch die verschuldete Unkenntniß der Unrichtigkeit, schließt den Schutz des öffentlichen Glaubens des Grundbuchs aus. Regelmäßig wird die Kenntniß der Unrichtigkeit des Buchinhalts auf der Kenntniß der Thatsachen beruhen, aus denen die Unrichtigkeit sich ergibt. Es kann aber auch die Kenntniß der Unrichtigkeit des Buchinhaltes vorliegen, ohne daß der Betreffende die Thatsache kennt, aus der die Unrichtigkeit sich ergibt (z. B. wenn die Kenntniß auf einer Mittheilung einer glaubwürdigen Person beruht), umgekehrt entzieht die bloße Kenntniß der Thatsache, aus der die Unrichtigkeit sich ergibt, dem Handelnden den Schutz nicht, wenn er in Folge Rechtsirrthums aus dieser Thatsache nicht die Unrichtigkeit des Buches entnommen hat. Immer aber muß eine Kenntniß der Unrichtigkeit vorliegen, das Kennenmüssen (§ 122 Abs. 2 BGB.) steht dem Kennen hier nicht gleich, zu Nachforschungen über die Richtigkeit des Grundbuchs (Durchsicht der Grundakten oder dergl.) besteht keine Verpflichtung[26]. Hat ein Erwerber in gutem Glauben ein Recht erlangt, so schadet es nicht, wenn dessen Rechtsnachfolger Kenntniß von der früheren Unrichtigkeit des Grundbuchs hat. Kenntniß des Vertreters s. § 5 Text bei Ziff. 45.

Hinsichtlich der Frage, welcher Zeitpunkt für die Kenntniß des Erwerbers maßgebend ist, ist zwischen den Fällen, in denen zu dem Erwerbe des Rechtes Eintragung erforderlich ist, und den Fällen, für welche dieses Erforderniß nicht gilt, zu unterscheiden. Ist zu dem Erwerbe Eintragung nicht erforderlich, so entscheidet der Zeitpunkt des Erwerbes. Ist Eintragung erforderlich, so ist für die Kenntniß des Erwerbers maßgebend die Zeit der Stellung des Antrags auf Eintragung oder, wenn Einigung erforderlich ist, diese aber erst nach der Eintragung zu Stande kommt, die Zeit der Einigung[27]. Erlangt der Erwerber später Kenntniß von der Unrichtigkeit des Grundbuchs, so ist dies unschädlich. — In den Fällen des § 893 ist die Zeit der Bewirkung der Leistung oder der Vornahme des Rechtsgeschäfts maßgebend.

Was die Ausschließung der Berufung auf den öffentlichen Glauben des Grundbuchs betrifft, die auf dem Eintrage eines Widerspruchs oder einer Verfügungsbeschränkung beruht, so kommt es, wenn zu dem Erwerbe Eintragung erforderlich ist, darauf an, ob der Widerspruch oder die Verfügungsbeschränkung zur Zeit der Eintragung[28] des Rechtserwerbes eingetragen ist. Da die Eintragungen nach der Reihenfolge der Anträge vor sich gehen (§ 17 GBO.), so sind auch die noch nicht erledigten Eintragungsanträge in Berücksichtigung zu ziehen.

Mit dem Schutze desjenigen, der dem Glauben des Grundbuchs gefolgt ist, ist notwendig ein Rechtsverlust für den nicht eingetragenen Berechtigten verbunden. Unter Umständen kann dieser von dem Nichtberechtigten, der durch seine Verfügung oder durch die Annahme der Leistung den Rechtsverlust veranlaßt hat, nach den Vor-

[26]) Denkschrift S. 660. Da anzunehmen ist, daß der Erwerber einer Briefhypothek von dem Inhalte des Briefes Kenntniß nimmt, so ist (gemäß § 1140 BGB.) die Berufung auf die Vorschriften der §§ 892, 893 ausgeschlossen, soweit die Unrichtigkeit des Grundbuchs aus dem Hypothekenbriefe oder einem Vermerk auf dem Briefe hervorgeht. Dasselbe gilt für Grundschuld- und Rentenschuldbriefe.

[27]) § 892 Abs. 2 BGB.

[28]) Nach Strecker S. 99, Biermann S. 44 ist der Zeitpunkt des Rechtserwerbs entscheidend, so daß, wenn die Einigung der Eintragung nachfolgt, die in der Zwischenzeit eingetragenen Widersprüche und Verfügungsbeschränkungen den Schutz des öffentlichen Glaubens des Grundbuchs entziehen. Es möchte dies aber nicht wohl in Einklang zu bringen sein mit der Bestimmung des § 879, wonach die Eintragung für das Rangverhältniß maßgebend ist, auch wenn die Einigung erst nach der Eintragung zu Stande kommt.

schriften über unerlaubte Handlungen (§§ 823 ff. BGB.) Schadensersatz verlangen. In jedem Falle steht ihm gegen den Nichtberechtigten ein Anspruch auf Herausgabe des durch die Verfügung oder die Leistung Erlangten nach Maßgabe der Vorschriften über die Herausgabe einer ungerechtfertigten Bereicherung zu (§ 816 Abs. 1 und 2 BGB.)[29]). Gegen denjenigen, der von dem eingetragenen Nichtberechtigten unentgeltlich einen rechtlichen Vortheil erlangt hat, steht dem nicht eingetragenen Berechtigten ein persönlicher Anspruch auf Herausgabe des Erlangten zu (§ 816 Abs. 1 BGB.).

§ 8. Eintragung und dinglicher Vertrag.

Bei den Eintragungen, die in das (angelegte) Grundbuch vorgenommen werden, kann man endgültige und vorläufige Eintragungen unterscheiden. Die endgültigen Eintragungen bezwecken entweder, eine Rechtsänderung herbeizuführen, oder, den Inhalt des Grundbuchs mit der wirklichen Rechtslage in Einklang zu bringen. Die vorläufigen Eintragungen dienen dazu, endgültige Eintragungen vorzubereiten und für den Fall der Erfüllung ihrer Voraussetzungen sicher zu stellen (Widerspruch, Vormerkung).

Hier kommen die endgültigen Eintragungen zum Zwecke von Rechtsänderungen in Betracht.

Zur Uebertragung des Eigenthums an einem Grundstücke, zur Belastung eines Grundstücks mit einem (begrenzten) Rechte, zur Uebertragung oder Belastung eines solchen (begrenzten) Rechtes und zur Aenderung des Inhalts eines Rechtes an einem Grundstücke ist die Einigung des Berechtigten und des anderen Theiles über den Eintritt der Rechtsänderung und die Eintragung der Rechtsänderung in das Grundbuch erforderlich, soweit nicht das Gesetz ein anderes vorschreibt[1]).

Diese Regel gilt nur für die auf Rechtsgeschäft, nicht aber für die auf anderen Gründen beruhenden Rechtsänderungen. Demgemäß vollzieht sich der Erwerb des Eigenthums an einem Grundstück außerhalb des Grundbuchs bei der Erbfolge (§§ 1922, 1942, 2032 BGB.), auch bei der Nacherbfolge (§ 2139 BGB.)[2]) sowie bei der ehelichen Gütergemeinschaft (§§ 1438 Abs. 2, 1519 Abs. 2 BGB.) und bei der Zwangsversteigerung (§ 90 ZVG.)[3]). Der landesgesetz-

---

[29]) Denkschrift S. 661.

Zu § 8.

[1]) §§ 873, 877 BGB. Ausnahmen §§ 1075, 1154, 1287 BGB. Uebergangsvorschrift Art. 189 Einf. z. BGB.

[2]) Rechtsgeschäftlich dagegen ist der Erwerb nach § 2174 (Vermächtniß), § 2374 (Erbschaftskauf). Verfügt ein Miterbe über seinen Antheil an dem Nachlasse (§ 2033 Abs. 1), so ist für dieses Rechtsgeschäft keine Eintragung erforderlich, auch wenn Grundstücke zu dem Nachlaß gehören (vergl. §§ 2033, Abs. 2, 2040).

[3]) Auch der Eigenthumsübergang bei Eintritt der Bedingung oder des

lichen Regelung sind überlassen die Fälle der Art. 57—59 Einf. z. BGB. (Güter der Landesherrn rc.), Art. 65 (Wasserrecht), Art. 109 (Enteignung), Art. 113 (Flurbereinigung rc.), Art. 126 (Uebertragung des Eigenthums an einem Grundstück durch Landesgesetz), Art. 127 Uebertragung des Eigenthums an buchungsfreien Grundstücken, vergl. § 90 GBO.).

Wie zur (rechtsgeschäftlichen) Uebertragung des Eigenthums an einem Grundstück Einigung der Betheiligten und Eintragung erforderlich ist, ist Einigung und Eintragung auch verlangt: zur Belastung eines Grundstückes mit einem Rechte, also, da die Zahl der dinglichen Rechte eine geschlossene ist, zur Begründung eines Erbbaurechtes, Begründung einer Dienstbarkeit, Bestellung eines dinglichen Vorkaufsrechtes, Begründung einer Reallast, Bestellung einer Hypothek, einer Grundschuld oder einer Rentenschuld. Kraft Gesetzes, also ohne daß Eintragung erforderlich wäre, tritt die Nutznießung des Ehemannes und der Eltern ein (§§ 1363, 1649 BGB.). Ohne Eintragung kann ein Nießbrauch an einem Grundstück entstehen im Falle des § 1075, eine Sicherungshypothek im Falle des § 1287 BGB., vergl. § 848 CPO. Unzulässig ist die Eintragung einer ein Grundstück belastenden Ueberbau- oder Nothweg-Rente (§§ 914, 917 BGB.).

Einigung und Eintragung ist sodann verlangt für die Uebertragung eines begrenzten Rechtes, demnach für die Uebertragung eines Erbbaurechtes, Vorkaufsrechtes[4]), einer Reallast (§ 1111 BGB.), einer Hypothek, Grundschuld oder Rentenschuld. Nicht übertragbar sind Nießbrauch (§ 1059) und beschränkte persönliche Dienstbarkeiten (§ 1092), nur mit dem Eigenthum an dem Grundstück des Berechtigten lassen sich die Grunddienstbarkeiten übertragen. Ohne Eintragung kann die Uebertragung einer Briefhypothek, Briefgrundschuld oder Briefrentenschuld vor sich gehen (§§ 1154, 1192, 1199), ferner einer Sicherungshypothek im Falle des § 1187 BGB., einer Inhabergrundschuld (§ 1195 mit § 793 BGB.), der Forderung auf Rückstände von Zinsen und anderen Nebenleistungen (§§ 1159, 1192, 1200 BGB.). Die Uebertragung der begrenzten Rechte, die der landesgesetzlichen Regelung unterliegen, richtet sich nach Landesrecht (vergl. § 83 GBO.); einige besondere Vorschriften enthalten die Art. 63 und 68 Einf. z. BGB.

Zur Belastung eines begrenzten Rechtes wird ebenfalls Einigung und Eintragung gefordert. Das Erbbaurecht kann wie ein Grundstück belastet werden[5]), Belastung eines anderen Rechtes ist nur mit Nießbrauch oder Pfandrecht möglich, aber die Belastung mit

Termines vollzieht sich Kraft Gesetzes (§§ 158, 163 BGB.); da aber unter der Herrschaft des BGB. eine Auflassung, die unter einer Bedingung oder einer Zeitbestimmung erfolgt, unwirksam ist (§ 925 Abs. 2 BGB.), sind diese Bestimmungen für den Eigenthumserwerb von geringer Bedeutung.

[4]) §§ 1098, 514 BGB. KP. 2 S. 109.

[5]) Ebenso die Rechte nach Art. 63, 68 Einf. z. BGB.

Nießbrauch (§§ 1068, 1069) oder mit Pfandrecht (§ 1274) setzt die Uebertragbarkeit des Rechtes voraus. Da die Bestellung eines Nießbrauchs oder eines Pfandrechts nach den für die Uebertragung des zu belastenden Rechtes geltenden Vorschriften erfolgt, gilt hier gleichfalls das bezüglich der Uebertragung eines begrenzten Rechtes Gesagte.

Die Erfordernisse, die für die Entstehung eines Rechtes an einem Grundstück vorgeschrieben sind, gelten auch für Aenderungen des Inhaltes eines solchen Rechtes, also für Aenderungen in den Befugnissen des Berechtigten. Es kann z. B. der Inhalt einer Grunddienstbarkeit, einer beschränkten persönlichen Dienstbarkeit, eines Vorkaufsrechtes geändert werden, eine Briefhypothek kann in eine Buchhypothek und umgekehrt, eine Sicherungshypothek in eine gewöhnliche Hypothek und umgekehrt, eine Hypothek in eine Grundschuld, eine Grundschuld in eine Hypothek umgewandelt werden, die bei Bestellung des Rechtes getroffenen Stipulationen können geändert werden. In allen Fällen sind die für die Begründung des Rechtes gegebenen Vorschriften zu beachten (s. übrigens §§ 1109, 1132 Abs. 2 BGB.).

Der Eintragung in das Grundbuch bedarf es ferner regelmäßig zur rechtsgeschäftlichen Aufhebung eines Rechtes an einem Grundstück (§ 875 BGB.); eine Ausnahme bildet der Verzicht auf die Hypothek für Rückstände von Zinsen und anderen Nebenleistungen (§ 1178 Abs. 2 BGB.). Keine Eintragung ist erforderlich zum Erlöschen eines Rechtes ohne Rechtsgeschäft, z. B. bei subjektiv-persönlichen Rechten zum Erlöschen durch den Tod des Berechtigten, ferner zum Erlöschen eines Rechtes durch Eintritt einer auflösenden Bedingung oder eines Endtermins, znm Erlöschen eines Vorkaufsrechtes oder einer Reallast durch Ausschlußurtheil, zum Erlöschen einer Grunddienstbarkeit durch Verjährung (§ 1028), zum Erlöschen von Rechten durch den Zuschlag bei der Zwangsversteigerung (§ 91 ZVG.). Eintragung ist nur nothwendig bei der rechtsgeschäftlichen Aufhebung von Rechten an Grundstücken, keiner Eintragung bedarf es zur rechtsgeschäftlichen Aufhebung eines (Nießbrauch- oder Pfand-) Rechtes an einem begrenzten dinglichen Rechte. Die Erklärung des Nießbrauchers gegenüber dem Berechtigten oder dem Besteller, daß er den Nießbrauch aufgebe, genügt[6]). Gleiches gilt für die Aufhebung des Pfandrechts[7]). Die Löschung im Grundbuch erfolgt in solchen Fällen nur zur Berichtigung des Grundbuchs[8]).

Zum Eintritt einer Rechtsänderung ist außer der Eintragung noch nöthig: für die Aufhebung eines Rechtes an einem Grundstücke die Erklärung des Berechtigten, daß er das Recht aufgebe, im Uebrigen (d. h. zur Uebertragung des Eigenthums an einem Grundstücke, zur

---

[6]) §§ 1072, 1064 BGB. — Nießbrauch an einem Erbbaurecht wird behandelt wie Nießbrauch an einem Grundstück.

[7]) §§ 1273, 1255 BGB.

[8]) Vergl. § 27 Abs. 2 Satz 2 GBO.

Belastung eines Grundstücks mit einem Rechte, zur Aenderung, Uebertragung oder Belastung eines solchen Rechtes) die **Einigung** des Berechtigten und des anderen Theiles über den Eintritt der Rechtsänderung [9]).

Die Einigung des Berechtigten [10]) und des anderen Theiles muß den Anforderungen eines Rechtsgeschäfts (§§ 104 ff. BGB.), und zwar eines Vertrages (§§ 145 ff. BGB.) entsprechen. Sie ist in der Regel formlos. Besondere Formen verlangt das BGB. nur für die Auflassung und für die Bestellung und Uebertragung eines Erbbaurechts. Die Auflassung, die Einigung des Veräußerers und des Erwerbers eines Grundstücks, muß ebenso wie die Bestellung und Uebertragung des Erbbaurechtes bei gleichzeitiger Anwesenheit beider Theile vor dem Grundbuchamte erklärt werden [11]); doch kann durch Landesgesetz bestimmt werden, daß die Erklärung auch vor Gericht, vor einem Notar, vor einer anderen Behörde oder einem anderen Beamten erklärt werden kann, und daß es bei der gerichtlichen oder notariellen Auflassung eines Grundstücks in einem Versteigerungstermine der gleichzeitigen Anwesenheit beider Theile nicht bedarf [12]) [13]).

Der Eigenthumsübergang und die übrigen Rechtsänderungen vollziehen sich in der Weise, daß die Parteien zunächst den obligatorischen (Kausal-) Vertrag schließen, durch den die Verpflichtung zur Vornahme der Rechtsänderung eingegangen wird, daß alsdann die Parteien sich darüber einigen, daß die Rechtsänderung eintrete (z. B. das Eigenthum auf den Erwerber übergehe, das Grundstück mit der Hypothek oder Grundschuld oder zu Gunsten eines anderen Grundstücks mit einer Grunddienstbarkeit belastet sei) [14]), und daß endlich

---

[9]) §§ 875, 873, 877 BGB.

[10]) Berechtigter ist derjenige, dessen Recht von der Aenderung betroffen wird; daß er im Grundbuch eingetragen ist, ist nicht unbedingt erforderlich (§§ 40, 41 GBO.) Es genügt, wenn der Verfügende zur Zeit der Eintragung der Rechtsänderung Berechtigter ist, seine Verfügung wird nach § 185 BGB. wirksam. Auf diese Weise kann ein Grundstückskäufer eine Hypothek z. B. für den Kaufpreis bewilligen, ehe er als Eigenthümer eingetragen ist.

[11]) §§ 925, 1015, 1017 BGB. — Wird die Willenserklärung eines Betheiligten durch Urtheil ersetzt (§ 894 CPO.), so genügt die Anwesenheit der andern Partei unter Vorlage des Urtheils.

[12]) Art. 143 Einf. z. BGB.

[13]) Von der Auflassung ist der (obligatorische) Vertrag zu unterscheiden, durch den der eine Theil sich verpflichtet, das Eigenthum an einem Grundstück zu übertragen (§ 313 BGB.). Dieser Vertrag bedarf der gerichtlichen oder notariellen Beurkundung, doch wird ein ohne Beachtung dieser Form geschlossener Vertrag seinem ganzen Inhalte nach giltig, wenn die Auflassung und die Eintragung in das Grundbuch erfolgen. Durch Landesgesetz können zur Beurkundung noch andere Behörden und Beamte für zuständig erklärt werden (Art. 142 Einf. z. BGB.), auch kann durch Landesgesetz bestimmt werden, daß das Grundbuchamt die Erklärung der Auflassung nur entgegennehmen soll, wenn die Urkunde über den obligatorischen Vertrag vorgelegt wird (§ 98 GBO.).

[14]) Die Einigung kann auch auf eine bedingte oder befristete Rechtsänderung gehen; Ausnahmen § 925 Abs. 2, 1017 Abs. 2 BGB.

der Grundbuchrichter die Eintragung im Grundbuch vollzieht. Die Rechtsänderung erfolgt auf Grund des dinglichen Vertrags und der Eintragung. Ist der dingliche Vertrag (die auf Herbeiführung der Rechtsänderung gerichtete übereinstimmende Willenserklärung der Parteien) nichtig z. B. wegen Geschäftsunfähigkeit eines Betheiligten oder z. B. wegen arglistiger Täuschung anfechtbar und angefochten, so fehlt es an einem Erforderniß der Rechtsänderung, an der Einigung, die Rechtsänderung ist in Folge dessen, trotz Eintragung im Grundbuch, nicht eingetreten. Der dingliche Vertrag ist abstrakter Natur; es genügt die Einigung darüber, daß die Rechtsänderung eintrete, es bedarf keiner Einigung über den Rechtsgrund, auch keiner Angabe eines Rechtsgrundes. Den dinglichen Vertrag berührt auch das obligatorische Rechtsgeschäft nicht, selbst wenn beide Rechtsgeschäfte verbunden wären. Ist der obligatorische Vertrag unwirksam, so bleibt die auf Grund des abstrakten dinglichen Vertrages und der Eintragung erfolgte Rechtsänderung zunächst zu Recht bestehend. Der bisherige Berechtigte kann jedoch nach §§ 812 ff. BGB. von dem Erwerber verlangen, daß dieser die Rechtsänderung rückgängig mache. Bis diese Rückgängigmachung erfolgt, ist der Erwerber dinglich Berechtigter; überträgt er Rechte an Dritte, so sind diese Rechte zu Recht bestehend. Leidet der dingliche Vertrag an demselben Mangel wie das obligatorische Rechtsgeschäft, ist z. B. ein Kaufvertrag anfechtbar wegen Betrugs oder wegen widerrechtlicher Drohung oder wegen Irrthums und beruht auf diesen Einwirkungen auch die Auflassungserklärung, so ist der dingliche Vertrag in gleicher Weise anfechtbar wie das obligatorische Rechtsgeschäft[15]), wird er angefochten, so ist die Rechtsänderung nicht eingetreten, die im Grundbuch erfolgte Eintragung ist auf dem Wege der Berichtigung zu beseitigen, vorausgesetzt, daß nicht ein Dritter auf Grund des öffentlichen Glaubens des Grundbuchs Rechte erworben hat.

Die Eintragung kann der Einigung nachfolgen oder vorausgehen. Im Allgemeinen braucht die Einigung dem Grundbuchamte nicht nachgewiesen zu werden, die Eintragung erfolgt vielmehr schon auf Bewilligung desjenigen, dessen Recht von ihr betroffen wird[16])[17]), aber im Falle der Auflassung eines Grundstücks sowie im Falle der Bestellung oder Uebertragung eines Erbbaurechtes darf die Eintragung

[15]) Die Auflassung wäre rechtsbeständig, wenn der Veräußernde vor der Auflassung z. B. Kunde von der Täuschung erhielte. Dernburg S. 190.

[16]) § 19 GBO. Ein Grundeigenthümer kann demnach ohne Mitwirkung des Gläubigers eine Hypothek übertragen lassen; einigt er sich mit dem Gläubiger der Eintragung gemäß, so ist die Hypothek wirksam bestellt, kommt es nicht zur Einigung, so ist die Belastung des Grundstücks nicht eingetreten, die Eintragung kann dann höchstens auf Grund der Fiktion der Richtigkeit des Grundbuchs zur Begründung eines Rechtes führen.

[17]) Handelt es sich um Aenderungen des Inhalts eines Rechtes an einem Grundstücke, so ist die Bewilligung des Berechtigten und des Eigenthümers erforderlich, da von der Eintragung sowohl das Recht an dem Grundstück als das Eigenthum betroffen wird.

nur erfolgen, wenn die erforderliche Einigung des Berechtigten und des anderen Theils erklärt ist[18]). Durch Zuwiderhandlung würde eine Schadensersatzpflicht begründet.

In der Regel werden die Willenserklärungen der Betheiligten der Eintragung vorausgehen. In diesen Fällen ist der Vertrag zwar mit seinem Abschlusse, d. h. mit dem Zeitpunkte, in welchem die gegenseitigen Erklärungen der Vertragschließenden zusammentreffen, vollendet, auch ist es auf die Wirksamkeit der Willenserklärung ohne Einfluß, wenn der Erklärende nach der Abgabe stirbt oder geschäftsunfähig oder in der Geschäftsfähigkeit beschränkt wird[19]), allein der Widerruf ist zugelassen. Die Betheiligten sind vor der Eintragung an die Einigung nur gebunden, wenn die Erklärungen gerichtlich oder notariell beurkundet[20]) oder vor dem Grundbuchamt abgegeben oder bei diesem eingereicht[21]) sind oder wenn der Berechtigte dem anderen Theile eine den Vorschriften der Grundbuchordnung[22]) entsprechende Eintragungsbewilligung ausgehändigt[23]) hat[24]). Bis zu dem Zeitpunkte, wo der dingliche Vertrag unwiderruflich wird, können auch im Falle des Todes oder der Geschäftsunfähigkeit eines Vertragschließenden die Rechtsnachfolger oder Vertreter von dem Widerrufsrechte Gebrauch machen. Ist in der angegebenen Weise die Willenserklärung des Berechtigten unwiderruflich geworden, so wird sie nicht dadurch unwirksam, daß, bevor die Eintragung vor sich geht, der Berechtigte in der Verfügung beschränkt wird, vorausgesetzt jedoch, daß die Verfügungsbeschränkung erst eintritt, nachdem der Antrag auf Eintragung (§ 13 BGO.) bei dem Grundbuchamt gestellt worden ist[25]). Die Eintragung wird damit nicht auf den Zeitpunkt der Antragstellung zurückbezogen, es wird nur den nach der Stellung des Antrags eintretenden Ereignissen, wodurch der Berechtigte in der Verfügung beschränkt wird, der Einfluß auf die Wirksamkeit der Eintragungsbewilligung entzogen[26]).

Erfolgt die Einigung der Betheiligten über die Rechtsänderung

---

[18]) § 20 GBO. Bezüglich der in Art. 63, 68 Einf. z. BGB. bezeichneten Rechte s. § 84 GBO.

[19]) Mot. 3, 176. § 130 Abs. 2 BGB. Kom.Prot. 3 S. 64.

[20]) § 128 BGB. Durch eine öffentliche Beglaubigung wird die Beurkundung nicht ersetzt. Vergl. § 129 Abs. 2 BGB. Die Landesgesetze können bestimmen, daß zur Beurkundung von Rechtsgeschäften entweder nur die Gerichte oder nur die Notare zuständig sind, und daß zur Beurkundung der dinglichen Verträge nach § 873 Abs. 2 BGB. außer den Gerichten und Notaren auch andere Behörden und Beamte zuständig sind. Art. 141, 142 Einf. z. BGB.

[21]) Abgabe und Einreichung müssen der Vorschrift des § 29 GBO. entsprechen, da nur unter dieser Voraussetzung die Betheiligten Alles gethan haben, was zur Vornahme der Eintragung erforderlich ist. Biermann S. 26.

[22]) § 29 GBO.

[23]) Ausstellung genügt nicht.

[24]) § 873 Abs. 2 BGB. Vergl. Kom.Prot. 3 S. 62.

[25]) § 878 BGB. Vergl. § 15 Konk.Ordn.

[26]) Mot. 3, 190.

erst nach der Eintragung, so ist der dingliche Vertrag sofort bindend und unwiderruflich. Das Rangverhältniß des eingetragenen Rechtes bemißt sich nach der Eintragung, auch wenn die Einigung erst nach der Eintragung zu Stande kommt[27]), das Recht also erst nach der Eintragung entsteht.

Keiner Einigung, sondern nur einer Erklärung des Berechtigten bedarf es (neben der Löschung) zur (rechtsgeschäftlichen) Aufhebung eines Rechtes an einem Grundstücke. Die Erklärung des Berechtigten hat dahin zu erfolgen, daß er sein Recht aufgebe. Sie ist dem Grundbuchamt oder demjenigen gegenüber abzugeben, zu dessen Gunsten sie erfolgt[28]). Verzicht und Eintragung (Löschung) bewirken die Aufhebung des Rechtes, Verzicht ohne Eintragung genügt nicht[29]) (Ausnahme § 1178 Abs. 2 BGB), auch die Löschung ohne den Verzicht des Berechtigten führt die Aufhebung nicht herbei, wenn sie auch auf Grund Verjährung das Erlöschen des Rechtes zur Folge haben kann (§ 901 BGB.). Die Verzichtserklärung kann vor oder nach der Eintragung erfolgen. Wird sie dem Grundbuchamt gegenüber[30]) abgegeben, so ist sie unwiderruflich, mag die Löschung vorhergegangen sein oder nachfolgen. Wird die Verzichtserklärung demjenigen gegenüber, zu dessen Gunsten sie erfolgt, abgegeben, so ist der Berechtigte nur dann an sie gebunden, wenn die Löschung schon vorhergegangen ist oder der Verzichtende dem Anderen eine den Vorschriften der Grundbuchordnung entsprechende Löschungsbewilligung ausgehändigt hat[31]). Ist die Erklärung für den Berechtigten bindend geworden und ist der Antrag auf Löschung bei dem Grundbuchamt gestellt, so wird die Verzichterklärung nicht dadurch unwirksam, daß der Berechtigte in der Verfügung beschränkt wird[32]).

Die Aufhebung eines Rechtes an einem Grundstück (Eigenthum, Erbbaurecht, Dienstbarkeit, Vorkaufsrecht, Reallast) ist hienach von dem einseitigen Willen des Berechtigten abhängig gemacht, nur bei Hypotheken, Grund- und Rentenschulden gilt dieser Satz nicht, denn der Verzicht auf ein solches Recht hat nicht das Erlöschen des Rechts, sondern

---

[27]) § 879 Abs. 2 BGB.

[28]) § 875 BGB. Die Verzichterklärung ist ein abstraktes, empfangsbedürftiges (aber nicht einer Annahme bedürftiges), einseitiges Rechtsgeschäft. Sie kann, wie andere Willenserklärungen, durch Urtheil ersetzt werden (§ 894 CPO.). Der Verzicht auf das Eigenthum an einem Grundstück kann nur dem Grundbuchamte gegenüber erklärt werden (§ 928 BGB.).

[29]) Verfügt der Berechtigte über das Recht, nachdem er in unwiderruflicher Weise darauf verzichtet hat, aber bevor die Eintragung erfolgt ist, so ist die Verfügung wirksam. Durch den Verzicht ist das Grundbuch nicht unrichtig geworden.

[30]) Die Erklärung braucht nicht (wie in § 873 Abs. 2 verlangt ist), vor dem Grundbuchamt, d. h. zu Protokoll des Grundbuchamtes abgegeben zu sein, sie kann in einer öffentlichen oder öffentlich beglaubigten Urkunde (§ 29 GBO.) abgegeben werden. Biermann S. 28.

[31]) § 875 Abs. 2 BGB. Die Löschung erfolgt durch Eintragung eines Löschungsvermerks. § 47 GBO.

[32]) § 878 BGB. S. Anm. 25.

den Uebergang auf den Eigenthümer zur Folge[33]), zur Aufhebung durch Rechtsgeschäft ist die Zustimmung des Eigenthümers erforderlich[34]). Eine Hypothek, eine Grundschuld oder eine Rentenschuld darf daher nur mit Zustimmung des Eigenthümers gelöscht werden[35]).

Die Zustimmung eines Dritten ist auch erforderlich, wenn das aufzuhebende Recht mit einem Rechte des Dritten unmittelbar oder mittelbar belastet ist. Ein Recht an einem Grundstück kann, wenn es ein veräußerliches Recht ist, unmittelbar belastet sein entweder nach den Vorschriften über die Belastung von Grundstücken, wenn es Grundstücksqualität hat (Erbbaurecht, Rechte nach Art. 63, 68 Einf.-Ges. z. BGB.) oder nach den Vorschriften über Nießbrauch und Pfandrecht an Rechten. Ist ein Recht an einem Grundstück mit dem Rechte[36]) eines Dritten belastet, so ist zur Aufhebung des belasteten Rechtes oder zur Aenderung seines Inhaltes[37]) die Zustimmung des Dritten erforderlich[38]). Steht das aufzuhebende oder zu ändernde Recht dem jeweiligen Eigenthümer eines anderen Grundstücks zu (subjektiv-dingliches Recht)[39]), so ist eine mittelbare Belastung möglich, insofern das Recht als Bestandtheil des Grundstücks[40]) von der auf diesem Grundstück ruhenden Belastung ergriffen wird. In einem solchen Falle ist zur Aufhebung oder Aenderung des subjektiv-dinglichen Rechtes die Zustimmung des Dritten erforderlich[41]), dem an dem (herrschenden) Grundstück ein Recht zusteht, es sei denn, daß das Recht des Dritten von der Aufhebung oder Aenderung des subjektiv-dinglichen Rechtes nicht berührt wird[42]).

Die Zustimmung des Dritten ist dem Grundbuchamt oder demjenigen gegenüber zu erklären, zu dessen Gunsten sie erfolgt; sie ist unwiderruflich[43]). So lange die Zustimmung des Dritten fehlt, bleibt

---

[33]) §§ 1168, 1192, 1199 BGB.

[34]) §§ 1183, 1192, 1199 BGB.

[35]) § 27 GBO.

[36]) Die Ueberlassung der Ausübung eines Nießbrauchs (§ 1059 BGB.) gibt nur persönliche Rechte.

[37]) Die Aenderung im Inhalte stellt sich als theilweise Aufhebung des Rechtes dar.

[38]) §§ 876, 877 BGB.

[39]) Grunddienstbarkeit (§ 1018), Vorkaufsrecht (§ 1094), Reallast (§ 1105 BGB).

[40]) § 96 BGB.

[41]) Landesgesetzliche Vorschriften, nach denen im Falle der Aufhebung eines subjektiv-dinglichen Rechtes die Zustimmung nicht erforderlich ist, wenn von der zuständigen Behörde die Unschädlichkeit festgestellt wird, sind aufrecht erhalten (Art. 120 Abs. 2 Ziff. 2 Einf.Ges. z. BGB.).

[42]) Die Aufhebung eines Vorkaufsrechtes (§ 1094 Abs. 2) berührt z. B. das Recht eines Nießbrauchberechtigten nicht. — Die Möglichkeit einer Beeinträchtigung des dritten Berechtigten, welche sich für den Fall der Umwandlung seines Rechtes in einen Anspruch auf Befriedigung aus dem Erlöse der Zwangsversteigerung ergeben könnte, kommt nicht in Betracht. Mot. 3, 465.

[43]) § 876 BGB. Der Dritte ist an die Zustimmung gebunden, auch wenn sie formlos demjenigen gegenüber erklärt ist, zu dessen Gunsten sie erfolgt. Daß

das Recht bestehen, dagegen hindert die fehlende Zustimmung nicht, daß die Einigung der Betheiligten über die Aenderung (§§ 877, 873 Abs. 2 BGB.) oder die Verzichtserklärung des Berechtigten (§ 875 Abs. 2 BGB.) bindend wird[44]), erfolgt hinterher die Zustimmung und kommt es zur Eintragung, so ist das Recht aufgehoben oder die Rechtsänderung eingetreten. Nach der Regel des § 19 GBO. wäre die Eintragung der Rechtsänderung oder Aufhebung in allen Fällen von der Bewilligung der Dritten abhängig, gemäß § 21 GBO. bedarf es jedoch zur Eintragung einer Aenderung oder Aufhebung eines subjektiv-dinglichen Rechtes der Zustimmung derjenigen, welche Rechte an dem (herrschenden) Grundstück haben nur dann, wenn das subjektiv-dingliche Recht auf dem Blatte des Grundstücks vermerkt ist (§ 8 GBO.). Kommt es hienach zu einer Eintragung, ohne daß die erforderliche Zustimmung des Dritten vorliegt oder nachher ertheilt wird, so ist das Grundbuch unrichtig.

§ 9. Rangverhältniß dinglicher Rechte.

Aus dem Grundbuch soll nicht allein das Bestehen von Rechten an einem Grundstück ersichtlich sein, sondern auch das Rangverhältniß unter den Rechten.

Daß das Eigenthum allen Rechten nachsteht, mit denen ein Grundstück belastet ist, ist selbstverständlich; denn die Belastung eines Grundstücks mit einem begrenzten Rechte enthält eine Einschränkung der in dem Eigenthum liegenden Befugnisse.

Was die begrenzten Rechte betrifft, so muß in der Regel das ältere Recht dem jüngeren vorgehen, weil Niemand mehr Rechte übertragen kann als er selbst hat. Das Alter der Rechte bestimmt sich, sofern zur Entstehung Eintragung erforderlich ist, nach der Eintragung[1]). Wenn die Rechte in derselben Abtheilung des Grundbuchs eingetragen sind, ist die räumliche Aufeinanderfolge maßgebend, der Rang bestimmt sich alsdann nach der Reihenfolge der Eintragungen, ohne Rücksicht auf das Datum[2]). Sind die Rechte in verschiedenen Abtheilungen eingetragen, so ist die zeitliche Aufeinanderfolge maßgebend: das unter Angabe eines früheren Tages eingetragene Recht hat den Vorrang, Rechte, die unter Angabe desselben Tages eingetragen sind, haben gleichen Rang[3]). Durch Eintragung im Grund-

---

die zustimmende Erklärung durch Urtheil ersetzt werden kann, ist selbstverständlich. Wird der Dritte nach Abgabe der zustimmenden Erklärung in der Verfügung beschränkt, so bleibt die Erklärung wirksam, auch wenn der Antrag auf Eintragung noch nicht gestellt ist; § 878 verweist nicht auf § 876. Biermann S. 30.

[44]) Biermann S. 28.

Zu § 9.

[1]) Denkschrift S. 658.

[2]) Jede Eintragung soll den Tag angeben, an welchem sie erfolgt ist. § 45 GBO.

[3]) § 879 Abs. 1 BGB. Ist eine Eintragung nicht datirt, so geht sie

buch kann das Rangverhältniß anders bestimmt werden. Der Grundbuchbeamte hat, wenn mehrere Eintragungen in einer Abtheilung des Grundbuchs zu bewirken sind, ihnen die Reihenfolge zu geben, welche der Zeitfolge der Anträge entspricht; sind die Anträge gleichzeitig[4]) gestellt, so ist im Grundbuch zu vermerken daß die Eintragungen gleichen Rang haben. Sind die Eintragungen in verschiedenen Abtheilungen unter Angabe desselben Tages zu bewirken, so ist, wenn die Eintragungen nicht gleichzeitig beantragt sind, im Grundbuch zu vermerken, daß die später beantragte Eintragung der früher beantragten im Range nachsteht[5]). Bei Beachtung dieser Vorschriften erhalten die Rechte Rang nach dem Zeitpunkt der Stellung der Eintragungsanträge. Wird gegen diese Vorschriften verstoßen, so entsteht eine Verpflichtung zur Entschädigung, das Grundbuch selbst wird dadurch nicht unrichtig[6]).

Die Eintragung ist maßgebend, auch wenn die Einigung erst später erfolgt[7]), also das Recht erst später entsteht, ebenso, wenn das Recht erst durch Ersitzung erworben wird[8]), nicht minder, wenn es sich um bedingte oder befristete Rechte handelt.

Der Rang von Rechten, die zur Entstehung keiner Eintragung bedürfen, bemißt sich nach dem Zeitpunkt der Entstehung dieser Rechte z. B. im Falle des § 1287, des § 1075 BGB. Besondere Bestimmungen über den Rang einiger Rechte treffen die §§ 914, 917, 1131 BGB. und Art. 118 Einf.Ges. z. BGB. Ist der Anspruch auf Einräumung eines Rechtes durch Vormerkung gesichert, so bestimmt sich der Rang des Rechtes nach der Eintragung der Vormerkung[9])[10]). Ueber die Rangordnung der Rechte bei der Zwangsversteigerung s. §§ 10 ff. ZVG.

---

jedenfalls der in derselben Abtheilung folgenden Eintragung vor, in Folge dessen wird ihr auch andern Einträgen gegenüber der dem Datum dieser nächsten Eintragung entsprechende Rang zukommen müssen. Folgt auf die nicht datirte Eintragung kein datirter Eintrag, so kann den in anderen Abtheilungen vorgetragenen Rechten gegenüber kein Vorrang und auch kein gleicher Rang beansprucht werden, vorausgesetzt, daß die anderen Rechte datirt sind. Vergl. Biermann S. 31.

[4]) Z. B. mit derselben Post. Nach § 13 GBO. soll der Zeitpunkt, in welchem ein Antrag bei dem Grundbuchamt eingeht, auf dem Antrage genau vermerkt werden. Unter Umständen ist die Angabe der kleinsten Zeiteinheit erforderlich.

[5]) § 46 GBO. Diese Vorschriften gelten auch für die Eintragung von Vormerkungen und Verfügungsbeschränkungen. Sie finden nur insoweit keine Anwendung, als ein Rangverhältniß nicht besteht oder das Rangverhältniß von den Antragstellern abweichend bestimmt ist.

[6]) Auch ein Anspruch aus ungerechtfertigter Bereicherung wird sich in der Regel nicht begründen lassen. Vergl. Biermann S. 31. Ist der Vortheil durch eine unerlaubte Handlung erlangt, so besteht ein persönlicher Anspruch nach §§ 823 ff. BGB. Vergl. Kom.Prot. 3 S. 89, Endemann 2 S. 51.

[7]) § 879 Abs. 2 BGB.

[8]) § 900 Abs. 2 BGB.

[9]) § 883 BGB.

[10]) Für das Rangverhältniß von Rechten an Grundstücksrechten dürfte § 879 BGB. entsprechend anzuwenden sein. Biermann S. 31.

Den Betheiligten steht es frei, das Rangverhältniß von Rechten abweichend von den gesetzlichen Bestimmungen festzusetzen; eine solche Vereinbarung bedarf jedoch der Eintragung in das Grundbuch[11]).

Das Rangverhältniß kann nachträglich geändert werden. Zur Rangänderung ist die Einigung des zurücktretenden und des vortretenden Berechtigten und die Eintragung der Aenderung in das Grundbuch erforderlich. Erfolgt die Einigung vor der Eintragung, so sind die Betheiligten an die Einigung nur gebunden, wenn die Erklärungen gerichtlich oder notariell beurkundet oder vor dem Grundbuchamt zu Protokoll gegeben oder bei diesem Amte eingereicht sind oder wenn der Zurücktretende dem anderen Theile eine den Vorschriften der Grundbuchordnung entsprechende Eintragungsbewilligung ausgehändigt hat[12]). Die von dem Zurücktretenden abgegebene Erklärung wird nicht dadurch unwirksam, daß er in der Verfügung beschränkt wird, nachdem die Erklärung für ihn bindend geworden und der Antrag auf Eintragung bei dem Grundbuchamte gestellt worden ist[13]). Die Eintragung hat bei dem vortretenden und bei dem zurücktretenden Rechte zu erfolgen. Die Rangänderung wirkt dinglich, nicht bloß obligatorisch. Die Rechte, welche den Rang zwischen dem zurücktretenden und dem vortretenden Rechte haben, werden aber durch die Rangänderung nicht berührt, sie haben keinen Nachtheil und auch keinen Vortheil von der Aenderung. Die Rangänderung ist ein Stellentausch, der Umfang der Rangabtretung ist begrenzt durch den Betrag des zurücktretenden Rechtes[14]). Fällt das vortretende Recht später weg, so äußert das zurücktretende an der nunmehr freien Stelle den zwischenstehenden Rechten gegenüber dieselbe Wirksamkeit, wie wenn die Rangänderung nicht stattgefunden hätte[15]), denn mit der Rangabtretung will der vorstehende Gläubiger nur hinter denjenigen zurücktreten, dem er den Vorrang eingeräumt hat, er will aber nicht, daß nach Wegfall des vorgetretenen Rechts die Zwischenberechtigten aufrücken und er seine bevorzugte Rechtsstellung auch ihnen gegenüber verliert. Der dem vortretenden Rechte eingeräumte Rang geht nicht dadurch verloren, daß das zurücktretende Recht durch Rechtsgeschäft (z. B. Zahlung, Verzicht) aufgehoben wird. Wohl aber macht eine nicht auf Rechtsgeschäft beruhende Aufhebung des zurücktretenden Rechtes die Einräumung des Vorranges gegenstandslos (z. B. wenn der Vorrang vor einem Nießbrauch eingeräumt und der Nießbrauch durch den Tod des Nießbrauchers beendigt wird)[16]). Da die Rangabtretung (nach § 893 BGB.) unter dem Schutze des öffentlichen Glaubens des Grundbuchs vor sich geht, wird, wenn das zurücktretende Recht zu Unrecht ein-

[11]) § 879 Abs. 3 BGB.
[12]) §§ 880, 873 Abs. 2 BGB. S. § 8 Ziff. 20 ff.
[13]) §§ 880, 878 BGB. S. § 8 Ziff. 25.
[14]) Biermann S. 595.
[15]) Denkschrift S. 659.
[16]) Denkschrift S. 658.

getragen war und nach der Rangänderung gelöscht wird, von dieser Löschung der Rangvortritt, den der vortretende Gläubiger in gutem Glauben erlangt hat, nicht mitbetroffen.

Der Eigenthümer des Grundstücks wird durch eine Rangänderung an sich nicht beeinträchtigt. Die Möglichkeit einer Schädigung ergibt sich für ihn dann, wenn eine Hypothek, eine Grundschuld oder eine Rentenschuld zurücktreten soll, da, wenn das Recht des Gläubigers sei es durch dessen Befriedigung, sei es in anderer Weise erlischt[17]), regelmäßig der Eigenthümer das Recht erwirbt. Soll daher eine Hypothek, eine Grundschuld oder eine Rentenschuld zurücktreten, so ist auch die Zustimmung des Eigenthümers erforderlich. Die Zustimmung des Eigenthümers ist dem Grundbuchamt oder einem Betheiligten gegenüber zu erklären; sie ist unwiderruflich[18]). Diese Zustimmung ist auch erforderlich, wenn beide Rechte, das vortretende und das zurücktretende, demselben Gläubiger zustehen, sie ist aber nicht erforderlich bei Theilung einer Hypothekforderung zur Aenderung des Rangverhältnisses der Theilhypotheken[19])[20]).

Ist das zurücktretende Recht mit dem Rechte eines Dritten belastet, so wird auch das Recht des Dritten durch die Rangänderung berührt. In einem solchen Falle ist auch die Zustimmung des Dritten erforderlich; sie ist dem Grundbuchamt oder demjenigen gegenüber zu erklären, zu dessen Gunsten sie erfolgt, sie ist unwiderruflich. Das Gleiche gilt, wenn das zurücktretende Recht dem jeweiligen Eigenthümer eines Grundstücks zusteht und dieses Grundstück mit dem Rechte eines Dritten belastet ist[21]).

Auch im Voraus kann eine Abweichung von der gesetzlichen Rangordnung begründet werden, und zwar durch einen Rangvorbehalt. Bei der Belastung des Grundstücks mit einem begrenzten Rechte kann sich der Eigenthümer die Befugniß vorbehalten, ein anderes, dem Umfange nach bestimmtes Recht mit dem Range vor jenem Rechte

---

[17]) Vergl. § 1163, 1168, 1192, 1199 BGB.

[18]) § 880 Abs. 2 BGB. S. § 8 Anm. 43. — Hat sich der Eigenthümer einem Anderen gegenüber verpflichtet, die Hypothek, welche zurücktreten soll, löschen zu lassen, falls sie sich mit dem Eigenthum in einer Person vereinigt, und ist zur Sicherung dieses Anspruchs auf Löschung eine Vormerkung eingetragen (§ 1179 BGB.), so ist die in der Zustimmung zum Rücktritt liegende Verfügung des Eigenthümers insoweit unwirksam, als sie das Recht des Vormerkungsberechtigten vereiteln oder beeinträchtigen würde (§ 883 Abs. 2 BGB.). Strecker S. 83 hält für zulässig und nothwendig, daß der Eigenthümer verspricht, seine Zustimmung zu einer Rangänderung zu versagen, und daß diesem Versprechen durch Eintragung einer Vormerkung dingliche Wirksamkeit verschafft wird.

[19]) § 1151 BGB. Gilt auch für Grundschulden und Rentenschulden (§§ 1192, 1199 BGB.).

[20]) Räumt ein Hypothekgläubiger einem anderen Rechte den Vorrang ein, so wird der persönliche Schuldner insoweit frei, als er ohne diese Verfügung bei Befriedigung des Gläubigers aus der Hypothek hätte Ersatz erlangen können (§ 1165 BGB.).

[21]) §§ 880 Abs. 3, 876 BGB. S. § 8 Ziff. 36 ff.

eintragen zu lassen. Der Vorbehalt bedarf der Eintragung im Grundbuch; die Eintragung muß bei dem Rechte erfolgen, das zurücktreten soll. Wird das Grundstück (freiwillig oder zwangsweise) veräußert, so geht die vorbehaltene Befugniß auf den Erwerber über. Macht der Eigenthümer von der Befugniß, die er sich vorbehalten hat, Gebrauch und erhält das Recht den vorbehaltenen Rang, so ist bei der Eintragung dieses Rechtes die von der gesetzlichen Rangordnung abweichende Bestimmung des Rangverhältnisses in das Grundbuch einzutragen[22]).

Wird nach dem mit dem Vorbehalt eingetragenen Rechte zunächst ein Recht ohne den entsprechenden Vorbehalt eingetragen und gelangt nunmehr erst das Recht, welchem der Vorrang vorbehalten ist, zur Eintragung, so darf das zwischenstehende Recht durch den für das nacheingetragene Recht begründeten Vorrang nicht berührt werden, aber auch das Recht, welches in Folge des Vorbehalts zurückzutreten hat, darf nicht die Schmälerung erfahren, daß ihm das Zwischenrecht und das nacheingetragene vorgehen, daher hat der Vorrang insoweit keine Wirkung, als das mit dem Vorbehalt eingetragene Recht in Folge der inzwischen eingetretenen Belastung eine über den Vorbehalt hinausgehende Beeinträchtigung erleiden würde[23]).

[22]) § 881 mit § 879 Abs. 3 BGB. Die Motive 3, 233 führen als Beispiel an: Ein Bauunternehmer erwirbt zu Bauzwecken ein Grundstück, leistet auf den Kaufpreis eine geringe Anzahlung, bestellt für den Rest dem Veräußerer eine Hypothek, behält sich dabei das Recht vor, einer neu einzutragenden Post von einem bestimmten Betrage den Vorrang vor der Kaufgeldhypothek beizulegen, sobald der Bau bis zu einer gewissen Höhe vorgeschritten sein wird.

[23]) § 881 Abs. 4 BGB. — Beispiel: Das Grundstück wird belastet mit einem Rechte des A im Werthbetrage von 5000 ℳ unter Vorbehalt des Vorranges für eine Belastung in Höhe von 8000 ℳ, nach dem Rechte des A kommt eine Zwangshypothek des B für 10000 ℳ zur Eintragung, an dritter Stelle wird das vorbehaltene Recht als Hypothek des C für 8000 ℳ eingetragen. A kommt zum Zuge bei dem nach Abzug des Vorbehalts verbleibenden Betrage des Erlöses, also in dem angenommenen Falle dann, wenn der Erlös E größer ist als 8000 ℳ, B kommt zum Zuge, wenn der Erlös die Post des A übersteigt, C endlich, wenn der Erlös größer ist als die Summe dessen, was A und B zusammen erhalten. Beträgt der Erlös 5000 ℳ, so erhält A (5000 — 8000) 0, B (5000 — 5000) 0, C (5000 — (0 + 0) =) 5000 ℳ. Beträgt der Erlös 10000 ℳ, so erhält A (10000 — 80000 =) 2000 ℳ, B (10000 — 5000 =) 5000 ℳ, C (10000 — (2000 + 5000) =) 3000 ℳ. Ist der Erlös 15000 ℳ, so erhält A (15000 — 8000) seine ganze Forderung mit 5000 ℳ, B (15000 — 5000 =) 10000 ℳ, C (15000 — (5000 + 10000) =) 0.

Es läßt sich nicht sagen, daß der Vorbehalt sich um das vorbehaltlos eingetragene Recht mindert, wie Strecker S. 85 anzunehmen scheint. Dort ist angegeben, wenn sich ein Berechtigter bei der Eintragung seines Rechtes den Vermerk des Vorbehalts für eine Hypothek von 12000 ℳ zu Gunsten einer Sparkasse habe gefallen lassen und hierauf eine Hypothek von 5000 ℳ zu Gunsten eines Dritten vorbehaltlos eingetragen werde, bleibe der Sparkassenhypothek nur noch der Vorrang für 7000 ℳ. Es wird auf die Höhe der Forderung des Ersteingetragenen (A) und auf die Höhe des Erlöses ankommen. Beträgt die Forderung des A z. B. 12000 ℳ oder darüber und stellt sich der Erlös auf 12000 ℳ oder darüber, jedoch ohne die Forderung des A zu übersteigen, so erhält die Sparkasse volle 12000 ℳ.

§ 10. Berichtigung des Grundbuchs.

Das Grundbuch soll die Rechte am Grund und Boden richtig und vollständig nachweisen. Steht der Inhalt des Grundbuchs in Ansehung eines Rechtes an dem Grundstück, eines Rechtes an einem solchen Rechte oder einer Verfügungsbeschränkung mit der wirklichen Rechtslage nicht in Einklang, so ist das Grundbuch unrichtig.

Zwischen dem Inhalte des Grundbuchs und der wirklichen Rechtslage kann in mannigfacher Weise eine Verschiedenheit entstehen. Ein Recht oder die Belastung, Uebertragung oder Aufhebung eines Rechtes kommt zur Eintragung, obschon die wesentlichen Erfordernisse, von welchen das Gesetz die Rechtsänderung abhängig macht, nicht erfüllt sind, der dingliche Vertrag oder eine sonst erforderliche Willenserklärung fehlt, das dingliche Rechtsgeschäft nichtig ist, der Erbschein gefälscht, das Urtheil nicht gegen den passiv Betheiligten ergangen oder wieder aufgehoben, das noch bestehende Recht zu Unrecht gelöscht worden ist. In solchen und ähnlichen Fällen ist das Grundbuch von vornherein unrichtig, weil die Rechtsänderung, die den Gegenstand der Eintragung bildete, überhaupt nicht stattgefunden hat. Ein Recht kann ferner völlig unanfechtbar eingetragen, demnächst aber weggefallen [1]) oder auf einen Andern übergegangen sein [2]), es kann auch ein Recht ohne Eintragung zur Entstehung gelangt sein [3]). Eine Verfügungsbeschränkung endlich kann widerrechtlich eingetragen oder eine rechtmäßig eingetragene Beschränkung kann aufgehoben oder zu Unrecht gelöscht worden sein [4]).

In solchen Fällen — nicht auch, wenn ein obligatorischer Anspruch auf Aenderung der Rechtslage besteht, — kommt es zur Berichtigung des Grundbuchs und zwar kann derjenige, dessen Recht nicht oder nicht richtig eingetragen oder durch die Eintragung einer nicht bestehenden Belastung oder Beschränkung beeinträchtigt ist, die Zustimmung zur Berichtigung von dem verlangen, dessen Recht durch die Berichtigung betroffen wird [5]).

Dieser Anspruch entspringt dem gefährdeten dinglichen Rechte,

---

In dem von Biermann S. 34 angeführten Beispiele aus Kom.Prot. 3 S. 101 (A 10000 ℳ mit Vorbehalt für 10000 ℳ, B 100 ℳ, C die vorbehaltenen 10000 ℳ, Erlös 10000 ℳ) wird zu bekommen haben: A 10000 ℳ Erlös — 10000 ℳ Vorbehalt = 0, B 10000 ℳ Erlös — 10000 ℳ Post A = 0, C 10000 ℳ Erlös — (0 + 0) = 10000 ℳ.

In dem von Endemann 2 S. 55 gewählten Beispiele (A 200000, B 30000, C 10000, Erlös 210000) erhält nach der angegebenen Formel A 200000, B 10000, C 0.

Zu § 10.

1) z. B. Erlöschen des Nießbrauchs durch Tod des Nießbrauchers.

2) z. B. durch Erbfolge, im Falle des § 1438 BGB., Eigenthümerhypothek.

3) z. B. Entstehung einer Sicherungshypothek im Falle des § 1287 BGB.

4) Mot. 3, 235.

5) § 894 BGB. § 19 GBO. Ausdehnung der Vorschriften der §§ 894 ff. nach §§ 1138, 1157, 1155 BGB.

die Nichtübereinstimmung des Buches mit der Rechtslage ist eine Beeinträchtigung dieses Rechtes. Den Inhalt des Anspruchs bildet die Zustimmung zur Berichtigung; derjenige, dessen Recht durch die Berichtigung betroffen wird, hat mitzuwirken zur Herstellung des Zustandes, der dem sicher zu stellenden Rechte entspricht. Gibt der Andere die Zustimmung zur Berichtigung nicht freiwillig, so wird sie auf Klage durch Urtheil ersetzt[6]).

Häufig kann die Berichtigung erfolgen, ohne daß derjenige, dessen Recht durch die Eintragung betroffen wird, sie bewilligt (§ 19 GBO.); es bedarf dieser Bewilligung — insbesondere auch wenn es sich um die Eintragung oder Löschung einer Verfügungsbeschränkung handelt — regelmäßig nicht, wenn die Unrichtigkeit des Grundbuchs nachgewiesen wird[7]) Wird z. B. eine Hypothek durch den Eigenthümer abgetragen, so kann auf Grund einer nach § 29 GBO. ausgestellten Quittung die Umschreibung der Hypothek auf den Eigenthümer vor sich gehen.

Es kann vorkommen, daß der Passivbetheiligte selbst nicht eingetragen ist, während doch nach § 40 GBO. eine Eintragung nur erfolgen soll, wenn derjenige, dessen Recht durch sie betroffen wird, als der Berechtigte eingetragen ist[8]). In einem solchen Falle geht der Anspruch des Berechtigten auch dahin, daß der Andere sein Recht *eintragen* lasse[9]). Die Eintragung des Anderen kann der zur Berichtigung Berechtigte selbst beantragen, wenn die Unrichtigkeit des Grundbuchs nachgewiesen wird. Die Berichtigung des Grundbuchs durch Eintragung eines Eigenthümers oder Erbbauberechtigten darf aber nur mit Zustimmung des Eigenthümers oder des Erbbauberechtigten oder auf Grund eines gegen diese Personen vollstreckbaren Titels erfolgen[10]).

---

[6]) § 894 CPO.; ist das Urtheil vorläufig vollstreckbar, so gilt die Eintragung eines Widerspruchs als bewilligt (§ 895 CPO.).

[7]) § 22 GBO. Vergl. § 29 GBO. Ein Recht, das auf die Lebenszeit des Berechtigten beschränkt ist oder das mit der Erreichung eines bestimmten Lebensalters des Berechtigten oder mit dem Eintritt eines sonstigen bestimmten Zeitpunktes oder Ereignisses erlischt, könnte demnach bei Nachweis des Todes oder der Todeserklärung oder nach Eintritt des bestimmten Zeitpunktes oder Ereignisses ohne Bewilligung des Passivbetheiligten gelöscht werden, allein in diesen Fällen darf, wenn Rückstände von Leistungen nicht ausgeschlossen sind, die Löschung nur mit Bewilligung des Berechtigten oder seines Rechtsnachfolgers vor sich gehen, wenn sie binnen Jahresfrist erfolgen soll oder der Berechtigte oder sein Rechtsnachfolger der Löschung bei dem Grundbuchamt widersprochen hat. Ein solcher Widerspruch wird von Amtswegen in das Grundbuch eingetragen. Auch unter den angeführten Voraussetzungen bedarf es übrigens der Bewilligung nicht, wenn im Grundbuch eingetragen ist, daß zur Löschung des Rechtes der Nachweis des Todes des Berechtigten oder der Eintritt des bestimmten Zeitpunktes oder Ereignisses genügen soll (§§ 23, 24 GBO.).

[8]) Beispiel: Ein Recht an einem Grundstück ist aus Versehen gelöscht worden, der Eigenthümer ist gestorben, der Erbe noch nicht eingetragen.

[9]) § 895 BGB.

[10]) §§ 14, 22 Abs. 2 GBO. Beispiel: Eintragung einer Zwangshypothek gegen den Erben des eingetragenen Eigenthümers. Den Nachweis für das Recht des Einzutragenden hat der Antragsteller zu erbringen. Bedarf er eines Erbscheines oder einer anderen Urkunde, die dem Einzutragenden auf Antrag von

Eine andere Schwierigkeit könnte sich aus der Bestimmung ergeben, daß bei einer Hypothek (Grundschuld oder Rentenschuld), über die ein Brief ertheilt ist, eine Eintragung nur erfolgen soll, wenn der Brief vorgelegt wird [11]. Betrifft die Berichtigung eine Brief-Hypothek, -Grundschuld oder -Rentenschuld und ist die Vorlegung des Briefes erforderlich, so kann derjenige, zu dessen Gunsten die Berichtigung erfolgen soll, von dem Besitzer des Briefes verlangen, daß der Brief dem Grundbuchamte vorgelegt wird [12].

Diese verschiedenen, mit der Berichtigung zusammenhängenden Ansprüche unterliegen nicht der Verjährung [13], sie erlöschen erst mit dem Rechte, zu dessen Sicherung die Berichtigung dienen soll. Selbstverständlich besteht ein Berichtigungsanspruch nicht mehr, wenn die anfänglich unrichtige Eintragung (z. B. durch Tabularersitzung oder durch Erwerb eines gutgläubigen Dritten) rechtmäßig geworden und das nicht eingetragene Recht erloschen ist.

Die Kosten der Berichtigung des Grundbuchs und der dazu erforderlichen Erklärungen hat, sofern nicht aus bestehenden Rechtsverhältnissen ein Anderes sich ergibt, derjenige zu tragen, der die Berichtigung verlangt [14] [15].

§ 11. Vorläufige Eintragungen; Widerspruch, Vormerkung.

Die vorläufigen Eintragungen dienen theils zum Schutze bestehender Rechte gegen die Gefahren, welchen die Rechte durch den öffentlichen Glauben des Grundbuchs insolange ausgesetzt sind, als der Inhalt des Buches der wirklichen Rechtslage nicht entspricht, theils bezwecken sie die Sicherung persönlicher Ansprüche auf Einräumung oder Aufhebung eines dinglichen Rechtes. Jene Art der Eintragung bezeichnet das Gesetz als Widerspruch, diese als Vormerkung.

A. Widerspruch.

Sind die Voraussetzungen gegeben, unter denen die Berichtigung des Grundbuchs verlangt werden kann, so kann, da die Durchführung des Berichtigungsanspruchs häufig nicht ohne Weiterungen möglich ist, durch einen vorläufigen Vermerk — Widerspruch [16] — der Berechtigte

---

einer Behörde, einem Beamten oder einem Notar zu ertheilen ist, so kann er die Ertheilung an Stelle des Anderen verlangen (§ 792 CPO.).

[11]) §§ 42, 43 GBO.

[12]) § 896 BGB. Vollstreckung § 888 CPO. Vergl. §§ 1145, 1150, 1167 BGB.

[13]) § 898 BGB. Die Berichtigung kann demnach verlangt werden, wenn auch die Unrichtigkeit schon über 30 Jahre besteht.

[14]) § 897 BGB. Für Prozeßkosten sind die Bestimmungen der CPO. maßgebend.

[15]) Hat das Grundbuchamt eine Eintragung vorgenommen, die ihrem Inhalte nach unzulässig ist, ist z. B. ein Recht eingetragen, das an einem Grundstück überhaupt nicht begründet werden kann, so ist die Eintragung von Amtswegen zu löschen (§ 54 Abs. 1. GBO.).

Zu § 11.

[16]) § 899 BGB. Vergl. §§ 1138, 1157 BGB. Durch Widerspruch lassen

gegen die Gefahr geschützt werden, daß eine buchmäßige Verfügung erfolgt, die in Folge des öffentlichen Glaubens des Grundbuchs seinem Rechte Nachtheil bringt.

Die Eintragung des Widerspruchs geschieht — von der Bestimmung des § 1139 BGB. abgesehen — entweder auf Bewilligung desjenigen, dessen Recht durch die Berichtigung betroffen wird, oder auf Grund einer einstweiligen Verfügung oder, in bestimmten Fällen, von Amtswegen. Für die Eintragung auf Bewilligung des Passivbetheiligten kommen die allgemeinen Bestimmungen der §§ 19, 29, 13 GBO. in Betracht. Die Eintragung eines Widerspruchs gilt als bewilligt[17]), wenn durch ein vorläufig vollstreckbares Urtheil der Schuldner zur Abgabe einer Willenserklärung verurtheilt ist, auf Grund deren zur Sicherstellung eines dinglichen Rechtes eine Eintragung in das Grundbuch erfolgen soll; die Eintragung erfolgt auf Antrag des Gläubigers, ohne daß es einer weitern Bewilligung des Schuldners bedürfte. Die Erlassung einer einstweiligen Verfügung richtet sich nach den Vorschriften der CPO., doch ist nicht erforderlich, daß eine Gefährdung des Rechtes des Widersprechenden glaubhaft gemacht wird; das Gericht[18]), welches die Verfügung erläßt, ist befugt, das Grundbuchamt um die Eintragung zu ersuchen[19]). Von Amtswegen ist durch das Grundbuchamt ein Widerspruch einzutragen zu Gunsten eines Antrags, dessen Eintragung ein Hinderniß entgegensteht (§ 18 Abs. 2 GBO.), vorausgesetzt, daß es sich bei der Eintragung um die Erhaltung eines schon bestehenden, nicht um die Begründung eines dinglichen Rechtes handelt, ferner, wenn sich ergibt, daß das Grundbuchamt unter Verletzung gesetzlicher Vorschriften eine Eintragung vorgenommen hat, durch die das Grundbuch unrichtig geworden ist (§§ 54, 71 GBO.), endlich in Fällen der Beschwerde auf Anordnung des Beschwerdegerichts (§ 76 GBO.)[20]). Ein Widerspruch zur Sicherung von Ansprüchen aus dinglichen Rechten ist von Amtswegen unter den in §§ 23, 24 GBO. bestimmten Voraussetzungen einzutragen; dieser Widerspruch richtet sich nicht gegen die Fiktion der Richtigkeit des Inhaltes des Grundbuchs, sondern verhütet die Löschung eines erloschenen Rechtes ohne Bewilligung des Berechtigten oder seines Rechtsnachfolgers.

Ein besonderer Fall des Widerspruchs ergibt sich aus der Bestimmung des § 1139 BGB. Ist für ein Darlehen eine Buchhypo-

---

sich Eigenthum und begrenzte Rechte, auch bloße Vorrechte und Einreden sichern. Dernburg S. 152.

[17]) § 895 CPO.

[18]) Vergl. § 942 Abs. 2 CPO.

[19]) § 941 CPO. § 39 GBO.

[20]) Die Eintragung eines Widerspruchs wird in den Fällen am Platze sein, in denen die Zurückweisung eines Antrags auf Berichtigung des Grundbuchs oder eine von dem Grundbuchamte vorgenommene unrichtige Eintragung den Gegenstand der Beschwerde bildet. — Denkschr. zum Entw. der GBO. § 74.

thek bestellt, so kann der Eigenthümer einen Widerspruch gegen die Fiktion der Richtigkeit der Forderung[21]) darauf gründen, daß die Hingabe des Darlehens unterblieben sei. Wird dieser Widerspruch vor dem Ablaufe eines Monats nach der Eintragung der Hypothek erhoben, so erfolgt seine Eintragnng auf bloßen Antrag des Eigenthümers, also ohne einstweilige Verfügung und ohne Bewilligung des Hypothekgläubigers.

Bei einer Briefhypothek soll eine Eintragung nur erfolgen, wenn der Brief vorgelegt wird. Für die Eintragung eines Widerspruchs bedarf es jedoch der Vorlegung nicht, wenn die Eintragung durch eine einstweilige Verfügung angeordnet ist oder gemäß § 54 GBO. von Amtswegen erfolgt und der Widerspruch sich darauf gründet, daß die Hypothek oder die Forderung, für welche sie bestellt ist, nicht bestehe oder einer Einrede unterliege oder daß die Hypothek unrichtig eingetragen sei[22]). Entsprechende Anwendung finden diese Vorschriften auf die Grundschuld und auf die Rentenschuld, sofern nicht der Grundschuld- oder Rentenschuldbrief auf den Inhaber ausgestellt ist[23])[24]).

Der Widerspruch sichert das bestehende, aber nicht oder nicht richtig eingetragene Recht gegen die Gefahren, welche aus dem öffentlichen Glauben des Grundbuchs sich ergeben. Ist ein Widerspruch in dem Grundbuch eingetragen, so kann demjenigen gegenüber, dessen Recht durch den Widerspruch gewahrt ist, Niemand auf die Fiktion der Richtigkeit des Grundbuchs sich berufen. Das Recht, wegen dessen ein Widerspruch eingetragen ist, wird dadurch nicht zu einem eingetragenen, es läßt sich also auf Grund eines Widerspruchs z. B. kein Vertrag über Veräußerung oder Belastung des Grundstücks eintragen, dagegen steht das Recht, wegen dessen ein Widerspruch eingetragen ist, hinsichtlich der Verjährung der Ansprüche einem eingetragenen Rechte gleich[25]), ferner ist der Lauf der Frist bei der Tabularersitzung gehemmt, solange ein Widerspruch gegen die Richtigkeit der Eintragung besteht[26]), auch ist dem Ausschlußurtheil die Wirkung gegen den Dritten versagt, dessen Eigenthum durch Widerspruch gesichert ist[27]), endlich sind im Zwangsversteigerungsverfahren bei Feststellung des geringsten Gebots die durch Widerspruch gesicherten Rechte wie eingetragene zu berücksichtigen[28]).

---

[21]) § 1138 BGB.

[22]) §§ 42 Abs. 1, 54 Abs. 2 BGO. Der Widerspruch ist nachträglich auf dem Briefe zu vermerken. § 62 GBO.

[23]) §§ 43, 54 Abs. 2 GBO.

[24]) Auch in den Fällen der §§ 18 Abs. 2 und 76 GBO. ist die Eintragung des Widerspruchs nicht von der Vorlegung des Briefes abhängig zu machen. Biermann S. 47.

[25]) § 902 Abs. 2 BGB.

[26]) § 900 BGB.

[27]) § 927 Abs. 3 BGB.

[28]) § 48 ZVG.

Der Rang eines Rechtes bestimmt sich nicht nach der Eintragung des Widerspruchs[29]), aber der einem Rechte zukommende Rang läßt sich, soweit nicht schon auf Grund des öffentlichen Glaubens des Grundbuchs Rechte erworben sind, durch Eintragung eines Widerspruchs sichern. In dem Falle des § 1139 BGB. hat sogar der Widerspruch, der sich auf den Nichtempfang des Darlehens stützt, rückwirkende Kraft, sofern er innerhalb des Monats nach Eintragung der Hypothek eingetragen wird.

Die Löschung eines Widerspruchs erfolgt, wenn derjenige sie bewilligt, dessen Recht durch sie gesichert wird[30]). Dieser Bewilligung bedarf es nicht, wenn die einstweilige Verfügung oder das vorläufig vollstreckbare Urtheil, auf Grund dessen der Widerspruch eingetragen worden, durch eine vollstreckbare Entscheidung aufgehoben ist[31]). Von Amtswegen erfolgt die Löschung, wenn bei dem Zusammentreffen mehrerer Eintragungs-Anträge zu Gunsten des früher gestellten ein Widerspruch eingetragen worden war, der früher gestellte Antrag aber zurückgewiesen wird[32]), sowie, wenn das Beschwerdegericht die Eintragung angeordnet hatte, die Beschwerde aber zurückgenommen oder zurückgewiesen wird[33]).

B. Vormerkung.

Während der Widerspruch das schon bestehende dingliche Recht sichert, dient die Vormerkung zum Schutze obligatorischer Ansprüche. Durch Vormerkung lassen sich Ansprüche auf Einräumung oder Aufhebung eines Rechtes an einem Grundstück oder an einem das Grundstück belastenden Rechte oder Ansprüche auf Aenderung des Inhaltes oder des Ranges solcher Rechte sicher stellen[34]). Auch für einen künftigen oder bedingten Anspruch kann eine Vormerkung eingetragen werden.[35]) Worauf der obligatorische Anspruch sich gründet,

---

29) Anders bei der Vormerkung (§ 883 Abs. 3 BGB.).
30) § 19 GBO.
31) § 25 GBO.
32) § 18 Abs. 2 GBO.
33) § 76 Abs. 2 GBO.
34) § 883 BGB. Hierher gehört z. B. der Anspruch auf Auflassung aus einem Vertrage nach § 313 BGB., der Anspruch auf Bestellung einer Hypothek, auf Uebertragung oder Löschung einer Hypothek, auf Bestellung eines Nießbrauchs an einem eingetragenen Rechte, eines Pfandrechts an einem solchen Rechte. Von einer Vormerkung zur Sicherung des Anspruchs auf Löschung einer Hypothek spricht § 1179 BGB. Erfolgt die Rechtsänderung kraft Gesetzes (z. B. Erwerb der Eigenthümerhypothek nach § 1163 BGB.), so ist zur Sicherung nicht die Vormerkung, sondern der Widerspruch am Platze.
35) Da eine Auflassung, die unter einer Bedingung oder einer Zeitbestimmung erfolgt, unwirksam ist, ist es von großer Bedeutung, den Anspruch auf Uebertragung oder auf Rückübertragung des Eigenthums an einem Grundstück für den Fall des Eintritts einer aufschiebenden oder auflösenden Bedingung dinglich sichern zu können.

ist gleichgültig, er kann auf Vertrag, auf Vermächtniß, auch auf gesetzlicher Vorschrift beruhen[36]).

Die Eintragung der Vormerkung erfolgt auf Bewilligung desjenigen, dessen Grundstück oder dessen Recht von der Vormerkung betroffen wird, oder auf Grund einer einstweiligen Verfügung oder endlich von Amtswegen. Für die Eintragung auf Bewilligung sind die Bestimmungen der §§ 19, 29, 13 GBO. maßgebend. Ist der Schuldner durch ein vorläufig vollstreckbares Urtheil zur Abgabe einer Willenserklärung verurtheilt, so gilt die Eintragung einer Vormerkung als bewilligt[37]). Zur Erlassung einer einstweiligen Verfügung ist nicht erforderlich, daß eine Gefährdung des zu sichernden Anspruchs glaubhaft gemacht wird[38]). Das Gericht kann selbst das Grundbuchamt um die Eintragung ersuchen[39])[40]). Von Amtswegen sind Vormerkungen einzutragen bei Zusammentreffen mehrerer Eintragungsanträge im Falle des § 18 Abs. 2 GBO. und auf Anordnung des Beschwerdegerichts (§ 76 GBO.).

Was die Wirkung der Vormerkung angeht, so wird das obligatorische Recht durch die Vormerkung nicht in ein dingliches Recht umgewandelt, der eingetragene Anspruch bleibt ein persönlicher Anspruch. Einigen Einfluß hat die Eintragung der Vormerkung auf das Rechtsverhältniß zwischen dem Gläubiger und dem Schuldner immerhin. Stirbt der Verpflichtete, so kann sich der Erbe dem Vormerkungsberechtigten gegenüber nicht auf die Beschränkung seiner Haftung berufen[41]), auch werden Gläubiger, deren Ansprüche durch eine Vormerkung gesichert sind, von einem Aufgebot der Nachlaßgläubiger nicht betroffen[42]). Geräth der Schuldner in Konkurs, so kann der durch die Vormerkung gesicherte Gläubiger von dem Konkursverwalter die Befriedigung seines Anspruchs verlangen[43]). In dem Zwangsversteigerungsverfahren werden bei Feststellung des geringsten Gebots die durch Vormerkung gesicherten Rechte wie eingetragene Rechte berücksichtigt; Vormerkungsgläubiger gelten als Betheiligte in dem Verfahren[44]). Im Uebrigen wird durch die Eintragung der Vormerkung das Rechtsverhältniß zwischen dem Gläubiger und dem Verpflichteten nicht berührt. Vorgemerkte Ansprüche sind ins-

[36]) Z. B. § 648 BGB. Strecker S. 113.

[37]) § 895 CPO.

[38]) § 885 BGB.

[39]) § 941 CPO. § 39 GBO. Vergl. § 13 GBO.

[40]) Während der Dauer des Konkursverfahrens kann in Ansehung der zur Konkursmasse gehörigen Grundstücke sowie der für den Gemeinschuldner eingetragenen Rechte an Grundstücken oder an eingetragenen Rechten keine Vormerkung auf Grund einer einstweiligen Verfügung zu Gunsten einzelner Konkursgläubiger eingetragen werden. § 14 Abs. 2 KO.

[41]) § 884 BGB.

[42]) § 1971 BGB.

[43]) § 24 KO.

[44]) §§ 48, 9 ZVG.

besondere auch der Verjährung nicht entzogen. Der Verpflichtete behält die gegen den Anspruch begründeten Einwendungen. Steht demjenigen, dessen Grundstück oder dessen Recht von der Vormerkung betroffen wird, eine Einrede[45]) zu, durch welche die Geltendmachung des durch die Vormerkung gesicherten Anspruchs dauernd ausgeschlossen wird (z. B. die Einrede der Verjährung), so kann er von dem Gläubiger die Beseitigung der Vormerkung verlangen[46]). Dritten gegenüber wird der Schuldner durch die Eintragung der Vormerkung in der Verfügung über das Grundstück oder das Recht beschränkt, auf das sich die Vormerkung bezieht. Verfügungen, die nach der Eintragung der Vormerkung über das Grundstück oder das Recht getroffen werden, sind insoweit unwirksam, als sie den Anspruch vereiteln oder beeinträchtigen würden; dies gilt nicht bloß von Verfügungen, die der Schuldner trifft, sondern auch von den Verfügungen, die im Wege der Zwangsvollstreckung oder der Arrestvollziehung oder durch den Konkursverwalter erfolgen[47]). Der durch die Vormerkung geschützte Anspruch kann aber nur gegenüber dem Schuldner geltend gemacht werden. Vermag der Schuldner in Folge der Verfügung, die er über den Gegenstand getroffen hat, nicht mehr dem Anspruch des Vormerkungsgläubigers Genüge zu leisten, so hat der Dritte zur Verwirklichung des durch die Vormerkung gesicherten Anspruchs mitzuwirken. Soweit der Erwerb eines eingetragenen Rechtes oder eines Rechtes an einem solchen Rechte gegenüber dem Vormerkungsgläubiger unwirksam ist, kann dieser von dem Erwerber die Zustimmung zu der Eintragung oder der Löschung verlangen, die zur Verwirklichung des durch die Vormerkung gesicherten Anspruchs erforderlich ist[48]). Die dingliche Rechtswirkung tritt in allen Fällen, mag ein Dritter mit-

---

[45]) Einrede im Sinne des BGB. ist das Recht, die Erfüllung eines bestehenden Anspruchs zu verweigern. Planck 1 S. 48.

[46]) § 886 BGB.

[47]) § 883 Abs. 2 BGB.

[48]) § 888 BGB. Beispiele: A hat sich verpflichtet, dem B das Eigenthum an seinem Grundstück zu übertragen, der Anspruch des B wird durch Vormerkung gesichert, A veräußert sein Grundstück an C, ohne Mitwirkung des C kann A dem B das Eigenthum nicht mehr übertragen, B hat nun von A die Auflassung und von C die Zustimmung zu verlangen. Der nicht eingetragene A erklärt demnach, daß er die Uebertragung des Eigenthums auf B bewillige, der eingetragene C stimmt dieser Eintragungsbewilligung zu, A nimmt diese Erklärungen an und beantragt seine Eintragung. Vergl. Leske S. 384. (Nach Biermann S. 39 hätte der Vorgemerkte von dem Andern, also von C, die Auflassung zu verlangen. Diese Ansicht dürfte weder mit dem Gesetzestext noch mit Kom.Prot. 3 S. 746 oder der Denkschrift [S. 659] in Einklang stehen.) — A hat sich verpflichtet, dem B ein Recht an seinem Grundstück (Grunddienstbarkeit, Hypothek rc.) zu bestellen, er veräußert das Grundstück an C, nachdem Vormerkung eingetragen worden ist; B verlangt die Bestellung des dinglichen Rechtes von A, C hat zuzustimmen. — A hat dem Gläubiger B gegenüber eine Verpflichtung nach § 1179 eingegangen, der Anspruch ist vorgemerkt, A überträgt jedoch die ihm zugefallene Hypothek an C, B hat von A die Löschung der Hypothek und von C die Zustimmung zur Löschung zu verlangen.

zuwirken haben oder nicht, erst ein, wenn an die Stelle der vorläufigen Eintragung die endgültige Eintragung tritt, mit andern Worten, wenn der persönliche Anspruch zur Begründung des dinglichen Rechtes geführt hat [49]). Der Rang des dinglichen Rechtes aber, auf dessen Einräumung der Anspruch gerichtet war, bestimmt sich kraft gesetzlicher Vorschrift nach der Eintragung der Vormerkung [50]) [51]).

Die Eintragung einer Vormerkung erschwert dem Verpflichteten weitere Verfügungen über den Gegenstand, auf den die Vormerkung sich bezieht [52]). Damit die Vormerkung beseitigt werden kann, auch wenn der Gläubiger unbekannt ist, ist ein Aufgebotsverfahren zugelassen. Der Vormerkungsgläubiger kann mit seinem Rechte ausgeschlossen werden, wenn seit der Eintragung der Vormerkung 10 Jahre verstrichen sind und das Recht des Gläubigers nicht innerhalb dieser Frist von dem Verpflichteten in einer nach § 208 BGB. zur Unterbrechung der Verjährung geeigneten Weise anerkannt worden ist. Besteht für den Anspruch eine nach dem Kalender bestimmte Erfüllungszeit, so beginnt die Frist nicht vor dem Ablaufe dieses Termins. Antragsberechtigt ist auch derjenige, welcher auf Grund eines im Range gleich oder nachstehenden Rechts Befriedigung aus dem Grundstück verlangen kann, sofern er für seinen Anspruch einen vollstreckbaren Schuldtitel erlangt hat. Mit der Erlassung des Ausschlußurtheils erlischt die Wirkung der Vormerkung, nicht auch der persönliche Anspruch [53]).

Die durch das Grundbuchamt von Amtswegen zu Gunsten eines Antrags eingetragene Vormerkung wird von Amtswegen gelöscht, wenn der Antrag zurückgewiesen wird, ebenso wird die durch das Beschwerdegericht angeordnete Vormerkung gelöscht, wenn die Beschwerde zurückgenommen oder zurückgewiesen ist [54]). Im Uebrigen erfolgt die Löschung einer Vormerkung, wenn derjenige sie bewilligt, dessen Recht von ihr betroffen wird [55]). Ist eine Vormerkung auf Grund einer einst-

---

[49]) Ueber die Wirkung der Vormerkung besteht Streit. Nach Strecker (S. 114) erlangt der persönliche Anspruch durch Eintragung der Vormerkung dingliche Wirkung, Biermann (S. 35 Anm. 2) stimmt bei und charakterisirt das vorgemerkte Recht als ein jus ad rem, Dernburg (S. 452, 150) spricht (unter Bezugnahme auf die für das Preuß. Recht ergangenen Reichsgerichtsentscheidungen Bd. 7 S. 177, 15 S. 270 und 27 S. 237) geradezu von dinglichen Rechten.

[50]) § 883 Abs. 3 BGB.

[51]) Der Erwerber eines durch Vormerkung gesicherten Anspruchs kann auf die Bestimmung des § 892 BGB. sich nicht berufen, erst das dingliche Recht kommt unter den Schutz des öffentlichen Glaubens des Grundbuchs.

[52]) Nach § 439 BGB. hat der Verkäufer die Vormerkungen auf Bestellung von Hypotheken, Grundschulden, Rentenschulden und Pfandrechten zu beseitigen.

[53]) §§ 887, 1170 BGB., §§ 988, 1024 CPO. Die Löschung der nicht mehr bestehenden Verfügungsbeschränkung wird nach § 894 BGB., § 22 GBO. zu erfolgen haben.

[54]) §§ 18 Abs. 2, 76 Abs. 2 GBO.

[55]) § 19 GBO. Die Beseitigung der Vormerkung kann verlangt werden, wenn der persönliche Anspruch nicht besteht oder wenn er zwar besteht, die Geltendmachung aber durch eine Einrede dauernd ausgeschlossen wird (§ 886 BGB(.

weiligen Verfügung eingetragen, so bedarf es zur Löschung nicht der Bewilligung des Gläubigers, wenn die einstweilige Verfügung durch eine vollstreckbare Entscheidung aufgehoben ist; dasselbe gilt, wenn auf Grund eines vorläufig vollstreckbaren Urtheils eine Vormerkung eingetragen ist[56]).

§ 12. Verjährung und Ersitzung.

Nach § 194 BGB. unterliegt das Recht, von einem Anderen ein Thun oder ein Unterlassen zu verlangen (Anspruch), der Verjährung. Von dieser Regel ist auch der dingliche Anspruch nicht ausgenommen. Nur der aus einem familienrechtlichen Verhältniß hervorgehende Anspruch unterliegt, soweit er auf die Herstellung des dem Verhältniß entsprechenden Zustandes für die Zukunft gerichtet ist, der Verjährung nicht. Die aus dinglichen Rechten entspringenden Ansprüche unterliegen der Verjährung, auch soweit sie auf die Herstellung des dem dinglichen Rechte entsprechenden Zustandes für die Zukunft gerichtet sind. So entspringt aus dem Eigenthum der Anspruch auf Herausgabe der Sache gegen den Besitzer. Dieser Anspruch kann verjähren, mit dem Eintritt der Verjährung ist das dingliche Recht dem betreffenden Dritten gegenüber schutzlos[1]). Nur für Rechte, die im Grundbuch eingetragen sind, gelten andere Bestimmungen. Die Ansprüche aus eingetragenen Rechten unterliegen nicht der Verjährung; ein Recht, wegen dessen ein Widerspruch gegen die Richtigkeit des Grundbuchs eingetragen ist, steht einem eingetragenen Rechte gleich. Aber nicht alle Ansprüche aus eingetragenen Rechten sind unverjährbar; das Grundbuch gibt über das Fortbestehen oder die Tilgung von Ansprüchen, die auf Rückstände wiederkehrender Leistungen oder auf Schadensersatz gerichtet sind, keine Auskunft, diese Ansprüche (auf rückständige Zinsen 2c.) unterliegen der Verjährung[2]).

Das eingetragene Recht kann ein Eigenthum an einem Grundstück, ein begrenztes Recht oder ein Recht an einem solchen Rechte sein. Bei der Hypothek sind nur die Ansprüche aus dem dinglichen Rechte der Verjährung entzogen, die persönliche Forderung unterliegt der Verjährung, obgleich sie bei der gewöhnlichen Hypothek unter dem Schutze des öffentlichen Glaubens des Grundbuchs steht (vergl. § 223 BGB.).

In Einem Falle unterliegt auch ein Anspruch aus einem eingetragenen Rechte der Verjährung. Wird eine Grunddienstbarkeit oder beschränkte persönliche Dienstbarkeit durch eine auf dem belasteten Grundstück errichtete Anlage beeinträchtigt, so unterliegt der Anspruch auf Beseitigung der Beeinträchtigung der Verjährung, auch wenn die

---

56) § 25 GBO.

Zu § 12.

1) Planck 1 S. 245.
2) § 902 BGB.

Dienstbarkeit im Grundbuch eingetragen ist. Mit der Verjährung des Anspruchs erlischt die Dienstbarkeit, soweit der Bestand der Anlage mit ihr in Widerspruch steht[3]).

Ansprüche aus nicht eingetragenen Rechten unterliegen der Verjährung. Ist ein Recht an einem fremden Grundstück nicht eingetragen, so kann der dem Berechtigten gegen den Eigenthümer zustehende Anspruch verjähren. Die Verjährung beginnt mit der Entstehung des Anspruchs, d. h. mit der Entstehung eines Zustandes, welcher der in dem begrenzten Rechte liegenden Herrschaft über das Grundstück nicht entspricht[4]). Tritt Verjährung des Anspruchs ein, so läßt sich das dingliche Recht, das von der Verjährung selbst nicht berührt wird, nicht mehr gegen den Eigenthümer geltend machen, weil dem Anspruch die Einrede der Verjährung entgegensteht. Gemäß § 901 BGB. erlischt es daher mit der Verjährung des Anspruchs, gleichgiltig, ob es schon im Grundbuch eingetragen war und dort mit Unrecht gelöscht worden ist oder ob es kraft Gesetzes entstanden war und nicht zur Eintragung gelangt ist[5]).

Aehnlich ist der Erwerb zu Unrecht eingetragener Rechte, die Tabularersitzung[6]), geregelt. Ist Jemand zu Unrecht als Eigenthümer eines Grundstücks im Grundbuch eingetragen, so erwirbt er das Eigenthum, wenn die Eintragung 30 Jahre bestanden hat und er während dieser Zeit das Grundstück im Eigenbesitze gehabt hat. Guter Glaube oder ein Titel ist nicht erforderlich. Die Berechnung der 30jährigen Frist erfolgt in derselben Weise wie bei der Ersitzung einer beweglichen Sache gemäß §§ 938—944 BGB.; der Lauf der Frist ist jedoch auch gehemmt, solange ein Widerspruch gegen die Richtigkeit der Eintragung im Grundbuch eingetragen ist. In dieser Weise können auch begrenzte Rechte, die zu dem Besitze des Grundstücks berechtigen — Erbbaurecht, Nießbrauch und Wohnungsrecht — oder deren Ausübung nach den für den Besitz geltenden Vorschriften

---

[3]) §§ 1028, 1090 BGB.

[4]) § 198 BGB. Mot. 1, 307. Vergl. Kohler Archiv f. civ. Pr. 87, 296. Mit dem Entstehen des Berichtigungsanspruchs (§ 894 BGB.) beginnt die Verjährung noch nicht (§ 898 BGB.).

[5]) § 901 BGB. Vergl. §§ 1075, 1287 BGB. Auf den Grund, aus welchem ein kraft Gesetzes entstandenes Recht nicht eingetragen ist, kommt nichts an, der Umstand, daß ein Recht nicht eingetragen werden darf (§§ 914, 917 Abs. 2 BGB.), wird demnach das Erlöschen nicht hindern (anders Biermann S. 50). Bei der Ueberbau- und der Nothweg-Rente wird aber nur der Anspruch auf die einzelne Leistung verjähren können und wird eine Verjährung eines Gesammt-Rentenanspruchs nicht anzunehmen sein. Vergl. Planck 1 Anm. 2 zu § 224, anders anscheinend Dernburg S. 146 Anm. 11.

[6]) § 900 BGB. Kohler (s. Anm. 4) stellt der Tabularersitzung eine „Tabularversitzung" gegenüber, es dürfte jedoch richtiger sein, in dem Falle des § 901 BGB. nur von einer Anspruchsverjährung zu sprechen, das Erlöschen des Rechtes tritt auf Grund der gesetzlichen Vorschrift mit der Verjährung des Anspruchs ein, bei der Ersitzung liegen die Verhältnisse etwas anders, ersessen wird das dingliche Recht.

geschätzt ist — Grunddienstbarkeiten und beschränkte persönliche Dienstbarkeiten —, durch Ersitzung erworben werden. Voraussetzung ist, daß das begrenzte Recht zu Unrecht im Grundbuch eingetragen ist und daß der als Berechtigter Eingetragene bei Erbbaurecht, Nießbrauch und Wohnungsrecht das Grundstück 30 Jahre in Besitz gehabt, bei den übrigen beschränkten persönlichen Dienstbarkeiten und bei den Grunddienstbarkeiten, daß er das Recht während dieser Zeit ausgeübt hat[7]). Mit dem Eintritt der Ersitzung entsteht das Recht, wie wenn es rechtsgeschäftlich begründet worden wäre. Eintragung und Ausübung müssen sich dabei decken; nur soweit sich Beides deckt, ist das Recht entstanden. Für den Rang ist die Eintragung maßgebend.

Im Uebrigen gibt es keine Ersitzung von Grundeigenthum oder von Rechten an Grundstücken, abgesehen von Dienstbarkeiten an buchungsfreien Grundstücken[8]). Bis das Grundbuch als angelegt anzusehen ist, erfolgt die Ersitzung des Eigenthums an einem Grundstück sowie die Ersitzung eines nach dem Bürgerlichen Gesetzbuch zulässigen begrenzten Rechtes nach den bisherigen Gesetzen. Ist eine Ersitzung bei Eintritt des Grundbuchrechtes noch nicht vollendet, der Besitzer aber als Berechtigter im Grundbuch eingetragen, so finden die Bestimmungen des § 900 BGB. Anwendung. Ist die 30jährige Frist des BGB. kürzer als die des bisherigen Rechts, so werden die 30 Jahre vom Inkrafttreten des Grundbuchrechtes an berechnet; läuft aber die längere Frist des bisherigen Rechtes früher ab als diese Frist des BGB., so ist die Ersitzung mit dem Ablaufe der längeren Frist des bisherigen Rechts vollendet. Ist die 30jährige Frist des BGB. länger als die Ersitzungsfrist des bisherigen Rechts, so bedarf es des Ablaufes der 30jährigen Frist vom Beginne der Ersitzung ab. Der Beginn sowie die Hemmung und Unterbrechung der Ersitzung bestimmen sich in jedem Falle für die Zeit vor dem Eintritt des Grundbuchrechtes nach den bisherigen Gesetzen[9]). Ist der Besitzer bei Eintritt des Grundbuchrechtes nicht eingetragen, so kann erst von der später erfolgenden Eintragung ab die Tabularersitzung des neuen Rechtes ihren Anfang nehmen.

---

[7]) Wegen der Bestimmung des § 1029 BGB. verlangt Biermann S. 48 zur Ersitzung alljährliche Ausübung der Grunddienstbarkeit und (§ 1090 BGB.) der beschränkten persönlichen Dienstbarkeit. Die entsprechende Anwendung der Vorschriften des § 900 Abs. 1 auf die Fälle des § 900 Abs. 2 wird jedoch dahin führen, die Bestimmungen der §§ 938 ff. über den Eigenbesitz auf die Ausübung des begrenzten Rechtes und die Bestimmungen dieser Paragraphen hinsichtlich der Verjährung des Herausgabeanspruchs auf die Verjährung des negatorischen Anspruchs (§ 1004) anzuwenden. Darnach wird der Ersitzende eine alljährliche Ausübung der Dienstbarkeit jedenfalls nicht zu beweisen haben, es wird vielmehr genügen, wenn er nachweist, daß er am Anfang und am Ende der dreißigjährigen Frist die Dienstbarkeit ausgeübt hat; die Frage, ob eine Unterbrechung der Ersitzung stattgefunden hat, wird nach den §§ 940 ff. zu beantworten sein.

[8]) Art. 128 E. zu BGB.

[9]) Art. 189 mit 169 Einf.Ges. z. BGB.

§ 13. Grundbuchführung.

Die Grundbuchordnung für das Deutsche Reich behandelt die Einrichtung der Grundbücher, gibt Bestimmungen über die Aufbewahrung von Urkunden bei dem Grundbuchamt, über die Einsicht des Grundbuchs, Ertheilung von Auszügen, über die Verantwortlichkeit der Grundbuchbeamten, sie ordnet die Eintragungen in das Grundbuch nach ihren Voraussetzungen und ihrem Inhalte, regelt die Ertheilung der Hypotheken-, Grundschuld- und Rentenschuldbriefe, und gibt Vorschriften über die Rechtsmittel in Bezug auf die Entscheidungen des Grundbuchamtes.

Das Gesetz tritt, soweit es die Anlegung des Grundbuchs betrifft, gleichzeitig mit dem BGB., im Uebrigen für jeden Grundbuchbezirk mit dem Zeitpunkt in Kraft, in welchem das Grundbuch als angelegt anzusehen ist. Was das Verhältniß zu anderen Gesetzen anlangt, so finden die Art. 2 bis 5, 32, 55 des Einf.-Ges. z. BGB. entsprechende Anwendung[1]). Soweit in diesem Einführungsgesetze zu Gunsten der Landesgesetze Vorbehalte gemacht sind, gelten die Vorbehalte auch für die Vorschriften der Landesgesetze über das Grundbuchwesen; den Landesgesetzen stehen nach Maßgabe der Art. 57, 58 des Einf.-Ges. zum BGB. die Hausverfassungen gleich[2]). Weitere Vorbehalte für das Landesrecht sind in der Grundbuchordnung theils ausdrücklich bestimmt (§§ 98—102 für Gesetzgebung, §§ 2, 85—92 für landesherrliche Verordnungen, §§ 1, 93—97 für Justizverwaltung), theils aus solchen Vorschriften zu entnehmen, die zu ihrer Durchführung eine ergänzende Thätigkeit der Landesgesetzgebung voraussetzen. Das Verfahren, in welchem die Anlegung der Grundbücher erfolgt, sowie der Zeitpunkt, in welchem das Grundbuch für einen Bezirk als angelegt anzusehen ist, werden für jeden Bundesstaat durch landesherrliche Verordnung bestimmt[3]). Das Gleiche gilt für das Verfahren zum Zwecke der Eintragung von Grundstücken, die bei der Anlegung des Grundbuchs aus irgend welchen Gründen kein Blatt erhalten haben, und für das Verfahren zum Zwecke der Wiederherstellung eines ganz oder theilweise zerstörten oder abhanden gekommenen Grundbuchs, wobei auch darüber Bestimmungen getroffen werden können, in welcher Weise bis zur Wiederherstellung des Grundbuchs die zu einer Rechtsänderung erforderliche Eintragung ersetzt werden soll.[4]).

Die Führung angelegter Grundbücher obliegt Grundbuchämtern[5]). Die Bestimmungen über die Einrichtung dieser Aemter, über ihre Zuständigkeit, über die Ausschließung und Ablehnung der

Zu § 13.

[1]) § 82 GBO.
[2]) § 83 GBO.
[3]) Art. 186 Abs. 1 Einf. BGB.
[4]) §§ 91, 92 GBO.
[5]) § 1 Abs. 1 GBO.

Grundbuchbeamten sind stillschweigend der Landesgesetzgebung überlassen[6]). Die Aemter können durch richterliche Beamte oder durch Verwaltungsbeamte, durch Staats- oder durch Gemeindebeamte verwaltet werden. Die Regelung dieser Verhältnisse ist Sache des Landesrechts. In einem wichtigen Punkte aber hat das Reichsrecht Vorsorge getroffen: Eine Eintragung in das Grundbuch ist nicht aus dem Grunde unwirksam, weil ein Grundbuchbeamter sie bewirkt hat, der von der Mitwirkung bei der Eintragung Kraft Gesetzes oder in Folge einer Ablehnung ausgeschlossen ist[7]).

Wie die Grundbücher einzurichten sind, bestimmt sich nach den Anordnungen der Landesjustizverwaltung, soweit nicht die GBO. selbst die Einrichtung geregelt hat[8]). Die Preuß. Grundbuchordnung vom 5. Mai 1872 hat 3 Formulare eingeführt, Form. III für Bergwerke, Form. I und II für andere Grundstücke. Die Wahl zwischen dem Form. I und dem Form. II ist dem Ermessen des Grundbuchamtes überlassen. Jedes der beiden Formulare enthält einen Titel und 3 Abtheilungen. Bei Form. I (Realfolium) dient der Titel zur Bezeichnung des eine rechtliche Einheit bildenden Grundstücks (z. B. Gut Schlebach mit seinen Bestandtheilen 1. Gut Schlebach, 2. Vorwerk Neu-Schlebach, 3. dem in dem Bezirk des Grundbuchamts zu N. belegenen Forst Große Kiefern, 4. dem Steinacker ꝛc.), in der 1. Abtheilung wird der Eigenthümer eingetragen. Bei Form. II (Personalfolium) kommt der Name des Eigenthümers in den Titel, während in der 1. Abtheilung die einzelnen Grundstücke unter fortlaufenden Nummern angeführt werden. Bei beiden Formularen dient die 3. Abtheilung zur Eintragung der Hypotheken und Grundschulden, die 2. Abtheilung zur Eintragung der sonstigen dinglichen Lasten und Einschränkungen des Eigenthums. Auch nach Form. I lassen sich mehrere Grundstücke zusammenschreiben, ohne daß sie ihre Selbstständigkeit verlieren und zu einer rechtlichen Einheit vereinigt werden, die Zusammenschreibung ist in diesem Falle eine rein äußerliche, die einzelnen in dieser Weise zusammengeschriebenen Grundstücke können selbstständig belastet werden; bei Form. II ist jedes unter einer Nummer aufgeführte Grundstück selbstständig, kann für sich belastet werden[9]). Die

[6]) Denkschrift zu GBO. § 82.

[7]) § 10 GBO. Also keine Nichtigkeit oder Anfechtbarkeit einer Eintragung wegen Ausschließung oder Ablehnung eines Grundbuchbeamten.

[8]) § 1 Abs. 2 GBO. Die Landesjustizverwaltung kann auch Bestimmungen treffen, daß gewisse thatsächliche Angaben, die nicht zum Inhalt des Grundbuchs im Sinne des BGB. gehören, insbesondere Angaben, die zur Bestimmung des Werthes der Grundstücke dienen, in das Grundbuch aufzunehmen sind. Unter dem öffentlichen Glauben des Grundbuchs stehen solche Angaben, z. B. über die Ertragsfähigkeit eines Grundstückes, nicht.

[9]) Nach Dernburg S. 115 heißen die auf einem Blatte nur äußerlich verbundenen selbstständigen Grundstücke walzende Grundstücke oder Wandeläcker. Form. II scheint sich in Preußen nicht bewährt zu haben (Dernburg S. 116 Anm. 6), trotzdem die Buchung nach dem tabellarischen System vor sich geht, also die Abschreibungen, Veränderungen, Löschungen ꝛc. in Längsspalten derart

Bestimmungen des § 890 BGB. setzen wohl eine Einrichtung nach Form. I voraus.

Die Grundbücher sind für Bezirke einzurichten[10]); die Bestimmung der Bezirke ist dem Landesrecht überlassen. Durch landesherrliche Verordnung kann bestimmt werden, daß für gewisse Gattungen von Grundstücken besondere nicht für Bezirke eingerichtete Grundbücher geführt werden[11]).

Die Bezeichnung der Grundstücke erfolgt in den Grundbüchern nach einem amtlichen Verzeichnisse, in welchem die Grundstücke unter Nummern oder Buchstaben aufgeführt sind. Die Einrichtung des Verzeichnisses (Flurbuch, Kataster, Lagerbuch ꝛc.) wird durch landesherrliche Verordnung bestimmt[12]). Nothwendig ist jedenfalls, daß das Grundstück so bezeichnet wird, daß es auf der Erdoberfläche mit Sicherheit aufzufinden ist. Die in dem amtlichen Verzeichnisse enthaltenen Angaben über die Lage und Größe des Grundstücks werden natürlich von dem öffentlichen Glauben des Grundbuchs, der sich nur auf Rechtsverhältnisse erstreckt, nicht gedeckt, auch wenn das Grundbuch sie wiedergibt oder auf sie Bezug nimmt. Das Verfahren zum Zwecke der Berichtigung solcher Angaben im Grundbuch, insbesondere nach Aenderungen im Flurbuch, bestimmt sich nach landesrechtlichen Vorschriften[13]).

Uebereinstimmend mit dem Grundbuch oder durch Hinweisung auf das Grundbuchblatt ist auch in den Eintragungsbewilligungen oder den Eintragungsanträgen das Grundstück zu bezeichnen[14]).

Jedes Grundstück erhält im Grundbuch eine besondere Stelle (Grundbuchblatt). Das Grundbuchblatt ist für das Grundstück als das Grundbuch im Sinne des BGB. anzusehen[15]). Die nähere Gestaltung des Blattes, namentlich die Bildung besonderer Abtheilungen (vergl. § 879 BGB.), ist den Anordnungen der Landesjustizverwaltung vorbehalten. Ist ein Grundstück doppelt gebucht, so heben sich die

---

eingetragen werden, daß die sachlich zusammengehörenden Einträge auch räumlich beisammen stehen. Für die Anlegung des Grundbuchs in der Pfalz sind Personalfolien und chronologisches System angenommen worden, der Titel dient zur Aufnahme des Namens des Eigenthümers, in der 1. Abtheilung werden sämmtliche Grundstücke, welche die als Eigenthümer benannte Person in der Steuergemeinde hat, zusammengeschrieben, jede Plannummer erhält eine eigene Nummer, auch wenn sie mit anderen Grundstücken eine thatsächliche Einheit bildet und in der Natur nicht als selbstständiges Grundstück hervortritt, in den einzelnen Abtheilungen werden die Veränderungen ꝛc. nach der Reihenfolge der Eintragungen untereinander geschrieben.

[10]) § 2 Abs. 1 GBO.

[11]) § 85 GBO.

[12]) § 2 Abs. 2 GBO.; vergl. §§ 89, 96 GBO. In dem Verzeichnisse dürfen die Grundstücke auch in Gruppen getheilt sein, wenn nur innerhalb jeder Gruppe die zugehörigen Grundstücke unter Nummern oder Buchstaben aufgeführt sind. Kommiss.-Bericht zu § 2 BBO.

[13]) Denkschrift zur GBO. § 2.

[14]) § 28 GBO.

[15]) § 3 GBO.

einander widersprechenden Einträge gegenseitig auf, weder für den einen noch für den andern Eintrag kann man sich auf den Inhalt des Grundbuchs berufen[16]). Das Verfahren zum Zwecke der Beseitigung eines solchen Mangels unterliegt, da es sich hiebei um die Einrichtung und Führung des Grundbuchs handelt, der Regelung durch das Landesrecht. Das Gleiche gilt von dem Verfahren behufs Löschung eines untergegangenen oder thatsächlich nicht mehr nachweisbaren Grundstücks[17]).

Durch landesherrliche Verordnung kann bestimmt werden, daß die Grundstücke des Fiskus (wozu auch der Reichsfiskus gehört) oder gewisser juristischer Personen, ferner die öffentlichen Wege und Gewässer, sowie solche Grundstücke, welche einem dem öffentlichen Verkehre dienenden Bahnunternehmen gewidmet sind, nur auf Antrag ein Grundbuchblatt erhalten. Das Gleiche gilt von den Grundstücken eines Landesherrn und den Grundstücken, welche zum Hausgut oder Familiengut einer landesherrlichen Familie, der Fürstlichen Familie Hohenzollern oder der Familie des vormaligen Hannoverschen Königshauses, des vormaligen Kurhessischen und des vormaligen Herzoglich Nassauischen Fürstenhauses gehören[18]). Steht demjenigen, der hienach von der Verpflichtung zur Eintragung befreit ist, das Eigenthum an einem Grundstück zu, über das ein Blatt geführt wird, oder erwirbt er ein solches Grundstück, so ist auf seinen Antrag das Grundstück aus dem Grundbuch auszuscheiden, wenn keine Eintragung vorhanden ist, von der das Recht des Eigenthümers betroffen wird[19]).

Ueber mehrere Grundstücke desselben Eigenthümers, die im Bezirke desselben Grundbuchamtes belegen sind, kann ein gemeinschaftliches Grundbuchblatt geführt werden, solange hievon Verwirrung nicht zu besorgen ist. Durch landesherrliche Verordnung kann bestimmt werden, daß diese Vorschrift auch dann Anwendung findet, wenn mehrere Grundstücke desselben Eigenthümers in den Bezirken verschiedener Grundbuchämter gelegen sind[20]). Regel ist hienach, daß jedes rechtlich selbstständige Grundstück getrennt von anderen selbstständigen Grundstücken seine Stelle im Grundbuch hat. Ein Zusammenschreiben selbstständiger Grundstücke auf einem und demselben Blatte, mag es nach Realfolien oder nach Personalfolien vor sich gehen, ist nur solange zulässig, als keine Verwirrung zu besorgen ist. Es kann hienach bei Personalfolien vorkommen, daß ein Eigenthümer so viele Artikel erhält, als er Grundstücke besitzt. Die gemein-

---

[16]) Vergl. Entsch. des Reichsg. 39 S. 243, 256. Eine Belastung ist wirksam, wenn sie auch nur auf einem der Blätter eingetragen ist. Vergl. Entsch. d. Reichsger. 13 S. 246.

[17]) Denkschr. zur GBO. § 3.

[18]) § 90 Abs. 1 GBO. Als antragsberechtigt erscheint derjenige, dem die Verfügung über das Grundstück zusteht, aber auch der nach § 14 GBO. Berechtigte. Vergl. Denkschr. zur GBO. § 90.

[19]) § 90 Abs. 2 GBO.

[20]) §§ 4, 86 GBO. Selbstverständlich darf auch ein gemeinschaftliches Grundbuchblatt nicht die Grundstücke der Ehefrau oder der Kinder des Eigenthümers umfassen.

schaftliche Buchung ist von Amtswegen aufzuheben, sobald eine der gesetzlichen Voraussetzungen ihrer Zulässigkeit wegfällt, sobald also die Grundstücke verschiedene Eigenthümer erhalten oder aus einem sonstigen Grunde (z. B. wegen gar zu verschiedenartiger Belastung) von der Beibehaltung des gemeinschaftlichen Blattes Verwirrung zu besorgen ist.

Durch landesherrliche Verordnung kann bestimmt werden, daß ein bisher geführtes Buch oder mehrere bisher geführte Bücher für sich allein oder zusammen mit einem neuen Buche oder mehreren neuen Büchern als Grundbuch gelten sollen. Diese Bestimmung ist auch dann zulässig, wenn für Grundstücke, die nicht denselben Eigenthümer haben, ein gemeinschaftliches Blatt besteht; für den Fall aber, daß von einer solchen Buchführung Verwirrung zu besorgen ist, hat die Vorschrift des § 4 GBO. zu gelten[21]). Werden mehrere Bücher geführt, so muß jedes Grundstück in einem der Bücher eine besondere Stelle haben. An dieser Stelle ist auf die in den anderen Büchern befindlichen Eintragungen zu verweisen. Die Stelle des Hauptbuchs und die Stellen, auf welche verwiesen wird, gelten zusammen als das Grundbuchblatt[22]). Sind in einem Buche, das zufolge landesherrlicher Verordnung als Grundbuch gilt, die Grundstücke nicht nach einem amtlichen Verzeichnisse (Flurbuch 2c.) bezeichnet, so ist diese Bezeichnung von Amtswegen zu bewirken[23]).

Bei dem gemeinschaftlichen Grundbuchblatt (§ 4 GBO.) bleiben die äußerlich zusammengeschriebenen Grundstücke rechtlich selbstständig. Es lassen sich aber auch Grundstücke zu einer rechtlichen Einheit verbinden, so daß eine einheitliche Belastung und Uebertragung ermöglicht wird. Dies kann auf zwei Arten geschehen, der Eigenthümer kann die zu einem Grundstück zu vereinigenden Grundstücke als ein Grundstück in das Grundbuch eintragen lassen, er kann auch das eine Grundstück dem andern als Bestandtheil zuschreiben lassen[24]). Die Rechtsfolgen sind verschieden, je nachdem das Eine oder das Andere stattfindet. Maßgebend ist der Wille des Eigenthümers. Es soll aber nur dann ein Grundstück einem anderen Grundstück als Bestandtheil zugeschrieben oder mit ihm vereinigt werden, wenn keine Verwirrung davon zu besorgen ist[25]). Die beantragte Buchung wird namentlich dann abzulehnen sein, wenn die Belastung der Grundstücke so ungleichmäßig ist, daß sie das Grundbuch unübersichtlich machen würde. Liegen die Grundstücke in den Bezirken verschiedener Grundbuchämter, so ist die Frage, welches Amt zuständig ist, nach dem Landesrecht zu entscheiden[26]).

---

21) § 87 GBO.

22) § 88 GBO.

23) § 89 GBO. S. Anm. 12.

24) § 890 Abs. 1 und Abs. 2 BGB. Ein Fall nach § 890 Abs. 2 wird z. B. gegeben sein, wenn der Eigenthümer eines Hofgutes oder überhaupt eines größeren Besitzes ein kleineres Grundstück erwirbt.

25) § 5 GBO. Vergl. § 1131 BGB.

26) Denkschr. zur GBO. § 5.

Da die einzelnen Flächenabschnitte eines Grundstücks keine wesentlichen Bestandtheile des Grundstücks sind, so können sie Gegenstand besonderer Rechte sein. Weil aber auf einem Grundbuchblatt nur solche Grundstücke aufgeführt werden dürfen, die demselben Eigenthümer gehören, so muß, wenn von einem Grundstück ein Theil abgetrennt und veräußert wird, der veräußerte Theil im Grundbuch abgeschrieben werden. Auch die Zulässigkeit der gesonderten Belastung eines Grundstückstheiles ist durch die GBO. beschränkt. Regelmäßig ist ein Grundstückstheil, der mit einem Rechte belastet werden soll, von dem Grundstück abzuschreiben und als selbstständiges Grundstück einzutragen, sei es auf dem nämlichen Blatte (§ 4 GBO.), sei es auf einem anderen Blatte. Nur wenn das Recht, mit dem der Grundstückstheil belastet werden soll, eine Dienstbarkeit oder eine Reallast ist, kann die Abschreibung unterbleiben, wenn hievon keine Verwirrung zu besorgen ist[27]). Inwieweit für die Fälle, in denen ein Theil eines Grundstücks von diesem abgeschrieben oder ohne Abschreibung mit einer Dienstbarkeit oder einer Reallast belastet werden soll, die Eintragung von einer Aenderung des amtlichen Verzeichnisses der Grundstücke (Flurbuch 2c.) oder von der Beibringung einer die Lage und die Grenzen des Grundstückstheiles darstellenden Karte abhängig sein soll, hat die Landesjustizverwaltung zu bestimmen[28]).

Da ein Zusammenschreiben von Grundstücken auf einem gemeinschaftlichen Blatte nur zulässig ist, sofern die Grundstücke denselben Eigenthümer haben, lassen sich Grundstücke, die Jemand in Alleineigenthum hat, nicht mit Grundstücken zusammenschreiben, die er gemeinschaftlich mit Anderen besitzt. Ebenso können gemeinschaftliche Grundstücke nur zusammengeschrieben werden, wenn dieselben Personen an allen Grundstücken in gleicher Weise betheiligt sind, also dasselbe Gemeinschaftsverhältniß besteht und, bei Miteigenthum, die Bruchtheile theile bezüglich aller Grundstücke die gleichen sind[29]).

---

[27]) § 6 GBO.

[28]) § 96 GBO.

[29]) In der Reichstags-Kommission ist (nach dem Bericht zu § 5 GBO.) die Frage eines Kommissionsmitgliedes, ob die Eintragung des Miteigenthums an einem gemeinschaftlichen Hof oder einer Einfahrt, die sich zwischen zwei Nachbarhäusern befinde, auf das Grundbuchblatt eines jeden der beiden Grundstücke als Bestandtheil derselben möglich sei, aus der Mitte der Kommission bejaht worden unter der Voraussetzung, daß Hof wie Einfahrt eine selbstständige, katastermäßig bezeichnete Fläche bilde und die ideelle Eigenthumsquote an derselben feststehe. Dies wird schwerlich zutreffend sein. Wenn zwischen den Anwesen a und b der Nachbarn A und B das Grundstück c als gemeinschaftliches Eigenthum von A und B liegt, so werden die 3 Grundstücke a, b und c gesondert einzutragen sein, die Benutzungsrechte, welche den Eigenthümern der Grundstücke a und b an dem Grundstück c zustehen (vergl. § 1009 BGB.), werden auf dem Blatte des Grundstücks c als dingliche Lasten, auf den Blättern für a und b als Rechte nach § 96 BGB. und § 8 GBO. zur Eintragung kommen können. Dagegen kann das Miteigenthum an c nicht als Bestandtheil des Eigenthums an a und b behandelt werden.

Es gibt einige Rechte, die wie Grundstücke behandelt werden. So gelten für das Erbbaurecht[30]) die sich auf Grundstücke beziehenden Vorschriften. Das Erbbaurecht wird erworben wie das Grundeigenthum, es kann mit Hypotheken und Grundschulden und mit sonstigen Rechten belastet werden wie ein Grundstück. Die zur Bestellung des Erbbaurechtes erforderliche Eintragung (§ 873 BGB.) erfolgt auf dem Blatte des zu belastenden Grundstücks. Ist das Erbbaurecht auf dem Blatte des Grundstücks eingetragen, so ist auf Antrag für das Recht ein besonderes Grundbuchblatt[31]) anzulegen. Die Anlegung wird auf dem Blatte des belasteten Grundstücks vermerkt. Die Anlegung erfolgt von Amtswegen, wenn das Erbbaurecht veräußert oder belastet werden soll[32]).

Gleiches gilt für die in den Art. 63 und 68 Einf. zum BGB. bezeichneten Rechte (die Erbpachtrechte und die vererblichen und veräußerlichen Rechte zur Gewinnung eines den bergrechtlichen Vorschriften nicht unterliegenden Minerals)[33]). Ist zur Begründung eines landesgesetzlich geregelten Rechtes keine Eintragung in das Grundbuch erforderlich, so kann für das Recht ein besonderes Grundbuchblatt auch dann angelegt werden, wenn kein Grundbuchblatt für das belastete Grundstück vorhanden ist.

Auch wenn ein Recht an einem Grundstück zu Gunsten des jeweiligen Eigenthümers eines anderen Grundstücks bestellt wird (sog. subjektiv-dingliches Recht), erfolgt die zur Bestellung erforderliche Eintragung ausschließlich auf dem Blatte des zu belastenden Grundstücks. Wie schon angeführt, gelten aber die mit dem Eigenthum an einem Grundstück verbundenen Rechte als Bestandtheile des Grundstücks[34]); die Belastung des Grundstücks mit dem Rechte eines Dritten erstreckt sich auf die subjektiv-dinglichen Rechte, nach §§ 876 Satz 2 und 877 BGB. können sie nur mit Zustimmung des Dritten aufgehoben oder geändert werden. Wegen dieser Verbindung des subjektiv-dinglichen Rechtes mit dem Eigenthum des (herrschenden) Grundstücks kann der Eigenthümer dieses Grundstücks oder jeder Dritte, dessen Zustimmung zur Aufhebung erforderlich ist, beantragen, daß das subjektiv-dingliche Recht auch auf dem Blatte des (herrschenden) Grundstücks vermerkt werde. Bei einer Aenderung oder Aufhebung des Rechtes wird dieser Vermerk von Amtswegen berichtigt[35]).

Das Grundbuchamt nimmt Eintragungen in der Regel nur auf A n t r a g vor. Eintragungen von Amtswegen sind Ausnahmen[36]);

---

[30]) § 1017 BGB.

[31]) Das Recht kann mit Grundstücken des Erbbauberechtigten auf ein gemeinschaftliches Blatt zusammengeschrieben werden.

[32]) § 7 GBO.

[33]) § 84 GBO. Das Bergrecht ist der Landesgesetzgebung nach Art. 67 Einf. z. BGB. überlassen. Vergl. noch Art. 196 Einf. z. BGB., auch § 83 GBO.

[34]) § 96 BGB.

[35]) § 8 GBO. Vergl. Ziff. 57.

[36]) §§ 7, 8, 18, 23, 49, 52, 53, 54, 76 GBO.

soweit sie nicht besonders vorgeschrieben sind, sind sie unzulässig. Berechtigt, eine Eintragung zu beantragen, ist Jeder, dessen wirkliches oder nur buchmäßiges Recht von der Eintragung betroffen wird oder zu dessen Gunsten die Eintragung erfolgen soll[37]). Antragsberechtigt kann auch ein mittelbar Betheiligter sein. Insbesondere kann die Löschung eines nicht entstandenen oder eines erloschenen Rechtes von einem nachstehenden Berechtigten beantragt werden, um das in Wirklichkeit bestehende Rangverhältniß seines Rechtes im Grundbuch ersichtlich zu machen. Sind auf der einen oder auf der anderen Seite Mehrere betheiligt, so ist jeder von ihnen zu dem Antrage auf Eintragung berechtigt[38]).

Regelmäßig soll eine Eintragung nur erfolgen, wenn derjenige, dessen Recht durch sie betroffen wird, als der Berechtigte eingetragen ist[39]). Die mangelnde Eintragung des Berechtigten bildet also ein äußeres Hinderniß für jede Eintragung, die gegen ihn beantragt wird. Dieses Hinderniß kann derjenige selbst beseitigen, der gegen den nicht eingetragenen Berechtigten einen vollstreckbaren Titel erlangt hat, auf Grund dessen er für sich eine Eintragung verlangen kann; auf Grund seines vollstreckbaren Titels darf er die Berichtigung des Grundbuchs durch Eintragung des Berechtigten verlangen, sofern die Zulässigkeit seiner eigenen Eintragung von der vorgängigen Berichtigung des Grundbuchs abhängt[40]). Selbstverständlich muß er alle Nachweise erbringen, die zur Berichtigung des Grundbuchs erforderlich sind.

Der Eintragungsantrag kann auch durch einen Bevollmächtigten gestellt werden. Kraft Gesetzes gilt ein Notar, der die zu einer Eintragung erforderliche Erklärung beurkundet oder beglaubigt hat, als ermächtigt, im Namen des Antragsberechtigten die Eintragung zu beantragen[41]).

Formvorschriften für den Eintragungsantrag oder für die Vollmacht zur Stellung eines solchen Antrags bestehen nicht. Dagegen bedarf es für den Antrag und für die Vollmacht einer Protokollaufnahme durch das Grundbuchamt oder des Nachweises durch eine öffentliche oder öffentlich beglaubigte Urkunde, wenn durch den Antrag zugleich eine zu der Eintragung erforderliche Erklärung ersetzt werden soll[42]). Auch Erklärungen, durch die ein Eintragungsantrag zurückgenommen oder eine zur Stellung des Eintragungsantrags ertheilte Vollmacht widerrufen wird, sollen vor dem Grundbuchamt zu Protokoll gegeben oder durch öffentliche oder öffentlich beglaubigte Urkunden nachgewiesen werden[43]).

---

[37]) § 13 GBO.
[38]) Denkschr. zu GBO. § 13.
[39]) § 40 Abs. 1 GBO.
[40]) § 14 GBO.
[41]) § 15 GBO. Beschwerderecht des Notars s. § 80 GBO.
[42]) § 30 GBO.
[43]) § 32 GBO.

Die Eintragungsanträge haben bedingungslos zu lauten, einem Antrage, dessen Erledigung an einen Vorbehalt geknüpft wird, soll nicht stattgegeben werden[44]). Nur der Vorbehalt ist, wenn mehrere Eintragungen beantragt werden, gestattet, daß die eine Eintragung nicht ohne die andere erfolge[45]). Dieser Vorbehalt braucht nicht ausdrücklich ausgesprochen zu werden, es genügt, wenn er sich aus den Umständen ergibt.

Eine Eintragung ist beantragt, sobald der Antrag bei dem Grundbuchamt eingeht. Der Zeitpunkt, in welchem ein Antrag bei dem Grundbuchamt eingeht, soll auf dem Antrage genau vermerkt werden[46]), mindestens nach Tag und Stunde; laufen in derselben Stunde mehrere Anträge nacheinander ein, so sind auch kleinere Zeittheile zu verzeichnen[47]). Werden mehrere Eintragungen beantragt, durch die dasselbe Recht betroffen wird, so darf die später beantragte Eintragung nicht vor der Erledigung des früher gestellten Antrags erfolgen[48]). Erledigt ist ein Antrag, wenn ihm stattgegeben oder wenn er endgiltig zurückgewiesen ist. Die Zurückweisung eines später gestellten Antrags kann vor der Erledigung des früher gestellten erfolgen, es müßte denn sein, daß seine Annahme von der Erledigung des früher gestellten Antrages abhinge. Laufen mehrere Anträge gleichzeitig ein, so sind sie zu gleichen Rechten einzutragen, wenn sie sich nicht ausschließen. Darüber, was zu geschehen hat, wenn die gleichzeitig einlaufenden Anträge sich ausschließen, hat das Reichsgesetz keine Bestimmung getroffen[49]). Steht einer beantragten Eintragung ein Hinderniß entgegen, so ist es dem Ermessen des Grundbuchamtes überlassen, ob der Antrag sofort zurückzuweisen oder ob zur Hebung des Hindernisses eine angemessene Frist zu bestimmen ist. Wird der Antrag zurückgewiesen, so sind die Gründe der Zurückweisung anzugeben; wird eine Frist bestimmt, so ist nach dem Ablaufe der Frist der Antrag zurückzuweisen, wenn nicht inzwischen die Hebung des Hindernisses nachgewiesen ist. Ueberzeugt sich der Beamte, daß die Frist zu kurz, nicht angemessen war, so kann die Fristbestimmung geändert werden, Nachfristen sind nicht zu gestatten[50]). Wird vor der Erledigung des Antrags eine andere Eintragung beantragt, durch die dasselbe Recht betroffen wird, so ist zu Gunsten des früher gestellten Antrags von

---

[44]) § 16 GBO. Nicht zu verwechseln mit bedingten Anträgen sind Vorbehalte, die das einzutragende Recht seinem Inhalte nach beschränken. Vergl. z. B. § 881 BGB.

[45]) § 16 Abs. 2 GBO. Z. B. die Eintragung des Käufers soll nicht erfolgen ohne die Eintragung der Hypothek für den Kaufpreis.

[46]) § 13 Abs. 1 GBO.

[47]) Dernburg S. 121. Kom.-Bericht zu § 12 des Entw. d. GBO.

[48]) § 17 GBO.

[49]) Nach Dernburg S. 130 sind in einem solchen Falle die mehreren Anträge einzutragen unter Vermerk eines Widerspruchs, so daß es den Parteien überlassen bleibe, die Entscheidung des Prozeßrichters einzuholen.

[50]) Kom.-Bericht zu § 17 Entw. GBO.

Amtswegen eine Vormerkung oder ein Widerspruch einzutragen, alsdann darf die später beantragte Eintragung erfolgen. Wird der früher gestellte Antrag zurückgewiesen, so wird die Vormerkung oder der Widerspruch von Amtswegen gelöscht[51]).

Die Eintragungen, die in einer und derselben Abtheilung des Grundbuchs bewirkt werden, erhalten die Reihenfolge, welche der Zeitfolge der Anträge entspricht. Sind die Anträge gleichzeitig gestellt, so ist im Grundbuch zu vermerken, daß die Eintragungen gleichen Rang haben. Handelt es sich um Eintragungen in verschiedenen Abtheilungen und sind mehrere Eintragungen, die nicht gleichzeitig beantragt sind, unter Angabe desselben Tages zu bewirken, so ist im Grundbuch zu vermerken, daß die später beantragte Eintragung der früher beantragten im Range nachsteht[52]).

Liegt der erforderliche Antrag auf Eintragung vor, so erfolgt die Eintragung, wenn derjenige sie bewilligt, dessen Recht von ihr betroffen wird[53]). Wessen Recht von der Eintragung betroffen wird, ist eine Frage, deren Entscheidung im materiellen Rechte zu suchen ist. Handelt es sich um Aenderungen des Inhalts eines Rechtes an einem Grundstück, so ist die Bewilligung des Berechtigten und des Eigenthümers erforderlich, da hier sowohl das begrenzte Recht als auch das Eigenthum von der Eintragung betroffen wird. Dies gilt insbesondere für die Fälle, in denen Hypotheken oder Grundschulden umgewandelt werden oder an die Stelle einer Hypothekforderung eine andere tritt. Von dem Nachweise des zum Eintritt der Rechtsänderung etwa erforderlichen dinglichen Vertrages wird in der Regel die Eintragung nicht abhängig gemacht. Nur im Falle der Auflassung eines Grundstücks sowie im Falle der Bestellung oder Uebertragung eines Erbbaurechtes darf die Eintragung nicht schon auf die Bewilligung des Eigenthümers, sondern erst dann erfolgen, wenn die Einigung des Berechtigten und des anderen Theiles erklärt ist[54]). Was hier für das Erbbaurecht gesagt ist, gilt auch für die in Art. 63 und 68 Einf.Ges. z. BGB. bezeichneten Rechte[55]).

---

[51]) § 18 GBO.

[52]) § 46 Abs. 1 u. 2 GBO. Diese Vorschriften finden insoweit keine Anwendung, als ein Rangverhältniß nicht besteht oder das Rangverhältniß von den Antragstellern abweichend bestimmt ist. § 46 Abs. 3 GBO.

[53]) § 19 GBO. Die Bewilligung kann durch Urtheil ersetzt werden (§ 894 CPO.).

[54]) § 20 GBO. Durch Landesgesetz kann bestimmt werden, daß das Grundbuchamt die Erklärung der Auflassung nur entgegennehmen soll, wenn die Urkunde über den obligatorischen Vertrag (§ 313 BGB.) vorgelegt wird (§ 98 GBO.). Wird im Falle der Auflassung eines Grundstücks, sowie im Falle der Bestellung oder Uebertragung eines Erbbaurechts die erforderliche Einigung des Berechtigten und des anderen Theiles durch Bevollmächtigte vor dem Grundbuchamt erklärt, so ist die Vollmacht stempelfrei, wenn das der Einigung zu Grunde liegende Rechtsgeschäft von einem Notar beurkundet und die Vollmacht in der Urkunde ertheilt ist (§ 31 GBO.).

[55]) § 84 GBO. Vergl. auch § 83 GBO.

Die Bewilligung desjenigen, dessen Recht von der Eintragung betroffen wird, genügt nicht, wenn ein Pfandrecht oder ein Nießbrauch, mit dem eine Hypothek, eine Grundschuld oder eine Rentenschuld belastet ist, gelöscht werden soll. Hier bedarf es (wegen der Bestimmungen der §§ 1256 Abs. 2, 1273, 1063 Abs. 2, 1068 BGB.) zur Löschung noch der Zustimmung desjenigen, welchem die belastete Hypothek, Grundschuld oder Rentenschuld zusteht. Nur wenn die Löschung zur Berichtigung des Grundbuchs beantragt wird, ist diese Zustimmung nicht erforderlich, es genügt alsdann der Nachweis, daß das Grundbuch, z. B. durch Verzicht des Pfandgläubigers auf das Pfandrecht, unrichtig geworden ist[56].

In einigen Fällen bedarf es zur Eintragung nicht der Bewilligung derjenigen, deren Rechte von der Eintragung betroffen werden. Wird durch die Eintragung ein subjektiv-dingliches Recht betroffen, so ist die Bewilligung der Dritten, welche Rechte an dem (herrschenden) Grundstück haben, nur dann beizubringen, wenn das Recht auf dem Blatte des Grundstücks vermerkt (§ 8 GBO.) ist[57]. Eine weitere Ausnahme ist für Berichtigungsfälle gegeben. Zur Berichtigung des Grundbuchs (§ 894 BGB.) bedarf es der Bewilligung desjenigen, dessen Recht von der Berichtigung betroffen wird, dann nicht, wenn die Unrichtigkeit nachgewiesen wird[58]. Dies gilt insbesondere auch für die Eintragung oder Löschung einer Verfügungsbeschränkung. Aber auch im Wege der Berichtigung darf ein Eigenthümer oder ein Erbbauberechtigter ohne seine Bewilligung oder Zustimmung nur dann als Eigenthümer oder Erbbauberechtigter in das Grundbuch eingetragen werden, wenn der Antragsteller einen vollstreckbaren Titel gegen ihn hat und auf Grund dieses Titels für sich eine Eintragung verlangen kann, deren Zulässigkeit von der vorgängigen Eintragung des Eigenthümers oder Erbbauberechtigten abhängt[59]. Ist ein Recht auf die Lebenszeit des Berechtigten beschränkt, so bedürfte es, nach der angegebenen Regel, zur Löschung des Rechtes nur des Nachweises,

---

[56]) § 27 Abs. 2 GBO.

[57]) § 21 GBO. Der Eintritt der Rechtsänderung (die Aufhebung oder Aenderung des subjektiv-dinglichen Rechtes) bleibt gemäß § 876, 877 BGB. von der Zustimmung der Dritten abhängig, deren Recht von der Aufhebung oder Aenderung berührt wird. Wird auf Grund der Bestimmungen der GBO. eine Eintragung vorgenommen, werden oder sind aber die von dem BGB. verlangten Voraussetzungen für den Eintritt einer Rechtsänderung nicht erfüllt, so wird das Grundbuch unrichtig.

[58]) § 22 GBO. Befriedigt z. B. der Eigenthümer den Hypothekgläubiger, so geht die Hypothek auf ihn über (§§ 1143, 1153, 1163 BGB.), das Grundbuch wird unrichtig, der Eigenthümer bedarf (vergl. §§ 1144, 1145), um die Löschung der Hypothek oder die Eintragung auf seinen Namen herbeizuführen, nicht der Bewilligung des Gläubigers.

[59]) § 22 Abs. 2 GBO. Z. B. ein Gläubiger hat wegen einer Geldforderung einen vollstreckbaren Titel, der Schuldner hat ein Grundstück geerbt, ist aber noch nicht eingetragen, der Gläubiger möchte die Zwangsvollstreckung betreiben (§§ 866, 867, 792 CPO.).

daß der Tod des Berechtigten oder die Todeserklärung erfolgt ist. Falls aber Rückstände von Leistungen nicht ausgeschlossen sind, darf die Löschung nur mit Bewilligung des Rechtsnachfolgers vor sich gehen, sofern die Löschung vor dem Ablaufe eines Jahres nach dem Tode des Berechtigten oder vor dem Ablaufe einer einjährigen Frist, die mit der Erlassung des die Todeserklärung aussprechenden Urtheils beginnt, erfolgen soll oder wenn der Rechtsnachfolger der Löschung bei dem Grundbuchamt widersprochen hat. Wird ein Widerspruch gegen die Löschung eingelegt, so ist er von Amtswegen in das Grundbuch einzutragen. Dagegen bedarf es der Bewilligung des Rechtsnachfolgers zur Löschung nicht, wenn im Grundbuch eingetragen ist, daß zur Löschung des Rechtes der Nachweis des Todes des Berechtigten genügen soll[60]). Gleiches gilt, wenn es sich um die Löschung eines Rechtes handelt, das mit der Erreichung eines bestimmten Lebensalters des Berechtigten oder mit dem Eintritt eines sonstigen bestimmten Zeitpunktes oder Ereignisses erlischt[61]). — Die Regel, daß es zur Berichtigung des Grundbuchs genügt, die Unrichtigkeit nachzuweisen, erleidet ferner bei Hypotheken, Grundschulden und Rentenschulden eine Einschränkung. Zur Löschung eines solchen Rechtes ist immer die Zustimmung des Eigenthümers des Grundstücks erforderlich, mag es sich um die rechtsgeschäftliche Aufhebung des Rechtes (§ 1183 BGB.) oder um die Berichtigung des Grundbuchs handeln[62]).

Die Bewilligung desjenigen, dessen Recht von der Eintragung betroffen wird, ist auch nicht erforderlich, wenn auf Grund einer gerichtlichen Entscheidung (einer einstweiligen Verfügung oder eines vorläufig vollstreckbaren Urtheils) eine Vormerkung oder ein Widerspruch eingetragen ist und die gerichtliche Anordnung durch eine vollstreckbare Entscheidung aufgehoben ist[63]).

Zur Eintragung der Uebertragung einer Briefhypothek, Briefgrundschuld oder Briefrentenschuld bedarf es der Bewilligung des bisherigen Gläubigers nicht, es genügt die Vorlage der Abtretungserklärung (§ 1155 BGB.). Einer öffentlich beglaubigten Abtretungserklärung steht gleich ein gerichtlicher Ueberweisungsbeschluß und das öffentlich beglaubigte Anerkenntniß einer Kraft Gesetzes erfolgten Uebertragung der Forderung. Da die Belastung eines Rechtes mit einem Nießbrauch oder einem Pfandrecht nach den für die Uebertragung des Rechtes geltenden Vorschriften erfolgt (§§ 1069, 1080, 1274 BGB.) bedarf es auch zur Eintragung der Belastung einer Briefhypothek, Briefgrundschuld oder Briefrentenschuld der Bewilligung des Gläubigers nicht, es genügt die Vorlage der Belastungserklärung. Ist eine Forderung durch ein Pfandrecht an einem eingetragenen Rechte gesichert, so geht mit der außerhalb des Grundbuchs sich vollziehenden

---

[60]) § 23 GBO.
[61]) § 24 GBO.
[62]) § 27 Abs. 1 GBO.
[63]) § 25 GBO.

Uebertragung der Forderung auch das eingetragene Pfandrecht auf den neuen Gläubiger über (§ 401 BGB.). Der neue Gläubiger kann die Uebertragung eintragen lassen, er bedarf dazu nicht der Bewilligung des bisherigen Gläubigers, die Vorlage der Abtretungserklärung genügt. Gleiches gilt für die Belastung einer solchen Forderung[64]).

Die Eintragungsbewilligung oder, wenn eine solche nicht erforderlich ist, der Eintragungsantrag hat das Grundstück, auf welches sich die Eintragung bezieht, übereinstimmend mit dem Grundbuch oder durch Hinweisung auf das Grundbuchblatt zu bezeichnen. Einzutragende Geldbeträge sind in Reichswährung anzugeben[65]).

Die Voraussetzungen einer Eintragung sind dem Grundbuchamt in bestimmten Formen nachzuweisen. Eintragungsbewilligungen und andere zu der Eintragung erforderliche Erklärungen (z. B. nach § 22 Abs. 2, § 27 GBO.) sind vor dem Grundbuchamt zu Protokoll zu geben oder durch öffentliche (§ 415 CPO.) oder öffentlich beglaubigte (§ 129 Abs. 1 BGB.) Urkunden nachzuweisen. Eintragungsantrag und Vollmacht zur Stellung eines Eintragungsantrags sind diesen Formen nur unterworfen, wenn durch den Antrag zugleich eine zu der Eintragung erforderliche Erklärung ersetzt werden soll. Dagegen sind diese Formen zu wahren für Erklärungen, durch die ein Eintragungsantrag zurückgenommen oder eine zur Stellung des Eintragungsantrags ertheilte Vollmacht widerrufen wird[66]).

Für Voraussetzungen der Eintragung, die nicht in Erklärungen bestehen (z. B. Nachweis der Bestellung zum gesetzlichen Vertreter, Nachweis einer gerichtlichen Entscheidung 2c.) genügt es, wenn sie bei dem Grundbuchamt offenkundig sind, ist dies nicht der Fall, so bedürfen sie des Nachweises durch öffentliche Urkunden[67]). Gewisse in ein öffentliches Register eingetragene Verhältnisse werden dem Grundbuchamte gegenüber durch ein Zeugniß des Registergerichts nachgewiesen; so wird der Nachweis, daß der Vorstand einer Aktiengesellschaft (wozu auch Liquidatoren gehören) aus den im Handelsregister eingetragenen Personen besteht, durch ein Zeugniß des Gerichts über die Eintragung im Handelsregister geführt. Das Gleiche gilt von dem Nachweise der Befugniß zur Vertretung einer offenen Handelsgesellschaft, einer Kommanditgesellschaft, einer Kommanditgesellschaft auf Aktien oder einer Gesellschaft mit beschränkter Haftung. Ebenso wird der Nachweis, daß zwischen Ehegatten Gütertrennung oder ein vertragsmäßiges Güterrecht besteht oder daß ein Gegenstand zum Vorbehaltsgut eines Ehegatten gehört, durch ein Zeugniß des Gerichts

---

[64]) § 26 GBO. Daß der öffentliche Glaube des Grundbuchs sich bei der Eintragung einer Forderung, für die ein eingetragenes Recht als Pfand haftet, nicht auf das Bestehen der Forderung oder auf die Person des Forderungsberechtigten erstreckt, kann nicht zweifelhaft sein. Denkschr. zur GBO. § 26.

[65]) § 28 GBO.

[66]) §§ 29, 30, 32 GBO.

[67]) § 29 GBO.

über die Eintragung des güterrechtlichen Verhältnisses im Güterrechtsregister erbracht. In all' diesen Fällen genügt statt des Zeugnisses die Bezugnahme auf das Register, falls das Grundbuchamt zugleich das Registergericht ist[68]).

Der Nachweis der Erbfolge kann nur durch einen Erbschein geführt werden, ebenso ist das Bestehen der fortgesetzten Gütergemeinschaft sowie die Befugnis eines Testamentsvollstreckers zur Verfügung über einen Nachlaßgegenstand nur auf Grund der in den §§ 1507, 2368 BGB. vorgesehenen Zeugnisse als nachgewiesen anzunehmen. Beruht jedoch die Erbfolge oder die Befugniß des Testamentsvollstreckers auf einer Verfügung von Todeswegen, die in einer öffentlichen Urkunde enthalten ist, so genügt es, wenn an Stelle des Erbscheins oder des Zeugnisses über die Ernennung des Testamentsvollstreckers die Verfügung und das Protokoll über die Eröffnung der Verfügung vorgelegt werden; das Grundbuchamt kann aber, wenn es die Erbfolge oder die Befugniß des Testamentsvollstreckers durch diese Urkunden nicht für nachgewiesen erachtet, die Vorlegung eines Erbscheines oder des Zeugnisses über die Ernennung des Testamentsvollstreckers verlangen[69]).

Eine Erleichterung ist zugelassen für den Fall, daß bei einer Erbauseinandersetzung eine zum Nachlasse gehörende Hypothek, Grundschuld oder Rentenschuld einem von mehreren Erben überwiesen wird. Soll bei einer zu einem Nachlasse gehörenden Hypothek, Grundschuld oder Rentenschuld einer von mehreren Erben als neuer Gläubiger eingetragen werden, so genügt zum Nachweise der Erbfolge und der Eintragungsbewilligung der Erben ein Zeugniß des Nachlaßgerichts. Das Zeugniß darf nur ausgestellt werden, wenn die Voraussetzungen für die Ertheilung eines Erbscheines vorliegen und die Erklärungen der Erben vor dem Nachlaßgerichte zu Protokoll gegeben oder durch öffentliche oder öffentlich beglaubigte Urkunden nachgewiesen sind. Ebenso kann verfahren werden, wenn bei einer Hypothek, Grundschuld oder Rentenschuld, die zu dem Gesammtgut einer ehelichen Gütergemeinschaft oder einer fortgesetzten Gütergemeinschaft gehört, ein Betheiligter, auf den das Recht bei der Auseinandersetzung übertragen ist, als neuer Gläubiger eingetragen werden soll[70]).

In Fällen, in denen nach reichs- oder landesgesetzlicher Vorschrift einer Behörde (richterlicher oder Verwaltungsbehörde) die Be-

---

[68]) §§ 33, 34, 35 GBO.

[69]) § 36 GBO. Ist der Erblasser vor 1. Jan. 1900 gestorben, so sind die bisherigen Gesetze maßgebend. Art. 213 E. z. BGB., § 83 GBO.

[70]) §§ 37, 38 GBO. Da nach Art. 143 Einf. z. BGB. landesgesetzlich bestimmt werden kann, daß Auflassungserklärungen vor einem Nachlaßgericht erfolgen dürfen, gewährt § 99 GBO. der Landesgesetzgebung auch die Möglichkeit, die Vorschriften der §§ 37, 38 GBO. entsprechend anzuwenden, wenn bei einem Grundstück oder einem Erbbaurecht, das zum Nachlaß oder zum Gesammtgut der ehelichen oder fortgesetzten Gütergemeinschaft gehört, einer der Betheiligten als Eigenthümer oder Erbbauberechtigter eingetragen werden soll.

fugnis beigelegt ist, das Grundbuchamt um eine Eintragung zu ersuchen, erfolgt die Eintragung auf Grund des Ersuchens der Behörde. Das Grundbuchamt hat hiebei nur zu prüfen, ob das Ersuchen den Erfordernissen der betreffenden gesetzlichen Vorschrift entspricht und die Eintragung nach dem Inhalt des Grundbuchs ausführbar ist. Das Ersuchen ersetzt den Eintragungsantrag, die Eintragungsbewilligung und die sonst erforderlichen Erklärungen Dritter. Dagegen müssen die allgemeinen Voraussetzungen der Eintragung (vergl. §§ 5, 6, 16—18, 28, 40, 48 GBO.) auch bei dem Ersuchen einer Behörde gegeben sein[71]).

Ehe eine Eintragung erfolgt, sei es zum Zwecke einer Rechtsänderung, sei es zur Berichtigung des Grundbuchs, soll derjenige, dessen Recht durch die Eintragung betroffen wird, als der Berechtigte im Grundbuch eingetragen sein[72]). Hat der nicht eingetragene Berechtigte die Eintragung einer Rechtsänderung bewilligt, so ist er gegebenen Falls zur Herbeiführung seiner Eintragung im Rechtswege zu zwingen[73]), sofern nicht schon nach §§ 14, 22 GBO. der Antragsteller die Berichtigung des Grundbuchs herbeizuführen vermag[74]). Nicht erforderlich ist die vorgängige Eintragung des Erben, wenn die Uebertragung oder die Aufhebung eines für den Erblasser eingetragenen Rechtes eingetragen werden soll oder wenn der Eintragungsantrag durch die Bewilligung des eingetragenen Erblassers oder eines Nachlaßpflegers oder durch einen gegen den Erblasser oder den Nachlaßpfleger oder Nachlaßverwalter vollstreckbaren Titel begründet wird. Das Gleiche gilt für eine Eintragung auf Grund der Bewilligung eines Testamentsvollstreckers oder auf Grund eines gegen diesen vollstreckbaren Titels, sofern die Bewilligung oder der Titel gegen den Erben wirksam ist[75]).

Ebenso bedarf es bei einer Hypothek, Grundschuld oder Rentenschuld, über die ein Brief ertheilt ist, der vorgängigen Eintragung des Gläubigers nicht, wenn dieser sich im Besitze des Briefes befindet und sein Gläubigerrecht nach § 1155 BGB. nachweist[76]).

Dagegen soll bei einer Briefhypothek eine Eintragung überhaupt nur erfolgen, wenn der Brief vorgelegt wird[77]), denn bei

[71]) § 39 GBO. Denkschr. zu § 37 des Entw. Einen Vorzug vor anderen Eintragungsanträgen (vergl. § 17 GBO.) hat das Ersuchen nicht.

[72]) § 40 Abs. 1 GBO.

[73]) Vergl. §§ 894, 896, 792 CPO,. auch § 895 BGB.

[74]) Ist der Widerstand eines zu Unrecht eingetragenen Dritten zu beseitigen, so kann der Antragsteller die Feststellungsklage gegen den Dritten dahin erheben, daß nicht dieser, sondern derjenige, von welchem er sein Recht ableitet, der Berechtigte sei. Will ein Gläubiger auf Grund eines vollstreckbaren Titels eine Hypothek eintragen lassen, so kann er die Eintragung des Schuldners dadurch erreichen, daß er sich den Berichtigungsanspruch überweisen läßt, der dem Schuldner gegen den Dritten zusteht. Vergl. Denkschr. zu GBO. § 40.

[75]) § 41 GBO. Vergl. Entsch. d. Reichsg. 28, 296.

[76]) § 40 Abs. 2 GBO.

[77]) § 42 Abs. 1 GBO. Ebenso bei Grund- und Rentenschulden § 43 GBO.

Briefhypotheken gibt das Grundbuch darüber, wer der zeitige Gläubiger ist, keine sichere Auskunft. Der Nachweis des Gläubigerrechts wird vielmehr im Falle des § 1154 Abs. 1 BGB. durch den Besitz des Briefes in Verbindung mit den auf einen eingetragenen Gläubiger zurückführenden Uebertragungsurkunden, im Falle des § 1154 Abs. 2 durch den Besitz des Briefes in Verbindung mit der Eintragung des Gläubigers erbracht. Die Vorlegung des Briefes ist erforderlich, gleichgiltig, ob die Eintragung von dem Gläubiger bewilligt ist, oder ob sie im Wege des rechtlichen Zwanges gegen den Gläubiger ohne seinen Willen erfolgen soll. Ist zur Berichtigung des Grundbuchs die Vorlegung eines Hypotheken-, Grundschuld- oder Rentenschuldbriefes erforderlich, so kann derjenige, zu dessen Gunsten die Berichtigung erfolgen soll, von dem Besitzer des Briefes verlangen, daß der Brief dem Grundbuchamte vorgelegt wird[78]).

Der Vorlegung des Briefes bedarf es nicht, wenn er für kraftlos erklärt (§ 1162 BGB.) oder durch ein gegen den Gläubiger erlassenes Ausschlußurtheil kraftlos geworden (§§ 1170, 1171) ist. In diesen Fällen steht es der Vorlegung des Briefes gleich, wenn auf Grund des Ausschlußurtheils die Ertheilung eines neuen Briefes beantragt wird (vergl. § 67 GBO.). Soll die Ertheilung des Briefes nachträglich ausgeschlossen oder die Hypothek gelöscht werden, so genügt die Vorlegung des Ausschlußurtheils[79]).

Der Vorlegung des Briefes bedarf es auch dann nicht, wenn ein Widerspruch eingetragen werden soll, die Eintragung des Widerspruchs durch eine einstweilige Verfügung angeordnet ist und der Widerspruch sich darauf gründet, daß die Hypothek oder die Forderung, für welche sie bestellt ist, nicht bestehe oder einer Einrede unterliege oder daß die Hypothek (dem Inhalte oder dem Range nach) unrichtig eingetragen sei[80]). Der Brief ist also in allen Fällen vorzulegen, in denen der den Gegenstand der einstweiligen Verfügung bildende Widerspruch dahin geht, daß mittels des Widerspruchs die Uebertragung des Rechtes auf den Besitzer des Briefes bestritten oder eine dem Besitzer entgegenstehende Verfügungsbeschränkung der in § 892 Abs. 1 BGB. bezeichneten Art geltend gemacht wird[81]). Ist der Brief nicht vorzulegen und wird er nicht vorgelegt, so hat das Grundbuchamt den Besitzer des Briefes zur Vorlegung anzuhalten, um nachträglich den Widerspruch auf dem Briefe zu vermerken[82]). Was hier von dem Hypothekenbriefe gesagt ist, gilt auch für Grundschuld- und Rentenschuldbriefe. Ist aber das Recht auf den Inhaber des Briefes eingetragen, so darf eine Eintragung in das Grundbuch nur erfolgen, wenn der Brief vorgelegt wird; wenn jedoch der Eintragungsantrag

---

[78]) § 896 BGB.
[79]) § 42 Abs. 2 GBO.
[80]) § 42 Abs. 1 GBO.
[81]) Denkschrift zu GBO § 42.
[82]) § 62 Abs. 2 GBO.

durch die Bewilligung eines Treuhänders (§ 1189 BGB.) oder durch eine gegen ihn erlassene gerichtliche Entscheidung begründet wird, so bedarf es der Vorlegung des Briefes nicht[83]).

Ueber eine Hypothek für eine Forderung aus einer Schuldverschreibung auf den Inhaber, aus einem Wechsel oder einem anderen Papier, das durch Indossament übertragen werden kann, wird, da sie stets eine Sicherungshypothek ist, kein Brief ertheilt, die Schuldurkunde hat aber im Verkehr die Bedeutung des Briefes, da sich die Uebertragung des Rechtes auch hier ohne eine Eintragung in das Grundbuch vollzieht. Bei einer solchen Hypothek soll deshalb eine Eintragung gleichfalls nur erfolgen, wenn die Urkunde vorgelegt wird; die Eintragung ist auf der Urkunde zu vermerken. Die Schuldurkunde braucht dagegen nicht vorgelegt zu werden, wenn eine Eintragung auf Grund der Bewilligung eines Treuhänders (§ 1189 BGB.) oder auf Grund einer gegen ihn erlassenen gerichtlichen Entscheidung bewirkt werden soll[84]). Daß die Vorlegung der Schuldurkunde auch dann nicht erforderlich ist, wenn ihre Vernichtung bewiesen oder wenn sie für kraftlos erklärt ist, bedarf keiner Hervorhebung[85]).

Jede Eintragung in das Grundbuch soll den Tag angeben, an dem sie erfolgt ist, und mit der Unterschrift des Grundbuchbeamten versehen werden[86]). Die nähere Regelung ist dem Landesrecht überlassen. Landesrechtlich kann insbesondere bestimmt werden, daß außer der Unterschrift des Grundbuchbeamten noch die Unterschrift eines andern Beamten (Buchführers) erforderlich sein soll. Anzugeben ist der Tag, an welchem die Eintragung in das Grundbuch erfolgt, nicht das Datum der Verfügung, daß einzutragen sei, auch nicht der Tag der Unterzeichnung. Die Wirksamkeit der Eintragung ist nicht von der Unterzeichnung abhängig gemacht.

Bei der Eintragung gemeinschaftlicher Rechte ist zu beachten, daß, wenn ein Recht Mehreren zusteht, entweder eine Gemeinschaft nach Bruchtheilen (§§ 741 ff. BGB.) vorliegt oder eine Gemeinschaft zur gesammten Hand. Bei einer Gemeinschaft nach Bruchtheilen kann jeder Theilhaber über seinen Antheil an dem gemeinschaftlichen Gegenstande verfügen, in den Fällen der Gemeinschaft zur gesammten Hand ist eine Verfügung über den Antheil an einzelnen zu dem gemeinschaftlichen Vermögen gehörenden Gegenständen ausgeschlossen (§§ 719, 1442, 1487, 2033 Abs. 2 BGB.). Damit das Grundbuch über die dinglichen Rechtsverhältnisse eines Grundstücks sichere Auskunft geben kann, soll, wenn ein Recht für Mehrere gemeinschaftlich einzutragen ist, die Eintragung in der Weise erfolgen, daß entweder die Antheile der Berechtigten in Bruchtheilen angegeben werden oder das für die Gemeinschaft maßgebende Rechtsverhältniß

---

[83]) § 43 GBO.
[84]) § 44 GBO.
[85]) Denkschrift zu GBO. § 44.
[86]) § 45 GBO. Ordnungsvorschrift.

(Gesellschaft, eheliche Gütergemeinschaft, fortgesetzte Gütergemeinschaft, Erbengemeinschaft) bezeichnet wird[87]).

Werden mehrere Grundstücke mit einem Rechte (Hypothek, Grundschuld, Rentenschuld oder Recht anderer Art) belastet, so ist auf dem Blatte jedes Grundstücks die Mitbelastung der übrigen von Amtswegen erkennbar zu machen. Das Gleiche gilt, wenn mit einem an einem Grundstück bestehenden Rechte nachträglich noch ein anderes Grundstück belastet oder wenn im Falle der Uebertragung eines Grundstücktheils auf ein anderes Grundbuchblatt ein eingetragenes Recht mitübertragen wird. Daß bei der Uebertragung eines selbstständigen Grundstücks von einem gemeinschaftlichen Grundbuchblatt (§ 4 GBO.) auf ein anderes Blatt die Mitbelastung aus dem Eintragungsvermerk und aus dem Abschreibungsvermerk auf beiden Blättern ersichtlich gemacht wird, ist als selbstverständlich vorausgesetzt. Wie die Mitbelastung überhaupt erkennbar zu machen ist, hängt mit der Einrichtung und Führung der Grundbücher zusammen und unterliegt der Regelung durch das Landesrecht. Soweit eine Mitbelastung erlischt, ist dies von Amtswegen zu vermerken[88]).

In das Grundbuch ist grundsätzlich Alles einzutragen, was für die Rechtsverhältnisse des Grundstücks von Bedeutung ist. Da aber die vertragsmäßige Bestimmung des Inhaltes eines Rechtes, mit dem ein Grundstück belastet wird, sehr in das Einzelne gehen kann, ist gestattet, daß zur näheren Bezeichnung des Inhaltes eines solchen Rechtes auf die Eintragungsbewilligung Bezug genommen wird, soweit nicht das Gesetz ein Anderes vorschreibt[89]). Dies gilt nur für Rechte an Grundstücken, nicht auch für Rechte an solchen Rechten. Auch bei Eintragung einer Vormerkung kann zur näheren Bezeichnung des zu sichernden Anspruchs auf die einstweilige Verfügung oder die Eintragungsbewilligung Bezug genommen werden[90]). Es kann endlich zur Bezeichnung einzelner Rechte auf die Eintragungsbewilligung hingewiesen werden, wenn nämlich Dienstbarkeiten und Reallasten als Leibgedinge, Leibzucht, Altentheil oder Auszug eingetragen werden, hier bedarf es nicht der Bezeichnung der einzelnen Rechte im Grundbuch, es genügt vielmehr die Bezugnahme auf die Eintragungsbewilligung[91])[92]).

---

87) § 48 GBO.

88) § 49 GBO.

89) §§ 874, 877 BGB.

90) § 885 BGB.

91) § 50 GBO. Auf Grund der entsprechenden Bestimmung des § 76 der Preuß. Grundbuchordnung vom 5. Mai 1872 hatte nach dem Formular ein solcher Eintrag z. B. zu lauten: „Altentheil für Anton Siegert zu Buchhain (Bl. 71 der Grundakten). Eingetragen am 2c."

92) Steht ein Leibgedingsvertrag mit der Ueberlassung eines Grundstücks in Verbindung, so kann durch landesgesetzliche Vorschriften das aus dem Vertrage sich ergebende Schuldverhältniß für den Fall geregelt werden, daß nicht besondere Vereinbarungen getroffen werden. Art. 96 Einf. z. BGB.

Besondere Vorschriften hat das BGB. in § 1115 gegeben. Bei der Eintragung einer Hypothek müssen der Gläubiger[93]), der Geldbetrag der Forderung und, wenn die Forderung verzinslich ist, der Zinssatz, wenn andere Nebenleistungen zu entrichten sind, ihr Geldbetrag im Grundbuch angegeben werden; im Uebrigen kann zur Bezeichnung der Forderung auf die Eintragungsbewilligung Bezug genommen werden. Bei Darlehen einer Creditanstalt, deren Satzung von der zuständigen Behörde öffentlich bekannt gemacht worden ist, genügt zur Bezeichnung der außer den Zinsen satzungsgemäß zu entrichtenden Nebenleistungen die Bezugnahme auf die Satzung. Entsprechend gelten diese Vorschriften für die Grundschuld und für die Rentenschuld; bei der Rentenschuld muß auch die Ablösungssumme im Grundbuch angegeben werden[94]).

Bei Bestellung einer Hypothek für Theilschuldverschreibungen auf den Inhaber genügt es, wenn der Gesammtbetrag der Hypothek unter Angabe der Anzahl, des Betrags und der Bezeichnung der Theile eingetragen wird; es bedarf nicht der Eintragung einer besonderen Hypothek für jede einzelne Schuldverschreibung. Dasselbe gilt, wenn eine Grundschuld oder eine Rentenschuld für den Inhaber des Briefes eingetragen und das Recht in Theile zerlegt werden soll[95]).

Ist ein Vorerbe einzutragen, so ist, da der Vorerbe in der Verfügung über ein zur Erbschaft gehörendes Grundstück und über ein zur Erbschaft gehörendes Recht an einem Grundstück beschränkt ist (§§ 2113, 2114 BGB.), zugleich das Recht des Nacherben und, soweit der Vorerbe von den Beschränkungen seines Verfügungsrechtes befreit ist (§§ 2136, 2137 BGB.), auch die Befreiung von Amtswegen einzutragen[96]). Der Erbschein oder die Verfügung von Todeswegen (§ 36 GBO.) gibt über diese Verhältnisse Auskunft.

Ebenso ist von Amtswegen bei der Eintragung des Erben die Ernennung eines Testamentsvollstreckers miteinzutragen[97]), es sei denn, daß der Nachlaßgegenstand der Verwaltung des Testamentsvollstreckers nicht unterliegt (§ 2211 BGB.). Die Grundlage für diese Eintragung bildet neben dem Erbschein das dem Testamentsvollstrecker über seine Ernennung vom Nachlaßgericht zu ertheilende Zeugniß (§ 2368 BGB.).

Anordnungen über die äußere Form der Eintragungen gehören zur Zuständigkeit der Landesjustizverwaltungen (§ 1 Abs. 2 GBO.), über die Form der Löschung hat jedoch das Reichsgesetz Bestimmungen getroffen. Die Löschung eines Rechtes oder einer Verfügungsbeschränkung erfolgt durch Eintragung eines Löschungs-

[93]) Name ist nicht unbedingt erforderlich, es genügt z. B. die Bezeichnung „die Kinder."

[94]) §§ 1192, 1199 BGB.

[95]) § 51 GBO. Vergl. § 70 Abs. 2 GBO.

[96]) § 52 GBO.

[97]) § 53 GBO.

vermerkes[98]), bloßes Durchstreichen oder Unterstreichen genügt nicht. Den Justizverwaltungen ist es unbenommen, zu verfügen, daß die Löschung außer durch den Löschungsvermerk noch in anderer Weise, z. B. durch Unterstreichen mit rother Tinte, ersichtlich gemacht werde. Eine Löschung kann auch stillschweigend erfolgen. Wird bei der Uebertragung eines Grundstücks oder eines Grundstückstheiles auf ein anderes Blatt ein eingetragenes Recht nicht mitübertragen, so gilt es in Ansehung des Grundstücks oder des Theiles als gelöscht[99]). Diese Wirkung tritt auch ein, wenn die Mitübertragung des Rechtes aus Versehen unterblieben sein sollte.

Hat das Grundbuchamt, ohne gesetzliche Vorschriften zu verletzen, eine Eintragung gemacht, durch die das Grundbuch unrichtig geworden ist (z. B. Eintragung auf Grund eines sachlich nicht zutreffenden Erbscheines), so ist es Sache der Betheiligten, nach §§ 899, 894 BGB. vorzugehen. Hat aber das Grundbuchamt unter Verletzung gesetzlicher Vorschriften eine Eintragung vorgenommen, durch die das Grundbuch unrichtig geworden ist, so ist von Amtswegen ein Widerspruch einzutragen. Ist die Eintragung nach ihrem Inhalte unzulässig, ist z. B. ein Recht eingetragen, das an einem Grundstück überhaupt nicht begründet werden kann, so ist die Eintragung von Amtswegen zu löschen[100]). Die Eintragung des Widerspruchs und die Löschung können im Wege der Beschwerde verlangt werden, trotzdem grundsätzlich Beschwerden gegen Eintragungen unzulässig sind[101]). — Da Eintragungen, die bei einer Hypothek, einer Grundschuld oder Rentenschuld erfolgen, von dem Grundbuchamt auf den Briefen zu vermerken sind, hat das Grundbuchamt, das aus den angeführten Gründen einen Widerspruch oder einen Löschungsvermerk eintragen will, den Besitzer des Briefes zur Vorlegung anzuhalten[102]). Es bedarf jedoch der Vorlegung des Briefes nicht, wenn ein Widerspruch einzutragen ist und dieser Widerspruch sich darauf gründet, daß die Hypothek oder Grundschuld oder Rentenschuld oder die Forderung, für welche die Hypothek bestellt ist, nicht bestehe oder einer Einrede unterliege oder daß die Hypothek, Grundschuld oder Rentenschuld unrichtig eingetragen sei[103]). Ist aber der Grundschuld- oder Rentenschuldbrief auf den Inhaber ausgestellt, so bedarf es der Vorlegung des Briefes, auch wenn der Widerspruch den bezeichneten Inhalt hat[104]). Durfte die Eintragung ohne Vorlegung des Briefes erfolgen und ist sie erfolgt, ohne daß der Brief vorgelegt worden ist, so hat

---

[98]) § 47 Abs. 1 GBO.
[99]) § 47 Abs. 2 GBO.
[100]) § 54 Abs. 1 GBO.
[101]) § 71 GBO.
[102]) § 62 Abs. 2 GBO.
[103]) § 54 Abs. 2 mit § 42 Abs. 1 GBO.
[104]) § 54 Abs. 2 GBO.

das Grundbuchamt nachträglich den Besitzer des Briefes zur Vorlegung anzuhalten, um den Widerspruch auf dem Briefe zu vermerken[105]).

Jede Eintragung, die erfolgt, soll dem Antragsteller und dem eingetragenen Eigenthümer sowie im Uebrigen allen aus dem Grundbuch ersichtlichen Personen bekannt gemacht werden, zu deren Gunsten die Eintragung erfolgt ist oder deren Recht durch sie betroffen wird. Die Form der Benachrichtigung ist der landesrechtlichen Regelung überlassen. Auf die Bekanntmachung kann verzichtet werden[106]).

Die Urkunden, auf die eine Eintragung sich gründet oder Bezug nimmt, sind von dem Grundbuchamt aufzubewahren[107]). Die Aufbewahrung jener ist nothwendig, um den Nachweis zu sichern, daß die gesetzlichen Voraussetzungen für die Vornahme der Eintragung erfüllt waren; die Urkunden, auf die im Grundbuch Bezug genommen ist[108]), bilden eine Ergänzung der Eintragung und haben aus diesem Grunde für das Grundbuch eine bleibende Bedeutung. Die Herausgabe einer solchen Urkunde darf nur erfolgen, wenn statt der Urkunde eine beglaubigte Abschrift aufbewahrt wird. Daß in den Fällen, wo die Bezugnahme auf Register des Grundbuchamts genügt[109]), auch beglaubigte Abschriften nicht anzufertigen sind, erscheint selbstverständlich. Es kann auch durch die Landesjustizverwaltung angeordnet werden, daß, wenn eine der Urkunden, auf die eine Eintragung sich gründet oder Bezug nimmt, in andern Akten der das Grundbuch führenden Behörde enthalten ist, statt einer beglaubigten Abschrift der Urkunde eine Verweisung auf die anderen Akten genügt[110]). Den Betheiligten steht es frei, dem Grundbuchamt auch Urkunden, die über das der Eintragungsbewilligung zu Grunde liegende Rechtsgeschäft, über das Kausalgeschäft[111]), errichtet sind, oder eine beglaubigte Abschrift einer solchen Urkunde zur Aufbewahrung zu übergeben[112]).

Die Aufbewahrung der Urkunden führt zur Anlegung von Grundakten. Die Grundbuchordnung überläßt[113]) der Landesjustizverwaltung, anzuordnen, daß Grundakten gehalten werden.

Von den Einträgen im Grundbuch, von den Urkunden, auf die im Grundbuch zur Ergänzung einer Eintragung Bezug genommen ist, und von den noch nicht erledigten Eintragungsanträgen kann Jeder

---

105) § 62 Abs. 2 GBO.

106) § 55 GBO.

107) § 9 GBO. Soweit es sich um gerichtliche oder notarielle Urkunden handelt, sind nur die den Parteien ertheilten Ausfertigungen gemeint. Denkschr. zu § 9.

108) S. Anm. 89—91, Text bei Ziff. 93.

109) S. Ziff. 68.

110) § 95 GBO.

111) Z. B. Urkunde über den der Auflassung zu Grunde liegenden Kaufvertrag.

112) § 9 Abs. 2 GBO.

113) § 94 GBO.

Einsicht nehmen, der ein berechtigtes Interesse darlegt[114]). Urkunden, auf die eine Eintragung sich gründet, gehören nicht hierher. Eine Glaubhaftmachung des berechtigten Interesses im Sinne des § 294 CPO. ist nicht erforderlich; das Grundbuchamt hat nach freiem Ermessen darüber zu befinden, inwieweit die thatsächlichen Angaben des Antragstellers geeignet sind, sein Gesuch zu rechtfertigen. Kein „rechtliches" Interesse[115]) wird verlangt, insbesondere braucht sich das Interesse nicht auf ein schon bestehendes Rechtsverhältniß des Ansuchenden zu beziehen, es genügt, wenn der Antrag nach der glaubhaften Darstellung des Antragstellers ein verständiges, durch die Sachlage gerechtfertigtes Interesse verfolgt[116]). Soweit die Einsicht in das Grundbuch oder in Urkunden, auf die im Grundbuch Bezug genommen ist, oder in noch nicht erledigte Eintragungsanträge gestattet ist, kann auch Abschrift gefordert werden; die Abschrift ist auf Verlangen zu beglaubigen[117]). Die Landesjustizverwaltung kann anordnen, daß die Einsicht in das Grundbuch und in die bezeichneten Schriftstücke sowie die Ertheilung von Abschriften in weiterem Umfange zulässig sein solle, als die Grundbuchordnung selbst vorschreibt[118]). Ebenso kann die Landesjustizverwaltung Anordnungen über die Einsicht der Grundakten und über die Ertheilung von Abschriften aus den Grundakten — unbeschadet der Vorschriften des § 11 GBO. — treffen[119]).

Ob und inwieweit für die Gestattung der Einsicht und für die Ertheilung von Abschriften Kosten zu erheben sind, bestimmt sich nach den Landesgesetzen.

Nach § 839 BGB. hat ein Beamter, der vorsätzlich oder fahrlässig die ihm einem Dritten gegenüber obliegende Amtspflicht verletzt, dem Dritten den daraus entstehenden Schaden zu ersetzen, doch kann er, wenn ihm nur Fahrlässigkeit zur Last fällt, nur dann in Anspruch genommen werden, wenn der Beschädigte nicht auf andere Weise Ersatz zu erlangen vermag, auch tritt die Ersatzpflicht nicht ein, wenn der Verletzte vorsätzlich oder fahrlässig unterlassen hat, den Schaden durch Gebrauch eines Rechtsmittels abzuwenden[120]). Diese Vorschriften gelten auch bezüglich der Verrichtungen der Grundbuchbeamten. Verletzt aber ein Grundbuchbeamter[121]) vorsätzlich oder

---

[114]) § 11 GBO. Publicitätsprincip s. § 6 Anm. 3.

[115]) Vergl. §§ 810, 1342, 1953, 1957, 2010, 2081, 2264 BGB. Berechtigtes Interesse s. §§ 343, 824 BGB. Von rechtlichem Interesse spricht auch § 256 CPO. Vergl. Entsch. d. Reichsg. 35 S. 392.

[116]) Kom.-Ber. zu § 11 GBO.

[117]) § 11 Abs. 2 GBO.

[118]) § 93 GBO.

[119]) § 94 GBO.

[120]) Die Verletzung der Amtspflicht bei Urtheilen (§ 839 Abs. 2 BGB.) kann hier außer Betracht bleiben, denn von einer urtheilenden Thätigkeit der Grundbuchbeamten wird sich nicht sprechen lassen. Anders Dernburg S. 103 Ziff. 3.

[121]) Grundbuchrichter oder Gerichtsschreiber (Grundbuchführer), auch Praktikanten, denen solche Amtsverrichtungen übertragen sind. Richter der Beschwerde-

fahrlässig[122]) die ihm obliegende Amtspflicht, so trifft den Betheiligten gegenüber die Verantwortlichkeit an Stelle des Beamten den Staat oder die Körperschaft, in deren Dienst der Beamte steht. Der Grundbuchbeamte haftet den Betheiligten überhaupt nicht, bei vorsätzlichen Pflichtverletzungen des Beamten haftet der Staat in erster Linie, bei fahrlässigen Pflichtverletzungen haftet er, wenn der Beschädigte nicht auf andere Weise[123]) Ersatz erlangen kann. Der Staat haftet für jedes Versehen des Beamten, für schuldhaftes Thun und für schuldhaftes Unterlassen[124]). Sämmtliche Amtspflichten des Grundbuchbeamten sind Pflichten, die ihm Dritten gegenüber obliegen. Sie obliegen ihm aber nur den Betheiligten gegenüber; die Verantwortlichkeit kann nicht von demjenigen geltend gemacht werden, der, ohne betheiligt zu sein, durch die Verletzung der Amtspflicht mittelbar einen Schaden erleidet.

Ob und inwieweit der Staat oder die Körperschaft für den Ersatz, der zu leisten ist, den Rückgriff an den Beamten nehmen kann, bestimmt sich nach den für das Dienstverhältniß des Beamten maßgebenden Vorschriften.

Gegen Entscheidungen des Grundbuchamts d. h. die in der Sache getroffenen Anordnungen findet das Rechtsmittel der Beschwerde statt[125]). Die Erledigung von Beschwerden, die auf dem Gebiete der Verwaltung liegen, insbesondere von Beschwerden über die Art des Geschäftsbetriebs, bestimmt sich nach dem Landesrecht. Dem Landesrecht sind auch die Bestimmungen über die Form der Entscheidungen des Grundbuchamtes und über die Zustellung überlassen. In Bundesstaaten, in denen die Amtsgerichte nicht zugleich Grundbuchämter sind, kann gesetzlich bestimmt werden, daß die Abänderung einer Entscheidung des Grundbuchamts bei dem Amtsgerichte nachzusuchen ist, in dessen Bezirk das Grundbuchamt seinen Sitz hat. Die Beschwerde findet gegen die Entscheidung des Amtsgerichts statt[126]).

Gegen die Entscheidungen, durch die ein Antrag zurückgewiesen worden ist, ist die Beschwerde ohne Beschränkung zugelassen, dagegen ist gegen eine Eintragung die Beschwerde unzulässig. Doch kann im Wege der Beschwerde verlangt werden, daß das Grundbuchamt angewiesen wird, nach § 54 GBO., also bei Eintragungen, die unter Verletzung gesetzlicher Vorschriften vorgenommen sind und von Amts-

---

instanzen werden ebenfalls zu den Grundbuchbeamten zu rechnen sein. Dernburg S. 102 Anm. 1.

[122]) Ist eine gesetzliche Bestimmung zweideutig und hat sich noch keine feste Praxis gebildet, so kann es nicht als fahrlässig angesehen werden, wenn der Grundbuchbeamte einer Auffassung folgte, welche die höhere Instanz oder der Prozeßrichter als unrichtig erachtet. Dernburg S. 103. — Vergl. Jurist. Wochenschr. 1888 S. 36 Ziff. 91.

[123]) Vergl. Entsch. des Reichsger. 4 S. 329.

[124]) Vergl. Entsch. des Reichsger. 22 S. 235.

[125]) § 71 Abs. 1 GBO.

[126]) § 100 GBO.

wegen verbessert werden können, einen Widerspruch einzutragen oder eine Löschung vorzunehmen [127]). In Bundesstaaten, wo die Amtsgerichte nicht zugleich Grundbuchämter sind, kann durch Gesetz den Amtsgerichten die Befugniß ertheilt werden, von Amtswegen das Grundbuchamt zu einer nach § 54 GBO. zulässigen Eintragung anzuhalten. Gegen die Anordnung des Amtsgerichts findet Beschwerde statt [128]).

Ueber die Beschwerde entscheidet das Landgericht, in dessen Bezirk das Grundbuchamt seinen Sitz hat [129]). Die Entscheidung erfolgt durch eine Civilkammer. Die Vorschriften der Civilprozeßordnung über die Ausschließung und Ablehnung der Gerichtspersonen finden Anwendung [130]).

Die Beschwerde kann bei dem Grundbuchamt oder bei dem Beschwerdegericht eingelegt werden. Die Einlegung erfolgt durch Einreichung einer Beschwerdeschrift oder durch Erklärung zum Protokoll des Grundbuchamtes oder des Gerichtsschreibers des Beschwerdegerichts [131]), auch wenn der Fall nicht dinglich erscheint. Die Zuziehung eines Rechtsanwalts kommt erst bei der weiteren Beschwerde in Frage. Darüber, wer zur Einlegung der Beschwerde befugt ist, sind besondere Vorschriften nicht gegeben. Das Rechtsmittel wird demjenigen zustehen müssen, dessen Rechte durch die angefochtene Entscheidung verletzt werden, jedenfalls dem Antragsteller, dessen Antrag zurückgewiesen, und der Behörde, deren Ersuchen abgelehnt worden ist, auch dem Notar, der im Namen des Antragsberechtigten nach § 15 GBO. den Eintragungsantrag gestellt hatte.

Die Beschwerde kann auf neue Thatsachen und Beweise gestützt werden [132]). Erachtet das Grundbuchamt die Beschwerde für begründet, so hat es ihr abzuhelfen [133]), auch wenn die Beschwerde bei dem Landgericht eingelegt und erst durch dessen Vermittelung dem Grundbuchamt zugegangen ist. Vor der Entscheidung kann das Beschwerdegericht dem Grundbuchamt durch eine einstweilige Anordnung aufgeben, eine Vormerkung oder einen Widerspruch einzutragen. Die Eintragung einer Vormerkung ist anzuordnen, wenn sich die Beschwerde gegen die Zurückweisung eines Antrags auf Eintragung einer Rechtsänderung richtet, die Eintragung eines Widerspruchs ist am Platze, wenn die Zurückweisung eines Antrags auf Berichtigung des Grundbuchs oder eine von dem Grundbuchamt vorgenommene unrichtige Eintragung den Gegenstand der Beschwerde bildet. Der Mittheilung der einstweiligen

---

[127]) § 71 Abs. 2 GBO.
[128]) § 101 GBO.
[129]) § 72 GBO.
[130]) § 81 GBO.
[131]) § 73 GBO.
[132]) § 74 GBO. Wird dem zurückgewiesenen Eintragungsantrage stattgegeben, so erhält natürlich die Eintragung keine rückwirkende Kraft.
[133]) § 75 GBO.

Anordnung an den Beschwerdeführer bedarf es nicht. Die Vormerkung oder der Widerspruch wird von Amtswegen gelöscht, wenn die Beschwerde zurückgenommen oder zurückgewiesen ist[134]). Die endgiltige Entscheidung des Beschwerdegerichts ist mit Gründen zu versehen und dem Beschwerdeführer mitzutheilen[135]).

Gegen die Entscheidung des Beschwerdegerichts ist das Rechtsmittel der weiteren Beschwerde zulässig, wenn die Entscheidung auf einer Verletzung des Gesetzes beruht. Das Gesetz ist verletzt, wenn eine Rechtsnorm nicht oder nicht richtig angewendet worden ist. Unter den in § 551 CPO. bezeichneten Voraussetzungen ist die Entscheidung stets als auf einer Verletzung des Gesetzes ruhend anzusehen. Für die Entscheidung des für die weitere Beschwerde zuständigen Gerichts sind die in dem angefochtenen Beschlusse gerichtlich festgestellten Thatsachen maßgebend. Außer denselben können nur die in der weiteren Beschwerde zu bezeichnenden Thatsachen berücksichtigt werden, welche ergeben sollen, daß das Gesetz in Bezug auf das Verfahren verletzt sei, oder welche unter Verletzung des Gesetzes festgestellt, übergangen oder als vorgebracht angenommen sein sollen. Ergeben die Entscheidungsgründe eine Gesetzesverletzung, stellt sich die Entscheidung selbst aber aus anderen Gründen als richtig dar, so ist die weitere Beschwerde zurückzuweisen[136]).

Die weitere Beschwerde kann bei dem Grundbuchamt, dem Landgericht oder bei dem zur Entscheidung der weiteren Beschwerde zuständigen Gerichte durch Einreichung einer Beschwerdeschrift oder durch Erklärung zu Protokoll des Grundbuchamts oder des Gerichtsschreibers der genannten Gerichte eingelegt werden. Erfolgt die Einlegung durch Einreichung einer Beschwerdeschrift, so muß diese von einem Rechtsanwalt unterzeichnet[137]) sein, falls nicht die Beschwerde von einer Behörde oder von dem Notar eingelegt wird, der nach § 15 GBO. den Eintragungsantrag gestellt hat. Grundbuchamt und Landgericht sind nicht befugt, der weiteren Beschwerde abzuhelfen[138]).

Zuständig zur Entscheidung über die weitere Beschwerde ist das Oberlandesgericht[139]). In Bundesstaaten, in denen mehrere Oberlandesgerichte errichtet sind, kann die Entscheidung über das Rechtsmittel der weiteren Beschwerde einem der mehreren Oberlandesgerichte oder an Stelle des Oberlandesgerichts dem obersten Landesgerichte zugewiesen werden[140]). Will das hienach zuständige Gericht bei der Auslegung einer das Grundbuchrecht betreffenden reichsgesetzlichen Vor-

---

[134]) § 76 GBO.
[135]) § 77 GBO.
[136]) § 78 GBO. §§ 550, 551, 561, 563 CPO.
[137]) Beglaubigung genügt nicht. Vergl. Entsch. d. Reichsg. in Strafs. 21 S. 160.
[138]) § 80 GBO.
[139]) § 79 Abs. 1 GBO.
[140]) § 102 GBO. Besetzung nach § 10 Abs. 3 Einf.Ges. z. GVG.

schrift von der auf weitere Beschwerde ergangenen Entscheidung eines anderen Oberlandesgerichts oder obersten Landesgerichts, oder, falls über die Rechtsfrage bereits eine Entscheidung des Reichsgerichts ergangen ist[141]), von dieser abweichen, so hat es die weitere Beschwerde unter Begründung seiner Rechtsauffassung dem Reichsgerichte vorzulegen. Der Beschluß über die Vorlegung ist dem Beschwerdeführer mitzutheilen. Es entscheidet alsdann über die weitere Beschwerde das Reichsgericht[142]). Für das Reichsgericht findet § 137 GVG. Anwendung. Die Entscheidungen über Beschwerden erfolgen bei den Oberlandesgerichten, den obersten Landesgerichten[140]) und dem Reichsgerichte durch einen Civilsenat. Die Vorschriften der CPO. über die Ausschließung und Ablehnung der Gerichtspersonen finden dabei Anwendung[143])[144]).

[141]) Gleichgiltig, ob die reichsgerichtliche Entscheidung auf weitere Beschwerde oder ob sie im Prozeßwege ergangen ist. Vorausgesetzt ist, daß das Reichsgericht nicht schon selbst von seiner Entscheidung abgegangen ist.

[142]) § 79 Abs. 2, 3 GBO. Kosten Art. IV Ges. 17. Mai 1898 Reichsges.Bl. S. 255.

[143]) § 81 GBO.

[144]) Nach dem Kom.Ber. zu § 79 GBO. ist beabsichtigt, die wichtigeren Entscheidungen der Oberlandesgerichte sammeln und durch das Reichs-Justizamt zusammenstellen zu lassen.

II. Abschnitt.

Der Besitz.*)

§ 14. Begriff und Arten.

Das BGB. gibt keine Erklärung des Begriffes Besitz. Es bezeichnet mit dem Worte Besitz jedes possessorisch geschützte Rechtsverhältniß der Person zur Sache[1]). Man wird hier von Besitz im weiteren Sinne sprechen können.

Im engeren Sinne ist unter Besitz zu verstehen die thatsächliche Herrschaft einer Person über eine Sache[2]). Von einer Person, die in einem solchen Machtverhältnisse zu einer Sache steht, daß sie nach Belieben mit der Sache verfahren kann, sagen wir, sie besitzt die Sache. Den Gegensatz zu der thatsächlichen Herrschaft über die Sache bildet die rechtliche Herrschaft, das Recht an der Sache, im Besonderen das Eigenthum. Die thatsächliche Herrschaft, der Besitz, ist kein Recht[3]). Der Besitz kann auf einem Rechte beruhen, er kann sich als die Verkörperung des Rechtes darstellen, er kann aber auch mit dem Rechte in Widerspruch stehen. Ob das Eine oder das Andere der Fall ist, ist für den Begriff des Besitzes gleichgültig.

Das Eigenthum ist von der Rechtsordnung geschaffen, der Besitz könnte ohne Rechtsordnung bestehen. An das thatsächliche Herrschaftsverhältniß der Person zur Sache hat aber die Rechtsordnung rechtliche Folgen geknüpft, dem Besitzer dadurch eine Rechtsstellung gegeben und das Besitzverhältniß zu einem Rechtsverhältniß erhoben[4]).

Diese Rechtsstellung ist nicht etwa nur demjenigen eingeräumt, der eine Sache als ihm gehörend besitzt oder der die thatsächliche Herrschaft über die Sache in der Gesammtheit ihrer Beziehungen haben

---

*) Auf ein am 1. Jan. 1900 bestehendes Besitzverhältniß finden von dieser Zeit an die Vorschriften des BGB. Anwendung (Art. 180 Einf. z. BGB.). Nicht berührt werden dadurch die Ansprüche, welche unter dem alten Rechte dem Besitzer erwachsen sind (Mot. S. 265).

Zu § 14.

[1]) Kom.Prot. Haidlen 2 S. 22.

[2]) auch Theil einer Sache (§ 865 BGB.).

[3]) Vergl. §§ 865, 93 BGB. Dernburg S. 42. Unter § 823 BGB. fällt die schuldhafte Verletzung fremden Besitzes, trotzdem der Besitz kein Recht ist, denn die Verpflichtung zum Schadensersatze trifft auch denjenigen, der gegen ein den Schutz eines Anderen bezweckendes Gesetz verstößt, im Falle schuldhafter Verletzung fremden Besitzes aber liegt ein Verstoß gegen ein den Schutz des Besitzers bezweckendes Gesetz vor. Strohal Sachbesitz S. 65.

[4]) Vergl. Windscheid 1 § 37a.

will, der Besitzschutz wird vielmehr auch dem Nießbraucher, Pfandgläubiger, Pächter, Miether, Verwahrer, überhaupt Jedem zu Theil, der die thatsächliche Herrschaft über die Sache hat.

Darüber, wann anzunehmen ist, daß Jemand eine Sache besitzt, die thatsächliche Herrschaft über die Sache hat, lassen sich allgemeine Regeln wohl nicht aufstellen. Nach einer Richtung hat das Gesetz die Grenze zu ziehen gesucht. Uebt Jemand die thatsächliche Gewalt über eine Sache für einen Anderen in dessen Haushalt oder Erwerbsgeschäft oder in einem ähnlichen Verhältniß aus, vermöge dessen er den sich auf die Sache beziehenden Weisungen des Anderen Folge zu leisten hat, so ist nur der Andere Besitzer [5]). Der Kutscher, der die Pferde lenkt, der Dienstbote, der für die Dienstherrschaft Einkäufe macht, der Handlungsgehilfe, der für den Geschäftsherrn Waaren verkauft und Geld in Empfang nimmt, der Hirt, der die Heerde seines Herrn auf die Weide treibt, sie alle haben thatsächlich keine Herrschaft über die ihnen anvertrauten Sachen, die Thätigkeit, die sie entwickeln, beruht auf den für sie maßgebenden Weisungen; bei dem Abhängigkeitsverhältnisse, in dem diese Personen zu dem Herrn stehen, hat dieser die Möglichkeit, jederzeit die thatsächliche Herrschaft über die Sache auszuüben, übt sie auch durch die Aufsicht über die Untergebenen aus [6]) [7]).

Während in dieser Weise das BGB. abgelehnt hat, Personen, welche eine thatsächliche Gewalt über Sachen ausüben, als Besitzer anzuerkennen, zieht es auf der anderen Seite Verhältnisse in den Besitzbegriff, bei denen keine thatsächliche Herrschaft über die Sachen

---

[5]) § 855 BGB. Kom.Prot. 3 S. 32. Man spricht in solchen Fällen von Besitzdienern, sogar von Besitzsklaven, auch von Besitzgehilfen. Vergl. Wendt Arch. f. civ. Praxis 87 S. 42, Biermann S. 6, Dernburg S. 47. Strohal S. 5 unterscheidet selbstständige und unselbstständige Inhabung, selbstständiger Inhaber ist der Besitzer, die unselbstständige Inhabung fällt unter § 855. Endemann spricht (2 S. 132) von Besitzhaltern.

[6]) In der Regel wird ein Dienstverhältniß vorliegen, nothwendig ist es nicht, es kann z. B. Jemand aus Gefälligkeit in einem Haushalt die thatsächliche Gewalt über Sachen für den Besitzer ausüben. Strohal S. 10. Keine Voraussetzung ist ferner, daß der Besitzdiener den Willen hat, für den Herrn zu besitzen; maßgebend ist nur das Verhältniß. So lange das Verhältniß besteht, besteht auch der Besitz des Herrn. Biermann S. 6. Außerhalb des Abhängigkeitsverhältnisses kann natürlich der Besitzdiener Besitzer sein, er besitzt z. B. seine eigenen Sachen. Das Abhängigkeitsverhältnis des Untergebenen darf nicht mit einer bloß obligatorischen Gebundenheit verwechselt werden, der Beauftragte z. B., der eine Sache für den Auftraggeber inne hat, steht nicht in einem Abhängigkeitsverhältniß, wenn er auch grundsätzlich verpflichtet ist, den Weisungen des Auftraggebers Folge zu leisten (§ 665 BGB.). Strohal S. 8.

[7]) Gesetzliche Vertreter sind Besitzer, die Vertretenen sind mittelbare Besitzer. Das Verhältniß zwischen Vormund und Mündel ist nicht derartig, daß der Vormund den Weisungen des Mündels Folge zu leisten hätte. Gleiches gilt für Pfleger, Testamentsvollstrecker, Sequester, Konkursverwalter, dagegen werden die Vorstände von Vereinen, Gesellschaften und Genossenschaften zu den Besitzdienern gehören, sofern sie den Weisungen anderer Organe Folge zu leisten haben. Dernburg S. 49.

vorliegt. Besitzt nämlich Jemand eine Sache als Nießbraucher, Pfandgläubiger, Pächter, Miether, Verwahrer oder in einem ähnlichen Verhältnisse, vermöge dessen er einem Anderen gegenüber auf Zeit zum Besitze berechtigt oder verpflichtet ist, so ist nicht allein der Nießbraucher, Pfandgläubiger 2c., der die Sache in seiner Gewalt hat, Besitzer, sondern auch der Andere, dem gegenüber er zum Besitze berechtigt oder verpflichtet ist. Der Besitz dieses Anderen heißt mittelbarer Besitz[8]). Das Gesetz erkennt ein schutzwürdiges Interesse des mittelbaren Besitzers daran an, daß die Besitzlage des Inhabers der thatsächlichen Herrschaft, also des Nießbrauchers, Pfandgläubigers 2c., nicht durch verbotene Eigenmacht Dritter verändert und daß der Nießbraucher 2c. nicht aus der Lage verdrängt werde, die nach Beendigung des Verhältnisses dem mittelbaren Besitzer zu Theil werden soll. Deßhalb ist der mittelbare Besitz selbst unter possessorischen Schutz gestellt und wird zusammen mit dem Besitze im engeren Sinne schlechthin als Besitz bezeichnet.

Eine Unterart des Besitzes ist der Eigenbesitz. Wer eine Sache als ihm gehörend besitzt, ist Eigenbesitzer[9]). Nicht nöthig ist, daß der Besitzer des Glaubens ist, es stehe ihm das Eigenthum an der Sache zu; auch der Dieb ist Eigenbesitzer[10]). Für den Eigenbesitz gelten hinsichtlich des Besitzschutzes keine Besonderheiten; von Bedeutung ist der Eigenbesitz in anderer Richtung (vergl. §§ 900, 927, 937, 955, 958, 836, 1127 BGB.). Den Besitz desjenigen, der eine Sache als einem Andern gehörend besitzt, wird man Fremdbesitz nennen können. Dem mittelbaren Besitz entspricht, auf der Seite des Nießbrauchers 2c., immer ein Fremdbesitz, dagegen braucht der mittelbare Besitz nicht immer Eigenbesitz zu sein, denn es kann der mittel-

---

[8]) § 878 BGB. Die Denkschrift (S. 655) hebt zwar hervor, daß der mittelbare Besitzer seine thatsächlichen Beziehungen zur Sache nicht vollständig aufgegeben habe und daß er deßhalb als mittelbarer Besitzer bezeichnet werde, allein die Beziehungen des mittelbaren Besitzers zur Sache sind nicht thatsächlicher, sondern rechtlicher Natur, jedenfalls ist mittelbarer Besitz auch dann gegeben, wenn demjenigen, der eine Sache in Nießbrauch oder in Miethe 2c. gegeben hat, auch die geringste Einwirkung auf die Sache unmöglich gemacht ist. — Der Nießbraucher, Pfandgläubiger 2c. werden auch Besitzmittler oder „vermittelnde Besitzer" genannt, weil der Name „unmittelbarer Besitzer" nicht zum Ausdruck bringe, daß dahinter noch ein mittelbarer Besitzer stehe, vielmehr Jedem zukomme, der nicht bloß mittelbarer Besitzer sei (Biermann S. 19). Das ist wohl richtig, allein der Ausdruck vermittelnder Besitzer paßt nicht besser, denn er bringt nicht zum Ausdruck, daß der Nießbraucher 2c. eigenen Besitz hat und nicht bloß den Besitz des Nießbrauchbestellers 2c. vermittelt. Eher ließe sich bei den sog. Besitzdienern von einer Besitz-Vermittlung sprechen.

[9]) § 872 BGB.

[10]) Wer die volle thatsächliche Herrschaft über eine Sache hat und Eigenbesitz behauptet, hat nicht noch Beweis dafür zu erbringen, daß er Eigenbesitzer ist, dem Gegner obliegt der Nachweis, daß der Besitzer die Sache nicht als ihm gehörend in Besitz genommen hat. Die einmal eigenommene Besitzstellung ist dauernd; die Aenderung der Absicht des Besitzers wird erst dann rechtlich beachtet, wenn sie durch Handlungen verwirklicht ist. Dernburg S. 44.

bare Besitzer zu einem Dritten in einem solchen Verhältnisse stehen, daß er dem Dritten gegenüber auf Zeit zum Besitze berechtigt oder verpflichtet ist. In einem solchen Falle ist auch der Dritte mittelbarer Besitzer (§ 871 BGB.). Ein solcher Fall liegt z. B. vor bei der Untermiethe; der Vermiether ist mittelbarer (Eigen-)Besitzer, der Miether und Unter-Vermiether mittelbarer Fremd-Besitzer, der Untermiether (unmittelbarer) Fremd-Besitzer[11]).

Für den Besitzschutz ist wichtig die Unterscheidung zwischen fehlerhaftem und fehlerfreiem Besitz. Der Besitz, den Jemand dadurch erlangt, daß er einem Besitzer ohne dessen Willen den Besitz entzieht, ist fehlerhaft, sofern nicht das Gesetz selbst die eigenmächtige Entziehung gestattet. Fehlerhaft ist der Besitz nur gegenüber demjenigen, dem in dieser Weise der Besitz entzogen worden ist. Die Fehlerhaftigkeit des Besitzes muß außer demjenigen, der den Besitz eigenmächtig sich verschafft hat, auch dessen Erbe gegen sich gelten lassen, auf den als Erben der Besitz übergegangen ist, und der Sondernachfolger, der bei dem Erwerbe seines Besitzes die Fehlerhaftigkeit des Besitzes seines Vorgängers kennt[12]).

§ 15. Besitzer und Gegenstand des Besitzes.

Die Rechtsstellung eines Besitzers kann nur ein Rechtsfähiger, eine Person, einnehmen. Keine Voraussetzung für den Besitz und den Besitzerwerb bildet die Fähigkeit zu rechtsgeschäftlichen Willenserklärungen, die Geschäftsfähigkeit. Insoweit der Besitz ein thatsächliches Verhältniß ist, können auch geschäftsunfähige Personen durch eigene Handlungen Besitz erlangen. Vertretung ist erst erforderlich, wenn eine rechtlich bedeutsame Willenskundgebung in Frage kommt, wenn z. B. die mit dem Besitze verknüpfte Rechtsstellung geltend gemacht werden soll. Juristische Personen können nur durch ihre Vertreter Besitz erwerben und Besitz ausüben.

Damit Jemand die thatsächliche Herrschaft über eine Sache habe,

---

[11]) Weitere Unterscheidungen zu machen, hat geringes Interesse. Dernburg (S. 45) unterscheidet bei dem Fremdbesitz 1. Verwaltungsbesitz, wenn der Besitz äußerlich selbstständig, aber für einen Dritten ausgeübt wird (z. B. Verwahrer), 2. Nutzbesitz, wenn der Besitzer die Sache zu eigenem Nutzen innehat (z. B. Nießbraucher, Entleiher, Miether, Pächter ꝛc.).

[12]) § 858 BGB. Besitznachfolger ist auch der indirekte Nachfolger des Eigenmächtigen; der Nachfolger muß — was sein Gegner zu beweisen hat — gewußt haben, daß sein unmittelbarer Vorgänger fehlerhaft besessen habe. Der Nachfolger eines fehlerfreien Vormannes haftet nicht. Biermann S. 9. Als Besitznachfolger wird auch derjenige zu gelten haben, der durch verbotene Eigenmacht einem Besitzer den Besitz entzieht, den dieser Besitzer selbst eigenmächtig einem Dritten entzogen hatte, er wird also, wenn er bei seinem Besitzerwerbe die Fehlerhaftigkeit des Besitzes des Anderen kannte, auch jenem Dritten gegenüber die Fehlerhaftigkeit gegen sich gelten lassen müssen. Anders Biermann S. 9; wird für einen solchen Fall die Fehlerhaftigkeit des Besitzes verneint, so wird der Bestohlene umkehren müssen, wenn während der Verfolgung des Diebes ein Dritter dem Diebe die gestohlenen Sachen entreißt, um sie für sich zu behalten oder dem Diebe zu sichern (§ 859 Abs. 4 BGB.). S. § 17 Anm. 19.

ist nicht erforderlich, daß er in der Lage ist, für sich allein mit der Sache nach Belieben zu verfahren (Alleinbesitzer). Es können Mehrere eine und dieselbe Sache gemeinschaftlich besitzen (Mitbesitzer); auch der mittelbare Besitz kann Mehreren gemeinschaftlich zustehen. Die Miether eines Hauses haben z. B. den Mitbesitz der Treppen und Gänge, die mehreren Eigenbesitzer des vermietheten Hauses sind mittelbare Mitbesitzer[1]). Die Mitbesitzer besitzen die Sache, nicht ihre einzelnen Antheile. Jeder Mitbesitzer hat Dritten gegenüber die Rechtsstellung des Besitzers gleich einem Alleinbesitzer, die Befugnisse der Mitbesitzer unter sich ergeben sich aus dem zwischen ihnen bestehenden Rechtsverhältnisse; ein Besitzschutz über die Grenzen des einem Jeden zustehenden Gebrauchs-, Nutzungs- oder Verwaltungsrechtes findet nicht statt[2]).

Das BGB. läßt Besitz zu an Sachen, und zwar an Grundstücken und an beweglichen Sachen, auch an Theilen einer Sache, insbesondere an abgesonderten Wohnräumen und anderen Räumen[3]). Ein abgesonderter Besitz an dem reellen Theile einer Sache erscheint dann möglich, wenn die thatsächliche Herrschaft an dem abgegrenzten Theile der Sache neben der Herrschaft anderer Personen über die anderen Theile ausgeübt werden kann[4]), abgesonderter Theilbesitz erscheint nicht möglich, wenn die thatsächliche Herrschaft nicht auf den Sachtheil beschränkt werden kann, vielmehr mit Nothwendigkeit auf das Ganze wirken würde[5]). Ob der in abgesondertem Besitze stehende Theil zu den wesentlichen Bestandtheilen der Sache gehört oder nicht, ist ohne Einfluß[6]).

Zu § 15.

[1]) Bewohnt ein Eigenbesitzer einen Theil des Miethhauses, so treffen in dem Mitbesitz Eigen- und Fremd-Besitz zusammen.

[2]) § 866 BGB. Besitzschutz findet auch unter den Mitbesitzern statt, wenn der Mitbesitz überhaupt in Frage gestellt ist, wenn dem Mitbesitzer der Mitbesitz bestritten oder entzogen wird. Kom.Prot. 3 S. 42.

[3]) § 865 BGB. Der Theilbesitzer kann auch Eigenbesitzer sein; der Stockwerkseigenthümer (Art. 182 Einf.Ges.) ist Eigenbesitzer, auch der einen Theil seines Miethhauses bewohnende Hausbesitzer ist bezüglich dieses Theiles unmittelbarer Eigenbesitzer.

[4]) z. B. Besitz an Tunnels, Kloaken, Viadukten. Mot. 3, 114. Auch bei beweglichen Sachen z. B. Besitz an der verschließbaren Schublade eines Tisches.

[5]) Kein Theilbesitz an einem Tischbein, an den Haaren oder der Wolle eines Thieres ꝛc.

[6]) § 93 BGB. kommt nicht in Betracht. Der Besitz eines Baumes ohne das Grundstück ist möglich, auch wenn die Voraussetzungen des § 95 BGB. nicht gegeben sind, auch Theilbesitz an ungetrennten Früchten eines Baumes. Der Besitzer muß nur in der Lage sein, seine Herrschaft an dem Theile unabhängig von Anderen thatsächlich auszuüben. An stehendem Holze wird die Besitzübergabe an den Käufer häufig durch Anschlagen des Waldhammers des Käufers kenntlich gemacht, Eigenthum erwirbt der Käufer dadurch noch nicht, das Eigenthum geht erst mit der Trennung über. Wer ein Haus auf Abbruch kauft, wird Eigenbesitzer der Baumaterialien mit der Ueberweisung des Hauses, Eigenthümer erst mit dem Abbruch. Vergl. Dernburg S. 50.

Sachen, die dem Gemeingebrauche dienen, können Gegenstand des Besitzes sein. Besitz wird aber nicht bethätigt durch Handlungen, welche jeder Beliebige vornehmen darf oder welche der Handelnde mit Erlaubniß des Verfügungsberechtigten vornimmt. An Sachen, die im Gemeingebrauche stehen, wird der Besitz regelmäßig dem Staate oder der politischen oder kirchlichen Gemeinde zustehen.

Einen Besitz an Rechten kennt das BGB.[7]) im Allgemeinen nicht, es gibt also keinen Besitz an einer Hypothek, einer Reallast 2c. Bei der Ausübung von Rechten, mit der ein Besitz von Sachen (oder Sachtheilen) verbunden ist, wird der Berechtigte in seiner Eigenschaft als Sachbesitzer possessorisch geschützt[8]). Im Uebrigen kommen, wenn der Besitzer eines Grundstücks in der Ausübung einer für den Eigenthümer eingetragenen Grunddienstbarkeit gestört worden ist, die für den Sach-Besitzschutz geltenden Vorschriften zur entsprechenden Anwendung, soweit die Dienstbarkeit innerhalb eines Jahres vor der Störung, sei es auch nur einmal, ausgeübt worden ist[9]). Gleiches gilt für beschränkte persönliche Dienstbarkeiten[10]).

Das BGB. spricht auch von einem Erbschaftsbesitzer; es versteht darunter denjenigen, der auf Grund eines ihm in Wirklichkeit nicht zustehenden Erbrechtes etwas aus der Erbschaft erlangt hat (§ 2018 BGB.). Das Wort Besitzer ist hier in einem anderen Sinne gebraucht als gewöhnlich. Gegen den Erbschaftsbesitzer hat der Erbe einen Gesammtanspruch auf Herausgabe des Erlangten. Besitzt dagegen Jemand thatsächlich, ohne sich auf ein Erbrecht zu berufen, Erbschaftsgegenstände, so wird die Besitzklage anwendbar.

§ 16. Erwerb und Verlust des Besitzes.

Da der Besitz (im engeren Sinne) ein thatsächliches Verhältniß ist, so sind für Erwerbung, Fortsetzung und Beendigung des Besitzes auch nur thatsächliche Verhältnisse maßgebend.

Der Besitz einer Sache wird durch die Erlangung der thatsächlichen Gewalt über die Sache erworben[1]). Eines auf die Erlangung der thatsächlichen Gewalt gerichteten Willens bedarf es nicht[2]), nicht einmal einer Kenntniß von dem Besitzerwerbe. Der Geschäftsunfähige, der auf der Straße ein Geldstück findet und aufhebt oder der aus dem Schaufenster des Bäckers ein Brod wegnimmt oder dem

---

[7]) Soweit für Rechte die Landesgesetzgebung maßgebend ist, gilt dies auch für den Besitzschutz. Vergl. Art. 74, 65 ff. Einf.-Ges. z. BGB.

[8]) Der Pächter eines Grundstücks ist demnach Besitzer des Grundstücks, nicht Besitzer des Pachtrechtes, ebenso der Nießbraucher 2c. Vergl. § 868 BGB.

[9]) § 1029 BGB.

[10]) § 1090 BGG. Uebergangsbestimmungen s. § 41 Anm. 3.

Zu § 16.

[1]) § 854 Abs. 1 BGB.

[2]) Kom.Prot. 3 S. 30, Biermann S. 3, dagegen Endemann 1 S. 257 Anm. 4, auch Dernburg S. 54, 55. Vergl. Endemann 2 S. 152 ff.

ein Spielzeug übergeben wird, erlangt den Besitz, der Abwesende, dem eine Sache in den in seiner Wohnung angebrachten Briefkasten geschoben oder zum offenen Fenster hinein in das Wohnzimmer geworfen wird, erlangt den Besitz, der Vogel, der durch das offene Fenster in das Zimmer fliegt, ist, wenn sich das Fenster schließt oder geschlossen wird, in dem Besitze des Zimmerinhabers.

Regelmäßig wird beim Besitzerwerb der Wille zu besitzen vorhanden sein, allein selbständiges Erforderniß für den Besitzerwerb ist der Wille, die Gewalt über die Sache zu erlangen, nicht. Auf Willensäußerungen kann Gewicht gelegt werden bei Entscheidung der Frage, wann im einzelnen Falle thatsächlich die Gewalt über eine Sache erlangt ist[3]), denn häufig wird erst durch eine Willensäußerung ein solches Verhältniß zu der Sache hergestellt, daß der Handelnde unter Ausschließung anderer Personen auf die Sache einzuwirken vermag, also die thatsächliche Herrschaft erlangt. Haben sich die Umstände, mit oder ohne Zuthun des Besitzerwerbers, so gestaltet, daß die thatsächliche Herrschaft dem Erwerber zugeschrieben und in Ansehung der anderen Personen verneint werden kann, so ist der Besitz erworben.

Eine Stellvertretung beim Besitzerwerbe gibt es nicht, denn es stehen hier keine rechtsgeschäftlichen Willenserklärungen im Sinne des § 164 BGB. in Frage. Wie ich aber eine Arbeit durch Andere für mich verrichten lassen kann, so kann auch der Besitz für mich durch Andere erworben werden. Zu untersuchen ist im einzelnen Falle nur, ob der für mich Handelnde ebenfalls Besitz erwirbt oder ob ich allein den Besitz erlange. Die Grenzpunkte bilden dabei die Bestimmungen des § 868 BGB. auf der einen Seite und des § 855 BGB. auf der andern Seite. Steht derjenige, der für mich Besitz erwirbt, in einem Abhängigkeitsverhältnisse, so daß er meinen sich auf die Sache beziehenden Weisungen Folge zu leisten hat, so werde ich durch das Thun des Andern allein Besitzer[4]). Besteht ein Rechtsverhältniß, auf Grund dessen der Handelnde mir gegenüber auf Zeit zum Besitze berechtigt oder verpflichtet ist, oder wird durch den Besitzerwerb (z. B. bei der Geschäftsführung ohne Auftrag § 677 BGB.) ein solches Rechtsverhältniß begründet, so wird der Handelnde selbst Besitzer, gleichzeitig erlange ich jedoch mittelbaren Besitz[5])[6]). Ein Wissen des

[3]) z. B. wenn eine fremde bewegliche Sache auf ein offenes Grundstück gelangt ist (vergl. § 867 BGB.).

[4]) Die Köchin, die auf dem Markte Gemüse einkauft, erwirbt nur der Herrschaft den Besitz; sie erwirbt auch keinen eigenen Besitz an dem Briefe, den ihr der Postbote auf der Straße zur Besorgung an ihre Herrschaft gibt, denn auch bezüglich einer solchen Sache hat sie den Weisungen der Herrschaft Folge zu leisten. — Der Jagdhüter, der auf dem Jagdgebiete seiner Herrschaft Wild erlegt, erlangt keinen eigenen Besitz.

[5]) Wenn ein Holzarbeiter, der nicht in Diensten des Jagdberechtigten steht, ein von dem Jagdberechtigten erlegtes, aber vergeblich gesuchtes Stück Wild findet, aufnimmt und in einem Gebüsch oder einer Höhle versteckt, um es Abends dem Jagdberechtigten zu überbringen, so erwirbt der Arbeiter dadurch unmittelbaren,

Erwerbers von seinem Besitze ist weder zur Erlangung des Besitzes im engern Sinne, noch des mittelbaren Besitzes erforderlich[7]).

Steht eine Sache schon im Besitze einer Person, so bedarf es zur Uebertragung des Besitzes an eine andere Person nicht immer einer Uebergabe der Sache, es genügt vielmehr zum Erwerbe des Besitzes die Einigung des bisherigen Besitzers und des Erwerbers über den Besitzübergang, sofern der Erwerber in der Lage ist, die Gewalt über die Sache auszuüben[8]). Dies trifft zu bei nicht abschließbaren oder nicht abgeschlossenen Grundstücken, der Grundsatz kann jedoch auch bei beweglichen Sachen zur Anwendung kommen z. B. wenn der Besitzer dem sogenannten Besitzdiener (§ 855 BGB.) den Besitz überläßt[9]). Wird der Erwerber in die Lage versetzt, die Gewalt über die Sache auszuüben, wird ihm z. B. der Schlüssel übergeben, mit dem das Haus, an dem er den Besitz erwerben soll, verschlossen ist, so bedarf es keiner Besitzeinweisung an Ort und Stelle, es genügt auch in einem solchen Falle die Einigung des bisherigen Besitzers und des Erwerbers. Diese Einigung bezweckt die Herstellung eines thatsächlichen Zustandes, an den sich rechtliche Folgen knüpfen, sie bezweckt aber nicht die Herbeiführung der rechtlichen Folgen, es wird demnach die Einigung nicht als Rechtsgeschäft, sondern als Rechtshandlung zu bezeichnen sein[10]). Die Zustimmung des bisherigen Besitzers kann unter einer aufschiebenden Bedingung oder unter einer Zeitbestimmung erklärt werden, dagegen endigt die thatsächliche Herrschaft des Erwerbers über die Sache nicht mit Eintritt einer auflösen-

---

der Jagdberechtigte mittelbaren Besitz. Anders Strohal S. 68. Daß der selbständige Holzarbeiter keinen Besitz erwirbt, wenn ihm der Jagdberechtigte eine Falle mit in den Wald gibt, damit er sie an einem ihm bezeichneten Platze hinstelle, diesem Ersuchen stattgegeben wird und in der Falle ein Stück Wild sich fängt, wird selbstverständlich sein, denn die thatsächliche Herrschaft über die gestellte Falle und das darin gefangene Wild hat allein der Jagdberechtigte.

[6]) Nach Biermann S. 7 wird nur der unbeauftragte Geschäftsführer, der für einen Andern die thatsächliche Gewalt über eine Sache erwirbt, Besitzer, nicht der Andere. Nach Endemann (2 S. 163) bedarf es zur Erlangung des mittelbaren Besitzes der Genehmigung des Geschäftsherrn.

[7]) Dernburg (S. 62) nimmt an, daß es im Allgemeinen zum Erwerbe des mittelbaren Besitzes des Wissens und Willens desjenigen bedarf, welchem der mittelbare Besitz erworben werden soll.

[8]) § 854 Abs. 2 BGB.

[9]) Durch Einigung des Besitzdieners mit einem Dritten kann der Besitzdiener dem Dritten den Besitz nicht verschaffen, da er selbst keinen Besitz hat.

[10]) Strohal S. 81 und Biermann S. 5 bezeichnen diese Einigung als Vertrag, Staudinger (3 S. 9), Endemann (2 S. 153) fassen sie gleichfalls als Rechtsgeschäft auf. Wäre die Einigung Rechtsgeschäft, so müßten die Bestimmungen über Geschäftsunfähigkeit und beschränkte Geschäftsfähigkeit, Anfechtung wegen Willensmängel rc. nothwendiger Weise zur Anwendung kommen. Besonderen praktischen Werth wird die Frage kaum haben, höchstens bei Ueberlassung von beweglichen Sachen durch einen Dienstherrn an einen Dienstboten, der eine eigene Haushaltung führt, aber wegen Geisteskrankheit entmündigt ist. Hier bedürfte es der Zuziehung des gesetzlichen Vertreters, um den Geschäftsunfähigen zum Besitzer der Kleider und Nahrungsmittel zu machen, die ihm sein Dienstherr überläßt.

den Bedingung oder eines Endtermins. Die Einigung des bisherigen Besitzers und des Besitzerwerbers kann auch stillschweigend, durch Handlungen, vor sich gehen; in einer Auflassung (§ 925 BGB.) kann die Einigung über den Besitzübergang zum Ausdruck kommen, nothwendig ist es jedoch nicht, daß der Erwerber mit der Auflassung den Besitz des Grundstücks erlangt.

Dadurch, daß der Besitzer einem Anderen die Möglichkeit gewährt, die Gewalt über die Sache zu erlangen, geht der Besitz noch nicht über. Ist z. B. ein Schuldner zur Herausgabe eines Grundstücks verpflichtet, so kann er, nachdem der Gläubiger in Verzug gekommen ist, den Besitz — nach erfolgter Androhung — aufgeben (§ 303 BGB.). Sache des Gläubigers ist es alsdann, den Besitz zu ergreifen, er kann dies thun, solange der von dem Schuldner aufgegebene Besitz nicht von einem Andern erworben ist.

Der mittelbare Besitz wird dadurch begründet, daß ein Rechtsverhältniß hergestellt wird, vermöge dessen ein unmittelbarer Besitzer einem Andern gegenüber auf Zeit zum Besitze berechtigt oder verpflichtet wird[11]). Die Uebertragung des mittelbaren Besitzes auf einen Andern geht in der Weise vor sich, daß dem Andern der Anspruch auf Herausgabe der Sache abgetreten wird[12]). Einer Mitwirkung des unmittelbaren Besitzers bedarf es bei der Abtretung nicht.

In welchem Umfange die Sache in Besitz genommen wird, hängt davon ab, wie weit sich die thatsächliche Herrschaft des Besitz-Erwerbers erstreckt. Dem Besitzwillen wird hiebei erhebliche Bedeutung beizumessen sein[13]).

Ist die thatsächliche Gewalt über eine Sache erlangt, so dauert der Besitz fort, bis die thatsächliche Herrschaft ihr Ende erreicht.

Der Besitz wird dadurch beendigt, daß der Besitzer die thatsächliche Gewalt über die Sache aufgibt oder in anderer Weise verliert. Durch eine ihrer Natur nach vorübergehende Verhinderung in der Ausübung der Gewalt (z. B. durch Krankheit, Abwesenheit, Ueberschwemmung) wird der Besitz nicht beendigt[14]), er wird auch nicht beendigt dadurch, daß der Besitzer dauernd verhindert wird, persönlich den Besitz auszuüben (z. B. durch Einsperrung auf Lebenszeit), durch

[11]) Z. B. der Besitzer vermiethet und übergibt die Sache an den Miether, er wird dadurch mittelbarer Besitzer. Der Besitzer überträgt das Eigenthum an der Sache auf einen Andern und schließt Miethvertrag (vergl. § 930 BGB.), dadurch wird der Andere mittelbarer Besitzer. Jemand erwirbt eine Sache als Vormund, Pfleger, Ehemann, Vater, Testamentsvollstrecker, Sequester 2c. und macht dadurch einen Anderen zum mittelbaren Besitzer. Ein Besitzer gibt die Sache einem Frachtführer, Kommissionär, Spediteur, Beauftragten, Entleiher, Nießbraucher, Pfandgläubiger 2c. und wird dadurch zum mittelbaren Besitzer.

[12]) § 870 BGB. Aus dem zwischen dem mittelbaren und dem unmittelbaren Besitzer bestehenden Rechtsverhältnisse hat der mittelbare Besitzer einen Anspruch auf Herausgabe der Sache. Dieser Anspruch kann (formlos nach §§ 398 ff. BGB.) abgetreten und dadurch der mittelbare Besitz übertragen werden. Vergl. Strohal S. 92 ff. Vergl. auch §§ 424, 450, 647 Hand.Ges.B.

[13]) Dernburg S. 60.

[14]) § 856 BGB.

Besitzdiener kann er den Besitz immer noch ausüben lassen [15]). Die thatsächliche Gewalt über eine Sache kann auf verschiedene Weise aufgegeben werden. Ist die Sache so beschaffen, daß Andere in der Lage sind, die Gewalt über sie auszuüben, handelt es sich z. B. um allgemein zugängliche Grundstücke oder um bewegliche Sachen, die an allgemein zugänglichen Orten sich befinden, so genügt die Erklärung des Willens, die thatsächliche Gewalt über die Sache nicht mehr zu haben [16]). Ist die Sache der Einwirkung Dritter entzogen, so ist außer der Erklärung des Willens, die Gewalt über die Sache nicht mehr zu haben, eine solche Veränderung der Lage der Sache erforderlich, daß Andere die Gewalt über die Sache erlangen können. So kann der Besitz an einer Sache dadurch aufgegeben werden, daß man sie auf die Straße wirft, wenn gleich die Möglichkeit gegeben ist, sie von der Straße wieder zu holen. In der Erklärung, zu Gunsten eines bestimmten Andern den Besitz einer Sache aufzugeben, liegt noch kein Aufgeben des Besitzes, sondern nur das Angebot einer Besitzübertragung durch Einigung (vergl. § 854 Abs. 2 BGB.). Während das Aufgeben des Besitzes mit dem Willen des Besitzers erfolgt, geht der Verlust regelmäßig unfreiwillig vor sich. Wann anzunehmen ist, daß die einmal erlangte thatsächliche Gewalt verloren ist, hängt von den Umständen des einzelnen Falles ab. Jedenfalls geht auch der Eigenbesitz erst durch den Verlust der thatsächlichen Herrschaft verloren, nicht etwa schon dadurch, daß der Besitzer geisteskrank wird. Bei Grundstücken ist ein Verlieren oder ein Entfernen der Sache aus der Machtsphäre des Besitzers nicht wohl denkbar, ein Besitzverlust in Folge elementarer Ereignisse ist sehr selten, daher wird bei Grundstücken die Inbesitznahme durch eine andere Person der einzige praktische Fall des Besitzverlustes sein. Bei beweglichen Sachen wird der Hauptfall des Besitzverlustes ebenfalls in der Erlangung der thatsächlichen Gewalt durch einen Anderen bestehen, es kann aber auch der Besitzgegenstand (z. B. das gefangene Thier) sich der Herrschaft des Besitzers entziehen, ohne daß ein Anderer Besitz erwirbt. Geht die unbewegliche oder bewegliche Sache unter, so kann von einem Besitze an ihr keine Rede sein [17]).

Die in § 855 BGB. bezeichneten Personen (sogenannten Besitzdiener) kommen nur als Werkzeuge des Besitzers in Betracht, sie

---

[15]) Biermann S. 7.

[16]) Die Willenserklärung ist keine rechtsgeschäftliche, auch die Erklärung eines beschränkt Geschäftsfähigen oder Geschäftsunfähigen kann genügen. Es kommt nur darauf an, daß das Machtverhältniß, welches dem Gemeinbewußtsein als thatsächliche Herrschaft erscheint, in Folge der Erklärung zerstört wird (Biermann S. 7), und darauf, daß der unmittelbare Besitz, der durch die Erklärung aufgegeben ist, dem Geschäftsunfähigen oder beschränkt Geschäftsfähigen selbst zusteht. Der unmittelbare Besitz des gesetzlichen Vertreters kann durch die Erklärung des Mündels nicht aufgegeben werden.

[17]) Durch Ablauf der Zeit oder Eintritt einer auflösenden Bedingung geht der Besitz nicht verloren. Biermann S. 7.

können die thatsächliche Gewalt über die Sache nicht aufgeben, auch selbst nicht verlieren. Der Herr verliert diese Gewalt, wenn mit oder ohne Zuthun seiner Werkzeuge ein Zustand eintritt, bei dem der Herr außer Stand ist, seine bisherige Herrschaft über die Sache weiter auszuüben. Hört das Abhängigkeitsverhältniß des Besitzdieners auf, so wird der bisherige Besitzdiener Besitzer, unter Umständen, vielleicht auch regelmäßig, wird gleichzeitig der bisherige Herr mittelbaren Besitz erwerben; stirbt der Besitzdiener, so behält der Herr seinen bisherigen Besitz, falls er in der Lage ist, seine thatsächliche Herrschaft noch auszuüben, ist ihm dies nicht möglich, so verliert er seinen Besitz.

Bei dem Tode des Besitzers geht der Besitz auf den Erben über[18]). Der Erbe tritt an die Stelle des Erblassers, er setzt dessen Besitz fort, er kann, ohne daß er die thatsächliche Gewalt über die Sachen des Erblassers noch besonders zu erwerben braucht[19]), dieselben Besitzklagen anstellen und fortführen wie der Erblasser. Diese Vererbung findet statt bei dem Besitze im engeren Sinne und bei dem mittelbaren Besitze, bei dem mittelbaren Besitze aber nur insoweit, als der Erbe in das Rechtsverhältniß eintritt, auf dem der mittelbare Besitz (§ 868 BGB.) beruht. Hat z. B. der Konkursverwalter Werthpapiere, die zur Konkursmasse gehören, bei einem Dritten in Verwahrung gegeben, so geht bei dem Tode des Konkursverwalters der mittelbare Besitz nicht auf seine Erben über[20])[21]). War der Besitz des Erblassers fehlerhaft, so muß auch der Erbe die Fehlerhaftigkeit gegen sich gelten lassen[22]).

Da der mittelbare Besitz nicht auf einer thatsächlichen Herrschaft

---

[18]) § 857 BGB. Vergl. § 2174, auch § 2169 Abs. 2 BGB.

[19]) Die Besitzergreifung durch den Erben ist von Einfluß auf die Haftung des Erbschaftsbesitzers (§ 2025 BGB.; vergl. auch § 2027 BGB.).

[20]) Vergl. Strohal S. 98, Biermann S. 8.

[21]) Strohal (S. 100) und Biermann (S. 8) glauben, den Satz des § 857 einschränken zu müssen. Strohal nimmt an, der Besitz gehe nicht auf den Erben über, wenn der Tod des Erblassers unter Umständen erfolge, vermöge welcher bezüglich gewisser Sachen, die der Erblasser bisher besessen habe, der Besitz als beendigt angenommen werden müsse (wenn z. B. der Erblasser im Meere ertrunken oder in einer Gletscherspalte versunken sei und die Leiche mit den Sachen, die der Verlebte bei sich getragen habe, erst später aufgefunden werde). Biermann sagt mit Bezug auf diese Beispiele, der Besitz vererbe sich nicht, wenn durch den Tod des Erblassers die thatsächliche Gewalt auch für den Erben verloren gehe, der Besitz also erlösche. Die versuchte Einschränkung der Norm des § 857 dürfte jedoch schwerlich gerechtfertigt sein. Es wird zu unterscheiden sein, ob die Sachen zu Verlust gehen, bevor oder nachdem der Erblasser aus dem Leben geschieden ist. Im ersteren Falle geht der Besitz auf den Erben nicht über, weil der Erblasser zur Zeit seines Todes den Besitz der Sachen nicht mehr hatte, im letzteren Falle geht der Besitz dem Erben verloren, auch wenn der Verlust des Besitzes zeitlich unmittelbar auf den Moment des Absterbens folgt, in keinem Falle geht durch den Tod des Erblassers der Besitz verloren. Ob bei Wiederauffinden der Sachen eines Verunglückten dem Erben der Besitz zuzuerkennen ist oder nicht, wird davon abhängen, ob eine vorübergehende Verhinderung in der Ausübung der Gewalt oder ein wirklicher Besitzverlust für den Erben anzunehmen ist.

[22]) § 858 Abs. 2 BGB.

des mittelbaren Besitzers, sondern auf der thatsächlichen Herrschaft des unmittelbaren Besitzers beruht, so wird er dadurch beendigt, daß der unmittelbare Besitzer die thatsächliche Gewalt aufgibt oder in anderer Weise verliert. Der mittelbare Besitz wird ferner beendigt, wenn das Rechtsverhältniß aufgehoben wird, vermöge dessen der unmittelbare Besitzer dem mittelbaren gegenüber auf Zeit zum Besitze berechtigt oder verpflichtet ist[23][24].

§ 17. Besitzschutz.

Der Besitz wird, obgleich er kein Recht ist, geschützt. Der Besitzschutz ist dazu bestimmt, den Rechtsfrieden durch Aufrechthaltung des äußeren Herrschaftsverhältnisses der Person zur Sache zu bewahren. Der Schutz wird gewährt ohne Unterschied, ob der Besitz auf einem dinglichen oder einem obligatorischen Rechte beruht oder kein Recht zur Grundlage hat, ob der Besitzer die Sache als ihm gehörend oder als einem Andern gehörend besitzt, ob er die ganze Sache besitzt oder nur einen Theil der Sache (§ 865 BGB.). Wird eine Sache von Mehreren gemeinschaftlich besessen, so steht jedem Mitbesitzer gegen Dritte das Schutzrecht eines Alleinbesitzers zu; im Verhältniß der Mitbesitzer zu einander dagegen findet ein Besitzschutz insoweit nicht statt, als es sich um die Grenzen des dem Einzelnen zustehenden Gebrauches handelt[1]). Der thatsächlich geübte Mitgebrauch bietet keine genügend sichere Grundlage für die Gewährung des Rechtes der Selbsthilfe und der Besitzansprüche[2]). Wird der Mitbesitz überhaupt in Frage gestellt, so ist auch gegenüber dem Mitbesitzer Besitzschutz gegeben.

Dem Besitzer wird Schutz gewährt gegen Jeden[3]), der dem Besitzer ohne dessen Willen den Besitz entzieht oder ihn im Besitze stört, sofern nicht das Gesetz selbst die Entziehung oder die Störung ge-

---

[23]) So lange das Rechtsverhältniß besteht, kommt es auf die Erklärung des unmittelbaren Besitzers, er wolle Eigenbesitzer sein, nicht an. So wenig der Besitzdiener Besitzer sein kann, so lange das Abhängigkeitsverhältniß gegenüber dem Herrn besteht, kann auch der unmittelbare Besitzer Eigenbesitzer werden, solange das Rechtsverhältniß, in dem er zu dem mittelbaren Besitzer steht, nicht aufgehoben ist. Anders Biermann S. 20, Strohal S. 111.

[24]) Gibt der unmittelbare Besitzer die Sache in einer Weise ab, daß er gegenüber einem Dritten mittelbarer Besitzer wird, so wird der Bestand des erstbegründeten mittelbaren Besitzes davon abhängen, ob der Dritte dem ersten mittelbaren Besitzer gegenüber auf Zeit zum Besitze berechtigt oder verpflichtet ist. Besteht ein solches Rechtsverhältniß zwischen Beiden, so bleibt auch der mittelbare Besitz bestehen, wenn auch an die Stelle des unmittelbaren Besitzers eine andere Person getreten ist. Vergleiche Biermann S. 20, Strohal S. 109.

Zu § 17.

[1]) § 866 BGB. S. § 15 Anm. 2.
[2]) Denkschr. S. 655.
[3]) Auch gegen den mittelbaren Besitzer und gegen den Besitzdiener.

stattet[4]). Wer in dieser Weise verbotene Eigenmacht verübt, handelt widerrechtlich; der durch verbotene Eigenmacht erlangte Besitz selbst ist fehlerhaft. Zum Begriffe der verbotenen Eigenmacht gehört nicht, daß der Besitz vorsätzlich oder fahrlässig entzogen oder gestört wurde, objektive Beeinträchtigung fremden Besitzes genügt; der Eigenmächtige kann in gutem Glauben, sogar in dem Glauben, selbst Besitzer zu sein, gehandelt haben[5]). Nur die Schadensersatzpflicht (§ 823 BGB.) ist von einem schuldhaften Zuwiderhandeln gegen das Verbot der Eigenmacht abhängig. Andrerseits ist widerrechtliche (d. h. nicht durch das Gesetz gestattete) Entziehung oder Störung des Besitzes Voraussetzung des Besitzschutzes, Gefährdung durch eine Neuerung genügt nicht[6]).

Gegen verbotene Eigenmacht ist dem Besitzer vor Allem das Recht gewährt, sich der Eigenmacht mit Gewalt zu erwehren[7]) (Selbstschutz). Im Allgemeinen darf die Ausübung eines Rechtes nicht einseitig, ohne Anrufen des Richters, erzwungen werden, vielmehr ist es Sache des Staates, den Berechtigten zu schützen und die Verwirklichung des dem Rechte entsprechenden thatsächlichen Zustandes herbeizuführen. Von diesem Grundsatze bestehen jedoch Ausnahmen. Die Vertheidigung, welche erforderlich ist, um einen gegenwärtigen, objektiv rechtswidrigen Angriff von sich oder einem Anderen abzuwenden, ist erlaubt, Handlungen, welche durch eine solche Vertheidigung geboten werden — Nothwehrhandlungen (§ 227 BGB., § 53 Abs. 2 Straf-Ges.B.)[8]) — sind nicht widerrechtlich. Droht die Gefahr von einer fremden Sache, so handelt nicht widerrechtlich, wer diese fremde Sache beschädigt oder zerstört, um die Gefahr von sich oder einem Anderen abzuwenden, sofern die Beschädigung oder die Zerstörung zur Abwendung der Gefahr erforderlich ist und der Schaden nicht außer Verhältniß zu der Gefahr steht[9]). Nicht bloß Handlungen der Vertheidigung sind gestattet, derjenige, dem ein Anspruch zusteht, kann sich unter bestimmten Voraussetzungen selbst helfen. Wenn obrigkeitliche Hilfe nicht rechtzeitig zu erlangen ist und ohne sofortiges Eingreifen die Gefahr besteht, daß die Verwirklichung des Anspruchs

---

[4]) § 858 BGB. Eigenmacht ist z. B. durch das Gesetz gestattet in den Fällen der §§ 229, 561, 859, 904, 906, 910, 962 BGB.

[5]) Auch die irrthümliche Annahme der Zustimmung des Besitzers oder der Gestattung durch das Gesetz ist ohne Bedeutung. Biermann S. 9.

[6]) Nicht erforderlich ist, daß die Entziehung oder Störung vi oder clam geschah. Biermann S. 9. Leihweiser Besitz ist nicht fehlerhaft. Leske S. 360.

[7]) § 859 Abs. 1 BGB.

[8]) Dagegen ist die Ueberschreitung der Notwehr widerrechtlich, auch wenn der Thäter in Bestürzung, Furcht oder Schrecken über die Grenzen der Vertheidigung hinausgegangen ist. Ob in Folge einer solchen widerrechtlichen Handlung eine Verpflichtung zum Schadensersatze besteht (§ 823 BGB.), hängt davon ab, ob Fahrlässigkeit vorliegt. Vergl. Planck 1, 280.

[9]) Hat der Handelnde die Gefahr verschuldet, so ist er zum Schadensersatze verpflichtet. § 228 BGB. Weiter geht die Bestimmung des § 904, dort ist nicht Voraussetzung der Einwirkung, daß durch die Sache selbst die Gefahr droht.

vereitelt oder wesentlich erschwert werde, kann der Berechtigte, ohne daß seine Handlung als widerrechtlich zu erachten wäre, zum Zwecke der Selbsthilfe eine Sache wegnehmen, zerstören oder einen Verpflichteten, welcher der Flucht verdächtig ist, festnehmen, auch den Widerstand des Verpflichteten gegen eine Handlung, die dieser zu dulden verpflichtet ist, beseitigen[10])[11]).

Verbotener Eigenmacht darf sich der Besitzer mit Gewalt erwehren, mögen die Voraussetzungen einer Nothwehr gegeben sein oder nicht. Es ist nur zu untersuchen, ob verbotene Eigenmacht vorliegt, und ob und inwieweit zur Abwehr Gewalt erforderlich ist. Wird Gewalt angewendet in der irrthümlichen Annahme, die gesetzlichen Voraussetzungen lägen vor, so tritt Schadensersatzpflicht ein, wenn der Irrthum auf Fahrlässigkeit beruht[12]).

Wird dem Besitzer eine bewegliche Sache ohne seinen Willen und ohne daß das Gesetz die Erziehung gestattet, weggenommen, so darf er sie dem auf frischer That betroffenen oder verfolgten Thäter mit Gewalt wieder abnehmen[13]). Voraussetzung ist auch hier nur die Wegnahme mittels verbotener Eigenmacht, die Voraussetzungen der gewöhnlichen Selbsthülfe (§ 229 BGB.) brauchen nicht vorzuliegen.

Wird dem Besitzer eines Grundstücks der Besitz durch verbotene Eigenmacht entzogen, so darf er sofort nach der Entziehung sich des Besitzes durch Entsetzung des Thäters wieder bemächtigen[14]). Die Wiederbemächtigung muß sofort nach der Entziehung stattfinden. Dadurch wird nicht ausgeschlossen, daß der des Besitzes Entsetzte die nöthigen Vorbereitungen trifft, um die Entsetzung des Thäters durchzuführen, das „sofort" bedeutet aber auch nicht dasselbe wie „unverzüglich" (§ 121 BGB.), ein Zögern darf nicht stattfinden, weder ein schuldhaftes, noch ein schuldloses[15]). Die Wiederbemächtigung kann nur sofort nach der Besitzentziehung vor sich gehen, auf den Zeitpunkt, wann der Besitzer von der Entsetzung Kenntniß erhält, kommt es nicht an; bei heimlicher Entziehung des Besitzes wird der Besitz nicht als fortdauernd angesehen, bis der Besitzer Kenntniß von der Entziehung erhält.

---

[10]) § 229 BGB. Das Recht dieser Selbsthilfe steht nur dem Berechtigten zu. Auf sein Geheiß können es jedoch auch Andere ausüben, auch kann er bei Vornahme der Selbsthilfe Gehilfen zuziehen. Kom.Prot. 3 S. 41.

[11]) Hat der Handelnde irrig angenommen, die für den Ausschluß der Widerrechtlichkeit erforderlichen Voraussetzungen seien vorhanden, so ist er dem anderen Theile zum Schadensersatze verpflichtet, auch wenn der Irrthum nicht auf Fahrlässigkeit beruht (§§ 229, 231 BGB.).

[12]) §§ 823 ff. BGB.

[13]) § 859 Abs. 2 BGB. Vergl. § 127 Strafproz.Ordn. Daß § 859 Abs. 2 zum Ausdrucke bringe (Kom.Prot. 3 S. 39), daß der Verfolger auch nicht vor der Behausung des Verfolgten Halt zu machen brauche, ist nicht ersichtlich. Er gestattet nur die gewaltsame Wegnahme der Sache, nicht die Verletzung des Hausfriedens. Vergl. §§ 102 ff. Strafproz.Ordn.

[14]) § 859 Abs. 3 BGB.

[15]) Vergl. Kom.-Prot. 3 S. 40.

Diese Befugnisse des Selbstschutzes stehen dem mittelbaren Besitzer nicht zu[16]). Der mittelbare Besitzer kann nur eingreifen, sofern die Voraussetzungen der Nothwehr oder der gewöhnlichen Selbsthülfe für ihn gegeben sind; gegen Uebergriffe des unmittelbaren Besitzers ist er auf die Ansprüche aus dem zwischen ihnen bestehenden Rechtsverhältnisse beschränkt. Der Besitzdiener (§ 855 BGB.) ist zur Ausübung der seinem Herrn zustehenden Selbstschutzrechte befugt[17]), ein eigenes Selbstschutzrecht hat er nicht. Er bedarf keiner Ermächtigung des Besitzherrn zum Handeln, muß aber seine Thätigkeit einstellen, sobald es ihm der Herr untersagt. Andere Personen kann der den Selbstschutz ausübende Besitzer zuziehen, selbstständig eingreifen können solche Personen nur auf Grund der Bestimmungen über die Nothwehr und gewöhnliche Selbsthülfe (§§ 227 ff. BGB.).

Der Selbstschutz des Besitzers richtet sich gegen den Thäter, aber auch gegen denjenigen, der die Fehlerhaftigkeit des Besitzes gegen sich gelten lassen muß, also gegen den Nachfolger im Besitze, sofern dieser Erbe des Besitzers ist oder bei dem Besitzerwerbe die Fehlerhaftigkeit des Besitzes seines Vorgängers kennt[19]).

In Fällen, in denen der Besitzer nicht in der Lage oder nicht des Willens ist, sich selbst zu schützen, tritt der gerichtliche Besitzschutz ein. Der Besitzer, gegen den verbotene Eigenmacht verübt worden ist[20]), kann durch einfache Berufung auf die durch diese Eigenmacht herbeigeführte Veränderung des Besitzstandes im gerichtlichen Verfahren die Wiederherstellung des früheren Besitzstandes erlangen, ohne daß er ein Recht zu behaupten braucht, dem die begehrte Wiederherstellung entspricht. Keine Voraussetzung einer Besitzklage ist, daß der Besitz des Klägers schon ein Jahr gedauert hat. Grund der Besitzklage ist nicht die in der Vergangenheit liegende Handlung verbotener Eigenmacht, sondern die gegenwärtig fortdauernde Beeinträchtigung des Besitzes. Beklagter ist derjenige, der die verbotene Eigenmacht ausgeübt oder angeordnet hat oder dem Kläger gegenüber fehlerhaft besitzt. Die Besitzklagen gehen auf Beseitigung der Besitzstörung oder Unterlassung von Störungen oder Wiedereinräumung des Besitzes, nicht auf Schadensersatz. Die Zulässigkeit einer Verbindung der (nach §§ 823 ff. BGB. zu beurtheilenden) Schadensersatzklage mit einer Besitzklage bestimmt sich nach den Vorschriften der Prozeßordnung (§ 260 CPO.).

---

[16]) § 869 schreibt vor, welche Rechte dem mittelbaren Besitzer zustehen, wenn gegen den unmittelbaren Besitzer verbotene Eigenmacht verübt wird, auf § 859 ist jedoch nicht hingewiesen. Kom.Prot. 3 S. 226, Denkschr. S. 655, Staudinger 3 S. 25, Biermann S. 20. Anders Fischer-Henle § 869 Anm. 6, Buchka S. 168, Förtsch S. 62.

[17]) § 860 BGB.

[18]) Vergl. Biermann S. 11.

[19]) § 859 Abs. 4 BGB. Zur Anwendung wird diese Bestimmung wohl nur in dem Falle kommen, wenn während der Verfolgung des Diebes die Sache in die Hände eines Hehlers gelangt.

[20]) Oder der Erbe des Besitzers (§ 857 BGB.).

Besitzklagen, die auf verbotener Eigenmacht beruhen, sind nur die Besitzstörungs- und die Besitzentziehungsklage. Nicht zu den Besitzklagen gehört die condictio possessionis (§§ 812 ff. BGB.)[21]), ebensowenig die Feststellungsklage nach § 256 CPO.

1. Besitzstörungsklage.

Wird der Besitzer durch verbotene Eigenmacht[22]) (d. h. ohne seinen Willen und ohne daß das Gesetz die eigenmächtige Störung gestattet) im Besitze gestört, so kann er von dem Störer[23]) die Beseitigung der Störung verlangen; sind weitere Störungen zu besorgen, so kann er auf Unterlassung klagen[24]). Dieser Anspruch wegen Störung des Besitzes setzt, wie schon angeführt, voraus, daß durch verbotene Eigenmacht ein thatsächlicher Zustand geschaffen ist, der fortwirkend den Besitz beeinträchtigt. Der thatsächliche Zustand, gegen den die Besitzstörungsklage sich richtet, kann entweder in einer körperlich fortdauernden Störung bestehen z. B. in einer auf das Grundstück hinübergreifenden Anlage, oder in der Rechtsunsicherheit, die sich aus der Besorgniß weiterer Störungen ergibt; diese Besorgniß muß durch die Umstände des Falles besonders begründet werden[25]). Bei körperlich fortdauernder Störung ist der Anspruch auf Beseitigung der Störung gegeben; der Beklagte hat, soweit möglich, den früheren Zustand auf seine Kosten wiederherzustellen. Eine Schadensersatzleistung kann auf Grund der Besitzklage nicht verlangt werden; beruht die als verbotene Eigenmacht sich darstellende Handlung auf einem Verschulden, so ist ein selbstständiger Schadensersatzanspruch (§§ 823 ff.) gegeben. Liegt keine körperlich fortdauernde Störung vor, so richtet sich der Anspruch auf Beseitigung der erregten Besorgniß und Wiederherstellung des früheren Zustandes der Rechtssicherheit. Der Störer wird zur Unterlassung fernerer Störungen verurtheilt, die Vollziehung des Urtheils erfolgt nach § 890 CPO.

Daß gegen die Person des Besitzers Gewalt angewendet worden wäre, ist nicht Voraussetzung des Anspruchs auf Beseitigung der Störung oder auf Unterlassung, auch wird nicht gefordert, daß der

---

[21]) Auf Grund der §§ 812 ff. kann z. B. der Besitz zurückgefordert werden, wenn zum Zwecke der Erfüllung eines vermeintlich abgeschlossenen Kaufvertrags das Grundstück vor der Auflassung übergeben worden ist.

[22]) Gegen den Prekaristen geht die Besitzklage nicht, gegen ihn besteht nur die Klage aus dem Rechte.

[23]) Hat Jemand im Auftrage eines Anderen gestört, so kann auch der Andere belangt werden, auch er ist Störer. Biermann S. 13.

[24]) § 862 Abs. 1 BGB.

[25]) Vergl. Denkschr. S. 654. Pflückt Jemand einmal in einem fremden Garten ein paar Blumen oder benutzt ein Bauer eine günstige Gelegenheit, sein Vieh auf der Wiese des Nachbarn weiden zu lassen, so ist dadurch, wenn der Thatbestand einer unerlaubten Handlung vorliegt, ein Schadenersatzanspruch gegeben, unter Umständen kann ein Bereicherungsanspruch begründet sein, aber ein Anspruch auf Beseitigung einer Störung besteht bei solcher Sachlage nicht. Strohal S. 134.

Störer den Besitz der Sache für sich verlangt oder daß er den Besitz des Klägers bestreitet; es genügt, wenn die Beeinträchtigung des Besitzes ohne den Willen des Besitzers erfolgt ist[26].

Die Frage, ob durch bloße Worte, Drohungen ꝛc. ein Zustand der Rechtsunsicherheit herbeigeführt werden kann, welcher die Erhebung einer Besitzklage rechtfertigt, wird zu bejahen sein; nach den Umständen des einzelnen Falles ist zu beurtheilen, ob ein Zustand der Rechtsunsicherheit wirklich herbeigeführt worden ist. Der Anspruch geht auf Unterlassung weiterer Störungen.

Der mittelbare Besitzer hat gegen Störung des mittelbaren Besitzes keine Besitzklage. Wird gegen den unmittelbaren Besitzer verbotene Eigenmacht verübt[27], so steht die Klage wegen Besitzstörung auch dem mittelbaren Besitzer zu[28]. Während der mittelbare Besitzer im Verhältnisse zu dem unmittelbaren keinen Besitzschutz hat (wenn z. B. der Miether das Miethobjekt über die bestimmte Zeit hinaus behält), stehen dem unmittelbaren Besitzer die Besitzansprüche auch gegen den mittelbaren Besitzer zu.

2. Besitzentziehungsklage.

Wird der Besitz durch verbotene Eigenmacht dem Besitzer entzogen, so kann dieser die Wiedereinräumung von demjenigen verlangen, welcher ihm gegenüber fehlerhaft besitzt[29]. Fehlerhaft besitzen diejenigen, welche die verbotene Eigenmacht verübt haben, so lange sie im Besitze sind, und ihre Nachfolger im Besitze, falls sie als Erben den Besitz erhalten oder bei dem Erwerbe des Besitzes die Fehlerhaftigkeit des Besitzes ihres unmittelbaren Vorgängers gekannt haben[30]. Die Restitutionspflicht hängt von dem derzeitigen Besitze[31] des Beklagten ab; wenn der Eigenmächtige den Besitz erlangt, dann aber wieder verloren hat, ist er nicht belangbar mit der Besitzklage, ob er auf Schadensersatz verklagt werden kann, bemißt sich nach den Vorschriften über unerlaubte Handlungen. Der besitzende Beklagte hat, um dem Anspruche des Klägers gerecht zu werden, die Thätigkeit zu entwickeln, die erforderlich ist, damit der Kläger den Besitz wieder ergreifen kann. Ist es zur Verurtheilung gekommen, so richtet sich die Zwangsvollstreckung nach §§ 883, 885 CPO.

---

26) Der Störer braucht nicht geschäftsfähig zu sein. Biermann S. 13.

27) Die Klage ist also nicht gegeben, wenn der Dritte im Einverständnisse mit dem unmittelbaren Besitzer handelt.

28) § 869 BGB. Das Klagrecht des mittelbaren Besitzers ist nicht etwa nur für den Fall eingeräumt, daß der unmittelbare Besitzer nicht klagen will. Vergl. Wendt S. 55.

29) § 861 Abs. 1 BGB.

30) Vergl. § 858 Abs. 2 BGB.

31) Ein Besitzdiener hat keinen Besitz, kann also auch nicht belangt werden. Gegen einen mittelbaren Besitzer kann die Klage erhoben werden. — Die Besitzklage begründet Rechtshängigkeit, die §§ 265, 325, 727 CPO. finden Anwendung. Leske S. 362.

Dem mittelbaren Besitzer steht die Klage wegen Entziehung zu, wenn dem unmittelbaren Besitzer durch verbotene Eigenmacht[32]) der Besitz entzogen worden ist. Der Anspruch des mittelbaren Besitzers geht regelmäßig auf Wiedereinräumung des Besitzes an den bisherigen (unmittelbaren) Besitzer; das Recht, die Einräumung des Besitzes für sich selbst zu fordern, hat er nur, wenn der bisherige Besitzer den Besitz nicht wieder übernehmen kann oder will[33]). Diese Beschränkung bezieht sich nur auf den dem mittelbaren Besitzer als solchem gewährten Besitzschutz; hat z. B. der Vermiether eines Grundstücks sich die Mitbenutzung bestimmter Theile des Grundstücks vorbehalten, so ist er insoweit selbst Besitzer (im engeren Sinne) und hat, wenn die Eigenmacht gegen diesen Theil des Grundstücks sich richtet, unbeschränkten Besitzschutz[34]).

Die Klage wegen Besitzstörung und die Klage wegen Besitzentziehung können, wenn es sich um Grundstücke handelt, leicht ineinanderlaufen. Beide Ansprüche sind ihrem Grunde nach gleichartig. Sollte der durch die verbotene Eigenmacht des Beklagten geschaffene Zustand, den der Kläger als Störung rügt und dessen Beseitigung er verlangt, derartig sein, daß man dem Beklagten den Besitz zuschreiben muß, so wird sich der Klagantrag ändern lassen, ohne daß darin eine Aenderung des Klaggrundes zu erblicken wäre[35]).

Zur Begründung der Besitzstörungsklage hat der Kläger zu beweisen, daß er[36]) im Besitze der Sache ist[37]) und daß ihn ohne seinen Willen[38]) der Beklagte im Besitze gestört hat, zur Begründung der Klage wegen Besitzentziehung gehört der Nachweis, daß der Kläger vor der Entziehung im Besitze war, daß ihm ohne seinen Willen der Besitz entzogen worden ist, daß die Entziehung durch den Beklagten erfolgte oder daß und warum der Beklagte ihm gegenüber fehlerhaft besitzt[39])[40]).

---

[32]) Die Entziehung des Besitzes muß ohne den Willen des unmittelbaren Besitzers erfolgt sein (§ 858 BGB.).

[33]) § 869 BGB. Hat der mittelbare Besitzer beantragt, daß ihm selbst der Besitz eingeräumt werde, und erhebt später der unmittelbare Besitzer Klage, so ist die Klage des mittelbaren Besitzers nicht abzuweisen, nur der Klagantrag hat eine Abänderung zu erleiden (Vergl. § 268 CPO.). Die Klagen des unmittelbaren und des mittelbaren Besitzers werden zu verbinden sein (§ 147 CPO.).

[34]) Denkschr. S. 656.

[35]) Vergl. § 268 CPO. Mot. 3, 126.

[36]) Klagt der mittelbare Besitzer, so ist der Besitz des unmittelbaren Besitzers darzuthun.

[37]) Der Nachweis, daß Kläger nicht etwa nur Besitzdiener ist, wird dem Kläger obliegen. Nach Biermann S. 12 obliegt dem Beklagten der Beweis, daß der Kläger Besitzdiener ist.

[38]) Nach Biermann S. 12 und 14 ist es Sache des Beklagten, darzuthun, daß der Kläger der Störung zugestimmt hat.

[39]) Daß der Beklagte besitzt, nicht etwa Besitzdiener ist, wird Kläger zu beweisen haben. Nach Biermann S. 12 soll es Aufgabe des Beklagten sein, darzuthun, daß er nur Besitzdiener sei.

[40]) Kläger wird seiner Beweispflicht genügen, wenn er nachweist, daß der

Der Beklagte kann, abgesehen von dem Bestreiten der Klagebehauptungen, den Besitzklagen folgende Einwendungen oder Einreden (im Sinne der CPO.) entgegensetzen.

1. Die Einwendung fehlerhaften Besitzes.

Der Anspruch des Klägers auf Beseitigung oder Unterlassung der Störung oder auf Wiedereinräumung des Besitzes ist ausgeschlossen, wenn der gestörte oder entzogene Besitz des Klägers dem Beklagten oder dessen Rechtsvorgänger gegenüber fehlerhaft ist, beziehungsweise war, und erst in dem letzten Jahre vor der Störung oder der Entziehung erlangt worden ist[41]). Der Einwand der Fehlerhaftigkeit kann auch als Replik oder Duplik vorgebracht werden. Es gilt allgemein der Grundsatz, daß Niemand sich auf die Fehlerhaftigkeit des Besitzes des Gegners berufen kann, der selbst innerhalb eines Jahres vor der fehlerhaften Besitzerlangung des Gegners ihm gegenüber den Besitz fehlerhaft erlangt hat.

Wird gegenüber einer Besitzstörungsklage der Einwand des fehlerhaften Besitzes vorgebracht, so bedarf es, damit der Beklagte in den Besitz eingesetzt werden kann, der Erhebung einer Widerklage wegen Besitzentziehung. Doppelseitigkeit der Besitzklage besteht nicht[42]).

2. Die Einwendung erlaubter Eigenmacht.

In einem Besitzprozeß kann ein Recht zum Besitze oder ein Recht zur Vornahme der störenden Handlung nur zur Begründung der Behauptung geltend gemacht werden, daß die Entziehung oder die Störung des Besitzes keine verbotene Eigenmacht sei[43]). Wird dem Besitzer ohne seinen Willen der Besitz entzogen oder wird er (ohne seinen Willen) in dem Besitz gestört, so ist diese Handlung nur dann keine verbotene Eigenmacht, wenn das Gesetz die Entziehung oder die Störung gestattet. Daß die Ausnahme Platz greift, das Gesetz also die eigenmächtige Entziehung oder Störung gestattet[44]), hat der Beklagte darzuthun.

Beklagte den Besitz erlangt hat, der Nachweis, daß Beklagter zur Zeit (Biermann S. 12) die thatsächliche Gewalt über die Sache hat, wird nicht von ihm zu fordern sein. Olim possessor, hodie possessor.

[41]) §§ 862 Abs. 2, 861 Abs. 2 BGB. Kom.Prot. 3 S. 43. Z. B. der Kläger (oder der Erblasser des Klägers oder der Vorgänger des beim Erwerb bösgläubigen Klägers) hat dem Beklagten oder einem Rechtsvorgänger des Beklagten am 1. Febr. 1900 durch verbotene Eigenmacht den Besitz der Sache entzogen, am 1. Jan. 1901 nimmt der Beklagte eine Störung oder Entziehung durch verbotene Eigenmacht vor, der Anspruch des Klägers ist ausgeschlossen. Der Selbstschutz ist nicht in dieser Weise beschränkt, der Kläger durfte am 1. Januar 1901 nach § 859 BGB. Gewalt anwenden, um seinen Besitz zu vertheidigen, oder sofort wieder zu erlangen. Ist der Beklagte für die von ihm verübte Eigenmacht schadensersatzpflichtig, so muß die Schadensersatzklage (§ 823 BGB.) auch zur Naturalrestitution (§ 249 BGB.) führen können; die Beschränkung der Besitzklage ist nicht auch eine Beschränkung der Schadensersatzklage. Anders Biermann S. 13.

[42]) Vergl. Biermann S. 14.

[43]) § 863 BGB.

[44]) S. Anm. 4.

3. Die Einwendung der Erlöschung durch Zeitablauf.

Der Anspruch auf Wiedereinräumung des Besitzes oder auf Beseitigung oder Unterlassung von Störungen erlischt mit dem Ablaufe eines Jahres nach der Verübung der verbotenen Eigenmacht, wenn der Anspruch nicht vorher im Wege der Klage geltend gemacht wird[45]. Der Anspruch verjährt nicht, sondern erlischt durch den Ablauf der Frist. Der Richter hat das Erlöschen zu berücksichtigen, auch wenn der Beklagte seine Vertheidigung nicht darauf stützt. Nur durch die Erhebung der Klage oder Widerklage wird der Anspruch gewahrt. Sache des Beklagten ist es, darzuthun, daß die einjährige Frist abgelaufen ist, Sache des Klägers, nachzuweisen, daß die Klage vor Ablauf erhoben wurde. Auf die Schadensersatzklage bezieht sich die Fristbestimmung nicht.

4. Die Einwendung rechtskräftiger Feststellung des Rechtes.

Im Besitzprozeß sind zwar petitorische Einwendungen ausgeschlossen, der Beklagte kann nicht geltend machen, daß der durch die verbotene Eigenmacht geschaffene Zustand dem materiellen Rechte entspreche; ist aber nach der Verübung der verbotenen Eigenmacht durch rechtskräftiges Urtheil festgestellt worden, daß dem Thäter ein Recht an der Sache (Eigenthum oder begrenztes dingliches Recht) zusteht, vermöge dessen er die Herstellung eines seiner Handlungsweise entsprechenden Besitzstandes verlangen kann, so erlischt der Besitzanspruch des Klägers[46]. Ein Urtheil, das vor der Verübung der verbotenen Eigenmacht über das Recht ergangen ist, steht der Erhebung der Besitzklage nicht im Wege; nur wenn nach Verübung der verbotenen Eigenmacht durch rechtskräftiges Urtheil erkannt wird, daß der durch die verbotene Eigenmacht geschaffene Besitzstand dem materiellen Rechte entspricht, kann die Besitzklage nicht weiter erhoben werden und wird die erhobene Besitzklage erledigt. Im Uebrigen sind Besitzklage und petitorische Klage unabhängig von einander, sie können auch in einer Klage verbunden werden[47]. Ob gegenüber einer Besitzklage die Klage aus dem Rechte als Widerklage erhoben werden kann, bemißt sich nach § 33 CPO.[48][49].

---

[45]) § 864 Abs. 1 BGB. Fristberechnung §§ 187 Abs. 1, 188 Abs. 2 BGB. Bei Besitzstörung durch Worte beginnt die Beunruhigung des Besitzers erst mit der Kenntnißnahme. Vergl. Biermann S. 15.

[46]) § 864 Abs. 2 BGB. Diese Bestimmung auf die Feststellung obligatorischer Rechte (z. B. des Rechtes aus einem Pachtvertrage, Strohal S. 120) auszudehnen, erscheint unzulässig.

[47]) Vergl. § 260 CPO.

[48]) Vergl. Entsch. des Reichsger. 23, 396. Puchelts Zeitschr. 26, 521.

[49]) Eine Schadensersatzklage bleibt auch von der Bestimmung des § 864 Abs. 2 unberührt.

Besitzschutz für Rechte.

Wie schon angeführt (§ 15 Ziff. 7 ff.), ist auch Grunddienstbarkeiten und beschränkten persönlichen Dienstbarkeiten Besitzschutz unter besonderen Voraussetzungen gewährt. Die possessorisch zu schützende Dienstbarkeit muß vor Allem in das Grundbuch eingetragen sein; ist sie zu Unrecht gelöscht, so ist der possessorische Schutz ausgeschlossen, wenn auch die fortdauernde Ausübung der Dienstbarkeit außer Zweifel steht. Die Dienstbarkeit muß ferner innerhalb eines Jahres vor der Störung, gegen welche Schutz gesucht wird, wenn auch nur einmal, ausgeübt worden sein; bei einer Dienstbarkeit, die nur in längeren Zwischenräumen ausgeübt werden kann, wird der Besitzschutz unter Umständen versagen. Der Umfang des zu schützenden Rechtes richtet sich nach der Ausübung innerhalb der aus der Eintragung sich ergebenden Grenzen. Derjenige, für den die Dienstbarkeit ausgeübt worden ist, muß sodann in der Ausübung der Dienstbarkeit gestört worden sein. Für den Besitzschutz einer Grunddienstbarkeit ist endlich noch nothwendig, daß der die Dienstbarkeit Ausübende im Besitze des Grundstückes ist, dessen Eigenthümer das Recht nach dem Grundbucheintrag zusteht[50]). Liegen diese Voraussetzungen vor, so kommen die für den Besitzschutz geltenden Vorschriften zur entsprechenden Anwendung, es ist alsdann sowohl das Recht des Selbstschutzes, als auch das Klagerecht gegeben. Das dem Gesetze entsprechende Vorgehen des Dienstbarkeitsberechtigten ist dem Besitzer des belasteten Grundstücks gegenüber keine verbotene Eigenmacht.

§ 18. Aufsuchen und Wegschaffen von Sachen auf fremden Grundstücken.

Eine Sache kann aus der Gewalt des Besitzers kommen, ohne daß ihm ein Anderer den Besitz entzieht, ohne daß also verbotene Eigenmacht verübt wird. Gelangt eine Sache, gleichgiltig ob durch Zufall oder mit Zuthun des Besitzers, aus der Gewalt des Besitzers auf ein im Besitze eines Andern befindliches Grundstück, so hat ihm oder, wenn er das Recht nicht ausüben will oder kann, dem mittelbaren Besitzer[51]) der Grundstücksbesitzer die Aufsuchung und Wegschaffung zu gestatten, sofern nicht die Sache inzwischen von Jemanden in Besitz genommen worden ist[52]). Hat der Grundbesitzer oder ein

---

[50]) §§ 1029, 1090 BGB. Uebergangsbestimmungen s. § 41 Anm. 3.

Zu § 18.

[51]) § 869 BGB. Dem Eigenthümer steht der gleiche Anspruch zu (§ 1005 BGB.).

[52]) § 867 BGB. Ist die Sache auf ein fremdes Grundstück gelangt, das betreten werden darf, so kann sie der Besitzer ohne Weiteres holen. Beispiel: Der Hut, den ein Windstoß fortnahm, fällt auf einen unbestellten Acker neben dem öffentlichen Wege. — Liegt ein Fall nach § 904 BGB. vor, so hat der Grundeigenthümer kein Recht, das Aufsuchen und Wegschaffen zu hindern.

Dritter die Sache in Besitz genommen[53]), so kann, da der Besitz ohne verbotene Eigenmacht erworben worden ist, der frühere Besitzer nur auf Grund eines ihm an der Sache zustehenden Rechtes vorgehen[54]).

Der Anspruch des Besitzers der Sache geht dahin, daß ihm der Grundbesitzer erlaube, die Sache aufzusuchen und wegzuschaffen, die Befugniß, ohne Einholung der Erlaubniß das Grundstück zu betreten, ist ihm durch das Gesetz nicht gewährt[55]).

So lange der Grundbesitzer die Sache nicht in Besitz genommen hat, braucht er sich um die Legitimation dessen, der die Sache aufsucht und wegschafft, nicht zu kümmern. Entsteht mit oder ohne Verschulden des Besitzers der Sache Schaden bei der Aufsuchung und Wegschaffung, so kann der Grundbesitzer Ersatz verlangen. Ist die Entstehung eines Schadens zu besorgen, so kann die Gestattung verweigert werden, bis Sicherheit (§§ 232 ff. BGB.) geleistet ist; jedoch ist die Verweigerung der Gestattung unzulässig, wenn mit dem Aufschube Gefahr verbunden ist.

Für den Schaden, der durch die auf das Grundstück gelangte Sache selbst verursacht wird (z. B. durch Vieh), wird nach den Vorschriften über unerlaubte Handlungen (§§ 823 ff.) gehaftet[56]).

§ 19. Sonstige rechtliche Folgen des Besitzes.

An den Besitz einer beweglichen Sache knüpft sich eine Eigenthumsvermuthung. Zu Gunsten des Besitzers einer beweglichen Sache wird vermuthet, daß er Eigenthümer der Sache sei, zu Gunsten eines früheren Besitzers, daß er während der Dauer seines Besitzes Eigenthümer der Sache gewesen sei. Diese Vermuthung gilt nur zu Gunsten eines Besitzers, nicht auch gegen ihn, sie gilt für jeden Besitzer, ohne daß Eigenbesitz nachzuweisen wäre, der Beweis, daß der Besitzer nicht Eigenthümer ist oder war, ist zulässig (§ 292 CPO.). Im Falle eines mittelbaren Besitzes gilt die Vermuthung für den mittelbaren Besitz. Die Vermuthung gilt für den Besitzer, mag er die Rolle des Klägers oder des Beklagten haben. Sie gilt jedoch nicht einem früheren Besitzer gegenüber, dem die Sache gestohlen worden, verloren gegangen oder sonst abhanden gekommen ist, es sei denn, daß es sich um Geld oder um Inhaberpapiere handelt[1]).

---

[53]) Die Beweislast trifft den Grundbesitzer. Vergl. Planck 1 S. 45.

[54]) z. B. nach §§ 985, 1007 BGB. Bei einer solchen Klage ist das Recht zu beweisen, aus dem der Anspruch hervorgeht.

[55]) Der Eigenthümer eines Bienenschwarmes hat die Befugniß, bei der Verfolgung fremde Grundstücke zu betreten (§ 962 BGB.).

[56]) Mot. 3, 298. Die landesgesetzlichen Vorschriften über die zum Schutze der Grundstücke und der Erzeugnisse von Grundstücken gestattete Pfändung von Sachen, mit Einschluß der Vorschriften über die Entrichtung von Pfandgeld oder Ersatzgeld, bleiben unberührt (Art. 89 Einf. z. BGB.).

Zu § 19.

[1]) § 1006 BGB.

Sogar ein Anspruch auf Herausgabe entspringt dem Besitze beweglicher Sachen (§ 1007 BGB.). S. unter Eigenthum § 27 Ziff. 71.

Für unbewegliche Sachen bestehen derartige Vorschriften nicht. Der als Eigenthümer Eingetragene hat die Klagen des Eigenthümers, der Besitzer die Besitzklagen. Der Gedanke, daß der Besitzer die Vermuthung für sich habe, Eigenthümer zu sein, findet höchstens in der Bestimmung des § 920 BGB. Ausdruck, wonach im Falle einer Grenzverwirrung der Besitzstand maßgebend ist, wenn die richtige Grenze sich nicht ermitteln läßt.

Der Besitzer hat ein Ablösungsrecht. Betreibt ein Gläubiger die Zwangsvollstreckung in einen dem Schuldner gehörigen Gegenstand [2]), so ist der (unmittelbare oder mittelbare) Besitzer einer Sache, wenn er Gefahr läuft, durch die Zwangsvollstreckung den Besitz zu verlieren, berechtigt, den Gläubiger zu befriedigen. Die Befriedigung kann auch durch Hinterlegung oder durch Aufrechnung erfolgen. Soweit der Besitzer den Gläubiger befriedigt, geht dessen Forderung auf ihn über, doch kann der Uebergang nicht zum Nachteile des Gläubigers geltend gemacht werden [3]). Handelt es sich um einen Hypothekgläubiger, so ist nicht erforderlich, daß der Gläubiger schon die Zwangsvollstreckung betreibt, es genügt dann, daß Befriedigung aus dem Grundstück verlangt wird [4]).

Der Besitz kann endlich zu dem Erwerbe des Rechtes führen und zwar auf dem Wege der Ersitzung des Eigenthums oder begrenzter Rechte und der Ausschließung des Grundstücks-Eigenthümers. S. § 12 Ziff. 6 ff., § 24.

---

[2]) Auch die Zwangsvollstreckung in den Anspruch gehört hierher, der dem Schuldner gegen den Besitzer auf Herausgabe der Sache zusteht. Planck 2 S. 40.

[3]) § 268 BGB.

[4]) § 1150 BGB.

III. Abschnitt.

Das Eigenthum.*)

§ 20. Begriff und Inhalt.

Das Eigenthum ist die rechtliche Herrschaft der Person über die Sache. Beim Besitze ist das Herrschaftsverhältniß ein thatsächliches, beim Eigenthum ein rechtliches.

Dieses rechtliche Herrschaftsverhältniß hat zwei Seiten, eine positive: der Eigenthümer kann, soweit nicht das Gesetz oder Rechte Dritter entgegenstehen, mit der Sache nach Belieben verfahren, und eine negative: der Eigenthümer kann, soweit nicht das Gesetz oder Rechte Dritter entgegen stehen, Andere von jeder Einwirkung auf die Sache ausschließen[1]).

Der Eigenthümer hat die rechtliche Macht, seine Sache zu gebrauchen, zu nutzen, sie zu veräußern, überhaupt jede denkbare thatsächliche oder rechtlich zulässige Einwirkung auf sie vorzunehmen. Seine Herrschaft über die Sache ist schrankenlos. Beschränkungen können entstehen aus den Bestimmungen des Gesetzes oder aus Rechten Dritter. Die Vermuthung spricht für die Freiheit des Eigenthums und gegen jede Beschränkung; die Freiheit des Eigenthums ist Regel, die Beschränkung Ausnahme.

Der Eigenthümer hat ferner, wie schon gesagt, die rechtliche Macht, Andere von jeder Einwirkung auf die Sache auszuschließen, sie jedem

---

*) Auf das am 1. Jan. 1900 bestehende Eigenthum finden von dieser Zeit an die Vorschriften des BGB. Anwendung (Art. 181 Einf.Ges. z. BGB.). Die Frage, ob Eigenthum am 1. Januar 1900 erworben ist, beurtheilt sich nach altem Rechte. Ob ein am 1. Jan. 1900 bestehendes Rechtsverhältniß als Eigenthum anzusehen ist, hängt von dem Inhalte des Rechtes ab, nicht lediglich von seiner Benennung. Fällt ein Recht unter den Eigenthumsbegriff, so finden die Vorschriften des neuen Rechtes Anwendung, auch wenn sie hinsichtlich der rechtlichen Wirkungen des Eigenthums, insbesondere hinsichtlich des Schutzes und der Befugniß des Eigenthümers zu rechtlichen Verfügungen, ferner hinsichtlich der gesetzlichen Eigenthumsbeschränkungen, von dem bisherigen Rechte abweichen. (Mot. S. 264, vergl. Reichsg.Entsch. 31, 342.) Einige Ausnahmen enthalten die Art. 181 Abs. 2, 182, 183 Einf.Ges. Der Erwerb und Verlust des Eigenthums an einem Grundstück erfolgt auch nach dem 1. Jan. 1900 nach den bisherigen Gesetzen, bis das Grundbuch als angelegt anzusehen ist (Art. 189 Einf.Ges.).

Zu § 20.

¹) § 903 BGB. Endemann 2 S. 266 definirt: Eigenthum ist die innerhalb der Schranken des Gesetzes und der Berechtigungen Anderer bestehende, ihrem Rechtsinhalte nach unbegrenzte Herrschaft über eine Sache.

Andern abzufordern; seine Herrschaft über die Sache ist eine ausschließliche. Auch hier können durch Gesetz oder Rechte Dritter Ausnahmen geschaffen werden; Dritte können die rechtliche Macht erlangen, in einzelnen bestimmten Beziehungen auf die Sache einzuwirken.

Die Rechte, welche Dritte an der Sache des Eigenthümers haben, sind nicht Theile des Rechtes des Eigenthümers. Das Eigenthum läßt sich nicht so theilen, daß dem Einen und dem Anderen eine Reihe bestimmter, in dem Eigenthum liegender Befugnisse zugewiesen und dem beiderseitigen Rechte der Charakter des Eigenthums beigemessen werden könnte[2]. Das Eigenthum an einer Sache kann mehreren Personen gemeinschaftlich zustehen, aber die in dem Eigenthum liegenden Befugnisse lassen sich nicht von einander trennen und auf verschiedene Personen vertheilen. Sind begrenzte dingliche Rechte dritter Personen begründet, so erscheint das Eigenthum damit in der Weise eingeengt, daß der Eigenthümer rechtlich nicht im Stande ist, Einwirkungen entgegenzutreten, die von den dinglich Berechtigten in der durch das begrenzte Recht bestimmten Richtung auf die Sache vorgenommen werden. Wird das Hinderniß, das begrenzte Recht, weggenommen, so vermag das Eigenthum in seiner ursprünglichen Kraft sich geltend zu machen.

§ 21. Gegenstand des Eigenthums.

Gegenstand[1] des Eigenthums kann nur eine Sache sein. An einem Rechte besteht kein Eigenthum[2]. Derjenige, dem ein Recht zusteht, wird nicht als Eigenthümer des Rechtes bezeichnet. Man spricht von einem Bergwerkseigenthum und von einem geistigen Eigenthum[3], aber diese Worte entsprechen nicht dem Sprachgebrauche des BGB.

Gegenstand des Eigenthums ist die einzelne Sache, nicht eine Sachgesammtheit oder ein Sachinbegriff[4]; quot res, tot dominia[5]. Ist die Sache beweglich, so scheidet sie sich durch ihr körperlich getrenntes Dasein von den übrigen Sachen ab, ist sie ein Grundstück, so wird das Herrschaftsgebiet des Eigenthümers durch die Grenze des Grundstücks bestimmt. Unter der Grenze ist die Fläche

---

[2]) Mot. 3, 262.

Zu § 21.

[1]) Subjekt des Eigenthums kann jede rechtsfähige Person sein. Der Erwerb von Grundstücken durch Ausländer kann landesgesetzlich von staatlicher Genehmigung abhängig gemacht werden (Art. 88 Einf.Ges. z. BGB.), der Erwerb von Rechten durch juristische Personen kann beschränkt oder von staatlicher Genehmigung abhängig gemacht werden, soweit es sich um Gegenstände im Werthe von mehr als 5000 ℳ handelt (Art. 86 Einf.).

[2]) §§ 903 ff. BGB. Vergl. Windscheid 1 S. 494.

[3]) Art. 4 Ziff. 6 der Verf. d. Deutschen Reichs. Vergl. Zach.-Crome 1 S. 277, Stobbe-Lehmann § 94 Ziff. 6, Förster-Eccius 2 § 153.

[4]) S. § 4.

[5]) Mot. 3, 258.

zu verstehen, welche der in sich zurücklaufenden Grenzlinie folgend die Erdoberfläche senkrecht durchschneidet und nach oben wie nach unten unbegrenzt sich fortsetzt. Der Eigenthümer ist zu der thatsächlichen Herrschaft über den in solcher Weise eingeschlossenen festen und zusammenhängenden Erdkörper und über den darüber befindlichen Raum berechtigt[6]).

Das Eigenthum an dem Grundstück erstreckt sich auf alle wesentlichen Bestandtheile des Grundstücks[7]). Sondereigenthum an stehenden Erzeugnissen eines Grundstücks (z. B. Bäumen) kann — vorausgesetzt, daß die Erzeugnisse zu den wesentlichen Bestandtheilen des Grundstücks gehören, — nicht begründet werden; die vor dem 1. Januar 1900 begründeten Rechte bleiben bestehen[8]). Ebensowenig ist eine Theilung des Grundstücks in wagrechter Richtung statthaft; das am 1. Januar 1900 bestehende Stockwerkseigenthum bleibt bestehen, vom 1. Januar 1900 ab kann kein derartiges, nach dem BGB. unzulässiges, Recht mehr begründet werden[9]). Die vertikale Trennung vermag ein Kreidestrich so gut herzustellen wie eine Scheidemauer[10]).

§ 22. Gesetzliche Eigenthumsbeschränkungen.

Die Herrschaft des Eigenthümers über die Sache wird durch das Gesetz in verschiedenen Richtungen beschränkt. Außer Betracht bleiben hier die Fälle, in denen durch das Gesetz im öffentlichen Interesse oder im Interesse bestimmter Personen die rechtliche Verfügungsmacht des Eigenthümers beschränkt wird (s. § 7 Ziff. 15 ff.). Es kommen nur die Bestimmungen in Frage, welche das Herrschaftsrecht des Eigenthümers in thatsächlicher Hinsicht einschränken.

Derartige Eigenthumsbeschränkungen werden durch die Gesetze getroffen:

A. im öffentlichen Interesse. Das BGB. selbst gibt hierüber keine Bestimmungen, dagegen verfügt Art. 111 Einf.Ges., daß die landesgesetzlichen Vorschriften, welche im öffentlichen Interesse das Eigenthum in Ansehung thatsächlicher Verfügungen beschränken, unberührt bleiben. Solche Beschränkungen finden sich namentlich in Bauordnungen und Forstordnungen. Ferner bleiben die landesgesetzlichen Vorschriften bezüglich der Zwangsenteignung unberührt (Art. 109 Einf.Ges.), also bezüglich der im öffentlichen Interesse erfolgenden Entziehung, Beschädigung oder Benutzung einer Sache oder Beschränkung des Eigenthums. Von Reichsgesetzen gehören hierher das Gesetz über die Beschränkungen des Grundeigenthums in der Umgebung von

---

[6]) § 905 Satz 1 BGB.
[7]) §§ 93, 94, 95 BGB. S. § 4 Ziff. 18 ff.
[8]) Art. 181 Abs. 2 Einf.Ges. z. BGB.
[9]) Art. 182, 189 Abs. 1 Schlußsatz Einf.Ges. z. BGB.
[10]) Förster-Eccius 3, 151.

Festungen vom 21. Dezember 1871[1]), das Gesetz über das Postwesen vom 28. Oktober 1871 (§ 17), das Gesetz über die Naturalleistungen für die bewaffnete Macht im Frieden vom 24. Mai 1898, auch das Gesetz über die Abwehr und Unterdrückung der Reblauskrankheit vom 3. Juli 1883.

B. im Interesse des privaten Rechtslebens. Auch die dem Zwecke des privaten Rechtsverkehrs dienenden Beschränkungen des Eigenthums sind im BGB. nicht vollständig geregelt, es ist darin vielmehr nur ein solches Maaß von Eigenthumsbeschränkungen bestimmt, das für alle lokalen Verhältnisse paßt[2]). Der Landesgesetzgebung ist, abgesehen von andern Bestimmungen des Einführungsgesetzes[3]), die Berücksichtigung besonderer lokaler Bedürfnisse insbesondere durch Art. 124 Einf.Ges. überlassen, wonach das Eigenthum an Grundstücken zu Gunsten der Nachbarn noch anderen als den im BGB. bestimmten Beschränkungen unterworfen werden kann. Auf Grund dieser Vorschrift darf die Landesgesetzgebung zu Gunsten der Nachbarn zwar andere Beschränkungen vorschreiben, nicht aber die durch das BGB. geregelten Beschränkungen verschärfen[4]). Daß die Landesgesetzgebung auch durch Polizeigesetze das nachbarliche Zusammenleben ordnen kann, ist nicht zweifelhaft[5]).

Die in dem BGB. angeordneten Eigenthumsbeschränkungen sind nicht sämmtlich nachbarrechtlicher Natur, es kommen auch Beschränkungen vor, die zu Gunsten eines Jeden lauten, der durch seine Thätigkeit in den räumlichen Herrschaftsbezirk des Eigenthümers hinüber wirkt (z. B. §§ 904, 905, 906 BGB.). Die aus den Eigenthumsbeschränkungen für Dritte sich ergebenden Rechte sind keine Servituten, sind keine Rechte an fremder Sache, werden nicht in das Grundbuch eingetragen, sie erscheinen als Ausfluß eines allgemeinen Rechtes, das Jedem zusteht, der in der entsprechenden besonderen Lage sich befindet[6]). Damit soll nicht gesagt werden, daß die aus den gesetzlichen Eigenthumsbeschränkungen sich ergebenden Rechte Dritter einer rechtsgeschäftlichen Aenderung entzogen wären, sie können vielmehr vertragsmäßig geändert werden, der Eigenthümer kann an seinem Grundstück dingliche Rechte — Grunddienstbarkeiten oder beschränkte persönliche Dienstbarkeiten — bestellen, welche die zu seinem Vortheile gegebenen Rechte mindern oder aufheben[7]).

Zu § 22.

[1]) Vergl. Dernburg S. 222.

[2]) Mot. 3, 259.

[3]) Art. 64 (Anerbenrecht), 65 (Wasserrecht), 66 (Deich- und Sielrecht), 67 (Bergrecht), 69 (Jagd und Fischerei), 113 (Flurbereinigung 2c.), 119 (Beschränkungen der Veräußerung und Theilung von Grundstücken) u. a.

[4]) Kom.Prot. 3 S. 163, Haidlen 4, 528.

[5]) Auch die Klarhaltung des Unterschiedes zwischen Polizeigesetz und bürgerlichem Recht ist Sache der Landesgesetzgebung. Mot. 3, 259.

[6]) Stobbe-Lehmann § 99 Ziff. 8.

[7]) Mot. 3, 260.

Die einzelnen Eigenthumsbeschränkungen:

1. Chikaneverbot.

Der Eigenthümer darf die ihm gehörige Sache nach Belieben gebrauchen. Auch dadurch, daß der Gebrauch der Sache für einen Anderen schädlich ist, wird der Eigenthümer nicht gehindert, die in seinem Interesse liegende Benutzung vorzunehmen, aber unzulässig ist eine Ausübung des Eigenthums (oder eines sonstigen Rechtes), wenn sie keinen anderen Zweck haben kann, als den, einem Andern Schaden zuzufügen [8]).

2. Nothlage.

Der Eigenthümer [9]) einer Sache ist nicht berechtigt, die Einwirkung eines Anderen auf die Sache (den Gebrauch, die Beschädigung, Zerstörung der Sache) zu verbieten, wenn die Einwirkung zur Abwendung einer gegenwärtigen Gefahr objektiv nothwendig und der drohende Schaden gegenüber dem aus der Einwirkung dem Eigenthümer entstehenden Schaden unverhältnißmäßig groß ist. Der Eigenthümer kann Ersatz des ihm entstehenden Schadens, ohne Rücksicht auf Verschuldung, verlangen [10]).

Das Gesetz läßt in dieser Weise eine Enteignung von kurzer Hand zu. Liegen die angeführten Voraussetzungen vor, so hören die im Eigenthum liegenden Befugnisse auf, der Eigenthümer darf sich dem Eingriff in seine Vermögensrechte nicht widersetzen, er hat kein Recht der Nothwehr, er hat auch als Besitzer keinen Besitzschutz,

---

[8]) § 226 BGB. Z. B. Neidbau. — Die Ausübung eines Rechtes ist auch dann unzulässig, wenn die Ausübung gegen die guten Sitten verstößt. Der Satz des § 826: „Wer in einer gegen die guten Sitten verstoßenden Weise einem Anderen vorsätzlich Schaden zufügt, ist dem Anderen zum Ersatze des Schadens verpflichtet" erhielt seine jetzige Fassung durch die Reichstags-Kommission (Bericht S. 1986), weil es nicht gebilligt werden könne, daß Jemand, selbst in Ausübung eines formalen Rechtes, einem Anderen vorsätzlich in einer gegen die guten Sitten verstoßenden Weise Schaden zufüge. Der Entwurf (§ 810) hatte (in Uebereinstimmung mit § 749 Entwurf II, Kom.Prot. 2 S. 576) die Schadensersatzpflicht auf Handlungen beschränken wollen, die nicht in Ausübung eines Rechtes vorgenommen würden. Man wird der Vorschrift des § 826 nicht gerecht werden, wenn man (mit Planck 1 S. 279) annimmt, § 826 gehe davon aus, daß eine Handlung, welche in Ausübung eines Rechtes vorgenommen werde, nur dann gegen die guten Sitten verstoße, wenn, was nach § 226 zu beurtheilen sei, die Ausübung des Rechtes unzulässig sei. Eine Handlung, die nach § 226 verboten ist, ist widerrechtlich, Schadensersatzpflicht begründet sie schon nach § 823, ohne daß es der Beiziehung des § 826 bedürfte. Auf der anderen Seite wird sich fragen, ob nicht die Vorschrift des § 226 weiter geht als die des § 826 und ob die vorsätzliche Schädigung eines Andern durch Ausübung eines dinglichen Rechtes, abgesehen von den schon durch § 226 getroffenen Fällen, als gegen die guten Sitten verstoßend angesehen werden kann. Vorsicht in der Anwendung des § 826 wird, wenigstens auf dem Gebiete des Sachenrechts, geboten sein.

[9]) Was hier vom Eigenthum gesagt ist, gilt auch von andern Rechten an Sachen und von dem Besitze. Kom.Prot. Haidlen 2, 106.

[10]) § 904 BGB.

denn das Gesetz gestattet das eigenmächtige Handeln. Beschränkt oder aufgehoben wird aber nur das Recht an Sachen, für andere Güter bleibt das Recht der Nothwehr bestehen [11]). Die Einwirkung auf fremde Sachen ist gestattet zu Gunsten eines jeden Rechtsgutes, nicht bloß zum Schutze von Leib und Leben, sondern auch des Vermögens. Verlangt ist nur, daß der drohende Schaden gegenüber dem durch die Abwehr zu verursachenden unverhältnißmäßig groß ist. Soll ein Vermögensschaden durch Zufügung eines Vermögensschadens abgewendet werden, so entscheidet das Verhältniß der Geldverluste, handelt es sich um den Schutz immaterieller Güter, so wird nach billigem Ermessen abzuwägen sein. Die Schadenszufügung muß zur Abwendung einer gegenwärtigen Gefahr nothwendig sein; daß die Gefahr von der Sache selbst drohe, ist nicht (wie in § 228 BGB.) verlangt, die Gefahr kann von dem Eingreifenden verschuldet sein, sie kann Rechtsgüter des Eingreifenden bedrohen oder Rechtsgüter Fremder, sie darf nur nicht vom Rechte selbst angeordnet sein [12]). Wird der Eingriff vorgenommen zu Gunsten eines Anderen, so wird, wenn der Schaden wirklich abgewendet wurde, dieser Andere, wenn dieses Ziel nicht erreicht ist, der Thäter schadensersatzpflichtig sein [13]). Schadensersatzberechtigt ist der Geschädigte, mag es der Eigenthümer oder ein Berechtigter (z. B. Nießbraucher) sein.

3. Beschränkung des Grundeigenthums in Höhe und Tiefe.

Das Recht des Grundeigenthümers erstreckt sich zwar auf den Raum über der Oberfläche und auf den Erdkörper unter der Oberfläche, der Eigenthümer kann aber Einwirkungen nicht verbieten, die in solcher Höhe oder Tiefe vorgenommen werden, daß er an der Ausschließung kein Interesse hat [14]). Diese Vorschrift deckt sich nicht mit dem Chikaneverbot, es genügt hier, daß der Eigenthümer thatsächlich

[11]) So wird zum Schutze des Hausfriedens Vertheidigung zulässig bleiben. Wäre dem nicht so, so wäre die Befürchtung Dernburgs begründet, der (S. 226) sagt: Hungernde und frierende Vagabunden, welche obdachlos zur Winterszeit herumstreichen, können ungestraft, ja von Rechtswegen, in das Gehöft des Bauern oder Gutsherrn eindringen, dort nächtigen und sich auf Kosten des Gutsbesitzers nähren. — Richtig dagegen wird sein (Dernburg S. 227), daß der Eigenthümer eines Pferdes, auf dem er spazieren reitet, sich gefallen lassen muß, daß ihm ein Fremder, dessen Kind erkrankt ist und der in die Stadt zum Arzt eilen will, das Pferd gewaltsam wegnimmt, auch, daß im Falle einer Hungersnoth die (offenen) Bäcker- und Fleischerläden geplündert werden dürfen. Die Rechtsprechung kann die Norm des § 904 nicht auf die Fälle einschränken, in denen sittliche Pflicht die Hilfe in der Noth gebietet.

[12]) Biermann S. 52.

[13]) Es ist streitig, wer schadensersatzpflichtig ist, wenn der Eingriff zu Gunsten eines Anderen vorgenommen wird, vergl. Biermann S. 52. Dem Anderen wird die Schadensersatzpflicht nur zu überbürden sein, falls er die Einwirkung veranlaßt hat oder thatsächlich von der Einwirkung Vortheil zieht.

[14]) § 905 BGB.

kein Interesse an der Ausschließung hat, ohne daß nöthig wäre, festzustellen, daß er an der Ausschließung kein Interesse haben kann, andrerseits ist bei dieser Eigenthumsbeschränkung nicht erforderlich, daß der Eigenthümer den Zweck verfolgt, einem Anderen Schaden zuzufügen. Das Interesse des Eigenthümers braucht kein Vermögensinteresse zu sein, jedes Interesse genügt, z. B. das Interesse des Gartenbesitzers, daß ihm der Anblick des Himmels nicht durch die Ueberleitung von Telegraphendrähten beeinträchtigt wird[15]). Die Absicht, durch das Verbot die Entrichtung einer Abgabe zu erzwingen, wird nicht zu berücksichtigen sein[16])[17]).

4. Zuführung unwägbarer Stoffe und sonstige Einwirkungen.

Nach § 903 BGB. kann der Eigenthümer Andere von jeder, auch einer mittelbaren, Einwirkung auf seine Sache ausschließen. Hienach würde sich jegliche Immission, selbst eine unwesentliche Zuführung von Rauch, Ruß und dergl. in den Herrschaftsbereich des Grundeigenthümers als (mit der Klage nach § 1004 BGB. zu verfolgende) Beeinträchtigung des Eigenthums darstellen. Während hinsichtlich der Immission von festen oder flüssigen[18]) Körpern das Recht des Eigenthümers ungeschmälert bleibt, ist es gegenüber der Zuführung unwägbarer Stoffe und ähnlichen Einwirkungen[19]) durch § 906 eingeschränkt worden. Der Eigenthümer eines Grundstücks kann die Zuführung[20]) von Gasen, Dämpfen, Gerüchen, Rauch, Ruß, Wärme, Geräusch, Erschütterungen und ähnliche von einem anderen[21]) Grundstück ausgehende Einwirkungen insoweit nicht verbieten, als die Einwirkung die[22]) Benutzung seines Grundstücks nicht oder nur unwesentlich beeinträchtigt oder durch eine Benutzung des anderen Grundstücks herbeigeführt wird, die nach den örtlichen Verhältnissen bei Grundstücken dieser Lage gewöhnlich ist[23])[24]). Derjenige, der die Zulässigkeit einer

---

[15]) Kom.Prot. 3 S. 122, Haidlen 2, 107.

[16]) Dernburg S. 195.

[17]) Für Eigenthümer von Gebäuden, die keine Bestandtheile des Grundstücks sind, gilt § 905 nicht; der Gebäudeeigenthümer hat kein Recht auf den Raum über der Oberfläche und auf den Erdkörper unter der Oberfläche. Anders Biermann S. 53.

[18]) Vorbehaltlich der landesgesetzlichen Vorschriften, welche dem Wasserrecht angehören (Art. 65 Einf.Ges. z. BGB.).

[19]) Imponderabilien (Mot. 3, 264). Einwirkung elektrischer Ströme s. Endemann 2 S. 286.

[20]) Die Zuführung setzt kein positives Thun voraus, ein Nichthindern genügt. Biermann S. 54.

[21]) Benachbarten oder nicht benachbarten.

[22]) Damit eine Einwirkung als unzulässig erscheint, ist nicht gefordert, daß durch die Immission die regelmäßige Benutzung des Grundstücks erheblich beeinträchtigt wird. Kom.Prot. 3 S. 123, Haidlen 2, 109.

[23]) Der Eigenthümer eines Gartens in der Nachbarschaft eines Fabrikviertels wird auch eine erhebliche Beeinträchtigung durch Rauch ꝛc. dulden müssen,

solchen Einwirkung, sei es allgemein oder nach den örtlichen Verhältnissen, behauptet, hat das Vorhandensein der gesetzlichen Voraussetzungen darzuthun.

Unter allen Umständen ist die Zuführung durch eine besondere Leitung unzulässig[25]). Wird z. B. durch ein Rohr Dampf zugeführt, so kann die Einwirkung verboten werden, auch wenn die Benutzung des Grundstücks nicht oder nur unwesentlich beeinträchtigt ist. Wird behauptet, daß die Zuführung durch eine besondere Leitung erfolge, so ist der Grundeigenthümer beweispflichtig.

Wenn auch der Eigenthümer des Grundstücks gegenüber den bezeichneten Einwirkungen kein Klagrecht hat, so ist ihm doch unbenommen, sie durch irgend welche Vorrichtungen (z. B. Schutzwand) thatsächlich abzuwehren; er braucht die Einwirkungen nicht zu dulden[26]).

Beschränkung des Klagerechts gegenüber gewerblichen Anlagen s. § 26 Gew.Ord. bei Anm. 31, vergl. § 27 Gew.Ord.

5. Schädliche Anlagen.

Es gibt eine Menge von Anlagen, die, wenn sich auch bei ihrer Errichtung der Eigenthümer strenge in den Grenzen seines Eigenthums hält, doch im Laufe der Zeit zu unzulässigen Einwirkungen auf das Nachbargrundstück führen (Schweinställe, Abtritte, Dunggruben 2c.). Damit nicht erst der Eintritt einer solchen unzulässigen Einwirkung abgewartet werden muß, ehe ein Anspruch auf Beseitigung gegeben ist, wird der Eigenthümer schon in dem Gebrauche seines Grundstücks zur Herstellung solcher Anlagen beschränkt. Der Nachbar kann verlangen, daß auf dem Grundstück keine Anlagen hergestellt oder gehalten werden, von denen mit Sicherheit vorauszusehen ist, daß ihr Bestand oder ihre Benutzung eine unzulässige[27]) Einwirkung auf sein Grundstück zur Folge hat. Bäume und Sträucher gehören nicht zu den Anlagen im Sinne dieser Vorschrift[28]), es kann also das Anpflanzen von Bäumen und Sträuchern nicht aus dem Grunde untersagt werden, weil das Herübergreifen von Wurzeln und Zweigen zu

---

dagegen wird gegen den Eigenthümer einer auf freiem Felde angelegten einzelnen Fabrik dem Eigenthümer einer benachbarten Wiese der negatorische Anspruch auch dann nicht zu versagen sein, wenn er die Wiese als Bleiche benutzen will und deshalb durch den Rauch und Ruß der Fabrik erheblich beeinträchtigt wird. Kom.Prot. 3, S. 125.

[24]) Der Grundeigenthümer darf sich nicht darüber beschweren, was die Nachbarn hergebrachtermaßen thun, eine Steigerung schädlicher Einflüsse braucht sich Niemand gefallen zu lassen. Kom.=Bericht S. 1998. Ueber Ortsüblichkeit s. Mot. 3, 260.

[25]) § 906 BGB.

[26]) Mot. 3, 268.

[27]) Unzulässig ist jede Einwirkung, die nicht auf Gesetz (z. B. §§ 905, 906) oder einem Rechte eines Dritten beruht.

[28]) § 907 BGB.

erwarten sei[29]). Der Anspruch des Nachbarn geht auf Unterlassung der Herstellung oder auf Beseitigung der Anlage, nicht etwa nur auf Unterlassung oder Beseitigung der Einwirkung (vergl. § 1004 BGB.). Der Anspruch unterliegt nicht der Verjährung[30]). Einer mit obrigkeitlicher Genehmigung errichteten gewerblichen Anlage gegenüber kann jedoch die Klage nicht auf Einstellung des Gewerbebetriebes, sondern nur auf Herstellung von Einrichtungen, welche die benachtheiligende Einwirkung ausschließen, oder, wo solche Einrichtungen unthunlich oder mit einem gehörigen Betriebe des Gewerbes unvereinbar sind, auf Schadloshaltung gerichtet werden[31]).

Da anzunehmen ist, daß eine Gefährdung des Nachbargrundstücks ausgeschlossen ist, wenn eine Anlage den landesgesetzlichen Vorschriften genügt, die einen bestimmten Abstand von der Grenze oder sonstige Schutzmaßregeln vorschreiben, so kann in einem solchen Falle die Beseitigung der Anlage erst verlangt werden, wenn die unzulässige Einwirkung thatsächlich hervortritt[32]).

6. Baufällige Werke.

Die Voraussetzungen des § 907 treffen nicht zu, wenn dem Nachbargrundstück Gefahr droht, daß es durch den Einsturz eines Gebäudes oder eines anderen Werkes, das mit dem Grundstück verbunden ist, oder durch die Ablösung von Theilen des Gebäudes oder des Werkes beschädigt wird. In einem solchen Falle kann der Eigenthümer (oder Miteigenthümer § 1011 BGB.) des Nachbargrundstücks von dem Eigenbesitzer des Grundstücks oder von demjenigen, der auf dem Grundstück in Ausübung eines Rechtes[33]) das Gebäude oder sonstige Werk besitzt, oder von demjenigen, der die Unterhaltung des Gebäudes oder des Werkes für den Besitzer übernommen oder der das Gebäude oder das Werk vermöge eines ihm zustehenden Nutzungsrechts zu unterhalten hat, verlangen, daß er die zur Abwendung der Gefahr erforderliche Vorkehrung trifft[34]). Dabei wird nicht vorausgesetzt, daß der Einsturz oder die Ablösung die Folge fehlerhafter Errichtung oder mangelhafter Unterhaltung ist[35]), vielmehr ist gleichgiltig, was den Verfall verursacht hat.

Diese Ansprüche unterliegen nicht der Verjährung[36]).

---

[29]) Vergl. §§ 910, 923 BGB. Art. 122, 124, 183 Einf.Ges.

[30]) § 924 BGB.

[31]) § 26 Gewerbeordn. Reichsg.Entsch. 36, 178. Jurist. Wochenschr. 1897 S. 610[27]. — Abgesehen von dem Falle des § 26 Gewerbeordn. kann Schadensersatz nur im Falle eines Verschuldens verlangt werden; s. § 27 (actio negatoria).

[32]) § 907 BGB. Der Anspruch geht auf Beseitigung der Anlage, nicht etwa nur auf Beseitigung der Beeinträchtigung.

[33]) Das Recht kann dinglich oder persönlich sein. Mot. 2, 819.

[34]) § 908 BGB.

[35]) Vergl. § 836 BGB.

[36]) § 924 BGB.

7. Gefährliches Graben.

Ein Grundstück darf nicht in der Weise vertieft werden, daß der Boden des Nachbargrundstücks die erforderliche Stütze verliert, es sei denn — was der Beklagte zu beweisen hat —, daß für eine genügende anderweitige Befestigung gesorgt ist[37]). Der Anspruch steht Jedem zu, der das gefährdete Grundstück vertritt, er richtet sich gegen denjenigen, der die Vertiefung vornimmt oder vornehmen läßt[38]). Der Anspruch geht auf Unterlassung der Vertiefung. Schadensersatzpflicht tritt ein, wenn das Verbot vorsätzlich oder fahrlässig übertreten wird (§ 823 BGB.). Zeigt sich die Gefahr des Nachsturzes erst später und war sie bei Anlegung der Vertiefung auch bei sorgfältiger Prüfung nicht vorauszusehen, so kann doch das spätere Unterlassen der Fürsorge für eine genügende Befestigung den Charakter einer unerlaubten Handlung annehmen[39]).

Der Anspruch auf Unterlassung der Vertiefung unterliegt nicht der Verjährung[36]).

8. Eindringen von Wurzeln, Ueberhängen von Zweigen.

Ein Baum oder Strauch gehört demjenigen, aus dessen Boden der Stamm hervortritt. Steht der Baum oder Strauch nahe an der Grenze, so kann ein Ueberhängen von Zweigen in den Luftraum des Nachbargrundstückes oder ein Eindringen von Wurzeln in das Nachbargrundstück leicht vorkommen. Der Nachbar hätte dagegen den negatorischen Anspruch. Durch § 910 BGB. wird das Klagerecht ausgeschlossen[40]), dagegen dem Nachbarn das Recht eingeräumt, die überragenden Zweige und eingedrungenen Wurzeln abzuschneiden und zu behalten. Dieses Recht steht dem Eigenthümer des Nachbargrundstücks jedoch nicht zu, wenn — was der Eigenthümer des Baumes oder Strauches zu beweisen hat — die Wurzeln oder die Zweige die (bisherige und künftige) Benutzung des Grundstücks nicht beeinträchtigen; auch darf die Beseitigung überragender Zweige erst vorgenommen werden, wenn der Eigenthümer des Nachbargrundstücks dem Besitzer des Baumes oder Strauches[41]) eine angemessene Frist zur Beseitigung bestimmt hat und die Beseitigung nicht innerhalb der Frist erfolgt. Ist keine oder keine angemessene Frist bestimmt worden, so ist die Beseitigung der Zweige durch den Nachbarn widerrechtlich (§ 823 BGB.)[42]).

---

[37]) § 909 BGB.

[38]) Biermann S. 56.

[39]) Mot. 3, 296.

[40]) Denkschr. S. 662.

[41]) Kom.Prot. 3 S. 142, Haidlen 2, 114.

[42]) Vergl. Planck 2 S. 19. — Die Beseitigung der Aeste soll nicht in der Periode des Wachsthums des Baumes verlangt werden. Kom.Prot. 3 S. 143, Haidlen 2 S. 114.

Bezüglich der Obstbäume bleiben abweichende landesgesetzliche Vorschriften unberührt[43]). Ebenso bleiben abweichende landesgesetzliche Vorschriften zu Gunsten eines Grundstücks, das am 1. Januar 1900 mit Wald bestanden ist, bis zur nächsten Verjüngung des Waldes in Kraft[44]).

9. Ueberfallende Früchte.

Trägt ein überhängender Baum oder Strauch Früchte[45]) so sind diese, so lange sie hängen, im Eigenthum dessen, dem der Baum oder Strauch gehört. Fallen aber Früchte auf das Nachbargrundstück[46]), so gelten sie als Früchte dieses Grundstücks[47]) und gelangen in das Eigenthum dessen, dem die Früchte des Nachbargrundstücks mit der Trennung gehören (§§ 953 ff. BGB.). Der Eigenthümer des Baumes oder Strauches hat nicht das Recht, sie auf dem Nachbargrundstück zu holen, auch wenn ihm dies ohne Betreten des Grundstücks möglich wäre. Nur wenn das Nachbargrundstück dem öffentlichen Gebrauche dient (z. B. als Weg, auch Wasserstraße), gehören die auf dieses Grundstück fallenden Früchte demjenigen, dem sie gehören würden, wenn sie auf das Grundstück, auf dem der Baum oder Strauch steht, gefallen wären.

10. Ueberbau.

Wird bei Aufführung eines Baues die Grenze, auf dem Boden oder im Luftraume, überschritten, so könnte in Ermangelung besonderer Vorschriften der geschädigte Nachbar die Beseitigung des Bauwerks verlangen, soweit es über die Grenze reicht. Zur Vermeidung unnöthiger Härten ist jedoch dem Nachbarn unter bestimmten Voraussetzungen die Pflicht auferlegt, das fremde Bauwerk auf seinem Grundstück zu dulden. Diese Voraussetzungen sind: 1. muß es sich um die Errichtung eines Gebäudes handeln, ein sonstiges Bauwerk, z. B. eine einfache Mauer, genügt nicht; 2. darf das Ueberschreiten der Grenze nicht auf Vorsatz oder grober Fahrlässigkeit beruhen. Die Beweislast trifft den Bauenden. Wenn selbst diese Voraussetzungen gegeben sind, besteht die Duldungspflicht 3. nicht, sofern vor oder sofort nach der Grenzüberschreitung[48]) Widerspruch erhoben worden ist. Der Widerspruch wird formlos erhoben. Widerspruchsberechtigt[49]) ist der Eigen-

---

[43]) Art. 122 Einf. z. BGB.

[44]) Art. 183 Einf. z. BGB.

[45]) Früchte im natürlichen Sinne (Mot. 3, 289), also Aepfel, Birnen, Nüsse 2c., auch Früchte von Waldbäumen, nicht Früchte im Sinne des § 99 BGB.

[46]) Es kommt nicht darauf an, ob sie überhängen oder nicht, ferner, ob das Ueberfallen durch Natur oder durch menschliche Thätigkeit bewirkt wird, vorausgesetzt, daß nicht der Nachbar das Abfallen herbeiführt. Dernburg S. 234.

[47]) § 911 BGB.

[48]) Auf den Zeitpunkt der Kenntnißnahme kommt es nicht an.

[49]) Nach Biermann S. 58 soll, wenn der Widerspruch aus Irrthum, Zwang, Betrug unterblieben ist, der Nachbar ein Anfechtungsrecht haben. Nach Reichsger.

thümer oder Miteigenthümer (§ 1011 BGB.) des Bodens, gegebenen Falles auch derjenige, der an dem Grundstück ein Erbbaurecht oder eine Dienstbarkeit hat und in diesem Rechte durch den Ueberbau beeinträchtigt wird[50]). Wer die Beseitigung wegen Widerspruchs verlangt, hat die rechtzeitige Erhebung zu beweisen.

Das Gesetz spricht von dem Eigenthümer eines Grundstücks als dem Bauenden, was aber von dem Grundeigenthümer gesagt ist, wird auch von dem Erbbauberechtigten (§ 1017 BGB.) zu gelten haben[51]).

Der Nachbar, der den Ueberbau zu dulden hat, ist durch eine Geldrente zu entschädigen, für deren Höhe die Zeit der Grenzüberschreitung[52]) maßgebend ist und die jährlich (von der Grenzüberschreitung ab) im Voraus zu entrichten ist.

Entschädigungsberechtigt ist derjenige, welcher den Ueberbau dulden muß, trotzdem er nach dem Inhalte seines dinglichen Rechtes dem Eigenthümer des Gebäudes die Fläche entziehen könnte, also der jeweilige Eigenthümer des Nachbargrundstücks, gegebenen Falles auch ein Erbbau- oder Dienstbarkeitsberechtigter. Der Entschädigungsbetrag ist für jeden dieser Duldungspflichtigen nach Maßgabe der ihm widerfahrenen Beeinträchtigung festzusetzen[53]).

Das Recht auf die (angemessene) Rente wird nicht in das Grundbuch eingetragen[54]), geht allen Rechten an dem belasteten Grundstück, auch den älteren, vor, bleibt bei der Zwangsversteigerung auch dann bestehen, wenn es bei der Feststellung des geringsten Gebots nicht berücksichtigt ist[55]), es erlischt mit der Beseitigung des Ueber-

---

Entsch. Bd. 38 S. 289 ist dies wohl zutreffend für § 332 Preuß. Landr. I. 9, allein diese Bestimmung („Hat der Eigenthümer des Grundes und Bodens um den Bau gewußt, und nicht sogleich, als er davon Nachricht erhalten, der Fortsetzung desselben auf eine solche Art, daß es zur Wissenschaft des Bauenden gelangt ist, widersprochen, so muß er mit der bloßen Entschädigung für Grund und Boden sich begnügen") ist denn doch sehr verschieden von der Vorschrift des § 912 BGB. Die Nichterhebung des Widerspruchs nach § 912 kann als stillschweigende Willenserklärung des Grundeigenthümers schon um deßwillen nicht in Betracht kommen, weil er zur Duldung des Ueberbaues verpflichtet sein kann, ohne daß er überhaupt Kenntniß davon erlangt hat, daß der Nachbar übergebaut hat.

[50]) §§ 912, 916 BGB.

[51]) Mot. 3, 824. Nießbraucher und Pächter (Dernburg S. 235) sind wohl nicht in der Lage, für das Grundstück das Ueberbaurecht zu erwerben und das Grundstück mit der Rente zu belasten.

[52]) Eine Aenderung der Verhältnisse, z. B. ein Sinken oder Steigen der Grundstückspreise, bleibt unberücksichtigt. Biermann S. 58.

[53]) §§ 913, 916 BGB. Weitere Realberechtigte kommen nicht in Betracht, sie halten sich an die Rente des Eigenthümers. Jedoch werden die weiteren Berechtigten in Ansehung der Fixirung des Entschädigungsbetrags weder durch die von anderer Seite abgeschlossenen Rechtsgeschäfte noch durch die unter anderen Personen ergehenden Urtheile gebunden. Mot. 3, 286.

[54]) Der öffentliche Glaube des Grundbuchs bezieht sich nicht auf dieses Recht, auch der gutgläubige Erwerber des belasteten Grundstücks hat die Rente zu entrichten.

[55]) § 52 Abs. 2 ZVG.

baues [56]). Eine Vereinbarung über die Höhe oder über den Erlaß der Rente kann nur mit Zustimmung aller an den betheiligten Grundstücken dinglich Berechtigter (§ 876, 877 BGB.) geschlossen werden. Zum Verzicht auf das Recht und zur vertragsmäßigen Feststellung der Höhe der Rente ist, damit eine dingliche Wirkung erzielt werde, Eintragung in das Grundbuch erforderlich. Ohne Eintragung kann nur mit obligatorischer Wirkung eine Vereinbarung über die Höhe oder den Erlaß der Rente getroffen werden.

Im Uebrigen finden die Vorschriften Anwendung, die für eine zu Gunsten des jeweiligen Eigenthümers eines Grundstücks bestehende Reallast gelten [57]). Die landesgesetzlichen Vorschriften über Reallasten sind nicht anwendbar (Art. 116 Einf. z. BGB.), dagegen die Vorschriften über das Unschädlichkeitsattest (Art. 120 Einf.).

Die Ansprüche auf die fälligen Rentenbeträge unterliegen den Vorschriften über die Anspruchsverjährung (§ 197 BGB.), das Rentenrecht selbst verjährt nicht [58]).

Der auf das fremde Gebiet übergebaute Gebäudetheil [59]) verbleibt im Eigenthum des Bauherrn; denn wenn die Voraussetzungen für die gesetzliche Duldungspflicht vorliegen, ist das Gebäude von dem Bauenden in Ausübung eines Rechtes an dem fremden Grundstück mit dem Grundstück verbunden worden, gehört also, auch wenn es auf dem fremden Boden steht, nach § 95 BGB. nicht zu den Bestandtheilen des Grundstücks [60]). Der Rentenberechtigte kann jederzeit verlangen, daß der Rentenpflichtige ihm gegen Uebertragung des Eigenthums an dem überbauten Theile des Grundstücks den Werth ersetzt, den dieser Theil zur Zeit der Grenzüberschreitung gehabt hat. Macht er von dieser Befugniß Gebrauch, was nöthigenfalls durch Klage geschehen kann, so bestimmen sich die Rechte und Verpflichtungen beider Theile nach den Vorschriften über den Kauf [61]). Der Rentenberechtigte ist insbesondere verpflichtet, dem anderen Theile den überbauten Grundstückstheil frei von Rechten Dritter zu verschaffen (§ 434 BGB.). Der Anspruch auf Leistung des Werthbetrages unterliegt nicht der Verjährung [62]). Die gezahlten Renten kommen nicht zur Anrechnung.

---

[56]) § 914 BGB.

[57]) § 914 Abs. 3 BGB. Anwendung finden insbesondere die §§ 1107, 1108 Abs. 1, 1110. Bei einer Theilung des Baugrundstücks haftet nur der Eigenthümer für die Rente, auf dessen Theil sich das Gebäude befindet, bei einer Theilung des durch den Ueberbau belasteten Grundstücks hat nur der Eigenthümer Anspruch auf die Rente, auf dessen Theil übergebaut ist. Biermann S. 59.

[58]) Mot. 3, 286. Biermann S. 59. Nach Kohler (Archiv f. civ. Pr. 87, 288) unterliegt das Rentenrecht der Verjährung.

[59]) Die Grundsätze des Ueberbaues können nicht angewendet werden, wenn man bloß auf dem Grundstücke des Nachbarn gebaut hat. Dernburg S. 235.

[60]) Mot. 3, 287. Kohler (S. 287) scheint dem Ueberbau-Eigenthümer nur die confessoria gewähren zu wollen.

[61]) § 915 BGB.

[62]) § 924, 915 BGB.

Die Eigenthumsbeschränkung und das Rentenrecht finden nicht schon mit der Beitreibung des Werthbetrages, sondern erst mit der Eigenthumsübertragung ihre Erledigung. Die Uebertragung erfolgt auf dem Wege der Auflassung. Bis zur Uebertragung des Eigenthums ist die Rente fortzuentrichten[63].

11. Nothweg.

Aehnliche Bestimmungen gelten für die Duldung eines Nothwegs. Der Eigenthümer eines Grundstücks, dem die zur ordnungsmäßigen[64] Benutzung nothwendige Verbindung mit einem öffentlichen Wege[65] fehlt[66], kann von den (unmittelbaren und den mittelbaren) Nachbarn verlangen, daß sie bis zur Hebung des Mangels die Benutzung ihrer Grundstücke zur Herstellung der erforderlichen Verbindung dulden. Diese Verpflichtung zur Duldung des Nothweges tritt jedoch nicht ein, wenn die bisherige Verbindung des Grundstücks mit dem öffentlichen Wege durch eine willkürliche Handlung des Eigenthümers (z. B. Abbruch einer Brücke) aufgehoben wird. Beweispflichtig ist der Nachbar; es wird nicht von dem Grundeigenthümer der Nachweis verlangt, daß die Nothlage ohne sein Verschulden eingetreten ist[67]. Wird in Folge der Veräußerung eines Theiles des Grundstücks oder in Folge der Veräußerung von mehreren demselben Eigenthümer gehörenden Grundstücken der veräußerte oder der zurückbehaltene Theil von der Verbindung mit dem öffentlichen Wege abgeschnitten, so hat der Eigenthümer desjenigen Grundstücks oder Grundstückstheiles, über welchen die Verbindung bisher statt-

---

[63]) Nach Dernburg (S. 237) sind die Vorschriften über den Ueberbau nur auf solche Bauten anzuwenden, welche nach dem Inkrafttreten des BGB. begonnen sind. Die Richtigkeit dieses Satzes erscheint fraglich. Zufolge der Regel des Art. 181 Abs. 1 Einf. hätte wohl die gesetzliche Eigenthumsbeschränkung auch auf die vor dem 1. Januar 1900 begonnenen Bauten Anwendung zu finden, da aber die Bestimmungen des BGB. über den Ueberbau nicht durchführbar sind, so lange nicht das Grundbuch angelegt ist, wird auch diese Grundstücksbelastung erst eintreten können, wenn das Grundbuch als angelegt anzusehen ist (vergl. Art. 189 Einf.), dann allerdings werden die Ueberbauvorschriften hinsichtlich aller Gebäulichkeiten gelten müssen.

[64]) Nicht bloß die bisherige Benutzung soll geschützt werden. Es ist objektiv und nach vernünftigem Ermessen zu erwägen, ob die geplante Benutzung dem wirthschaftlichen Bedürfnisse entspricht. Nicht jede spekulative Aenderung in der Benutzung genügt, um den Anspruch zu begründen, es muß vielmehr das Grundstück seiner Natur nach zu einer der Aenderung entsprechenden Benutzungsart bestimmt sein (Kom.Prot. 3 S. 152).

[65]) Unberührt bleiben die landesgesetzlichen Vorschriften, welche das Recht des Nothwegs zum Zwecke der Verbindung eines Grundstücks mit einer Wasserstraße oder einer Eisenbahn gewähren (Art. 123 Einf.).

[66]) Die Verbindung mit einem schiffbaren Flusse schließt den Anspruch nicht aus. Dernburg S. 238.

[67]) Denkschr. S. 663.

gefunden hat, den Nothweg zu dulden[68]). Gegen die Nachbarn besteht in einem solchen Falle der Nothweganspruch nicht.

Die Eigenthumsbeschränkung zu Gunsten des eingeschlossenen Grundstücks liegt vor, sobald die gesetzlichen Voraussetzungen eingetreten sind, die Beschränkung wird nicht erst durch Richterspruch begründet. Erhebt der Nachbar die Negatorienklage, so kann der Eigenthümer des eingeschlossenen Grundstücks unter der Darlegung, daß die Nothwegvoraussetzungen gegeben sind, die Abweisung des dem Kläger nicht zustehenden Eigenthumsanspruchs erwirken. Durch Urtheil werden erforderlichen Falles die Richtung des Nothwegs und der Umfang des Benutzungsrechtes bestimmt[69]). Die Nothwegbeschränkung erlischt, sobald die gesetzlichen Voraussetzungen wegfallen.

Die Frage, wer das subjektiv dinglich mit dem herrschenden Grundstück verbundene Recht geltend zu machen und auszuüben befugt ist, beurtheilt sich in analoger Weise wie bei den Grunddienstbarkeiten[70]). Berechtigt ist der Eigenthümer, jeder Miteigenthümer und der Erbbauberechtigte. Der Anspruch auf Duldung des Nothwegs ist gegen die Eigenthümer der belasteten Grundstücke, gegebenen Falles gegen sämmtliche Miteigenthümer zu richten; die Zuziehung der Erbbau- und Dienstbarkeits-Berechtigten (§ 916 BGB.) ist nicht erforderlich[71]).

Die Nachbarn, über deren Grundstücke der Nothweg führt, sind durch eine Geldrente zu entschädigen. Für die Höhe der Rente ist der Zeitpunkt maßgebend, in welchem der Nothweg in Anspruch genommen wird[72].) Die Nothwegrente ist dem jeweiligen Eigenthümer des Nachbargrundstücks, dem benachtheiligten Erbbau- oder Dienstbarkeitsberechtigten, von dem jeweiligen Eigenthümer des eingeschlossenen Grundstücks zu entrichten, und zwar jährlich im Voraus. Ebenso wie beim Ueberbau geht das Recht auf die Rente allen Rechten an dem belasteten Grundstück, auch den älteren, vor, es erlischt mit der Beseitigung der Einschließung. Das Rentenrecht wird nicht in das Grundbuch eingetragen. Zum Verzicht auf das Recht sowie zur Feststellung der Höhe der Rente durch Vertrag ist, wie beim Ueberbau, die Eintragung erforderlich. Im Uebrigen finden auch bei der Nothwegrente die Vorschriften Anwendung, die für eine zu Gunsten des jeweiligen Eigenthümers eines Grundstücks bestehende Reallast gelten[73]). Landesgesetzliche Vorschriften s. Art. 116, 120 Einf. z. BGB.

Dem Rentenberechtigten steht nicht das Recht zu, zu verlangen, daß der Rentenpflichtige den für den Zugang erforderlichen Grundstückstheil käuflich von ihm erwerbe, er kann auch der Ausübung des

---

[68]) §§ 917, 918 BGB.
[69]) § 917 BGB.
[70]) Mot. 3, 292.
[71]) § 917 Abs. 1 und 2 BGB. Dernburg S. 239.
[72]) § 917 Abs. 2. 912 Abs. 2 BGB. Biermann S. 61.
[73]) § 917 Abs. 2, 913, 914, 916 BGB.

Rechtes nicht aus dem Grunde widersprechen, weil der Pflichtige mit Zahlung der Rente im Rückstand sei.

Die Ansprüche auf Duldung des Nothweges überhaupt (§ 917 Abs. 1) und auf Duldung des Nothweges auf Grund Veräußerung (§ 918 Abs. 2) unterliegen nicht der Verjährung[74])[75])[76]).

12. Abmarkung.

Ist die Grenze zwischen zwei Grundstücken nicht bestritten, so kann jeder Grundeigenthümer von dem Eigenthümer des anderen Grundstücks verlangen, daß dieser zur Errichtung fester Grenzzeichen und, wenn ein Grenzzeichen verrückt ist oder unkenntlich geworden ist, zur Wiederherstellung mitwirkt. Der Zweck der Abmarkung geht dahin, solche Grenzzeichen zu setzen, welche in Zukunft fortdauernd geeignet bleiben, die erfolgte Anerkennung des Grenzzuges durch die Nachbarn zu beweisen. Die Art der Abmarkung und das Verfahren bestimmen sich nach den Landesgesetzen; enthalten diese keine Vorschriften, so entscheidet die Ortsüblichkeit. Dieser Abmarkungsmodus ist im Verhältnisse der Nachbarn unter einander nicht zwingender Natur. Unberührt bleibt allerdings eine etwaige, auf öffentlichem Rechte beruhende Verpflichtung der Grundeigenthümer gegenüber dem Staate, die zu einer bestimmten Art von Abmarkung nöthigt. Die Nachbarn unter sich können sich mit einer anderen Abmarkungsart begnügen, es gibt aber keinen dinglich wirkenden Verzicht auf die aus dem Eigenthum fließende Befugniß, die Abmarkung zu verlangen; in einem Verzicht kann daher nur das Versprechen gefunden werden, die in Frage stehende Eigenthumsbefugniß nicht geltend zu machen[77]). Sind die Betheiligten über Vorfragen nicht einig, so ist die Entscheidung des Prozeßrichters herbeizuführen, so insbesondere, wenn die

---

[74]) § 924 BGB. — Besteht possessorischer Schutz für den Nothweg? Nach Kom.Prot. 3 S. 155 ist die Ansicht ausgesprochen worden, daß die Ausübung des Nothwegrechtes sich als Ausübung des Eigenthums an dem des Nothwegs bedürftigen Grundstücke auffassen lasse und daß man von dieser Auffassung aus zu dem praktisch befriedigenden Ergebniß gelangen könne, daß die Vorschrift des § 1029 über den possessorischen Schutz desjenigen, der eine Grunddienstbarkeit ausübe, entsprechend anwendbar sei. Possessorischer Schutz würde praktisch befriedigen, wie man sich aber einen possessorischen Schutz einer nicht eintragungsfähigen Eigenthumsbefugniß nach Anleitung des § 1029 zu denken hat, ist schwer abzusehen. Richtiger möchte es sein, mit Mot. 3, 292 zu sagen: Die Vorschriften über den possessorischen Servitutenschutz finden, wenn auch im Uebrigen die Analogie zwischen Nothweg und Servituten nicht zu leugnen ist, doch um deßwillen keine Anwendung, weil das für diesen Schutz in § 979 Entw. 1 (§ 1029 BGB.) vorgeschriebene Erforderniß der Eintragung fehlt.

[75]) Wird für die Duldung des Nothwegs auf Grund Veräußerung (§ 918 Abs. 2) die Rente geschuldet? Die Frage wird zu bejahen sein, da durch § 918 Abs. 2 nur der Kreis der Pflichtigen eingeschränkt wird, welche den Nothweg zu dulden haben, im Uebrigen § 917 zur Anwendung kommt. Vergl. Denkschr. S. 663.

[76]) Für die Frage, von wann ab die Vorschriften des neuen Rechtes in Anwendung kommen, wird das in der Anm. 63 Gesagte zu gelten haben.

[77]) Mot. 3, 269.

Nothwendigkeit einer Grenzzeichenerneuerung streitig ist oder einzelne Nachbarn sich am Verfahren nicht betheiligen wollen[78]).

Die Kosten der Abmarkung sind von den Betheiligten, sofern sich nicht aus einem zwischen ihnen bestehenden Rechtsverhältnisse (z. B. aus unerlaubter Handlung) ein Anderes ergibt, zu gleichen Theilen zu tragen[79]), so daß jeder Betheiligte für die Hälfte der Kosten aufzukommen hat, die auf die Abmarkung seines Grundstücks entfallen.

Die Ansprüche auf Mitwirkung und Kostentragung unterliegen nicht der Verjährung (§ 924 BGB.).

13. Grenzverwirrung.

Ist der Lauf der Grenze zwischen den Nachbargrundstücken streitig, so sind für die Lösung im Allgemeinen die Vorschriften der Eigenthumsklage maßgebend. Macht bei einem Streite um die Grenze ein Theil sein Eigenthum im Wege der Klage geltend, so hat er sein Eigenthum bis zu der von ihm behaupteten Grenze zu erweisen.

Läßt sich die richtige Grenze nicht ermitteln, liegt also Grenzverwirrung vor, so hat jeder Betheiligte Anspruch darauf, daß nach dem Besitzstand[80]) abgegrenzt werde. Läßt sich der Besitzstand nicht feststellen, so geht der Anspruch dahin, daß jedem der Grundstücke ein gleich großes Stück der streitigen Fläche zugetheilt wird, ohne Rücksicht auf Werth und Bonität oder auf das Größenverhältniß der Grundstücke.

Es kann vorkommen, daß die richtige Grenze nicht ermittelt, daß dagegen festgestellt wird, ein wie großer Theil des streitigen Flächenabschnittes zu dem einen oder dem anderen Grundstück gehört. Führt in einem solchen Falle die Abgrenzung nach Besitzstand oder die Halbirung der Fläche zu einem Ergebnisse, das mit den ermittelten Umständen, insbesondere mit der feststehenden Größe der Grundstücke nicht übereinstimmt, so haben die Betheiligten die Grenze so zu ziehen, wie es unter Berücksichtigung dieser Umstände der Billigkeit entspricht[81]).

Kommt es zu einer gerichtlichen Entscheidung, so stellt das Urtheil fest, welches die richtige Grenze ist[82])[83]).

---

[78]) Dernburg, S. 250.

[79]) § 919 BGB.

[80]) Ist der Besitz fehlerhaft und hat der Verdrängte noch den possessorischen Anspruch auf Wiedereinräumung des Besitzes, so bedarf es keiner vorherigen Besitzklage, sondern hat der possessorische Anspruch als Aequivalent des gegenwärtigen Besitzes zu gelten. Mot. 3, 272.

[81]) § 920 BGB.

[82]) Das Urtheil hat nur deklaratorische Kraft. Anders Biermann S. 63.

[83]) Das Verfahren ist kein judicium duplex. Daraus ist aber nicht zu schließen, daß die Klage abzuweisen ist, wenn dem Richter die von dem Kläger bezeichnete Grenze nicht erwiesen wird. Wer 1000 *M* einklagt, wird nicht mit der ganzen Klage abgewiesen, wenn dargethan ist, daß ihm 500 *M* gebühren. Ver-

Während in Ansehung des Anspruchs auf Abmarkung nur die Eigenthümer der Nachbargrundstücke aktiv und passiv legitimirt erklärt sind, ist in § 920 BGB. die Legitimation zur Erhebung des Abgrenzungsanspruchs nicht in gleicher Weise bestimmt. Es ist dadurch zum Ausdrucke gebracht, daß die Vorschriften des § 920 auch zur Anwendung zu kommen haben, wenn im Falle einer Grenzverwirrung ein Realberechtigter (z. B. Nießbraucher) die räumliche Erstreckung seines Rechtes geltend macht[84].

Die Ansprüche auf Abgrenzung nach den Vorschriften des § 920 unterliegen nicht der Verjährung[85].

14. *Grenzeinrichtungen zu beiderseitigem Vortheil.*

Das BGB. geht davon aus, daß jedes Grundstück gegen das Nachbargrundstück eine geometrische Grenze haben muß und daß diese Grenze objektiv stets gewiß und in Fällen subjektiver Ungewißheit stets auffindbar ist. Die Annahme eines Miteigenthums für Grenzeinrichtungen (Graben, Hecke, Mauer rc.) ist damit ausgeschlossen. Ein Miteigenthum könnte nur an einem selbstständigen Grundstück bestehen, das Grundstück müßte ein Grundbuchblatt haben und das Miteigenthum müßte ebenfalls gebucht sein. Statt eines Miteigenthums hat das BGB. für Grenzeinrichtungen, die, von der Grenze durchschnitten, theils zu dem einen theils zu dem andern Grundstück gehören, eine gegenseitige Beschränkung des Eigenthums, also ein Rechtsverhältniß angenommen, wie es mit gleichem Inhalte auch durch Bestellung von entsprechenden gegenseitigen Grunddienstbarkeiten nach §§ 1018, 1021, 1022 BGB. begründet werden kann[86]. Werden nämlich zwei Grundstücke durch eine Mauer, Hecke, Planke oder eine andere Einrichtung, die zum Vortheile beider Grundstücke, nicht etwa nur zum Vortheile des einen Grundstücks, dient, von einander geschieden, so wird vermuthet, daß die Eigenthümer der Grundstücke zur *Benutzung* der Einrichtung gemeinschaftlich berechtigt seien, sofern nicht äußere Merkmale darauf hinweisen, daß die Einrichtung einem der Nachbarn allein gehört[87]. Gehört die Einrichtung erweislich einem Nachbarn allein, so kann sich der andere nur durch die Erwerbung einer Grunddienstbarkeit helfen.

langt ein Kläger, daß die Grenze so zu laufen habe, daß ihm ein Streifen von 2 Meter Breite zufalle, so kann das Urtheil erklären, daß die Grenze so laufe, daß zu dem Grundstücke des Klägers nur 1 Meter des streitigen Streifens gehöre. Nach Dernburg S. 248 ist das Verfahren, wie nach römischem Rechte, ein judicium duplex.

[84]) Mot. 3, 273. Die Klage wird auch gegen einen Realberechtigten gerichtet werden können. Nach Dernburg S. 249 muß sie gegen den Eigenthümer des Nachbargrundstücks gerichtet werden, nach Biermann S. 64 kann klagen und verklagt werden nur der Eigenthümer (Miteigenthümer gemeinschaftlich), das zwischen den Eigenthümern ergangene Urtheil soll Rechtskraft machen auch gegen die sonstigen Berechtigten vorbehaltlich des Nachweises der Kollusion.

[85]) § 924 BGB.

[86]) Mot. 3, 274.

[87]) § 921 BGB. Eine Aufzählung äußerer Merkmale findet sich im BGB. nicht.

Sind die Nachbarn zur Benutzung einer Grenzeinrichtung gemeinschaftlich berechtigt, so kann jeder sie zu dem Zwecke, der sich aus ihrer Beschaffenheit ergibt, insoweit benutzen, als nicht die Mitbenutzung des anderen beeinträchtigt wird[88]). Falls nicht ein Anderes vereinbart ist, sind die Unterhaltungskosten ohne Rücksicht auf die Benutzungsweise von den Nachbarn zu gleichen Theilen zu tragen.

Die Einrichtung darf, so lange einer der Nachbarn an ihrem Fortbestande ein Interesse[89]) hat, nicht ohne seine Zustimmung beseitigt oder geändert werden[90]).

Im Uebrigen bestimmt sich das Rechtsverhältniß zwischen den Nachbarn nach den Vorschriften über die Gemeinschaft (§§ 741 ff. BGB.)[91]).

Werden die Benutzungsrechte an der Grenzeinrichtung und die Unterhaltungslast durch dinglichen Vertrag in der gehörigen Form geordnet, so tritt an die Stelle der gesetzlichen Regelung des nachbarlichen Verhältnisses die vertragsmäßige Regelung; das Rechtsverhältniß fällt damit in die Kategorie der Grunddienstbarkeit[92]).

15. Grenzbaum, Grenzstrauch.

Die Grenzlinie, die sich zwischen zwei Grundstücken hinzieht, theilt die auf der Grenze liegenden Gegenstände dem einen oder dem anderen Grundstück zu. Trifft die Linie einen Baumstamm da, wo er aus der Erde hervortritt, so wird der Baum reell getheilt; das eine Stück gehört dem einen, das andere Stück dem anderen Grundeigenthümer zu Alleineigenthum[93]). Jeder Eigenthümer könnte über seinen Theil verfügen. Mit der Trennung vom Boden entstünde Miteigenthum, wobei die Quoten dem früheren beiderseitigen Eigenthum zu entsprechen hätten. Das BGB. hat diese Verhältnisse anders geordnet.

Steht ein Baum auf der Grenze, so gebühren die Früchte[94]) und, wenn der Baum, absichtlich oder zufällig, vom Boden getrennt wird, auch der Baum den Nachbarn zu gleichen Theilen, wenn auch die Grenze nicht durch die Mitte des Stammes geht.

Jeder der Nachbarn kann die Beseitigung des Baumes verlangen,

---

[88]) Eine Scheidemauer darf demnach von jedem Nachbarn nicht bloß bis zur Hälfte ihrer Dicke, sondern in der ganzen Dicke benutzt werden. Anders Dernburg S. 204. Hat allerdings der eine in der Mauer einen Wandschrank errichtet, so kann der Nachbar nicht auf seiner Seite an derselben Stelle einen Wandschrank anlegen.

[89]) Das Interesse braucht kein vermögensrechtliches zu sein. Biermann S. 65.

[90]) Zuwiderhandlungen sind Beeinträchtigungen des Eigenthums (a. negatoria).

[91]) § 922 BGB. Sind mehr als zwei Nachbarn an einer Grenzeinrichtung betheiligt, so ist der Fall analog zu behandeln. Mot. 3, 277.

[92]) Mot. 3, 277.

[93]) Vergl. §§ 93, 94 BGB.

[94]) Zu den Früchten gehört hier auch das dürre Holz.

darf aber nicht einseitig über den Baum verfügen. Die Kosten der Beseitigung fallen den Nachbarn zu gleichen Theilen zur Last. Es hat jedoch der Nachbar, der die Beseitigung verlangt, die Kosten allein zu tragen, wenn der andere auf sein Recht an dem Baume verzichtet; in diesem Falle erwirbt er mit der Trennung das Alleineigenthum. Fallen die Früchte des einen oder beider Grundstücke mit der Trennung vom Boden in das Eigenthum einer anderen Person als des Eigenthümers (z. B. in das Eigenthum eines Nießbrauchers, Pächters ꝛc.), so ist nur dieser Berechtigte zu der Trennung und zu der Verfügung über die getrennten Stücke des Baumes befugt.

Der Anspruch auf die Beseitigung des Baumes ist ausgeschlossen, wenn der Baum als Grenzzeichen dient und den Umständen nach (z. B. in Ueberschwemmungsgebieten) nicht durch ein anderes zweckmäßiges Grenzzeichen ersetzt werden kann.

Diese Vorschriften gelten auch für einen auf der Grenze stehenden Strauch[95]). Für andere Sachen (z. B. Steine, Balken) verbleibt es bei der Regel, wonach im Falle der Trennung Miteigenthum nach Bruchtheilen eintritt, welche durch den bisherigen Grenzschnitt bestimmt werden[96]).

Der Anspruch auf Beseitigung des Grenzbaumes oder Grenzstrauches unterliegt nicht der Verjährung (§ 924 BGB.).

Die landesgesetzlichen Vorschriften, welche die Rechte der Grundeigenthümer in Ansehung der auf der Grenze stehenden Obstbäume abweichend von den Vorschriften des § 923 Abs. 2 bestimmen, bleiben unberührt[97]). Ebenso bleiben zu Gunsten eines Grundstücks, das am 1. Januar 1900 mit Wald bestanden ist, die landesgesetzlichen Vorschriften, welche die Rechte des Eigenthümers eines Nachbargrundstücks in Ansehung der auf der Grenze stehenden Bäume und Sträucher abweichend von den Vorschriften des § 923 Abs. 2, 3 bestimmen, bis zur nächsten Verjüngung des Waldes in Kraft[98]).

§ 23. Erwerbsarten.

Der Erwerb der rechtlichen Herrschaft über eine Sache ist an bestimmte Thatsachen geknüpft. Die Verschiedenheit dieser Thatsachen begründet eine Verschiedenheit der Erwerbsarten.

Das BGB. behandelt getrennt

---

[95]) § 923 BGB.

[96]) Steht eine zusammengesetzte Sache (z. B. ein Haus, eine Mauer) auf der Grenze, so tritt im Falle der Trennung nicht Miteigenthum an dem gesammten Baumaterial ein, sondern nur an den (in Folge des Abreißens entstehenden) Einzelsachen, die von der Grenzlinie getroffen waren. Anscheinend anders Biermann S. 65.

[97]) Art. 122 Einf.Ges. z. BGB.

[98]) Art. 183 Einf.Ges. z. BGB.

I. den Erwerb und Verlust des Eigenthums an Grundstücken (§§ 925—928),
II. den Erwerb und Verlust des Eigenthums an beweglichen Sachen (§§ 929—984).

Bezüglich des Erwerbs des Eigenthums an beweglichen Sachen werden unterschieden

1. Uebertragung (§§ 929—936),
2. Ersitzung (§§ 937—945),
3. Verbindung, Vermischung, Verarbeitung (§§ 946—952),
4. Erwerb an Erzeugnissen und sonstigen Bestandtheilen einer Sache (§§ 953—957),
5. Aneignung (§§ 958—964),
6. Fund (§§ 965—984). Diese Eintheilung wird beibehalten, soweit überhaupt der Erwerb des Eigenthums an beweglichen Sachen hier behandelt wird.

Bezüglich des Eigenthumserwerbes der Erben und der Ehegatten muß auf das Erbrecht und das eheliche Güterrecht verwiesen werden.

§ 24. Erwerb des Eigenthums an Grundstücken.*)

Das BGB. schreibt nicht vor, daß Eigenthum an einem Grundstück nur durch Eintragung in das Grundbuch erworben werden könne. Die Eintragung ist Erforderniß der Eigenthumserwerbung nur in den Fällen der Uebertragung durch Rechtsgeschäft (§ 925), des Aufgebots (§ 927) und der Aneignung (§ 928); Eintragung muß auch vorliegen bei der Erwerbung durch Ersitzung (§ 900). Dagegen werden die der ehelichen Gütergemeinschaft unterliegenden Grundstücke kraft Gesetzes Eigenthum der Ehegatten (§§ 1438 Abs. 2, 1519 Abs. 2) und erwirbt der Erbe das Eigenthum an den Grundstücken des Erblassers ohne Eintragung (§ 1922)[1]; vergl. für Erwerb von Vereins- und Stiftungs-Vermögen durch den Fiskus §§ 46, 88 BGB. Ebenso vollzieht sich der Erwerb bei der Zwangsversteigerung schon durch den Zuschlag, nicht erst durch die Eintragung[2].

Soweit einzelne Materien der Landesgesetzgebung zur Regelung überlassen sind, sind die landesgesetzlichen Vorschriften auch für den Uebergang des Eigenthums maßgebend. S. § 8 nach Ziff. 3.

Zu § 24.

*) Der Erwerb des Eigenthums an einem Grundstück erfolgt auch nach dem Inkrafttreten des BGB. nach den bisherigen Gesetzen, bis das Grundbuch als angelegt anzusehen ist. Art. 189 Einf.Ges. z. BGB.

[1]) Zur Eigenthumsübertragung bei der Theilung eines Nachlasses oder einer ehelichen oder fortgesetzten Gütergemeinschaft bedarf es der Auflassung. Vergl. § 99 GBO. Ebenso bedarf es der Auflassung, wenn ein Grundstück in eine Gesellschaft eingebracht werden soll (vergl. § 706 BGB., auch Hahn Mat. zum Handelsges.B. S. 257).

[2]) §§ 90, 130 ZVG.

1. Auflassung.

Von Alters her war nach deutschem Rechte zur Uebertragung des Eigenthums an einem Grundstück ein formaler, öffentlicher oder gerichtlicher Akt, die Auflassung, erforderlich[3]). Man verstand darunter den feierlichen Verzicht auf jedes Recht am Grundstück. Das BGB. bezeichnet mit dem Worte Auflassung nicht den Verzicht des Veräußerers, sondern die Willenseinigung des Veräußerers und des Erwerbers über den Eintritt des Eigenthumsüberganges[4]). Diese Einigung unterliegt den Vorschriften über Rechtsgeschäfte, ist insbesondere nichtig wegen Simulation, anfechtbar wegen Irrthums, arglistiger Täuschung, widerrechtlicher Drohung. S. § 8 Ziff. 10 ff., § 5 Ziff. 6 ff. Die Einigung in Verbindung mit der Eintragung bewirkt den Uebergang des Eigenthums. Fehlt es an einem dieser beiden Erfordernisse, so tritt die Rechtsänderung nicht ein; s. § 8 Ziff. 1 ff.

Der obligatorische Vertrag, durch den der eine Theil sich verpflichtet, das Eigenthum an einem Grundstück zu übertragen (z. B. Kaufvertrag bezüglich eines Grundstücks), bedarf der gerichtlichen oder notariellen Beurkundung, wenn auch ein ohne Beobachtung dieser Form geschlossener Vertrag seinem ganzen Inhalte nach gültig wird, sobald die Auflassung und die Eintragung in das Grundbuch erfolgen[5]). Ebenso ist der dingliche Vertrag, die Auflassung, an eine besondere Form gebunden. Während regelmäßig (§ 128 BGB.) die Beurkundung eines Vertrages in der Weise vor sich gehen kann, daß zunächst der Antrag und sodann die Annahme des Antrags beurkundet wird, muß die Auflassung bei gleichzeitiger Anwesenheit beider Theile (der Parteien oder ihrer Vertreter)[6]) vor dem Grundbuchamte erklärt werden[7]). Diese Form ist vorgeschrieben, um den Betheiligten die Wichtigkeit ihres Vorhabens zum Bewußtsein zu bringen und sie gegen Uebereilung zu schützen, ferner, um eine Erfüllung Zug um Zug zu ermöglichen und die Gefahr auszuschließen, daß die Auflassung im Widerspruch mit dem Inhalt des Grundbuchs erfolgt[8]). Die Nichtbeobachtung der Formvorschrift zieht die Nichtigkeit der Auflassung nach sich[9])[10]).

---

[3]) Stobbe-Lehmann § 105.

[4]) § 925 BGB.

[5]) § 313 BGB. Vergl. jedoch § 98 GBO. S. § 8 Anm. 13.

[6]) Vergl. §§ 29, 31 GBO.

[7]) § 925 Abs. 1 BGB. Daß die Einigung grade im Lokale des Grundbuchamtes erklärt wird, wird nicht zu verlangen sein. Biermann S. 67.

[8]) Denkschr. S. 663.

[9]) § 125 BGB.

[10]) Der Landesgesetzgebung ist überlassen, in Ansehung der in dem Gebiete des Bundesstaates liegenden Grundstücke zu bestimmen, daß die Einigung der Parteien außer vor dem Grundbuchamt auch vor Gericht, vor einem Notar, vor einer anderen Behörde oder vor einem anderen Beamten erklärt werden kann, ferner, daß es bei der Auflassung eines Grundstücks der gleichzeitigen Anwesenheit beider Theile nicht bedarf, wenn das Grundstück durch ein Gericht oder einen

Die Nothwendigkeit der gleichzeitigen Anwesenheit der Betheiligten vor dem Grundbuchamt schließt nicht aus, daß, wenn eine Partei zu der von ihrer Seite zur Auflassung erforderlichen Erklärung rechtskräftig verurtheilt ist, die andere Partei unter Vorlegung eines Zeugnisses über die Rechtskraft des Urtheils oder, wenn die Willenserklärung von einer Gegenleistung abhängig gemacht ist (§ 894 Abs. 1 Satz 2 CPO.), unter Vorlegung einer vollstreckbaren Ausfertigung des Urtheils die ihrerseits erforderliche Erklärung vor dem Grundbuchamt abgeben kann[11]).

Ueber die Unwiderruflichkeit der Erklärungen s. § 8 Ziff. 18 ff.

Erst wenn die Einigung des Veräußerers und des Erwerbers[12]) erklärt ist, darf die Eintragung in das Grundbuch erfolgen[13]); sie darf nicht dem dinglichen Vertrage vorausgehen. Mit der Eintragung[14]) geht das Eigenthum auf den Erwerber über, unabhängig von dem dem dinglichen Vertrage etwa zu Grunde liegenden Kausalgeschäft[15]) und ohne daß es einer Uebergabe des Grundstücks bedarf[16]). Folgt auf die Auflassung keine Eintragung, so geht das Eigenthum nicht über. Erfolgt die Eintragung nicht sofort nach der Auflassung, so ist und bleibt der Veräußerer bis zur Eintragung des Erwerbers verfügungsberechtigt, könnte also das Grundstück noch belasten. Ist aber der Antrag auf Eintragung des Erwerbers gestellt, so kann eine spätere Verfügung des Veräußerers nicht mehr zur Eintragung kommen[17]).

Eine Auflassung, die unter einer Bedingung oder einer Zeitbestimmung erfolgt, ist unwirksam[18]). Das Ziel, das mit einer

---

Notar versteigert worden ist und die Auflassung noch in dem Versteigerungstermine stattfindet (Art. 143 Einf.Ges. z. BGB.). Es kann demnach für zulässig erklärt werden, daß der Ansteigerer einer Parcelle den Antrag auf Eintragung nach Abgabe des Höchstgebotes oder schon in den Versteigerungsbedingungen stellt, sich entfernt und der Versteigerer erst beim Schlusse der ganzen Versteigerung den Zuschlag und die Eintragungsbewilligung ertheilt.

[11]) Kom.Prot. 3 S. 177. Ist das Urtheil vorläufig vollstreckbar, so gilt die Eintragung einer Vormerkung als bewilligt (§ 895 CPO.).

[12]) Landesgesetzliche Erwerbsbeschränkungen siehe Art. 86—88 Einf.Ges. z. BGB.

[13]) § 20 GBO. S. § 8 Ziff. 18.

[14]) Vorherige Eintragung des Veräußerers s. § 13 Ziff. 72.

[15]) S. § 8 Ziff. 14 ff.

[16]) Die Gefahr des zufälligen Untergangs und einer zufälligen Verschlechterung der verkauften Sache geht mit der Uebergabe auf den Käufer über; von der Uebergabe an gebühren dem Käufer auch die Nutzungen und trägt er die Lasten der Sache. Diese Wirkungen treten mit der Eintragung ein, wenn der Käufer eines Grundstücks vor der Uebergabe als Eigenthümer in das Grundbuch eingetragen wird (§ 446 BGB.). Bei der Zwangsversteigerung ist der Zuschlag maßgebend (§§ 56, 89 ZVG.). — Die Kosten der Auflassung und Eintragung hat der Käufer zu tragen (§ 449 BGB.). — Haftung für Fehler und zugesicherte Eigenschaften s. §§ 459 ff. BGB.

[17]) § 17 GBO. S. § 13 Ziff. 48.

[18]) § 925 Abs. 2 BGB. Aus dieser Vorschrift ist nicht zu entnehmen,

bedingten oder betagten Auflassung zu erreichen wäre, nämlich, dem Eigenthümer eines Grundstücks zu ermöglichen, für einen ungewissen künftigen Fall oder von einem künftigen Zeitpunkt ab einem Anderen den Eigenthumserwerb und sich selbst im Falle der Uebertragung des Eigenthums auf einen Andern die Wiedererlangung des Eigenthums dinglich zu sichern, läßt sich durch Eintragung einer Vormerkung zur Sicherung eines bedingten oder betagten Anspruchs auf Uebertragung oder Rückübertragung des Eigenthums erreichen[19].

Ist die Auflassung ohne Bedingung oder Zeitbestimmung erfolgt, aber der Eintragungsantrag an einen Vorbehalt geknüpft, so greift die Bestimmung des § 16 GBO. Platz. S. § 13 Ziff. 44.

Da zu Gunsten desjenigen, der ein Recht an einem Grundstück durch Rechtsgeschäft erwirbt, der Inhalt des Grundbuchs als richtig gilt, sofern nicht die Unrichtigkeit dem Erwerber bekannt ist (§ 892 BGB.), so kann ein Erwerber das Eigenthum an einem Grundstück auch mittels der Auflassungserklärung eines Nichteigenthümers erlangen, falls der Nichteigenthümer im Grundbuch als Eigenthümer eingetragen ist. Ist aber in einem solchen Falle dem Erwerber die Unrichtigkeit des Grundbuchs bekannt, so erlangt der Erwerber kein Eigenthum[20]. S. § 7.

Mit dem Eigenthum an dem Grundstück erlangt der Erwerber auch das Eigenthum an den zur Zeit des Erwerbes, also zur Zeit der Eintragung, vorhandenen Zubehörstücken[21], die dem Veräußerer gehören, sofern Veräußerer und Erwerber darüber einig sind, daß sich die Veräußerung auf das Zubehör erstrecken soll. Im Zweifel

---

daß bedingtes Eigenthum als unzulässiges Recht (vergl. Art. 189 Abs. 1 Satz 3 Einf.Ges. z. BGB.) anzusehen wäre.

[19]) Denkschr. S. 663. Vergl. § 883 BGB. S. § 11 Ziff. 34 ff. Statt eines aufschiebend bedingten Eigenthums kommt nur der Anspruch des Erwerbers, daß ihm im Falle des Eintritts der Bedingung (z. B. der Zahlung des Kaufpreises) das Eigenthum eingeräumt werde, zur Eintragung; statt eines auflösend bedingten Eigenthums wird ein unbedingtes Eigenthum des Erwerbers eingetragen, zugleich aber der Anspruch des Veräußerers vorgemerkt, daß ihm bei Eintritt der Bedingung (z. B. Nichtzahlung des Kaufpreises an dem festgesetzten Termine) das Eigenthum wieder zu übertragen sei. — Auch ohne diese dingliche Sicherung des Anspruchs kann das obligatorische Rechtsgeschäft, das zur Auflassung verpflichtet, bedingt, die Auflassung unbedingt abgeschlossen sein. In keinem Falle hat der Ausfall der aufschiebenden oder der Eintritt der auflösenden Bedingung des obligatorischen Rechtsgeschäfts die Wirkung, daß das übertragene Eigenthum von selbst zurückfällt, sondern nur die Wirkung, daß der Erwerber verpflichtet ist, die durch das dingliche Rechtsgeschäft eingetretene Rechtsänderung rückgängig zu machen. Planck 1 S. 205.

[20]) Man spricht von einer Duplicität des Eigenthums, wenn der Eingetragene nur die buchmäßige Legitimation eines Eigenthümers erlangt, das Eigenthum selbst einem Nichteingetragenen zusteht. Der Ausdruck scheint sich in das neue Recht forterben zu sollen (Biermann S. 68, Dernburg S. 255), man wird darauf verzichten können, es dürfte genügen, in einem solchen Falle von einer Unrichtigkeit des Grundbuchs zu sprechen, ein doppeltes Eigenthum entsteht nicht.

[21]) §§ 97, 98 BGB. S. § 4 Ziff. 40 ff.

ist anzunehmen, daß sich die Veräußerung auf das Zubehör erstrecken soll[22]; es hat demnach derjenige, der den Eigenthumsübergang bezüglich einzelner Zubehörstücke leugnet, darzuthun, daß sie ausdrücklich bei dem Abschluß des dinglichen Vertrages ausgenommen worden sind oder daß der Ausschluß sich aus den Umständen ergibt[23].

Da die Zubehörstücke selbstständige bewegliche Sachen sind, kann in solcher Weise Eigenthum an beweglichen Sachen unabhängig von einer Uebergabe (§ 929 BGB.) erlangt werden. Wäre zur Uebertragung des Eigenthums an dem Zubehör Uebergabe erforderlich, so würde der Erwerber des Grundstücks unter Umständen Gefahr laufen, in Folge von Pfändungen, die in der Zeit von der Auflassung bis zur Uebergabe erwirkt werden könnten, oder in Folge einer in dieser Zeit eingetretenen Verfügungsbeschränkung des Veräußerers von dem Erwerbe der Zubehörstücke ausgeschlossen und auf diese Weise in der Bewirthschaftung des Grundstücks wesentlich beeinträchtigt zu werden[24]. Nur für solche Zubehörstücke, die dem Veräußerer nicht gehören oder die mit Rechten Dritter belastet sind, verbleibt es bei den Vorschriften, die für den Erwerb des Eigenthums an beweglichen Sachen gegeben sind (§§ 932—936 BGB.) mit der Maßgabe, daß der gute Glaube des Erwerbers zur Zeit der Erlangung des Besitzes vorhanden sein muß[25]. Der Besitz darf ein mittelbarer sein. Bei Zubehörstücken, die dem Veräußerer gehören, die aber mit Rechten Dritter belastet sind, erlangt der Erwerber das Eigenthum mit dem Eigenthum an dem Grundstück, aber die Rechte Dritter bleiben bestehen, diese erlöschen erst, wenn der Erwerber den Besitz der belasteten Sachen auf Grund der Veräußerung erlangt und zu dieser Zeit hinsichtlich des Rechtes des Dritten in gutem Glauben ist.

An beweglichen Sachen, die kein Zubehör sind (vergl. § 95 BGB.), wird Eigenthum übertragen nach den Bestimmungen der §§ 929 ff. BGB.

2. Aufgebotsverfahren.

Wer seit 30 Jahren ein Grundstück im Eigenbesitze hat, ohne als Eigenthümer eingetragen zu sein[26], kann im Wege des Aufgebotsverfahrens den Eigenthümer mit seinem Rechte ausschließen lassen[27].

---

[22] § 926 Abs. 1 BGB. Auch § 314 BGB. gibt die Auslegungsvorschrift, daß, wenn sich Jemand zur Veräußerung oder Belastung einer Sache verpflichtet, die Verpflichtung sich im Zweifel auch auf das Zubehör der Sache erstreckt.

[23] Der Ausschluß kann sich auch aus dem voraufgegangenen obligatorischen Vertrage ergeben. Kom.Prot. 3, S. 180.

[24] Kom.Prot. 3, S. 179.

[25] § 926 Abs. 2 BGB.

[26] Nach Abschluß des obligatorischen Rechtsgeschäfts wird z. B. das Grundstück dem Erwerber übergeben, ohne daß es zur Auflassung und Eintragung kommt.

[27] § 927 BGB. Die 30jährige Besitzzeit wird in gleicher Weise berechnet wie die Frist für die Ersitzung einer beweglichen Sache.

Ist kein Eigenthümer eingetragen, so kann das Verfahren auf Grund des 30jährigen Eigenbesitzes durchgeführt werden. Ist ein Eigenthümer in dem Grundbuch eingetragen, so ist das Aufgebotsverfahren nur zulässig, wenn der eingetragene Eigenthümer gestorben oder verschollen ist und eine Eintragung in das Grundbuch, die der Zustimmung des Eigenthümers bedurfte, seit 30 Jahren nicht erfolgt ist. Daß der Eigenthümer seit 30 Jahren gestorben oder verschollen wäre, ist nicht verlangt.

Das Aufgebotsverfahren richtet sich nach §§ 946 ff. und 977 ff. CPO. Zuständig ist das Gericht, in dessen Bezirk das Grundstück belegen ist. Antragsberechtigt ist der Eigenbesitzer. Der Antragsteller hat die zur Begründung des Antrags erforderlichen Thatsachen vor der Einleitung des Verfahrens glaubhaft zu machen. In dem Aufgebot ist der bisherige Eigenthümer aufzufordern, sein Recht spätestens im Aufgebotstermin anzumelden, widrigenfalls seine Ausschließung erfolgen werde. Die Landesgesetze können die Art der Veröffentlichung des Aufgebots und des Ausschlußurteils sowie die Aufgebotsfrist anders bestimmen, als in den §§ 948, 950, 956 CPO. vorgeschrieben ist (§ 1024 CPO.).

Ist das Ausschlußurtheil ergangen, so erlangt derjenige, welcher es erwirkt hat, das Eigenthum an dem Grundstück dadurch, daß er sich als Eigenthümer eintragen läßt. Guter Glaube des Erwerbers ist nicht erforderlich.

Ist vor der Erlassung des Ausschlußurtheils ein Dritter als Eigenthümer oder wegen des Eigenthums eines Dritten ein Widerspruch gegen die Richtigkeit des Grundbuchs eingetragen worden, so wirkt das Urtheil nicht gegen den Dritten. Ist der Dritte als Eigenthümer eingetragen, so ist eine Eintragung auf Grund des Ausschlußurtheils nicht möglich. Ist ein Widerspruch zu Gunsten des Dritten eingetragen, so wird dadurch die Eintragung nicht gehindert, dem Dritten bleiben aber die Rechte aus dem Widerspruch gewahrt. Die bloße Erhebung der Eigenthumsklage durch den Dritten (ohne Eintragung) entzieht dem Ausschlußurtheil die Wirkung gegen den Kläger nicht. Siegt der Kläger jedoch, so wird er den Beklagten, wenn dieser auf Grund des Ausschlußurtheils eingetragen worden ist, aus dem Grundbuch verdrängen können[28]).

3. Aneignung.

Das Eigenthum an einem eingetragenen Grundstück kann durch einseitigen Verzicht aufgegeben werden. Der Verzicht ist dem Grundbuchamt gegenüber zu erklären und in das Grundbuch einzutragen[29]). Mit der Eintragung des Verzichts wird das Grundstück herrenlos. Die an dem Grundstück bestehenden Rechte bleiben in Kraft. Damit

[28]) Vergl. Mot. 3, 331.

[29]) § 928 Abs. 1 BGB. Der Verzicht ist sofort unwiderruflich (vergl. § 875 Abs. 2 BGB.). Biermann S. 71.

in der Zeit, in welcher das Grundstück herrenlos ist, derjenige, welcher ein Recht an dem Grundstück geltend machen will, in der Verfolgung seines Rechtes nicht gehindert ist, sind in der CPO. §§ 58 und 787 Vorkehrungen getroffen[30]).

Die Aneignung eines solchen herrenlosen Grundstückes steht nicht Jedermann, sondern nur dem Fiskus des Bundesstaates zu, in dessen Gebiet das Grundstück liegt[31]). Der Fiskus erwirbt das Eigenthum dadurch, daß er sich als Eigenthümer in das Grundbuch eintragen läßt[32]). Einer Besitzergreifung bedarf es nicht. Der Antrag, den der Fiskus an das Grundbuchamt stellt, ist das Rechtsgeschäft, durch das unter Hinzutritt der Eintragung der Eigenthumserwerb vor sich geht.

Die Formvorschriften des § 925 (Auflassung) kommen bei der Aneignung nicht in Betracht.

Für den Verzicht auf Miteigenthumsantheile und für die Aneignung eines herrenlosen Antheils gelten keine abweichenden Bestimmungen[33]).

4. Ersitzung.

S. § 12 Ziff. 6 ff. Uebergangsbestimmungen § 12 Text nach Ziff. 8. Erfordernisse der (Tabular-) Ersitzung sind: Eintragung im Grundbuch, Eigenbesitz und 30jährige Dauer der Eintragung und des Eigenbesitzes[34]). Ein Titel ist zum Eigenthumserwerbe nicht verlangt, auch wird der Eigenthumserwerb nicht dadurch ausgeschlossen, daß der Ersitzende zur Zeit der Eintragung oder der Besitzerlangung nicht in gutem Glauben war. Der Lauf der Frist ist gehemmt, solange ein Widerspruch gegen die Richtigkeit der Eintragung im Grundbuch eingetragen ist. Im Uebrigen finden auf die dreißigjährige Frist die Vorschriften über die Frist für die Ersitzung einer beweglichen Sache Anwendung: Die Frist kann nicht beginnen und, falls sie begonnen hat, nicht fortgesetzt werden, solange die Verjährung des Herausgabe-Anspruchs des Eigenthümers gehemmt ist oder ihrer Vollendung die Vorschriften der §§ 206, 207 BGB. entgegenstehen[35]). Gehemmt ist die Verjährung des Eigenthumsanspruchs, solange der Besitzer vorübergehend zur Verweigerung der Herausgabe nach § 202 BGB. berechtigt ist, ferner, solange innerhalb der letzten 6 Monate

---

[30]) Durch § 787 CPO. ist die Zwangsvollstreckung ermöglicht trotz der Vorschrift des § 16 ZVG., wonach die Zwangsvollstreckung nur angeordnet werden darf, wenn der Schuldner als Eigenthümer eingetragen oder wenn er Erbe des eingetragenen Eigentümers ist.

[31]) Die landesgesetzlichen Vorschriften, nach welchen das Aneignungsrecht an Stelle des Fiskus einer bestimmten anderen Person zusteht, bleiben unberührt (Art. 129 Einfges. z. BGB.).

[32]) § 928 Abs. 2 BGB. Das Aneignungsrecht des Fiskus erstreckt sich auch auf die Grundstücke, die zu der Zeit herrenlos sind, zu welcher das Grundbuch als angelegt anzusehen ist (Art. 190 Einfges. z. BGB.).

[33]) Biermann S. 71.

[34]) § 900 Abs. 1 BGB.

der Verjährungsfrist der Eigenthümer durch Stillstand der Rechtspflege oder durch höhere Gewalt an der Rechtsverfolgung verhindert ist, endlich zwischen Ehegatten während der Dauer der Ehe, zwischen Eltern und Kindern während der Minderjährigkeit des Kindes, zwischen Vormund und Mündel während der Dauer des Vormundschaftsverhältnisses[36]). Die dreißigjährige Frist wird unterbrochen durch den Verlust des Eigenbesitzes, doch gilt die Unterbrechung als nicht erfolgt, wenn der Eigenbesitzer den Eigenbesitz ohne seinen Willen verloren und ihn binnen Jahresfrist oder mittels einer innerhalb dieser Frist erhobenen Klage wieder erlangt hat[37]). Die dreißigjährige Frist wird auch unterbrochen, wenn der Eigenthumsanspruch von dem Eigenthümer gegen den Eigenbesitzer oder im Falle eines mittelbaren Eigenbesitzes gegen den Besitzer gerichtlich geltend gemacht wird, der sein Recht zum Besitze von dem Eigenbesitzer ableitet (vergl. §§ 941, 209–212, 216, 219, 220 BGB.). Wird die dreißigjährige Frist unterbrochen, so kommt die bis zur Unterbrechung verstrichene Frist nicht in Betracht; eine neue dreißigjährige Frist kann erst nach der Beendigung der Unterbrechung beginnen[38]). Gelangt das Grundstück durch Rechtsnachfolge in den Eigenbesitz eines Dritten, so kommt die während des Besitzes des Rechtsvorgängers verstrichene Zeit dem Dritten zu statten, ebenso dem Erben die zu Gunsten eines Erbschaftsbesitzers verstrichene Zeit[39]). Eintragung des Erbschaftsbesitzers im Grundbuch ist nicht erforderlich, die Eintragung des Erblassers genügt.

5. Zuschlag bei Zwangsversteigerung.

Bei der Zwangsversteigerung wird der Ersteher durch den Zuschlag Eigenthümer des Grundstücks, es erlöschen auch die Rechte, welche nicht nach den Versteigerungsbedingungen bestehen bleiben. Der Ersteher ist nicht Rechtsnachfolger des Schuldners, er wird auch Eigenthümer, wenn dem Schuldner das Grundstück nicht gehört haben sollte. Der Uebergang des Eigenthums vollzieht sich kraft der richterlichen Verfügung, unabhängig von der Eintragung des Erstehers und unabhängig von der Berichtigung des Baargebots. Die Berichtigung des Grundbuchs erfolgt erst nach Ausführung des Theilungsplanes[40]).

§ 25. Erwerb des Eigenthums an beweglichen Sachen.

Der Erwerb des Eigenthums an beweglichen Sachen kann im Rahmen dieses Werkes nur im Allgemeinen behandelt werden.

---

[35]) § 939 BGB.
[36]) §§ 203, 204 BGB.
[37]) § 940 BGB.
[38]) § 942 BGB.
[39]) §§ 943, 944 BGB.
[40]) Vergl. §§ 90, 91, 130 ZVG. Ueber Zuschlag eines Grundstücks, das im Grundbuch doppelt eingetragen ist, irrthümlich auf den Namen des Schuldners, richtig auf den Namen eines Dritten, s. Reichsg. Entsch. 11 S. 275.

In den §§ 929—984 bestimmt das BGB. die Arten der auf Rechtsgeschäft oder auf gesetzlicher Vorschrift beruhenden Eigenthumserwerbung, deren Regelung mit der Natur der beweglichen Sachen überhaupt zusammenhängt. An anderen Stellen (z. B. §§ 588, 589, 594, 910, 1048, 1067, 1075, 1084, 1378, 1381, 1438, 1485, 1519, 1646, 1922) finden sich Sondervorschriften, welche eine kraft Gesetzes eintretende Aenderung im Eigenthum aus Anlaß gewisser Rechtsverhältnisse bestimmen. Dergleichen Sondervorschriften bietet auch das sonstige Reichsrecht und das in Wirksamkeit erhaltene Landesrecht, insbesondere in den Vorschriften, welche die Verwirkung des Eigenthums zur Strafe bestimmen (z. B. §§ 40, 152, 295, 335, 369 Strafgesetzbuch, ferner Bestimmungen des Vereinszollgesetzes u. a.). In einem jeden Falle, in welchem die Aenderung im Eigenthum kraft Gesetzes eintritt, sind lediglich aus dem zur Anwendung gelangenden Gesetze die Voraussetzungen zu entnehmen, welche eingetreten sein müssen, damit die Aenderung im Rechte sich vollziehe[1] [2]).

Die in den §§ 929 ff. behandelten Erwerbsarten sind:

1. Uebertragung.

Zur Uebertragung des Eigenthums an einer beweglichen Sache auf dem Wege vertragsmäßiger Veräußerung verlangt das BGB. Uebergabe der Sache an den Erwerber und Einigung des Veräußerers und des Erwerbers darüber, daß das Eigenthum übergehen soll[3]). Unter der Uebergabe ist die Verschaffung des Besitzes zu verstehen, einer körperlichen Uebergabe bedarf es nicht. Die Uebergabe hat durch den Eigenthümer oder einen Vertreter des Eigenthümers an den Erwerber oder einen Vertreter des Erwerbers zu erfolgen. Bei Versendung an einen Abwesenden geht das Eigenthum erst mit der Einhändigung über, falls nicht die Mittelsperson Vertreter des Erwerbers ist[4]). Die Einigung des Veräußerers und des Erwerbers stellt sich als dinglicher Vertrag dar, dessen Rechtswirkung von dem zu Grunde liegenden Kausalgeschäfte unabhängig ist. Die Vorschriften über Rechtsgeschäfte, im Besondern über Verträge, haben Anwendung zu finden (Geschäftsfähigkeit, Willensmängel). Eine Form für die Einigung ist nicht vorgeschrieben, sie kann stillschweigend geschehen. Die Uebertragung des Eigenthums kann unter einer Bedingung oder Befristung erfolgen[5]), auf diese Weise kann

---

Zu § 25.

[1]) Vergl. Mot. 3, 332.

[2]) Durch Zuschlag bei der Zwangsversteigerung wird das Eigenthum der beweglichen Sachen erworben, auf welche sich die Versteigerung erstreckt hat (§ 90 Abs. 2 ZVG.); bei Versteigerung gepfändeter Sachen bedarf es der Uebergabe an den Meistbietenden. Biermann S. 72. Vergl. Reichsg. Entsch. 13, 272 zu § 817 CPO.

[3]) § 929 BGB.

[4]) Biermann S. 72, Dernburg S. 278.

[5]) Kom.-Bericht S. 2000 Ziff. 15.

der Uebergang des Eigenthums von dem Kausalgeschäfte abhängig gemacht werden[6]). Erfüllt ein Eigenthümer die von ihm übernommene Verpflichtung zur Uebertragung des Eigenthums nicht, so kann die zu dem Eintritt der Rechtsänderung erforderliche Erklärung — ebenso wie bei dem Erwerber — durch Urtheil ersetzt werden. Ist der Schuldner zur Uebertragung des Eigenthums verurtheilt, so gilt die Uebergabe der Sache als erfolgt, wenn der Gerichtsvollzieher die Sache zum Zwecke der Ablieferung an den Gläubiger wegnimmt[7]).

Soweit es gilt, den redlichen Erwerber zu schützen, wird von dem Erfordernisse, daß der Veräußerer Eigenthümer sei, abgesehen. Auch wenn die Sache dem Veräußerer nicht gehört, erlangt der Dritte das Eigenthum, es sei denn, daß er zur Zeit der Erwerbung nicht in gutem Glauben ist[8]). Der Erwerber ist nicht in gutem Glauben, wenn ihm bekannt oder in Folge grober Fahrlässigkeit unbekannt ist, daß die Sache nicht dem Veräußerer gehört[9])[10]). Maßgebend für den guten Glauben ist bei dem Erwerbe durch Uebergabe der Zeitpunkt des Besitzerwerbes.

Ist der Erwerber schon im Besitze der Sache, so genügt zum Eigenthumserwerb die Einigung über den Uebergang des Eigenthums. Bei Veräußerung durch einen Nichteigenthümer muß der Erwerber den Besitz von dem Veräußerer erlangt haben[11]).

Ist der Eigenthümer im Besitze[12]) der Sache, so kann die Uebergabe dadurch ersetzt werden, daß zwischen ihm und dem Erwerber ein Rechtsverhältniß vereinbart wird, vermöge dessen der Erwerber

---

[6]) Ueber Bedingung und Zeitbestimmung s. § 5 Ziff. 32 ff.

[7]) §§ 894, 897 CPO. Auf einen Erwerb, der sich nach diesen Vorschriften vollzieht, finden die Bestimmungen des BGB. zu Gunsten derjenigen, welche Rechte von einem Nichtberechtigten herleiten, Anwendung (§ 898 CPO.).

[8]) § 932 BGB. Die Beweislast für den bösen Glauben trifft den Eigenthümer, der die Herausgabe von dem Erwerber verlangt.

[9]) § 932 Abs. 2 BGB. Guter Glaube ist nicht die Meinung rechtmäßigen Erwerbes. Dernburg fragt (S. 271): Soll etwa als Gutgläubiger ersitzen, wer wußte, daß der Veräußerer bei der Uebertragung seiner Sache geisteskrank oder ein Minderjähriger war, oder daß die Uebertragung durch den Eigenthümer auf Irrthum oder Betrug beruht und angefochten ist? Dieser Einwand dürfte nicht zutreffend sein, für den Eigenthumserwerb durch Uebergabe nicht, weil die Einigung Rechtsgeschäft ist, für die Ersitzung nicht, weil aus § 937 Abs. 2 zu entnehmen sein wird, daß bei der Ersitzung der gute Glaube fehlt, falls dem Besitzer bei dem Erwerbe des Eigenbesitzes bekannt oder in Folge grober Fahrlässigkeit unbekannt ist oder falls er später erfährt, daß ihm das Eigenthum nicht zusteht.

[10]) Bei Veräußerung einer beweglichen Sache durch einen Kaufmann im Betriebe seines Handelsgewerbes genügt es, wenn der gute Glaube des Erwerbers die Befugniß des Veräußerers betrifft, über die Sache für den Eigenthümer zu verfügen (§ 366 Handelsgesetzbuch). Vergl. § 367 Handelsgesetzbuch.

[11]) § 929 Satz 2 und § 932 Abs. 1 Satz 2 BGB. Hat A den Besitz von B erlangt, so erwirbt er durch Vereinbarung mit dem Nichteigenthümer C kein Eigenthum, wenn er auch den C für den Eigenthümer hält.

[12]) Mittelbarer Besitz wird genügen. Biermann S. 73.

den mittelbaren Besitz erlangt[13]). Von einem Nichteigenthümer kann auf diese Weise Eigenthum nicht erworben werden; trotz solchen Vertrages mit einem gutgläubigen Dritten bleibt der Besitzer der Vindikation ausgesetzt, der Dritte erwirbt das Eigenthum erst, wenn ihm die Sache von dem Veräußerer übergeben wird, es sei denn, daß er zu dieser Zeit nicht in gutem Glauben ist[14]).

Ist ein Dritter im Besitze, so kann die Uebergabe dadurch ersetzt werden, daß der Eigenthümer dem Erwerber den Anspruch auf Herausgabe der Sache abtritt[15]). Der Besitzer kann dem neuen Eigenthümer die Einwendungen entgegensetzen, welche ihm gegen den Anspruch auf Herausgabe zustehen[16]). Gehört die Sache nicht dem Veräußerer, so erlangt der Erwerber, falls der Veräußerer mittelbarer Besitzer der Sache ist, das Eigenthum mit der Abtretung des Anspruchs, andernfalls erst dann, wenn er den Besitz der Sache von dem Dritten erhält, es sei denn, daß er zur Zeit der Abtretung oder des Besitzerwerbes nicht in gutem Glauben ist[17]).

In solcher Weise kann ein Dritter durch Einigung mit einem Nichteigenthümer auch Sachen zu eigen erwerben, die dem Eigenthümer oder, wenn der Eigenthümer nur mittelbarer Besitzer war, dem Besitzer gestohlen, verloren gegangen oder sonst abhanden gekommen sind, doch gilt dies nur für Geld oder Inhaberpapiere oder für Sachen, die im Wege öffentlicher Versteigerung[18]) veräußert werden. Im Uebrigen kann, wenn — was der Eigenthümer zu beweisen hat — eine Sache dem Eigenthümer oder dem unmittelbaren Besitzer in der bezeichneten Weise ohne seinen Willen entzogen worden ist, Eigenthum nicht erlangt werden, auch wenn der Erwerber in gutem Glauben ist[19]).

Daß mit dem Erwerbe des Eigenthums das bisherige Eigenthum erlischt, ist selbstverständlich, da es kein zwiefaches Eigenthum an einer und derselben Sache gibt. Es erlöschen aber auch — mag durch Einigung mit dem Eigenthümer oder durch Einigung mit einem Nichteigenthümer erworben werden — die sonstigen an der Sache begründeten Rechte Dritter (Nießbrauch, Pfandrecht). Vorausgesetzt wird jedoch vor Allem, daß Eigenthum erworben wird, ferner im Falle des § 929 Satz 2, daß der Erwerber den Besitz von dem Veräußerer erlangt hatte, im Falle des § 930 oder wenn die nach § 931 veräußerte Sache nicht im mittelbaren Besitze des Veräußerers war, daß der Erwerber auf Grund der Veräußerung den Besitz der Sache

[13]) § 930 BGB.; constitutum possessorium.
[14]) § 933 BGB.
[15]) § 931 BGB. Durch Anweisung an den unmittelbaren Besitzer kann die Uebergabe nicht ersetzt werden. Vergl. Reatz 1 S. 461.
[16]) § 986 Abs. 2 BGB.
[17]) § 934 BGB.
[18]) § 383 BGB. Für § 825 CPO. s. Jur. Woch. 1897 S. 149[16].
[19]) § 935 BGB. Vergl. Reichsg. Entsch. 1 S. 255, 415, 35 S. 337. Zach.-Crome 1 S. 338 Anm. 9.

erlangt. Das Recht des Dritten erlischt nicht, wenn der Erwerber zu der hienach maßgebenden Zeit nicht in gutem Glauben ist d. h. wenn er das Recht kennt oder in Folge grober Fahrlässigkeit nicht kennt. Steht das Recht dem Drittbesitzer (§ 931) zu, so erlischt es auch dem gutgläubigen Erwerber gegenüber nicht[20][21]).

Wird durch die Verfügung eines Nichtberechtigten ein Recht verloren, so ist der Nichtberechtigte dem Berechtigten zur Herausgabe des durch die Verfügung Erlangten verpflichtet, erfolgte die Verfügung unentgeltlich, so trifft die gleiche Verpflichtung denjenigen, der auf Grund der Verfügung unmittelbar einen rechtlichen Vortheil erlangt hat[22]).

2. Ersitzung.

Alle beweglichen Sachen, auch die gestohlenen und verlorenen, können ersessen werden. Zur Ersitzung wird ein 10 Jahre dauernder Eigenbesitz verlangt; mittelbarer Eigenbesitz genügt. Den Nachweis, daß diese Voraussetzungen vorliegen (bewegliche Sache, Eigenbesitz, Dauer von 10 Jahren), hat der Ersitzende zu erbringen. Die Ersitzung ist ausgeschlossen, wenn der Erwerber bei dem Erwerbe des Eigenbesitzes in Kenntniß oder in grobfahrlässiger Unkenntniß darüber ist, daß ihm das Eigenthum nicht zusteht, oder wenn er dies später erfährt. Der Gegner des Ersitzenden hat den Mangel des guten Glaubens zu beweisen[23]).

Einige Bestimmungen erleichtern den Beweis des zehnjährigen Besitzes. Hat Jemand eine Sache am Anfang und am Ende eines Zeitraumes im Eigenbesitze gehabt, so wird vermuthet, daß sein Eigenbesitz auch in der Zwischenzeit bestanden habe. Auch wird die Besitzzeit eines Rechtsvorgängers eingerechnet, desgleichen kommt dem Erben die Ersitzungszeit des Erbschaftsbesitzes zu Statten[24]). Auf den Besitz des Erblassers kann sich der Erbe gemäß § 857 BGB. berufen[25]).

---

[20]) § 936 BGB. S. jedoch § 1121 Abs. 2 BGB.

[21]) Die §§ 932—936 sind Vorschriften zu Gunsten derjenigen, welche Rechte von einem Nichtberechtigten herleiten. Diese Vorschriften finden entsprechende Anwendung, wenn die Veräußerung gegen ein Veräußerungsverbot verstößt, das nur den Schutz bestimmter Personen bezweckt (§§ 135, 136 BGB.), wenn also der Veräußerer zwar Eigenthümer, aber in der angegebenen Weise in der Verfügung beschränkt ist. Dasselbe gilt (nach § 161 Abs. 3), wenn ein nur bedingt Berechtigter veräußert hat, deßgleichen (nach § 2113 Abs. 3, 2129 Abs. 2) für Verfügungen des Vorerben und (nach § 2211) für Verfügungen des Erben über Gegenstände, die der Verwaltung des Testamentsvollstreckers unterliegen. Der böse Glaube besteht in diesen Fällen in der Kenntniß oder grobfahrlässigen Unkenntniß des Rechtsmangels oder der Verfügungsbeschränkung. — Guter Glaube hinsichtlich der mangelnden Geschäftsfähigkeit einer Person nützt nichts. Ueber den guten Glauben bei Vertretern s. § 5 Ziff. 45.

[22]) § 816 BGB. Die Haftung ist nur eine persönliche. — Liegt eine unerlaubte Handlung vor, so kommen §§ 823 ff. zur Anwendung.

[23]) Vergl. § 937 BGB.

[24]) §§ 938, 943, 944 BGB.

[25]) Aus § 857 ist nicht zu entnehmen, daß der Erbe keinen (gutgläubigen)

Ueber Hemmung und Unterbrechung der Ersitzung s. § 24 Ziff. 35—38.

Die Ersitzung richtet sich gegen Alle, die ein Recht an der Sache haben, sie verschafft Eigenthum und Freiheit von den vor dem Erwerbe des Eigenbesitzes begründeten Rechten Dritter. Doch erlöschen die Rechte Dritter erst mit dem Erwerbe des Eigenthums durch den Ersitzenden, ferner erlischt das Recht eines Dritten nicht, wenn der Eigenbesitzer bei dem Erwerbe des Eigenbesitzes in Kenntniß oder grobfahrlässiger Unkenntniß hinsichtlich des Rechtes des Dritten ist oder das Bestehen dieses Rechtes später erfährt, endlich muß die Ersitzungsfrist auch in Ansehung des Rechtes eines Dritten verstrichen sein, wobei zu Gunsten jedes einzelnen Berechtigten die Vorschriften über Hemmung und Unterbrechung der Ersitzung Anwendung finden[26]). Hienach besteht die Möglichkeit, daß eine (mit Nießbrauch oder Pfandrecht) belastete Sache unter Fortbestand der Belastung zu eigen ersessen wird[27]).

3. Verbindung und Vermischung.[28])

Eine bewegliche Sache kann mit einem Grundstück oder mit einer beweglichen Sache so verbunden werden, daß die beiden verbundenen Sachen nach der Auffassung des Verkehrs als eine einzige Sache zu betrachten sind. Werden in solcher Weise selbstständige Sachen zu Bestandtheilen einer Einzelsache, so zieht diese Vereinigung nicht nothwendig eine Aenderung in den dinglichen Rechtsverhältnissen nach sich, mögen die Sachen in gesondertem Eigenthum gestanden haben oder, wenn sie einem einzigen Eigenthümer gehörten, verschiedenen Rechten Dritter unterworfen gewesen sein. Trotz der Vereinigung können insbesondere die einzelnen Bestandtheile vor der Trennung einzeln vindicirt werden[29]).

Eigenbesitz beginnen kann, wenn der Erblasser Fremdbesitzer war. A. M. Dernburg S. 292.

[26]) § 945 BGB. Ist das Eigenthum auf andere Weise als durch Ersitzung erworben (z. B. durch Aneignung einer herrenlos gewordenen, aber mit einem Nießbrauch oder Pfandrecht belasteten Sache), so kann die Freiheit von dem begrenzten Rechte für sich allein ersessen werden. Mot. 3, 356, Kom.Prot. 3 S. 238.

[27]) Ist am 1. Januar 1900 die Ersitzung des Eigenthums einer beweglichen Sache noch nicht vollendet, so finden die Vorschriften des BGB. Anwendung. Der Beginn sowie die Hemmung und Unterbrechung der Ersitzung bestimmen sich jedoch für die Zeit vor dem 1. Januar 1900 nach den bisherigen Gesetzen. Ist die Ersitzungszeit nach dem BGB. kürzer als nach den bisherigen Gesetzen, so wird die kürzere Frist vom 1. Jan. 1900 an berechnet. Läuft aber die in den bisherigen Gesetzen bestimmte längere Frist früher ab als die im BGB. bestimmte kürzere, so ist die Ersitzung mit dem Ablaufe der längeren Frist vollendet (Art. 185, 169 Einf. z. BGB.). Ist die Ersitzungszeit nach dem BGB. länger als nach den bisherigen Gesetzen, so bedarf es des Ablaufes dieser längeren Frist, deren Beginn unter das alte Recht fällt.

[28]) Anlandungen, Anschwemmungen unterliegen der Regelung durch die Landesgesetzgebung (Art. 65, 66 Einf. z. BGB.).

[29]) Vergl. Mot. 3, 357.

Das Verhältniß ändert sich, wenn die Verbindung derart ist, daß die verbundenen Sachen als *wesentliche Bestandtheile* der Einzelsache sich darstellen. Wann dies der Fall ist, ergibt sich aus den §§ 93—95 BGB. s. § 4 Ziff. 15 ff. Wesentliche Bestandtheile einer Sache können nicht Gegenstand besonderer Rechte sein. Dementsprechend sind die Bestimmungen über den Eigenthumserwerb getroffen.

Wird eine bewegliche Sache mit einem *Grundstück* dergestalt verbunden, daß sie wesentlicher Bestandtheil des Grundstücks wird, so erstreckt sich das Eigenthum an dem Grundstück auf diese Sache[30]. Die bewegliche Sache, die wesentlicher Bestandtheil des Grundstücks geworden ist, gleichgültig durch wen und auf welche Weise[31], theilt das rechtliche Schicksal der Hauptsache, des Grundstücks, das fremde Eigenthum an ihr erlischt (es ruht nicht etwa bloß), es erlöschen auch die sonstigen an ihr bestehenden Rechte (Nießbrauch, Pfandrecht). Ist das Grundstück belastet, so erstrecken sich diese auf dem Grundstück ruhenden Rechte auf die hinzutretende Sache[32]. Doch tritt eine Ausgleichung ein. Wer in Folge einer solchen Verbindung einer beweglichen Sache mit einem Grundstück einen Rechtsverlust erleidet, kann von demjenigen, zu dessen Gunsten die Rechtsänderung eintritt, Vergütung in Geld nach den Vorschriften über die Herausgabe einer ungerechtfertigten Bereicherung fordern (§§ 812 ff. BGB.), aber die Wiederherstellung des früheren Zustandes kann nicht verlangt werden. Nur wenn ein Anspruch auf Grund einer unerlaubten Handlung (§§ 823 ff., 249, 251 BGB.) besteht, kann auch die Wiederherstellung des früheren Zustandes verlangt werden. Gleich den Vorschriften über die Verpflichtung zum Schadensersatze wegen unerlaubter Handlungen bleiben auch die Vorschriften über den Ersatz von Verwendungen und über das Recht zur Wegnahme einer Einrichtung unberührt[33]. Die Wegnahme einer Einrichtung nach den für das Wegnahmerecht des Besitzers geltenden Vorschriften (vergl. insbesondere § 997 BGB.), ist auch zulässig, wenn die Verbindung nicht von dem Besitzer des Grundstücks bewirkt worden ist[34].

Werden *bewegliche Sachen mit einander* dergestalt verbunden, daß sie wesentliche Bestandtheile einer einheitlichen Sache werden, so werden die bisherigen Eigenthümer Miteigenthümer dieser Sache; die Antheile bestimmen sich nach dem Verhältnisse des Werthes, den die Sachen zur Zeit der Verbindung haben. Auch hier kommt es auf die Umstände, unter denen die Verbindung erfolgt ist, nicht an[35].

[30]) § 946 BGB. Z. B. Einpflanzen.
[31]) S. jedoch § 95 BGB.
[32]) § 949 BGB.
[33]) S. besonders §§ 994 ff. BGB.
[34]) § 951 BGB.
[35]) § 947 Abs. 1 BGB. — Verbindung ist kein Rechtsgeschäft, ebensowenig die Vermischung.

Ist eine der Sachen als die Hauptsache anzusehen, so erwirbt ihr Eigenthümer das Alleineigenthum[36]). Die Entscheidung, ob eine Sache als Hauptsache anzusehen ist, hat der Richter nach der Auffassung des Verkehrs zu treffen[37]). Abweichende Vereinbarungen sind zulässig, vorbehaltlich des Satzes, daß ein wesentlicher Bestandtheil nicht Gegenstand eines besonderen Rechtes sein kann.

Diese Vorschriften über die Verbindung beweglicher Sachen mit beweglichen finden entsprechende Anwendung, wenn bewegliche Sachen untrennbar oder so mit einander vermischt oder vermengt werden, daß die Trennung mit unverhältnißmäßigen Kosten verbunden sein würde[38]). Für Geld gilt keine Besonderheit[39])[40]).

Erlischt das Eigenthum an einer mit einer beweglichen Sache verbundenen oder vermischten oder vermengten Sache, so erlöschen auch die sonstigen an der Sache bestehenden Rechte (Nießbrauch, Pfandrecht). Wird der Eigenthümer der belasteten Sache Alleineigenthümer, so erstrecken sich die Rechte auf die hinzutretende Sache. Erwirbt der Eigenthümer der belasteten Sache Miteigenthum, so bestehen die Rechte an dem (ideellen) Antheile fort, der an die Stelle der Sache tritt[41]).

Die Ausgleichung des Rechtsverlusts erfolgt wie bei der Verbindung einer beweglichen Sache mit einem Grundstück. S. oben Ziff. 33. Bei Verbindung beweglicher Sachen mit beweglichen ist das Wegnahmerecht des Besitzers auch dann zulässig, wenn die Verbindung nicht von dem Besitzer der Hauptsache bewirkt worden ist.

4. Verarbeitung[42]).

Wer durch Verarbeitung (wozu auch das Schreiben, Zeichnen,

---

[36]) § 947 Abs. 2 BGB.

[37]) Mot. 3, 359. Daselbst ist auch auf Art. 567 c. c. verwiesen, wonach als Hauptheil die Sache angesehen wird, mit der die andere nur zum Gebrauche, zur Verzierung oder zur Ergänzung der ersteren vereinigt worden ist.

[38]) § 948 BGB.

[39]) Eine Vindikation von Geldstücken kann, unbeschadet der Bestimmungen der §§ 932 ff., 935, 1006 BGB., stattfinden.

[40]) Besondere Fälle regeln die §§ 963, 964 BGB.: Vereinigen sich ausgezogene Bienenschwärme mehrerer Eigenthümer, so werden die Eigenthümer, welche ihre Schwärme verfolgt haben, Miteigenthümer des eingefangenen Hauptschwarmes, jedoch bestimmen sich in diesem Falle die Bruchtheile des Miteigenthums nicht nach dem Werthe, sondern nach der Zahl der verfolgten Schwärme. Ist dagegen ein Bienenschwarm in eine fremde besetzte Bienenwohnung eingezogen, so erstrecken sich das Eigenthum und die sonstigen Rechte an den Bienen, mit denen die Wohnung besetzt war, auf den eingezogenen Schwarm. Das Eigenthum und die sonstigen Rechte an dem eingezogenen Schwarm erlöschen, ohne daß dem bisherigen Berechtigten ein Bereicherungsanspruch zustünde.

[41]) § 949 BGB. Gehörten die belasteten Sachen einem und demselben Eigenthümer, so beschränkt sich die Wirkung der Verbindung oder Vermischung auf die begrenzten Rechte.

[42]) Specifikation. Die Verarbeitung ist zwar ein bewußter und gewollter Akt, bei dem der Wille auf Herstellung der neuen Sache gerichtet ist, aber der Wille des Verarbeiters braucht nicht auf die eintretende Rechtsänderung gerichtet

Malen, Drucken, Graviren oder eine ähnliche Bearbeitung der Oberfläche gehört) oder durch Umbildung eines oder mehrerer Stoffe eine neue bewegliche Sache herstellt, erwirbt das Eigenthum an der neuen Sache, sofern nicht der Werth der Verarbeitung oder der Umbildung erheblich geringer ist als der Werth des Stoffes[43][44]. Mit dem Erwerbe des Eigenthums an der neuen Sache erlöschen die an dem Stoffe bestehenden Rechte[45]; war der Verarbeiter schon Eigenthümer des Stoffes, so tritt nur das Erlöschen der Rechte der Dritten ein[46]. Auf den guten oder bösen Glauben des Verarbeiters kommt es nicht an, auch nicht darauf, ob der verarbeitete Stoff in seine frühere Gestalt zurückgebracht werden kann, endlich auch nicht darauf, ob, wenn zum Zwecke der Verarbeitung Sachen verbunden worden, die verbundene Sache wesentlicher Bestandtheil der neuen Sache geworden ist[47].

Die Ausgleichung des eintretenden Rechtsverlustes geht auch bei der Verarbeitung in der Weise vor sich, daß derjenige, der in Folge der Verarbeitung einen Rechtsverlust erleidet, von demjenigen, zu dessen Gunsten die Rechtsänderung eintritt, Vergütung in Geld nach den Vorschriften über die Herausgabe einer ungerechtfertigten Bereicherung fordern darf, daß die Wiederherstellung des früheren Zustandes nicht verlangt werden kann, daß aber die Vorschriften über die Verpflichtung zum Schadensersatze wegen unerlaubter Handlungen sowie die Vorschriften über den Ersatz von Verwendungen und über das Recht zur Wegnahme einer Einrichtung unberührt bleiben[48].

Damit nicht die Herstellung einer Schuldurkunde den Grundsätzen über Eigenthumserwerb durch Verarbeitung unterworfen wird, gibt das BGB. die (dispositive) Bestimmung, daß das Eigenthum an dem über eine Forderung ausgestellten Schuldscheine dem Gläubiger zusteht und daß das Recht eines Dritten an der Forderung sich auf den Schuldschein erstreckt[49]. Der Schein ist Accessorium der Forderung. Das Eigenthum an dem Papier erlischt aber nicht mit der Forderung, dagegen kann (auf Grund des § 371 BGB.) der Schuldner

---

zu sein. Die Verarbeitung ist also kein Rechtsgeschäft (Mot. 3, 360). Sie wird als eine Rechtshandlung aufzufassen sein, aber nicht als eine solche, auf die die Vorschriften über Rechtsgeschäfte Anwendung finden könnten.

[43]) Ist der Werth der Arbeit erheblich geringer als der Werth des Stoffes, so verbleibt es bei dem Eigenthum des Stoffeigenthümers, sind Stoffe verwendet, die verschiedenen Eigenthümern gehörten, so kommen die Bestimmungen über Verbindung und Vermischung in Betracht. Kom.Prot. 3 S. 242.

[44]) Handelt der Arbeiter als Vertreter des Eigenthümers, so tritt keine Aenderung im Eigenthum ein. Steht der Arbeiter in fremdem Dienste, so wird der Arbeitsherr Eigenthümer der Sache. Erfolgt die Verarbeitung auf Grund einer Vereinbarung der Betheiligten, so ist die Vereinbarung maßgebend.

[45]) § 950 BGB.

[46]) Biermann S. 88.

[47]) Vergl. Mot. 3, 361. Auch die aus gestohlenem Stoffe hergestellte Sache wird zu eigen erworben.

[48]) § 951 BGB.

[49]) § 952 BGB.

bei Erfüllung neben der Quittung Rückgabe des Schuldscheines verlangen. Mit der Rückgabe wird der Schuldner Eigenthümer.

Was hier von dem Schuldscheine über eine Forderung gesagt ist, gilt auch für Urkunden über andere Rechte, Kraft deren eine Leistung gefordert werden kann, insbesondere für Hypotheken-, Grundschuld- und Rentenschuld-Briefe[50]).

5. Erwerb des Eigenthums an Erzeugnissen und sonstigen Bestandtheilen einer Sache.

Besteht an einer Sache ein dingliches Recht, so erfaßt dieses alle Theile der Sache. Wird die Sache körperlich zertheilt, so wird dadurch an dem Bestande des Rechtes nichts geändert. An den von einander getrennten Theilen besteht das bisherige Recht, sei es Eigenthum oder begrenztes Recht, in der Regel fort, soweit nicht etwa nach dem besonderen Inhalte des ein Grundstück belastenden Rechtes (z. B. eines dinglichen Vorkaufsrechtes) ein solcher Fortbestand als ausgeschlossen erscheint. An diesem Ergebnisse wird dadurch nichts geändert, daß der von der Sache getrennte Theil die Eigenschaft eines Erzeugnisses der Sache hat. Es gehören demnach Erzeugnisse und sonstige Bestandtheile einer Sache auch nach der Trennung dem Eigenthümer[51]). Von diesem Grundsatz, der für das Eigenthum an Grundstücken und für das Eigenthum an beweglichen Sachen gilt, gibt es mehrere Ausnahmen. Es erwirbt die Erzeugnisse und sonstigen Bestandtheile mit der Trennung: der dinglich Berechtigte, ferner der persönlich Berechtigte oder vermeintlich Berechtigte, der im Besitze der Sache ist; mit der Besitzergreifung: der persönlich Berechtigte oder vermeintlich Berechtigte, der nicht im Besitze der Sache ist; die Früchte erwirbt mit der Trennung der gutgläubige Eigenbesitzer der Sache und der gutgläubige Besitzer in Ausübung eines dinglichen Nutzungsrechtes.

a. Erwerb des persönlich Berechtigten[52]).

Derjenige, welchem der Eigenthümer oder ein Anderer, dem Erzeugnisse oder sonstige Bestandtheile der Sache nach der Trennung gehören würden, gestattet, sich Erzeugnisse oder sonstige Bestandtheile der Sache anzueignen, erwirbt das Eigenthum an ihnen,

α. wenn der Besitz der Sache ihm überlassen ist, mit der Trennung,

β. wenn er nicht im Besitze der Sache ist, mit der Besitzergreifung der Erzeugnisse oder Bestandtheile[53]).

---

[50]) § 952 Abs. 2 BGB. Vergl. § 60 GBO. Nach Kom.Prot. 3 S. 645, Haidlen 2, 172 ist die Bestimmung auf Schuldverschreibungen auf den Inhaber nicht berechnet.

[51]) § 953 BGB. Es kommt nichts darauf an, wie und durch wen die Trennung erfolgt.

[52]) Pächter, Käufer u. a.

[53]) Nach Mot. 3, 368 ist dieser Erwerb auf einen dinglichen Vertrag zurückzuführen. In dem Falle α erscheint die Ueberlassung des Besitzes der Sache als

Ist derjenige, der die Aneignung gestattet hat, zu dieser Gestattung verpflichtet (z. B. Verpächter)[54], so kann er sie nicht widerrufen, so lange sich derjenige, dem die Aneignung gestattet worden ist, in dem ihm überlassenen Besitze der Sache befindet.

Was für Bestandtheile der Sache angeeignet werden dürfen, ergibt sich aus der Willenserklärung desjenigen, der die Aneignung gestattet. Die anzueignenden Bestandtheile brauchen nicht unter den Fruchtbegriff (§ 99) zu fallen.

Diese Vorschriften finden auch dann Anwendung, wenn derjenige, welcher die Aneignung einem Andern gestattet, hiezu nicht berechtigt ist. Der obligatorisch Berechtigte erlangt also, auch wenn der Veräußerer nicht Eigenthümer ist oder wenn ihm die Erzeugnisse und sonstigen Bestandtheile der Sache nach der Trennung nicht gehören würden, grade so das Eigenthum, wie er, trotz des fehlenden Rechtes des Veräußerers, Eigenthümer würde, wenn die Erzeugnisse und Bestandtheile einzeln ihm übergeben würden (§ 932 BGB.). Der Mangel des guten Glaubens schließt den Eigenthumserwerb aus. Der gute Glaube fehlt, wenn der obligatorisch Berechtigte, falls ihm der Besitz der Sache überlassen wird, bei der Ueberlassung, andernfalls bei der Ergreifung des Besitzes der Erzeugnisse oder der sonstigen Bestandtheile in Kenntniß oder grobfahrlässiger Unkenntniß der mangelnden Befugniß seines Autors ist oder vor der Trennung den Rechtsmangel erfährt[55][56].

b. Frucht-Erwerb des gutgläubigen Besitzers.

Unbeschadet der Rechte des persönlich Berechtigten oder vermeintlich Berechtigten erwirbt, wer eine Sache im (unmittelbaren oder mittelbaren) Eigenbesitze hat, das Eigenthum an den Erzeugnissen und sonstigen zu den Früchten der Sache gehörenden Bestandtheilen mit

---

die Traditionsofferte, der Besitz der Sache zur Zeit der Trennung als stillschweigende Annahme der Uebergabe der Erzeugnisse oder Bestandtheile. Im Falle β liegt die Annahme der Traditionsofferte des Veräußerers in der Besitzergreifung. Der Veräußerer braucht nicht zur Zeit der Abgabe der Vertragsofferte zur Gestattung der Aneignung berechtigt zu sein, es genügt, wenn zur Zeit der Trennung der Sachen oder im Falle β zur Zeit der Besitzergreifung die rechtsgeschäftlichen Erfordernisse des Vertrags erfüllt sind.

[54]) Wirkung der Veräußerung der Sache durch den Verpächter s. §§ 581, 571 BGB., Wirkung der Konkurseröffnung über das Vermögen des Verpächters s. § 21 Konk.Ordn.

[55]) § 957 BGB. Wie in den anderen Fällen hat den Mangel des guten Glaubens der Gegner zu beweisen.

[56]) Der (gutgläubige) Eigenbesitzer wird Eigenthümer der Früchte (z. B. der Steine des Steinbruchs), aber nicht der sonstigen Bestandtheile (z. B. der Steine des zusammengefallenen Hauses). Ueberläßt er einem Anderen die Aneignung, so wird es je nach dem Gegenstand der Aneignung (je nachdem es sich um Früchte oder um sonstige Bestandtheile handelt) auf den guten Glauben des Erwerbers ankommen oder nicht ankommen. — Fehlt dem Eigenbesitzer der gute Glaube, so kommt es, auch wenn die Gestattung der Aneignung sich auf Früchte bezieht, auf den guten Glauben des Erwerbers an.

der Trennung[57]). Der Besitzer hat nicht etwa bloß eine Verzehrungsbefugniß, sondern wird Eigenthümer. Doch kommen hier nur Sachen in Betracht, die unter den Fruchtbegriff (§ 99 BGB.) fallen. Löst sich eine Sache in Stücke auf, so werden die Stücke nicht Eigenthum des Besitzers. Andrerseits hängt davon, ob bei der Ausbeute, welche aus der Sache ihrer Bestimmung gemäß gewonnen wird, ein wirthschaftliches Maß eingehalten ist, der Eigenthumserwerb nicht ab[58]).

Die Früchte erwirbt der Besitzer mit der Trennung, ohne daß es einer Aneignung bedarf. Werden Früchte von anderen Personen in Besitz genommen, so kann sie der Besitzer der Sache vindiciren. Auch der Eigenthümer der Sache kann sich (als Besitzer) auf den Fruchterwerb des Eigenbesitzers stützen (wenn z. B. der Erbe keine Kenntniß von einem bestehenden Nutzungsrechte hat).

Der Erwerb ist ausgeschlossen, wenn 1) der Eigenbesitzer nicht zum Eigenbesitze[59]) oder ein Anderer vermöge eines Rechtes an der Sache zum Fruchtbezuge berechtigt ist, und 2) der Eigenbesitzer bei dem Erwerbe des Eigenbesitzes in Kenntniß oder grobfahrlässiger Unkenntniß von der Nichtberechtigung zum Eigenbesitze oder von dem dinglichen Nutzungsrechte des Anderen ist oder vor der Trennung der Früchte den Rechtsmangel erfährt[60]).

Dem Eigenbesitzer steht derjenige gleich, der die Sache zum Zwecke der Ausübung eines dinglichen Nutzungsrechtes (als Nießbraucher ꝛc.) besitzt[61]) d. h. der gutgläubige Eigenbesitzer erwirbt zwar das Eigenthum mit der Trennung auch dann, wenn einem Anderen ein dingliches Nutzungsrecht an der Sache zusteht, wer aber (gutgläubig) in Ausübung eines dinglichen Nutzungsrechtes die Sache besitzt, erwirbt die Früchte, wenn auch der (mittelbare) Eigenbesitzer von dem Nutzungsrechte und dem Besitze des Nutzungsberechtigten keine Kenntniß hat[62]). Hat der Eigenbesitzer Kenntniß von dem Nutzungsrechte, so ist für ihn der Fruchterwerb schon deshalb ausgeschlossen, weil er nicht in gutem Glauben ist.

Geht der Eigenbesitz oder der Besitz desjenigen, der die Sache zum Zwecke der Ausübung eines Nutzungsrechtes hat, verloren, so könnte eigentlich ein Erwerb des Eigenthums an den Früchten nicht mehr stattfinden; es gilt jedoch die Unterbrechung als nicht erfolgt, wenn der Besitzer den Besitz ohne seinen Willen verloren und ihn binnen Jahresfrist oder mittels einer innerhalb dieser Frist erhobenen Klage wieder erlangt hat[63]). Die in der Zwischenzeit getrennten

---

[57]) § 955 BGB.

[58]) Mot. 3, 366.

[59]) Der Erwerber eines Grundstücks, dem das Grundstück übergeben ist, ohne daß Auflassung und Eintragung erfolgten, ist zum Eigenbesitze berechtigt. Biermann S. 92.

[60]) § 955 BGB.

[61]) § 955 Abs. 2 BGB.

[62]) Kom.Prot. 3 S. 249.

[63]) § 955 Abs. 3 mit § 940 Abs. 2 BGB.

Früchte gehören demnach dem Eigen- oder dem Nutzungs-Besitzer, der den Besitz wieder erlangt, nicht etwa dem Eigenthümer der Sache.

c. Erwerb des dinglich Berechtigten.

Unbeschadet der unter a und b angeführten Bestimmungen erwirbt derjenige, der vermöge eines Rechtes an einer fremden Sache[64]) befugt ist, sich Erzeugnisse oder sonstige Bestandtheile der Sache anzueignen, das Eigenthum an ihnen mit der Trennung, wenn auch mit dem Rechte kein Recht zum Besitze verbunden ist[65]). Vorausgesetzt wird, daß die von der Sache getrennten Erzeugnisse und sonstigen Bestandtheile zu den Sachen gehören, welche dem Berechtigten Kraft seines Rechtes gebühren; bei einem Rechte auf Nutzungen (§ 100 BGB.) gebühren dem Berechtigten nur die Früchte.

6. Aneignung.

Wer eine herrenlose bewegliche Sache in Eigenbesitz nimmt, erwirbt das Eigenthum an der Sache. Doch wird das Eigenthum nicht erworben, wenn die Aneignung gesetzlich verboten ist[66]) oder wenn durch die Besitzergreifung das Aneignungsrecht eines Anderen[67]) verletzt wird[68]). Die Sache bleibt in einem solchen Falle herrenlos, bis sie an den Aneignungsberechtigten oder einen gutgläubigen Dritten gelangt[69]); dagegen wird der unberechtigte Occupant Besitzer und erlangt den Besitz ohne verbotene Eigenmacht.

Damit die Aneignung erfolgen kann, muß es sich 1. um eine **bewegliche** Sache handeln, 2. muß die Sache **objektiv herrenlos** sein, 3. muß Besitz und zwar **Eigenbesitz** an ihr erlangt werden.

Darauf, ob die Sache noch in Niemandes Eigenthum stand oder ob sie herrenlos geworden ist, kommt nichts an. Wilde Thiere sind herrenlos, so lange sie sich in der Freiheit befinden; wilde Thiere in

[64]) Erbbaurecht, Nießbrauch, Grunddienstbarkeit, beschränkte persönliche Dienstbarkeit, Nutzungs-Pfandrecht, ferner die in Kraft bleibenden landesgesetzlichen dinglichen Rechte (Art. 63, 67, 68 ꝛc. Einf.Ges. z. BGB.). Vergl. Mot. 3, 363.

[65]) § 954 BGB.

[66]) Z. B. § 368 Ziff. 11 Strafges.B., landesgesetzlich: Bernstein, Perlen ꝛc. Ist nicht die Aneignung an sich verboten, sondern nur ihre Ausübung polizeilich geregelt (z. B. durch Vorschriften, wie der Jagdberechtigte die Jagd auszuüben hat), so wird auch bei Zuwiderhandlung gegen die Polizeivorschrift Eigenthum erworben. Dernburg S. 307. Die Bestimmung des Vogelschutzgesetzes, wonach das Ausnehmen von Eiern und Jungen der Vögel untersagt ist, wird ebenso als Aneignungsverbot zu betrachten sein wie die Vorschrift des § 368 Ziff. 11 Strafges.B. Anders anscheinend Biermann S. 95.

[67]) Jagd und Fischerei (Art. 69 Einf.Ges. z. BGB.).

[68]) § 958 BGB. Da die Erwerbung des Besitzes (auch des Eigenbesitzes) nicht als Rechtsgeschäft aufzufassen sein wird, werden die Vorschriften über Rechtsgeschäfte auch auf die Aneignung keine Anwendung zu finden haben. A. M. Endemann 2 S. 340, Staudinger 3 S. 108.

[69]) Vergl. Entsch. des Reichsg. in Straff. 23 S. 90.

Thiergärten und Fische in Teichen oder anderen geschlossenen Privatgewässern sind nicht herrenlos[70]).

Eine bewegliche Sache wird herrenlos, wenn der Eigenthümer in der Absicht, auf das Eigenthum zu verzichten, den Besitz der Sache aufgibt[71]). Rechte Dritter an der Sache erlöschen durch die Aufgabe des Eigenthums nicht. Verlorene Sachen sind nicht herrenlos, auch nicht solche, die man im Stiche läßt ohne die Absicht, auf das Eigenthum zu verzichten[72]). Ausgeworfene Sachen stehen im Allgemeinen den derelinquirten gleich; sind sie zu Gunsten eines bestimmten Personenkreises ausgeworfen, so liegt darin das Angebot einer Uebertragung[73]).

Erlangt ein gefangenes wildes Thier — einheimisches oder fremdländisches — die Freiheit wieder, so wird es herrenlos, wenn nicht der Eigenthümer das Thier unverzüglich verfolgt oder wenn er die Verfolgung aufgibt[74]). Zieht ein (junger oder alter) Bienenschwarm aus, so wird er ebenfalls herrenlos, wenn nicht der Eigenthümer ihn unverzüglich verfolgt oder wenn er die Verfolgung aufgibt. Bei der Verfolgung darf der Eigenthümer des Bienenschwarmes fremde Grundstücke betreten. Ist der Schwarm in eine fremde nicht besetzte Bienenwohnung eingezogen, so darf der Eigenthümer des Schwarmes zum Zwecke des Einfangens die Wohnung öffnen und die Waben herausnehmen oder herausbrechen. Doch hat er, ohne Rücksicht auf Verschulden, den entstehenden Schaden zu ersetzen[75]).

Ein gezähmtes Thier wird herrenlos, wenn es die Gewohnheit ablegt, an den ihm bestimmten Ort zurückzukehren[76]).

7. Fund.

Ist eine bewegliche Sache verloren d. h. aus dem Gewahrsam des Besitzers derart entkommen, daß er nicht weiß, wo sie sich befindet[77]), so wird das Eigenthum an ihr mit dem Ablaufe eines Jahres für denjenigen, der die Sache gefunden und an sich genommen hat, erworben. Diese Frist beginnt bei Sachen, die nicht mehr als 3 ℳ werth sind, mit dem Funde; doch erwirbt der Finder das Eigenthum nicht, wenn er den Fund auf Nachfrage verheimlicht. Die Anmeldung eines Rechtes bei der Polizeibehörde steht dem Erwerbe des Eigenthums nicht entgegen.

---

70) § 960 Abs. 1 BGB. Die Landesgesetzgebung über Jagd und Fischerei ist nur durch die Vorschrift des § 958 Abs. 2 BGB. beschränkt (Art. 69 Einf.).

71) § 959 BGB. Die Dereliktion ist Rechtsgeschäft.

72) Vergl. Stobbe-Lehmann § 110 S. 416.

73) Dernburg S. 308.

74) § 960 Abs. 2 BGB. Es wird genügen, wenn ein Anderer für den Eigenthümer das Thier verfolgt. Biermann S. 96. Als Verfolgen wird das Ausschreiben in der Zeitung nicht aufzufassen sein. A. M. Dernburg S. 310.

75) §§ 961, 962 BGB. Eigenthumserwerb an Bienen durch Vermischung s. Anm. 40. Ueber Aneignung fremder Tauben s. Art. 130 Einf.Ges. z. BGB.

76) § 960 Abs. 3 BGB.

77) Dernburg S. 327.

Bei Sachen, die mehr als 3 ℳ werth sind, beginnt die einjährige Frist mit der Anzeige des Fundes bei der Polizeibehörde. Der Erwerb des Eigenthums ist in diesem Falle ausgeschlossen, wenn vor dem Ablaufe der Frist ein Empfangsberechtigter dem Finder bekannt geworden ist oder sein Recht bei der Polizeibehörde angemeldet hat.

Mit dem Erwerb des Eigenthums erlöschen die sonstigen Rechte an der Sache[78]).

Sind vor dem Ablauf der Frist dem Finder Empfangsberechtigte bekannt geworden oder haben sie bei einer Sache, die mehr als 3 ℳ werth ist, ihre Rechte bei der Polizeibehörde rechtzeitig angemeldet, so kann der Finder die Empfangsberechtigten zur Erklärung über die Ansprüche auffordern, die ihm für die zum Zwecke der Verwahrung oder Erhaltung der Sache oder zur Ermittelung eines Empfangsberechtigten gemachten Aufwendungen und für Finderlohn zustehen. Mit dem Ablaufe der für die Erklärung bestimmten Frist erwirbt der Finder das Eigenthum und erlöschen die sonstigen Rechte an der Sache, wenn nicht die Empfangsberechtigten sich rechtzeitig zu der Befriedigung der Ansprüche bereit erklären[79]).

Der Finderlohn beträgt 5 vom Hundert bei einem Werthe der Sache bis zu 300 ℳ, von dem Mehrwerth 1 vom Hundert, bei Thieren 1 vom Hundert. Hat die Sache nur für den Empfangsberechtigten einen Werth, so ist der Finderlohn nach billigem Ermessen zu bestimmen. Der Anspruch ist ausgeschlossen, wenn der Finder die Anzeigepflicht verletzt oder den Fund auf Nachfrage verheimlicht[80]).

Diesen Ansprüchen des Finders, für die ihm das Zurückbehaltungsrecht des Besitzers gewährt ist, stehen auch Verpflichtungen gegenüber. Wer eine verlorene Sache findet und an sich nimmt, hat dem Verlierer oder dem Eigenthümer oder einem sonstigen Empfangsberechtigten unverzüglich (§ 121 BGB.) Anzeige zu machen. Kennt er keinen Empfangsberechtigten oder ist ihm der Aufenthalt unbekannt, so hat er, ohne daß er zu Nachforschungen verpflichtet wäre, den Fund unverzüglich der Polizeibehörde anzuzeigen, wenn die Sache mehr als 3 ℳ werth ist. Der Finder ist zur Verwahrung der Sache verpflichtet; er darf sie, wenn er sie einmal an sich genommen hat, nicht wieder fortwerfen, jedoch kann er sie an den alten Platz zurücklegen, wenn er sie noch nicht an sich genommen, sondern z. B. nur zum Zwecke der Besichtigung aufgehoben hat[81]). Der Finder hat Vorsatz und grobe Fahrlässigkeit zu vertreten, jedoch wird er durch die Herausgabe an den Verlierer auch den sonstigen Empfangsberechtigten gegenüber befreit. Ist der Verderb der Sache zu be-

[78]) § 973 BGB.
[79]) §§ 974, 1003, 970—972 BGB.
[80]) § 971 BGB.
[81]) Vergl. Kom.Prot. 3 S. 258.

sorgen oder die Aufbewahrung mit unverhältnißmäßigen Kosten verbunden, so hat er die Sache öffentlich versteigern zu lassen, aber vor der Versteigerung der Polizeibehörde Anzeige zu machen. Er ist übrigens berechtigt und auf Anordnung der Polizeibehörde verpflichtet, die Sache oder den Versteigerungserlös an die Polizeibehörde abzuliefern. Durch diese Ablieferung werden die Rechte des Finders nicht berührt. Die Polizeibehörde darf die Sache oder den Erlös nur mit Zustimmung des Finders einem Empfangsberechtigten herausgeben [82]).

Das Recht des Finders geht auf die Gemeinde des Fundortes über, wenn der Finder der Polizeibehörde gegenüber auf das Recht zum Erwerbe des Eigenthums an der Sache verzichtet. Hat der Finder nach der Ablieferung der Sache oder des Versteigerungserlöses an die Polizeibehörde durch Ablauf der einjährigen Frist das Eigenthum erworben, so kann ihm die Polizeibehörde eine Frist setzen, innerhalb deren er die Herausgabe zu verlangen hat. Läßt der Finder diese Frist verstreichen, so geht sein Eigenthum gleichfalls auf die Gemeinde über [83]).

Wer durch den Eigenthumserwerb des Finders oder der Gemeinde des Fundortes einen Rechtsverlust erleidet, kann die Herausgabe des durch die Rechtsänderung Erlangten nach den Vorschriften über die Herausgabe einer ungerechtfertigten Bereicherung fordern. Dieser Anspruch erlischt mit dem Ablaufe von 3 Jahren nach dem Uebergange des Eigenthums auf den Finder oder die Gemeinde, wenn nicht die gerichtliche Geltendmachung vorher erfolgt [84]).

Sachen, die in den Geschäftsräumen oder den Beförderungsmitteln einer öffentlichen Behörde oder einer dem öffentlichen Verkehre dienenden Verkehrsanstalt gefunden werden, sind an die Behörde oder die Verkehrsanstalt oder einen ihrer Angestellten abzuliefern. Die Behörde oder die Verkehrsanstalt hat die abgelieferten Sachen versteigern zu lassen, nachdem die Empfangsberechtigten in einer öffentlichen Bekanntmachung unter Bestimmung einer Frist zur Anmeldung ihrer Rechte aufgefordert worden sind. Die Versteigerungsbekanntmachung ist nicht erforderlich, wenn der Verderb der Sache zu besorgen oder die Aufbewahrung mit unverhältnißmäßigen Kosten verbunden ist. Der Versteigerungserlös oder das gefundene Baargeld fällt mit dem Ablaufe von 3 Jahren je nach dem Fundorte an den Reichsfiskus oder an den Fiskus des Bundesstaates oder an die Gemeinde oder an die von einer Privatanstalt betriebene Verkehrsanstalt [85]).

Diese Vorschriften finden entsprechende Anwendung, wenn eine öffentliche Behörde im Besitze einer Sache ist, zu deren Heraus-

[82]) Vergl. §§ 965—975 BGB.
[83]) § 976 BGB.
[84]) § 977 BGB.
[85]) Vergl. §§ 978—982 BGB. Bekm. 16. Juni 1898 R.Ges.Bl. S. 912.

gabe sie verpflichtet ist, ohne daß die Verpflichtung auf Vertrag beruht, sofern der Empfangsberechtigte oder dessen Aufenthalt unbekannt ist[86]).

8. Schatz.

Ein Schatz ist eine Sache, die so lange verborgen gelegen hat, daß der Eigenthümer nicht mehr zu ermitteln ist. Wird ein Schatz entdeckt und in Folge der Entdeckung in Besitz genommen, so wird das Eigenthum zur Hälfte von dem Entdecker, zur Hälfte von dem Eigenthümer der Sache erworben, in welcher der Schatz verborgen war. Es entsteht Miteigenthum nach Verhältniß der Antheile. Eine Anzeigepflicht besteht nicht, weder gegenüber der Polizei noch gegenüber dem Eigenthümer. Ob der Schatz in einer beweglichen Sache oder in einem Grundstück lag, ist gleichgültig, ebenso, welchen Werth er hat und ob er zufällig oder durch absichtliche Nachforschungen mittels erlaubter oder unerlaubter Handlung entdeckt worden ist und ob die Besitzergreifung durch den Entdecker oder durch einen Anderen erfolgt ist, falls nur die Besitzergreifung überhaupt eine Folge der Entdeckung war[87])[88]).

§ 26. Verlust des Eigenthums.

Da ein zweifaches Eigenthum an einer Sache nicht bestehen kann, hat jeder Erwerb des Eigenthums an einer fremden Sache den Verlust dieses Rechtes für den bisherigen Eigenthümer zur Folge, mag der Erwerb mit oder ohne den Willen des bisherigen Eigenthümers vor sich gehen. Wie schon hervorgehoben, kann aber auch das Eigenthum durch bloßes Aufgeben beendet werden, ohne daß ein Erwerb des Eigenthums für einen Andern mit dem Verluste verbunden ist[1]). Auch ohne den Willen des Eigenthümers und ohne Erwerb des Eigenthums durch einen Andern kann das Eigenthum beendet werden dadurch, daß Thiere herrenlos werden[2]).

Daß das Eigenthum durch Untergang der Sache Beendigung finde, ist nur bedingt richtig, nämlich dann, wenn bei der Veränderung, welche die Sache erleidet, kein körperlicher Gegenstand zurückbleibt. Brennt ein Haus nieder, so besteht das Eigenthum an den Trümmern fort, wird ein Glas zerbrochen, so bleibt das Eigenthum an den Scherben bestehen, wird ein Grundstück überschwemmt, so bringt das dem Eigenthum an dem Grundstück — vorbehaltlich der Bestimmungen der Landesgesetze — keinen Eintrag.

---

[86]) § 983 BGB.

[87]) § 984 BGB. Das Entdecken ist kein Rechtsgeschäft. Ebenso Endemann 2 S. 347.

[88]) Landesgesetzliche Vorschriften über Ablieferung alter Münzen und dergl. bleiben in Kraft (Art. 109 Einf.Ges. z. BGB.). Für Bayern s. Becher S. 582.

Zu § 26.

[1]) S. § 24 Ziff. 29, § 25 Ziff. 71.

[2]) S. § 25 Ziff. 74, 75, 76.

§ 27. Ansprüche aus dem Eigenthum.

Unter Anspruch versteht das Gesetz das Recht, von einem Anderen ein Thun oder ein Unterlassen zu verlangen[1]). Ansprüche aus dem Eigenthum sind demnach die aus dem Eigenthum entspringenden Rechte, von Anderen ein Thun oder ein Unterlassen zu verlangen.

Das Eigenthum, die von dem Rechte anerkannte Herrschaft über eine Sache, verlangt einen diesem Inhalte entsprechenden thatsächlichen Zustand. Steht das Verhalten anderer Personen der Herstellung der thatsächlichen Herrschaft im Wege, so hat der Eigenthümer gegen diese Personen einen Anspruch, der auf die Herstellung des dem Rechte entsprechenden thatsächlichen Zustandes für die Zukunft gerichtet ist[2]). Gleichgültig ist dabei, ob der dem Inhalte des Rechts widerstreitende Zustand durch eine vorsätzliche oder fahrlässige Handlung einer anderen Person herbeigeführt ist oder ob nur eine objektive Verletzung des Eigenthums vorliegt. Je nach dem Inhalte einer solchen Verletzung des Eigenthums hat auch der auf Herstellung des dem Rechte entsprechenden thatsächlichen Zustandes gerichtete Anspruch einen verschiedenen Inhalt. Wird dem Eigenthümer die Sache vorenthalten, so besteht der Anspruch auf Herausgabe der Sache, wird das Eigenthum in anderer Weise als durch Entziehung oder Vorenthaltung des Besitzes beeinträchtigt, so ist der Anspruch auf Beseitigung der Beeinträchtigung oder Unterlassung weiterer Beeinträchtigung gegeben; wird die Sache nicht vorenthalten, das Eigenthum auch nicht in sonstiger Weise beeinträchtigt oder gefährdet, ist aber die Sache in den Verfügungsbereich eines Andern gelangt, so hat der Eigenthümer Anspruch darauf, daß der Andere ihm die Möglichkeit gewähre, die Sache aufzusuchen und wegzuschaffen[3]).

1. Der Herausgabe-Anspruch[4]).

Der Eigenthümer kann von dem Besitzer die Herausgabe der

Zu § 27.

[1]) S. § 3 Ziff. 11.

[2]) Die auf Herstellung des dem Inhalte des Eigenthums entsprechenden Zustandes gerichteten Ansprüche werden in den Motiven als die dinglichen Ansprüche im engeren Sinne bezeichnet und von den sonst im Eigenthum sich gründenden Ansprüchen auf Schadensersatz und Erstattung von Nutzungen und Bereicherungen unterschieden. Vergl. §§ 24, 26 CPO., Mot. 3, 393.

[3]) Für die Feststellungsklage nach § 256 CPO. sind nur die Bestimmungen der Prozeßordnung maßgebend. Vergl. Mot. 3, 396.

[4]) rei vindicatio. Ist der Eigenthumsanspruch abtretbar? Kann also der Eigenthumsanspruch, vom Eigenthum losgelöst, ohne gleichzeitige Uebertragung des Eigenthums, den Gegenstand einer Cession bilden? Für das gemeine Recht stand die Zulässigkeit fest (Reichsg. Entsch. 27 S. 154). Vergl. Windscheid 2 § 337. Nach den Mot. 3, 399 hat man anzunehmen, daß die allgemeinen Vorschriften des Obligationenrechtes über die Abtretung von Forderungsrechten auch auf die Abtretung des Herausgabeanspruchs Anwendung zu finden haben, soweit sich nicht aus der dinglichen Natur dieses Anspruchs ein Hinderniß ergibt. Mit

Sache verlangen[5]). Voraussetzungen dieses Anspruchs sind in der Person des Berechtigten Eigenthum, in der Person des Verpflichteten Besitz der Sache.

Das **Eigenthum** des Klägers ist im Bestreitungsfalle zu beweisen[6]). Der Kläger muß zwar zur Zeit der Erhebung der Klage Eigenthümer sein, aber zum Beweise des gegenwärtigen Eigenthums genügt der Nachweis, daß der Kläger oder dessen Rechtsvorgänger das Eigenthum einmal erworben hat; Sache des Beklagten ist es, darzuthun, daß das Eigenthum des Klägers nicht mehr bestehe. Theils zu Gunsten des Klägers, theils zu Gunsten des Beklagten erleidet dieser Satz Einschränkungen. Da, wenn im Grundbuch für Jemand ein Recht eingetragen ist, vermuthet wird, daß ihm das Recht zustehe (§ 891 BGB.), so verschiebt sich die Beweislast, falls es sich um die Herausgabe eines Grundstücks handelt und der Kläger im Grundbuch als Eigenthümer eingetragen ist. Für den Kläger spricht alsdann die Vermuthung, daß er Eigenthümer sei, während der Beklagte nachzuweisen hat, daß Kläger trotz des Eintrags nicht Eigenthümer ist. Handelt es sich um eine bewegliche Sache, so hat der Besitzer, also der Beklagte, die Vermuthung des Eigenthums für sich. Diese Vermuthung gilt für den Besitz von Geld und Inhaberpapieren ausnahmslos. Dagegen fällt die Vermuthung weg, wenn der klagende frühere Besitzer darthut, daß ihm die Sache gestohlen

---

dieser Auskunft ist wenig geholfen. — Es wird sich fragen: Kennt das Sachenrecht des BGB. ein Eigenthum, dem der Herausgabe-Anspruch fehlt? Kennt das BGB. unter den begrenzten Rechten einen Herausgabe-Anspruch? Wenn A der Eigenthümer und B der Inhaber des Herausgabe-Anspruchs ist, wie kann dadurch, daß C die Sache des A an B herausgibt, der dem Eigenthum entsprechende thatsächliche Zustand hergestellt werden? Kann B den von ihm geltend gemachten Herausgabe-Anspruch anders begründen als mit dem Eigenthum? Wenn der Eigenthümer A den Herausgabe-Anspruch gegen C dem B abgetreten hat, sollte B den dinglichen Anspruch gegen C auch geltend machen können, wenn C inzwischen das Eigenthum erlangt hat? Alle diese Bedenken beständen nicht, wenn nur die Ausübung des mit dem Eigenthum verbunden bleibenden dinglichen Anspruchs durch einen Dritten zugelassen würde. Für die Zulässigkeit der Abtretung des Herausgabe-Anspruchs kann man sich nicht auf § 986 Abs. 2 in Verbindung mit § 931 berufen, denn im Falle des § 931 verbleibt der Anspruch bei dem Eigenthum, die Abtretung des Anspruchs ist nur das Mittel, das Eigenthum zu übertragen, wohl aber kommt es bei Bestellung des Nießbrauchs unter Abtretung des Herausgabe-Anspruchs (§ 1032 BGB.) zu einer Trennung, auch läßt sich die Annahme nicht abweisen, daß im Falle des § 255 BGB. die Trennung der dinglichen Ansprüche von dem Eigenthum zulässig sein muß. — Nach Dernburg (S. 338) ist die Eigenthumsklage abtretbar, ebenso nach Endemann 2 S. 351.

[5]) § 985 BGB. Endemann behauptet (2 S. 352), es könne ein besitzender Eigenthümer die Eigenthumsklage erheben, um im Wege der Berichtigung die Anerkennung seines Eigenthums und seine Eintragung ins Grundbuch zu erlangen. Dieser Ansicht ist nicht beizutreten; weder mit dem Anspruch auf Anerkennung des Eigenthums noch mit dem Anspruch auf Berichtigung des Grundbuchs wird ein Anspruch nach § 985 geltend gemacht.

[6]) Ob nach § 253 CPO. in der Klageschrift der Entstehungsgrund anzugeben ist, ist eine Frage des Prozeßrechtes (vergl. Reichsg. Entsch. 10, 434; 11, 242).

worden, verloren gegangen oder sonst abhanden gekommen ist. Hat der frühere Besitzer durch den Nachweis des unfreiwilligen Besitzverlustes die zu Gunsten des gegenwärtigen Besitzers aufgestellte Vermuthung beseitigt, so steht ihm selbst für seinen früheren Besitz die Vermuthung des Eigenthums zur Seite. Die Eigenthumsvermuthung gilt im Falle eines früheren oder gegenwärtigen mittelbaren Besitzes für den mittelbaren Besitzer[7]).

Bei beweglichen Sachen genügt demnach auf Seite des Klägers nicht der Nachweis, daß er oder sein Rechtsvorgänger einmal das Eigenthum an der Sache erworben hat, sondern ist entweder der Nachweis erforderlich, daß ihm zur Zeit der Klagerhebung das Eigenthum noch zusteht, oder, falls nicht die Herausgabe von Geld und Inhaberpapieren begehrt wird, daß er die Sache vor dem Beklagten in Besitz gehabt hat und daß sie ihm ohne seinen Willen abhanden gekommen ist.

Ist der Kläger Miteigenthümer, so kann er den Anspruch auf Herausgabe Dritten gegenüber zwar in Ansehung der ganzen Sache geltend machen, aber nur Herausgabe an alle Miteigenthümer gemeinschaftlich fordern oder verlangen, daß der Besitzer die Sache für alle Miteigenthümer hinterlege, oder, wenn sie sich nicht zur Hinterlegung eignet, an einen gerichtlich zu bestellenden Verwahrer abliefert[8]). Gegenüber einem Miteigenthümer besteht der Anspruch nur in Ansehung des Bruchtheils der Sache (s. § 28 Ziff. 7). Behauptet der Vindikations-Beklagte, er sei Miteigenthümer, so hat der Kläger den Beweis zu erbringen, daß Beklagter Dritter ist.

Der Anspruch auf Herausgabe ist gegen den Besitzer der Sache gegeben und zwar sowohl gegen den unmittelbaren wie gegen den mittelbaren[9]), nicht aber gegen den sog. Besitzdiener. Ob der Besitzer in gutem oder bösen Glauben ist, ist für die Begründung des Anspruchs gleichgültig[10]). Im Bestreitungsfalle hat der Kläger nachzuweisen, daß der Beklagte zur Zeit, als die Klage erhoben wurde, im Besitz der Sache war.

Wird nur der mittelbare Besitzer verklagt, so ist das Urtheil nur gegen ihn, nicht auch gegen den unmittelbaren Besitzer wirksam[11]). Der verklagte unmittelbare Besitzer kann, wenn er dem mittelbaren

---

[7]) § 1006 BGB.

[8]) §§ 1011, 432 BGB. Das Urtheil wirkt nicht über die Parteien hinaus; der Beklagte kann, wenn er gegenüber einem Miteigenthümer gesiegt hat, noch von anderen Miteigenthümern verfolgt werden. — Ueber die Bestellung des Verwahrers s. § 165 Ges. über d. Angel. d. freiw. Gerichtsbarkeit.

[9]) Streitfrage. Für die Zulässigkeit der Klage gegen den mittelbaren Besitzer sind Kom.Prot. Nr. 420, 431 anzuführen, dagegen Kom.Prot. 3 S. 332, 4 S. 585. S. Biermann S. 111. Außer den dort angeführten Schriftstellern haben sich für die Zulässigkeit ausgesprochen Buchka S. 196, Dernburg S. 338, auch Endemann 2 S. 355, Matthiaß 2 S. 70.

[10]) Vergl. jedoch Art. 74 Wechs.Ordn., § 365 Hand.Ges.B.

[11]) Vergl. § 325 CPO.

Besitzer vor der Verhandlung zur Hauptsache den Streit verkündet und ihn unter Benennung an den Kläger zur Erklärung ladet, die Verhandlung zur Hauptsache vorerst verweigern, gegebenen Falles dem Klagantrag genügen [12].

Wer ohne zu besitzen, sich unter dem Vorgeben, er besitze, auf den Streit einläßt, wird dadurch nicht zum Besitzer; durch ein solches Verhalten, das vielleicht schadensersatzpflichtig machen kann, wird der dingliche Anspruch des Eigenthümers nicht begründet [13].

Wie Eigenthum und Besitz nur an Sachen möglich sind, können auch nur Sachen vindicirt werden [14]. Die Sache kann beweglich oder ein Grundstück sein, sie muß individuell bestimmt sein. Quot res, tot vindicationes. Bei Vindikation von Sachgesammtheiten oder Inbegriffen von Sachen kommt es darauf an, ob der Sammelname eine genügende Bezeichnung des Prozeßgegenstandes enthält [15]. Daß die Sache, die herauszugeben ist, eine selbstständige Sache sei, ist nicht verlangt, sie kann zur Zeit noch als nicht wesentlicher Bestandtheil mit einer anderen Sache verbunden sein. Ist durch Verbindung, Vermischung oder auf andere Weise das Eigenthum an der Sache erloschen, so kann von einer Vindikation des früheren Eigenthümers keine Rede mehr sein. Als dingliche Klage betrifft der Anspruch die Sache in ihrer gegenwärtigen Beschaffenheit. Sie wird herausgegeben in dem Zustande, in welchem sie zur Zeit der Herausgabe sich thatsächlich befindet. Im Uebrigen kommen nur obligatorische Ansprüche in Betracht.

Der Inhalt des Anspruchs geht dahin, daß der Besitzer die Sache herauszugeben hat. Es genügt nicht, daß der Besitzer den Besitz aufgibt, so daß ihn Jeder ergreifen kann, der Besitzer hat vielmehr den Besitz der Sache zu Gunsten des Eigenthümers und dem Eigenthümer gegenüber aufzugeben, er muß die bewegliche Sache in eine Lage bringen, daß der Eigenthümer die thatsächliche Gewalt über sie ausüben kann, bei einem Grundstück die Ausübung der thatsächlichen Gewalt ermöglichen [16]. Die Zwangsvollstreckung erfolgt nach §§ 883 ff. CPO.

---

[12]) § 76 CPO.

[13]) Die ficta possessio (Windscheid 1 § 196 Ziff. 3) begründet den Eigenthumsanspruch nicht. Dernburg (S. 341) behauptet, in Folge der Bestimmung des § 290 CPO. stelle sich die Sache heute nicht anders als unter der Herrschaft der l. 25 pr. D. 6, 1, allein wohl mit Unrecht. Durch die Vorschrift der Prozeßordnung wird der Richter unter Umständen gezwungen, seine Entscheidung auf ein Geständniß zu stützen, das der Wahrheit nicht entspricht. Die Verurtheilung des Beklagten ergeht aber auf Grund der Annahme, daß Beklagter Besitzer sei, sie erfolgt nicht auf Grund der Feststellung, daß er den Besitz nicht habe, dagegen sich als Besitzer ausgegeben habe. — Für die Zwangsvollstreckung s. §§ 767, 893 CPO.

[14]) Erbbaurecht nach § 1017 Abs. 2 BGB.

[15]) Vergl. Mot. 3, 396.

[16]) Nach Endemann 2 S. 357 soll „Herausgabe" die Uebertragung zu Eigenthum bedeuten (?).

Die Leistungspflicht des Besitzers ist in ihrem wesentlichen Inhalte von der Herausgabepflicht des Miethers, Beauftragten, Verwahrers nicht verschieden, hat also einen obligationsähnlichen Charakter. Demgemäß kommen auch die allgemeinen Vorschriften des Rechtes der Schuldverhältnisse zur Anwendung, insbesondere die Vorschrift des § 255 BGB., wonach der Eigenthümer, der abgefunden wird, zur Abtretung der ihm zustehenden Ansprüche verpflichtet ist[17]).

Ueber den Leistungsort ist nichts Besonderes bestimmt (vergl. § 269 BGB.). Die Sache wird regelmäßig da herauszugeben sein, wo sie bei Eintritt der Rechtshängigkeit oder der mala fides sich befand. Unter Umständen kann auch nach Eintritt der Rechtshängigkeit oder der mala fides eine Ortsveränderung der Befugniß des Besitzers und seiner Verpflichtung zur Fürsorge entsprechen.

Ebenso ist über die Kosten der Herausgabe nichts bestimmt. Da der Besitzer zur Herausgabe verpflichtet ist, ist es auch an ihm, das zur Erfüllung seiner Pflicht Erforderliche auf eigene Kosten vorzunehmen. Dabei ist jedoch zu beachten, daß der Verpflichtung des Besitzers genügt ist, wenn dem Eigenthümer am Orte der Erfüllung die Ausübung der thatsächlichen Herrschaft über die Sache ermöglicht wird. Kosten des Abholens sind, soweit nicht obligatorische Ansprüche bestehen, von dem Eigenthümer zu tragen[18]).

Wird der Herausgabeanspruch gegen den mittelbaren Besitzer geltend gemacht, so hat dieser für Herausgabe der Sache Sorge zu tragen; die Zwangsvollstreckung geht nach § 886 CPO. vor sich. Der Anspruch geht nicht auf Einräumung des mittelbaren Besitzes.

Gegen den Herausgabe-Anspruch kann der Beklagte verschiedene Einwendungen vorbringen.

Wer als Besitzer einer Sache verklagt ist, die er auf Grund eines Rechtsverhältnisses der in § 868 BGB. bezeichneten Art zu besitzen behauptet, kann, wenn er dem mittelbaren Besitzer vor der Verhandlung zur Hauptsache den Streit verkündet und ihn unter Benennung an den Kläger zur Erklärung ladet, bis zu dieser Erklärung oder bis zum Schlusse des Termins, in welchem sich der Benannte zu erklären hat, die Verhandlung zur Hauptsache verweigern. Bestreitet der Benannte die Behauptung des Beklagten oder erklärt er sich nicht, so ist der Beklagte berechtigt, dem Klageantrag zu genügen. Erkennt der Benannte die Behauptung des Beklagten als richtig an, so ist er berechtigt, mit Zustimmung des Beklagten an dessen Stelle den Prozeß zu übernehmen. Hat der Benannte den Prozeß übernommen, so ist der Beklagte auf seinen Antrag von der Klage zu entbinden, die Entscheidung ist aber in Ansehung der Sache selbst auch gegen den Beklagten wirksam und vollstreckbar[19]). War

[17]) Vergl. Mot. 3, 399.
[18]) Vergl. Mot. 3, 425.
[19]) § 76 CPO.

der mittelbare Besitzer dem Eigenthümer gegenüber zur Ueberlassung des Besitzes an den (unmittelbaren) Besitzer nicht befugt, so kann der Eigenthümer von dem (unmittelbaren) Besitzer die Herausgabe der Sache an den mittelbaren Besitzer, oder, wenn dieser den Besitz nicht wieder übernehmen kann oder will, an sich selbst verlangen[20]).

Der Besitzer kann die Herausgabe der Sache verweigern, wenn er oder der mittelbare Besitzer, von dem er sein Recht zum Besitze ableitet, dem Eigenthümer gegenüber zum Besitze berechtigt ist[20]). Diese Berechtigung kann dinglicher oder obligatorischer Natur (z. B. Miethe, Pacht) sein, auch ist es gleichgültig, ob Beklagter durch den Willen des Klägers oder wie sonst in den Besitz gelangt ist. Die Einrede, zum Besitze berechtigt zu sein, hat insbesondere auch der Käufer eines Grundstücks, das übergeben worden ist, ohne daß es zur Auflassung kam[21]). Die Einrede aus einem obligatorischen Rechte hat Wirkung nur gegenüber dem obligatorisch Verpflichteten, nicht etwa gegenüber einem Dritten, der von dem obligatorisch Verpflichteten das Eigenthum erlangt hat. — Der unmittelbare Besitzer hat die Berechtigungs-Einrede nicht, wenn der mittelbare Besitzer (z. B. Vermiether) zwar dem Eigenthümer gegenüber zum Besitze, aber nicht zur Ueberlassung des Besitzes an den unmittelbaren Besitzer befugt ist. In diesem Falle kann der Eigenthümer von dem Besitzer die Herausgabe der Sache an den mittelbaren Besitzer, oder, wenn dieser den Besitz nicht wieder übernehmen kann oder will — was der Eigenthümer nöthigenfalls zu beweisen hat —, an sich selbst verlangen[22]).

Ist dem Besitzer Ersatz für Verwendungen zu leisten, so kann er die Herausgabe der Sache verweigern, bis er befriedigt ist; das Zurückbehaltungsrecht steht ihm jedoch nicht zu, wenn er die Sache durch eine vorsätzlich begangene unerlaubte Handlung erlangt hat[23]). S. Ziff. 64.

Ueber die Einrede der Verjährung s. § 12 Ziff. 1.

Wird die Herausgabe einer beweglichen Sache verlangt, die der Kläger dadurch erworben hat, daß ihm — unter Einigung über den Eigenthumsübergang — von dem früheren Eigenthümer der Anspruch auf Herausgabe der Sache abgetreten worden ist, so kann der Besitzer dem neuen Eigenthümer alle Einwendungen entgegensetzen, welche ihm gegen den abgetretenen Anspruch zustehen[24]).

---

[20]) § 986 Abs. 1 BGB.

[21]) Die Vorschrift des § 7 Abs. 2 des Preuß. Ges. vom 5. Mai 1872: „Hat der Beklagte von dem Kläger oder seinem Rechtsvorgänger auf Grund eines den Eigenthumserwerb bezweckenden Rechtsgeschäfts den Besitz des Grundstücks erhalten, so sind die aus dem Rechtsgeschäft herzuleitenden Rechte nicht als Einrede, sondern nur durch Klage oder Widerklage geltend zu machen" ist nicht in das BGB. übernommen.

[22]) § 986 Abs. 1 BGB.

[23]) § 1000 BGB.

[24]) § 986 Abs. 2 BGB.

Mit dem Herausgabe-Anspruch können obligatorische Ansprüche zusammentreffen.

Der Anspruch auf Herausgabe ist ein rein dinglicher; durch die Vereinigung des Eigenthums mit dem Besitze soll der zwischen Recht und Wirklichkeit bestehende Widerspruch ausgeglichen werden. Herauszugeben ist die Sache in ihrem gegenwärtigen Bestande. Daraus, daß unbefugt über die Sache des Eigenthümers verfügt worden ist, daß die Sache Veränderungen erfahren hat, daß Nutzungen aus ihr gezogen worden sind oder hätten gezogen werden sollen, können sich obligatorische Ansprüche ergeben. Die unbefugte Verfügung über eine fremde Sache kann als unerlaubte Handlung (§§ 823 ff.), als Grund einer ungerechtfertigten Bereicherung (§§ 812 ff.) oder als Verletzung einer obligatorischen Verpflichtung haftbar machen, die dem Verfügenden zufolge Rechtsgeschäfts oder in Folge gesetzlicher Bestimmung z. B. aus Geschäftsführung ohne Auftrag (§§ 677 ff.) obliegt. Diese allgemeinen Vorschriften sind zum besseren Schutze des Eigenthums in einigen Punkten erweitert, in anderen Richtungen sind sie eingeschränkt, insbesondere greift nicht in jedem Falle die Haftung wegen unerlaubter Handlung Platz, wo die unbefugte Verfügung über die Sache auf einer fahrlässigen Verkennung des fremden Rechtes beruht. Soweit keine Abänderung bestimmt ist, bleibt die Haftung auf Grund der bezeichneten allgemeinen Vorschriften unberührt [25]).

Die obligatorischen Ansprüche haben zwar das Eigenthum zur Grundlage, aber nur in demselben Sinne wie Ansprüche aus Eigenthumsdelikten. Sie stehen mithin nicht dem gegenwärtigen Eigenthümer als solchem zu, wie der rein dingliche Herausgabeanspruch, sondern demjenigen, der zur Zeit der verpflichtenden Thatsachen Eigenthümer war, sie begleiten das veräußerte Eigenthum nur in Folge einer ausdrücklichen oder stillschweigenden Uebertragung [26]).

Es dürften folgende Unterscheidungen zu machen sein:

A. Redlicher, nicht deliktmäßiger Besitz bis zur Rechtshängigkeit.

Regel ist, daß der Besitzer die gezogenen Früchte [27]), soweit sie nach den Regeln einer ordnungsmäßigen Wirthschaft nicht als Ertrag der Sache anzusehen sind, nach den Vorschriften über die Herausgabe einer ungerechtfertigten Bereicherung (§§ 812 ff.) herauszugeben hat, im Uebrigen aber weder zur Herausgabe von Nutzungen [28]) noch zu Schadensersatz verpflichtet ist. Für die Zeit, für welche dem

[25]) Vergl. Mot. 3, 394.
[26]) Vergl. Mot. 3, 395.
[27]) § 99 BGB. E. § 4 Ziff. 49.
[28]) § 100 BGB. E. § 4 Ziff. 55. Ein Schatz gehört nicht zu den Nutzungen (vergl. § 984 BGB.).

Besitzer die Nutzungen verbleiben, finden auf ihn die Vorschriften des § 101 BGB. (s. § 4 Ziff. 57 ff.) Anwendung[29] [30]).

Die Haftung wird gesteigert, falls der Besitz unentgeltlich erlangt ist. Hat ein Besitzer, der die Sache als Eigenbesitzer oder zum Zwecke der Ausübung eines ihm in Wirklichkeit nicht zustehenden Nutzungsrechtes an der Sache besitzt, den Besitz unentgeltlich (z. B. durch Schenkung, Vermächtniß, Erbfolge) erlangt, so ist er dem Eigenthümer gegenüber zur Herausgabe der Nutzungen (vergl. § 100 BGB.), die er vor dem Eintritte der Rechtshängigkeit zieht, nach den Vorschriften über die Herausgabe einer ungerechtfertigten Bereicherung[31]) verpflichtet[32]).

Für Beschädigungen der Sache, die der Besitzer in der Meinung, Eigenthümer zu sein, vornimmt, besteht keine Verantwortlichkeit dem Eigenthümer gegenüber. Insoweit aber ein unmittelbarer Besitzer seinem mittelbaren Besitzer gegenüber für den Schaden verantwortlich ist, der dadurch entsteht, daß in Folge seines Verschuldens die Sache verschlechtert wird, untergeht oder aus einem anderen Grunde nicht herausgegeben werden kann, hat der unmittelbare Besitzer diesen Schaden auch dem Eigenthümer gegenüber zu vertreten[33]). Dem Eigenthümer stehen die Ersatzansprüche zu, die der mittelbare Besitzer zufolge des Rechtsverhältnisses hat, auf dem der mittelbare Besitz beruht.

B. Rechtshängigkeit.

Mit dem Eintritte der Rechtshängigkeit[34]) des Anspruchs auf Herausgabe der Sache muß der Besitzer, auch wenn er in dem Glauben ist, zum Besitze berechtigt zu sein, mit der Möglichkeit rechnen, daß der Rechtsstreit einen für ihn ungünstigen Ausgang nehme, seine Haftung ist daher von diesem Zeitpunkt ab erweitert[35]).

Jeder Besitzer, mag er den Besitz unentgeltlich oder entgeltlich erlangt haben, hat dem Eigenthümer die Nutzungen (§ 100 BGB.) herauszugeben, die er nach dem Eintritte der Rechtshängigkeit zieht. Zieht er nach dem Eintritte der Rechtshängigkeit Nutzungen nicht, die er nach den Regeln einer ordnungsmäßigen Wirthschaft ziehen könnte, so ist er, soweit ihm ein Verschulden zur Last fällt, dem Eigenthümer

---

[29]) § 993 BGB.

[30]) Die Frage, ob der Besitzer oder wer sonst das Eigenthum an den Früchten erwirbt, bleibt hier außer Betracht, sie wird durch § 955 BGB. geregelt (s. § 25 Ziff. 57 ff.). Die Bestimmung, daß der Besitzer die gezogenen Früchte, soweit sie kein Ertrag der Sache sind, herauszugeben hat, schließt nicht aus, daß die noch vorhandenen Früchte von demjenigen, dem das Eigenthum daran zusteht, vindicirt werden.

[31]) §§ 818 ff. BGB.

[32]) § 988 BGB.

[33]) § 991 Abs. 2 BGB.

[34]) § 267 CPO.

[35]) Ist der Fall so gelagert, daß der Besitzer durch die Klagerhebung die Kenntniß von dem Rechtsmangel erlangt, so wird er zum unredlichen Besitzer.

zum Ersatze verpflichtet[36]). Der Besitzer ist ferner von dem Eintritt der Rechtshängigkeit an dem Eigenthümer für den Schaden verantwortlich, der dadurch entsteht, daß in Folge seines Verschuldens die Sache verschlechtert wird, untergeht oder aus einem anderen Grunde (z. B. wegen Veräußerung) von ihm nicht herausgegeben werden kann[37]).

Die Rechtshängigkeit des Herausgabeanspruchs gegen den unmittelbaren Besitzer wirkt nicht zu Ungunsten des mittelbaren, ebensowenig tritt, wenn gegen den mittelbaren Besitzer geklagt ist, die Wirkung der Rechtshängigkeit zum Nachtheile des unmittelbaren Besitzers ein. Die bloße Kenntniß von dem gegen den anderen Betheiligten angestrengten Prozeß ändert nichts, sie braucht auch nicht zur Bösgläubigkeit zu führen. Der Eigenthümer kann sich durch Belangung beider Besitzer helfen. Insoweit übrigens der unmittelbare Besitzer dem mittelbaren für den Schaden verantwortlich ist, der dadurch entsteht, daß in Folge seines Verschuldens die Sache verschlechtert wird, untergeht oder aus einem anderen Grunde nicht herausgegeben werden kann, haftet der unmittelbare Besitzer, wie schon angeführt (Ziff. 33), auch dem Eigenthümer unabhängig davon, ob ihm gegenüber Rechtshängigkeit eingetreten ist.

C. Unredlicher Besitz.

In ähnlicher Weise wie nach dem Eintritt der Rechtshängigkeit des Eigenthumsanspruchs haftet der Besitzer schon von der Zeit des Erwerbes an, wenn er bei dem Erwerbe des Besitzes nicht in gutem Glauben war. Der Eigenthümer hat den Mangel des guten Glaubens zu beweisen. Der Besitzer ist nicht in gutem Glauben, wenn ihm der Mangel eines Rechtes zum Besitze bekannt oder nur in Folge grober Fahrlässigkeit[38]) unbekannt ist. War der Besitzer bei dem Erwerbe in gutem Glauben, erfährt er aber später, daß er zum Besitze nicht berechtigt ist, so haftet er als unredlicher Besitzer von der Erlangung dieser Kenntniß an. In diesem Falle kommt nur die wirkliche Kenntniß von dem Rechtsmangel in Betracht, es genügt nicht, daß, nachdem der Besitz in gutem Glauben erlangt war, der Besitzer bei Anwendung geringer Sorgfalt Kenntniß des Rechtsmangels hätte erlangen können.

---

[36]) § 987 BGB. Verschulden s. § 276 BGB.

[37]) § 989 BGB. Vergl. §§ 249 ff. BGB. Eine Verschlechterung der Sache ist auch ihre Belastung mit einem Rechte. Biermann S. 114. Ist streitig, ob die Unmöglichkeit der Herausgabe der Sache die Folge eines von dem Schuldner zu vertretenden Umstandes ist, so trifft die Beweislast den Besitzer. Vergl. § 282 BGB.

[38]) Vergl. § 276 BGB. Der gute Glaube des unmittelbaren Besitzers hat sich auf die Berechtigung des mittelbaren Besitzers zu beziehen. Ein böser Glaube, der sich auf seine eigene Berechtigung gegenüber dem mittelbaren Besitzer bezieht, kommt für den Eigenthümer nicht in Betracht. Biermann S. 114.

Der unredliche Besitzer hat hienach dem Eigenthümer die Nutzungen herauszugeben, die er gezogen hat, auch Ersatz zu leisten für die Nutzungen, die er nach den Regeln einer ordnungsmäßigen Wirthschaft hätte ziehen können, aber nicht gezogen hat, soweit ihm dabei ein Verschulden zur Last fällt[39]). Liegt mittelbarer Besitz vor, so könnte bei einer solchen Haftung des unmittelbaren Besitzers auch der redliche mittelbare Besitzer getroffen werden. Dies soll vermieden werden. Falls der unredliche Besitzer das Recht zum Besitze von einem mittelbaren Besitzer ableitet und Rechtshängigkeit gegen den unmittelbaren Besitzer nicht vorliegt, hat der Eigenthümer die Herausgabe der Nutzungen und die Ersatzleistung für nicht gezogene Nutzungen nur zu beanspruchen, wenn auch auf Seite des mittelbaren Besitzers unredlicher Besitz vorliegt oder dem mittelbaren Besitzer gegenüber die Rechtshängigkeit eingetreten ist[40]). Ist der Herausgabeanspruch gegen den unmittelbaren Besitzer rechtshängig, so richtet sich seine Haftung nach § 987 (s. Ziff. 36).

Der unredliche Besitzer (mittelbare oder unmittelbare) ist ferner dem Eigenthümer für den Schaden verantwortlich, der dadurch entsteht, daß in Folge seines Verschuldens die Sache verschlechtert wird, untergeht oder aus einem anderen Grunde von ihm nicht herausgegeben werden kann[41]).

Die Haftung des unredlichen Besitzers erweitert sich, sobald die Voraussetzungen des Verzugs (§§ 284 ff. BGB.) vorliegen. Diese weitergehende Haftung richtet sich nach den Bestimmungen über den Verzug[42]); der Besitzer hat sonach z. B. auch den Schaden zu ersetzen, der durch die Vorenthaltung der Sache dem Eigenthümer entsteht, ist auch für die durch Zufall eintretende Unmöglichkeit der Leistung verantwortlich, sofern nicht der Schaden auch bei rechtzeitiger Leistung eingetreten sein würde. — Die Haftung des redlichen Besitzers wird durch den Eintritt der Verzugs-Voraussetzungen nicht erweitert, gegen ihn bedarf es des Eintritts der Rechtshängigkeit des Anspruchs.

D. Deliktmäßiger Besitz.

Der Besitzer haftet nach den Vorschriften über den Schadensersatz wegen unerlaubter Handlungen (§§ 823 ff. BGB.), wenn er durch verbotene Eigenmacht (§ 858) oder durch eine strafbare Handlung (z. B. Hehlerei) sich den Besitz verschafft hat[43]). Handlungen,

---

[39]) §§ 990, 987 BGB.

[40]) § 991 Abs. 1 BGB.

[41]) §§ 990, 989 BGB. **Daß der unmittelbare Besitzer, auch wenn er in gutem Glauben ist, in derselben Weise, wie er dem mittelbaren Besitzer verantwortlich ist, dem Eigenthümer gegenüber für Schaden aufzukommen hat, siehe** Ziff. 33.

[42]) § 990 Abs. 2 BGB.

[43]) § 992 BGB.

die an der Sache nach der Besitzerlangung vorgenommen werden, begründen diese Haftung nicht; in den thatsächlichen Verfügungen über eine Sache, welche während des Besitzes des Nichteigenthümers vorkommen, sind nicht neue Delikte gegen das Eigenthum zu erblicken, sondern höchstens eine Nichterfüllung von Verbindlichkeiten, welche in Ansehung der Behandlung fremder Sachen auferlegt sind[44]).

Der deliktmäßige Besitz ist nicht nothwendig ein unredlicher; es ist denkbar, daß der Besitzer in der irrigen Meinung, Eigenthümer der Sache zu sein, den Besitz durch Handlungen erlangt hat, die als verbotene Eigenmacht sich darstellen. Auch in diesem Falle haftet der redliche Besitzer dem Eigenthümer nach den Grundsätzen über unerlaubte Handlungen. Aus der Anwendung der Vorschriften über unerlaubte Handlungen folgt übrigens, daß die Verpflichtung zum Schadensersatze nur eintritt, wenn dem Thäter ein Verschulden zur Last fällt, wenn er also gewußt hat oder hat wissen müssen, daß er unerlaubte Eigenmacht begeht[45]).

Dem Besitzer können Ansprüche wegen Verwendungen zustehen. Das BGB. unterscheidet bezüglich des Rechtes auf Erstattung von Verwendungen zwischen dem redlichen und dem unredlichen Besitzer, sowie zwischen nothwendigen und anderen Verwendungen. Die Verwendungen sind nothwendige, wenn sie zur Erhaltung der Sache in wirthschaftlich brauchbarem Zustande unentbehrlich sind[46]). Der Begriff Verwendung erfordert, daß der wirthschaftliche Erfolg des Geschäftes, das als Verwendung erscheinen soll, dem dinglich Berechtigten in irgend einer Weise zu Gute kommt[47]). Verzinsung der aufgewendeten Beträge nach § 256 BGB.

I. Redlicher Besitzer

1. vor Eintritt der Rechtshängigkeit:

a. nothwendige Verwendungen.

Der redliche[48]) Besitzer kann für die nothwendigen Verwendungen, die vor Eintritt der Rechtshängigkeit auf die Sache gemacht

---

[44]) Vergl. Mot. 3, 410.

[45]) Kom.Prot. 3 S. 348.

[46]) Als nothwendige Verwendungen werden diejenigen bezeichnet, welche die ordentliche Bewirthschaftung der Sache mit sich bringt, wenn es sich auch um neue Anlagen z. B. um die Errichtung unentbehrlicher Scheunen handelt. Dernburg S. 352.

[47]) Mot. 3, 411. Die Verbindung eigener Sachen mit der fremden kann als Verwendung dann nicht gelten, wenn die verbundenen Sachen nicht wesentliche Bestandtheile der Hauptsache geworden sind, ebensowenig, wenn sie nur Zubehör der fremden Sache sind, da das Eigenthum des Anderen an solchen Sachen bestehen bleibt und das Vermögen des Eigenthümers der Sache nicht vermehrt wird (Mot. 3, 411). Dagegen kann unter Umständen ein von dem Besitzer gezahlter Kaufpreis als nothwendige Verwendung sich darstellen. Vergl. Biermann S. 117.

[48]) Daß der Besitzer bei dem Erwerbe des Besitzes nicht in gutem Glauben war oder später erfahren hat, daß er zum Besitze nicht berechtigt sei, hat der Eigenthümer zu beweisen.

worden sind, von dem Eigenthümer Ersatz verlangen. Zu den nothwendigen Verwendungen gehören auch die Aufwendungen, die der Besitzer zur Bestreitung von Lasten der Sache macht (z. B. Steuern, Zinsen). Für die Zeit jedoch, für welche dem Besitzer die Nutzungen verbleiben, sind ihm die gewöhnlichen Erhaltungskosten [49]) nicht, und von Aufwendungen zur Bestreitung von Lasten nur die Aufwendungen für solche außerordentliche Lasten zu ersetzen, die als auf den Stammwerth der Sache gelegt anzusehen sind [50]) [51]).

b. nützliche Verwendungen.

Für andere als nothwendige Verwendungen kann der redliche Besitzer Ersatz nur insoweit verlangen, als sie vor dem Eintritt der Rechtshängigkeit gemacht werden und der Werth der Sache durch sie noch zu der Zeit erhöht ist, zu welcher der Eigenthümer die Sache wieder erlangt [52]). Maßgebend ist demnach der Zeitpunkt der Herausgabe der Sache, nicht der Zeitpunkt der Verurtheilung. Beweispflichtig, insbesondere für den Fortbestand der Werthserhöhung, ist der Besitzer.

2. nach Eintritt der Rechtshängigkeit

und

II. Unredlicher Besitzer:

Der redliche Besitzer steht von dem Eintritt der Rechtshängigkeit ab hinsichtlich der Ansprüche wegen Verwendungen dem unredlichen Besitzer gleich. Für Verwendungen, die nicht zu den nothwendigen gehören, hat weder der redliche Prozeßbesitzer noch der unredliche Besitzer [53]) einen Ersatzanspruch. Werden nach dem Eintritte der Rechtshängigkeit der auf Herausgabe der Sache gerichteten Klage oder von einem unredlichen Besitzer nothwendige Verwendungen auf die Sache gemacht, so bestimmt sich die Ersatzpflicht des Eigenthümers nach den Vorschriften über die Geschäftsführung ohne Auftrag [54]). Zu den nothwendigen Verwendungen gehören auch hier die Aufwendungen, die der Besitzer zur Bestreitung von Lasten der Sache macht. Für die Zeit, für welche dem Besitzer die Nutzungen verbleiben [55]), sind

---

[49]) Die gewöhnlichen Erhaltungskosten (Unterhaltungskosten) sind Ausgaben, welche stetig wiederkehren z. B. Reparaturkosten eines Gebäudes. Dernburg S. 351.

[50]) Es sind darunter diejenigen Lasten verstanden, welche nach der Intention der sie auferlegenden Anordnung nicht aus den Erträgen der Sache, sondern aus deren Stammwerth bestritten werden sollen, was sich unter Umständen aus der Höhe der Last ergeben kann. Mot. 3, 516. Beispiel einer solchen Last ist die einmalige Abgabe für Einrichtung der städtischen Kanalisation (Dernburg S. 351).

[51]) §§ 994 Abs. 1, 995 BGB.

[52]) § 996 BGB.

[53]) § 990 BGB.

[54]) § 994 Abs. 2 BGB.

[55]) Wenn der unmittelbare Besitzer unredlich, aber der mittelbare redlich und die Klage noch nicht anhängig ist, haftet auch der unredliche dem Eigenthümer nicht für die Nutzungen. Vergl. Ziff. 40.

ihm nur die Aufwendungen für solche außerordentliche Lasten zu ersetzen, die als auf den Stammwerth der Sache gelegt anzusehen sind[56]).

Auf Grund der Bestimmungen über die Geschäftsführung ohne Auftrag kann Ersatz für eine nothwendige Verwendung nur dann verlangt werden, wenn sie dem Interesse und dem wirklichen oder muthmaßlichen Willen des Eigenthümers entsprochen hat oder von ihm genehmigt wird oder wenn durch die Aufwendung eine Pflicht des Eigenthümers, deren Erfüllung im öffentlichen Interesse lag, erfüllt worden ist; liegt keine dieser Voraussetzungen vor, so ist der Eigenthümer nur verpflichtet, dasjenige, was er in Folge der nothwendigen Verwendung erlangt hat, dem Besitzer nach den Vorschriften über die Herausgabe einer ungerechtfertigten Bereicherung herauszugeben[57]).

Die Verwendungsansprüche belasten gewissermaßen die Sache. Die Verpflichtung des Eigenthümers zum Ersatze von Verwendungen erstreckt sich auch auf die Verwendungen, die gemacht worden sind, bevor er das Eigenthum erworben hat. Ebenso kann der Besitzer für Verwendungen eines Vorbesitzers, dessen Rechtsnachfolger er geworden ist, in demselben Umfange Ersatz verlangen, in welchem ihn der Vorbesitzer fordern könnte, wenn er die Sache herauszugeben hätte[58]).

Der Besitzer hat ferner ein Trennungsrecht. Hat ein (redlicher oder unredlicher) Besitzer mit der herauszugebenden Sache eine andere Sache als wesentlichen Bestandtheil verbunden, so daß sie Eigenthum des Eigenthümers der Sache geworden ist, so kann er sie abtrennen und sich aneignen. Dabei hat er jedoch die herauszugebende Sache auf seine Kosten in den vorigen Stand zu setzen, auch Sicherheit für den mit der Wegnahme verbundenen Schaden zu leisten, wenn der Herausgabe-Berechtigte den Besitz der Sache erlangt hat, bevor die verbundene Sache abgetrennt worden ist. Dadurch, daß der Besitzer einen Ersatzanspruch wegen der Verwendung hat, wird das Trennungsrecht nicht ausgeschlossen, der Besitzer kann das Eine oder das Andere geltend machen. Dagegen ist das Recht zur Abtrennung ausgeschlossen, wenn es sich um Verwendungen handelt, die zu den gewöhnlichen Erhaltungskosten gehören und in einer Zeit gemacht worden sind, für die dem Besitzer die Nutzungen verbleiben, deßgleichen, wenn die Abtretung für ihn keinen Nutzen hat, endlich wenn ihm mindestens der Werth ersetzt wird, den der Bestandtheil nach der Abtrennung für ihn haben würde[59]).

---

[56]) § 995 BGB.

[57]) §§ 683, 684 BGB.

[58]) § 999 BGB. Die Verpflichtung, die in dieser Weise auch dem Grundeigenthümer obliegt, kommt nicht zur Eintragung in das Grundbuch.

[59]) § 997 BGB. Beweispflichtig für die Thatsachen, durch die das Recht auf Abtrennung ausgeschlossen wird, ist der Eigenthümer. — Das Trennungsrecht kann regelmäßig nur der unmittelbare Besitzer ausüben, doch kann auch der mittelbare Besitzer von dem Eigenthümer, der die Sache wiedererlangt hat, die Gestattung der Abtrennung verlangen. Biermann S. 119.

Bei landwirthschaftlichen Grundstücken hat der Besitzer auch Anspruch auf Ersatz der Bestellungskosten für die noch nicht getrennten Früchte[60]. Ist ein landwirthschaftliches Grundstück[61] herauszugeben, so hat der Eigenthümer die Kosten, die der (redliche oder unredliche) Besitzer auf die noch nicht getrennten, jedoch nach den Regeln einer ordnungsmäßigen Wirthschaft vor dem Ende des Wirthschaftsjahres[62] zu trennenden Früchte verwendet hat, insoweit zu ersetzen, als sie einer ordnungsmäßigen Wirthschaft entsprechen und den Werth dieser Früchte nicht übersteigen[63]. Maßgebend ist der Werth der Früchte zur Zeit der Herausgabe des Grundstücks.

Zur Geltendmachung der Verwendungsansprüche hat der Besitzer ein Zurückbehaltungsrecht und ein Klagrecht.

Der Besitzer kann die Herausgabe der Sache verweigern, bis er wegen der ihm zu ersetzenden Verwendungen befriedigt ist. Das Zurückbehaltungsrecht steht ihm jedoch nicht zu, wenn er die Sache durch eine vorsätzlich begangene unerlaubte Handlung erlangt hat[64]. Wird der Klage des Eigenthümers gegenüber das Zurückbehaltungsrecht geltend gemacht, so hat dies die Wirkung, daß der Besitzer zur Herausgabe der Sache gegen Empfang des ihm gebührenden Ersatzes zu verurtheilen ist. Ist der Besitzer im Verzuge der Annahme, so kann der Eigenthümer die Vollstreckung betreiben, wie wenn eine unbedingte Verurtheilung ergangen wäre[65]. Im Uebrigen s. §§ 726, 756, 765 CPO.

Das Klagrecht des Besitzers ist davon abhängig, daß der Eigenthümer die Sache wiedererlangt oder die Verwendungen genehmigt. Erlangt der Eigenthümer die Sache anders als durch Herausgabe von Seite des Verpflichteten wieder, so kann der Besitzer für die Verwendungen von dem Eigenthümer Ersatz verlangen, der Eigenthümer aber kann, wenn er die Verwendungen noch nicht genehmigt hat, sich von dem Ersatzanspruch dadurch befreien, daß er die wiedererlangte Sache zurückgibt[66]. Bietet der Besitzer dem Eigenthümer unter Vorbehalt des Ersatzanspruchs die herauszugebende Sache an, so gilt die Genehmigung der Verwendungen als ertheilt, wenn der Eigenthümer die ihm unter diesem Vorbehalt angebotene Sache annimmt. Gibt der Besitzer ohne solchen Vorbehalt die Sache dem Eigenthümer

---

[60] Ueber Ersatz der Gewinnungskosten für herauszugebende Früchte s. § 102 BGB.

[61] Ein landwirthschaftliches Grundstück ist ein der Landwirthschaft (Ackerbau und Viehzucht) dienendes Grundstück.

[62] Das Wirthschaftsjahr ist für jede Fruchtart besonders zu bestimmen. Biermann S. 120.

[63] § 998 BGB.

[64] § 1000 BGB. Vergl. § 49 Ziff. 3 Konk.Ord.

[65] Vergl. § 274 BGB.

[66] Ist die Sache zur Zeit der Zurückgabe verschlechtert, so hat der Eigenthümer im Falle des Verschuldens dem Besitzer Schadensersatz zu leisten. Biermann S. 121.

heraus, so erlischt der Anspruch auf Ersatz der Verwendungen mit dem Ablaufe eines Monats, bei einem Grundstück mit dem Ablaufe von 6 Monaten nach der Herausgabe, wenn nicht vorher die gerichtliche Geltendmachung erfolgt oder der Eigenthümer die Verwendungen genehmigt. Auf diese Fristen finden die Verjährungsvorschriften der §§ 203, 206, 207 BGB. entsprechende Anwendung[67]).

Wenn sich der Eigenthümer weigert, die Sache unter Befriedigung des ersatzberechtigten Besitzers zurückzunehmen, tritt ein für den Besitzer mißlicher Zustand ein, denn der Besitzer behält die Sache kraft seines Zurückbehaltungsrechtes, darf sich ihrer aber nicht entäußern und muß sie stets als fremde betrachten. Aus diesem Grunde ist dem Besitzer die Befugniß gewährt, den Eigenthümer unter Angabe des als Ersatz verlangten Betrages aufzufordern, sich innerhalb einer von ihm bestimmten angemessenen Frist darüber zu erklären, ob er die Verwendungen genehmige. Nach dem Ablaufe der Frist ist der Besitzer berechtigt, Befriedigung aus der Sache nach den Vorschriften über den Pfandverkauf[68]), bei einem Grundstück nach den Vorschriften über die Zwangsvollstreckung in das unbewegliche Vermögen zu suchen, wenn nicht die Genehmigung rechtzeitig erfolgt[69]). Bestreitet der Eigenthümer den Anspruch vor dem Ablaufe der Frist, so hat der Besitzer die Feststellung des Betrages der Verwendungen zu betreiben und kann sich aus der Sache erst dann befriedigen, wenn die Feststellung des Betrages rechtskräftig geworden ist, wenn er den Eigenthümer nochmals unter Bestimmung einer angemessenen Frist zur Erklärung aufgefordert hat und die Frist verstrichen ist. Erfolgt die Genehmigung rechtzeitig, so ist das Recht auf Befriedigung aus der Sache ausgeschlossen[70]).

All' dies gilt von dem Herausgabe-Anspruch des Eigenthümers, es gilt aber auch von dem *Herausgabe-Anspruch aus früherem Besitze*[71]).

Wie im Römischen Recht neben der rei vindicatio noch die actio Publiciana gewährt war, so gibt auch das BGB. demjenigen, der eine bewegliche Sache in Besitz gehabt hat, das Recht, die Herausgabe der Sache von dem Besitzer zu verlangen, ohne daß nöthig wäre, das Eigenthum oder ein sonstiges Recht zum Besitze darzulegen. Das BGB. führt diesen Anspruch in Titel 4 auf, der von den Ansprüchen aus dem Eigenthum handelt, der Grund aber, auf dem ein solcher Anspruch beruht, ist nicht das Eigenthum, sondern der Besitz.

---

[67]) §§ 1001, 1002 BGB.

[68]) §§ 1233 ff. BGB.

[69]) Mit der Veräußerung sind die Ansprüche erledigt. Ist der Eigenthümer der Ersteher der durch den Besitzer versteigerten Sache, so kann der durch die Versteigerung nicht gedeckte Ersatz nicht abermals nach § 1001 Satz 1 und 2 von ihm verlangt werden. Anders Biermann S. 122.

[70]) § 1003 BGB.

[71]) § 1007 BGB.

Bei dem Herausgabe-Anspruch des Eigenthümers steht Eigenthum gegen Besitz, hier steht der Besitz dem Besitz gegenüber. Wie der Besitz an einer Sache dem Eigenthum weichen muß, so muß der gegenwärtige Besitzer dem früheren Besitzer weichen, dessen Beziehungen zu der Sache vor dem Gesetze als die besseren anerkannt sind.

Voraussetzung des Anspruchs auf Seite des Klägers ist, daß er oder sein Rechtsvorgänger früher Besitzer der Sache war, gleichgültig, ob mittelbarer oder unmittelbarer, Eigen- oder Fremdbesitzer. Ausgeschlossen ist jedoch der Anspruch

1. wenn der Kläger oder sein Rechtsvorgänger als früherer Besitzer bei dem Erwerbe des Besitzes nicht in gutem Glauben war. Der Erwerber ist nicht in gutem Glauben, wenn ihm bekannt oder in Folge grober Fahrlässigkeit unbekannt ist, daß er kein Recht auf den Besitz hat. Gutgläubiger Besitzer kann nicht bloß ein Eigenbesitzer sein, sondern auch ein Verwahrer, Miether, Finder ꝛc. Der gute Glaube braucht nur bei dem Erwerbe vorzuliegen, Fortdauer des guten Glaubens wird nicht verlangt.

2. wenn der frühere Besitzer den (mittelbaren[72]) oder unmittelbaren) Besitz aufgegeben hat. Wer den Besitz einer beweglichen Sache aufgegeben hat, kann sie auf Grund des früheren Besitzes auch dem bösgläubigen Besitzer nicht abnehmen[73]).

Ist keiner dieser Ausnahmefälle dargethan, so kann der Kläger auf Grund des früheren Besitzes die Herausgabe verlangen,

1. wenn der Beklagte bei dem Erwerbe des Besitzes nicht in gutem Glauben war, oder

2. wenn der Beklagte zwar bei dem Erwerbe in gutem Glauben war, die Sache aber dem Kläger oder dem Rechtsvorgänger des Klägers gestohlen, verloren gegangen oder sonst abhanden gekommen ist. Auf Geld und Inhaberpapiere findet diese Vorschrift keine Anwendung[74]); Geld und Inhaberpapiere können einem gutgläubigen Besitzer nicht abverlangt werden, auch wenn sie dem früheren Besitzer gestohlen, verloren gegangen oder sonst abhanden gekommen sind. Handelt es sich um andere bewegliche Sachen, so ist der Herausgabe-Anspruch gegen den gutgläubigen Besitzer gleichfalls ausgeschlossen, wenn dieser Eigenthümer der Sache ist, oder wenn die Sache ihm oder seinem Rechtsvorgänger vor der Besitzzeit des früheren Besitzers abhanden gekommen war.

Gegenstand dieses Anspruchs sind nur bewegliche Sachen. Der Anspruch verjährt in 30 Jahren.

Bezüglich der dem gegenwärtigen Besitzer zustehenden Einwendungen, seiner Haftung für Nutzungen und Schäden, sowie seiner Rechte wegen Verwendungen finden die für den Herausgabe-Anspruch

[72]) Z. B. durch Veräußerung der Sache. Vergl. Kom.Prot. 3 S. 383.

[73]) „Hand wahre Hand", „Wo Du Deinen Glauben verloren hast, mußt Du ihn wieder suchen" (vergl. Stobbe-Lehmann § 92).

[74]) Vergl. § 935 Abs. 2 BGB.

des Eigenthümers gegebenen Vorschriften (§§ 986—1003) entsprechende Anwendung.

2. Der Anspruch auf Beseitigung und Unterlassung von Störungen[75]).

Gegen Entziehung oder Vorenthaltung des Besitzes ist dem Eigenthümer der Anspruch auf Herausgabe der Sache gegeben. Wird das Eigenthum in anderer Weise als durch Entziehung oder Vorenthaltung des Besitzes beeinträchtigt (z. B. durch Geltendmachung von Dienstbarkeiten ohne Besitzentziehung), so kann der Eigenthümer von dem Störer die Beseitigung der Beeinträchtigung verlangen und, wenn weitere Beeinträchtigungen zu besorgen sind, auf Unterlassung klagen.

Grund dieses Anspruchs ist, ebenso wie bei dem Anspruch auf Herausgabe, das Eigenthum und zwar das Eigenthum an einem Grundstück oder an einer beweglichen Sache. Da das Eigenthum in der Regel die Macht gewährt, Andere von jeder Einwirkung auf die Sache auszuschließen, und derjenige, der ein das Eigenthum beschränkendes Recht für sich in Anspruch nimmt, dieses Recht darzulegen und zu beweisen hat, so bedarf es zur Begründung der Störungsklage nur des Beweises des Eigenthums und des Eingriffes, nicht aber des Beweises, daß das Eigenthum nicht beschränkt ist. Für den Beweis des Eigenthums gelten die Bestimmungen der §§ 891 und 1006 BGB. Besitz wird auf Seite des Klägers nicht nothwendig vorausgesetzt; es ist denkbar, daß das Eigenthum von einer Person durch Entziehung oder Vorenthaltung des Besitzes, von einer anderen Person in anderer Weise beeinträchtigt wird[76]). Ein Miteigenthümer kann den Anspruch Dritten gegenüber in Ansehung der ganzen Sache geltend machen[77]) (s. § 28 Ziff. 6, 7).

Der Anspruch ist gegeben, wenn ein Zustand besteht, der das Recht des Eigenthümers beeinträchtigt, ohne daß dem Eigenthümer der Besitz der Sache entzogen ist oder vorenthalten wird. Das Eigenthum kann beeinträchtigt werden dadurch, daß gegen den Willen des Eigenthümers auf die Sache eingewirkt wird, oder dadurch, daß der Eigenthümer in der freien Verfügung über die Sache gehindert wird. Erfordert wird das objektive Bestehen eines durch den Willen einer anderen Person aufrecht erhaltenen Zustandes. Es genügt nicht, daß das Eigenthum durch eine der Vergangenheit angehörende Handlung vorübergehend beeinträchtigt worden ist; derartige Be-

[75]) § 1004 BGB. a. negatoria. Eigenthumsanspruch wegen Eingriffs (Windscheid 1 § 198), Störungsklage (Stobbe-Lehmann § 114), Eigenthumsfreiheitsklage (Förster-Eccius 3 § 181, Dernburg § 124). Behauptet Jemand, an einer fremden Sache ein dingliches Recht zu haben, das zum Besitze der Sache berechtigt, z. B. Nießbrauch, und hat er die fremde Sache in Besitz, so ist nicht ein Anspruch nach § 1004, sondern der Herausgabe-Anspruch geltend zu machen.

[76]) Mot. 3, 424.

[77]) § 1011 BGB.

helligungen machen, wenn die Voraussetzungen einer unerlaubten Handlung vorliegen, schadensersatzpflichtig. Der Anspruch auf Beseitigung oder Unterlassung von Störungen verlangt kein Verschulden, setzt aber einen Zustand der Beeinträchtigung des Eigenthums voraus. Dieser Zustand kann in einem körperlichen Verhältniß bestehen, in welchem die Sache des Anderen zu der Sache des Eigenthümers sich befindet (z. B. Hinüberreichen einer Mauer über die Grenze). In diesem Falle ist der Eigenthumsanspruch gegen denjenigen gegeben, durch dessen Willen der mit dem Inhalte des Eigenthums in Widerspruch stehende Zustand aufrecht erhalten wird, dies wird regelmäßig der derzeitige Eigenthümer der störenden Anlage sein, kann auch der besitzende Nichteigenthümer sein. Liegt keine körperliche Beeinträchtigung vor, so kann doch ein Zustand der Beeinträchtigung dann bestehen, wenn nach den Umständen die Wiederkehr der beeinträchtigenden Handlung zu besorgen ist[78]). Auch die Befürchtung weiterer Gefährdung braucht sich nicht in einem schuldvollen Verhalten des Gegners zu gründen, der Anspruch ist gegeben, auch wenn der Beklagte in entschuldbarer Weise in einem Irrthum über sein Recht ist[79]). Nach den Bestimmungen über den Inhalt des Eigenthums (s. §§ 20 und 22) muß im einzelnen Falle die Frage beantwortet werden, ob ein Zustand der Beeinträchtigung vorliegt. Meist besteht die Beeinträchtigung in der Ausübung eines von dem Gegner beanspruchten dinglichen Rechtes oder in der Ueberschreitung von Einwirkungen, die das Gesetz dem Nachbarn gestattet[80]). Daß der Gegner ein Recht zu seinem Verhalten sich zuschreibe, ist keine Voraussetzung des Anspruchs.

Der Eigenthümer kann von dem Störer die Beseitigung der Beinträchtigung verlangen. Beseitigen läßt sich die Beeinträchtigung nur, wenn ein körperliches Verhältnis zu der Sache des Eigenthümers besteht (z. B. bauliche Anlage). Der Anspruch geht in diesem Falle auf ein Thun, nicht etwa auf Duldung der Beseitigung. Der Zustand ist wieder herzustellen, der dem Inhalte des Eigenthums entspricht, und zwar hat der Gegner alles zur Erfüllung seiner Pflicht Erforderliche auf eigene Kosten vorzunehmen. Eine Verpflichtung zur Schadensersatzleistung statt oder neben der Naturalrestitution besteht nicht ohne Weiteres auf Grund des Anspruchs auf Beseitigung der Beeinträchtigung, sie besteht nur, wenn ein besonderer Verpflichtungsgrund dazu vorliegt.

Sind weitere Störungen zu besorgen, so kann der Eigenthümer auf Unterlassung klagen. Dieser Anspruch setzt keine körperliche

---

[78]) War Derjenige, der die Störungshandlungen verübt hat, nur als Werkzeug eines Anderen thätig, so richtet sich der Anspruch gegen diesen Anderen.

[79]) Vergl. Mot. 3, 426.

[80]) Der Anspruch ist z. B. auch gegeben, wenn ein Grunddienstbarkeitsberechtigter auf dem Grundstück eine Anlage halten darf, diese aber gegen die Vorschrift des § 1020 nicht in ordnungsmäßigem Zustande erhält.

Beeinträchtigung voraus, er geht aber auch auf Aufhebung eines Zustandes, nämlich eines Zustandes der Besorgniß vor weiteren Störungen, er ist auf ein dem Inhalte des Eigenthums entsprechendes künftiges Verhalten gerichtet. Zwangsvollstreckung nach § 890 CPO.

Nur der dingliche Anspruch auf Wiederherstellung des dem Eigenthum entsprechenden Zustandes ist besonders geregelt; ob und was für obligatorische Ansprüche aus der partiellen Eigenthumsverletzung sich ergeben, bemißt sich nach den Vorschriften über die Haftung aus unerlaubter Handlung (§§ 823 ff.) und aus ungerechtfertigter Bereicherung (§§ 812 ff.); insbesondere ist der Anspruch auf Schadensersatz durch Nachweis eines Verschuldens besonders zu begründen.

Eine Beschränkung oder Aenderung des Anspruches bringt die Vorschrift des § 26 der Gewerbeordnung. Danach kann die Klage des Eigenthümers gegenüber einer mit obrigkeitlicher Genehmigung errichteten gewerblichen Anlage niemals auf Einstellung des Gewerbebetriebs, sondern nur auf Herstellung von Einrichtungen, welche die benachtheiligende Einwirkung ausschließen, oder, wo solche Einrichtungen unthunlich oder mit einem gehörigen Betriebe des Gewerbes unvereinbar sind, auf Schadloshaltung gerichtet werden [81]).

Der Störungsanspruch ist ausgeschlossen, wenn der Eigenthümer zur Duldung der Beeinträchtigung verpflichtet ist, sei es, daß die Verpflichtung auf einem dinglichen, sei es, daß sie auf einem persönlichen Rechte des Beklagten beruht; die Verpflichtung zur Duldung kann durch Gesetz (z. B. § 906) oder durch Rechtsgeschäft auferlegt sein. Die Rechtmäßigkeit der Eigenthumsverletzung, mag der Eingriff sich in Anlagen verkörpern oder in geübter Benutzung, die eine Fortsetzung gewärtigen läßt, hervortreten, ergibt sich möglicher Weise aus einem Rechte nicht des unmittelbar Handelnden, sondern desjenigen, in dessen Namen gehandelt worden ist. Behauptet im Prozesse der Beklagte, er habe die Beeinträchtigung in Ausübung des Rechtes eines Dritten vorgenommen, so finden die Vorschriften des § 76 CPO. (s. Ziff. 19) entsprechende Anwendung [82]).

Mit der Grundbucheinrichtung hängt ein weiterer Anspruch zusammen, der ebenfalls negatorischer Art ist: der Anspruch auf Berichtigung des Grundbuchs [83]).

Das Eigenthum kann beeinträchtigt sein dadurch, daß der Inhalt des Grundbuchs in Ansehung des Eigenthums oder eines begrenzten Rechtes oder einer Verfügungsbeschränkung mit der wirklichen Rechtslage nicht im Einklange steht. In diesen Fällen kann der Eigenthümer, dessen Recht nicht oder nicht richtig eingetragen oder

---

81) Unberührt bleiben die landesgesetzlichen Vorschriften, welche die Vorschrift des § 26 der Gewerbeordnung auf Eisenbahn-, Dampfschifffahrts- und ähnliche Verkehrsunternehmungen erstrecken (Art. 125 Einf. z. BGB.).

82) § 77 CPO.

83) § 894 BGB. S. § 10.

durch die Eintragung einer nicht bestehenden Belastung oder Beschränkung beeinträchtigt ist, die Zustimmung zu der Berichtigung des Grundbuchs von demjenigen verlangen, dessen Recht durch die Berichtigung betroffen wird[84]).

Voraussetzung des Anspruchs ist ein Widerspruch zwischen dem Inhalte des Grundbuchs und der wirklichen Rechtslage. Es kann ein Eigenthümer aus dem Grundbuch verdrängt sein, während sein Eigenthum fortbesteht, wenn z. B. eine Eigenthumsübertragung ohne die erforderliche Auflassung eingetragen wird, wenn die Auflassung von einer Person erklärt war, die fälschlich unter dem Namen des Eigenthümers verfügt hat, wenn die Einigung des Erwerbers und Veräußerers sich auf ein anderes Grundstück bezog als das, bei welchem die Uebertragung zur Eintragung kam. Es kann auch das Eigenthum an einem Grundstück einer Person zustehen, die nie als Eigenthümer eingetragen war, z. B. wenn sie als Erbe das Eigenthum erlangt hat, ein Anderer aber auf Grund eines gefälschten Erbscheines als Eigenthümer eingetragen worden ist. Ist das Eigenthum richtig eingetragen, so kann es dadurch beeinträchtigt sein, daß eine nicht oder nicht mehr zu Recht bestehende Belastung des Grundstücks oder Verfügungsbeschränkung eingetragen ist[85]). In diesen und anderen Fällen entspricht der Inhalt des Grundbuchs nicht der wirklichen Rechtslage. Der dadurch gefährdete Eigenthümer hat einen Anspruch darauf, daß der sein Recht beeinträchtigende Zustand beseitigt und der seinem Rechte entsprechende Zustand hergestellt werde. Der Anspruch richtet sich gegen denjenigen, der in dem das Recht des Eigenthümers beeinträchtigenden Zustande sich befindet, also gegen den zu Unrecht Eingetragenen, gleichgültig, ob er mit oder ohne sein Zuthun in diesen Zustand eingetreten ist.

Der Anspruch geht auf Herstellung des dem Eigenthum entsprechenden Zustandes. Der Verpflichtete hat seine Zustimmung zur Berichtigung des Grundbuchs zu geben (s. § 10 Ziff. 5). Ob neben diesem dinglichen Anspruch noch ein obligatorischer besteht, richtet sich nach dem Rechte der Schuldverhältnisse. Ein Einwand des Beklagten, daß der Eigenthümer zur Duldung des das Eigenthum gefährdenden Zustandes verpflichtet sei (§ 1004 Abs. 2), kann nicht in Frage kommen; der Beklagte kann höchstens einen Anspruch darauf haben, daß eine Rechtsänderung vorgenommen werde. So lange das Recht des Eigenthümers besteht, muß auch der Inhalt des Grundbuchs mit ihm in Einklang stehen.

---

[84]) Einem Miteigenthümer steht der Berechtigungsanspruch sowohl den Miteigenthümern wie Dritten gegenüber zu.

[85]) Ist eine das Grundstück belastende Hypothek zum Nachtheile des Eigenthümers gelöscht worden, so besteht auch ein Berichtigungsanspruch des Eigenthümers, jedoch nicht auf Grund des Eigenthums, sondern auf Grund des dem Eigenthümer zustehenden Hypothekrechtes.

Der Berichtigungsanspruch unterliegt nicht der Verjährung (§ 898 BGB.) S. im Uebrigen §§ 10 und 11.

Auf den Bestimmungen der Prozeßordnung beruht der Anspruch auf Feststellung[86]. Der Eigenthümer kann auf Feststellung seines Eigenthums und auf Feststellung des Nichtbestehens eines seine Sache belastenden Rechtes klagen. Diese Klage kann erhoben werden, ehe ein Zustand der Beeinträchtigung des Eigenthums eingetreten ist, es genügt, wenn der Eigenthümer darthut, daß er Eigenthümer ist und ein rechtliches Interesse an der alsbaldigen Feststellung hat. Da die Rechtskraft eines Urtheils nur soweit geht, als über den durch die Klage oder Widerklage erhobenen Anspruch entschieden wird, bei dem Urtheile über den Herausgabe-Anspruch nur über die Herausgabe, bei dem Urtheile über den negatorischen Anspruch nur über die Beseitigung oder Unterlassung von Beeinträchtigungen erkannt wird, erscheint es geboten, daß der Eigenthümer, der eine rechtskräftige Anerkennung seines Rechtes erlangen will, mit den Eigenthumsklagen die Feststellungsklage verbindet[87], sofern nicht schon die Feststellungsklage allein zum Ziel führt.

3. Der Anspruch auf Gestattung des Aufsuchens und Wegschaffens einer Sache.

Wie gemäß § 867 BGB. der Besitzer einer Sache, die aus seiner Gewalt auf ein im Besitze eines Anderen befindliches Grundstück gelangt ist, von dem Besitzer des Grundstücks verlangen kann, daß ihm das Aufsuchen und Wegschaffen gestattet werde (s. § 18), so hat auch der Eigenthümer der Sache einen Anspruch gleichen Inhalts gegen den Besitzer des Grundstücks[88]. Grund dieses Anspruchs ist das Eigenthum der Sache. Der Anspruch ist gegeben, sobald die Sache, gleichviel wie, auf dem in fremdem Besitze stehenden Grundstücks sich befindet, er besteht nicht mehr, sobald die Sache in Besitz genommen ist. Der Anspruch geht nur auf Gestattung der Aufsuchung und Wegschaffung, nicht auf selbstständiges Aufsuchen und Wegschaffen. Wie der Besitzer der Sache hat auch der Eigenthümer Schadensersatz zu leisten.

Ein Miteigenthümer kann diesen Anspruch Dritten gegenüber in Ansehung der ganzen Sache geltend machen (§ 1011 BGB.).

§ 28. Miteigenthum.

An einer Sache ist nur ein einziges Eigenthum möglich, aber dieses eine Eigenthum kann verschiedenen Personen zustehen, nicht in der Weise, daß die in dem Eigenthum enthaltenen Befugnisse unter die Berechtigten vertheilt werden könnten, sondern so, daß das Eigenthum ungetheilt den mehreren Personen gemeinschaftlich zusteht.

---

[86] § 256 CPO.
[87] Vergl. Mot. 3, 396, auch Dernburg S. 337.
[88] § 1005 BGB.

Steht ein Recht Mehreren gemeinschaftlich zu, so liegt, sofern nicht aus dem Gesetze ein Anderes sich ergibt, eine Gemeinschaft nach Bruchtheilen vor d. h. nach ideellen, im Verhältnis zum Ganzen gedachten Antheilen [1]. Steht demnach das Eigenthum an einer Sache Mehreren gemeinschaftlich zu, so hat, sofern nicht aus dem Gesetze ein Anderes sich ergibt, jeder Berechtigte Eigenthum zu einem Bruchtheile. Das Eigenthum zu Bruchtheilen heißt Miteigenthum. Auf Grund gesetzlicher Vorschrift gibt es auch eine Gemeinschaft Mehrerer an einer Vermögensmasse ohne solche bestimmte, nach Quoten bemessene Antheilsrechte, man spricht in einem solchen Falle von einer Gemeinschaft zur gesammten Hand oder auch von einem Gesammteigenthum. Nur soweit das Gesetz es vorgesehen hat, kann eine Gemeinschaft zur gesammten Hand begründet werden, soweit dies nicht der Fall ist, liegt immer Gemeinschaft nach Bruchtheilen vor [2] [3].

Das Recht des Miteigenthümers ist wirkliches Eigenthum, das Quotenrecht ist nicht etwa ein das Eigenthum beschränkendes Recht. Alle Vorschriften über das Eigenthum finden auch für das Miteigenthum unmittelbar Anwendung. Erwerb und Verlust des Miteigenthums erfolgen wie bei dem Alleineigenthum, insbesondere bedarf es zur Uebertragung des Eigenthums an einem ideellen Theile des Grundstücks [4] ebenso der Auflassung wie zur Uebertragung des Alleineigenthums. Da ein Anwachsungsrecht unter Miteigenthümern nicht festgesetzt ist, muß auch die Bestimmung des § 928 über das Aufgeben des Eigenthums an einem Grundstück auf das Miteigenthum Anwendung finden, so daß ein Miteigenthümer auf seinen Antheil Verzicht leisten kann und das Recht zur Aneignung des Miteigenthums alsdann dem Fiskus zusteht [5] (s. § 24 Ziff. 29 ff.). Die

---

Zu § 28.

[1]) § 741 BGB. Auf eine am 1. Januar 1900 bestehende Gemeinschaft nach Bruchtheilen finden von dieser Zeit an die Vorschriften des BGB. Anwendung (Art. 173 Einf.).

[2]) Steht am 1. Januar 1900 das Eigenthum einer Sache Mehreren nicht nach Bruchtheilen zu, so bleiben die Rechte bestehen (Art. 181 Abs. 2 Einf.). Das am 1. Januar 1900 bestehende Stockwerkseigenthum bleibt bestehen; das Rechtsverhältniß der Betheiligten unter einander bestimmt sich nach den bisherigen Gesetzen (Art. 182 Einf.).

[3]) Soll im Grundbuch ein Recht für Mehrere gemeinschaftlich eingetragen werden, so soll die Eintragung in der Weise erfolgen, daß entweder die Antheile der Berechtigten in Bruchtheilen angegeben werden oder das für die Gemeinschaft maßgebende Rechtsverhältniß bezeichnet wird (s. § 13 Ziff. 87).

[4]) Hat man sich die Sache oder das Recht als getheilt zu denken? S. Windscheid 1 S. 403. Nach dem BGB. wird man sich die Sache als getheilt denken müssen, in den §§ 1095, 1106, 1114 wird geradezu von Bruchtheilen eines Grundstücks gesprochen und zwar mit gutem Grund, denn die begrenzten Rechte belasten nicht das Eigenthum, sondern ergreifen die Sache selbst, soll es daher Rechte Dritter an Miteigenthumsquoten geben, so müssen die Bruchtheile an der Sache bestehen. Endemann sagt (2 S. 271), die Ordnung des BGB. gründe sich auf die Annahme einer Theilung des Eigenthumsrechtes.

[5]) Vergl. Mot. 3, 443. Reatz 1, 500.

Ansprüche aus dem Eigenthum kann ein Miteigenthümer Dritten gegenüber in Ansehung der ganzen Sache geltend machen, den Anspruch auf Herausgabe jedoch nur in Gemäßheit des § 432[6]) (s. § 27 Ziff. 8); gegenüber den Miteigenthümern hat der Miteigenthümer die Ansprüche aus dem Eigenthum in Ansehung seines Bruchtheiles[7]). Der Antheil des Einzelnen an der Sache muß zahlenmäßig bestimmt sein. Im Zweifel ist anzunehmen, daß den Miteigenthümern gleiche Antheile zustehen[8]). Neben seinem Antheile kann der Miteigenthümer auch ein begrenztes Recht an der gemeinschaftlichen Sache haben; es kann die gemeinschaftliche Sache zu Gunsten eines Miteigenthümers belastet werden[9]). Bei Grundstücken wird die Belastung des gemeinschaftlichen Grundstücks zu Gunsten des jeweiligen Eigenthümers eines anderen Grundstücks nicht dadurch ausgeschlossen, daß dieses andere Grundstück einem Miteigenthümer des gemeinschaftlichen Grundstücks gehört. Ebenso kann die Belastung des Grundstücks eines Miteigenthümers zu Gunsten der jeweiligen Eigenthümer des gemeinschaftlichen Grundstücks stattfinden[10]).

Die Verwaltung und Benutzung der gemeinschaftlichen Sache unterliegt in erster Linie der Vereinbarung der Betheiligten. Soweit keine Vereinbarung getroffen ist, steht den Miteigenthümern die Verwaltung der Sache gemeinschaftlich zu[11]) und gebührt jedem ein seinem Antheile entsprechender Bruchtheil der Früchte, auch ist jeder Theilhaber zum Besitze und Gebrauche der gemeinschaftlichen Sache insoweit befugt, als nicht der Mitgebrauch der übrigen beeinträchtigt wird. Das Recht des einzelnen Miteigenthümers auf einen seinem Antheil entsprechenden Bruchtheil der Nutzungen kann nicht ohne seine Zustimmung, etwa durch Stimmenmehrheit, beeinträchtigt werden. Auch bedarf es zu einer wesentlichen Veränderung der Sache der Vereinbarung der Betheiligten. Dagegen kann durch Stimmenmehrheit eine der Beschaffenheit der gemeinschaftlichen Sache entsprechende ordnungsmäßige Verwaltung und Benutzung beschlossen werden. Die (absolute) Mehrheit ist nach der Größe der Antheile

---

6) § 1011 BGB.

7) Biermann S. 129. Vergl. § 866 BGB. s. § 15 Ziff. 2. Auch nach Preuß. Landrecht vindicirt der Miteigenthümer seinen Antheil gegen einen den Alleinbesitz festhaltenden Miteigenthümer (Förster-Eccius 3 S. 289), bezüglich der sog. Eigenthumsfreiheitsklage scheint die Frage streitig zu sein (Förster-Eccius 3 S. 309). Da nach § 1009 BGB. die gemeinschaftliche Sache zu Gunsten eines Miteigenthümers belastet werden kann, wird auch die a. negatoria dem Miteigenthümer gegen den Miteigenthümer nicht versagt werden können.

8) § 742 BGB.

9) Bei der rechtsgeschäftlichen Begründung eines begrenzten Rechtes handelt der Miteigenthümer, zu dessen Gunsten die Sache belastet wird, auf der einen Seite als Einzelner, auf der anderen Seite als Genosse der Gemeinschaft; § 181 BGB. steht dem nicht entgegen.

10) § 1009 BGB. z. B. Bestellung einer Grunddienstbarkeit.

11) Wird ein Genosse mit der Verwaltung betraut, so liegt ein nach den §§ 662 ff. BGB. zu verurtheilendes Vertragsverhältniß vor.

zu berechnen; bei Stimmengleichheit unterbleibt die Maßregel. Findet sich die Minderheit durch den Beschluß der Mehrheit in ihren Interessen verletzt, so kann sie die Entscheidung des Richters anrufen, ob die beschlossene Maßregel mit einer der Beschaffenheit der gemeinschaftlichen Sache entsprechenden ordnungsmäßigen Verwaltung oder Benutzung in Einklang steht.

Der einzelne Miteigenthümer ist berechtigt, die zur Erhaltung der Sache nothwendigen Maßregeln ohne Zustimmung der anderen Theilhaber zu treffen. Damit er nicht der Gefahr ausgesetzt ist, daß die Nothwendigkeit der Maßregel nachträglich bekämpft wird, kann er verlangen, daß die übrigen Betheiligten ihre Einwilligung zu einer solchen Maßregel im Voraus ertheilen. Der einzelne Miteigenthümer kann auch, sofern nicht die Verwaltung und Benutzung durch Vereinbarung oder durch Mehrheitsbeschluß geregelt ist, eine dem Interesse aller Theilhaber nach billigem Ermessen entsprechende Verwaltung und Benutzung verlangen, nicht jedoch auch eine wesentliche Veränderung der Sache [12]).

Haben die Miteigenthümer die Verwaltung und Benutzung der gemeinschaftlichen Sache geregelt, so wirkt die getroffene Bestimmung hinsichtlich einer beweglichen Sache auch für und gegen die Sondernachfolger, bei einem gemeinschaftlichen Grundstück aber gegen den Sondernachfolger eines Miteigenthümers nur dann, wenn die Bestimmung als Belastung des Antheils des Miteigenthümers im Grundbuch eingetragen ist [13]). Solange die Eintragung nicht erfolgt ist, sind nur die derzeitigen Miteigenthümer und ihre Erben gebunden, und zwar besteht die Bindung nur bezüglich der Antheile, die die Miteigenthümer zur Zeit der Regelung haben. Erwirbt ein Miteigenthümer den Antheil eines anderen durch Rechtsgeschäft, so bedarf es für ihn als Sondernachfolger der Eintragung.

Wie der Alleineigenthümer über die Sache im Ganzen verfügen kann, so hat der Miteigenthümer ein Verfügungsrecht über seinen Antheil. Der Antheil ist selbständiges Vermögensobjekt des Miteigenthümers, er ist auch der Zwangsvollstreckung zu Gunsten der Gläubiger unterworfen (§ 864 Abs. 2 CPO.). Der Miteigenthümer kann durch Veräußerung seines Antheils einen Anderen an seine Stelle setzen, die übrigen Miteigenthümer können nicht widersprechen, sie haben auch kein gesetzliches Vorkaufsrecht. Vereinbarungen der Miteigenthümer über Nichtveräußerung der Antheile oder über sonstige Verfügungsbeschränkungen wirken zwar obligatorisch unter ihnen, aber nicht gegen Dritte. Dagegen können die Miteigenthümerantheile an Grundstücken zu Gunsten der übrigen Miteigenthümer mit Vorkaufs-

---

[12]) Vergl. §§ 743—745 BGB.

[13]) Eine Eintragung als Belastung des Antheils liegt auch dann vor, wenn die Bestimmung als Belastung des ganzen Grundstücks eingetragen ist. Biermann S. 128.

rechten vertragsmäßig belastet werden[14]. Der Miteigenthümer kann seinen Antheil mit Reallasten[15], mit Hypotheken[16], Grundschulden und Rentenschulden[17] belasten, Nießbrauch und Pfandrecht[18] an dem Antheil bestellen. Nicht möglich ist die Bestellung einer Grunddienstbarkeit an einem Miteigenthümerantheil oder zu Gunsten eines Miteigenthümerantheils, auch nicht die Belastung eines Bruchtheiles eines Grundstücks mit einem Erbbaurecht. Ueber die gemeinschaftliche Sache im Ganzen können die Miteigenthümer nur gemeinschaftlich verfügen[19].

Jeder Miteigenthümer ist den anderen Theilhabern gegenüber verpflichtet, die Lasten der gemeinschaftlichen Sache, sowie die Kosten der Erhaltung, der Verwaltung und einer gemeinschaftlichen Benutzung nach dem Verhältnisse seines Antheils zu tragen[20].

Jeder Miteigenthümer kann jederzeit die Aufhebung der Gemeinschaft verlangen. Auch wenn das Recht, die Aufhebung zu verlangen, durch Vereinbarung für immer oder auf Zeit ausgeschlossen ist, kann die Aufhebung gleichwohl verlangt werden, wenn ein wichtiger Grund vorliegt. Unter dieser Voraussetzung kann auch, wenn eine Kündigungsfrist bestimmt wird, die Aufhebung ohne Einhaltung der Frist verlangt werden. Eine Vereinbarung, durch welche das Recht die Aufhebung zu verlangen, diesen Bestimmungen zuwider ausgeschlossen oder beschränkt werden soll, ist nichtig. Während die übrigen in der Gemeinschaft begründeten Ansprüche den allgemeinen Verjährungsgrundsätzen unterliegen, ist der Anspruch auf Aufhebung der Gemeinschaft unverjährbar[21].

Haben die Miteigenthümer das Recht, die Aufhebung der Gemeinschaft zu verlangen, auf Zeit ausgeschlossen, so tritt die Vereinbarung im Zweifel mit dem Tode eines Miteigenthümers außer Kraft.

Ist das Recht, die Aufhebung der Gemeinschaft zu verlangen, für immer oder auf Zeit ausgeschlossen oder ist eine Kündigungsfrist bestimmt worden, so wirkt die Vereinbarung im Allgemeinen auch für und gegen den Sondernachfolger, ganz unabhängig davon, ob der Sondernachfolger von der Vereinbarung Kenntniß hat oder nicht. Bei einem Grundstück aber wirkt eine solche Vereinbarung gegen den Sondernachfolger eines Miteigenthümers nur, wenn sie als Belastung des Antheils im Grundbuch eingetragen ist; auch hier genügt die bloße Kenntniß des Erwerbers von der Verabredung nicht. Es kann

---

14) § 1095 BGB.
15) § 1106 BGB.
16) § 1114 BGB.
17) §§ 1192, 1199 BGB.
18) Vergl. §§ 1066 und 1258 BGB.
19) § 747 BGB. Hat ein Miteigenthümer, der sich für den Alleineigenthümer hielt, eine Verfügung über die ganze Sache getroffen, so erscheint, unbeschadet der Vorschriften über den Erwerb in gutem Glauben, wenigstens die Verfügung über den Antheil des Miteigenthümers wirksam. Vergl. Mot. 3, 436.
20) § 748 BGB.
21) §§ 758 BGB.

ferner ein Gläubiger, der die Pfändung des Antheils eines Theilhabers erwirkt hat, ohne Rücksicht auf die Vereinbarung die Aufhebung der Gemeinschaft verlangen, sofern der Schuldtitel nicht bloß vorläufig vollstreckbar ist. Endlich wirkt die Vereinbarung auch nicht gegen die Konkursmasse[22]).

Die Art der Theilung unterliegt in erster Linie der Vereinbarung der Betheiligten. Einigen sich die sämmtlichen Miteigenthümer über die Art der Theilung, so liegt ein Theilungsvertrag vor, sowohl wenn die Miteigenthümer außergerichtlich als auch wenn sie unter Zuziehung des Gerichts oder einer sonstigen hiezu berufenen Behörde die Art der Theilung vereinbaren[23]). In Ermangelung einer Einigung hat gerichtliche Entscheidung zu erfolgen. Sind die gemeinschaftlichen Sachen so beschaffen, daß sie sich ohne Minderung des Werthes in gleichartige, den Antheilen der Theilhaber entsprechende Theile zerlegen lassen, so besteht ein Anspruch auf Theilung in Natur. Die Vertheilung der gleichen Theile unter die Theilhaber geschieht durch das Loos[24]). Die Klage des Theilhabers gegen die anderen geht auf Einwilligung in die Naturaltheilung. Der Antrag muß auf eine bestimmte Art der Ausführung derart gerichtet sein, daß der Richter nicht mit seinem Ermessen ergänzend einzutreten braucht. Der Richter kann dem Urtheile nicht einen von keiner Partei beantragten Inhalt geben. Es wird kein konstitutives Theilungsurtheil erlassen, das Verfahren ist das in der Civilprozeßordnung geordnete, das Urtheil ein gewöhnliches, es unterliegt in Ansehung der Vollstreckung den allgemeinen Grundsätzen[25]).

Ist die Theilung in Natur ausgeschlossen, so besteht der Anspruch auf Aufhebung der Gemeinschaft durch Verkauf der gemein-

---

[22]) §§ 749, 750, 751, 1010 BGB., § 16 Abs. 2 Konk.Ordn. Unberührt bleiben die landesgesetzlichen Vorschriften, welche für den Fall, daß jedem der Miteigenthümer eines mit einem Gebäude versehenen Grundstücks die ausschließliche Benutzung eines Theiles des Gebäudes eingeräumt ist, das Gemeinschaftsverhältniß näher bestimmen, die Anwendung der §§ 749 bis 751 BGB. ausschließen und für den Fall des Konkurses über das Vermögen eines Miteigenthümers dem Konkursverwalter das Recht, die Aufhebung der Gemeinschaft zu verlangen, versagen (Art. 131 Einf.).

[23]) Mot. 2, 881. Der Vertrag schafft selbstverständlich nur persönliche Rechte und Pflichten auf Erfüllung. Wird ein gemeinschaftliches Grundstück einem Miteigenthümer zugetheilt, so sind die Antheile auf dem Wege der Auflassung zu übertragen. Der Einfluß von Willensmängeln auf den Theilungsvertrag beurtheilt sich nach den allgemeinen Rechtsgrundsätzen (§§ 116 ff. BGB.). Eine Anfechtung wegen enormer Verletzung kennt das BGB. nicht. Ist bei Aufhebung einer Gemeinschaft ein Gegenstand ungetheilt geblieben, so besteht an diesem die Gemeinschaft fort; die vorausgegangene Theilung kann nicht deshalb, weil nicht Alles getheilt worden ist, angefochten werden. Ist ein Theilhaber unberücksichtigt geblieben, so kann dieser die Aufhebung der Gemeinschaft unter Berücksichtigung seiner Person verlangen, sofern sein Antheilrecht nicht durch den Rechtserwerb eines Anderen untergegangen ist. Vergl. Mot. 2, 881.

[24]) § 752 BGB.

[25]) Vergl. Mot. 2, 883.

schaftlichen Sache. Bewegliche Sachen werden nach den Vorschriften über den Pfandverkauf (§§ 1235 ff.) veräußert, Grundstücke im Wege der Zwangsversteigerung (§§ 180 ff. ZVG.). Ein vollstreckbarer Titel ist nicht erforderlich. Es bedarf keines Prozesses behufs Feststellung, daß die anderen Miteigenthümer verpflichtet seien, sich die Theilung im Wege der Versteigerung gefallen zu lassen. Der Miteigenthümer, der die Unzulässigkeit der Theilung behauptet, hat seinerseits gegen den Antragsteller vorzugehen[26]). Jedoch darf die Zwangsversteigerung des Grundstücks nur angeordnet werden, wenn der Antragsteller als Eigenthümer im Grundbuch eingetragen oder Erbe eines eingetragenen Eigenthümers ist oder wenn er das Recht des Eigenthümers oder des Erben auf Aufhebung der Gemeinschaft ausübt. Von dem Vormund eines Miteigenthümers kann der Antrag nur mit Genehmigung des Vormundschaftsgerichts gestellt werden. Bei der Feststellung des geringsten Gebots werden die den Antheil des Antragstellers belastenden oder mitbelastenden Rechte an dem Grundstück[27]) sowie alle Rechte berücksichtigt, die einem dieser Rechte vorgehen oder gleichstehen[28]). Ist hienach bei einem Antheil ein größerer Betrag zu berücksichtigen als bei einem anderen Antheile, so erhöht sich das geringste Gebot um den zur Ausgleichung unter den Miteigenthümern erforderlichen Betrag[29]). Ein Miteigenthümer braucht für sein Gebot keine Sicherheit zu leisten, wenn ihm eine durch das Gebot ganz oder theilweise gedeckte Hypothek, Grundschuld oder Rentenschuld zusteht[30]).

---

[26]) § 771 CPO. Vergl. Denkschrift zu § 181 Zwangsverst.Ges. Vergl. übrigens § 28 Zwangsverst.Ges.

[27]) Diese Rechte müssen bestehen bleiben, weil jeder Miteigenthümer seinen Antheil nur unbeschadet der darauf haftenden Rechte veräußern kann.

[28]) Die Rechte, welche zwar nur den Antheil eines anderen Miteigenthümers belasten, aber einem Rechte an dem Antheil des Antragstellers im Range gleichstehen oder vorgehen, müssen bei der Feststellung des geringsten Gebotes berücksichtigt werden, weil ihre Deckung eine unerläßliche Vorbedingung für die Deckung jenes anderen Rechtes bildet. Sonstige ausschließlich einen fremden Antheil belastende Rechte bleiben unberücksichtigt, da das Recht eines jeden Miteigenthümers auf Aufhebung der Gemeinschaft zugleich mit der Begründung des Miteigenthums entsteht, somit durch die spätere Belastung eines einzelnen Antheils nicht beeinträchtigt werden darf. Denkschr. zu § 181 Zwangsverst.Ges.

[29]) Auf jeden Miteigenthumsantheil hat ein seiner Größe entsprechender Bruchtheil des Versteigerungserlöses zu fallen. Belasten die bei der Feststellung des geringsten Gebotes zu berücksichtigenden Rechte die Antheile ungleichmäßig, so ist eine Ausgleichung nöthig. Dies geschieht dadurch, daß dem geringsten Gebote die Beträge hinzugerechnet werden, um welche die Belastungen des am stärksten belasteten Antheils die Belastungen eines jeden der übrigen Antheile verhältnißmäßig übersteigen. Für diese Beträge gilt die gesetzliche Versteigerungsbedingung der Baarzahlung. Denkschr. a. a. O. Ist z. B. der Antheil des Antragstellers mit einer Hypothek von 50 ℳ belastet, der Antheil des anderen Miteigenthümers unbelastet, so kann dieser verlangen, daß das geringste Gebot, das an sich nur die Belastung von 50 ℳ umfassen würde, um 50 ℳ erhöht werde, damit er in die Lage kommt, mindestens 50 ℳ als seinen Erlösantheil aus der Versteigerung zu erzielen. Kom.-Bericht zu § 182 Zwangsverst.Ges.

[30]) §§ 181, 182, 184 ZVG. Die Kosten, die durch Wahrnehmung der

Was die Bestimmungen über den Pfandverkauf betrifft, so kann, wenn die Theilhaber einig sind, von diesen Vorschriften, z. B. von der Vorschrift des § 1239 Abs. 2 BGB. Betreffs der Baarzahlung durch den Eigenthümer, abgegangen werden[31]).

Ist die Veräußerung an einen Dritten unstatthaft, so ist die Sache unter den Theilhabern zu versteigern. Hat der Versuch, den Gegenstand zu verkaufen, keinen Erfolg, so kann jeder Theilhaber die Wiederholung verlangen. Mißlingt der wiederholte Versuch, so hat er die Kosten zu tragen[32]).

Bei der Theilung sind die obligatorischen Beziehungen, die in der Gemeinschaft ihren Grund haben, mitzuberücksichtigen, jeder Theilhaber erhält nur, was ihm unter Mitberücksichtigung dieser Ansprüche aus der Gemeinschaft gebührt. Wie schon angeführt, sind die Lasten der gemeinschaftlichen Sache sowie die Kosten der Erhaltung, Verwaltung und gemeinschaftlichen Benutzung von den Miteigenthümern nach Verhältniß der Antheile zu tragen. Haften die Miteigenthümer als Gesammtschuldner für eine solche Verbindlichkeit, so kann jeder Theilhaber bei der Aufhebung der Gemeinschaft verlangen, daß die Schuld aus dem gemeinschaftlichen Gegenstande berichtigt wird. Ebenso kann ein Theilhaber, der gegen einen anderen Theilhaber eine Forderung hat, die sich auf die Gemeinschaft gründet, verlangen, daß seine Forderung aus dem auf den Schuldner entfallenden Theile des gemeinschaftlichen Gegenstandes berichtigt wird. Soweit[33]) bei der Theilung in Natur zur Berichtigung der Schuld der Verkauf der gemeinschaftlichen Sache oder des auf den Schuldner entfallenden Theiles der Sache erforderlich ist, hat der Verkauf nach den Vorschriften über den Pfandverkauf, bei Grundstücken durch Zwangsversteigerung zu erfolgen. Der Anspruch auf Berichtigung einer Gemeinschaftsschuld bei der Theilung kann auch gegen die Sondernachfolger geltend gemacht werden, gegen den Sondernachfolger eines Miteigenthümers eines Grundstücks aber nur, wenn der Anspruch im Grundbuch eingetragen ist[34]).

Die Theilung wirkt nicht in der Weise, daß das Alleineigenthum des Theilhabers, der die Sache zugetheilt erhält, unter Wegfall der bisher zu duldenden Mitrechte der übrigen Theilhaber festgestellt wird, sie hat vielmehr die Wirkung einer wirklichen Veräußerung. Erfolgt die Zutheilung des gemeinschaftlichen Gegenstandes an einen der

Rechte der Miteigenthümer entstehen, sind nach § 10 Abs. 2 ZVG. zu behandeln. Kom.-Bericht zu § 184 ZVG.

[31]) Vergl. Kom.-Bericht zu § 753 BGB. S. 1982.

[32]) § 753 BGB.

[33]) Es genügt, soweit zu verkaufen, daß der Erlös zur Berichtigung der Schuld hinreicht. Ist z. B. einer von drei Theilhabern einen Betrag schuldig, der 1/3 des Werthes seines Antheils, 1/9 des Werthes der gemeinschaftlichen Sache gleichkommt, so ist nicht der dritte, sondern der neunte Theil der Sache zu verkaufen. Kom.Prot. 2, S. 761.

[34]) §§ 755, 756, 1010 Abs. 2 BGB. Vergl. § 51 Konk.Ordn.

Theilhaber, so hat wegen eines Mangels im Rechte oder wegen eines Mangels der Sache jeder der übrigen Theilhaber zu seinem Antheil in gleicher Weise wie ein Verkäufer Gewähr zu leisten[35]).

§ 29. Gemeinschaft zur gesammten Hand.

Bei einigen Vorschriften über Gesellschaft, eheliche Gütergemeinschaft und Gemeinschaft der Miterben ist der Gesetzgeber von dem deutschrechtlichen Grundsatze der gesammten Hand[1]) ausgegangen. Ein Prinzip ist nicht zum Ausdruck gebracht, nur einige Rechtssätze sind gegeben, die mit dem deutschrechtlichen System in Einklang stehen sollen. Nach der deutschrechtlichen Auffassung werden die gemeinschaftlichen Gegenstände einem bestimmten Zwecke unmittelbar dienstbar gemacht und zu einem selbständigen Vermögen vereinigt. Die Verfügung über die einzelnen zu diesem Vermögen gehörenden Gegenstände steht nur den Gesammthändern gemeinschaftlich zu, die Zwangsvollstreckung in diese Gegenstände erfordert einen gegen alle Gesammthänder vollstreckbaren Titel. Die Gläubiger eines Gesammthänders dürfen sich nur an dasjenige halten, was ihrem Schuldner als Antheil ausgeschieden und überwiesen ist[2]).

I. Gesellschaft.

Das gemeinschaftliche Vermögen der Gesellschafter wird Gesellschaftsvermögen genannt[3]); es besteht aus den Beiträgen der Gesellschafter und den durch die Geschäftsführung für die Gesellschaft erworbenen Gegenständen. Das Gesellschaftsvermögen dient unmittelbar den Bedürfnissen der Vereinigung, also zur Förderung des Zweckes, den die Gesellschaft verfolgt, zur Deckung der gemeinschaftlichen Lasten und Schulden[4]). Subjekt des Vermögens ist nicht die Gesellschaft oder die Gesammtheit der Gesellschafter als juristische Person, sondern sind die Gesellschafter. Scheidet ein Gesellschafter aus der Gesellschaft aus, so wächst sein Antheil am Gesellschaftsvermögen den übrigen Gesellschaftern ohne Uebertragungsakt zu, doch ist der Ausscheidende schadlos zu halten[5]). Die Führung der Geschäfte der Gesellschaft steht den Gesellschaftern gemeinschaftlich zu, für jedes Geschäft ist die

---

[35]) § 757 BGB. Vergl. §§ 433 ff. BGB.

Zu § 29.

[1]) Vergl. Stobbe-Lehmann § 97 und 99 S. 311 ff. Windscheid 1 S. 505. Reatz 1 S. 329 Anm. 2. Endemann 2 § 70. Staudinger 4 S. 197 ff.

[2]) Vergl. Denkschrift S. 643. Im Grundbuch erfolgen die Eintragungen auf die Namen der Gesammthänder. Für die offene Handelsgesellschaft s. § 124 HGB. Endemann 2 S. 270.

[3]) § 718 BGB.

[4]) Vergl. § 733 BGB.

[5]) Vergl. § 738 BGB. Ueber Eintritt neuer Gesellschafter s. Planck 1 S. 104.

Zustimmung aller Gesellschafter erforderlich, doch kann vertragsmäßig eine andere Vereinbarung getroffen, insbesondere die Mehrheit der Stimmen für entscheidend erklärt, auch die Führung der Geschäfte einem Gesellschafter oder Mehreren übertragen werden [6]). Zur Zwangsvollstreckung in das Gesellschaftsvermögen ist ein gegen alle Gesellschafter ergangenes Urtheil erforderlich [7]).

Der Gesellschafter kann weder über seinen Antheil an dem Gesellschaftsvermögen, noch an den einzelnen dazu gehörenden Gegenständen verfügen, ist auch nicht berechtigt, während des Bestehens der Gesellschaft Theilung zu verlangen [8]). Der Antheil des Gesellschafters an dem Gesellschaftsvermögen ist der Pfändung unterworfen, nicht aber auch der Antheil des Gesellschafters an den einzelnen zu dem Gesellschaftsvermögen gehörenden Gegenständen [9]). Hat ein Gläubiger eines Gesellschafters die Pfändung des Antheils des Gesellschafters an dem Gesellschaftsvermögen erwirkt, so kann er die Gesellschaft ohne Einhaltung einer Kündigungsfrist kündigen, sofern der Schuldtitel nicht bloß vorläufig vollstreckbar ist. So lange die Gesellschaft besteht, kann der Gläubiger nur den Anspruch seines Schuldners auf einen Gewinnantheil, nicht die sonstigen sich aus dem Gesellschaftsverhältniß ergebenden Rechte des Gesellschafters geltend machen [10]). Bei der Auseinandersetzung werden aus dem Gesellschaftsvermögen zuerst die gemeinschaftlichen Schulden berichtigt, dann die Einlagen zurückerstattet, endlich der Ueberschuß nach dem Verhältniß der Antheile am Gewinne unter die Gesellschafter getheilt [11]).

Die Vorschriften über die Gesellschaft finden auch Anwendung auf **Vereine**, die nicht rechtsfähig sind [12]). Inhaber der Vermögensrechte sind die sämmtlichen Vereinsmitglieder, insbesondere können auch die Eintragungen im Grundbuch nicht auf den Namen des Vereins, sondern nur auf die Namen der sämmtlichen Vereinsmitglieder erfolgen. Der Vorstand hat die Stellung der geschäftsführenden Gesellschafter. Wenn der Verein auch nicht rechtsfähig ist, kann er doch verklagt werden, in dem Rechtsstreite hat er die Stellung eines rechtsfähigen Vereines [13]), dem Vorstand kommt alsdann die Stellung eines gesetzlichen Vertreters zu. Tritt der Verein als Hauptkläger auf, so müssen sämmtliche Mitglieder klagen. Zur Zwangsvollstreckung in das Vermögen eines nicht rechtsfähigen Vereins genügt ein gegen den Verein ergangenes Urtheil [14]).

---

[6]) Vergl. §§ 709, 710, 714 BGB.
[7]) § 736 CPO.
[8]) § 719 BGB.
[9]) § 859 CPO.
[10]) § 725 BGB.
[11]) §§ 733, 734 BGB.
[12]) § 54 BGB.
[13]) § 50 CPO.
[14]) § 735 CPO.

II. Eheliches Güterrecht.

Bei der allgemeinen Gütergemeinschaft werden das Vermögen des Mannes und das Vermögen der Frau gemeinschaftliches Vermögen der Ehegatten, ohne daß es einer rechtsgeschäftlichen Uebertragung der einzelnen Vermögensstücke bedürfte[15]). Dieses gemeinschaftliche Vermögen der Ehegatten heißt Gesammtgut[16]). Die Rechtsverhältnisse an dem Gesammtgute sind ebenfalls nach den Grundsätzen der Gemeinschaft zur gesammten Hand geordnet.

Der Vorschrift des § 719 (s. Anm. 8) entspricht hier die Bestimmung des § 1442: Ein Ehegatte kann nicht über seinen Antheil an dem Gesammtgut und an den einzelnen dazu gehörenden Gegenständen verfügen, ist auch nicht berechtigt, Theilung zu verlangen. Während aber bei der Gesellschaft der Antheil des Gesellschafters an dem Gesellschaftsvermögen pfändbar ist, ist weder der Antheil eines der Ehegatten an dem Gesammtgut noch der Antheil an den einzelnen dazugehörenden Gegenständen der Pfändung unterworfen[17]). Das Gesammtgut unterliegt der Verwaltung des Mannes; der Mann ist insbesondere berechtigt, die zu dem Gesammtgute gehörenden Sachen in Besitz zu nehmen, über das Gesammtgut zu verfügen, und Rechtsstreitigkeiten, die sich auf das Gesammtgut beziehen, im eigenen Namen zu führen[18]). Die Verwaltung des Mannes ist jedoch in verschiedenen Richtungen beschränkt, insbesondere bedarf der Mann der Einwilligung der Frau zur Verfügung[19]) über ein zu dem Gesammtgut gehörendes Grundstück[20]) sowie zur Eingehung der Verpflichtung zu einer solchen Verfügung[21]). Da aber das ganze Gesammtgut für die Schulden des Mannes haftet[22]), die Gläubiger des Mannes also auf dem Wege der Zwangsvollstreckung die Veräußerung der Gesammtgrundstücke herbeiführen können — zur Zwangsvollstreckung in das Gesammtgut

---

[15]) § 1438 BGB. Wird ein Recht gemeinschaftlich, das im Grundbuch eingetragen ist oder eingetragen werden kann, so kann jeder Ehegatte von dem anderen die Mitwirkung zur Berichtigung des Grundbuchs verlangen (§ 1438 Abs. 3).

[16]) Zu dem Gesammtgute gehört auch das Vermögen, das der Mann oder die Frau während der Gütergemeinschaft erwirbt (§ 1438 Abs. 1).

[17]) § 860 Abs. 1 CPO.

[18]) § 1443 BGB. Wird das Konkursverfahren über das Vermögen des Ehemanns eröffnet, so gehört das Gesammtgut zur Konkursmasse; eine Auseinandersetzung zwischen den Ehegatten findet nicht statt. Durch das Konkursverfahren über das Vermögen der Ehefrau wird das Gesammtgut nicht berührt (§ 2 Konkursordn.).

[19]) S. § 5 Ziff. 25, 26. Die Prozeßführung steht dem Manne zu, dagegen ist die Erledigung des Prozesses durch Vergleich, Verzicht, Anerkenntniß eine Verfügung. Mot. 4, 360.

[20]) Erbbaurechte stehen den Grundstücken gleich; nicht hierher gehören begrenzte Rechte an fremden Grundstücken und Rechte an solchen Rechten. Vergl. Mot. 4, 355.

[21]) § 1445 BGB. Ersetzung der Zustimmung der Frau durch das Vormundschaftsgericht (§ 1447), Genehmigung durch die Frau (§ 1448 BGB.).

[22]) Vergl. § 1459 BGB.

ist ein gegen den Ehemann ergangenes Urtheil erforderlich und genügend[23]) —, so ist dem Manne nur die direkte Verfügung über die Grundstücke untersagt. Andrerseits kann die Frau selbständig ein zu dem Gesammtgute gehörendes Recht, über das der Mann ohne die erforderliche Zustimmung der Frau verfügt hat, gegen Dritte gerichtlich geltend machen[24]), demnach auch, wenn auf Grund eines vom Manne abgeschlossenen unwirksamen Rechtsgeschäfts eine Eintragung in das Grundbuch erfolgt sein sollte, den Berichtigungsanspruch, trotzdem er zum Gesammtgut gehört, ohne Mitwirkung des Mannes durchführen.

Auch nach der Beendigung der Gütergemeinschaft kann der Ehegatte über seinen Antheil an dem Gesammtgute und an den einzelnen dazu gehörenden Gegenständen nicht verfügen[25]), dagegen kann nach Beendigung der Gemeinschaft der Antheil an dem Gesammtgut zu Gunsten der Gläubiger des Antheilsberechtigten gepfändet werden[26]), nicht aber auch der Antheil an den einzelnen zum Gesammtgute gehörenden Gegenständen. Die Verwaltung des Gesammtgutes steht bis zur Auseinandersetzung nicht mehr dem Manne allein, sondern den beiden Ehegatten gemeinschaftlich zu[27]). Die Zwangsvollstreckung in das Gesammtgut ist nach Beendigung der allgemeinen Gütergemeinschaft bis zur Auseinandersetzung nur zulässig, wenn beide Ehegatten zu der Leistung oder der eine Ehegatte zu der Leistung und der andere zur Duldung der Zwangsvollstreckung verurtheilt sind[28]).

Bei der Auseinandersetzung werden aus dem Gesammtgute zunächst die Gesammtgutsverbindlichkeiten berichtigt, der verbleibende Ueberschuß gebührt den Ehegatten zu gleichen Theilen[29]). —

Sind bei dem Tode eines Ehegatten gemeinschaftliche Abkömmlinge vorhanden, so wird zwischen dem überlebenden Ehegatten und den gemeinschaftlichen Abkömmlingen, die im Falle der gesetzlichen Erbfolge als Erben berufen sind, die Gütergemeinschaft fortgesetzt. Der Antheil des verstorbenen Ehegatten am Gesammtgut gehört nicht zu dem Nachlaß[30]). Das Gesetz geht davon aus, daß das Gesammtgut dem überlebenden Ehegatten ohne Weiteres zufällt, weil sein Recht von vornherein auf das ganze Gesammtgut sich erstreckt hat und nur durch das Recht des anderen Ehegatten beschränkt gewesen ist. Das Gesammtgut wird ähnlich wie das Lehnsgut oder das Fideikommißgut

---

[23]) § 740 CPO.

[24]) § 1449 BGB.

[25]) §§ 1471 Abs. 2, 1442 BGB.

[26]) § 860 Abs. 2 CPO.

[27]) § 1472 Abs. 1 BGB.

[28]) § 743 CPO. Ist ein Rechtsstreit des Ehemannes bei Beendigung der Gütergemeinschaft schon erledigt, so kann dem Gläubiger gegen die Frau eine in Ansehung des Gesammtgutes vollstreckbare Ausfertigung des Urtheils ertheilt werden, vergl. § 744 CPO.

[29]) Vergl. §§ 1475, 1476 BGB.

[30]) § 1483 BGB.

von dem anderen Nachlasse getrennt gehalten. Da es den Charakter eines Hausvermögens an sich trägt, wird die Gemeinschaft mit den Kindern fortgesetzt[31]). Der überlebende Ehegatte hat die rechtliche Stellung des Mannes, die antheilsberechtigten Abkömmlinge haben die rechtliche Stellung der Frau[32]). Zur Zwangsvollstreckung in das Gesammtgut der fortgesetzten Gütergemeinschaft ist ein gegen den überlebenden Ehegatten ergangenes Urtheil erforderlich und genügend[33]).

Bei der Errungenschaftsgemeinschaft und bei der Fahrnißgemeinschaft gelten ähnliche Bestimmungen wie bei der allgemeinen Gütergemeinschaft[34]).

III. Erbengemeinschaft.

Daß zwischen den Miterben eine Gemeinschaft zur gesammten Hand besteht, kommt namentlich in den Vorschriften der §§ 2032 Abs. 1 und 2033 Abs. 2 zum Ausdruck. Darnach ist der Nachlaß gemeinschaftliches Vermögen der Erben und kann kein Miterbe über seinen Antheil an den einzelnen Nachlaßgegenständen verfügen. Gestattet ist ihm, über seinen Antheil an dem Nachlasse zu verfügen. Der Antheil an dem Nachlasse ist auch pfändbar, während der Antheil an den einzelnen Nachlaßgegenständen der Pfändung nicht unterworfen ist[35]). Ueber einen Nachlaßgegenstand können die Erben nur gemeinschaftlich verfügen[36]). Zur Zwangsvollstreckung in den Nachlaß ist bis zur Theilung ein gegen alle Erben ergangenes Urtheil erforderlich[37]). Ein Verpflichteter kann nur an alle Erben gemeinschaftlich leisten; dagegen hat jeder Miterbe das Recht, Leistung an alle Erben zu fordern. Jeder Miterbe kann verlangen, daß der Verpflichtete die zu leistende Sache für alle Erben hinterlegt, oder wenn sie sich nicht zur Hinterlegung eignet, an einen gerichtlich zu bestellenden Verwahrer abliefert[38]).

Wird vor der Berichtigung der Nachlaßverbindlichkeiten die Theilung bewirkt, so kann auch nach der Theilung die Eröffnung des Konkursverfahrens stattfinden[39]), dagegen findet über einen Erbtheil kein Konkursverfahren statt[40]).

---

31) Kom.Prot. 4 S. 306.
32) § 1487 BGB.
33) § 745 Abs. 1 CPO. Vergl. § 860 CPO., § 2 Abs. 3 Konk.Ordn.
34) §§ 1519 ff., 1549 ff. BGB. §§ 740, 743, 744, 860 CPO., § 2 Konk.Ordn.
35) § 859 Abs. 2 CPO.
36) § 2040 BGB.
37) § 747 CPO.
38) § 2039 BGB.
39) § 216 Abs. 2 Konk.Ordn.
40) § 235 Konk.Ordn.

IV. Abschnitt.

Das Erbbaurecht.*)

§ 30. Begriff und Inhalt.

Das Erbbaurecht ist das vererbliche und veräußerliche Recht an einem Grundstück, auf oder unter der Oberfläche des Grundstücks ein Bauwerk zu haben[1]). Der Erbbauberechtigte hat das Recht, das fremde Grundstück zu benutzen und zwar zu einem ganz bestimmten Zweck, nämlich als Baugrund. Die Benutzung des fremden Grundstücks braucht nicht, wie bei einer Grunddienstbarkeit, für die Benutzung eines Grundstückes von Vortheil zu sein, ebensowenig ist die Benutzung des fremden Grundstücks, wie bei persönlichen Dienstbarkeiten, ihrem Bestande nach an die Person des Berechtigten geknüpft. Das Benutzungsrecht des Erbbauberechtigten ist in keiner dieser beiden Richtungen beschränkt, es ist nicht an eine einzelne Person noch an ein Grundstück gebunden. Dagegen gehört zu dem Wesen des Erbbaurechtes, daß die Benutzung des Grundstücks darin besteht, ein Bauwerk[2]) zu haben, und daß das Recht vererblich und veräußerlich ist. Fehlt es an dem einen oder dem anderen dieser Erfordernisse, so steht kein Erbbaurecht in Frage. In Folge dessen kann auch die Vererblichkeit oder die Veräußerlichkeit nicht vertragsmäßig beschränkt werden. Wohl aber läßt sich ein Erbbaurecht unter Bedingungen, aufschiebenden oder auflösenden, bestellen und auch zeitlich begrenzen, für die Zeitdauer ist weder eine Maximal- noch eine Minimalgrenze normirt. Das Erbbaurecht kann auf so kurze Zeit bestellt werden, daß es unter Umständen, falls es sich um den Gebrauch ganzer Häuser handelt, zum Ersatze der, von dem Bürgerlichen Gesetzbuch nicht angenommenen, dinglichen Miethrechte dienen kann[3]).

Das Bauwerk, das der Berechtigte zu haben befugt ist, braucht nicht ein Gebäude zu sein, auch Monumente, Brücken, Viadukte und

---

*) Superficies; Platzrecht. Vergl. Stobbe-Lehmann § 136, Windscheid § 223. Für bestehende Erbbaurechte s. Art. 184 Einf. z. BGB. Unberührt bleiben die landesgesetzlichen Vorschriften über das Recht zur Benutzung eines Platzes in einem dem öffentlichen Gottesdienste gewidmeten Gebäude oder auf einer öffentlichen Begräbnißstätte (Art. 133 Einf.). Ueber Erbpachtrecht s. Art. 63 Einf. z. BGB.

[1]) § 1012 BGB.

[2]) Das Recht, Pflanzungen auf fremdem Boden zu halten, kann nicht als Erbbaurecht bestellt werden. Bestehendes Sondereigenthum an Pflanzen s. § 21 Ziff. 8.

[3]) Vergl. Mot. 3, 467.

dergleichen sind darunter begriffen[4]). Nicht erforderlich wird sein, daß das Bauwerk für einen dauernden Zweck errichtet wird, ein Circus oder Ausstellungsgebäude für die Dauer einer Weltausstellung z. B. wird als Bauwerk aufgefaßt werden können. Die Beschränkung des Erbbaurechts auf einen Theil eines Gebäudes, insbesondere ein Stockwerk, ist unzulässig[5])[6]). Da das Erbbaurecht ein Gebrauchsrecht ist und das ganze Grundstück trifft, kann es nicht an dem Antheil eines Miteigenthümers begründet werden.

Wenn es auch zu dem Wesen des Erbbaurechtes gehört, daß das Grundstück zu dem Haben eines Bauwerks benutzt wird, ist doch nicht ausgeschlossen, daß das Recht auch auf die Benutzung eines von dem Bauwerk nicht eingenommenen Theiles des Grundstücks erstreckt wird. Dies kann geschehen, wenn die Benutzung der für das Bauwerk nicht erforderlichen Fläche für die Benutzung des Bauwerks Vortheil bietet[7]) (z. B. als Hofraum, Garten).

Dem Erbbauberechtigten kann die Benutzung eines Grundstücks, auf welchem ein Bauwerk vorhanden ist, oder die Benutzung des Grundstücks zur Aufstellung eines Bauwerks überlassen werden. Im ersteren Falle wird das Bauwerk regelmäßig im Eigenthum des Grundeigenthümers stehen; durch die Bestellung des Erbbaurechts wird in dem Eigenthumsverhältnisse keine Aenderung bewirkt. Im zweiten Falle wird das von dem Erbbauberechtigten errichtete Bauwerk, da es in Ausübung eines Rechtes an einem fremden Grundstück von dem Berechtigten mit dem Grundstück verbunden wird[8]), kein Bestandtheil des Grundstücks, es verbleibt vielmehr als bewegliche Sache in dem Eigenthum des Erbbauberechtigten[9]). Auch wenn das Eigenthum des Bauwerks dem Grundeigenthümer zusteht, hat der Erbbauberechtigte doch die Verfügungsbefugniß eines Eigenthümers, auch erlischt das Erbbaurecht nicht dadurch, daß das Bauwerk (z. B. durch Brand) untergeht[10]), sofern nicht etwa eine derartige Bedingung vertragsmäßig

[4]) Unter Bauwerk wird zu verstehen sein ein selbständiges, von Menschenhand errichtetes, mit Grund und Boden festverbundenes Werk. Vergl. Entsch. d. Reichsg. in Straff. 30 S. 238, Rechtspr. 6 S. 477. Eine transportable Marktbude wird nicht als Bauwerk anzusehen sein.

[5]) § 1014 BGB. Wenn ein Keller so angelegt ist, daß er selbstständig, nicht ein Theil des darüber errichteten Hauses ist, wird ein Erbbaurecht daran begründet werden können. Vergl. Biermann S. 130.

[6]) Stockwerkseigenthum s. Art. 182 Einf. z. BGB. Vergl. Art. 131 Einf.

[7]) § 1013 BGB. Es läßt sich zu Gunsten eines Erbbaurechtes auch eine Grunddienstbarkeit begründen, aber die Benutzung, wie sie dem Erbbauberechtigten bei Erstreckung seines Rechtes über eine unbebaute Fläche zusteht, geht über den zulässigen Inhalt einer Grunddienstbarkeit hinaus. Vergl. Kom.Prot. 3, S. 283.

[8]) § 95 BGB.

[9]) Wird in dem Bauwerk ein Schatz gefunden, so gehört die auf den Eigenthümer der Sache treffende Hälfte (§ 984 BGB.) dem Erbbauberechtigten, falls ihm das Eigenthum an dem Bauwerk zusteht, dem Grundeigenthümer, falls diesem das Bauwerk zu eigen gehört. Wird der Schatz in dem Grundstück gefunden, so gehört der Antheil dem Grundeigenthümer.

[10]) § 1016 BGB.

festgesetzt ist. Wenn in einem solchen Falle nicht auf Grund vertragsmäßiger Abmachung das Erbbaurecht erlischt, so bleibt das Material dem dinglichen Rechte des Erbbauberechtigten auch bei Zerfall des Bauwerks unterworfen und ist der Erbbauberechtigte zur Wiedererrichtung des Bauwerks befugt[11]).

Eine Bestimmung wie die des § 1021, wonach vereinbart werden kann, daß der Grundeigenthümer eine zur Ausübung einer Grunddienstbarkeit auf dem belasteten Grundstück errichtete Anlage zu unterhalten hat, ist für das Erbbaurecht nicht getroffen, andrerseits ist auch dem Erbbauberechtigten nicht die Pflicht auferlegt, das Bauwerk, falls es dem Grundeigenthümer gehört, zu erhalten[12]). Da die Begründung dinglicher Rechte und Lasten nicht dem Belieben der Parteien überlassen ist, kann eine Belastung des Grundeigenthums, die über das Dulden des Haltens des Bauwerks hinausgeht, also z. B. die Belastung des Grundeigenthums mit einer Unterhaltungspflicht, ebensowenig wie eine Belastung des Erbbaurechtes, z. B. mit Zahlung eines Erbbauzinses, ohne Weiteres stattfinden. Nur in Form von Bedingungen oder durch Begründung von Reallasten werden sich solche Abmachungen dinglich sichern lassen[13]).

Erbbauberechtigter kann Jeder werden, der Eigenthümer eines Grundstücks sein kann; insoweit der Erwerb eines Grundstücks beschränkt ist, muß die Beschränkung auch für das Erbbaurecht gelten[14]). Steht ein Erbbaurecht Mehreren nach Bruchtheilen zu, so sind die Bestimmungen über das Miteigenthum anzuwenden. Zu Gunsten des jeweiligen Eigenthümers eines Grundstücks, also als subjektiv-dingliches Recht, kann ein Erbbaurecht nicht bestellt werden. Eine (beliebig lösbare) Verbindung eines Erbbaurechtes mit einem Grundstück läßt sich dadurch herstellen, daß das Erbbaurecht mit einem dem Erbbauberechtigten gehörigen Grundstück vereinigt oder ihm als Bestandtheil zugeschrieben wird[15]). Da dem Erbbauberechtigten die Stellung eines Grundeigenthümers zukommt, kann zu Gunsten des jeweiligen Inhabers des Erbbaurechts ein anderes Grundstück belastet werden. Bestehen solche subjektiv-dingliche Rechte zu Gunsten des Erbbaurechtes, so gelten sie als Bestandtheile dieses Rechtes[16]).

---

[11]) Vergl. Mot. 3, 473. Nach Dernburg S. 457 Anm. 8 soll sich aus dem Wesen des Erbbauverhältnisses ergeben, daß der Superfiziar Eigenthümer der Materialien werde.

[12]) Vergl. Mot. 3, 469.

[13]) Eine Zinspflicht läßt sich begründen, indem das Erbbaurecht mit einer Reallast belastet und das Erlöschen des Erbbaurechtes für den Fall des Unterbleibens der Realleistungen ausbedungen wird. Mot. 3, 468.

[14]) Vergl. § 1017 BGB. Soweit allerdings landesgesetzliche Vorschriften (vergl. Art. 88 Einf. z. BGB.) den Erwerb von Grundstücken beschränken, ist aus diesen Vorschriften zu entnehmen, ob auch die Erwerbung eines Erbbaurechtes getroffen sein soll.

[15]) §§ 1017, 890 Abs. 1 und 2 BGB. Vergl. § 5 GBO.

[16]) § 96 BGB.

§ 31. Entstehung.

Ein Erbbaurecht kann entstehen 1. durch Bestellung, 2. durch Ersitzung.

A. Bestellung.

Zufolge der allgemeinen Vorschrift des § 873 BGB. (s. § 8 Ziff. 1) ist zur Belastung eines Grundstücks mit einem Erbbaurechte die Einigung des Berechtigten und des anderen Theiles über den Eintritt der Rechtsänderung und die Eintragung der Rechtsänderung, also der Belastung, erforderlich. Diese Einigung des Grundeigenthümers und des Erwerbers des Erbbaurechtes über die Belastung des Grundstücks mit dem Erbbaurechte muß, ebenso wie die Uebertragung des Eigenthums an einem Grundstück, bei gleichzeitiger Anwesenheit beider Theile vor dem Grundbuchamt erklärt werden (s. § 8 Ziff. 11)[1][2]). Während aber eine Auflassung, die unter einer Bedingung oder einer Zeitbestimmung erfolgt, unwirksam ist[3]), ist für die Bestellung des Erbbaurechtes eine derartige Vorschrift nicht gegeben, es kann daher die Bestellung auch unter einer Bedingung oder einer Zeitbestimmung erfolgen.

Außer dem dinglichen Vertrage[4]) ist, wie schon angeführt, zur Begründung des Erbbaurechtes auch die Eintragung in das Grundbuch und zwar auf dem Blatte des zu belastenden Grundstücks erforderlich. Dabei kann zur näheren Bezeichnung des Inhalts des Rechtes auf die Eintragungsbewilligung des Eigenthümers Bezug genommen werden[5]). Bestimmung des Werthersatzes nach § 882 BGB.[6]). Die Eintragung des Erbbaurechtes darf nur erfolgen, nachdem die Einigung der Parteien erklärt ist[7]). Ist die Einigung erfolgt und das Erbbaurecht auf dem Blatte des Grundstückes eingetragen, so ist das Recht bestellt. Nunmehr kann, da das Erbbaurecht den auf Grundstücke bezüglichen Vorschriften untersteht, ein besonderes

---

Zu § 31.

[1]) § 1015 BGB. Der Vorbehalt für die Landesgesetzgebung in Art. 143 Einf. (s. § 8 Ziff. 12) bezieht sich auch auf die Bestellung eines Erbbaurechtes.

[2]) Die Bestimmung des § 313 BGB. kommt bei der Bestellung eines Erbbaurechtes nicht in Betracht, wohl aber bei der Uebertragung eines bestellten Erbbaurechtes. Nach Planck 1 S. 85 soll die Vorschrift des § 313 auch auf den Vertrag Anwendung finden, durch den sich Jemand zur Begründung eines Erbbaurechtes verpflichtet.

[3]) § 925 Abs. 2 BGB.

[4]) Stempelfreiheit der Vollmacht s. § 31 GBO.

[5]) § 874 BGB.

[6]) Erlöschen in Folge einer Zwangsversteigerung Rechte, die nicht auf Zahlung eines Kapitals gerichtet sind (Erbbaurechte, Dienstbarkeiten, Reallasten), so tritt an die Stelle des Rechtes der Anspruch auf Ersatz des Werthes (§§ 92, 91, 121 ZVG.). Den Höchstbetrag dieses Ersatzes können die Betheiligten schon bei Begründung des begrenzten Rechtes bestimmen. Die Bestimmung ist in das Grundbuch einzutragen. Bei der Festsetzung des Ersatzes darf der Betrag nicht überschritten werden.

[7]) § 20 GBO.

Grundbuchblatt[8]) angelegt werden, auf dem das Erbbaurecht wie ein Grundstück vorgetragen wird, wobei auch (vergl. § 4 GBO.) noch wirkliche Grundstücke des Erbbauberechtigten oder andere selbstständige Gerechtigkeiten[9]) aufgeführt werden können. Wird Antrag gestellt, so ist für das Erbbaurecht ein solches besonderes Grundbuchblatt anzulegen. Von Amtswegen erfolgt die Anlegung des besonderen Blattes, wenn das Erbbaurecht veräußert oder belastet werden soll. Die Anlegung ist auf dem Blatte des belasteten Grundstücks zu vermerken. S. § 13 Ziff. 30 ff.

B. Ersitzung.

Durch Ersitzung kann ein Erbbaurecht zur Entstehung kommen, wenn für Jemand ein ihm nicht zustehendes Erbbaurecht im Grundbuch eingetragen ist, die Eintragugung 30 Jahre bestanden hat und der als Erbbauberechtigter Eingetragene während dieser Zeit das Grundstück in Besitz gehabt hat. S. § 12 Ziff. 6 ff.

§ 32. Erwerb eines entstandenen Erbbaurechtes.

Für den Erwerb eines zur Entstehung gelangten Erbbaurechtes finden die für den Erwerb des Eigenthums an einem Grundstücke geltenden Vorschriften entsprechende Anwendung; das Erbbaurecht wird wie ein Grundstück behandelt (s. § 24). Insbesondere ist zur Uebertragung die Form der Auflassung erforderlich, auch ist die Uebertragung, wenn sie unter einer Bedingung oder einer Zeitbestimmung erfolgt, unwirksam[1]). Außer der Auflassung kommt für den Erwerb eines Erbbaurechtes hauptsächlich noch die Ersitzung (s. § 24 Ziff. 35 ff., auch § 31 Nr. 2) in Betracht, sowie der Zuschlag bei der Zwangsvollstreckung (§ 24 Ziff. 40); die Zwangsvollstreckung in ein Erbbaurecht geht vor sich wie die Zwangsvollstreckung in ein Grundstück[2]). Was dagegen den Erwerb durch Aneignung betrifft (s. § 24 Ziff. 29 ff.), so wird aus der Natur des Erbbaurechtes als eines das Eigenthum beschränkenden Rechtes zu folgern sein, daß ein Erwerb eines aufgegebenen Erbbaurechtes durch den Fiskus[3]) nicht stattfinden kann, weil mit dem Augenblick, in welchem das begrenzte Recht aufgegeben wird, das Grundstück frei wird. Dieses Bedenken steht der Anwendung des § 927 BGB. (s. § 24 Ziff. 26 ff.) nicht entgegen, es erscheint daher der Erwerb eines Erbbaurechtes auf Grund Ausschlußurtheils zulässig[4]).

---

[8]) § 3 GBO.

[9]) Vergl. Art. 63, 68 Einf. z. BGB.

Zu § 32.

[1]) Vergl. §§ 925, 313 BGB., Art. 143, 142 Einf., §§ 98, 99, 20, 31 GBO.

[2]) § 870 CPO.

[3]) § 828 BGB.

[4]) Nach Biermann S. 132 gilt § 927 für das Erbbaurecht nicht, weil die Vorschriften über die Endigung des Eigenthums an Grundstücken nicht für entsprechend anwendbar erklärt sind. Es enthält aber § 927 keine Bestimmung über

§ 33. Belastung.

Auch für die Belastung eines Erbbaurechtes gelten die Vorschriften über die Belastungen der Grundstücke. Das Erbbaurecht kann mit begrenzten Rechten belastet werden wie ein Grundstück, also mit Dienstbarkeiten, Verkaufsrechten, Reallasten, Hypotheken, Grundschulden und Rentenschulden. Die Belastung hat auch in derselben Weise wie bei Grundstücken zu erfolgen[1]).

Die Belastungen werden hinfällig mit dem Aufhören des Erbbaurechtes. Zur Aufhebung eines belasteten Erbbaurechtes ist die Zustimmung dessen erforderlich, mit dessen Recht das Erbbaurecht belastet ist (§ 876 BGB. s. § 8 Ziff. 36 ff.).

Dadurch, daß der Erbbauberechtigte das Eigenthum des Grundstücks oder der Eigenthümer das Erbbaurecht erwirbt, erleiden die Belastungen des Erbbaurechtes keine Veränderung, weder eine Schmälerung noch eine Stärkung, es haftet nur das begrenzte Recht, nicht das Grundstück.

§ 34. Erlöschen.

Da die Bestellung eines Erbbaurechtes unter einer Bedingung oder Zeitbestimmung erfolgen kann, kann ein solches Recht mit dem Eintritt der auflösenden Bedingung oder mit dem Eintritt des Endtermins erlöschen. S. § 5 Ziff. 32 ff.

Das Erbbaurecht erlischt nicht dadurch, daß das Bauwerk untergeht[1]), dagegen erlischt es durch rechtsgeschäftliche Aufhebung. Die Aufhebung erfolgt nach den allgemeinen Vorschriften über die Aufhebung begrenzter Rechte. Erforderlich ist die Erklärung des Berechtigten, daß er das Recht aufgebe und die Löschung des Rechtes im Grundbuch. Die Erklärung ist dem Grundbuchamt oder demjenigen, gegenüber abzugeben, zu dessen Gunsten sie erfolgt. S. § 8 Ziff. 28 ff. Die Löschung hat auf dem Blatte des belasteten Grundstücks zu geschehen. In Folge der Aufhebung des Erbbaurechtes tritt keine Herrenlosigkeit dieses Rechtes ein, sondern das Grundstück wird frei[2]).

Von einer Zwangsvollstreckung in das Grundstück bleibt das

---

die Beendigung des Eigenthums, sondern über den Erwerb des Eigenthums. Die Beendigung ergibt sich bei dem Erbbaurecht wie bei dem Eigenthum von selbst aus dem Erwerbe durch einen Anderen. Die Sache läge anders, wenn das Eigenthum schon durch Eintritt der Rechtskraft des Ausschlußurtheils verloren ginge. Letzteres scheint Strecker S. 48 anzunehmen. Die Motive 3, 474 erscheinen für den Gesetzestext nicht zutreffend.

Zu § 33.

[1]) §§ 873 ff. BGB. Die Bestellung eines Erbbaurechtes an einem Erbbaurecht erscheint nach § 1015 unzulässig.

Zu § 34.

[1]) § 1016 BGB.

[2]) Sind mehrere Erbbauberechtigte vorhanden, so wird das Grundstück erst frei, wenn alle Miterbbauberechtigte verzichtet haben.

Erbbaurecht, wenn es im Range dem Rechte des vollstreckenden Gläubigers vorgeht, unberührt. Geht es dem Rechte des betreibenden Gläubigers nach, so muß es diesem Rechte weichen. Ist der Erbbauberechtigte in einem solchen Falle Eigenthümer des Bauwerks, so hat er die Stellung eines Besitzers des Grundstücks, der in Ausübung eines Rechtes an dem Grundstück das Bauwerk errichtet hat.

Daß das Erbbaurecht nicht dadurch erlischt, daß der Eigenthümer des Grundstücks das Recht oder der Berechtigte das Eigenthum an dem Grundstück erwirbt, ergibt sich aus der allgemeinen Vorschrift des 889 BGB.

Ueber Erlöschen eines im Grundbuch zu Unrecht gelöschten Erbbaurechtes (§ 901 BGB.) s. § 12 Ziff. 4 ff.

§ 35. Schutz.

Als Besitzer des Grundstücks hat der Erbbauberechtigte vor Allem den Besitzschutz. S. § 17. In Ansehung des Grundstücks ist der Erbbauberechtigte Fremdbesitzer, bezüglich des Bauwerks kann er Eigenbesitzer sein oder Fremdbesitzer. Ist das Erbbaurecht zeitlich beschränkt, so hat der Grundeigenthümer mittelbaren Besitz an dem belasteten Grundstück; ist das Erbbaurecht nicht auf Zeit bestellt, so hat der Grundeigenthümer keinen mittelbaren Besitz [1]).

Auf das Erbbaurecht finden weiter die für die Ansprüche aus dem Eigenthum geltenden Vorschriften entsprechende Anwendung. S. § 27. Der Erbbauberechtigte wird so behandelt, wie wenn er Eigenthümer des Grundstücks wäre, an dem er das begrenzte Recht hat.

Trifft ein Erbbaurecht mit einer Grunddienstbarkeit, einem Nießbrauch oder einer beschränkten persönlichen Dienstbarkeit dergestalt zusammen, daß die Rechte neben einander nicht oder nicht vollständig ausgeübt werden können, und haben die Rechte gleichen Rang, so kann jeder Berechtigte eine den Interessen aller Berechtigten nach billigem Ermessen entsprechende Regelung der Ausübung verlangen [2]).

Bei Beeinträchtigung des Erbbaurechtes durch einen Ueberbau oder einen Nothweg ist der Erbbauberechtigte entschädigungsberechtigt. S. § 22 Ziff. 53 ff.

Ist das Erbbaurecht durch eine Unrichtigkeit des Grundbuchs gefährdet, so besteht der Berichtigungsanspruch (§ 894 BGB.) s. § 10.

Zu § 35.

[1]) Vergl. Wendt Archiv 87, 61. Strohal S. 35 Anm. 38. Anders Biermann S. 19.

[2]) Vergl. §§ 1024, 1060, 1090 Abs. 2 BGB.

V. Abschnitt.

Dienstbarkeiten.

§ 36. Eintheilung.

Das Wort Dienstbarkeit ist der Gattungsname für drei Arten begrenzter Rechte, nämlich für 1. die Grunddienstbarkeiten, 2. den Nießbrauch, 3. die beschränkten persönlichen Dienstbarkeiten. Diese Rechte sind unter sich verschieden, stehen andererseits sonstigen dinglichen Rechten (Erbbaurecht und Reallasten) so nahe, daß eine Begriffsbestimmung für sie kaum anders zu geben sein möchte als durch eine Zusammenfassung der Bestimmungen, die für die einzelnen Arten zu geben sind[1]).

Die Grunddienstbarkeit ist ein subjektiv-dingliches Recht; Inhaber des Rechtes ist der jeweilige Eigenthümer eines Grundstücks. Der Nießbrauch und die beschränkte persönliche Dienstbarkeit sind subjektiv-persönliche Rechte, sie sind an die Person geknüpft.

Die Grunddienstbarkeit und die beschränkte persönliche Dienstbarkeit ruhen auf Grundstücken[2]), Gegenstand des Nießbrauchs kann eine Sache, ein Recht oder ein Vermögen sein.

Bei den Bestimmungen über Dienstbarkeiten handelt es sich nur um rechtsgeschäftlich bestellte Dienstbarkeiten. Soweit durch Gesetz begründete Dienstbarkeiten vorkommen, muß aus den sie begründenden Bestimmungen sich ergeben, inwieweit die Vorschriften über die durch Rechtsgeschäft bestellten Dienstbarkeiten Anwendung zu finden haben[3])[4]). In den §§ 1383 und 1652 ist bezüglich der

---

Zu **§ 36.**

[1]) Endemann 2 S. 382 sagt: Dienstbarkeiten sind dingliche Rechte auf begrenzten Gebrauchswerth an einer fremden Sache. Viel wird diese Begriffsbestimmung nicht helfen können, zumal wenn man mit dem BGB. Gebrauchsvortheile und Früchtebezug unterscheidet.

[2]) Erbbaurechte und sonstige Rechte, auf welche § 1017 Anwendung findet, sind einbegriffen. Vergl. Art. 63, 68, 196 Einfges. z. BGB.

[3]) Soweit die Vorbehalte des Einführungsgesetzes zu Gunsten der Landesgesetzgebung reichen, ist es Sache des Landesrechts, bei Bestimmung gesetzlicher Dienstbarkeiten mehr oder weniger an die Vorschriften des BGB. über die rechtsgeschäftlich bestellten Dienstbarkeiten, was den Inhalt der Rechte betrifft, sich anzuschließen. Mot. 3, 477. Vergl. insbesondere Art. 109 (Enteignung) und 113 Einfges. (Flurbereinigung 2c.).

[4]) Für die Begründung und Aufhebung einer Dienstbarkeit an einem Grundstück, das im Grundbuch nicht eingetragen ist und nach § 90 GBO. nicht eingetragen zu werden braucht, sind die landesgesetzlichen Vorschriften maßgebend (Art. 128 Einfges. z. BGB.). Deßgleichen bleiben unberührt die landesgesetzlichen Vorschriften über die Ablösung, Umwandlung oder Einschränkung von Dienstbarkeiten (Art. 113, 114 Einfges. z. BGB.).

ehelichen und elterlichen Nutznießung auf die Vorschriften über den Nießbrauch verwiesen.

Die Vorschriften der §§ 903—924 BGB. gewähren auch Rechte auf Benutzung fremder Grundstücke, sie kommen aber nicht als gesetzliche Dienstbarkeiten in Betracht, durch jene Bestimmungen sind die in dem Eigenthum liegenden Befugnisse beschränkt worden, die Anwendung der Grundsätze, die für begrenzte Rechte gelten, ist daher ausgeschlossen. S. § 22 Ziff. 6, 7.

I. Grunddienstbarkeiten.

§ 37. Begriff und Inhalt.

Die Grunddienstbarkeit ist ein dingliches Recht, das dem jeweiligen Eigenthümer eines Grundstücks [1]) an einem andern Grundstück [2]) dahin zusteht, daß

1. der Berechtigte das belastete Grundstück in einzelnen Beziehungen benutzen darf, oder

2, daß auf dem belasteten Grundstück gewisse Handlungen nicht vorgenommen werden dürfen, oder

3. daß die Ausübung eines Rechtes ausgeschlossen ist, das sich aus dem Eigenthum an dem belasteten Grundstück dem andern Grundstück gegenüber ergibt [3]).

In diesen 3 Richtungen kann ein dingliches Recht als Grunddienstbarkeit begründet werden. Der Inhalt und der Umfang der einzelnen Grunddienstbarkeiten richtet sich nach dem Begründungsakt; erforderlich ist jedoch, daß die Belastung des einen Grundstücks für die Benutzung des anderen Grundstücks von Vortheil ist. Eine Grunddienstbarkeit kann nur in einer Belastung bestehen, die für die

Zu § 37.

[1]) Auch zu Gunsten des Grundeigenthums einer Gemeinde kann eine Grunddienstbarkeit bestellt werden, nicht aber zu Gunsten der Angehörigen einer Gemeinde ohne Rücksicht auf ein Grundeigenthum (vergl. § 1090 BGB.). Auch für einen ganzen Gemeindebann, d. h. für alle einzelne zu der Gemarkung gehörige Grundstücke läßt sich eine Grunddienstbarkeit bestellen, fraglich wird in einem solchen Falle nur sein, ob dem Vorstand der Gemeinde die Vertretung der sämmtlichen Grundeigenthümer zusteht. — Bei Grunddienstbarkeiten zu Gunsten des Eisenbahnbetriebs ist der Eisenbahnkörper das Grundstück, mit dessen Eigenthum das Recht verbunden ist. Vergl. Jur. Woch. 1896 S. 214 Ziff. 59. S. jedoch bezüglich eines Wasserbezugsvertrags zum Zwecke der Lokomotivenspeisung Reichsg. v. 7. Mai 1895 Puch. Zeitschr. 27, 43. — Landesgesetzliche Vorschriften über Realverbände s. Art. 164 Einfges. z. BGB.

[2]) Auch an Grundstücken, die dem gemeinen Gebrauche gewidmet sind, kann der Verfügungsberechtigte eine Grunddienstbarkeit bestellen, z. B. Baumpflanzung an einer öffentlichen Straße, Grasnutzung auf einem Kirchhof. — Eine Dienstbarkeit kann nur an den einzelnen im Grundbuch eingetragenen Grundstücken begründet werden, nicht z. B. an der Gemeindeflur als solcher.

[3]) § 1018 BGB. Zu einem Thun kann der Grundeigenthümer durch eine Grunddienstbarkeit nur hinsichtlich der Unterhaltung von Anlagen verpflichtet werden (§ 1021 BGB.).

Benutzung des Grundstücks des Berechtigten Vortheil bietet[4]). Dieser Vortheil, der für die Benutzung des Grundstücks des Berechtigten erwachsen muß, kann verschiedener Art sein. Es ist nicht verlangt, daß der Vortheil dem Grundstück oder dem auf dem Grundstück befindlichen Gebäude unmittelbar gewährt wird, wie es z. B. der Fall ist, wenn ein Haus auf eine fremde Mauer gestützt werden darf, oder, wenn ein Balkon in das Nachbargrundstück hineinragen darf. Es genügt, wenn die Grunddienstbarkeit für die Benutzung vortheilhaft ist, wenn das Bedürfniß nach der Berechtigung in der Beschaffenheit des Grundstücks eine objektive Grundlage hat, sei es auch nur um deßwillen, weil ein bestimmter Gewerbebetrieb auf dem Grundstück eingerichtet ist oder eingerichtet werden soll[5]). Demnach werden Grunddienstbarkeiten bestehen können z. B. in der Berechtigung, Lehm zu graben für eine auf dem Grundstück des Berechtigten befindliche Ziegelei, in der Belastung, daß keine Wirthschaft betrieben werde, zu Gunsten des benachbarten Wirthschaftsgrundstücks[6])[7]), in der Belastung, daß die Herstellung einer für das Grundstück schädlichen gewerblichen Anlage auf dem Nachbargrundstück zu dulden ist. Die Benutzung eines Grundstücks als Fabrik, Schulhaus, Kirche, Krankenhaus, Wohnhaus, Villa rc. kann besondere Bedürfnisse mit sich bringen, zu deren Befriedigung Grunddienstbarkeiten zu dienen haben. Nicht erforderlich ist, daß es sich bei Begründung der Servitut um die Befriedigung eines schon vorhandenen Bedürfnisses handelt, die Grunddienstbarkeit ist bestimmt, die Benutzungsfähigkeit eines Grundstücks zu steigern, auch für eine in der Zukunft liegende Benutzung, z. B. im Hinblick auf die Errichtung einer Fabrik, kann eine Grund-

---

[4]) § 1019 BGB. Geldinteresse ist nicht nothwendig, es genügt der Vortheil der Annehmlichkeit, Bequemlichkeit, Befriedigung ästhetischer Interessen. Dernburg S. 462.

[5]) Vergl. Mot. 3, 481. Ist der Satz noch richtig: Ut pomum decerpere liceat, et ut spatiari et ut cenare in alieno possimus, servitus imponi non potest (l. 8 D. 8, 1)? Kohler Archiv für civ. Pr. 87, 170 behandelt diese Frage, mit ihm spricht sich Dernburg S. 461 Anm. 7 für die Bejahung aus. Wie schon Windscheid (§ 209 Anm. 5) hervorhebt, wird durch das Recht auf Benutzung eines benachbarten Gartens das Bewohnen eines Hauses annehmlicher gemacht, und dadurch sogar der Miethwerth des Hauses gesteigert. Es erscheint zweifellos, daß ein derartiges Recht für die Benutzung eines Grundstücks unter Umständen von Vortheil ist, daß daher dieses Recht als Grunddienstbarkeit bestehen kann. Der Einwand Kohlers: „Schließlich könnte der Miethwerth des Hauses noch dadurch gesteigert werden, daß der jeweilige Inwohner das Recht hat, dem Weinkeller des Nachbarn beliebigen Besuch abstatten zu dürfen," möchte nicht zutreffen, weil bei solchen Weinproben keine Benutzung des Grundstücks vorläge. Hätte das Nachbargrundstück die annehmliche Eigenschaft, daß der Wein dort aus der Erde quillt, so stünde der Begründung der Servitut des Weinschöpfens nichts im Wege.

[6]) Anderer Ansicht Kohler Archiv 87, 174.

[7]) Ob und unter welchen Umständen eine Beschränkung des Gewerbebetriebs nach der Gewerbeordnung als unstatthaft erscheinen muß, ist eine andere Frage. Vergl. § 1 Gew.Ord., Reichsg. 38, 158.

dienstbarkeit erlangt werden[8]). Dementsprechend wird auch dadurch, daß das Grundstück zeitweise anderen Zwecken dient, daß z. B. der Fabrikbetrieb wegen Zerstörung der Fabrik eingestellt ist, die Grunddienstbarkeit nicht aufgehoben; nur die dauernde thatsächliche Unmögkeit der Ausübung erledigt die Servitut.

Auf das nothwendige Bedürfnis des Grundstücks des Berechtigten ist die Grunddienstbarkeit nicht beschränkt, es genügt, wenn überhaupt ein Bedürfniß vorliegt. Nur über den für die Benutzung des Grundstücks sich ergebenden Vortheil hinaus kann der Inhalt der Dienstbarkeit nicht erstreckt werden[9]). Wie sich die Sache zu gestalten hat, wenn das Bedürfniß, zu dessen Befriedigung die Grunddienstbarkeit zu dienen hat, eine Erweiterung erfährt, ist nach dem einzelnen Falle zu beurtheilen. Regelmäßig wird es im Sinne des Begründungsaktes liegen, daß die Dienstbarkeit auch dem erweiterten Bedürfnisse zu dienen hat, so lange der Betrieb, zu dessen Vortheil die Dienstbarkeit begründet worden ist, beibehalten, wenn auch vergrößert wird, anders wird es sein, wenn eine Aenderung in der Benutzungsart eintritt, die bei Begründung der Dienstbarkeit nicht vorauszusehen war[10]).

Insoweit eine Belastung für die Benutzung des Grundstücks des Berechtigten keinen Vortheil bietet, besteht die Grunddienstbarkeit rechtlich nicht. Hält der Begründungsakt diese Grenze nicht ein, so kann die Berichtigung des Grundbuchs verlangt werden.

Nachbarschaft der betheiligten Grundstücke wird für die Grunddienstbarkeit nicht gefordert[11]). Da das belastete Grundstück selbst den Vortheil für die Benutzung des anderen Grundstücks gewähren muß, wird die Nachbarschaft allerdings die Regel sein.

Daß das belastete Grundstück die Vortheile vermöge seiner inneren Beschaffenheit dauernd gewähre, ist ebenfalls vom Gesetze nicht als Erforderniß aufgestellt[12]).

Das BGB. unterscheidet nicht bestimmte einzelne Arten von Grunddienstbarkeiten. Die Eintheilung in Feld- und Hausservituten, ständige und nicht ständige, offene und verborgene, affirmative und negative Dienstbarkeiten ist bedeutungslos; an die Unterscheidungsmerkmale knüpfen sich keine rechtlichen Folgen. Der privaten Festsetzung ist überlassen, in dem von dem Gesetze aufgestellten Rahmen

---

[8]) Vergl. Mot. 3, 482.

[9]) § 1019 Satz 2 BGB. Nach Dernburg (S. 463) schließt sich § 1019 Satz 2 dem römischen Rechte an, wonach z. B. eine Prädialservitut auf Gewinnung von Töpfererde nur das Recht auf Gewinnung des Bedarfs des herrschenden Grundstücks gewährte, insbesondere zum Versand von Gutserzeugnissen, nicht aber zur Herstellung von Fabrikaten behufs selbständigen Verkaufes. Eine derartige Einschränkung ergibt sich jedoch aus den Bestimmungen des BGB. nicht.

[10]) Vergl. Kom.Prot. 3 S. 310. Kohler Archiv 87, 217.

[11]) Mot. 3, 482. Biermann S. 134, Dernburg S. 463; anders Kohler a. a. O. S. 183 ff., 213.

[12]) Mot. 3, 482. Dernburg S. 461. Vergl. Kohler S. 213.

Dienstbarkeiten zu begründen, wie sie passend erscheinen[13]). Der Landesgesetzgebung ist übrigens gestattet, Vorschriften zu geben, welche die Belastung eines Grundstücks mit gewissen Grunddienstbarkeiten untersagen oder beschränken oder den Inhalt und das Maß der Grunddienstbarkeiten näher bestimmen[14]).

§ 38. Entstehung.

Die Grunddienstbarkeit entsteht entweder durch Rechtsgeschäft oder durch Ersitzung[1]).

Für die rechtsgeschäftliche Begründung (Bestellung) einer Grunddienstbarkeit gelten die allgemeinen Vorschriften. Nach § 873

[13]) Berechtigungen, das fremde Grundstück in einzelnen Beziehungen zu benutzen, können zum Gegenstand haben: ein Bauwerk auf das Bauwerk eines Anderen stützen, Gebäudetheile in das Nachbargrundstück hineinragen lassen, ein Bauwerk auf dem fremden Grundstück zu halten, Dachtraufe, Wasserleitung, Wasserschöpfen, Steine, Sand, Lehm, Torf, Gras ꝛc. auf dem fremden Grundstück holen, auf dem fremden Grundstück gehen, fahren, Viehtreiben. Auch Forstberechtigungen gehören hierher, soweit sie Nutzungsrechte sind, die durch die eigene Thätigkeit des Berechtigten ausgeübt werden, Recht auf Raff- und Leseholz, Waldstreu, Harzscharren, Theerschwelen ꝛc., hat dagegen der Waldeigenthümer selbst thätig zu werden, z. B. Bauholz zu liefern, so kann nur eine Reallast vorliegen. Zu erwähnen sind auch die Weideberechtigungeu. Bei einer gegenseitigen Berechtigung übt der Einzelne auf seinem Grundstück eine aus dem Eigenthum hervorgehende Befugniß, auf dem Grundstück des Andern eine Dienstbarkeit aus.

Zur zweiten Kategorie (Nichtvornahme gewisser Handlungen auf dem belasteten Grundstück) dürften gehören: Verbot, zn bauen oder höher zu baueu, Bäume zu pflanzen oder auf sonstige Weise die Aussicht zu versperren, ein bestimmtes Gewerbe auf dem Grundstück zu betreiben, ein anderes Gebäude als eine Villa zu errichten (über die Servitut des Villenbaues s. Kohler Archiv 87, 157), Häuser anders als in einem bestimmten Stil zu bauen ꝛc.

Was die Ausschließung der Ausübung von Rechten betrifft, die sich aus dem Eigenthum an dem belasteten Grundstück dem andern Grundstück gegenüber ergeben, so werden hier nur die Rechte in Betracht kommen, die auf Grund der §§ 906 ff. BGB. Einwirkungen auf fremde Grundstücke gestatten. Da die Ausschließung der Ausübung zugelassen ist, kann durch eine Grunddienstbarkeit auch die Ausübung beschränkt werden. — Vergl. Jur. Woch. 1892 S. 153 Ziff. 17, 1896 S. 214 Ziff. 59.

[14]) Art. 115 Einf. z. BGB.

Zu **§ 38.**

[1]) Auch nach dem Inkrafttreten des BGB. erfolgen die Begründung und die Aufhebung einer Grunddienstbarkeit nach den bisherigen Gesetzen, bis das Grundbuch als angelegt anzusehen ist. Das Gleiche gilt von der Aenderung des Inhalts und des Ranges einer Grunddienstbarkeit. Ein nach den Vorschriften des BGB. unzuläſſiges Recht kann aber vom 1. Jan. 1900 ab nicht mehr begründet werden. Die Aufhebung einer Grunddienstbarkeit, mit der ein Grundstück zur Zeit des Eintritts des Grundbuchrechtes belastet ist, erfolgt auch nach Eintritt des Grundbuchrechts nach den bisherigen Gesetzen, bis das Recht in das Grundbuch eingetragen ist. (Vergl. Art. 189 Einfges.)

Ueber die Begründung und Aufhebung von Grunddienstbarkeiten an buchungsfreien Grundstücken s. § 36 Ziff. 3.

Ueber die Begründung, Aenderung oder Aufhebung von Grunddienstbarkeiten in Folge der landesgesetzlichen Vorschriften über die Zusammenlegung von Grundstücken, Gemeinheitstheilung, Regulierung der Wege, Ordnung der gutsherrlich = bäuerlichen Verhältnisse s. Art. 113 Einfges. z. BGB.

BGB. ist zur Belastung eines Grundstücks mit einem Rechte die Einigung des Berechtigten und des anderen Theiles über den Eintritt der Rechtsänderung und die Eintragung der Rechtsänderung in das Grundbuch erforderlich. S. § 8.

Die Vorschriften der §§ 873, 874, 876 finden auch auf Aenderungen des Inhalts einer Grunddienstbarkeit Anwendung. S. § 8.

Die Bestellung setzt voraus, daß der Besteller Eigenthümer des zu belastenden Grundstücks ist, und daß er fähig ist, darüber zu verfügen. Allerdings gilt dieser Satz nur vorbehaltlich der Wirkungen des öffentlichen Glaubens des Grundbuchs, denn wer mit einer Person, die im Grundbuch als Eigenthümer eines Grundstücks eingetragen ist, sich über die Gründung einer Servitut einigt, darf sich darauf verlassen, daß der Inhalt des Grundbuchs richtig ist[2]).

Der Erbbauberechtigte hat die Stellung eines Grundeigenthümers, er kann auf die Dauer seines Rechtes Grunddienstbarkeiten einräumen. Dem Nießbraucher ist nicht gestattet, Grunddienstbarkeiten auf die Dauer seines Rechtes zu begründen, er kann das Grundstück nicht belasten[3]).

Die Belastung eines Grundstückstheiles mit einer Grunddienstbarkeit ist zulässig; wenn keine Verwirrung zu besorgen ist, kann die Abschreibung des zu belastenden Theiles im Grundbuch unterbleiben[4]). An einem ideellen Theile, an einem Bruchtheile, läßt sich eine Grunddienstbarkeit nicht bestellen. Zur Belastung eines gemeinschaftlichen Grundstücks bedarf es einer gemeinschaftlichen Verfügung der Miteigenthümer[5]).

Was den Erwerber der Dienstbarkeit betrifft, so kann nur der Eigenthümer eines Grundstücks einen Vertrag über die Erwerbung einer Grunddienstbarkeit abschließen, Miteigenthümer müssen gemeinschaftlich[6]) handeln. Der Erbbauberechtigte kann für sein Recht eine Grunddienstbarkeit erwerben, der Nießbraucher nicht.

Die E i n i g u n g des Bestellers und des Erwerbers stellt sich als dinglicher Vertrag dar[7]). Was für ein Kausalgeschäft der Einigung zu Grunde liegt, ist für die Entstehung der Dienstbarkeit gleichgültig. Die Verpflichtung zur Bestellung kann gegen Entgelt und ohne Entgelt, durch Vereinbarung unter Lebenden oder durch letztwillige Verfügung, ausdrücklich oder stillschweigend auferlegt oder

---

[2]) S. § 7.

[3]) Mot. 3, 479.

[4]) § 6 GBO. S. § 13 Ziff. 27.

[5]) § 747 BGB. S. § 28 Ziff. 19. Die Bestellung an allen Quoten wird als Bestellung an der ganzen Sache gelten dürfen. Die Verfügnng eines Miteigenthümers kann für die ganze Sache wirksam sein oder werden, sofern sie mit Einwilligung der übrigen Miteigenthümer erfolgt oder von ihnen genehmigt wird oder einer der anderen in § 185 BGB. bezeichneten Fälle vorliegt.

[6]) Die Einzelerklärungen können zeitlich auseinander fallen. Vergl. Mot. 3, 479. S. Anm. 5.

[7]) S. § 8 Ziff. 10 ff.

übernommen worden sein. Einer Form bedarf der obligatorische Vertrag nicht[8]). Eine stillschweigende Uebernahme der Verpflichtung zur Bestellung einer Dienstbarkeit wird nicht selten dann vorkommen, wenn zur Zeit der Veräußerung eines von zwei in einer Hand befindlichen Grundstücken Anlagen vorhanden sind, die erkennen lassen, daß das eine Grundstück zum Vortheile des Andern benutzt wird. In einem solchen Falle wird häufig die Annahme zutreffen, daß nach der Absicht der Parteien der bisherige Zustand in der Form einer Grunddienstbarkeit erhalten bleiben solle und daß der Eigenthümer des zu belastenden Grundstücks die Bestellung vorzunehmen habe.

Daß das begrenzte Recht an einem fremden Grundstück bestehe, gehört zwar nicht zu dem Begriffe der Dienstbarkeit[9]), allein die Begründung einer Dienstbarkeit hinsichtlich 2 Grundstücke, die einen und denselben Eigenthümer haben, kann nicht stattfinden, weil die Begründung einen Vertrag erfordert, eine Person aber für sich und mit sich keinen Vertrag abschließen kann[10]). Ein einseitiger Stiftungsakt ist nicht zugelassen. Behält ein Grundeigenthümer bei Veräußerung eines Grundstücks sich eine Grunddienstbarkeit auf dem zu veräußernden Grundstück vor, so wird durch einen solchen Vorbehalt nicht die Dienstbarkeit begründet, sondern der Erwerber persönlich verpflichtet, an dem Grundstück nach der Erwerbung die Grunddienstbarkeit zu bestellen. Sollte ein Eigenthümer bei Bestellung einer Hypothek einer von ihm später zu bestellenden Grunddienstbarkeit den Vorrang wahren wollen, so läßt sich dieses Ziel mittels eines Rangvorbehaltes erreichen[11]).

Wenn auch an dem eigenen Grundstück keine Grunddienstbarkeit erworben werden kann, so ist es doch möglich, ein gemeinschaftliches Grundstück zu Gunsten eines Grundstücks eines Miteigenthümers und ein einem Miteigenthümer gehöriges Grundstück zu Gunsten des gemeinschaftlichen Grundstücks mit einer Dienstbarkeit zu belasten[12]).

Die Einigung hat sich über den Eintritt der Rechtsänderung und die Festsetzung des Inhalts der Grunddienstbarkeit zu erstrecken. Mit der Begründung des dinglichen Rechts läßt sich die Festsetzung einer, gegen alle Rechtsnachfolger wirkenden Gegenleistungspflicht des Servitutberechtigten nicht ohne Weiteres verknüpfen. Da aber die Einigung unter einer Bedingung[13]) erfolgen kann, so läßt sich auch die Dienstbarkeit von der Erfüllung einer Zahlungsverbindlichkeit des Berechtigten abhängig machen. Der Berechtigte kann auch gegen Einräumung der Servitut eine Reallast auf sein Grundstück

---

8) Die §§ 313 BGB. und 98 GBO. kommen hier nicht in Betracht.
9) Vergl. § 889 BGB.
10) Vergl. Mot. 3, 480.
11) § 881 BGB. Vergl. Mot. 3, 480. S. § 9 Ziff. 22.
12) § 1009 BGB. S. § 28 Ziff. 10.
13) Bestimmung eines Anfangs- oder Endtermins ist in gleicher Weise zulässig.

übernehmen, während das Erlöschen der Grunddienstbarkeit für den Fall des Ausbleibens der Realleistungen bedungen wird[14]). Der Uebernahme einer nur persönlichen Verpflichtung zu einer Gegenleistung steht selbstverständlich kein Bedenken im Wege. Eine derartige Verpflichtung geht aber bei Veräußerung des Grundstücks des Berechtigten nicht auf den Erwerber der Liegenschaft über.

Außer der Einigung der Parteien ist zur Entstehung einer Grunddienstbarkeit erforderlich die Eintragung der Belastung in das Grundbuch[15]). Auch hiefür gelten die allgemeinen Vorschriften der §§ 873 ff. BGB. S. § 8, § 13 Ziff. 36 ff. Bezugnahme auf die Eintragsbewilligung s. § 13 Ziff. 89. Bestimmung des eventuellen Werthersatzes (§ 882 BGB., §§ 91, 52 ZVG.) s. § 31 Anm. 6.

Die Eintragung erfolgt auf dem Blatte des zu belastenden Grundstücks; sie erfolgt für den Eigenthümer des andern Grundstücks, nicht auf den Namen einer bestimmten Person. Die Dienstbarkeit gilt als Bestandtheil des Grundstücks, mit dessen Eigenthum sie verbunden ist[16]), auf Antrag wird sie auf dem Blatte dieses Grundstücks vermerkt[17]). Der Vermerk hat zur Folge, daß eine Eintragung, durch welche die Grunddienstbarkeit betroffen wird, nur vorgenommen werden darf, wenn die Bewilligung derjenigen, mit deren Rechten das (herrschende) Grundstück belastet ist und deren Rechte durch eine Aufhebung oder Aenderung der Grunddienstbarkeit berührt würden, beigebracht wird. Besteht der Vermerk nicht, so ist die Eintragung nicht von der Bewilligung der bezeichneten Berechtigten abhängig[18]).

Eine Grunddienstbarkeit kann ferner durch Ersitzung entstehen. Auch hiefür gelten die allgemeinen Vorschriften: Eintragung zu Unrecht, dreißigjährige Dauer der Eintragung und der Servitut-Ausübung. S. § 12 Ziff. 7. Für den Rang der Dienstbarkeit ist die Eintragung maßgebend, der Inhalt des Rechtes bemißt sich nach

---

[14]) Vergl. Mot. 3, 481.

[15]) Die zur Zeit der Anlegung des Grundbuchs bestehenden Grunddienstbarkeiten bedürfen zur Erhaltung der Wirksamkeit gegenüber dem öffentlichen Glauben des Grundbuchs nicht der Eintragung. Jedoch hat die Eintragung zu erfolgen, wenn sie von dem Berechtigten oder von dem Eigenthümer des belasteten Grundstücks verlangt wird. Die Kosten hat der Antragsteller zu tragen und vorzuschießen. Durch Landesgesetz kann bestimmt werden, daß die bestehenden Grunddienstbarkeiten oder einzelne Arten eingetragen werden müssen (vergl. Art. 187 Einfges.). Soweit eine nach altem Recht begründete Grunddienstbarkeit der Eintragung nicht bedarf, bleibt die Dienstbarkeit nach Maßgabe des Landesgesetzes von einer Zwangsversteigerung unberührt, sofern nicht das Erlöschen als Versteigerungsbedingung bestimmt wird. (Vergl. § 9 Einfges. z. ZVG.)

[16]) § 96 BGB. S. § 4 Ziff. 37.

[17]) S. § 13 Ziff. 35.

[18]) S. 13 Ziff. 57. Die Vorschrift des § 876 BGB. (s. § 8 Ziff. 38 ff.) bleibt unberührt.

der Ausübung, soweit diese mit der Eintragung übereinstimmt[19]. Guter Glaube ist zur Ersitzung nicht erforderlich.

§ 39. Ausübung.

Bei der Ausübung der Grunddienstbarkeit hat der Berechtigte das Interesse des Eigenthümers des belasteten Grundstücks thunlichst zu schonen[1]. Er darf wohl alle Vortheile ziehen, die in dem Zwecke der Dienstbarkeit liegen, und Alles vornehmen, was zur Ausübung der Dienstbarkeit in dem vertragsmäßig festgestellten Umfange nothwendig ist, allein immer mit möglichster Schonung der Interessen des Eigenthümers. Hält er zur Ausübung der Dienstbarkeit auf dem belasteten Grundstück eine Anlage, so steht die ordnungsmäßige Unterhaltung nicht in seinem Belieben, er ist vielmehr kraft Gesetzes dem Eigenthümer gegenüber verpflichtet, sie in ordnungsmäßigem Zustande zu erhalten, soweit das Interesse des Eigenthümers es erfordert[2]. In gleicher Weise wie auf das Interesse des Eigenthümers hat der Servitutberechtigte auf die Interessen solcher Personen Rücksicht zu nehmen, welche von dem Eigenthümer Rechte ableiten, denen die Grunddienstbarkeit im Range vorgeht[3].

Der Eigenthümer seinerseits darf nichts thun, was die Ausübung des Rechtes beschränkt, er muß auch gestatten, daß alle Vorkehrungen getroffen werden, die zur Ausübung der Dienstbarkeit nöthig sind. Die Grunddienstbarkeit nimmt dem Eigenthümer keine Befugniß, deren Ausübung mit der Ausübung der Servitut vereinbar ist. Der Eigenthümer kann von seinem Grundstück in derselben Weise Gebrauch machen wie der Dienstbarkeitsberechtigte, er kann auch, unbeschadet der schon erworbenen Rechte, sein Grundstück mit weiteren Dienstbarkeiten belasten. Kommt der Dienstbarkeitsberechtigte der ihm durch das Gesetz auferlegten Verpflichtung, die Anlagen im Interesse des Eigenthümers in ordnungsmäßigem Zustande zu erhalten, nicht nach, so hat der Eigenthümer auf Grund dieser Beeinträchtigung

---

[19] Ueber die Tabularersitzung von Servituten s. Kohler Archiv f. civ. Pr. 87, 291. Die Anerkennung eines Erwerbes von Servituten durch Tabularersitzung hat nicht den Zweck, nicht bestehende Servituten neu zu schaffen, sondern den Zweck, Servituten, die in Folge ihrer Eintragung die Vermuthung der Rechtmäßigkeit ihrer Begründung für sich haben, mit rückwirkender Kraft als vom Zeitpunkt der Eintragung ab zu Recht bestehend zur Anerkennung zu bringen. Außerdem sollte verhütet werden, daß Verjährung der Negatorienklage des Eigenthümers eintritt, ohne daß diesem Verluste ein Rechtserwerb gegenübersteht. Vergl. Kom.Prot. 3 S. 307.

Zu § 39.

[1] § 1020 BGB. — Die Bestimmungen der §§ 1020—1028 gelten auch für die am 1. Jan. 1900 bestehenden Grunddienstbarkeiten (Art. 184 Einf.).

[2] Vergl. § 1020 Satz 2 BGB.

[3] Vergl. Mot. 3, 483.

den Anspruch auf Beseitigung des Zustandes gegen den jeweiligen Berechtigten[4]).

Die Parteien können bestimmen, daß — in Abweichung von der Vorschrift des § 1020, wonach die Unterhaltungspflicht dem Berechtigten obliegt, — der Eigenthümer des belasteten Grundstücks eine auf diesem Grundstück befindliche Anlage, die zur Ausübung der Dienstbarkeit gehört, zu unterhalten hat, soweit das Interesse des Berechtigten es erfordert[5]). Bei einer Grunddienstbarkeit, die in dem Rechte besteht, auf einer baulichen Anlage des belasteten Grundstücks eine bauliche Anlage zu halten (z. B. Haus auf die fremde Mauer zu stützen), obliegt es dem Grundeigenthümer ohne Weiteres, sofern nicht ein Anderes vereinbart ist, seine Anlage zu unterhalten, soweit das Interesse des Berechtigten es erfordert[6]). Handelt es sich um eine andere Grunddienstbarkeit und hat der Grundeigenthümer das Recht der Mitbenutzung der Anlage, die zur Ausübung der Grunddienstbarkeit auf dem belasteten Grundstück ist, (z. B. einer Brücke), so hat der Grundeigenthümer die Anlage mitzuunterhalten, doch kann bestimmt werden, daß der Berechtigte die Anlage zu unterhalten hat, auch soweit es für das Benutzungsrecht des Eigenthümers erforderlich ist[7]). Trifft in dieser Weise den Berechtigten oder den Grundeigenthümer vertragsmäßig eine Unterhaltungspflicht zum Vortheile des Anderen, so besteht zwischen ihnen ein Rechtsverhältniß, dessen Bestand von dem Bestande der Dienstbarkeit abhängt, das aber einen anderen Charakter hat als die Servitut selbst. Die Verpflichtung geht auf eine Leistung, es finden daher die Vorschriften über die Reallasten entsprechende Anwendung[8]). Die von der gesetzlichen Regelung der Unterhaltungspflicht abweichenden Vereinbarungen sind in das Grundbuch einzutragen. Der Verpflichtete haftet für die während der Dauer seines Eigenthums fällig werdenden Leistungen, falls nicht ein Anderes bestimmt ist, auch persönlich, wird sein Grundstück getheilt, so haften die Eigenthümer der einzelnen Theile als Gesammtschuldner[9]).

---

[4]) Vergl. § 1004 BGB. Schadensersatzforderung besteht bei schuldvoller Verletzung der Verpflichtung des Servitutberechtigten. Mot. 3, 483.

[5]) § 1021 Abs. 1 Satz 1 BGB.

[6]) § 1022 BGB.

[7]) Vergl. § 1021 Abs. 1 Satz 2 BGB.

[8]) §§ 1021 Abs. 2, 1022 BGB. Auf diese Unterhaltungspflichten finden die Vorschriften über Ablösung, Umwandlung, Einschränkung von Reallasten ꝛc. keine Anwendung (Art. 116 Einfges. z. BGB.).

[9]) § 1108 BGB. Nach Kohler (Arch. 87, 215) kann von einer fällig gewordenen Reparaturpflicht nur dann gesprochen werden, wenn der Eigenthümer s. Z. die Reparaturpflicht anerkannt oder die Reparatur bereits begonnen hat. Aus dem Gesetze ist dies nicht zu entnehmen. Die Leistung ist fällig, sobald die Arbeit sich als nothwendig erweist. Vergl. Biermann S. 136. — Von künftiger Reparaturpflicht kann sich der Eigenthümer durch Aufgeben des Eigenthums an dem Grundstück befreien.

Der Ort der Ausübung der Grunddienstbarkeit wird durch den Begründungsvertrag festgesetzt. Der Berechtigte hat keinen Anspruch auf Verlegung der Ausübung. Der Eigenthümer des belasteten Grundstücks dagegen kann die Verlegung der Ausübung der Dienstbarkeit auf eine andere für den Berechtigten ebenso geeignete Stelle des belasteten Grundstücks verlangen, wenn die Ausübung der Dienstbarkeit sich auf einen Theil des Grundstücks beschränkt und an der bisherigen Stelle für ihn besonders beschwerlich ist[10]). Es ist dabei belanglos, ob die Ausübung der Dienstbarkeit durch den Begründungsakt oder durch eine spätere Abmachung auf eine bestimmte Stelle beschränkt worden war oder ob die Wahl der Stelle für die Ausübung dem Berechtigten bisher freistand. Voraussetzung ist, daß die Stelle wohin die Ausübung verlegt werden soll, für den Berechtigten ebenso geeignet ist wie die bisherige Stelle, daß also die Verlegung für den Servitutberechtigten keinen Nachtheil bringt. Die Verlegung kann nur innerhalb des belasteten Grundstücks verlangt werden[11])[12]).

Ob die Beschwerlichkeit der Dienstbarkeit von Anfang an bestand oder ob sie in Folge der Veränderung der Umstände eintrat, macht keinen Unterschied.

War die Stelle der Ausübung der Grunddienstbarkeit vertragsmäßig festgesetzt, so bedarf es zur Verlegung (gemäß § 877 BGB.) eines dinglichen Vertrages und der Eintragung. War die Stelle der Ausübung nicht fixirt, so kann die Verlegung stillschweigend vor sich gehen. Durch die Feststellung des neuen Ausübungsortes wird der Rest des belasteten Grundstücks noch nicht frei. Erst bei einer Theilung des belasteten Grundstücks werden die Theile, welche außerhalb des Bereichs der Ausübung liegen, von der Dienstbarkeit frei[13]).

Die Kosten der Verlegung hat der Eigenthümer des belasteten Grundstücks zu tragen und vorzuschießen[14]). Der Eigenthümer haftet nur persönlich[15]).

Das Recht auf die Verlegung kann nicht durch Rechtsgeschäft ausgeschlossen oder beschränkt werden[14]).

Die Ausübung der Grunddienstbarkeit kann auch durch eine

---

[10]) § 1023 BGB.

[11]) Jeder Theil des belasteten Grundstücks ist von der Servitut ergriffen, das Recht ändert sich nicht, wenn es auch z. B. auf dem östlichen statt wie bisher auf dem westlichen Theile des Grundstücks ausgeübt wird. Anders wäre es, wenn die Dienstbarkeit auf ein zweites Grundstück übertragen würde. S. dagegen Kohler a. a. O. S. 235.

[12]) Inwieweit der Eigenthümer des belasteten Grundstücks bei Veränderung der Umstände (z. B. bei stärkerer Benutzung des herrschenden Grundstücks oder bei einer Aenderung in der Art der Benutzung dieses Grundstücks) die Ausübung der Grunddienstbarkeit zu dulden hat, bemißt sich nach dem Begründungsakt. S. § 37 Ziff. 10.

[13]) § 1026 BGB.

[14]) § 1023 BGB.

[15]) Biermann S. 137.

Theilung der Grundstücke beeinflußt werden. Die Grunddienstbarkeit selbst ist untheilbar[16]) und unveräußerlich. Sie läßt sich nicht von dem Grundstück, mit dessen Eigenthum sie verbunden ist, loslösen, auch ihre Ausübung kann nicht dem Eigenthümer eines anderen Grundstücks überlassen werden. Bei einer Veräußerung des (herrschenden) Grundstücks geht sie mit dem Eigenthum auf den neuen Erwerber über. Wird das Grundstück des Berechtigten getheilt, so besteht die Grunddienstbarkeit für die einzelnen Theile fort. Die Theilung kann Veränderungen in dem Bedürfnisse der Theilgrundstücke, eine Steigerung des Gesammtbedürfnisses mit sich bringen. Die Entscheidung der Frage, ob das belastete Grundstück das gesteigerte Bedürfniß zu befriedigen hat, hängt hier, ebenso wie bei einer Aenderung der wirthschaftlichen Benutzung des herrschenden Grundstücks, von der Auslegung des Begründungsaktes ab. In jedem einzelnen Falle ist zu prüfen, ob die Dienstbarkeit nur zur Befriedigung des beschränkten, zur Zeit der Bestellung vorhandenen Bedürfnisses dienen oder ob das jeweilige Bedürfniß maßgebend sein soll[17]). Im Zweifel ist nach der Theilung des herrschenden Grundstücks die Ausübung der Grunddienstbarkeit nur in der Weise zulässig, daß sie für den Eigenthümer des belasteten Grundstücks nicht beschwerlicher wird. Wenn die Dienstbarkeit nur einem der Theile zum Vortheile gereicht, so erlischt sie mit der Theilung für die übrigen Theile[18]).

Bei der Theilung des belasteten Grundstücks ruht die Grunddienstbarkeit auf jedem Theilgrundstück. Ist aber die Ausübung der Dienstbarkeit auf einen bestimmten Theil des belasteten Grundstücks beschränkt, so werden durch die Theilung die Theile, welche außerhalb des Bereiches der Ausübung liegen, von der Dienstbarkeit frei[19]). Ein Interesse, das der Berechtigte etwa daran haben könnte, daß für den Fall einer Zwangsversteigerung und einer Umwandlung der Servitute in ein Recht auf den überschießenden Erlös das ganze Grundstück belastet bleibe, kommt nicht in Betracht[20]).

Bei einem Zusammentreffen mit anderen Rechten geht das rangältere Recht vor. Für das Rangverhältniß sind die allgemeinen Bestimmungen maßgebend. S. § 9. Das Eigenthum geht regelmäßig einem begrenzten Rechte nach. Bei Dienstbarkeiten, z. B. bei wechselseitigen Weideberechtigungen, ist auch eine Kollision zwischen Eigenthum und begrenzten Recht denkbar. Trifft eine Grunddienst-

---

[16]) Steht ein Wasserleitungsrecht mehreren Wiesenbesitzern in der Weise zu, daß jedes Grundstück nur zu bestimmten Stunden oder an bestimmten Tagen das Bezugsrecht ausüben darf, so liegt ein beschränktes, nicht ein getheiltes, Recht vor.

[17]) Vergl. Kom.Prot. 3 S. 318.

[18]) § 1025 BGB. Das Erlöschen ist nicht von der Löschung im Grundbuch abhängig. Die Löschung erfolgt auf dem Wege der Berichtigung des Grundbuchs.

[19]) § 1026 BGB.

[20]) Mot. 3, 488.

barkeit mit einem Rechte von gleichem Range, einer anderen Grunddienstbarkeit oder einem sonstigen Nutzungsrechte[21]), dergestalt zusammen, daß die Rechte neben einander nicht oder nicht vollständig ausgeübt werden können, so kann jeder Berechtigte eine den Interessen aller Berechtigten nach billigem Ermessen entsprechende Regelung der Ausübung verlangen[22]). Eine gerichtliche Entscheidung, die über einen solchen Anspruch ergeht, stellt ebenso wie ein Theilungsurtheil nur den dem Rechte entsprechenden Zustand fest, begründet kein neues Recht.

§ 40. Endigung.

Die Grunddienstbarkeit endigt,

1. wenn ihre Ausübung dauernd unmöglich geworden ist, sei es, daß durch ein Naturereigniß oder durch eine rechtmäßige Handlung eines Dritten der Gegenstand der Ausübung entzogen worden ist (z. B. wenn das Haus, das einem anderen als Stütze zu dienen hatte, niedergebrannt ist und an der alten Stelle nicht wieder aufgebaut werden darf[1]), wenn die Quelle, an der das Wasser geschöpft werden durfte, versiegt ist), sei es, daß durch die Ausübung der Dienstbarkeit selbst die Dienstbarkeit gegenstandslos geworden ist (z. B. durch Abbauen der Sandgrube). Durch das Aufgeben des Eigenthums an den Grundstücken geht die Dienstbarkeit nicht unter.

2. mit dem Eintritt des Endtermins oder der Bedingung, wenn sie mit zeitlicher Beschränkung oder unter einer auflösenden Bedingung bestellt war. Das Erlöschen tritt ohne Weiteres ein; die Löschung erfolgt auf dem Wege der Berichtigung.

3. durch Aufhebung[2]). Zur Aufhebung ist nach den allgemeinen Vorschriften die Erklärung des Servitutberechtigten, daß er das Recht aufgebe und die Löschung des Rechtes im Grundbuch erforderlich. S. § 8 Ziff. 27 ff. Zustimmung Dritter[3]) (§ 876 BGB.) s. § 8 Ziff. 39 ff. Der Verzicht, der von dem Berechtigten einem

---

[21]) Daß auch das Eigenthum in Betracht zu kommen hat, s. Biermann S. 138. Das Erbbaurecht gehört selbstverständlich hierher. Mit Reallasten, Hypotheken, Grundschulden und Rentenschulden treten die Grunddienstbarkeiten und die anderen Nutzungsrechte erst bei der Zwangsversteigerung in Konkurrenz (§ 92 ZVG.). Vergl. übrigens § 1120 BGB.

[22]) § 1024 BGB. Der Anspruch ist unverjährbar (Kom.Prot. 3 S. 321).

Zu § 40.

[1]) Entsteht an Stelle des untergegangenen Gegenstandes ein neuer, an dem die Grunddienstbarkeit ausgeübt werden kann, so dauert sie fort. Die Dienstbarkeit lastet auf dem Grundstück, eine Veränderung der Oberfläche ist auf den Bestand ohne Einfluß.

[2]) Aufhebung von Dienstbarkeiten an buchungsfreien Grundstücken s. § 36 Anm. 4. Aufhebung von Grunddienstbarkeiten des alten Rechtes s. § 38 Anm. 1.

[3]) Unberührt bleiben die landesgesetzlichen Vorschriften, nach welchen im Falle der Aufhebung einer Grunddienstbarkeit die Zustimmung der Dritten nicht erforderlich ist, wenn von der zuständigen Behörde festgestellt wird, daß die Rechtsänderung für die Berechtigten unschädlich ist (Art. 120 Einf. z. BGB.).

Miteigenthümer des belasteten Grundstücks gegenüber erklärt wird, genügt, um die Löschung herbeizuführen [4]). Ein Verzicht eines Miteigenthümers des herrschenden Grundstücks genügt nicht; nach Bruchtheilen kann die Grunddienstbarkeit nicht aufgehoben werden [5]). — Durch bloße Nichtausübung erlischt eine Grunddienstbarkeit nicht. Unter Umständen kann übrigens aus einer Nichtausübung der Beweis entnommen werden, daß der Servitutberechtigte sich verpflichtet hat, die Dienstbarkeit löschen zu lassen.

4. auf Grund Verjährung. Wenn die Grunddienstbarkeit im Grundbuch zu Unrecht gelöscht ist, so erlischt sie, wenn der Anspruch des Servitutberechtigten gegen den Eigenthümer verjährt ist [6]). Die Anspruchsverjährung beginnt, sobald ein Zustand eintritt, der dem dinglichen Rechte des Servitutberechtigten nicht entspricht. Geht die Grunddienstbarkeit auf ein Unterlassen, so beginnt die Verjährung mit der Zuwiderhandlung [7]).

Ist die Grunddienstbarkeit im Grundbuch eingetragen, ist aber auf dem belasteten Grundstück eine Anlage errichtet, durch welche die Grunddienstbarkeit beeinträchtigt wird, so erlischt auch die eingetragene Servitut, soweit der Bestand der Anlage mit ihr in Widerspruch steht, mit der Verjährung des Anspruchs des Servitutberechtigten auf Beseitigung der Anlage [8]). Die Anlage, eine mit dem Boden verbundene dauernde Einrichtung [9]), muß auf dem belasteten Grundstück, gleichgültig, von wem, errichtet und von dem Eigenthümer des belasteten Grundstücks erhalten sein; daß sie sichtbar sei, ist nicht verlangt. Sie muß die Grunddienstbarkeit (z. B. die Aussicht, das Fahrtrecht) beeinträchtigen, so daß der Servitutberechtigte den Anspruch auf Beseitigung geltend machen könnte. Sind 30 Jahre seit der Errichtung der Anlage abgelaufen und hat keine Unterbrechung oder Hemmung der Anspruchsverjährung stattgefunden, so ist der Anspruch auf Beseitigung verjährt. Mit Eintritt dieser Verjährung erlischt die Dienstbarkeit, jedoch nur soweit [10]) der Bestand der Anlage mit ihr in Widerspruch steht [11]). Eine Berufung auf den öffentlichen Glauben des Grundbuchs ist ausgeschlossen; ein Erwerber des herrschenden Grundstücks kann daher trotz des Grundbucheintrags die erloschene Dienstbarkeit nicht mehr geltend machen. Der Berichtigungsanspruch des Eigenthümers des belasteten Grundstücks bleibt unberührt.

---

[4]) Dernburg S. 481.

[5]) Vergl. § 968 Entw. I BGB.

[6]) § 901 BGB. S. § 12 Ziff. 4.

[7]) Vergl. Planck 1 S. 249. Mit dem Eintritt der Unrichtigkeit des Grundbuchs beginnt keine Verjährung eines Anspruchs gegen den Eigenthümer, s. § 898 BGB. S. dagegen Kohler Archiv 87 S. 297.

[8]) § 1028 BGB.

[9]) Biermann S. 139, Kohler a. a. O. S. 301.

[10]) Vergl. Reichsg. 14, 211.

[11]) § 1028 BGB. Wie § 39 Anm. 1 angegeben, gilt die Bestimmung des § 1028 auch für die am 1. Jan. 1900 bestehenden Grunddienstbarkeiten.

5. durch Theilung. Wie § 39 Ziff. 18, 19 schon erwähnt ist, erlischt bei Theilung des Grundstücks des Berechtigten die Grunddienstbarkeit, sofern sie nur einem Theile zum Vortheile gereicht, für die übrigen Theile, während bei Theilung des belasteten Grundstücks die Theile, welche außerhalb des Bereichs der Ausübung liegen, von der Dienstbarkeit frei werden[12]).

6. Durch Zwangsversteigerung des belasteten Grundstücks, falls nicht die Dienstbarkeit nach den Versteigerungsbedingungen bestehen bleibt[13]).

Eine Grunddienstbarkeit erlischt nicht dadurch, daß der Eigenthümer des belasteten Grundstücks das Grundstück des Berechtigten oder der Berechtigte das Eigenthum an dem belasteten Grundstück erwirbt[14]).

§ 41. Schutz.

A. Besitzschutz.

Sofern die Ausübung einer Grunddienstbarkeit in einem auf das belastete Grundstück hinüberreichenden Sachbesitze (z. B. bei einer Anlage auf dem belasteten Grundstück) besteht oder den Besitz eines Theiles des belasteten Grundstücks in sich schließt, kommen die Vorschriften über den Schutz des Sachbesitzes unmittelbar zur Anwendung [1]).

Liegen diese Voraussetzungen nicht vor, so finden die für den Besitzschutz geltenden Bestimmungen entsprechende Anwendung unter folgenden Voraussetzungen:

1. die zu schützende Grunddienstbarkeit muß für den Eigenthümer in dem Grundbuch eingetragen sein. Ist sie nicht eingetragen, so ist kein Besitzschutz gegeben, mag sie auch zu Unrecht gelöscht sein. Die Dienstbarkeit muß schon zur Zeit der Störung eingetragen sein.

2. Geschützt wird der (unmittelbare oder mittelbare) Besitzer des (herrschenden) Grundstücks, demnach auch der Pächter, Miether &c.

3. Die Dienstbarkeit muß innerhalb eines Jahres vor der Störung, wenn auch nur Ein Mal, für das (herrschende) Grundstück ausgeübt worden sein. Die Ausübung erfolgt, wenn es sich um die Berechtigung zu einem Thun handelt, durch das Thun, wenn

---

[12]) §§ 1025, 1026 BGB.

[13]) Vergl. §§ 91, 92, 52 ZVG. Für Dienstbarkeiten des alten Rechtes s. § 9 Einf. z. BGB. Ueber Ablösung von Grunddienstbarkeiten s. Art. 113 Einf. z. BGB. Das Erlöschen einer Grunddienstbarkeit kann auch auf Grund einer Zwangsenteignung eintreten, s. Art. 109, 52, 53 Einf. z. BGB.

[14]) § 889 BGB.

Zu § 41.

[1]) S. § 17.

es sich um eine Anlage handelt, durch das Halten der Anlage, wenn es sich um ein Untersagungsrecht handelt, durch Nichtvornahme der gemäß der Grundbucheintragung verbotenen Handlung von Seite des Besitzers des belasteten Grundstücks[2]). Das Maß des Schutzes richtet sich nach dem Maß der Ausübung; nur soweit die Dienstbarkeit innerhalb des Jahres vor der Störung ausgeübt worden ist, wird die Ausübung geschützt. Daß sie nur innerhalb der durch den Grundbucheintrag bestimmten Grenzen geschützt wird, erscheint selbstverständlich.

4. Der Besitzer des (herrschenden) Grundstücks muß in der Ausübung der Grunddienstbarkeit gestört worden sein[3]).

Liegen diese Voraussetzungen vor, so hat der Grundstückbesitzer für die Dienstbarkeit denselben Besitzschutz wie ein Sachbesitzer (Selbstschutz und Besitzstörungsklage s. 17). Das dem Servitutbesitzer hienach zukommende Recht der Gewaltanwendung geht dem gleichen Rechte des Besitzers des belasteten Grundstdcks vor, der Grundbesitzer darf die Gewaltanwendung des Servitutbesitzers nicht als verbotene Eigenmacht zurückweisen.

B. Feststellungsklage.

Auf Grund der allgemeinen Vorschrift des § 256 CPO. kann auf Feststellung des Bestehens einer Grunddienstbarkeit Klage erhoben werden, wenn der Kläger (Grundeigenthümer, Miteigenthümer[4]), Besitzer, dinglich oder persönlich Berechtigter[5])) ein rechtliches Interesse daran hat, daß das Dienstbarkeitsverhältniß durch richterliche Entscheidung alsbald festgestellt werde. Die Konfessorienklage ist nicht gegeben.

C. Anspruch auf Beseitigung und Unterlassung von Störungen.

Dem dinglichen Rechte des Grunddienstbarkeitsberechtigten ent-

---

[2]) Vergl. Kohler Archiv 87, 242.

[3]) § 1029 BGB. Die bisherigen Gesetze über den Schutz im Besitze einer Grunddienstbarkeit finden auch vom 1. Januar 1900 ab Anwendung, bis das Grundbuch für das belastete Grundstück als angelegt anzusehen ist. Von da ab finden zum Schutze der Ausübung einer Grunddienstbarkeit, mit welcher das Halten einer dauernden Anlage verbunden ist, die für den Besitzschutz geltenden Vorschriften des BGB. entsprechende Anwendung, solange Dienstbarkeiten dieser Art zur Erhaltung der Wirksamkeit gegenüber dem öffentlichen Glauben des Grundbuchs nicht der Eintragung bedürfen (vergl. Art. 128, 187 Einf.). Auch für Dienstbarkeiten, mit denen das Halten einer dauernden Anlage nicht verbunden ist, finden diese Vorschriften Anwendung, jedoch mit der Maßgabe, daß der Besitzschutz nur gewährt wird, wenn die Dienstbarkeit in jedem der drei letzten Jahre vor der Störung mindestens einmal ausgeübt worden ist (Art. 191 Einf. z. BGB.). Sobald das Grundbuch angelegt ist, steht es bei dem Berechtigten, durch Erwirkung seiner Eintragung des possessorischen Schutzes gemäß § 1029 BGB. theilhaftig zu werden (Mot. zu Art. 111 des Entw. des Einf.Ges.).

[4]) Vergl. § 744 Abs. 2 BGB.

[5]) z. B. Pächter oder Miether. Ein nur thatsächliches Interesse (z. B. Mitgenießen der Aussicht, die verbaut werden soll) genügt nicht. Dernburg S. 488.

spricht ein Zustand, in welchem die Einwirkung auf das belastete Grundstück in der durch den Begründungsakt festgestellten Weise vor sich gehen kann. Besteht ein Zustand, der das Recht des Servitutberechtigten beeinträchtigt, so kann der Dienstbarkeitsberechtigte, d. h. der jeweilige Eigenthümer des (herrschenden) Grundstücks, von demjenigen, durch dessen Willen dieser Zustand aufrechterhalten wird (sei dies der Eigenthümer des belasteten Grundstücks oder ein Dritter), die Beseitigung der Beeinträchtigung auf Kosten des Beklagten verlangen. Sind weitere Beeinträchtigungen zu besorgen, so kann der Berechtigte auf Unterlassung klagen[6]).

Wie der Eigenthumsanspruch ist auch der Anspruch des Servitutberechtigten nicht von einem Verschulden des Beklagten abhängig; dagegen ist auch hier Schadensersatzpflicht nur begründet, wenn die Voraussetzungen einer unerlaubten Handlung vorliegen.

Der Anspruch ist ausgeschlossen, wenn der Servitutberechtigte zur Duldung der Beeinträchtigung verpflichtet ist, mag die Verpflichtung auf einem dinglichen oder einem persönlichen Rechte des Beklagten beruhen[7]). Behauptet der Beklagte, die Beeinträchtigung in Ausübung des Rechtes eines Dritten vorgenommen zu haben, so findet § 76 CPO. entsprechende Anwendung[8]).

Der Anspruch des Servitutberechtigten auf Beseitigung der Beeinträchtigung unterliegt, auch wenn die Dienstbarkeit im Grundbuch eingetragen ist, der Verjährung, sofern die Beeinträchtigung durch eine auf dem belasteten Grundstück errichtete Anlage geschehen ist[9]).

D. Berichtigung des Grundbuchs.

Wie jedem dinglich Berechtigten kommt auch dem Servitutberechtigten der Anspruch auf Berichtigung des Grundbuchs zu. Wenn der Inhalt des Grundbuchs in Ansehung der Dienstbarkeit mit der wirklichen Rechtslage nicht in Einklang steht, kann der Servitutberechtigte, dessen Recht nicht oder nicht richtig eingetragen ist, die Zustimmung zu der Berichtigung des Grundbuchs von demjenigen verlangen, dessen Recht durch die Berichtigung betroffen wird. S. § 10.

---

[6]) § 1027 in Verbindung mit § 1004 BGB. S. § 27 Ziff. 75 ff. Diese Bestimmungen finden vom 1. Januar 1900 ab auch auf die an diesem Tage bestehenden Grunddienstbarkeiten Anwendung (Art. 184 Einf. z. BGB.).

[7]) Hat der Eigenthümer einen fälligen Anspruch (z. B. auf Zahlung eines Geldbetrages für die Ausübung der Dienstbarkeit) gegen den Servitutberechtigten, so kann der Klage die Einrede aus § 273 BGB. entgegengesetzt werden. Vergl. Dernburg S. 489.

[8]) § 77 CPO.

[9]) Vergl. § 1028 BGB.

II. Nießbrauch.

§ 42. Begriff und Inhalt; Rang.*)

Der Nießbrauch ist ein dingliches Recht, Kraft dessen eine Person befugt[1]) ist, die Nutzungen eines Vermögensgegenstandes zu ziehen[2])[3]).

Der Nießbrauch ist nicht, wie die Grunddienstbarkeit, ein subjektiv-dingliches Recht, er steht nicht dem jeweiligen Eigenthümer eines Grundstücks zu, sondern ist an eine bestimmte Person geknüpft. Das Recht kann Mehreren gemeinschaftlich zustehen. Ist dies der Fall, so liegt eine Gemeinschaft nach Bruchtheilen (§§ 741 ff. BGB.) vor. Der Nießbrauch kann auch an dem (ideellen) Antheile eines Miteigenthümers bestehen, kann sogar von einem Alleineigenthümer zu einem Bruchtheile bestellt werden, so daß der Nießbraucher neben dem Eigenthümer die Nutzungen zu einem bestimmten Antheile bezieht[4]). Der Nießbrauch läßt sich daher als ein theilbares Recht bezeichnen. Immerhin ist eine Theilung nur bezüglich der Erträgnisse denkbar. Das Nießbrauchrecht selbst ist nicht theilbar, denn es ist unveräußerlich. Der Nießbrauch ist nicht übertragbar und nicht vererblich; nur die Ausübung des Nießbrauchs kann einem Andern überlassen werden[5]). Diese Uebertragung der Ausübung (z. B. durch Pachtvertrag) hat nur obligatorische Wirkungen[6]), wird nicht in das Grundbuch eingetragen. Da der Nießbrauch nicht übertragbar ist, kann er auch nicht im Wege der Zwangsvollstreckung veräußert werden, dagegen ist er hinsichtlich der Ausübung der Pfändung unterworfen[7]).

Zu § 42.

*) Ein am 1. Januar 1900 an einer Sache oder einem Rechte bestehender Nießbrauch bleibt mit dem sich aus den bisherigen Gesetzen ergebenden Inhalt und Range bestehen (Art. 184 Einf.Ges. z. BGB.). Ist der Nießbrauch des alten Rechts vererblich und veräußerlich, so bleibt ihm auch diese Eigenschaft gewahrt. (Vergl. Art. 196 Einf.Ges. z. BGB.) Vom 1. Januar 1900 ab erfolgt nach den bisherigen Gesetzen noch die Bestellung, Aenderung, Aufhebung und Belastung eines Nießbrauchs an einem Grundstück oder an einem Rechte, das ein Grundstück belastet, bis das Grundbuch als angelegt anzusehen ist. Ein veräußerlicher oder vererblicher Nießbrauch aber kann, da ein solches Recht nach dem BGB. unzulässig ist, vom 1. Januar 1900 ab nicht mehr begründet werden. Vergl. Art. 189 Einf.

[1]) Eine Verpflichtung, für die Gewinnung der Nutzungen zu sorgen (vergl. § 1214 BGB.), obliegt dem Nießbraucher nicht.

[2]) Vergl. §§ 1030, 1068, 1085 BGB.

[3]) Für das Pfründenrecht gelten die landesgesetzlichen Vorschriften (Art. 80 Abs. 2 Einf.Ges. z. BGB.).

[4]) Vergl. § 1066 BGB. Mot. 3, 497. Reatz 1, 519. Kom.Prot. 3 S. 384.

[5]) § 1059 BGB.

[6]) Die Gewährung einer dinglichen Rechtsposition für den Dritten, dem die Ausübung eines Nießbrauchs überlassen ist, wurde für unnöthig erachtet, weil er als Sachbesitzer zu schützen ist, nach § 956 BGB. Eigenthümer der Früchte wird und gegen den Zugriff von Gläubigern des Nießbrauchers durch § 809 CPO. gesichert ist. Vergl. Reatz 1, 517. Kom.Prot. 3 S. 409. Vergl. §§ 1121, 1056 BGB., §§ 57, 152 Abs. 2 ZVG.

[7]) § 857 Abs. 3, 4 CPO.

Das Recht des Nießbrauchers besteht darin, die Nutzungen eines Vermögensgegenstandes zu ziehen. Nutzungen sind die Früchte einer Sache oder eines Rechtes sowie die Vortheile, welche der Gebrauch der Sache oder des Rechtes gewährt[8]). Hienach umfaßt der Nießbrauch sowohl das Recht, den Vermögensgegenstand zu gebrauchen, als auch das Recht auf die Früchte. Weder hinsichtlich des Gebrauchs noch hinsichtlich des Früchtebezugs unterliegt das Recht des Nießbrauchers gesetzlich einer Beschränkung, es ist aber zulässig, daß einzelne Nutzungen ausgeschlossen werden und der Nießbrauch dadurch beschränkt wird[9]). Wo dagegen die Benutzung des fremden Vermögensgegenstandes nur in einzelnen bestimmten Beziehungen gestattet ist, wo nur einzelne bestimmte Gebrauchs- oder Fruchtziehungsrechte eingeräumt sind, liegt kein Nießbrauch vor, nur eine beschränkte persönliche Dienstbarkeit wird dann in Frage kommen.

Dem Nießbraucher kann gegenüber den Sachen, die seinem begrenzten Rechte unterstehen, die Stellung eines Eigenthümers eingeräumt werden. Geschieht dies, so bleibt der Nießbrauch wirklicher Nießbrauch, bleibt unübertragbar und endigt wie ein sonstiger Nießbrauch. Mit der Bestellung eines solchen Rechtes aber wird der Nießbraucher Eigenthümer der Sache und zwar vollberechtigter Eigenthümer, hat insbesondere auch die Veräußerungsbefugniß über die Sache. Es wird von dem BGB. in dieser Richtung nicht zwischen eigentlichem und uneigentlichem Nießbrauch unterschieden, auch der Nießbrauch, bei welchem dem Nießbraucher das Eigenthum an den Sachen eingeräumt wird, deren Nutzungen er ziehen soll, wird als eigentlicher Nießbrauch angesehen[10]).

Bei dem Nießbrauch an einem Rechte wird der Nießbraucher nicht statt des Bestellers Berechtigter, andrerseits beschränkt sich sein Recht nicht auf obligatorische Beziehungen zu dem Besteller, er hat vielmehr eine, auch Dritten gegenüber wirksame Rechtsstellung[11]). Der Nießbraucher eines Rechtes ist wie der Nießbraucher einer Sache an dem Gegenstande des Nießbrauchs unmittelbar berechtigt; was für Befugnisse ihm selbständig zustehen, was für Befugnisse der Inhaber des belasteten Rechtes hat und was für Befugnisse Beiden gemeinschaftlich sind, ist besonders geregelt.

Bei einem Zusammentreffen des Nießbrauchs mit anderen begrenzten Rechten entscheidet das Rangverhältniß der Rechte unter einander. S. § 9. Wird an einer beweglichen Sache, die mit dem Rechte eines Dritten belastet ist, ein Nießbrauch bestellt, so geht der neu bestellte Nießbrauch dem Rechte des Dritten vor unter denselben Voraussetzungen[12]), unter denen bei Veräußerung einer beweglichen

---

[8]) § 100 BGB.
[9]) § 1030 Abs. 2 BGB.
[10]) Vergl. Mot. 3, 533.
[11]) Vergl. Mot. 3, 539.
[12]) § 936 BGB. S. § 25 Ziff. 20.

Sache die begrenzten Rechte der Dritten erlöschen [13]). Trifft ein Nießbrauch mit einem anderen Nießbrauch von gleichem Range oder mit einem sonstigen Nutzungsrechte an der beweglichen oder unbeweglichen Sache von gleichem Range dergestalt zusammen, daß die Rechte neben einander nicht oder nicht vollständig ausgeübt werden können, so kann jeder Berechtigte eine den Interessen aller Berechtigten nach billigem Ermessen entsprechende Regelung der Ausübung verlangen [14]).

§ 43. Gegenstand.

Alle Vermögensgegenstände, die übertragbar sind und einen Gebrauch gestatten oder Früchte (§ 99 BGB.) geben, können Gegenstand des Nießbrauchs sein. Der Nießbrauch kann bestehen an Grundstücken [1]) und an beweglichen Sachen, an reellen [2]) und an ideellen [3]) Theilen, an Rechten, die übertragbar sind [4]), an einem Vermögen und an einer Erbschaft. Ist ein Vermögen oder eine Erbschaft Gegenstand des Nießbrauchs, so werden die zu dem Vermögen oder der Erbschaft gehörigen Gegenstände von dem Rechte des Nießbrauchers erfaßt. Für den Nießbrauch an einem Sondervermögen, z. B. einem Erwerbsgeschäfte, sind keine besonderen Bestimmungen gegeben. Es kommt auf den Parteiwillen an, welche Rechte und Verbindlichkeiten der Nießbraucher in einem solchen Falle haben soll [5]). Ebensowenig sind besondere Bestimmungen über den Nießbrauch an Gesellschaftsantheilen getroffen. Die Ansprüche, die den Gesellschaftern aus dem Gesellschaftsverhältnisse gegen einander zustehen, sind nicht übertragbar.

---

[13]) § 1032 BGB. S. auch § 44 Ziff. 27.
[14]) § 1060 in Verbindung mit § 1024 BGB.

Zu § 43.

[1]) Erbbaurechte und sonstige (landesgesetzlich) den Grundstücken gleichstehende Rechte eingeschlossen.
[2]) Vergl. § 6 GBO.
[3]) Vergl. § 1066 BGB. S. § 42 Ziff. 4.
[4]) § 1069 Abs. 2 BGB. Unübertragbare Forderungen s. z. B. §§ 399, 400, 847, 1300 BGB. Unübertragbare dingliche Rechte s. § 8 Ziff. 4. Unübertragbar ist ferner das Recht, das dem Manne an dem eingebrachten Gute Kraft seiner Verwaltung und Nutznießung zusteht (§ 1408), der Anspruch des Mannes auf Leistung eines Beitrages der in Gütern getrennten Frau zu dem ehelichen Aufwand (§ 1427), ferner der geschiedenen Frau zum Unterhalt eines gemeinschaftlichen Kindes (§ 1585), der Anspruch auf die Aussteuer (§ 1623), das Recht, das den Eltern Kraft der Nutznießung an dem Vermögen des Kindes zusteht (§§ 1658, 1649, 1686 BGB.). — Vergl. bezüglich der Festsetzung einer Unveräußerlichkeit §§ 136, 137 BGB.
Nach Dernburg (S. 529) ist anzunehmen, daß ein Nießbrauch bezüglich übertragbarer Nutzungen aus unübertragbaren Rechten zulässig ist und durch § 1069 Abs. 2 nicht getroffen wird. An dem Rechte auf Ausübung eines unübertragbaren Rechtes wird allerdings, ohne daß § 1069 Abs. 2 entgegensteht, ein Nießbrauch bestellt werden können.
[5]) Mot. 3, 559. Für die elterliche Nutznießung an einem Erwerbsgeschäft trifft § 1655 BGB. eine Bestimmung.

Jedoch sind ausgenommen die einem Gesellschafter aus seiner Geschäftsführung zustehenden Ansprüche, soweit deren Befriedigung vor der Auseinandersetzung verlangt werden kann, sowie die Ansprüche auf einen Gewinnantheil oder auf dasjenige, was dem Gesellschafter bei der Auseinandersetzung zukommt[6]). Diese hienach übertragbaren Ansprüche können Gegenstand eines Nießbrauchs sein. Obligatorisch kann sich ein Gesellschafter verpflichten, einer anderen Person alle Einkünfte aus seinem Antheile zukommen zu lassen. Geht der Wortlaut des Vertrags auf die Begründung des Nießbrauchs am Gesellschaftsantheile, so ist nach § 140 BGB. im einzelnen Falle zu ermitteln, ob die Absicht der Vertragschließenden auf Unterwerfung der übertragbaren Gesellschaftsforderungen unter den Nießbrauch geht oder ob ein obligatorischer Vertrag, der den Gesellschafter zur Ueberlassung der Nutzungen verpflichtet, beabsichtigt war[7]).

Da an einem Rechte, das nicht übertragbar ist, ein Nießbrauch nicht bestellt werden kann, der Nießbrauch selbst nicht übertragbar ist, so ist die Bestellung eines Nießbrauchs an einem Nießbrauch nicht möglich. Nur an dem Rechte, den Nießbrauch auszuüben, läßt sich ein Nießbrauch bestellen.

§ 44. Entstehung.

Der Nießbrauch entsteht entweder durch Rechtsgeschäft oder durch Ersitzung, nicht auch Kraft Gesetzes. Auf Grund gesetzlicher Vorschrift haben der Ehemann an dem eingebrachten Gute und die Eltern an dem Vermögen der Kinder Nutzungsrechte, diese Rechte werden jedoch nicht als Nießbrauch, sondern als Nutznießung bezeichnet und besonderen Regeln unterstellt, wobei allerdings einzelne Vorschriften über den Nießbrauch für anwendbar erklärt sind[1]).

Durch letztwillige Verfügung wird kein Nießbrauch geschaffen, sondern nur ein persönliches Recht auf Bestellung gegeben[2]).

Was die Bestellung[3]), die rechtsgeschäftliche Begründung, des Nießbrauchs angeht, so ist zu unterscheiden je nach dem Gegenstande, an welchem das Recht begründet wird.

A. Nießbrauch an Grundstücken.

Zur Belastung eines Grundstücks mit einem Nießbrauch ist nach den allgemeinen Vorschriften der §§ 873 ff. BGB. die Einigung des Eigenthümers und des Erwerbers darüber, daß dem Erwerber der

---

[6]) § 717 BGB.
[7]) Mot. 3, 539.

Zu § 44.

[1]) Vergl. §§ 1383, 1378, 1384, 1423; 1652, 1654, 1663, 1686 BGB.
[2]) Vergl. § 2174 BGB.
[3]) Die Bestellung kann unter einer jeden zulässigen Bedingung, auch von einem bestimmten Zeitpunkte ab oder auf eine bestimmte Zeit erfolgen.

Nießbrauch zustehen soll, und die Eintragung der Belastung des Grundstücks in das Grundbuch erforderlich. S. § 8. Bestimmung des Wertherſatzes (§ 882 BGB.) s. § 31 Ziff. 6.

Das obligatorische Rechtsgeschäft, das regelmäßig vorausgehen wird, bedarf als solches keiner besonderen Form. Wird übrigens die Bestellung des Nießbrauchs schenkweise versprochen, so ist die gerichtliche oder notarielle Beurkundung des Versprechens verlangt, wobei jedoch der Mangel der Form durch die erfolgte Bestellung geheilt wird[4]). Geht der obligatorische Vertrag dahin, daß das ganze gegenwärtige Vermögen des Bestellers oder ein Bruchtheil dieses Vermögens mit einem Nießbrauch zu belasten ist, so wird ebenfalls gerichtliche oder notarielle Beurkundung gefordert[5]). Für letztwillige Verfügungen kommen die Bestimmungen über Testamente ꝛc. in Betracht.

Ist der Besteller als verfügungsberechtigter Eigenthümer im Grundbuch eingetragen, ohne daß er Eigenthümer ist oder obgleich er in der Verfügung über das Grundstück zu Gunsten einer bestimmten Person beschränkt ist, so gilt zu Gunsten des gutgläubigen Erwerbers der Inhalt des Grundbuchs als richtig[6]). Die Bestellung ist demnach wirksam.

Mit dem Grundstück erfaßt das dingliche Recht des Nießbrauchers alle Bestandtheile des Grundstücks, die wesentlichen nothwendiger Weise[7]), die nicht wesentlichen soweit sie nicht ausgenommen werden[8]). Was das Zubehör[9]) betrifft, so können diese beweglichen Sachen — ebenso wie bei der Uebertragung des Eigenthums an einem Grundstück — der Hauptsache folgen, ohne daß es der Beobachtung der Formen bedürfte, die zur Belastung beweglicher Sachen mit einem Nießbrauch, nämlich der Uebergabe der Sachen, vorgeschrieben sind. Mit dem Nießbrauch an dem Grundstück erlangt der Nießbraucher ohne Weiteres auch den Nießbrauch an dem Zubehör, das dem Besteller gehört, sofern Besteller und Erwerber darüber einig sind, daß sich der Nießbrauch auf das Zubehör des Grundstücks erstrecken soll. Im Zweifel ist anzunehmen, daß sich die Nießbrauch-Bestellung auf das Zubehör[10]) erstrecken soll. Erlangt der Nießbraucher auf Grund

---

[4]) § 518 BGB.

[5]) § 311 BGB. Die Eintragung hängt nicht von dem Nachweise der Beobachtung dieser Form ab. Ist aber das Kausalgeschäft wegen des Formmangels nichtig, so kann die Aufhebung des bestellten Nießbrauchs auf Grund der Bestimmungen über ungerechtfertigte Bereicherung verlangt werden.

[6]) § 892 BGB. S. § 7.

[7]) § 93 BGB.

[8]) Wird ein anderes Grundstück zum Bestandtheil des mit dem Nießbrauch belasteten Grundstücks gemacht (§ 890 Abs. 2 BGB.), so erstrecken sich zwar die Hypotheken (§ 1131 BGB.), nicht aber auch der Nießbrauch auf das zugeschriebene Grundstück. Biermann S. 142, anders Dernburg S. 510.

[9]) § 97 BGB.

[10]) Beruht die Bestellung auf einem Vermächtniß, so kommt im Zweifel nur das zur Zeit des Erbfalls vorhandene Zubehör in Betracht. Vergl. § 2164 BGB. Dernburg S. 511.

der Bestellung des Nießbrauchs den Besitz von Zubehörstücken, die dem Besteller nicht gehören oder mit Rechten Dritter belastet sind, so finden die Vorschriften der §§ 932—936 BGB. (s. § 25 Ziff. 8 ff.) Anwendung; für den guten Glauben des Erwerbers ist die Zeit der Erlangung des Besitzes maßgebend[11])[12]).

B. Nießbrauch an beweglichen Sachen.

Für die Bestellung des Nießbrauchs an einer beweglichen Sache kommen die Vorschriften bezüglich der Erwerbung des Eigenthums durch Uebergabe Seitens des Eigenthümers oder eines Nichteigenthümers zur entsprechenden Anwendung[13]).

Zur Bestellung des Nießbrauchs ist hienach erforderlich, daß der Eigenthümer die bewegliche Sache dem Erwerber übergibt und Beide darüber einig sind, daß dem Erwerber der Nießbrauch zustehen soll. Ist der Erwerber schon im Besitze der Sache, so genügt die Einigung, daß ihm der Nießbrauch zustehen soll. Ist der Eigenthümer im Besitze, so kann die Uebergabe dadurch ersetzt werden, daß zwischen ihm und dem Erwerber ein Rechtsverhältniß vereinbart wird, vermöge dessen der Erwerber den mittelbaren Besitz erlangt[14]). Ist ein Dritter im Besitze, so kann die Uebergabe dadurch ersetzt werden, daß der Eigenthümer dem Erwerber den Anspruch auf Herausgabe der Sache abtritt. Der Nießbrauch ist in einem solchen Falle bestellt, sobald der Anspruch auf Herausgabe abgetreten und der Eigenthümer mit dem Erwerber darüber einig ist, daß dem Erwerber der Nießbrauch zustehen soll.

Gehört die Sache nicht dem Besteller, so wird trotzdem durch Uebergabe und Einigung in der vorbezeichneten Weise der Nießbrauch begründet, sofern nicht der Erwerber zu der Zeit, zu der er, wenn der Besteller Eigenthümer wäre, den Nießbrauch erlangt hätte, nicht in gutem Glauben d. h. in Kenntniß oder in grobfahrlässiger Unkenntniß darüber ist, daß die Sache nicht dem Besteller gehört. Ist der Erwerber im Besitze der Sache und hatte er von dem Besteller den Besitz erlangt, so genügt die Einigung über die Entstehung des Nießbrauchs. Ist ein Dritter im Besitze der Sache und ist der Besteller mittelbarer Besitzer, so kann die Uebergabe durch die Abtretung des Anspruchs auf Herausgabe der Sache ersetzt werden; ist der

---

[11]) § 1031 in Verbindung mit § 926 BGB.

[12]) Ein Schatz ist weder Bestandtheil noch Zubehör der Sache, bildet auch keine Nutzung, der Nießbrauch trifft daher nicht den Antheil des Eigenthümers (§ 1040 BGB.). Besteht der Nießbrauch an einem Vermögen, so fragt sich, ob er sich nicht auf den Schatz als Theil des Vermögens erstreckt. Hat an diesem Vermögenstheile keine Bestellung des Nießbrauchs stattgefunden, so wird nach dem Kausalgeschäft zu beurtheilen sein, ob die Bestellung des Nießbrauchs an dem Eigenthümer-Antheil verlangt werden kann.

[13]) § 1032 BGB. S. § 25 Ziff. 3 ff.

[14]) Zu dieser Vereinbarung hat noch die Einigung darüber zu kommen, daß dem Erwerber der Nießbrauch zustehen soll.

Besteller kein mittelbarer Besitzer, so wird der Nießbrauch erst begründet, wenn der Erwerber den Besitz der Sache von dem Dritten erlangt. In diesen beiden Fällen entsteht der Nießbrauch nicht, falls der Erwerber zur Zeit der Abtretung oder des Besitzerwerbes nicht in gutem Glauben ist. Der Nießbrauch wird durch einen Nichteigenthümer nicht begründet, wenn die Sache dem Eigenthümer oder, falls der Eigenthümer mittelbarer Besitzer war, dem Besitzer gestohlen worden, verloren gegangen oder sonst abhanden gekommen war; für Geld und Inhaberpapiere gilt diese Ausnahme nicht.

Sind verbrauchbare Sachen[15]) Gegenstand des Nießbrauchs, sei es, daß an solchen Sachen (z. B. Lebensmitteln) der Nießbrauch bestellt worden ist, sei es, daß solche Sachen (z. B. Geld, Banknoten) an die Stelle der Vermögensgegenstände getreten sind, an denen der Nießbrauch ursprünglich bestellt worden war, so wird der Nießbraucher Eigenthümer der Sachen[16]), und zwar sofort, nicht erst mit dem Moment des Verbrauchs. Diese Norm ist dispositiver Natur; die Betheiligten können diese Wirkung ausschließen und auf verbrauchbare Sachen die Vorschriften über den Nießbrauch an nicht verbrauchbaren Sachen Anwendung finden lassen[17]). Geschieht dies, so hat sich der Besteller den wirthschaftlichen Verbrauch der Sachen gefallen zu lassen. Den Betheiligten steht auch frei, an nicht verbrauchbaren Sachen unter Verschaffung des Eigenthums Nießbrauch zu bestellen. Zu vermuthen ist eine derartige Absicht nicht, auch dann nicht, wenn die nicht verbrauchbaren Sachen bei der Bestellung des Nießbrauchs abgeschätzt worden sind.

C. Nießbrauch an Rechten.

Die Bestellung des Nießbrauchs an einem Rechte erfolgt nach den für die Uebertragung des Rechts geltenden Vorschriften[18]).

Es genügt hienach, soweit nicht für ein Recht besondere Vorschriften bestehen, ein Vertrag zwischen dem Inhaber des Rechts und dem Erwerber des Nießbrauchs[19]).

An Rechten, mit denen ein Grundstück belastet ist, oder an einem Recht, das ein solches Recht belastet, ist der Nießbrauch in derselben Weise zu bestellen, wie die Uebertragung des zu belastenden Rechtes vor sich geht. Regelmäßig ist demnach der dingliche Vertrag und die Eintragung erforderlich. S. § 8 Ziff. 4. Bei Bestellung eines Nießbrauchs an einer Briefhypothek, Briefgrundschuld oder

---

[15]) § 92 BGB. S. § 4 Ziff. 10.

[16]) § 1067, auch § 1075 Abs. 2 BGB.

[17]) Mot. 3, 534.

[18]) § 1069 BGB.

[19]) §§ 398 ff., 413 BGB. Der Nießbrauch an der Forderung erstreckt sich auf die Schuldurkunde (§ 952 BGB.).

Briefrentenschuld genügt eine schriftliche Bestellungserklärung und Uebergabe des Briefes[20]).

Zur Bestellung des Nießbrauchs an dem Forderungsrecht aus einem Inhaberpapier oder einem Orderpapier, das mit Blanko-indossament versehen ist, bedarf es nicht, wie bei der Uebertragung des Rechts, der Uebergabe des Papiers, es genügt vielmehr die Einräumung des Mitbesitzes[21]).

D. Nießbrauch an einem Vermögen oder einer Erbschaft.

Der Nießbrauch an dem Vermögen einer Person kann nur in der Weise bestellt werden, daß der Erwerber den Nießbrauch an den einzelnen zu dem Vermögen gehörenden Gegenständen, also an den Grundstücken, beweglichen Sachen, Rechten erlangt[22]). Nicht an dem Vermögen als einer Gesammtheit wird der Nießbrauch begründet, sondern an den einzelnen Vermögensbestandtheilen, und zwar sind die für die Belastung solcher Gegenstände bestehenden Vorschriften (§§ 873, 1032, 1069, 1081 BGB.) zu beachten. Vorauszusetzen ist, daß an den einzelnen Vermögensbestandtheilen ein Nießbrauch überhaupt bestellt werden kann. Gehört zu dem Vermögen ein Recht, das nicht übertragbar ist, dessen Ausübung aber überlassen werden kann, so steht dem Vermögens-Nießbraucher die Ausübung des Rechtes zu. Ist ein Recht auch der Ausübung nach nicht übertragbar, so wird es durch den Vermögensnießbrauch überhaupt nicht berührt.

Wegen der Schuldentilgung ist es von Wichtigkeit, zu unterscheiden, ob ein Nießbrauch an einem Vermögen gewollt ist oder ein Nießbrauch an den einzelnen Vermögensbestandtheilen; bei dem Nießbrauch an einzelnen Gegenständen tritt keine Verbindlichkeit zur Schuldentilgung ein. In dem obligatorischen Vertrag, welcher der Begründung des Nießbrauchs vorausgeht und durch den die Einräumung des Nießbrauchs an dem ganzen Vermögen zugesichert wird, muß die Absicht der Betheiligten zum Ausdruck kommen. Der obligatorische Vertrag, durch den sich Jemand verpflichtet, sein gegenwärtiges Vermögen oder einen Bruchtheil desselben mit einem Nießbrauch zu belasten, bedarf der gerichtlichen oder notariellen Beurkundung. Hinsichtlich des künftigen Vermögens kann eine solche Verbindlichkeit nicht übernommen werden, ein derartiger Vertrag ist nichtig[23]). Umfaßt der Vertrag gegenwärtiges und zukünftiges Vermögen, so ist der ganze Vertrag nichtig, wenn nicht anzunehmen ist, daß er auch ohne den nichtigen Theil vorgenommen sein würde[24]).

---

[20]) §§ 1154 BGB. Eintragungsbewilligung nicht erforderlich, vergl. § 26 Abs. 2 GBO. Dasselbe gilt für die Belastung einer Forderung, für die ein eingetragenes Recht als Pfand haftet.

[21]) § 1081 Abs. 2 BGB.

[22]) § 1085 BGB. Auch für die Ersetzung eines Vermögensgegenstandes durch einen andern gelten keine Besonderheiten.

[23]) §§ 310, 311 BGB.

[24]) § 139 BGB.

Was von dem Nießbrauch an einem Vermögen gilt, findet auch Anwendung auf den Nießbrauch an einer Erbschaft[25]).

Die zweite Entstehungsart für den Nießbrauch ist die Ersitzung.

Ist für Jemand ein ihm nicht zustehender Nießbrauch an einem Grundstück im Grundbuch eingetragen, so erwirbt er den Nießbrauch, wenn die Eintragung 30 Jahre bestanden und er während dieser Zeit das Grundstück als Nießbraucher in Besitz gehabt hat. Guter Glaube ist nicht erforderlich. Für den Rang des Rechtes ist die Eintragung maßgebend. S. § 12 Ziff. 7. Uebergangsbestimmung s. § 12 Ziff. 9.

An einer beweglichen Sache kann der Nießbrauch ebenfalls durch Ersitzung erworben werden. Es kommen hiebei die für den Erwerb des Eigenthums durch Ersitzung geltenden Vorschriften zur entsprechenden Anwendung. Demnach erwirbt den Nießbrauch, wer die bewegliche Sache 10 Jahre als Nießbraucher in Besitz hat, es sei denn, daß er bei dem Erwerbe des Besitzes in Kenntniß oder grobfahrlässiger Unkenntniß darüber ist, daß ihm der Nießbrauch an der Sache nicht zusteht, oder dies später erfährt[26]). Mit dem Erwerbe des Nießbrauchs durch Ersitzung treten die an der Sache vor dem Erwerbe des Nießbrauchbesitzes begründeten Rechte Dritter dem Nießbrauch gegenüber zurück, sofern nicht der Nießbrauch-Besitzer in Ansehung dieser Rechte bei dem Erwerbe des Besitzes nicht in gutem Glauben ist oder ihr Bestehen später, vor Ersitzung des Rechtes, erfährt[27])[28]).

§ 45. Rechte des Nießbrauchers.

Für die Befugnisse und die Verpflichtungen des Nießbrauchers ist in erster Linie der Erwerbungsakt maßgebend. Steht dem Nießbraucher an den Sachen, welche den Gegenstand des Nießbrauchs bilden, das Eigenthum zu[1]), so hat der Nießbraucher alle Rechte eines Eigenthümers. Abgesehen hievon sind folgende Rechte hervorzuheben:

1. Der Nießbraucher kann den Zustand der Sache[2]), bei Sachen, die in sein Eigenthum übergehen, ihren Werth[3]), auf seine

---

[25]) § 1089 BGB.

[26]) § 1033 BGB. Außer § 937 kommen auch die §§ 938, 939, 940, 941, 942 BGB. zur entsprechenden Anwendung. Die Bestimmungen der §§ 943, 944 BGB. sind nur insofern anwendbar, als der Ersitzende die Zeit der Ausübung des Nießbrauchs durch einen Anderen (§ 1059 BGB.) sich anrechnen kann.

[27]) §§ 1033, 945 in Verbindung mit §§ 1032, 936 BGB. Vergl. Biermann S. 142.

[28]) Ist am 1. Januar 1900 die Ersitzung des Nießbrauchs an einer beweglichen Sache noch nicht vollendet, so finden die in § 25 Anm. 27 angeführten Bestimmungen Anwendung.

Zu § 45.

[1]) Vergl. § 1067 BGB. S. § 44 Ziff. 15 ff.

[2]) § 1034 BGB.

[3]) § 1067 BGB.

Kosten durch Sachverständige feststellen lassen. Die Feststellung kann zu jeder Zeit, nicht bloß bei Beginn des Nießbrauchs vorgenommen werden. Für die Ernennung, Beeidigung und Vernehmung der Sachverständigen ist das Amtsgericht zuständig, in dessen Bezirk sich die Sache befindet. Durch eine ausdrückliche Vereinbarung der Betheiligten kann die Zuständigkeit eines anderen Amtsgerichts begründet werden. Eine Anfechtung der Verfügung, durch welche dem Antrage stattgegeben wird, ist ausgeschlossen. Bei dem Verfahren ist der Eigenthümer soweit thunlich zu hören [4]).

In welchem Zustand die Sachen von dem Nießbraucher zu übernehmen sind, richtet sich nach dem der Bestellung zu Grunde liegenden Kausalgeschäft.

2. Bei dem Nießbrauch an einem Inbegriff von Sachen [5]) kann der Nießbraucher (bei Beginn des Nießbrauchs oder später) die Aufnahme eines Verzeichnisses der Sachen verlangen. Der Eigenthümer hat bei Aufnahme des Verzeichnisses mitzuwirken [6]). Sofern nicht der Nießbraucher weiß, daß der Besteller nicht Eigenthümer ist, gilt hier wie in anderen Fällen zu Gunsten des Nießbrauchers der Besteller als Eigenthümer [7]). Der Nießbraucher kann sonach die Rechte, welche er gegen den Eigenthümer hat, dem Besteller gegenüber geltend machen und genügt seinen Verpflichtungen gegen den Eigenthümer durch Erfüllung gegenüber dem Besteller [8]).

Das Verzeichniß ist mit der Angabe des Tages der Aufnahme zu versehen und von beiden Theilen zu unterzeichnen. Jeder Theil kann verlangen, daß die Unterzeichnung öffentlich beglaubigt (§ 129 BGB.) oder daß das Verzeichniß durch die zuständige Behörde oder durch einen zuständigen Beamten oder Notar aufgenommen wird. Wer die Aufnahme oder die Beglaubigung verlangt, hat die Kosten zu tragen und vorzuschießen [9]). Für die Mitwirkung bei dem Akt hat weder der Eigenthümer noch der Nießbraucher von dem Antragsteller Entschädigung zu beanspruchen. Das Verzeichniß ist Beweisurkunde, es ist in ihm kein Anerkennungsvertrag zu finden, der Nachweis etwaiger Irrthümmer bleibt unbenommen [10]).

3. Da der Nießbraucher befugt ist, die Nutzungen zu ziehen, muß ihm — sofern nicht der Bestellungsakt anders bestimmt — ermöglicht sein, die thatsächliche Gewalt über die Sache auszuüben. Der Nießbraucher ist daher regelmäßig zum Besitze der Sache berechtigt [11]), oder, falls der Nießbrauch Mehreren gemeinschaftlich zu-

---

[4]) § 164 Ges. über die Angel. der freiw. Gerichtsbarkeit.
[5]) S. § 4 Ziff. 4 Heerde, Bibliothek 2c.
[6]) § 1035 BGB.
[7]) § 1058 BGB.
[8]) Vergl. Biermann S. 156.
[9]) § 1035 BGB.
[10]) Kom.Prot. 3 S. 395.
[11]) § 1036 Abs. 1 BGB.

steht, zum Mitbesitze. Der Besteller hat mittelbaren Besitz. Wird die Sache einem Dritten in Verwahrung gegeben oder ein Sequester aufgestellt, so hat der Nießbraucher ebenfalls nur mittelbaren Besitz.

Besteht ein Nießbrauch an dem Antheile eines Miteigenthümers, so übt der Nutznießer in eigenem Rechte die Rechte seines Auktors aus, die sich aus der Gemeinschaft der Miteigenthümer in Ansehung der Verwaltung der Sache und der Art ihrer Benutzung ergeben. Der Miteigenthümer, dessen Antheil mit dem Nießbrauch belastet ist, bleibt in der Gemeinschaft Gläubiger und Schuldner. Er bleibt also den Genossen gegenüber zur Erfüllung der Verpflichtungen aus der Gemeinschaft verbunden, während ihm gegenüber der Nießbraucher verbunden sein kann, an seiner Stelle die genossenschaftlichen Verbindlichkeiten zu erfüllen[12]). Die Aufhebung der Gemeinschaft kann nur von dem Miteigenthümer und dem Nießbraucher gemeinschaftlich verlangt werden. Wird die Gemeinschaft aufgehoben, so gebührt dem Nießbraucher der Nießbrauch an den Gegenständen, die an die Stelle des Antheils treten[13]). Besteht der Nießbrauch an dem Bruchtheil einer in Alleineigenthum stehenden Sache, so gilt Entsprechendes.

Ist ein Recht Gegenstand des Nießbrauchs, so hat der Nießbraucher im Allgemeinen, soweit der Inhalt des Rechts es gestattet, die Befugnisse eines Sach-Nießbrauchers[14]).

Ist ein Recht, kraft dessen eine Leistung — ein Thun oder ein Unterlassen — gefordert werden kann, Gegenstand des Nießbrauchs, so hat der Nießbraucher dem Verpflichteten gegenüber dieselbe Rechtsstellung wie sie bei einer Uebertragung des Rechtes[15]) dem Erwerber (Cessionar) gegenüber dem Verpflichteten (debitor cessus) zukommt[16]). Jedoch bestehen folgende Abweichungen.

Was zunächst die Forderungen und Grundschulden[17]) betrifft, welche nicht auf Zinsen ausstehen, so hat hier der Nießbraucher ein selbständiges Einziehungs- und Kündigungsrecht, jedoch keine Befugniß, in anderer Weise über die Forderung zu verfügen, z. B. sie zu veräußern[18]). Er ist nicht Gläubiger, hat insbesondere auch bei Verletzung der obligatorischen Pflichten des Schuldners keinen eigenen Anspruch auf Schadensersatz, aber er ist Vertreter des Gläubigers. Leistet der Schuldner an den Nießbraucher den geschuldeten Gegenstand, so erwirbt der Gläubiger den geleisteten

[12]) Mot. 3, 498.

[13]) § 1066 BGB. Der Nießbrauch besteht fort. Mot. 3, 499. Nach Biermann S. 160 und Dernburg S. 515 bedarf es einer Bestellung des Nießbrauchs an den Gegenständen, die an die Stelle des Antheils treten.

[14]) § 1068 BGB.

[15]) §§ 398 ff. BGB.

[16]) § 1070 BGB.

[17]) Die Hypotheken zählen zu den Forderungen, die Grundschulden und Rentenschulden sind hinsichtlich des Nießbrauchs den Forderungen gleichgestellt, s. § 1080 BGB.

[18]) § 1074 BGB.

Gegenstand, der Schuldner ohne Weiteres den Nießbrauch an dem Gegenstand[19]). Werden von dem Schuldner vertretbare Sachen geleistet, so erwirbt der Nießbraucher das Eigenthum daran[20]). Gleichgültig ist, ob die verbrauchbaren Sachen ursprünglich geschuldet waren oder ob sie in Folge Umwandlung eines Anspruchs in einen Anspruch auf Geld geleistet werden[21]). Geht die mit dem Nießbrauch belastete Forderung auf Leistung natürlicher Handlungen, so kommt es darauf an, ob die Handlungen, z. B. Dienste[22]), einen Vermögenswerth haben und das Vermögen des einziehenden Nießbrauchers vermehren. Nur insofern kann von einem Nießbrauch an dem Leistungsobjekt die Rede sein. Ferner ist zu untersuchen, ob nicht die Dienstleistungen als Nutzungen des Rechts anzusehen sind, so daß sie als Nutzungen dem Nießbraucher gebühren. Haben die Dienstleistungen diesen Charakter nicht, so sind sie hinsichtlich der Ersatzpflicht des Nießbrauchers wie verbrauchbare Sachen zu behandeln[23]).

Selbstverständlich befreit den Schuldner das mit dem Nießbraucher vorgenommene Erfüllungsgeschäft auch gegenüber dem Gläubiger. Dadurch, daß die dem Nießbrauch unterliegende Forderung und die entsprechende Verbindlichkeit sei es in der Person des Gläubigers oder in der des Schuldners sich vereinigen, erleidet das dingliche Recht des Nießbrauchers keinen Eintrag. Kommt es auf Seite des Schuldners zu einer Aufrechnung gegen eine dem Gläubiger zustehende Forderung, so bemessen sich die Ansprüche des Nießbrauchers gegen den Gläubiger, der an einer der Aufrechnung unterworfenen, daher mangelhaften Forderung den Nießbrauch bestellt hat, nach dem der Bestellung des Nießbrauchs zu Grunde liegenden Kausalgeschäft,

---

[19]) § 1075 Abs. 1 BGB. Geht die Forderung (§ 241 BGB.) des Bestellers gegen den Dritten z. B. auf Uebereignung einer beweglichen Sache, so wird mit der Uebergabe an den Nießbraucher der Besteller (Gläubiger) Eigenthümer der Sache, während der Nießbraucher den Nießbrauch an der Sache hat. Geht die Forderung auf Auflassung eines Grundstücks, so wird der dingliche Vertrag mit dem Nießbraucher als Vertreter des Gläubigers vorgenommen, das Grundstück auf den Namen des Gläubigers eingetragen, mit der Eintragung des neuen Eigenthümers hat auch der Nießbraucher den Nießbrauch an dem Grundstück. Die Eintragung des Nießbrauchs im Grundbuch erfolgt auf dem Wege des Berichtigungsverfahrens (§§ 894 ff. BGB.). Geht die Forderung des Bestellers an den Dritten auf Einräumung eines dinglichen Rechtes an einem Grundstück, z. B. auf Bestellung einer Hypothek, so geht der Vollzug in gleicher Weise vor sich, mit der Begründung der Hypothek wird der Nießbrauch-Besteller Hypothekgläubiger, der Nießbraucher Nießbraucher der Hypothek. Eintragung dieses Nießbrauchs auf dem Wege der Grundbuchberichtigung. Vergl. Kom.Prot. 3, S. 421. Endemann 2 S. 410 hält zur Entstehung des Nießbrauchs an dem Grundstück Eintragung für erforderlich.

[20]) §§ 1075 Abs. 2, 1067 BGB.

[21]) Mot. 3, 546.

[22]) Uebertragbarkeit der Forderung auf die Leistung der Dienste muß vorausgesetzt werden, da sonst die Begründung des Nießbrauchs an der Forderung ausgeschlossen wäre (§ 1069 Abs. 2 BGB.).

[23]) Mot. 3, 546.

gegebenen Falls nach den Vorschriften über ungerechtfertigte Bereicherung[24]).

Ist der Nießbraucher selbst der Schuldner, so tritt, wenn verbrauchbare Sachen zu leisten wären, mit der Fälligkeit der Forderung an die Stelle der Forderung der Anspruch auf Werthersatz nach Beendigung des Nießbrauchs. Gehört der Gegenstand nicht zu den verbrauchbaren Sachen, so ist er dem Gläubiger zu leisten, wogegen dieser an dem Leistungsgegenstand den Nießbrauch zu bestellen hat[25])

Ist eine auf Zinsen[26]) ausstehende Forderung[27]) oder Grundschuld oder eine Rentenschuld[28]) Gegenstand des Nießbrauchs, so hat, in Ermangelung anderer Vereinbarungen, wonach die Befugnisse des Nießbrauchers erweitert oder beschränkt werden[29]), die Zahlung des Kapitals an den Nießbraucher und den Gläubiger gemeinschaftlich zu geschehen und kann Jeder statt der Zahlung die Hinterlegung für beide fordern. Nießbraucher und Gläubiger können auch nur gemeinschaftlich kündigen, ebenso ist die Kündigung des Schuldners nur wirksam, wenn sie dem Nießbraucher und dem Gläubiger erklärt wird[30]).

Nießbraucher und Gläubiger haben, wenn die Forderung fällig ist, zur Einziehung, wenn sie nicht fällig ist, aber die Einziehung wegen Gefährdung ihrer Sicherheit nach den Regeln einer ordnungsmäßigen Vermögensverwaltung geboten erscheint[31]), zur Kündigung mitzuwirken[32]).

Ist eine auf Zinsen ausstehende Forderung eingezogen, so erlangt der Nießbraucher an dem Geld nicht nach § 1067 Eigenthum, sondern das Geld wird Eigenthum des Gläubigers, ist aber, falls keine Einigung über eine sonstige Anlegung erfolgt, nach den für die Anlegung

[24]) Mot. 3, 547. Der Schuldner des Gläubigers wird nicht mit einer Forderung, die er gegen den Nießbraucher hat, aufrechnen können. Mot. 3, 545. Dagegen Dernburg S. 532.

[25]) Biermann S. 165.

[26]) Nach § 246 BGB. ist der Begriff der Zinsen nicht auf Geldzinsen beschränkt, wenn auch thatsächlich als verzinslich wohl nur Geldforderungen in Betracht kommen werden. Mot. 3, 550 und 2, 15.

[27]) Eine auf Zinsen ausstehende Forderung ist eine Forderung, die ein dauerndes fruchttragendes Vermögensstück bildet und nicht etwa bloß ein Mittel abgeben soll, um eine weiter nutzbar zu machende Leistung zu erlangen. Mot. 3, 550. Die Verbindlichkeit, Zinsen zu entrichten, kann auch auf Gesetz (nicht bloß auf Rechtsgeschäft) beruhen, vergl. z. B. §§ 452, 641 BGB. Eine Forderung, in Ansehung deren der Schuldner im Verzug ist, ist nicht als eine auf Zinsen ausstehende zu bezeichnen. Mot. 3, 551.

[28]) § 1080 BGB.

[29]) Mot. 3, 551.

[30]) § 1077 BGB. Erfolgt die Kündigung des Schuldners zuerst an den Einen, dann an den Andern, so wird sie wirksam mit der Kündigung an den Letztern.

[31]) Aus anderen Gründen, z. B. wegen des niedrigen Zinssatzes, kann die Mitwirkung zur Kündigung nicht verlangt werden. Biermann S. 166.

[32]) § 1078 BGB. Schuldhafte Weigerung macht schadensersatzpflichtig.

von Mündelgeld bestehenden Vorschriften[33]) verzinslich anzulegen, gleichzeitig ist an der gegen die Hinterlegungsstelle begründeten Forderung dem Nießbraucher der Nießbrauch zu bestellen[34]). Die Art der Anlegung bestimmt der Nießbraucher[35]).

Dieselben Rechte, wie an einer auf Zinsen ausstehenden Forderung, stehen dem Nießbraucher an einer Forderung aus der Versicherung der mit dem Nießbrauch belasteten Sache zu[36]).

Besonderheiten gelten für Inhaberpapiere und mit Blankoindossament versehene Orderpapiere. Trotz der Verkörperung des Rechtes in dem Papier handelt es sich hier um Nießbrauch an Rechten und zwar an Forderungen. Ist ein Inhaberpapier (Schuldverschreibung auf Inhaber[37]), Aktie auf Inhaber[38])) oder ein Orderpapier, das mit Blankoindossament versehen ist, Gegenstand des Nießbrauchs und gehören die Papiere nicht nach ihrer objektiven Beschaffenheit (z. B. Banknoten) oder wegen ihrer Zugehörigkeit zu einem Sachinbegriff, welcher zur Benutzung durch Veräußerung der einzelnen Sachen bestimmt ist (§ 92 BGB.), zu den verbrauchbaren Sachen[39]), so steht dem Nießbraucher der Besitz der zu dem Papiere gehörenden Zins-, Renten- oder Gewinnantheilscheine zu, dagegen haben der Nießbraucher und der Eigenthümer den Besitz des Papieres und des zu dem Papiere gehörenden Erneuerungsscheines gemeinschaftlich auszuüben[40]). Zu diesem Behufe ist das Papier nebst dem Erneuerungsschein auf Verlangen des Nießbrauchers oder des Eigenthümers bei einer Hinterlegungsstelle, auf Verlangen des Nießbrauchers bei der Reichsbank, zu hinterlegen mit der Bestimmung, daß die Herausgabe nur von dem Nießbraucher und dem Eigenthümer gemeinschaftlich verlangt werden kann[41]).

4. Der Nießbraucher hat das Recht, den Vermögensgegenstand nach den Regeln einer ordnungsmäßigen Wirthschaft zu gebrauchen

---

[33]) §§ 1807, 1808 BGB.

[34]) S. § 44 Ziff. 18.

[35]) § 1079 BGB.

[36]) § 1046 Abs. 1 BGB.

[37]) §§ 793—806 BGB. Die Papiere nach §§ 807, 808 BGB. unterliegen dem gewöhnlichen Forderungsnießbrauch. Biermann S. 167, Dernburg S. 535.

[38]) § 179 Abs. 2 Hand.Ges.B.

[39]) Gehört ein Inhaberpapier oder mit Blankoindossament versehenes Orderpapier zu den verbrauchbaren Sachen, so bewendet es bei den Vorschriften des § 1067 (§ 1084 BGB.). S. § 44 Ziff. 15.

[40]) § 1081 BGB. Inwieweit bei Aktien auf Inhaber das Stimmrecht durch den Nießbraucher oder durch den Eigenthümer auszuüben ist, läßt das BGB. dahingestellt, weil sich bei der wesentlich von den Gesellschaftsstatuten abhängenden verschiedenartigen Gestaltung der Fälle allgemeine Vorschriften nicht aufstellen lassen. Mot. 3, 556. Nach Biermann S. 167 kann das Stimmrecht weder von dem Aktionär noch von dem Nießbraucher ausgeübt werden, weil es an den Alleinbesitz des Papieres geknüpft sei. Nach Dernburg S. 536 hat, von besonderen Bestimmungen abgesehen, der Eigenthümer das Stimmrecht.

[41]) § 1082 BGB.

und die Früchte[42]) daraus zu ziehen. Dabei ist jedoch die bisherige wirthschaftliche Bestimmung der Sache zu belassen[43]). Die Sache ist so zu erhalten, daß sie der bisherigen wirthschaftlichen Bestimmung genügen kann. Sie darf auch nicht körperlich umgestaltet oder wesentlich verändert werden[44]). Der Nießbraucher darf nicht einen Weinberg in einen Wald, ein Gasthaus in einen Kramladen, ein Fabrikgebäude in ein landwirthschaftliches Anwesen umwandeln. An das bisherige Verfahren des Eigenthümers bei der Benutzung des Gegenstandes ist der Nießbraucher nicht gebunden. Ergibt sich aus der objektiven Beschaffenheit des dem Nießbrauch unterworfenen Grundstücks die Bestimmung des Grundstücks, mittels Entnahme von Bodenbestandtheilen genutzt zu werden, so gehört die Ausbeute als Frucht dem Nießbraucher, wenn auch die Art und das Maß der Benutzung über die bisherige Benutzungsweise des Eigenthümers hinausgeht und wenn auch mit der Entnahme der Bodenbestandtheile eine Verschlechterung des Grundstücks und Minderung seines Werthes verbunden ist. Die Voraussetzung, daß das Grundstück als zur Gewinnung einer Ausbeute von Bodenbestandtheilen bestimmt erscheint, darf der Nießbraucher sogar selbst schaffen, wenn die wirthschaftliche Bestimmung des Grundstücks dadurch nicht wesentlich verändert wird; er darf neue Anlagen zur Gewinnung von Steinen, Kies, Sand, Lehm, Thon, Mergel, Torf und sonstigen Bodenbestandtheilen errichten[45]). Die Grenze dieser Befugniß ist nach dem Interesse des Eigenthümers zu ziehen, die Sache im Wesentlichen unverändert zurückzuerhalten.

Hat der Nießbraucher gegen den Willen des Eigenthümers einen ihm nicht zustehenden Gebrauch von der Sache gemacht, so ist er zur Wiederherstellung auf eigene Kosten verpflichtet. Die Wiederherstellung kann schon während der Dauer des Nießbrauchs verlangt werden, ohne daß etwas darauf ankäme, ob durch die Veränderung ein Schaden verursacht worden ist[46]). Dagegen hat der Nießbraucher Veränderungen und Verschlechterungen der Sache, welche durch die ordnungsmäßige Ausübung des Nießbrauchs herbeigeführt werden, nicht zu vertreten[47]).

Ist ein Wald, ein Bergwerk oder eine andere auf Gewinnung von Bodenbestandtheilen (z. B. Schiefer, Sandstein, Porzellanerde, Lehm[48]) 2c.) gerichtete Anlage Gegenstand des Nießbrauchs, so gehören

---

[42]) Die Verwendung von Bestandtheilen des Grundstücks, die nicht zu den dem Nießbraucher gebührenden Früchten (§ 99 BGB.) gehören, ist ihm innerhalb der Grenzen einer ordnungsmäßigen Wirthschaft zur Vornahme einer erforderlich gewordenen außergewöhnlichen Ausbesserung oder Erneuerung erlaubt (§ 1043 BGB.).

[43]) § 1036 BGB.

[44]) § 1037 Abs. 1 BGB.

[45]) § 1037 Abs. 2 BGB. Mot. 3, 503.

[46]) Kom.Prot. Haidlen 2, 258.

[47]) § 1050 BGB.

[48]) Kom.Prot. Haidlen 2, 260.

zwar die sämmtlichen Bäume und Bodenbestandtheile zu den Früchten, allein den Regeln einer ordnungsmäßigen Wirthschaft würde es nicht entsprechen, ohne Rücksicht auf die Nachhaltigkeit der Produktion die Früchte zu ziehen. Der Nießbraucher sowohl wie der Eigenthümer kann in solchen Fällen verlangen, daß das Maß der Nutzung und die Art der wirthschaftlichen Behandlung durch einen Wirthschaftsplan festgestellt werden. Tritt eine erhebliche Aenderung der Umstände ein, so kann jeder Theil eine entsprechende Aenderung des Wirthschaftsplanes verlangen. Die Kosten trägt jeder Theil zur Hälfte [49] [50]).

An den Früchten der dem Nießbrauch unterworfenen Sache erwirbt der Nießbraucher mit der Trennung Eigenthum [51]); bei Trennung von Bestandtheilen, die nicht zu den Früchten gehören, wird kein Eigenthum erworben, der Nießbrauch besteht an den einzelnen Theilen fort. Der Eigenthumserwerb an den Früchten [52]) ist nicht davon abhängig, daß die Früchte den Regeln einer ordnungsmäßigen Wirthschaft entsprechend gezogen werden, der Nießbraucher erwirbt vielmehr auch an solchen Früchten Eigenthum, die er den Regeln einer ordnungsmäßigen Wirthschaft zuwider zieht oder die er aus dem Grunde im Uebermaß zieht, weil dies in Folge eines besonderen Ereignisses (z. B. Raupenfraß) nothwendig geworden ist. Gleichgültig ist dabei, ob die Trennung der Früchte durch eine Handlung des Nießbrauchers oder eines Dritten oder durch einen sonstigen Zufall verursacht ist. Das dingliche Recht, das Eigenthum, erwirbt der Nießbraucher an den ordnungswidrig oder im Uebermaß getrennten Früchten, persönlich aber ist er, unbeschadet seiner Verantwortlichkeit für ein Verschulden, verpflichtet, den Werth, welchen diese Früchte zur Zeit der Trennung haben, dem Eigenthümer bei der Beendigung des Nießbrauchs zu ersetzen, auch für die Erfüllung dieser Verbindlichkeit sofort Sicherheit zu leisten. Entspricht es einer ordnungsmäßigen Wirthschaft, den Werth der ordnungswidrig oder im Uebermaß getrennten Früchte ganz oder theilweise zur Wiederherstellung der Sache (z. B. zur Aufforstung) zu verwenden, so hat dies auf Verlangen des Eigenthümers oder des Nießbrauchers zu geschehen. In einem solchen Falle genügt der Nießbraucher seiner Ersatzpflicht zwar früher als gewöhnlich, dafür erhöht sich auch der Nutzungswerth des Grundstücks. Wird die Verwendung des Ersatzbetrages zur Wiederherstellung der Sache nicht verlangt, so

---

[49]) § 1038 BGB.

[50]) Ist ein Grundstück sammt Inventar Gegenstand des Nießbrauchs, so kann der Nießbraucher über die einzelnen Stücke des Inventars ebenfalls innerhalb der Grenzen einer ordnungsmäßigen Wirthschaft verfügen, als ob er Eigenthümer wäre. Doch ist für die ausscheidenden Stücke ebenso wie für den gewöhnlichen Abgang Ersatz zu beschaffen (§ 1048 BGB.). Unter Inventar ist zu verstehen der Inbegriff der beweglichen Sachen, die dem wirthschaftlichen Zwecke des Grundstücks zu dienen bestimmt sind (Planck 2, 328).

[51]) S. § 25 Ziff. 51 ff.

[52]) § 99 BGB.

ist eine etwaige Minderung des ferneren Ertrages des Nießbrauchs in Betracht zu ziehen. Die Ersatzpflicht des Nießbrauchers für die ordnungswidrig oder im Uebermaß getrennten Früchte fällt insoweit weg, als durch den ordnungswidrigen oder übermäßigen Fruchtbezug die ihm gebührenden Nutzungen beeinträchtigt werden [53]). Bei Berechnung des übermäßigen Ertrages ist demnach auf die gesammte Dauer des Nießbrauchs Rücksicht zu nehmen; endet der Nießbrauch unmittelbar nach der Trennung der Früchte, so verbleibt es bei dem Ersatze des Werthes der Früchte, endet der Nießbrauch erst später, so kann nur die Zahlung des Mehrvortheils verlangt werden, der nach Abrechnung der Beeinträchtigung der Nutzungen verbleibt.

Bei dem Nießbrauch eines Rechtes hat der Nießbraucher die Erträge zu beziehen, die das Recht gewährt (§§ 99 Abs. 2, 3 BGB.), bei verzinslichen Forderungen die Zinsen, bei Rentenschulden die einzelnen Renten. Ist das Kapital mit Agio rückzahlbar, so gebührt das Aufgeld dem Gläubiger, obgleich es ein Entgelt für eine niedrige Normirung des Zinsatzes ist [54]). Werden mit den Zinsen Amortisationsquoten entrichtet, so sind diese Beträge als Theile des Kapitals zu behandeln [55]). Bei dem Nießbrauch einer Leibrente, eines Auszugs [56]) oder eines ähnlichen Rechtes gebühren dem Nießbraucher die einzelnen Leistungen, die auf Grund des Rechtes gefordert werden können [57]).

Bei Inhaberpapieren oder Orderpapieren, die mit Blankoindossament versehen sind, werden Prämien, die anstatt Zinsen bei der Einlösung des Papieres zu zahlen sind, als Theil des Kapitals behandelt [58]), so daß sie dem Nießbraucher nicht als Früchte zu Eigenthum, sondern als Kapital nur zum Nießbrauch zufallen. Anders ist es, wenn z. B. bei einer Konvertierung Prämien als Zinsvergütung gezahlt werden, diese Beträge hat der Nießbraucher zu beanspruchen [59]).

Daß der Nießbraucher nicht bloß das Recht hat, den Gegenstand des Nießbrauchs in Person zu nutzen, sondern auch berechtigt ist, die Ausübung seines Nießbrauchs ohne Zustimmung des Bestellers einem andern zu überlassen, ist schon hervorgehoben. Die Ueberlassung kann entgeltlich oder unentgeltlich erfolgen. Das Ausübungsrecht erlischt mit dem Wegfall des Nießbrauchs, soweit nicht § 1056 BGB. eine Ausnahme macht. Das Eigenthum der Früchte erwirbt der Ausübungsberechtigte mit der Trennung [60]).

---

[53]) Vergl. § 1039 BGB.

[54]) Mot. 3, 551.

[55]) Planck 1, 138, Biermann S. 167.

[56]) Landesgesetzliche Regelung des aus einem Auszugsvertrage sich ergebenden Schuldverhältnisses s. Art. 96 Einf. z. BGB.

[57]) § 1073 BGB. Die Frage bleibt dahingestellt, ob man das Leib-Renten-Recht, Auszugsrecht 2c. als einheitliches Recht oder als Mehrheit bedingter Forderungsrechte anzusehen hat. Mot. 3, 543.

[58]) § 1083 BGB.

[59]) Kom.Prot. 3 S. 429.

[60]) S. § 25 Ziff. 52 ff.

Für die Auseinandersetzung zwischen dem Nießbraucher und dem Besteller (Eigenthümer) wegen der Nutzungen bei Beginn und bei Beendigung des Nießbrauchs sind die Vorschriften des § 101 BGB. maßgebend[61]).

5. Der Nießbraucher hat nur für die Erhaltung der Sache in ihrem wirthschaftlichen Bestande zu sorgen; Ausbesserungen und Erneuerungen hat er bloß insoweit vorzunehmen, als sie zu der gewöhnlichen Unterhaltung der Sache gehören[62]). Außergewöhnliche Ausbesserungen und Erneuerungen darf er vornehmen, sogar zu einem solchen Zwecke innerhalb der Grenzen einer ordnungsmäßigen Wirthschaft Bestandtheile des Grundstücks verwenden, die nicht zu den ihm gebührenden Früchten gehören[63]). Macht er Verwendungen auf die Sache, zu denen er nicht verpflichtet ist, so bemißt sich die Ersatzpflicht des Eigenthümers nach den Vorschriften über die Geschäftsführung ohne Auftrag[64]). Eine Verzinsung des aufgewendeten Geldes kann der Nießbraucher nicht fordern[65]), dagegen ist er berechtigt, Einrichtungen, mit denen er die Sache versehen hat, wegzunehmen[66]). Hat der Nießbraucher für eine erforderlich gewordene außergewöhnliche Ausbesserung oder Erneuerung Bestandtheile des Grundstücks verwendet, die nicht zu den ihm gebührenden Früchten gehören[67]), so kann er hiefür weder einen Ersatzanspruch noch ein Wegnahmerecht geltend machen.

Ein Pfandrecht an den Inventarstücken (s. § 590 BGB.) ist dem Nießbraucher nicht eingeräumt, dagegen steht ihm ein Zurückbehaltungsrecht (nach § 273 BGB.) und ein Absonderungsrecht nach § 49 Ziff. 3 Konk.Ordn. zu.

Die Ansprüche des Nießbrauchers auf Ersatz von Verwendungen und auf Gestattung der Wegnahme von Einrichtungen verjähren in 6 Monaten. Die Verjährung beginnt mit der Beendigung des Nießbrauchs[68]).

6. Was den Schutz des Nießbrauchs angeht, so kommt dem Nießbraucher, der den Besitz oder Mitbesitz der Sache erlangt hat, der Besitzschutz des Sachbesitzers zu. S. § 17. Bei Beeinträchtigung seines Rechtes kommen die Vorschriften über die Ansprüche aus dem Eigenthum (s. § 27) zur entsprechenden Anwendung[69]). Der Nießbraucher hat den Herausgabe-Anspruch, den Anspruch auf Beseitigung

---

[61]) S. § 4 Ziff. 56 ff.
[62]) § 1041 BGB.
[63]) § 1043 BGB.
[64]) § 1049 BGB. S. §§ 683, 684, 679, 685 BGB.
[65]) § 256 BGB.
[66]) § 1049 Abs. 2 BGB. Ueber die Art, wie dieses Recht auszuüben ist, s. § 258 BGB.
[67]) § 1043 BGB.
[68]) § 1057 BGB.
[69]) § 1065 BGB.

und Unterlassung von Störungen, ebenso den Feststellungsanspruch wie ein Eigenthümer oder Miteigenthümer[70]). Der Nießbraucher handelt hiebei nicht im Namen und für Rechnung des Eigenthümers, sondern Kraft eigenen Rechtes in einer dem Eigenthum ähnlichen Stellung. Der von dem Nießbraucher belangte Besitzer kann dieselben Einwendungen vorbringen, wie wenn der Eigenthümer Kläger wäre. Verletzt eine Handlung eines Dritten den Nießbrauch und das Eigenthum, so steht dem Nießbraucher sowohl wie dem Eigenthümer ein Anspruch zu, jeder von ihnen verfolgt sein eigenes Recht, die Prozeßführung braucht nicht gemeinschaftlich zu sein, die Wirkung des Urtheils beschränkt sich auf die Parteien. Wird die Sache zerstört oder beschädigt oder maßt ein Dritter sich ein Recht an der Sache an, so hat der Nießbraucher dem Eigenthümer unverzüglich Anzeige zu machen[71]).

Wird dem Nießbraucher der dem Nießbrauch unterliegende Gegenstand auf Grund des Rechtes eines Dritten entzogen (z. B. Zwangsversteigerung eines Grundstücks durch vorgehende Hypothekgläubiger), so bemißt sich die Frage, ob und inwieweit dem Nießbraucher der Besteller des Nießbrauchs aufzukommen hat, nach dem der Bestellung zu Grunde liegenden Kausalgeschäft[72]).

§ 46. Pflichten des Nießbrauchers.

Das von dem Gesetze normirte Schuldverhältniß besteht zwischen dem Nießbraucher und dem Eigenthümer, nicht zwischen Nießbraucher und Besteller. Das gilt insbesondere für die Fälle, in denen ein Nichteigenthümer den Nießbrauch bestellt oder der Nießbrauch durch Ersitzung erlangt wird oder nach der Bestellung des Nießbrauchs ein Wechsel im Eigenthum eintritt. Damit der Nießbraucher, der seinen Pflichten gegenüber dem Besteller als vermeintlichen Eigenthümer nachkommt, nicht gefährdet ist, gilt zu seinen Gunsten im Verhältniß zwischen ihm und dem Eigenthümer der Besteller als Eigenthümer, es sei denn, daß der Nießbraucher weiß, daß der Besteller nicht Eigenthümer ist[1]).

Der Nießbraucher ist

1. verpflichtet, bei Ausübung seines Nutzungsrechtes die bisherige **wirthschaftliche Bestimmung** der Sache aufrecht zu erhalten, er darf die Sache nicht umgestalten oder wesentlich verändern, zur Gewinnung von Bodenbestandtheilen (Steinen, Kies ꝛc.) darf er nur, sofern die wirthschaftliche Bestimmung des Grundstücks nicht wesentlich verändert wird, neue Anlagen errichten. S. § 45 Ziff. 42 ff.

---

70) Anspruch auf Berichtigung des Grundbuchs nach § 894 BGB.
71) Vergl. § 1042 BGB.
72) Vergl. §§ 445, 523 BGB.

Zu § 46.

1) Vergl. § 1058 BGB. Fahrlässiges Nichtwissen steht dem Wissen nicht gleich.

2. Bei der Ausübung des Nießbrauchs hat der Nießbraucher nach den Regeln einer ordnungsmäßigen Wirtschaft zu verfahren. Ist ein Wald, Bergwerk oder eine andere auf Gewinnung von Bodenbestandtheilen[2]) gerichtete Anlage Gegenstand des Nießbrauchs, so kann auf gemeinschaftliche Kosten des Eigenthümers und Nießbrauchers das Maß der Nutzung und die Art der wirthschaftlichen Behandlung durch einen Wirthschaftsplan festgestellt werden, der, wenn eine erhebliche Aenderung der Umstände eintritt, entsprechend zu ändern ist. Für Früchte, die er den Regeln einer ordnungsmäßigen Wirthschaft zuwider oder die er deshalb im Uebermaß zieht, weil dies in Folge eines besonderen Ereignisses[3]) nothwendig geworden ist, hat er, unbeschadet seiner Verantwortlichkeit für Verschulden, den Werth dem Eigenthümer bei der Beendigung des Nießbrauchs zu ersetzen oder auf Verlangen des Eigenthümers zur Wiederherstellung der Sache insoweit zu verwenden als es einer ordnungsmäßigen Wirthschaft entspricht. Findet die Verwendung zur Wiederherstellung der Sache nicht statt, so kommt bei der Ersatzleistung die Minderung des Ertrages, welche in Folge des ordnungswidrigen oder übermäßigen Fruchtbezuges eingetreten ist, in Anrechnung[4]).

Ist ein Grundstück sammt Inventar[5]) Gegenstand des Nießbrauchs, so ist der Nießbraucher zwar nicht Eigenthümer des Inventars, kann aber innerhalb der Grenzen einer ordnungsmäßigen Wirthschaft über die einzelnen Stücke des Inventars verfügen[6]), sie insbesondere verbrauchen oder veräußern. Für den gewöhnlichen Abgang und für die nach den Regeln einer ordnungsmäßigen Wirthschaft ausscheidenden Stücke hat der Nießbraucher Ersatz zu beschaffen. Mit der Einverleibung in das Inventar erwirbt an den angeschafften Stücken der Inventareigenthümer das Eigenthum. Für außergewöhnliche Abgänge hat der Nießbraucher keinen Ersatz zu beschaffen, sofern nicht eine Schadensersatzpflicht wegen Verschuldens besteht.

Uebernimmt der Nießbraucher das Inventar zum Schätzungswerth mit der Verpflichtung, es bei der Beendigung des Nießbrauchs zum Schätzungswerthe zurückzugewähren, so wird der Nießbraucher behandelt wie der Pächter. In einem solchen Falle trägt der Nießbraucher die Gefahr des zufälligen Untergangs und einer zufälligen Verschlechterung des Inventars. Eigenthümer der Inventarstücke wird er auch hier nicht. Er hat das Inventar nach den Regeln einer ordnungsmäßigen Wirthschaft in dem Zustande zu erhalten, in welchem es ihm übergeben wird. Ueber die einzelnen Stücke kann er innerhalb der Grenzen einer ordnungsmäßigen Wirthschaft verfügen. Die von

---

[2]) S. § 45 Ziff. 48.
[3]) S. § 45 Ziff. 52.
[4]) Vergl. §§ 1036, 1038, 1039 BGB.
[5]) S. § 45 Anm. 50.
[6]) § 1048, vergl. § 588 BGB.

ihm angeschafften Stücke werden mit der Einverleibung in das Inventar Eigenthum des Inventar-Eigenthümers. Das bei der Beendigung des Nießbrauchs vorhandene Inventar ist dem Eigenthümer zurückzugewähren. Der Eigenthümer kann die Uebernahme der von dem Nießbraucher angeschafften Stücke ablehnen, welche nach den Regeln einer ordnungsmäßigen Wirthschaft für das Grundstück überflüssig oder zu werthvoll sind. Mit der Ablehnung geht das Eigenthum an den abgelehnten Stücken auf den Nießbraucher über. Die Differenz des Gesammtschätzungswerthes der übernommenen und der zurückzugewährenden Stücke ist dem Eigenthümer oder dem Nießbraucher zu ersetzen[7]).

3. Der Nießbraucher hat die Sache in ihrem wirthschaftlichen Bestande zu erhalten[8]). Der Zustand der Sache kann durch Sachverständige festgestellt werden[9]); bei einem Nießbrauch an einem Inbegriff von Sachen hat der Nießbraucher auf Verlangen des Eigenthümers zur Aufnahme eines Verzeichnisses der Sachen mitzuwirken[10]). Veränderungen oder Verschlechterungen der Sache, welche durch die ordnungsmäßige Ausübung des Nießbrauchs herbeigeführt werden, hat der Nießbraucher nicht zu vertreten[11]). Für den durch sein Verschulden verursachten Schaden hat er einzustehen. Ausbesserungen und Erneuerungen, die zu der gewöhnlichen Unterhaltung der Sache gehören, hat der Nießbraucher selbst zu tragen[12]), darf hiezu auch keine anderen Bestandtheile des Grundstücks verwenden als solche, die zu den ihm gebührenden Früchten gehören[13]). Zu außergewöhnlichen Ausbesserungen oder Erneuerungen, d. h. zu solchen, die nicht zu der gewöhnlichen Unterhaltung der Sache gehören, ist weder der Nießbraucher noch der Eigenthümer verpflichtet. Der Nießbraucher hat aber dem Eigenthümer unverzüglich[14]) Anzeige zu machen, wenn die Sache zerstört oder beschädigt wird oder wenn eine außergewöhnliche Ausbesserung oder Erneuerung der Sache oder eine Vorkehrung zum Schutze der Sache gegen eine nicht vorgesehene Gefahr erforderlich wird oder wenn ein Dritter ein Recht an der Sache sich anmaßt[15]). Nimmt der Nießbraucher eine erforderlich gewordene — gewöhnliche

---

[7]) §§ 1048, 588, 589 BGB. Der Unterschied der Werthe kann auch auf dem Sinken oder Steigen der Preise beruhen. Planck 2, 330.

[8]) § 1041 BGB.

[9]) § 1034 BGB.

[10]) § 1035 BGB. S. § 45 Ziff. 5 ff.

[11]) § 1050 BGB.

[12]) § 1041 BGB. Es handelt sich um die im Laufe der Zeit regelmäßig, und zwar in kürzeren Perioden, wiederkehrenden Ausbesserungen und Wiederherstellungen. Sie können auch durch Zufall veranlaßt sein, sofern Zufälle in Frage stehen, deren man sich im Laufe der Dinge von Zeit zu Zeit wohl zu versehen hat (Mot. 3, 511).

[13]) Vergl. § 1043 BGB.

[14]) § 121 BGB.

[15]) § 1042 BGB.

oder außergewöhnliche — Ausbesserung oder Erneuerung der Sache nicht selbst vor, so hat er dem Eigenthümer die Vornahme und, wenn ein Grundstück Gegenstand des Nießbrauchs ist, die Verwendung von Bestandtheilen des Grundstücks, jedoch nur innerhalb der Grenzen einer ordnungsmäßigen Wirthschaft, zu gestatten[16]).

In welcher Weise die Verpflichtungen des Nießbrauchers gesteigert sind, falls ein Grundstück sammt Inventar Gegenstand des Nießbrauchs ist, ist schon (Ziff. 5—7) angeführt. Dieselben Grundsätze werden auch Anwendung zu finden haben, wenn es sich nicht um ein Gutsinventar, sondern um einen sonstigen Inbegriff beweglicher Sachen (z. B. eine Heerde) handelt, vorausgesetzt, daß nicht ein anderer Wille der Parteien zu ermitteln ist, insbesondere der Nießbraucher nicht das Eigenthum an den Sachen erlangen soll[17]).

Bei nicht auf Zinsen ausstehenden Forderungen[18]) hat der Nießbraucher für die ordnungsmäßige Einziehung zu sorgen[19]). Ihm steht daher die Prüfung zu, ob Schritte gegen den Schuldner erforderlich sind und in welcher Art gegen den Schuldner vorzugehen ist.

Bei Forderungen, die auf Zinsen ausstehen[20]), kann der Nießbraucher das Einziehungsrecht nur gemeinschaftlich mit dem Gläubiger ausüben; der Eine ist dem Andern verpflichtet, zur Einziehung mitzuwirken, sobald die Forderung fällig ist. Hängt die Fälligkeit von einer Kündigung ab, so kann jeder Theil die Mitwirkung des anderen zur Kündigung verlangen, sofern die Einziehung der Forderung wegen Gefährdung ihrer Sicherheit nach den Regeln einer ordnungsmäßigen Vermögensverwaltung geboten ist[21]). Einigen sich nicht Gläubiger und Nießbraucher über eine andere Anlegung, so ist das eingezogene Kapital nach den für die Anlegung von Mündelgeld bestehenden Vorschriften[22]) verzinslich anzulegen und dem Nießbraucher der Nießbrauch daran zu bestellen. Die Art der Anlegung bestimmt der Nießbraucher. Nießbraucher und Gläubiger sind einander verpflichtet, dabei mitzuwirken[23]).

Ueber die Behandlung der Inhaberpapiere und Orderpapiere, die mit Blankoindossament versehen sind, siehe § 45 Ziff. 37—41. Eigenthümer und Nießbraucher sind einander verpflichtet, zu allen Maßnahmen mitzuwirken, die zur ordnungsmäßigen Vermögensverwaltung erforderlich sind, insbesondere zur Einziehung des fälligen Kapitals, zur Beschaffung neuer Zins-, Renten- oder Gewinnantheilscheine. Das eingezogene Kapital ist ebenfalls mündelsicher

---

[16]) § 1044 BGB.
[17]) Vergl. Mot. 3, 512.
[18]) Grundschulden einbegriffen (§ 1080 BGB.).
[19]) § 1074 BGB.
[20]) Grundschulden und Rentenschulden einbegriffen.
[21]) § 1078 BGB.
[22]) §§ 1807, 1808 BGB.
[23]) § 1079 BGB.

anzulegen und mit dem Nießbrauch zu belasten. Die Art der Anlegung bestimmt der Nießbraucher[24]).

4. Der Nießbraucher hat die Sache für die Dauer des Nießbrauchs gegen Brandschaden und sonstige Unfälle (z. B. Hagel) auf seine Kosten unter Versicherung zu bringen, falls die Versicherung einer ordnungsmäßigen Wirthschaft entspricht. Kommt der Nießbraucher dieser Verpflichtung nicht nach, so ist er für den entstehenden Schaden ersatzpflichtig. Die Versicherung ist für den vollen Werth der Sache zu nehmen und so, daß die Forderung gegen die Versicherungsgesellschaft dem Eigenthümer zusteht. Soweit der Nießbraucher zur Versicherung verpflichtet ist, fallen ihm dem Eigenthümer gegenüber die für die Dauer des Nießbrauchs zu leistenden Zahlungen zur Last[25]), gleichgültig, ob er den Versicherungsvertrag abgeschlossen hat oder ob die Sache, als er sie erhielt, schon versichert war[26]).

Ist die Sache zum Sachwerthe, also nicht etwa nur das Eigenthumsinteresse nach Abzug des Nießbrauchs oder das Nießbrauchinteresse für sich allein, versichert, so steht dem Nießbraucher an der Forderung gegen die Versicherungsgesellschaft der Nießbrauch zu; die Forderung tritt an die Stelle der Sache. Der Nießbraucher hat an der Forderung dieselben Rechte, wie sie ihm an einer auf Zinsen ausstehenden Forderung zustehen[27]). Auf Verlangen des Eigenthümers oder des Nießbrauchers ist die Versicherungssumme zur Wiederherstellung der Sache oder zur Beschaffung eines Ersatzes insoweit zu verwenden, als es einer ordnungsmäßigen Wirthschaft entspricht[28]). Der Eigenthümer hat die Wahl, ob er die Verwendung selbst besorgen oder ob er sie dem Nießbraucher überlassen will[29]). Kommt es nicht zur Wiederherstellung eines Sachnießbrauchs, so verbleibt es bei dem Forderungsnießbrauch[30]).

5. Eine Verpflichtung zur Sicherheitsleistung besteht für den Nießbraucher im Allgemeinen nicht. Erst wenn, was der Besteller zu beweisen hat, die Besorgniß einer erheblichen Verletzung seiner Rechte durch das Verhalten des Nießbrauchers begründet wird, kann Sicherheitsleistung verlangt werden[31]). Gleichgültig ist, ob das

---

[24]) §§ 1083, 1079 BGB.

[25]) Auseinandersetzung mit dem Eigenthümer nach § 103 BGB. (s. § 4 Ziff. 64).

[26]) § 1045 BGB. Versichert der Eigenthümer die Sache während des Nießbrauchs, so hat der Nießbraucher dem Eigenthümer gleichfalls für die Zahlungen aufzukommen. Anders Biermann S. 149.

[27]) S. § 45 Ziff. 26 ff. und oben Ziff. 20—23.

[28]) Ueberflüssige Sachen brauchen nicht angeschafft zu werden. Vergl. Biermann S. 149.

[29]) § 1046 BGB.

[30]) S. Ziff. 22 und 23 (§ 1079 BGB.).

[31]) § 1051 BGB. Für Miteigenthümer § 1011 BGB. Sicherheitsleistung nach §§ 232 ff. BGB. — Muß ein Verschulden des Nießbrauchers vorliegen? Die Motive (3, 519) scheinen davon auszugehen, es wird auch regelmäßig ein

gefährdete Recht die Erhaltung oder die Rückgewähr des Vermögensgegenstandes betrifft.

Ist der Nießbraucher zur Sicherheitsleistung rechtskräftig verurtheilt, so kann der Besteller statt der Sicherheitsleistung verlangen, daß die Ausübung des Nießbrauchs einem von dem Gerichte zu bestellenden Verwalter übertragen wird, auch wenn Gegenstand des Nießbrauchs nicht ein Grundstück ist. Die Aufstellung erfolgt durch das Vollstreckungsgericht. Der Verwalter, als welcher auch der Eigenthümer aufgestellt werden kann, steht unter der Aufsicht des Gerichts wie ein für die Zwangsverwaltung eines Grundstücks bestellter Verwalter[32]). Die Verwaltung wird auf Rechnung, jedoch nicht auf Gefahr[33]) des Nießbrauchers geführt. Bevor eine Verwaltung angeordnet werden kann, muß dem Nießbraucher auf Antrag des Eigenthümers von dem Gericht eine Frist zur Sicherheitsleistung bestimmt worden sein und muß diese Frist verstrichen sein. Auf Antrag des Klägers ist die Frist schon in dem Urtheile, das den Nießbraucher zur Sicherheitsleistung verurtheilt, zu bestimmen[34]). Wird die Sicherheit geleistet, so unterbleibt die Anordnung der Verwaltung; wird sie nachträglich geleistet, so ist die Verwaltung aufzuheben[35]).

Wird bei dem Nießbrauch an einem Rechte die Ausübung des Nießbrauchs einem Verwalter übertragen, so ist sowohl die Uebertragung als auch die Aufhebung der Verwaltung dem Dritten, dem Verpflichteten, gegenüber erst wirksam, wenn er von der getroffenen Anordnung Kenntniß erlangt oder wenn ihm eine Mittheilung von der Anordnung zugestellt wird[36]).

Noch in 2 Fällen besteht für den Nießbraucher eine Verpflichtung zur Sicherheitsleistung. Ist der Nießbrauchgegenstand in das Eigenthum des Nießbrauchers übergegangen, so kann der Besteller Sicherheitsleistung verlangen, wenn der Anspruch auf Ersatz des Werthes gefährdet ist[37]). Eine Gefährdung durch pflichtwidrige Behandlung des Nießbrauchgegenstandes ist hier nicht denkbar, wohl aber

---

Verschulden gegeben sein, wenn das Verhalten des Nießbrauchers derart ist, daß es die Besorgniß einer erheblichen Verletzung der Rechte des Eigenthümers begründet. Ein Verschulden des Nießbrauchers kann auch darin erblickt werden, daß er geschehen läßt, daß derjenige, dem er die Ausübung des Nießbrauchs überlassen hat, durch sein Verhalten zu begründeten Besorgnissen Anlaß gibt.

[32]) § 1052 BGB., §§ 150 ff. Zwangsvers.Ges.

[33]) Mot. 3, 519.

[34]) § 255 Abs. 2 CPO.

[35]) Die Anordnung einer solchen Verwaltung kann auch verlangt werden, wenn der Nießbraucher die Rechte des Bestellers in erheblichem Maße verletzt und das verletzende Verhalten ungeachtet einer Abmahnung des Bestellers fortsetzt (§ 1054 BGB.). Durch eine Sicherheitsleistung kann in diesem Falle die Verwaltung nicht abgewendet werden.

[36]) § 1070 Abs. 2 BGB.

[37]) § 1067 BGB.

kann eine Gefährdung in den persönlichen Verhältnissen, namentlich in der Vermögenslage des Nießbrauchers, liegen[38]).

Der dritte Fall der Sicherheitsleistung betrifft den Früchtebezug des Nießbrauchers. Hat der Nießbraucher den Regeln einer ordnungsmäßigen Wirthschaft zuwider oder in Folge eines besonderen Ereignisses im Uebermaß Früchte gezogen, so hat er für die Erfüllung der Verpflichtung, den Werth der Früchte bei der Beendigung des Nießbrauchs zu ersetzen, Sicherheit zu leisten[39]).

6. Der Nießbraucher ist dem Besteller gegenüber verpflichtet, für die Dauer des Nießbrauchs die auf dem Nießbrauchgegenstand ruhenden öffentlichen Lasten zu tragen, gleichviel ob sie vor oder nach Begründung des Nießbrauchs auf den Nießbrauchgegenstand gelegt worden sind. Ausgenommen sind die außerordentlichen Lasten, welche nach der Intention der sie auferlegenden Anordnung nicht aus den Erträgen des dem Nießbrauch unterliegenden Vermögensgegenstandes, sondern aus dem Stammwerth zu bestreiten sein sollen, was unter Umständen aus der Höhe der Lasten ersichtlich ist. Die ordentlichen öffentlichen Lasten und Abgaben sowie die außerordentlichen, welche nicht als auf den Stammwerth gelegt anzusehen sind, treffen den Nießbrauch, sofern nicht bei Begründung des Nießbrauchs ein Anderes festgesetzt worden ist. Daß der Lasten- oder Abgaben-Empfänger bezüglich der Reichnisse, die dem Nießbraucher obliegen, sich unmittelbar an den Nießbraucher halten kann, bestimmt das BGB. nicht.

Ebenfalls nur im Verhältnisse zu dem Besteller, nicht dem Gläubiger gegenüber, ist der Nießbraucher weiter verpflichtet, diejenigen privatrechtlichen Lasten zu tragen, welche schon zur Zeit der Bestellung des Nießbrauchs auf dem Vermögensgegenstand ruhten, insbesondere die Zinsen der Hypothekforderungen und Grundschulden sowie die auf Grund einer Rentenschuld zu entrichtenden Leistungen[40]). Auch diese Bestimmung ist dispositiver Natur, sie gilt im Verhältnisse des Nießbrauchers zu dem Sondernachfolger des Bestellers, falls nicht der Inhalt des Nießbrauchs anders fixirt worden ist; dem Besteller und dessen allgemeinen Rechtsnachfolgern gegenüber wird auf das Kausalgeschäft zurückzugreifen sein. Hat z. B. ein Erbe ein unbelastetes Nachlaßgrundstück, an dem ein Nießbrauch vermacht ist, vor der Bestellung des Nießbrauchs mit Hypotheken belastet, so hat der Nießbraucher im Falle der Veräußerung des Grundstücks dem Erwerber gegenüber für die Zinsen aufzukommen, so lange aber das Grundstück noch im Eigenthum des Erben ist, ist der Nießbraucher zur Zahlung nicht verpflichtet. Ist das in Nießbrauch gegebene Grundstück zur Zeit der Bestellung des Nießbrauchs mit einer Hypothek belastet und

---

[38]) Mot. 3, 537.
[39]) § 1039 BGB. S. § 45 Ziff. 52.
[40]) § 1047 BGB.

wird gemäß § 1119 BGB. der Zins erhöht, so hat der Nießbraucher auch für die Zinserhöhung aufzukommen, denn für diese Beträge haftete das Grundstück gemäß gesetzlicher Bestimmung schon zur Zeit der Nießbrauchbestellung [41] [42]).

Die Vertheilung der Lasten bei Beginn und Beendigung des Nießbrauchs richtet sich nach § 103 BGB.

Bei Ablösung der Lasten sind weder der Besteller noch der Nießbraucher im Verhältnisse zu einander zur Kapitalbeschaffung verpflichtet. Wird das Kapital von der einen oder der anderen Seite beschafft, so hat der Besteller ein Recht auf Ausgleichung nach den Vorschriften über ungerechtfertigte Bereicherung, der zahlende Nießbraucher den Anspruch auf Ersatz von Verwendungen [43]).

Bei dem Nießbrauch an einem Vermögen oder einer Erbschaft besteht im Allgemeinen keine Haftung des Nießbrauchers für die Schulden des Bestellers, vielmehr ist es Sache des Bestellers, für die Bereinigung zu sorgen.

Die Gläubiger des Bestellers, deren Forderungen schon zur Zeit der Bestellung verzinslich waren, können jedoch die Zinsen für die Dauer des Nießbrauchs auch von dem Nießbraucher verlangen, ebenso andere wiederkehrende Leistungen (z. B. Renten, Altentheilsleistungen), die bei ordnungsmäßiger Verwaltung aus den Einkünften des Vermögens bestritten werden, vorausgesetzt, daß die Forderung auf diese Leistungen schon vor der Bestellung des Nießbrauchs entstanden ist. Persönlich haftet übrigens der Nießbraucher nur insoweit, als auch der Eigenthümer persönlich haftet. Die durch das Gesetz normirte Haftung kann nicht durch Vereinbarung zwischen Nießbraucher und Besteller ausgeschlossen oder beschränkt werden. Der Nießbraucher ist auch dem Besteller gegenüber zur Befriedigung der Ansprüche der Gläubiger auf die Zinsen und wiederkehrenden Leistungen verpflichtet. Kommt der Nießbraucher mit der Erfüllung seiner Verbindlichkeit in Verzug, so kann der Besteller die Rückgabe von Gegenständen zum Zwecke der Befriedigung der Gläubiger verlangen [44]).

Im Uebrigen besteht keine persönliche Haftung des Nießbrauchers. Die Gläubiger des Bestellers können, soweit ihre Forderungen vor

---

[41]) Nach Dernburg S. 518 haftet der Nießbraucher, weil die Zinserhöhung wirthschaftlich geboten sei. Nach Biermann S. 150 hat der Nießbraucher für die Zinserhöhung nicht aufzukommen.

[42]) Unbeschadet seiner persönlichen Rechte gegen den Besteller des Nießbrauchs oder den Schuldner wird der Nießbraucher auch für die gesetzlichen Zinsen, für die Kraft der Hypothek das Grundstück haftet (§ 1118 BGB.), aufzukommen haben.

Für die Zinsen aus Gesammthypotheken, Eigenthümerhypotheken und Kautionshypotheken sind keine Ausnahmen gemacht. Mot. 3, 517. Biermann S. 150. Für Gesammthypotheken und Kautionshypotheken ist Dernburg S. 518 anderer Ansicht.

[43]) Mot. 3, 516.

[44]) § 1088 BGB.

der Bestellung entstanden sind, Befriedigung aus den dem Nießbrauch unterliegenden Gegenständen, welche Eigenthum des Bestellers geblieben sind, ohne Rücksicht auf den Nießbrauch verlangen [45]). Die Zwangsvollstreckung ist erst zulässig, wenn der Besteller zu der Leistung und der Nießbraucher zur Duldung der Zwangsvollstreckung verurtheilt ist [46]). Beide können als Streitgenossen zusammen verklagt werden. Die Verurtheilung des Nießbrauchers zur Duldung der Zwangsvollstreckung kann dadurch ersetzt werden, daß der Nießbraucher in einer vor einem deutschen Gerichte oder einem zuständigen deutschen Notar aufgenommenen Urkunde die sofortige Zwangsvollstreckung in die dem Nießbrauch unterworfenen Gegenstände bewilligt [47]). War die Schuld des Bestellers schon zur Zeit der Bestellung des Nießbrauchs an dem Vermögen rechtskräftig festgestellt, so kann gegen den Nießbraucher eine in Ansehung der dem Nießbrauch unterliegenden Gegenstände vollstreckbare Ausfertigung des Urtheils ertheilt werden. Das Gleiche gilt bei dem Nießbrauch an einer Erbschaft für die Ertheilung einer vollstreckbaren Ausfertigung des gegen den Erblasser ergangenen Urtheils [48]).

Hat der Nießbraucher das Eigenthum an den Sachen des Bestellers erlangt [49]), so sind diese dem Zugriffe der Gläubiger entrückt, aber an die Stelle der Sachen tritt der Anspruch des Bestellers auf Ersatz des Werthes. Dieser Werthersatz ist den Gläubigern gegenüber sofort zu leisten [50]). Die Zwangsvollstreckung in den Ersatzanspruch kann nur stattfinden, wenn die Forderung des Gläubigers gegen den Besteller und die Verpflichtung des Nießbrauchers, den Werthersatz in Höhe der Forderung sofort zu leisten, gegen den Nießbraucher durch vollstreckbaren Titel festgestellt sind [51]).

Zur Berichtigung von Forderungen, die zur Zeit der Bestellung des Nießbrauchs bereits fällig sind, kann der **Besteller** die erforderlichen Gegenstände zurückbehalten. Ist der Nießbrauch bestellt, so kann der Besteller, wenn eine vor der Bestellung entstandene Forderung fällig ist, von dem Nießbraucher Rückgabe der Gegenstände verlangen, die zur Befriedigung des Gläubigers erforderlich sind. Die Auswahl der Gegenstände steht dem Besteller zu, doch darf er nur die vorzugsweise geeigneten Stücke auswählen. Sind Gegenstände zum Zwecke der Schuldentilgung an den Besteller zurückgegeben, so ist der

---

[45]) § 1086 BGB.

[46]) § 737 CPO. Was von dem Besteller gesagt ist, gilt auch von dem Erben.

[47]) § 794 Abs. 2 CPO.

[48]) § 738 CPO.

[49]) Vergl. §§ 1067, 1084 BGB.

[50]) § 1086 BGB.

[51]) Kom.Prot. 3 S. 433. Das Vorgehen gegen den Besteller allein wird den Gläubiger nicht zum Ziele führen, weil der Nießbraucher dem Besteller nicht zu sofortigem Ersatze verpflichtet ist. Der Ansicht Biermanns (S. 169), es bedürfe eines vollstreckbaren Titels gegen den Besteller unter Pfändung und Ueberweisung des Ersatzanspruchs zu Gunsten des Gläubigers, ist daher nicht beizutreten.

Besteller, soweit die Gegenstände reichen, auch dem Nießbraucher gegenüber zur Befriedigung des Gläubigers verpflichtet.

Der Nießbraucher seinerseits kann, wenn eine vor der Bestellung entstandene Forderung fällig ist, die Verbindlichkeit des Bestellers durch Leistung des geschuldeten Gegenstandes erfüllen. Eine Verpflichtung dazu besteht dem Besteller gegenüber nur, wenn sie besonders übernommen ist. Der Nießbraucher ist auch berechtigt, zum Zwecke der Befriedigung eines Gläubigers einen Vermögensgegenstand zu veräußern, wenn die Befriedigung durch den Besteller nicht ohne Gefahr (z. B. wegen drohender Zwangsvollstreckung) abgewartet werden kann; er braucht es nicht darauf ankommen zu lassen, daß der Gläubiger aus einem beliebigen Gegenstand seine Befriedigung sucht. Doch hat der Nießbraucher einen vorzugsweise geeigneten Gegenstand auszuwählen. Soweit der Nießbraucher zum Ersatze des Werthes von in sein Eigenthum übergegangenen Gegenständen verpflichtet ist[52]), darf er eine Veräußerung eines im Eigenthum des Bestellers verbliebenen Gegenstandes nicht vornehmen, hat vielmehr aus den eigenen Mitteln den Gläubiger zu befriedigen[53]).

7. Der Nießbraucher ist verpflichtet, nach der Beendigung des Nießbrauchs die ihm überlassenen Gegenstände dem Eigenthümer, als welcher zu Gunsten des Nießbrauchers der Besteller gilt, zurückzugeben[54]).

Hat der Nießbraucher an Sachen, welche den Gegenstand des Nießbrauchs bildeten, das Eigenthum erlangt, sei es, daß ein Eigenthums-Nießbrauch bestellt worden ist, sei es, daß verbrauchbare Sachen während der Dauer des Nießbrauchs an die Stelle von im Eigenthum des Bestellers verbliebenen Gegenständen getreten sind, so hat der Nießbraucher nach der Beendigung des Nießbrauchs dem Besteller den Werth zu ersetzen, den die Sachen zur Zeit der Bestellung hatten[55]). Rücknahme der Sachen kann dem Besteller nicht angesonnen werden.

Ist die Sache dem Eigenthümer zurückzugeben, so ist sie in dem Zustande zurückzugeben, in dem sie sich bei ordnungsmäßiger Behandlung zur Zeit der Beendigung des Nießbrauches befindet[56]). Handelt es sich um ein landwirthschaftliches Grundstück oder um ein Landgut, so ist dieses in dem Zustande zurückzugeben, der sich — gleichgültig, wie der Zustand zur Zeit der Nießbrauchbegründung war, — bei einer während des Nießbrauchs bis zur Rückgabe fortgesetzten ordnungsmäßigen Bewirthschaftung ergibt. Dies gilt insbesondere auch für die Bestellung des Grundstücks. Endigt der Nieß-

---

[52]) S. Ziff. 50.
[53]) § 1087 BGB.
[54]) § 1055 BGB.
[55]) § 1067 BGB.
[56]) Vergl. §§ 1034, 1036, 1050, 1042, 1041 BGB.

brauch im Laufe eines Nießbrauchjahres [57]), so hat der Eigenthümer die Kosten, welche der Nießbraucher auf die noch nicht getrennten, jedoch nach den Regeln einer ordnungsmäßigen Wirthschaft vor dem Ende des Nießbrauchjahres zu trennenden Früchte verwendet hat, insoweit zu ersetzen, als sie einer ordnungsmäßigen Wirthschaft entsprechen und den Werth der Früchte nicht übersteigen. Der Nießbraucher eines Landguts hat von den bei der Beendigung des Nießbrauchs vorhandenen landwirthschaftlichen Erzeugnissen ohne Rücksicht darauf, ob er bei dem Antritt des Nießbrauchs solche Erzeugnisse übernommen hat, so viel zurückzulassen, als zur Fortführung der Wirthschaft bis zu der Zeit erforderlich ist, zu welcher gleiche oder ähnliche Erzeugnisse voraussichtlich gewonnen werden. Soweit er landwirthschaftliche Erzeugnisse in größerer Menge oder besserer Beschaffenheit zurückzulassen verpflichtet ist, als er bei dem Antritte des Nießbrauchs übernommen hat, kann er von dem Eigenthümer Ersatz des Werthes verlangen. Den vorhandenen, auf dem Gute gewonnenen Dünger hat der Nießbraucher zurückzulassen, ohne daß er Ersatz des Werthes verlangen kann [58]).

War ein Grundstück mit Inventar Gegenstand des Nießbrauchs, so ist das Inventar ordnungsmäßig ergänzt zurückzugeben. War das Inventar zum Schätzungswerthe übernommen, so ist das bei der Beendigung des Nießbrauchs vorhandene Inventar dem Eigenthümer zurückzugewähren. Der Eigenthümer kann die Uebernahme derjenigen von dem Nießbraucher angeschafften Inventarstücke ablehnen, welche nach den Regeln einer ordnungsmäßigen Wirthschaft für das Grundstück überflüssig oder zu werthvoll sind [59]). S. oben Ziff. 7.

Mit der Beendigung des Nießbrauchs erlischt auch das Recht desjenigen, dem der Nießbraucher die Ausübung des Nießbrauchs überlassen hat. Für die V e r m i e t h u n g oder V e r p a c h t u n g eines Grundstücks bestehen jedoch Ausnahmen. Ebenso wie der Kauf die Miethe nicht bricht, bricht auch die Beendigung des Nießbrauchs die in Vollzug gesetzte Miethe nicht. Was für den Fall der Veräußerung eines vermietheten Grundstücks in den §§ 571, 572, 573 Satz 1, 574 bis 576, 579 BGB. angeordnet ist, gilt auch für die Beendigung des Nießbrauchs [60]). Hat der Nießbraucher ein Grundstück über die Dauer des Nießbrauchs [61]) hinaus vermiethet oder verpachtet und ist das Grundstück zur Zeit der Beendigung des Nießbrauchs

---

[57]) Vergl. § 592 BGB. Das erste Nießbrauchjahr beginnt mit dem Antritt des Nießbrauchs.

[58]) § 1055 mit §§ 591—593 BGB. Ueber die Fruchtvertheilung s. die allgemeinen Vorschriften der §§ 101 und 102 BGB. in § 4 Ziff. 56 ff.

[59]) § 1048 mit § 589 BGB.

[60]) § 1056 BGB.

[61]) Es macht keinen Unterschied, ob der Nießbrauch an einem festen oder an einem, was die Zeit des Eintritts betrifft, ungewissen Termine endigt. Mot. 3 522.

dem Miether (Pächter) überlassen[62]), so tritt mit der Beendigung des Nießbrauchs der Eigenthümer an Stelle des Nießbrauchers in die aus dem Mieth- oder Pachtverhältniß sich ergebenden Rechte und Verpflichtungen ein. Der Eigenthümer ist aber berechtigt, das Mieth- oder Pachtverhältniß unter Einhaltung der gesetzlichen Kündigungsfrist[63]) zu kündigen. Daß die Kündigung zu dem ersten zulässigen Termine erfolge, ist nicht verlangt. Damit nicht Nießbraucher und Eigenthümer den Miether (Pächter) vorzeitig verdrängen können, ist, wenn der Nießbrauch durch Verzicht des Nießbrauchers endigt, die Kündigung durch den Eigenthümer erst von der Zeit an zulässig, zu welcher der Nießbrauch ohne den Verzicht erlöschen würde. Sollte nach dem Mieth- oder Pachtvertrag dem Nießbraucher eine frühere Kündigung eingeräumt sein, so kann der Eigenthümer von diesem vertragsmäßigen Kündigungsrecht auch bei Beendigung des Nießbrauchs durch Verzicht Gebrauch machen. Der Miether (Pächter) hat kein gesetzliches Kündigungsrecht, wohl aber ist er berechtigt, den Eigenthümer unter Bestimmung einer angemessenen Frist zur Erklärung darüber aufzufordern, ob er von dem Kündigungsrecht Gebrauch mache. Erfolgt die Kündigung in diesem Falle nicht bis zum Ablaufe der Frist, so erlischt das Recht des Eigenthümers, unter Einhaltung der gesetzlichen Kündigungsfrist zu kündigen, und hat es alsdann bei den Bestimmungen des Mieth(Pacht)-Vertrages sein Bewenden[64]).

Erfüllt der Eigenthümer die durch den Eintritt in das Mieth- oder Pacht-Verhältniß übernommenen Verpflichtungen nicht, so haftet der Nießbraucher für den von dem Eigenthümer zu ersetzenden Schaden wie ein Bürge, der auf die Einrede der Vorausklage verzichtet hat. Der Nießbraucher kann sich von dieser Haft befreien, wenn der Miether nach Gesetz oder nach dem Vertrage zur Kündigung berechtigt ist. Zu diesem Zwecke hat er dem Miether (Pächter) von der Beendigung des Nießbrauches Mittheilung zu machen, kündigt alsdann der Miether (Pächter) nicht für den ersten Termin, so wird der Nießbraucher von der Bürgschaftshaftung frei[65]).

Für die Vertheilung des Mieth(Pacht)-Zinses zwischen Nießbraucher und Eigenthümer ist die Vorschrift des § 101 BGB. maßgebend. Von dem Miether (Pächter), kann der Eigenthümer grundsätzlich den Mieth(Pacht)-Zins fordern, der nach der Beendigung des Nießbrauchs fällig wird. Es sind jedoch Verfügungen, die der

---

[62]) Die Ausnahmebestimmung gilt nicht für den Fall, daß der Nießbraucher einen Mieth- oder Pachtvertrag zwar abgeschlossen, aber noch nicht durch Ueberlassung der Sache in Vollzug gesetzt hat. Mot. 3, 522.

[63]) §§ 565, 595 BGB. Haftung des Nießbrauchers oder seiner Erben gegenüber dem Miether (Pächter) nach § 541 BGB.

[64]) Vergl. § 1056 BGB. Kom.Prot. 3 S. 405.

[65]) §§ 1056, 571 BGB. Ueber den Eintritt des Eigenthümers in die Rechte aus einer dem Nießbraucher durch den Miether (Pächter) geleisteten Sicherheit s. § 572 BGB.

Nießbraucher vor der Beendigung des Nießbrauchs über den Mieth-(Pacht)-Zins getroffen hat, für den Eigenthümer insoweit wirksam, als sie sich auf den Miethzins für das zur Zeit der Beendigung des Nießbrauchs laufende und auf das folgende Kalendervierteljahr beziehen[66]. Sogar die Entrichtung des Miethzinses an den Nießbraucher nach Beendigung des Nießbrauchs wie überhaupt jedes Rechtsgeschäft, das zwischen dem Miether (Pächter) und dem Nießbraucher nach Beendigung des Nießbrauches in Ansehung der Miethzinsforderung vorgenommen wird, ist dem Eigenthümer gegenüber wirksam, soweit es sich nicht um den Miethzins für eine spätere Zeit als das Kalendervierteljahr, in welchem der Miether (Pächter) von der Beendigung des Nießbrauchs Kenntniß erlangt, und das folgende Vierteljahr handelt, der Miether (Pächter) auch bei Vornahme des Rechtsgeschäfts von der Beendigung des Nießbrauchs keine Kenntniß hat[67][68].

§ 47. Rechte des Eigenthümers (Bestellers).

Dem Eigenthümer der Sachen, die den Gegenstand des Nießbrauchs bilden, verbleiben alle Befugnisse, welche mit den Rechten des Nießbrauchers vereinbar sind. Der Eigenthümer kann, unbeschadet der Rechte des Nießbrauchers, seine Sache veräußern, mit Dienstbarkeiten belasten, sie zu Unterpfand einsetzen; ebenso kann der Inhaber einer mit einem Nießbrauch belasteten Forderung über die Forderung verfügen.

Sind die Gegenstände, an denen der Nießbrauch bestellt worden ist, in das Eigenthum des Nießbrauchers gelangt, so hat der Besteller nur das Recht, nach der Beendigung des Nießbrauchs den Werth zu verlangen, den die Gegenstände zur Zeit der Bestellung hatten. Zu diesem Behufe ist er auch befugt, den Werth der Gegenstände auf seine Kosten durch Sachverständige feststellen zu lassen und von dem Nießbraucher Sicherheit zu verlangen, wenn der Anspruch auf Ersatz des Werthes gefährdet ist[1]. Dem Besteller stehen diese Ansprüche zu, unabhängig davon, ob er Eigenthümer der in das Eigenthum des Nießbrauchers übergegangenen Sachen war oder ob er als Nichteigenthümer den Nießbrauch bestellte.

---

66) § 573 Satz 1 BGB. Verfügungen über den Mieth(Pacht)-Zins für eine spätere Zeit braucht der Eigenthümer nicht gegen sich gelten zu lassen, wenn er sie auch schon vor der Beendigung des Nießbrauchs gekannt hat.

67) § 574 BGB. Die Wirksamkeit der Rechtsgeschäfte vor oder nach der Beendigung des Nießbrauchs ist die Regel; die Voraussetzungen für die Ausnahmen hat der Eigenthümer zu beweisen.

68) Ueber die Aufrechnungsbefugniß des Miethers (Pächters) gegenüber dem Eigenthümer s. § 575 BGB. Wirkung einer Anzeige des Nießbrauchers über Beendigung des Nießbrauchs s. § 576 BGB. Veräußerung oder Belastung des Grundstücks durch den Eigenthümer s. 579 BGB.

Zu § 47.

1) § 1067 BGB. Vergl. § 45 Ziff. 3 und § 46 Ziff. 37.

Ist der Nießbraucher nicht Eigenthümer der Nießbrauchgegenstände geworden, so bestehen die ihm durch Gesetz auferlegten Verpflichtungen dem Eigenthümer gegenüber, gleichviel, ob die Bestellung des Nießbrauchs durch den Eigenthümer oder durch einen Nichteigenthümer erfolgt oder ob der Nießbrauch durch Ersitzung erworben ist. Bei Uebertragung des Eigenthums an einen Dritten bedarf es sonach keiner besonderen Uebertragung der Rechte gegen den Nießbraucher. Wie schon hervorgehoben, gilt übrigens im Verhältnisse des Nießbrauchers zu dem Eigenthümer zu Gunsten des Nießbrauchers der Besteller als Eigenthümer und ist es Sache des Eigenthümers, darzuthun, daß der Nießbraucher wußte, der Besteller sei nicht Eigenthümer[2]).

Für das Rechtsverhältniß zwischen dem Nießbraucher und dem Eigenthümer (Besteller) ist der Bestellungsakt maßgebend. Soweit er keine Bestimmungen trifft, kommen hinsichtlich der Rechte des Bestellers folgende Vorschriften zur Anwendung:

1. Wie der Nießbraucher so hat auch der Eigenthümer das Recht, den Zustand der den Gegenstand des Nießbrauchs bildenden Sache auf eigene Kosten durch Sachverständige feststellen zu lassen[3]).

2. Gleich dem Nießbraucher kann auch der Eigenthümer verlangen, daß bei dem Nießbrauch an einem Inbegriff von Sachen der Nießbraucher zur Aufnahme eines Verzeichnisses der Sachen mitwirke[4]).

3. Der Nießbrauchbesteller hat den mittelbaren Besitz an den Sachen, die den Gegenstand des Nießbrauchs bilden und nicht in das Eigenthum des Nießbrauchers gelangt sind. In Folge dessen stehen ihm alle Rechte zu, die an den mittelbaren Besitz geknüpft sind[5]).

Den Besitz an Inhaberpapieren und mit Blankoindossament versehenen Orderpapieren, die nicht zu den verbrauchbaren Sachen gehören, und den Besitz an den zu den Papieren gehörenden Erneuerungsscheinen hat der Eigenthümer gemeinschaftlich mit dem Nießbraucher. Der Eigenthümer kann verlangen, daß das Papier nebst dem Erneuerungsscheine bei einer Hinterlegungsstelle mit der Bestimmung hinterlegt werde, daß die Herausgabe nur von ihm und dem Nießbraucher gemeinschaftlich verlangt werden kann. Zur Einziehung des fälligen Kapitals, zur Beschaffung neuer Zins-, Renten- oder Gewinnantheilscheine sowie zu sonstigen Maßnahmen, die zur ordnungsmäßigen Vermögensverwaltung erforderlich sind, kann der Eigenthümer die Mitwirkung des Nießbrauchers verlangen. Wird bei der Einlösung eine Prämie gezahlt, so gehört sie als Theil des Kapitals dem Eigenthümer[6]).

---

[2]) S. § 46 Ziff. 1.
[3]) § 1034 BGB. S. § 45 Ziff. 2.
[4]) § 1035 BGB. S. § 45 Ziff. 5. Vergl. auch §§ 260, 261 BGB.
[5]) § 868 BGB. S. § 17.
[6]) §§ 1081—1084 BGB.

Die auf Zinsen ausstehenden Kapitalien sowie die Forderungen aus Versicherungen der Nießbrauchsachen sind an den Gläubiger und den Nießbraucher gemeinschaftlich zu zahlen. Wie der Nießbraucher so kann auch der Gläubiger statt der Zahlung die Hinterlegung für Beide fordern. Eine auf Zinsen ausstehende Forderung können Gläubiger und Nießbraucher auch nur gemeinschaftlich kündigen; ist die Einziehung der Forderung nach den Regeln einer ordnungsmäßigen Verwaltung wegen Gefährdung ihrer Sicherheit geboten, so kann der Gläubiger die Mitwirkung des Nießbrauchers zur Kündigung verlangen. Ist die Forderung fällig, so kann der Gläubiger verlangen, daß der Nießbraucher zur Einziehung mitwirke. Ist das Inhaberpapier oder das mit Blankoindossament versehene Orderpapier eingelöst oder ein auf Zinsen ausstehendes Kapital oder eine Versicherungssumme eingezogen, so kann der Gläubiger verlangen, daß der Nießbraucher dazu mitwirke, daß die eingezogenen Beträge gleich wie Mündelgeld verzinslich angelegt werden [7]).

4. Wie der Nießbraucher, so kann auch der Eigenthümer verlangen, daß, wenn ein Wald oder ein Bergwerk oder eine andere auf Gewinnung von Bodenbestandtheilen gerichtete Anlage Gegenstand des Nießbrauchs ist, das Maß der Nutzung und die Art der wirthschaftlichen Behandlung durch einen Wirthschaftsplan auf gemeinschaftliche Kosten festgestellt werden und daß dieser Plan entsprechend geändert wird, wenn eine erhebliche Aenderung der Umstände eintritt [8]).

5. Während der Ausübung des Nießbrauchs hat der Eigenthümer das Recht, eine erforderlich gewordene (gewöhnliche oder außergewöhnliche) Ausbesserung oder Erneuerung der Sache, die der Nießbraucher nicht selbst vornimmt, zu bethätigen und zu diesem Zwecke zu verlangen, daß der Nießbraucher die Vornahme gestatte [9]).

Ist die Sache zerstört oder beschädigt worden und wird dafür eine Versicherungssumme gezahlt, so kann der Eigenthümer (wie der Nießbraucher) verlangen, daß die Versicherungssumme zur Wiederherstellung der Sache oder zur Beschaffung eines Ersatzes insoweit verwendet wird, als es einer ordnungsmäßigen Wirthschaft entspricht. Die Verwendung der Gelder zu diesen Zwecken kann der Eigenthümer selbst besorgen oder dem Nießbraucher überlassen [10]).

6. Wenn auch das Hauptrecht des Eigenthümers, nämlich das Recht auf Rückgabe, erst nach Beendigung des Nießbrauchs geltend gemacht werden kann, ist der Eigenthümer doch schon während der Ausübung des Nießbrauchs in der Lage, Pflichtverletzungen des Nießbrauchers entgegenzutreten. Macht der Nießbraucher einen Gebrauch von dem ihm zum Nießbrauch überlassenen Gegenstand, zu dem er

---

7) Vergl. §§ 1077, 1078, 1079, 1080, 1046, 1083 Abs. 2 BGB.
8) § 1038 BGB. S. § 45 Ziff. 48 ff.
9) Vergl. §§ 1044, 1043 BGB. S. § 46 Ziff. 12 ff.
10) § 1046 BGB. S. § 46 Ziff. 28 ff.

nicht befugt ist, so kann der Eigenthümer (Besteller) abmahnen, setzt der Nießbraucher den Gebrauch ungeachtet der Abmachung fort, so kann auf Unterlassung geklagt werden[11]). S. auch Nr. 10.

7. Der Eigenthümer (Besteller) ist berechtigt, von dem Nießbraucher Sicherheitsleistung zu verlangen,

a) wenn der Nießbraucher den Regeln einer ordnungsmäßigen Wirthschaft zuwider oder in Folge eines besonderen Ereignisses im Uebermaß Früchte zieht, für die er bei Beendigung des Nießbrauchs Ersatz zu leisten hat[12]),

b) wenn durch das Verhalten des Nießbrauchers die Besorgniß einer erheblichen Verletzung der Rechte des Eigenthümers begründet wird[13]),

c) wenn die Sachen, welche den Gegenstand des Nießbrauchs bilden, Eigenthum des Nießbrauchers geworden sind und der Anspruch des Bestellers auf Ersatz ihres Werthes gefährdet ist[14]). Besteht die Gefährdung des Anspruchs auf Wertherſatz schon zu der Zeit, in welcher die Bestellung zu geschehen hat, so kann der zur Bestellung Verpflichtete die Leistung verweigern, bis Sicherheit geleistet ist[15]). Ist Geld Gegenstand des Nießbrauchs, so kann der Nießbraucher seiner Pflicht zur Sicherheitsleistung durch Einwilligung in eine die Rückgewähr sichernde Art der Belegung des Geldes genügen[16]).

8. Der Eigenthümer (Besteller) kann verlangen, daß die Ausübung des Nießbrauchs einem von dem Gerichte zu bestellenden Verwalter[17]) übertragen wird:

a) wenn der Nießbraucher die Rechte des Eigenthümers in erheblichem Maße verletzt und ungeachtet einer Abmahnung des Eigenthümers das verletzende Verhalten fortsetzt[18]),

b) wenn der Nießbraucher wegen Besorgniß einer erheblichen Verletzung der Rechte des Eigenthümers zur Sicherheitsleistung rechtskräftig verurtheilt ist[19]).

9. Ueber die Rechte des Eigenthümers (Bestellers) bei Nießbrauch an einem Vermögen oder einer Erbschaft s. § 46 Ziff. 44 ff.

10. Dem Eigenthümer einer Sache, die Gegenstand des Nießbrauchs ist, stehen auch während der Dauer des Nießbrauchs die Ansprüche aus dem Eigenthum zu, insbesondere kann er, wenn

---

[11]) § 1053 BGB. Zwangsvollstreckung nach § 890 CPO.
[12]) § 1039 BGB. S. § 45 Ziff. 52.
[13]) § 1051 BGB. S. § 46 Ziff. 31 ff.
[14]) § 1067 BGB. S. § 46 Ziff. 37 ff.
[15]) § 273 BGB.
[16]) Mot. 3, 537.
[17]) Vergl. § 46 Ziff. 32 ff.
[18]) Die Ernennung des Verwalters durch das Vollstreckungsgericht kann erst erfolgen, nachdem durch rechtskräftiges Urtheil die Verwaltung angeordnet worden ist. Biermann S. 154.
[19]) § 1052 BGB. S. § 46 Ziff. 32 ff.

der Nießbraucher oder der den Nießbrauch Ausübende in Ueberschreitung seiner Befugnisse das Eigenthum beeinträchtigt, die Beseitigung der Beeinträchtigung verlangen; sind weitere Beeinträchtigungen zu besorgen, so kann auf Unterlassung geklagt werden[20]). In dem Falle des § 1053 BGB. (s. Nr. 6) ist die Klage auf Unterlassung erst zulässig, wenn der unbefugte Gebrauch ungeachtet einer Abmahnung des Eigenthümers fortgesetzt wird[21]).

Nach der Beendigung des Nießbrauchs kann der Eigenthümer die Rückgabe der Sache verlangen[22]) und seine Ersatzansprüche geltend machen. Die Ersatzansprüche wegen Veränderungen oder Verschlechterungen der Sache verjähren in 6 Monaten, beginnend mit dem Zeitpunkte, in welchem der Eigenthümer die Sache zurück erhält; erfolgt die Rückgabe nicht, so verjähren sie mit der Verjährung des Anspruchs auf Rückgabe der Sache[23]).

11. Besteht zur Zeit der Beendigung des Nießbrauchs an einem Grundstück noch ein Mieth- oder Pachtverhältniß, so darf der Eigenthümer unter Einhaltung der gesetzlichen Kündigungsfrist kündigen. S. hierüber § 46 Ziff. 63 ff.

§ 48. Verbindlichkeiten des Eigenthümers (Bestellers).

Der Eigenthümer einer Sache, an welcher einem Anderen ein Nießbrauch zusteht, hat die Ausübung aller Rechte zu gestatten, die dem Nießbraucher nach dem Begründungsakte oder nach dem Gesetze zukommen, insbesondere dem Nießbraucher den Besitz der Sache zu gewähren und zu dulden, daß der Nießbraucher in eigener Person oder durch Andere alle Nutzungen der Sache ziehe, soweit nicht einzelne Nutzungen durch den Bestellungsakt ausgeschlossen sind[1]).

Ist ein Inbegriff von Sachen Gegenstand des Nießbrauchs, so hat der Eigenthümer auf Verlangen des Nießbrauchers zur Aufnahme eines Verzeichnisses mitzuwirken, wobei die Kosten der Aufnahme und der Beglaubigung des Verzeichnisses der Antragsteller zu tragen hat. S. § 45 Ziff. 5 ff.

Ist ein Wald, ein Bergwerk oder eine andere auf Gewinnung von Bodenbestandtheilen gerichtete Anlage Gegenstand des Nießbrauchs, so ist auf Verlangen des Nießbrauchers ein Wirthschaftsplan festzustellen. S. § 45 Ziff. 48 ff.

---

[20]) § 1004 BGB.

[21]) Vergl. Dernburg S. 520.

[22]) § 1055 BGB. S. § 46 Ziff. 54 ff.

[23]) §§ 1057, 558 BGB. Der Ersatzanspruch wegen verschuldeten Untergangs der Sache gehört nicht hieher, vergl. Planck zu § 558. Auch der Anspruch auf Ersatz des Werthes der im Uebermaß gezogenen Früchte (§ 1039 BGB.) und der Anspruch auf Ersatz des Werthes der in das Eigenthum des Nießbrauchers übergegangenen Gegenstände unterliegen nicht der kurzen Verjährung.

Zu § 48.

[1]) S. § 45 Ziff. 11 ff.

Der Eigenthümer hat ferner, falls Früchte ordnungswidrig gezogen sind oder im Uebermaß gezogen werden mußten, zu gestatten, daß der von dem Nießbraucher zu ersetzende Betrag nach den Grundsätzen einer ordnnngsmäßigen Wirthschaft zur Wiederherstellung der Sache verwendet werde. S. § 45 Ziff. 52 ff. Ebenso ist eine für Beschädigung oder Zerstörung einer Sache gezahlte Versicherungssumme zur Wiederherstellung der Sache oder zur Beschaffung eines Ersatzes nach den Regeln einer ordnungsmäßigen Wirthschaft zu verwenden. S. § 46 Ziff. 28.

Wenngleich der Nießbraucher nur die zu der gewöhnlichen Unterhaltung der Sache gehörenden Ausbesserungen und Erneuerungen auf eigene Kosten vorzunehmen hat, ist doch auch der Eigenthümer nicht zur Vornahme außergewöhnlicher Ausbesserungen oder Erneuerungen verpflichtet. Dagegen ist er, falls der Nießbraucher Verwendungen auf die Sache macht, zu denen er nicht verbunden ist, nach den Vorschriften über die Geschäftsführung ohne Auftrag ersatzpflichtig. Siehe § 45 Ziff. 62 ff.

Ueber die Einhaltung der Mieth- und Pachtverträge s. § 46 Ziff. 60 ff.

Ueber das Rechtsverhältniß zwischen dem Gläubiger und dem Nießbraucher hinsichtlich der verzinslichen Forderungen s. § 45 Ziff. 26 ff.

Ueber die Schuldenhaftung bei dem Nießbrauch an einem Vermögen oder einer Erbschaft s. § 46 Ziff. 44 ff.

§ 49. Endigung.

Der Nießbrauch endigt

1. mit dem Tode des Nießbrauchers. Steht der Nießbrauch einer juristischen Person zu, so erlischt er mit dieser[1][2];

2. mit dem Ablaufe der Zeit, für die er bestellt ist, oder mit dem Eintritte der auflösenden Bedingung, unter der die Bestellung vorgenommen wurde[3];

3. durch den Untergang[4] der belasteten Sache, sofern nicht an Stelle der Sache ein anderer Gegenstand tritt (vergl. § 1046 BGB.), sowie durch Aufhebung des durch den Nießbrauch belasteten Rechtes.

Zu **§ 49.**

[1]) § 1061 BGB. Löschung im Grundbuch (§ 23 GBO.) s. § 13 Ziff. 60. Ein vererblicher Nießbrauch ist ein nach dem BGB. unzulässiges Recht, so daß ein solches Recht an einem Grundstück auch vor Eintritt des Grundbuchrechts nicht begründet werden kann (Art. 189 Einf. z. BGB.).

[2]) Für einen vor dem 1. Januar 1900 zu Gunsten einer juristischen Person begründeten Nießbrauch wird die zeitliche Beschränkung des bisherigen Rechtes maßgebend bleiben. Vergl. Art. 184 Einf. z. BGB.

[3]) §§ 158 ff. BGB.

[4]) Durch wesentliche Umgestaltung der Sache erlischt der Nießbrauch nicht. — Enteignung s. Art. 52, 109 Einf. z. BGB.

Ein dem Nießbrauch unterliegendes Recht kann durch Rechtsgeschäft nur mit Zustimmung des Nießbrauchers aufgehoben oder zum Nachtheile des Nießbrauchers geändert werden. Die Zustimmung ist demjenigen gegenüber zu erklären, zu dessen Gunsten sie erfolgt; sie ist unwiderruflich. Bei eingetragenen Rechten ist die Zustimmung dem Grundbuchamt oder demjenigen gegenüber zu erklären, zu dessen Gunsten sie erfolgt[5]).

4. durch Aufhebung. Zur Aufhebung des Nießbrauchs an einem Grundstück ist die Erklärung des Nießbrauchers, daß er das Recht aufgebe und die Löschung des Rechtes im Grundbuch erforderlich[6]). Die Aufhebung des Nießbrauchs an einem Grundstück erstreckt sich im Zweifel auf den Nießbrauch an dem Zubehör[7]). Zur Aufhebung des Nießbrauchs an einer beweglichen Sache oder an einem Recht genügt die Erklärung des Nießbrauchers gegenüber dem Eigenthümer (Gläubiger) oder dem Besteller, daß er den Nießbrauch aufgebe[8]). Rückgabe der Sache ist zur Aufhebung des Nießbrauchs nicht erforderlich, sie kann aber die Verzichtserklärung zum Ausdruck bringen und als Verzichtserklärung zur Aufhebung des Nießbrauchs genügen. Die Verzichtserklärung genügt auch, wenn das dem Nießbrauch unterliegende Recht ein Recht an einem Grundstück (z. B. Hypothek) ist[9]), es bedarf also zum Erlöschen des Nießbrauchs an einem Rechte, das ein Grundstück belastet, nicht der Löschung im Grundbuch. Die Löschung erfolgt zur Berichtigung des Grundbuchs[10]).

Der Zustimmung desjenigen, dem die Ausübung des Nießbrauchs überlassen ist, bedarf es zur Aufhebung des Nießbrauchs nicht. Bei Vermiethung oder Verpachtung des Nießbrauchgrundstücks tritt aber das Kündigungsrecht des Eigenthümers nicht schon auf Grund der Verzichtserklärung des Nießbrauchers ein[11]).

5. auf Grund Verjährung, falls der an einem fremden Grundstück bestehende Nießbrauch im Grundbuch mit Unrecht gelöscht oder der nach § 1075 BGB. entstandene Nießbrauch an einem fremden Grundstück nicht eingetragen worden ist und der Anspruch des Berechtigten gegen den Eigenthümer verjährt ist[12]);

6. dadurch, daß ein Dritter an der dem Nießbrauch unterliegenden beweglichen Sache gutgläubig Eigenthum erwirbt[13]), ferner

---

[5]) § 1071 BGB. Bei einem Rechte, kraft dessen eine Leistung gefordert werden kann (§ 1070 BGB.), kommt diese Vorschrift gemäß § 407 BGB. nur zur Anwendung, wenn der Verpflichtete die Nießbrauchbestellung gekannt hat. Biermann S. 163.

[6]) S. § 8.

[7]) § 1062 BGB. Mit dem Nießbrauch an dem Grundstück erlischt demnach auch der Nießbrauch an den Zubehörstücken.

[8]) § 1064 BGB.

[9]) § 1072 BGB.

[10]) Vergl. § 27 Abs. 2 GBO.

[11]) § 1056 BGB.

[12]) § 901 BGB. S. § 12 Ziff. 5, vergl. § 40 Ziff. 6.

[13]) S. §§ 936, 945, 949, 951, 973 BGB., vergl. §§ 1242 Abs. 2, 1247 BGB. §§ 91, 90, 92 ZVG.

durch Zuschlag des belasteten Grundstücks bei der Zwangsversteigerung;

7. durch Zusammentreffen mit dem Eigenthum oder Gläubigerrecht in einer Person, jedoch nur, wenn eine bewegliche Sache oder ein (eingetragenes oder nicht eingetragenes) Recht Gegenstand des Nießbrauchs ist. Auch gilt in diesen Fällen der Nießbrauch als nicht erloschen, soweit der Eigenthümer (Gläubiger) ein rechtliches Interesse an dem Fortbestande des Nießbrauchs hat[14]) (z. B. gegenüber nachstehenden Rechten). Zur Löschung im Grundbuch ist die Zustimmung desjenigen erforderlich, dem die mit dem Nießbrauch belastete Hypothek, Grundschuld oder Rentenschuld zusteht[15]).

Der Nießbrauch an einem fremden Grundstück erlischt nicht dadurch, daß der Eigenthümer des Grundstücks den Nießbrauch oder der Nießbraucher das Eigenthum an dem Grundstück erwirbt[16]).

Durch bloße Nichtausübung des Nießbrauchs, durch Verzicht auf das Eigenthum der belasteten Sache oder in Folge der Verletzung der Rechte des Eigenthümers durch den Nießbraucher kommt der Nießbrauch nicht zur Beendigung.

III. Beschränkte persönliche Dienstbarkeiten.

§ 50. Begriff und Inhalt.

Eine beschränkte persönliche Dienstbarkeit ist ein dingliches Recht, das einer bestimmten Person an einem Grundstück dahin zusteht,

1. daß sie das Grundstück in einzelnen Beziehungen benutzen[1]) darf, oder
2. daß auf dem Grundstück gewisse Handlungen nicht vorgenommen werden dürfen, oder
3. daß die Ausübung eines Rechtes ausgeschlossen ist, das sich aus dem Eigenthum an dem belasteten Grundstück ergibt[2])[3]).

Alle Befugnisse, die den Inhalt einer Grunddienstbarkeit bilden

---

[14]) §§ 1063, 1072 BGB.
[15]) § 27 Abs. 2 Satz 1 GBO.
[16]) § 889 BGB.

Zu **§ 50.**

[1]) Unter Benutzen ist das Gebrauchen und das Fruchtziehen zu verstehen (§ 100 BGB.).

[2]) §§ 1090, 1018 BGB.

[3]) Beschränkte persönliche Dienstbarkeiten des alten Rechtes bleiben mit dem aus den bisherigen Gesetzen sich ergebenden Inhalt und Range bestehen (Art. 184, 189 Einf.Ges. z. BGB.). Ein nach den Vorschriften des BGB. unzulässiges Recht kann in der Zeit vom 1. Januar 1900 bis zum Eintritt des Grundbuchrechts nicht mehr begründet werden. Gegenüber dem öffentlichen Glauben des Grundbuchs bedürfen auch die nach altem Rechte begründeten beschränkten persönlichen Dienstbarkeiten der Eintragung.

können, können auch, bestimmten Personen, nicht dem jeweiligen Eigenthümer eines Grundstücks, zustehend, den Inhalt einer beschränkten persönlichen Dienstbarkeit bilden. Ein Recht, das, wenn es subjektiv-dinglich ist, zu den Grunddienstbarkeiten gehört, stellt sich, wenn es subjektiv-persönlich ist, als beschränkte persönliche Dienstbarkeit dar[4]).

Von dem Nießbrauch unterscheidet sich die beschränkte persönliche Dienstbarkeit dadurch, daß der Nießbraucher die Gesammtheit der nicht ausdrücklich ausgenommenen Nutzungen zu ziehen hat, während auf Grund einer beschränkten persönlichen Dienstbarkeit nur die einzelnen Nutzungen zu ziehen sind, die dem Berechtigten eingeräumt wurden. Im einzelnen Falle kann es zweifelhaft sein, ob ein Nießbrauch bestellt ist oder eine beschränkte persönliche Dienstbarkeit, wenn nämlich alle möglichen Nutzungen einzeln aufgezählt oder einzelne aufgezählt, andere ausdrücklich ausgeschlossen werden. Die Entscheidung hängt von der Feststellung ab, was die Absicht der Betheiligten war, ob also die Gesammtheit der Nutzungen zugewendet oder ob das Grundstück nur in den ausdrücklich bezeichneten Richtungen belastet werden sollte.

Die Festsetzung des Inhaltes der einzelnen Dienstbarkeiten ist von dem BGB. dem Parteiwillen überlassen. Landesgesetzlich kann die Belastung eines Grundstücks mit gewissen beschränkten persönlichen Dienstbarkeiten untersagt oder beschränkt, auch Inhalt und Maß der zugelassenen Rechte näher bestimmt werden[5]).

Der Umfang der beschränkten persönlichen Dienstbarkeiten bestimmt sich im Zweifel nach dem persönlichen Bedürfnisse[6]) des Berechtigten, kann aber darüber hinausgehen. Eine Grunddienstbarkeit kann nach § 1019 BGB. nur in einer Belastung bestehen, die für die Benutzung des Grundstücks des Berechtigten Vortheil bietet, für die beschränkte persönliche Dienstbarkeit ist eine gleiche Beschränkung auf den persönlichen Vortheil des Berechtigten nicht vorgeschrieben.

Für das Wohnungsrecht, d. h. das Recht, ein Gebäude oder einen Theil eines Gebäudes unter Ausschluß des Eigenthümers[7]) als Wohnung zu benutzen, gibt das BGB. die dispositive Vorschrift, daß der Berechtigte seine Familie sowie die zur standesmäßigen Bedienung und zur Pflege erforderlichen Personen in die Wohnung auf-

---

[4]) Z. B. Weideberechtigung für einen Viehhändler, Berechtigung, Sand zu graben und Steine zu brechen, für einen Maurermeister, Berechtigung, Wasser aus einer Wasserleitung zu entnehmen, für eine Eisenbahngesellschaft.

[5]) Art. 115 Einf.Ges. z. BGB.

[6]) Der Ausdruck ist in dem weiteren Sinne aufzufassen, daß sowohl das Bedürfniß der Haushaltung als das Bedürfniß des Geschäftsbetriebs des Berechtigten in Betracht kommen. Mot. 3, 567.

[7]) Auch ein bloßes Mitbenutzungsrecht kann als beschränkte persönliche Dienstbarkeit eingeräumt werden. Hiefür gelten die besonderen Vorschriften über das Wohnungsrecht nicht. Bei Altentheilsverträgen (Art. 96 Einf.Ges. z. BGB.) wird die Verpflichtung zur Leistung der Wohnung häufig den Charakter einer Reallast haben. Vergl. Mot. 3, 570.

zunehmen befugt ist[8]). Der Ausdruck Familie ist im Sinne des gewöhnlichen Lebens zu nehmen. Regel wird sein, daß der Berechtigte denjenigen gegenüber, die als zu seiner Familie gehörig mit ihm zusammenleben, unterhaltspflichtig ist; Voraussetzung zur Aufnahme in die Wohnung ist die Unterhaltspflichtigkeit nicht[9]). Was den Gegenstand des Wohnungsrechtes angeht, so ist ebenfalls durch dispositive Vorschrift festgestellt, daß, wenn das Recht auf einen Theil des Gebäudes beschränkt ist, der Berechtigte die zum gemeinschaftlichen Gebrauche der Bewohner bestimmten Anlagen und Einrichtungen (z. B. Treppen, Gasleitung, Wasserleitung) mitbenutzen kann, sollte auch der Begründungsakt nicht darüber bestimmt haben[10]).

§ 51. Berechtigter und Gegenstand der Dienstbarkeit.

Eine beschränkte persönliche Dienstbarkeit kann zu Gunsten einer oder mehrerer Personen begründet werden, und zwar kann Berechtigter eine natürliche oder eine juristische Person sein, also z. B. auch eine Gemeinde. Steht die Dienstbarkeit mehreren Personen gemeinschaftlich zu, so liegt Gemeinschaft nach Bruchtheilen[1]) vor.

Als vererbliches Recht kann die Dienstbarkeit nicht begründet werden[2]), wohl aber kann das Recht mehreren Personen nacheinander, der zweiten und dritten Person also bedingt, bestellt werden[3]). Ebenso ist die Uebertragbarkeit des Rechtes ausgeschlossen; nur die Ausübung der beschränkten persönlichen Dienstbarkeit kann einem Andern überlassen werden und dies auch nur dann, wenn die Ueberlassung gestattet worden ist[4]). An dem dinglichen Rechte kann in Folge dessen kein Pfandrecht bestellt werden[5]), auch ist eine Pfändung nur insoweit möglich, als die Ausübung einem Anderen überlassen werden kann[6]).

Mit beschränkten persönlichen Dienstbarkeiten können nur **Grundstücke** und die den Grundstücken gleichgestellten Rechte[7]) belastet werden. An dem Bruchtheile eines Grundstücks läßt sich eine beschränkte persönliche Dienstbarkeit so wenig bestellen wie eine Grunddienstbarkeit. Bezüglich der beweglichen Sachen kann die Ueberlassung der Benutzung nur im Wege obligatorischer Verträge vor sich gehen[8]). Wird aber

---

[8]) § 1093 Abs. 2 BGB.

[9]) Mot. 3, 571. Daß Besuch in die Wohnung aufgenommen werden darf, ist als selbstverständlich vorausgesetzt.

[10]) § 1093 Abs. 3 BGB.

Zu § 51.

[1]) §§ 741 ff. BGB.

[2]) §§ 1090, 1061 BGB.

[3]) Vergl. Dernburg S. 543.

[4]) § 1092 BGB.

[5]) § 1274 Abs. 2 BGB.

[6]) § 857 Abs. 3 CPO.

[7]) Vergl. § 1017 BGB., Art. 63, 68 Einf.

[8]) Kann an einem Gebäude, das nach § 95 BGB. bewegliche Sache ist,

ein Wohnungsrecht bestellt, so erstreckt sich das Recht auch auf das Zubehör in derselben Weise wie ein Nießbrauch sich auf die Zubehörstücke erstreckt[9]). Wird das Wohnungsrecht durch Rechtsgeschäft aufgehoben, so erstreckt sich die Aufhebung (im Zweifel) auch auf das Wohnungsrecht an dem Zubehör[10]).

§ 52. Entstehung.

Eine beschränkte persönliche Dienstbarkeit kommt zur Entstehung

1. durch Bestellung. Hiezu bedarf es gemäß der allgemeinen Vorschriften über die Rechte an Grundstücken der Einigung des Eigenthümers und des Erwerbers über den Eintritt der Rechtsänderung und der Eintragung der Dienstbarkeit in das Grundbuch[1]). S. § 8. Diese Vorschriften gelten auch für Aenderungen des Inhalts der bestellten Dienstbarkeit.

Rangverhältniß s. § 9.

2. durch Ersitzung. Wenn für Jemand eine ihm nicht zustehende beschränkte persönliche Dienstbarkeit im Grundbuch eingetragen ist, so erwirbt er das Recht, und zwar mit dem Range der Eintragung, wenn die Eintragung 30 Jahre bestanden hat und er während dieser Zeit das Grundstück in Besitz gehabt oder das Recht ausgeübt hat. S. § 12 Ziff. 6 ff.

§ 53. Ausübung.

Die Befugnisse und die Pflichten des Berechtigten und des Eigenthümers des belasteten Grundstücks bestimmen sich in erster Linie nach dem Begründungsakt. Das BGB. gibt nur wenige Bestimmungen[1]).

Gleich dem Grunddienstbarkeitsberechtigten hat auch bei der beschränkten persönlichen Dienstbarkeit der Berechtigte bei Ausübung seines Rechtes das Interesse des Eigenthümers des belasteten Grundstücks thunlichst zu schonen. Hält er auf dem belasteten Grundstück

---

ein Wohnungsrecht bestellt werden? Wohl nicht, da das Wohnungsrecht beschränkte persönliche Dienstbarkeit ist und nicht als beschränkter Nießbrauch angesehen werden kann. Dagegen kann der Besitz eines als bewegliche Sache zu betrachtenden Gebäudes zur Begründung einer beschränkten persönlichen Dienstbarkeit (z. B. Dachtraufrecht) Veranlassung geben.

[9]) § 1093 in Verbindung mit § 1031 BGB.

[10]) § 1093 in Verbindung mit § 1062 BGB. Nach Aufhebung des Wohnungsrechtes an dem Grundstück wird ein Wohnungsrecht an den (beweglichen) Zubehörstücken nicht mehr bestehen können.

Zu § 52.

[1]) Festsetzung des Werthes (§ 882 BGB.) s. § 31 Ziff. 6.

Zu § 53.

[1]) Vergl. § 50 Ziff. 6, § 51 Ziff. 4.

eine Anlage, so hat er sie in ordnungsmäßigem Zustande zu erhalten, soweit das Interesse des Eigenthümers es erfordert[2]). Es kann auch bestimmt werden, daß der Eigenthümer des Grundstücks für den Berechtigten oder der Berechtigte für den mitbenutzenden Eigenthümer die Anlage zu unterhalten hat[3]). Besteht die Dienstbarkeit in dem Recht, auf einer baulichen Anlage des belasteten Grundstücks eine bauliche Anlage zu halten, so hat der Eigenthümer des belasteten Grundstücks seine Anlage zu unterhalten, wenn nicht ein Anderes bestimmt ist[4]).

Wie bei der Grunddienstbarkeit hat auch bei der beschränkten persönlichen Dienstbarkeit der Eigenthümer das Recht, die Verlegung der auf einen Theil des belasteten Grundstücks beschränkten Ausübung auf eine andere Stelle zu verlangen[5]). Ebenso werden bei einer Theilung des belasteten Grundstücks die Theile, welche außerhalb des Bereichs der Ausübung liegen, von der Dienstbarkeit frei[6]).

Bei einem Zusammentreffen der Dienstbarkeit mit einer Grunddienstbarkeit oder einem anderen Nutzungsrechte kann, falls die Rechte gleichen Rang haben, jeder Berechtigte eine den Interessen aller Berechtigten nach billigem Ermessen entsprechende Regelung der Ausübung verlangen[7]).

Auf das Wohnungsrecht sind einige Normen, die für den Nießbrauch gegeben sind, ausgedehnt. Darnach kann der Wohnungsberechtigte den Zustand des Gebäudes oder Gebäudetheils auf seine Kosten durch Sachverständige feststellen lassen; ebenso der Eigenthümer[8]). Ferner ist der Wohnungsberechtigte zum Besitze des Grundstücks berechtigt, hat aber bei der Ausübung des Rechts die bisherige wirthschaftliche Bestimmung des Gebäudes aufrecht zu erhalten und nach den Regeln einer ordnungsmäßigen Wirthschaft zu verfahren[9]). Er ist nicht berechtigt, die Sache umzugestalten oder wesentlich zu verändern[10]). Er hat für die Erhaltung der Sache in ihrem wirthschaftlichen Bestande zu sorgen. Ausbesserungen und Erneuerungen liegen ihm nur insoweit ob, als sie zu der gewöhnlichen Unterhaltung der Sache gehören[11]). Veränderungen oder Verschlechterungen der Sache, welche durch die ordnungsmäßige Ausübung des Wohnungsrechts herbeigeführt werden, hat er nicht zu vertreten[12]). Wie der

---

2) §§ 1090, 1020 BGB. S. § 39 Ziff. 1 ff.
3) §§ 1090, 1021 BGB. S. § 39 Ziff. 5, 7.
4) §§ 1090, 1022 BGB. S. § 39 Ziff. 6.
5) §§ 1090, 1023 BGB. S. § 39 Ziff. 10 ff.
6) §§ 1090, 1026 BGB. S. § 39 Ziff. 13, 19.
7) §§ 1090, 1024 BGB. S. § 39 Ziff. 22.
8) §§ 1093, 1034 BGB. S. § 45 Ziff. 2.
9) §§ 1093, 1036 BGB. S. § 45 Ziff. 11, 43.
10) §§ 1093, 1037 Abs. 1 BGB. S. § 45 Ziff. 44.
11) §§ 1093, 1041 BGB. S. § 45 Ziff. 62, § 46 Ziff. 8, 12.
12) §§ 1093, 1050 BGB. S. § 45 Ziff. 47.

Nießbraucher ist auch der Wohnungsberechtigte verpflichtet, dem Eigenthümer unverzüglich Anzeige zu machen, wenn die Sache zerstört oder beschädigt wird oder ein anderer der in § 1042 BGB. bezeichneten Fälle vorliegt [13]). Nimmt der Wohnungsberechtigte eine erforderlich gewordene, gewöhnliche oder außergewöhnliche Ausbesserung oder Erneuerung nicht selbst vor, so hat er dem Eigenthümer die Vornahme zu gestatten [14]). Macht der Wohnungsberechtigte Verwendungen auf die Sache, zu denen er nicht verpflichtet ist, so bestimmt sich die Ersatzpflicht des Eigenthümers nach den Vorschriften über die Geschäftsführung ohne Auftrag. Einrichtungen, mit denen er die Sache versehen hat, darf er wegnehmen [15]). Wie beim Nießbrauch unterliegen die Ersatzansprüche des Eigenthümers wegen Veränderungen oder Verschlechterungen der Sache sowie die Ansprüche des Wohnungsberechtigten auf Ersatz von Verwendungen oder auf Gestattung der Wegnahme einer Einrichtung einer kurzen Verjährung [16]).

Die übrigen Bestimmungen über den Nießbrauch finden auf das Wohnungsrecht keine Anwendung.

§ 54. Endigung.

Die beschränkte persönliche Dienstbarkeit erlischt

1. mit dem Tode des Berechtigten. Steht sie einer juristischen Person zu, so erlischt sie mit dieser [1]).

2. mit dem Ablauf der Zeit, für welche sie bestellt ist, und mit dem Eintritt der auflösenden Bedingung, unter der die Bestellung vorgenommen worden ist [2]).

3. durch Untergang des belasteten Grundstücks. Eine Veränderung der Oberfläche ist auf den Bestand des dinglichen Rechtes ohne Einfluß; die Dienstbarkeit belastet das Grundstück.

4. durch Zuschlag des Grundstücks bei der Zwangsversteigerung [3]);

5. auf Grund Verjährung, wenn das Recht im Grundbuch mit Unrecht gelöscht und der Anspruch des Berechtigten gegen den Eigenthümer verjährt ist [4]) ferner, wenn die Dienstbarkeit zwar im Grundbuch eingetragen, aber auf dem belasteten Grundstück eine Anlage errichtet worden ist, durch welche die Dienstbarkeit beeinträchtigt wird, und der Anspruch auf Beseitigung der Beeinträchtigung verjährt ist [5]).

---

[13]) §§ 1093, 1042 BGB. S. § 46 Ziff. 15.
[14]) §§ 1093, 1044 BGB. S. § 46 Ziff. 16.
[15]) §§ 1093, 1049 BGB. S. § 45 Ziff. 64 ff.
[16]) §§ 1093, 1057 BGB. S. § 45 Ziff. 68, § 47 Ziff. 23.

Zu § 54.

[1]) §§ 1090, 1061 BGB.
[2]) §§ 158 ff. BGB.
[3]) §§ 91, 92 ZVG. Soweit eine Dienstbarkeit als Leibgedinge, Leibzucht, Altentheil oder Auszug eingetragen ist, bleibt das Recht nach Maßgabe des Landesgesetzes von der Zwangsversteigerung unberührt, auch wenn es bei der Feststellung des geringsten Gebots nicht berücksichtigt ist (§ 9 Einf. z. ZVG.).
[4]) § 901 BGB. S. § 12 Ziff. 4, 5.
[5]) §§ 1090, 1028 BGB. S. § 12 Ziff. 3, § 40 Ziff. 8 ff.

6. durch Aufhebung. Hiezu bedarf es der Erklärung des Berechtigten, daß er das Recht aufgebe, und der Löschung im Grundbuch. S. § 8. Die Aufhebung eines Wohnungsrechtes erstreckt sich auf das Zubehör[6]).

Die beschränkte persönliche Dienstbarkeit erlischt nicht dadurch, daß der Eigenthümer des belasteten Grundstücks das Recht oder der Berechtigte das Eigenthum an dem Grundstück erwirbt[7]). Sie erlischt auch nicht wegen Mißbrauchs der Dienstbarkeit.

§ 55. Schutz.

Gegen einen Uebergriff des Berechtigten kann sich der Eigenthümer der gewöhnlichen Schutzmittel des Eigenthums bedienen, s. § 27. Ist der Eigenthümer im Besitze des belasteten Grundstücks, so hat er den Schutz des Sachbesitzers, ist der Dienstbarkeitsberechtigte im Besitze, so hat der Eigenthümer mittelbaren Besitz. S. § 17.

Der Berechtigte wird, falls er das belastete Grundstück in Besitz hat[1]), als Sachbesitzer geschützt. Dasselbe gilt für denjenigen, der an Stelle des Berechtigten die Dienstbarkeit ausübt. Liegt Sachbesitz nicht vor, so finden doch die Vorschriften über Besitzschutz Anwendung, wenn

1. die beschränkte persönliche Dienstbarkeit für den Berechtigten im Grundbuch eingetragen ist,
2. der Berechtigte oder derjenige, dem die Ausübung überlassen ist, in der Ausübung der Dienstbarkeit gestört wird,
3. die Dienstbarkeit innerhalb eines Jahres vor der Störung, sei es auch nur einmal, ausgeübt worden ist[2])[3]).

Wird eine beschränkte persönliche Dienstbarkeit beeinträchtigt, so kann der Berechtigte in der gleichen Weise wie ein Grunddienstbarkeitsberechtigter von dem Störer die Beseitigung der Beeinträchtigung verlangen und, wenn weitere Beeinträchtigungen zu besorgen sind, auf Unterlassung klagen[4]).

Für den Anspruch auf Feststellung des Bestehens der beschränkten persönlichen Dienstbarkeit und für den Anspruch auf Berichtigung des Grundbuchs gilt dasselbe, was in dieser Beziehung schon für die Grunddienstbarkeiten gesagt worden ist. S. § 41 Ziff. 4, 5 und nach Ziff. 9.

---

[6]) §§ 1093, 1062 BGB. S. § 51 Ziff. 10.
[7]) § 889 BGB.

Zu § 55.

[1]) Vergl. §§ 1093, 1036, auch 865 sowie § 866 BGB.
[2]) §§ 1090, 1029 BGB. S. § 41 Ziff. 2 ff.
[3]) Die bisherigen Gesetze über den Schutz im Besitze einer beschränkten persönlichen Dienstbarkeit finden auch nach dem Inkrafttreten des BGB. Anwendung, bis das Grundbuch als angelegt anzusehen ist (Art. 191 Abs. 1 Einf.Ges. z. BGB.).
[4]) §§ 1090, 1027 BGB. S. § 41 Ziff. 6 ff.

VI. Abschnitt.

Vorkaufsrecht.

§ 56. Begriff und Inhalt.

Das Vorkaufsrecht ist das dingliche Recht an einem Grundstück, kraft dessen eine bestimmte Person oder der jeweilige Eigenthümer eines anderen Grundstücks das belastete Grundstück, wenn es an einen Dritten verkauft worden ist, unter den Bedingungen des mit dem Dritten abgeschlossenen Vertrages durch einseitige Erklärung käuflich übernehmen darf [1]).

Das BGB. unterscheidet ein obligatorisches Vorkaufsrecht, d. h. ein Vorkaufsrecht, das nur gegenüber der Vertragspartei und deren Erben, nicht aber gegenüber einem Dritten wirkt, und das dingliche Vorkaufsrecht an Grundstücken, das dem Eigenthümer der belasteten Grundstücke gegenüber zum Vorkaufe berechtigt, auch wenn der Grundeigenthümer nicht Vertragspartei oder Erbe der Vertragspartei ist. Das dingliche Vorkaufsrecht ist eine besondere Art von Rechten an Grundstücken. In dem obligatorischen Vorkaufsrecht, das sich auf ein Grundstück bezieht, liegt nicht die Verpflichtung, ein dingliches Vorkaufsrecht zu begründen. Die Verpflichtung, ein dingliches Vorkaufsrecht zu begründen, bedarf besonderer Festsetzung.

Die auf einem Grundstück ruhende Vorkaufslast hat Aehnlichkeit mit einer Reallast, aber der Inhalt der Verpflichtung ist ein anderer als bei der Reallast. Bei der Reallast besteht die Verpflichtung, wiederkehrende Leistungen zu bewirken, bei der Vorkaufslast geht die Verpflichtung des Eigenthümers dahin, dem Vorkaufsberechtigten die Vorhand zu lassen, falls das Grundstück verkauft wird. Für die Erfüllung dieser Verpflichtung haftet das Grundstück in der Weise, daß, wenn die Verpflichtung nicht erfüllt, also an einen Dritten verkauft wird, ohne daß dem Berechtigten die Vorhand gewährt wird, nicht — wie bei der Reallast, Hypothek 2c. — etwas aus dem Grundstück zu leisten, sondern das Grundstück selbst, als ob es gekauft wäre, zu geben ist. Das Vorkaufsrecht ist ein begrenztes Recht, es ist nicht etwa als bedingtes Recht auf Anfall des Eigenthums zu denken [2]).

---

[1]) Vergl. § 1094 BGB. — Für dingliche Vorkaufsrechte des alten Rechtes gelten die schon mehr erwähnten Art. 184, 189 Einfgeſ. z. BGB.

[2]) Vergl. Mot. 3, 450 und 452.

Das Vorkaufsrecht kann nur begründet werden für den Fall, daß ein Kaufvertrag mit einem Dritten über das belastete Grundstück geschlossen wird; auf Fälle einer sonstigen Veräußerung, z. B. Tausch, Schenkung, kann das Vorkaufsrecht nicht erstreckt werden[3]). Im Zweifel erstreckt sich das Vorkaufsrecht auch nicht auf einen Verkauf, der mit Rücksicht auf ein künftiges Erbrecht an einen gesetzlichen Erben erfolgt[4]). Den Nachweis, daß ein Kaufvertrag vorliegt, hat der Vorkaufsberechtigte zu erbringen.

Das Vorkaufsrecht beschränkt sich auf den Fall des Verkaufs durch den Eigenthümer, dem das Grundstück zur Zeit der Bestellung des Rechts gehört, oder durch dessen Erben, kann aber auch für mehrere oder für alle Verkaufsfälle der Eigenthümer des Grundstücks bestellt werden[5])[6]). Ebenso kann es auf eine gewisse Zeitdauer beschränkt oder unter einer Bedingung bestellt werden. Bei dem Vorkaufsrechte, das für mehrere oder für alle Verkaufsfälle bestellt ist, gelangt, wenn das Recht in einem Verkaufsfalle nicht ausgeübt wird, der neue Erwerber als Schuldner in dieselbe Stellung, welche der Veräußerer hatte.

Die Leistungen des Vorkaufsberechtigten im Falle der Ausübung des Vorkaufs dürfen bei der Begründung des Vorkaufsrechtes nicht eingeschränkt werden, insbesondere ist nicht zulässig, bei Bestellung des Rechtes den Vorkaufspreis auf eine bestimmte Summe

---

[3]) Vergl. §§ 1098, 504 BGB.

[4]) §§ 1098, 511 BGB. Vergl. §§ 1924—1926, 1928, 1929, 1931 BGB.

[5]) § 1097 BGB. Beschränkt sich das Vorkaufsrecht auf den Fall des Verkaufs durch den Eigenthümer oder dessen Erben, so erlischt es, wenn der Eigenthümer oder Erbe das Grundstück veräußert, die Veräußerung aber nicht als Verkauf sich darstellt (s. Ziff. 3), oder, wenn sie zwar Verkauf ist, das Vorkaufsrecht sich aber auf einen solchen Verkauf nicht erstreckt (s. Ziff. 4), oder, wenn das Vorkaufsrecht nicht ausgeübt wird, trotzdem es hätte ausgeübt werden können. Auch bei einem Verkauf an einen gesetzlichen Erben erwirbt der Käufer das Grundstück als Sondernachfolger; das Vorkaufsrecht kann nicht gegen ihn als Erben ausgeübt werden, falls er späterhin das Grundstück verkauft. Ist gewollt, daß das Vorkaufsrecht zwar nicht bei einem Verkauf an einen gesetzlichen Erben, aber nach einem solchen Verkauf bei dem durch den Erwerber etwa erfolgenden Weiterverkauf zustehen soll, so ist dies in dem Begründungsakt zum Ausdruck zu bringen. Vergl. Kom.Prot. 2, S. 101, 104. Fischer-Henle § 1097 Anm. 1. Anders Biermann S. 175, nach dessen Ansicht im Falle des § 511 der Vorkaufsberechtigte sein Recht ohne Weiteres bei einem Verkaufe durch den Erben ausüben kann.

[6]) Wenn die Berechtigung nur in Einem Verkaufsfalle wirksam sein soll, kann die Einräumung eines obligatorischen Vorkaufsrechts genügen, sofern der obligatorisch Berechtigte in der Lage ist, durch eine hypothekarisch sicher zu stellende Konventionalstrafe sein Interesse an der Nichtverletzung seines Rechtes zu schützen. Das dingliche Vorkaufsrecht hat praktischen Werth insbesondere für Großgrundbesitzer, welche an Kleinbauern oder Taglöhner Grundstücke veräußern und Interesse daran haben, daß das veräußerte Land nur in das Eigenthum von Arbeitern gelangt, welche den Ueberschuß ihrer Arbeitskräfte dem Großgrundbesitzer zur Verfügung stellen. Mittels des dinglichen Vorkaufsrechtes läßt sich auch der Veräußerung von Familiengut vorbeugen. Vergl. Mot. 3, 449.

festzusetzen. Die Uebernahme des Grundstücks zu den im Kaufvertrag festgesetzten Bedingungen ist wesentliches Erforderniß für das Vorkaufsrecht [7]).

§ 57. Berechtigter und Gegenstand des Vorkaufsrechtes.

Das dingliche Vorkaufsrecht kann zu Gunsten einer Person oder mehrerer Personen, zu Gunsten natürlicher oder juristischer Personen, auch zu Gunsten des jeweiligen Eigenthümers eines anderen Grundstücks, also als subjektiv-persönliches oder als subjektiv-dingliches Recht begründet werden [1]).

Das subjektiv-persönliche Vorkaufsrecht ist übertragbar und vererblich, sofern die Uebertragbarkeit und Vererblichkeit festgesetzt worden ist. Ist es auf eine bestimmte Zeit beschränkt, so ist es im Zweifel vererblich [2]). Das durch die Ausübung des Vorkaufsrechtes entstehende Recht aus dem Kaufvertrage ist nach den allgemeinen Grundsätzen übertragbar und vererblich.

Das subjektiv-dingliche Vorkaufsrecht kann nicht von dem Eigenthum des Grundstücks, für das es bestellt worden ist, getrennt werden; solange es besteht, ist es Bestandtheil dieses Grundstücks. Das zu Gunsten einer bestimmten Person bestehende Vorkaufsrecht kann nicht mit dem Eigenthum an einem Grundstück verbunden, aus einem subjektiv-persönlichen in ein subjektiv-dingliches Recht geändert werden [3]).

Ein Vorkaufsrecht, das Mehreren gemeinschaftlich zusteht, sei es, daß es zu Gunsten mehrerer Personen bestellt worden, sei es, daß es durch Erbfolge oder Uebertragung Mehreren zugekommen ist, kann nur im Ganzen, von allen Berechtigten zusammen in Bezug auf den ganzen Gegenstand ausgeübt werden. Ist es für einen der Berechtigten erloschen (z. B. durch Fristversäumung) oder übt einer von ihnen das Recht nicht aus, so sind die übrigen berechtigt, das Vorkaufsrecht im Ganzen auszuüben [4]).

Mit Vorkaufsrechten können nur Grundstücke und die den Grundstücken gleichgestellten Rechte belastet werden, nicht auch bewegliche Sachen, jedoch kann das Vorkaufsrecht auf das Zubehör erstreckt werden, das mit dem Grundstück verkauft wird. Im Zweifel ist sogar anzunehmen, daß sich das Vorkaufsrecht auf das Zubehör erstrecken soll [5]).

---

[7]) Ein dingliches Wiederkaufsrecht ist nicht zugelassen; dagegen können die aus dem Vorbehalte eines Wiederkaufsrechtes (§§ 497 ff. BGB.) für den Verkäufer sich ergebenden Ansprüche durch Vormerkung (§§ 883 ff. BGB.) dinglich gesichert werden. Vergl. Planck 2, 271.

Zu § 57.

[1]) § 1094 BGB. Vergl. §§ 8, 21 GBO.
[2]) §§ 1098, 514 BGB.
[3]) § 1103 BGB.
[4]) §§ 1098, 513 BGB.
[5]) § 1096 BGB.

Ein Grundstückstheil kann mit dem Vorkaufsrecht belastet werden, zu diesem Zwecke ist er von dem Grundstück abzuschreiben und als selbständiges Grundstück einzutragen[6]. Ein Bruchtheil eines Grundstücks kann mit dem Vorkaufsrechte nur belastet werden, wenn er in dem Antheil eines Miteigenthümers besteht[7]; auf diese Weise ist die Belastung einer Miteigenthumsquote zu Gunsten der übrigen Miteigenthümer zum Zwecke der Ausschließung Fremder möglich. Nicht zugelassen ist die Belastung einer Quote des Eigenthums durch den Alleineigenthümer oder einer Quote des Miteigenthums durch den Miteigenthümer.

§ 58. Entstehung.

Ein dingliches Vorkaufsrecht entsteht nur durch Rechtsgeschäft. Gesetzliche Vorkaufsrechte an Sachen gibt es nicht[1]. Gegenstand des gesetzlichen Vorkaufsrechtes der Miterben[2] ist der Antheil am Nachlaß, nicht der Antheil an den einzelnen Nachlaßgegenständen. Buchersitzung ist bei dem dinglichen Vorkaufsrecht nicht möglich, weil dieses Recht nicht zu dem Besitze des Grundstücks berechtigt und seine Ausübung nicht possessorisch geschützt ist.

Für die rechtsgeschäftliche Begründung des Vorkaufsrechtes als eines Rechtes an einem Grundstück gelten die allgemeinen Vorschriften über Rechte an Grundstücken. Demnach ist zur Belastung eines Grundstücks mit dem Vorkaufsrechte die Einigung des Eigenthümers und des anderen Theiles über den Eintritt der Rechtsänderung und die Eintragung der Belastung in das Grundbuch erforderlich[3]. Eine besondere Form für diese Einigung ist nicht vorgeschrieben, insbesondere nicht die Auflassungsform, denn es handelt sich nicht um eine bedingte Uebertragung des Eigenthums an dem Grundstück[4]. Das Vorkaufsrecht kann aus Anlaß der Veräußerung des zu belastenden Grundstücks bestellt werden, aber auch selbständig, ohne solche Veranlassung.

Was für die Belastung des Grundstücks mit einem Vorkaufsrechte gilt, gilt auch für die Aenderung des Inhalts eines solchen Rechtes. Vergl. § 877 BGB. S. § 8.

---

[6]) § 6 GBO.

[7]) § 1095 BGB.

Zu § 58.

[1]) Ueber Retraktsrecht s. Stobbe-Lehmann §§ 117 ff. — Landesgesetzliche Vorschriften s. Art. 57—59, 62 ff., 109 Einfges. z. BGB.

[2]) §§ 2034—2037 BGB.

[3]) S. § 8.

[4]) Auch der Vertrag, durch welchen sich der Eigenthümer verpflichtet, ein dingliches Vorkaufsrecht zu bestellen, wird nicht unter § 313 BGB. fallen, denn die Verbindlichkeit, die er übernimmt, geht dahin, ein begrenztes Recht zu begründen, nicht dahin, das Eigenthum an dem Grundstück zu übertragen. Ob der Vertrag über Einräumung des obligatorischen Vorkaufsrechtes, wenn es sich um ein Grundstück handelt, unter § 313 BGB. fällt (Kom.Prot. 2 S. 99, Planck 2 S. 275 Anm. 2), kann auf sich beruhen.

Für das Rangverhältniß sind die §§ 879 ff. BGB. maßgebend[5]).

Soweit ein dingliches Vorkaufsrecht übertragbar ist[6]), kommen auch für die Uebertragung und Belastung eines solchen Rechtes die allgemeinen Vorschriften der §§ 873 ff. BGB. zur Anwendung[7]).

§ 59. Ausübung.

Das Vorkaufsrecht kann ausgeübt werden, sobald der Eigenthümer des belasteten Grundstücks mit einem Dritten einen Kaufvertrag über das Grundstück oder einen Theil desselben geschlossen hat[1]). Der Kaufvertrag muß perfekt geworden sein, ehe die Ausübung des Vorkaufsrechtes erfolgen darf, der Verkäufer[2]) muß also die Verpflichtung übernommen haben, das Eigenthum an dem Grundstück zu verschaffen. Zur Uebertragung des Eigenthums braucht es noch nicht gekommen zu sein. Ist der Kaufvertrag nichtig, so ist auch die Ausübung des Verkaufsrechts unwirksam[3]).

Sache des Vorkaufsberechtigten ist es, im Bestreitungsfalle nachzuweisen, daß der Vertrag geschlossen ist und daß ein Kaufvertrag vorliegt. Damit der Vorkaufsberechtigte in den Stand gesetzt ist, von seinem Rechte Gebrauch zu machen, ist der Eigenthümer verpflichtet, ihm den Inhalt des mit dem Dritten geschlossenen Veräußerungsvertrages unverzüglich mitzutheilen[4]).

Ausgeschlossen ist das Vorkaufsrecht, wenn der Verkauf im Wege der Zwangsvollstreckung[5]) erfolgt, auch, wenn der Konkursverwalter die Zwangsversteigerung betreibt, dagegen kann es ausgeübt werden, wenn das Grundstück von dem Konkursverwalter aus freier Hand verkauft wird[6]). Ist in dieser Weise das Vorkaufsrecht ausgeschlossen, so kann auch kein Schadensersatzanspruch gegen den Verpflichteten oder die Konkursmasse geltend gemacht werden[7]).

Sind die Voraussetzungen zur Ausübung des Vorkaufsrechts gegeben, so erfolgt die Ausübung des Rechts durch Erklärung des Berechtigten gegenüber dem verkaufenden Eigenthümer[8]). Steht das Vorkaufsrecht Mehreren gemeinschaftlich zu, so haben sie zusammen

---

[5]) S. § 9. Sofern nach Landesgesetz gesetzliche Vorkaufsrechte bestehen, hat auch das Landesrecht das Rangverhältniß dieser Rechte unter sich und mit dem dinglichen Vorkaufsrechte des BGB. zu regeln.

[6]) § 57 Ziff. 2, 3.

[7]) S. § 8.

Zu § 59.

[1]) §§ 1098, 504 BGB.

[2]) § 433 BGB.

[3]) Planck 2, 276.

[4]) § 510 Abs. 1 BGB.

[5]) Erfolgt die Versteigerung abtheilungshalber (§ 753 BGB.), so kann das Vorkaufsrecht ausgeübt werden. Mot. 2, 350.

[6]) §§ 1098, 512 BGB.

[7]) Kom.Prot. 2 S. 108.

[8]) § 505 BGB.

die Erklärung abzugeben; ist das Recht für einen der Berechtigten erloschen oder übt einer von ihnen das Recht nicht aus, was die Uebrigen nöthigenfalls zu beweisen haben, so sind diese berechtigt, das Vorkaufsrecht im Ganzen auszuüben[9]. Die Erklärung der Ausübung des Vorkaufsrechts bedarf nicht[10] der für den Kaufvertrag bestimmten Form[11], sie ist überhaupt an keine Form gebunden, sie ist eine einseitige Willenserklärung[12], die als Annahme des dem Kaufvertrage zu Grunde liegenden Vertragsantrags durch den Vorkaufsberechtigten sich darstellt.

Die Ausübung des Vorkaufsrechts ist an die Einhaltung einer Ausschlußfrist gebunden. Ist vertragsmäßig für die Ausübung eine Frist bestimmt, so hat es dabei sein Bewenden. Ist keine Frist festgesetzt, so kann das Vorkaufsrecht nur bis zum Ablaufe von 2 Monaten nach Empfang der Mittheilung über den Abschluß des Verkaufs ausgeübt werden. Damit diese Frist in Lauf gesetzt wird, hat der Verkäufer dem Vorkaufsberechtigten unverzüglich, also ohne schuldhaftes Zögern[13], nach Abschluß des Kaufvertrags den Inhalt desselben mitzutheilen. Die Mittheilung des Verkäufers wird durch die Mittheilung des Käufers und, wenn das Grundstück in das Eigenthum eines Dritten gelangt, auch durch die Mittheilung eines solchen weiteren Erwerbers ersetzt. Eine derartige Mittheilung[14] hat den Vertrag zwar nicht wörtlich, aber doch vollkommen kund zu machen, insbesondere Auskunft über die Person des Käufers und über die Bestimmungen des Vertrags zu geben[15]. Der Vorkaufsberechtigte ist nicht verbunden, mit der Ausübung des Vorkaufsrechts zuzuwarten, bis eine Mittheilung über den Abschluß des Kaufs an ihn ergeht; die Mittheilung ist nur nothwendig, damit eine Verwirkung der Ausübung eintreten kann[16].

Mit der Abgabe der Erklärung kommt der Kauf zwischen dem Berechtigten und dem verkaufenden Eigenthümer zu Stande und zwar unter den Bestimmungen, welche der Verkäufer mit dem Dritten vereinbart hat. Der Vorkaufsberechtigte tritt nicht an Stelle des Dritten in den Kaufvertrag ein, sondern durch seine Erklärung, daß er das Vorkaufsrecht ausübe, wird ein neuer selbständiger Vertrag abgeschlossen[17]. Soweit nicht der Vorkaufsberechtigte und der Ver-

---

9) § 513 BGB.
10) § 505 BGB.
11) § 313 BGB.
12) §§ 130 ff. BGB.
13) § 121 BGB.
14) §§ 130 ff. BGB.
15) §§ 1099, 510 BGB. Durch Unterlassung oder Verzögerung der Mittheilung macht sich der Verkäufer schadensersatzpflichtig. Planck 2, 279.
16) Unterbleibt die Mittheilung, so wird die Ausübung des Vorkaufsrechtes durch Zeitablauf nicht ausgeschlossen; eine Verjährung kommt nicht in Betracht, da das Vorkaufsrecht nicht ein Anspruch ist. Planck 2, 279.
17) Kom.-Prot. 2 S. 100.

käufer ein Anderes vereinbaren, haben beide gegenseitig die sämmtlichen Verpflichtungen zu erfüllen, welche der zwischen dem Verkäufer und dem Dritten abgeschlossene Kaufvertrag den Vertragschließenden auferlegt. Auch etwaige Bedingungen des Kaufes gelten für das Rechtsverhältniß zwischen dem Verkäufer und dem Vorkaufsberechtigten. Jedoch ist eine Bedingung des Kaufvertrags, durch welche der Kauf von der Nichtausübung des Vorkaufsrechts abhängig gemacht oder dem Verkäufer für den Fall der Ausübung des Vorkaufsrechts der Rücktritt vorbehalten wird, dem Vorkaufsberechtigten gegenüber, nicht auch zwischen dem Verkäufer und dem Dritten, unwirksam[18]). Nach Abgabe der Erklärung über die Ausübung des Vorkaufsrechtes kann auch der Verkäufer nicht durch Vereinbarung mit dem Dritten die Bestimmungen des Kaufvertrages ändern, insbesondere nicht von dem Vertrage mit Einwilligung des Dritten abgehen, denn sobald der Vorkaufsberechtigte die Erklärung über die Ausübung des Vorkaufsrechtes abgegeben hat, besteht nur noch ein Kaufvertrag zwischen dem Verkäufer und dem Vorkaufsberechtigten. Etwaige nachträgliche Vereinbarungen des Verkäufers mit dem Dritten haben nur Wirkung für das Verhältniß zwischen dem Verkäufer und dem Dritten.

Ein Kaufpreis muß in Geld festgesetzt sein, jedoch ist es mit dem Wesen des Kaufes vereinbar, daß neben dem Geldpreise oder in Anrechnung auf ihn andere Leistungen von dem Käufer übernommen werden[19]). Hat sich der Dritte in dem Kaufvertrage zu Nebenleistungen verpflichtet, die der Vorkaufsberechtigte erfüllen kann, so hat es bei den Kaufsverabredungen sein Bewenden. Ist der Vorkaufsberechtigte zur Erfüllung der Nebenleistungen außer Stande, so hat er statt der Nebenleistungen den Geldwerth zu ersetzen, den sie zur Erfüllungszeit haben. Ist die Nebenleistung nicht in Geld schätzbar, so kommt es auf ihre Bedeutung für das Zustandekommen des Kaufvertrages an. Sie kommt nicht in Betracht, wenn der Vertrag mit dem Dritten auch ohne sie geschlossen worden wäre, im anderen Falle ist die Ausübung des Vorkaufsrechts ausgeschlossen[20]).

Hat der Dritte das belastete Grundstück mit anderen Gegenständen, auf die sich das Vorkaufsrecht nicht erstreckt, zu einem Gesammtpreise gekauft, so hat der Vorkaufsberechtigte einen verhältnißmäßigen Theil des Gesammtpreises zu entrichten. Der Verkäufer kann verlangen, daß der Verkauf auf alle Sachen erstreckt wird, die — was er nachzuweisen hat — nicht ohne Nachtheil für ihn getrennt werden können[21]). Die Ausdehnung des Vorkaufsrechtes kann der Vorkaufsberechtigte nicht verlangen[22]).

[18]) § 506 BGB.

[19]) Vergl. § 460 Entw. I, dessen Bestimmungen als selbstverständlich gestrichen worden sind. Kom.Prot. 2 S. 56. Vergl. § 473 BGB.

[20]) § 507 BGB. Kom.Prot. 2 S. 104.

[21]) § 508 BGB. Kom.Prot. 2 S. 105.

[22]) Darf der Vorkaufsberechtigte vom Vertrage zurücktreten? Ohne Einwilligung des Verkäufers wohl nicht. Planck 2 S. 278.

Ist der Kaufpreis in dem Kaufvertrage gestundet, so kann der Vorkaufsberechtigte die Stundung nur in Anspruch nehmen, wenn er für den gestundeten Betrag Sicherheit leistet. Einer Sicherheitsleistung, die nach §§ 232 ff., insbesondere auch nach § 238 BGB., zu erfolgen hätte, bedarf es jedoch insoweit nicht, als für den gestundeten Kaufpreis die Bestellung einer Hypothek an dem Grundstück vereinbart oder in Anrechnung auf den Kaufpreis eine Schuld, für die eine Hypothek an dem Grundstück besteht, übernommen worden ist[23]). Dabei ist nicht erforderlich, daß sich die Hypothek innerhalb der Grenzen hält, bis zu welchen Mündelgelder hypothekarisch angelegt werden können[24]).

Nach Abgabe der Erklärung, das Vorkaufsrecht auszuüben, hat der Verkäufer dem Vorkaufsberechtigten gegenüber die Verpflichtung, diesem das Grundstück zu übergeben und das Eigenthum an dem Grundstück zu verschaffen[25]), seine Verpflichtungen sind nach Maßgabe des Kaufvertrages die eines gewöhnlichen Verkäufers. Ist der Verkäufer noch Eigenthümer des Grundstücks, so kann sofort auf Grund des mit dem Dritten abgeschlossenen Kaufvertrages die Auflassung an den Vorkaufsberechtigten erfolgen. Ist das Grundstück schon in das Eigenthum des ersten Käufers oder durch diesen in das Eigenthum eines Anderen gelangt, so hat der Verkäufer, gegen den das Vorkaufsrecht ausgeübt wird, den neuen Eigenthümer zu benachrichtigen, sobald die Ausübung des Vorkaufsrechtes erfolgt oder ausgeschlossen ist[26]). Das Verhältniß des Vorkaufsberechtigten zu dem Dritten und zwar sowohl zu dem verdrängten Käufer als auch zu den Personen, die von dem Käufer Rechte an dem Grundstück erworben haben, ist dasselbe, wie wenn zur Sicherstellung des dem Vorkaufsberechtigten gegen den Vorkaufspflichtigen zustehenden Anspruchs auf Einräumung des Eigenthums eine Vormerkung in das Grundbuch eingetragen wäre. Das eingetragene Vorkaufsrecht hat die Wirkung einer solchen Vormerkung[27]). Der Vorkaufsberechtigte verlangt demnach von dem Verkäufer die Uebertragung des Eigenthums, der eingetragene Eigenthümer hat seine Zustimmung zur Eintragung des Vorkaufsberechtigten als Eigenthümers zu geben. Diejenigen, welche von dem verdrängten Käufer Rechte an dem Grundstück erworben haben, sind verpflichtet, die Löschung zu bewilligen[28]).

---

[23]) § 509 BGB.

[24]) Kom.Prot. 2 S. 106.

[25]) § 433 BGB.

[26]) § 1099 Abs. 2 BGB. Hat eine Mehrheit von Verkäufen unter Nichtbeachtung des Vorkaufsrechts stattgefunden, so hat der Vorkaufsberechtigte die Wahl, bei welchem Verkaufe er sein Recht geltend machen will.

[27]) §§ 1098 Abs. 2, 883, 888 BGB., § 24 Konk.Ordn.

[28]) Nach § 955 Entw. I kann der von dem Berechtigten in Anspruch genommene Dritte sich aller Einwendungen bedienen, welche dem in Anspruch genommenen Vorkaufspflichtigen zustehen würden. In der 2. Lesung ist diese Bestimmung als selbstverständlich gestrichen worden. Kom.Prot. 3 S. 763.

Der in dem Grundbuch eingetragene Eigenthümer kann, wenn er der Käufer oder ein Rechtsnachfolger des Käufers ist, die Zustimmung zur Eintragung des Vorkaufsberechtigten und die Herausgabe des Grundstücks verweigern, bis ihm der zwischen dem Vorkaufspflichtigen und dem Käufer vereinbarte Kaufpreis, soweit er berichtigt ist, erstattet wird. Soweit der eingetragene Eigenthümer seinen Kaufpreis noch nicht berichtigt hat, wird er, falls er das Eigenthum verliert, von der Verpflichtung, den Kaufpreis an den Verkäufer zu zahlen, frei; zurückfordern kann er den berichtigten Kaufpreis bei dem Verkäufer nicht, wegen dieses Anspruchs hat er sich an den Vorkaufsberechtigten zu halten. Der Vorkaufsberechtigte wird, soweit er dem Käufer oder dessen Rechtsnachfolger den Kaufpreis zu erstatten hat, von der Verpflichtung zur Zahlung des an den Verkäufer geschuldeten Kaufpreises frei. Hat der eingetragene Eigenthümer seine Zustimmung zur Eintragung des Vorkaufsberechtigten gegeben, ehe ihm der berichtigte Kaufpreis erstattet worden ist, so behält er den Anspruch auf Erstattung des Kaufpreises gegen den Vorkaufsberechtigten, er kann Erstattung gegen Herausgabe des Grundstücks verlangen oder auch nach Herausgabe des Grundstücks den Anspruch geltend machen[29]).

§ 60. Erlöschen.

Das auf einzelne Veräußerungsfälle beschränkte Vorkaufsrecht erlischt, wenn diese Fälle eintreten, das Vorkaufsrecht aber nicht ausgeübt werden will oder nicht ausgeübt werden kann, es erlischt auch — mag es beschränkt oder unbeschränkt bestellt sein — mit der Ausübung. Abgesehen hievon erlischt es mit dem Ablaufe der Zeit, für die es bestellt ist oder mit dem Eintritt der auflösenden Bedingung, unter der die Bestellung vorgenommen worden ist. Das nicht vererbliche subjektiv-persönliche Vorkaufsrecht erlischt mit dem Tode des Berechtigten oder mit dem Aufhören der juristischen Person, das subjektiv-dingliche mit dem Untergang des Grundstücks, mit dessen Eigenthum das Recht verknüpft ist. Das Vorkaufsrecht erlischt ferner mit dem Untergang des Grundstücks, an welchem es bestellt worden ist. Es erlischt weiter durch Aufhebung; hiezu ist die Erklärung des Berechtigten, daß er das Recht aufgebe und die Löschung des Rechts im Grundbuch erforderlich (§§ 875, 878 BGB. s. § 8); Zustimmung Betheiligter (§ 876 BGB.) s. 8 Ziff. 36 ff.[1])

---

[29]) Vergl. §§ 1100—1102 BGB. Der verdrängte Eigenthümer hat dem Vorkaufsberechtigten gegenüber nicht die Stellung eines Besitzers, gegen den der Herausgabeanspruch von dem Eigenthümer geltend gemacht wird (vergl. § 957 Abs. 3 Entw. I, Kom.Prot. 3 S. 760), nur die Vorschriften über ungerechtfertigte Bereicherung und über unerlaubte Handlungen werden in Anwendung kommen können. Vergl. Biermann S. 177.

Zu § 60.

[1]) Landesgesetzliche Vorschriften nach Art. 120 Abs. 2 Ziff. 2 Einf. z. BGB.

Ein subjektiv-persönliches Vorkaufsrecht[2]) erlischt endlich mit der Erlassung eines Ausschlußurtheils, das erwirkt werden kann, wenn der Vorkaufsberechtigte unbekannt ist und seit der letzten, auf das Vorkaufsrecht sich beziehenden Eintragung in das Grundbuch 10 Jahre verstrichen sind, auch das Vorkaufsrecht nicht innerhalb dieser Frist von dem Eigenthümer in einer nach § 208 BGB. zur Unterbrechung der Verjährung geeigneten Weise anerkannt worden ist[3]). Für das Aufgebotsverfahren ist das Gericht zuständig, in dessen Bezirk das belastete Grundstück belegen ist. Antragsberechtigt ist der Eigenthümer des belasteten Grundstücks und derjenige, welcher auf Grund eines im Range gleich- oder nachstehenden Rechtes Befriedigung aus dem Grundstück verlangen kann, sofern er für seinen Anspruch einen vollstreckbaren Schuldtitel erlangt hat. Das Aufgebot ist, wenn es nicht von dem Eigenthümer beantragt ist, diesem von Amtswegen mitzutheilen. Der Antragsteller hat vor der Einleitung des Verfahrens glaubhaft zu machen, daß der Vorkaufsberechtigte unbekannt ist und daß nicht eine das Aufgebot ausschließende Anerkennung des Vorkaufsrechtes erfolgt ist. Zur Glaubhaftmachung genügt die Versicherung des Antragstellers an Eidesstatt, unbeschadet der Befugniß des Gerichts, anderweitige Ermittelungen anzuordnen. In dem Aufgebot ist als Rechtsnachtheil anzudrohen, daß die Ausschließung des Vorkaufsberechtigten mit seinem Rechte erfolgen werde[4]).

---

[2]) Ein Vorkaufsrecht, das zu Gunsten des jeweiligen Eigenthümers eines Grundstücks besteht, erlischt nicht mit der Erlassung des Ausschlußurtheils (§ 1104 Abs. 2 BGB.).

[3]) §§ 1104, 1170 BGB.

[4]) §§ 988, 983, 984, 985, 986, 946 ff. CPO. Die Art der Veröffentlichung des Aufgebots und des Ausschlußurtheils sowie die Aufgebotsfrist kann das Landesgesetz anders bestimmen, als in den §§ 948, 950, 956 vorgeschrieben ist (§ 1024 CPO.).

VII. Abschnitt.

Reallasten.*)

§ 61. Begriff und Inhalt.

Unter Reallast versteht man die auf einem Grundstück ruhende Last des Inhalts, daß an eine bestimmte Person oder an den jeweiligen Eigenthümer eines anderen Grundstücks wiederkehrende Leistungen zu entrichten sind, oder kürzer ausgedrückt, die Belastung eines Grundstücks mit der Entrichtung wiederkehrender Leistungen[1]). Die Reallastberechtigung ist das dingliche Recht an einem Grundstück, auf Grund dessen wiederkehrende Leistungen an eine bestimmte Person oder an den jeweiligen Eigenthümer eines anderen Grundstücks zu entrichten sind[2]).

Die Reallast ist eine selbständige Belastung eines Grundstücks, nicht eine persönliche Verpflichtung des jeweiligen Eigenthümers

---

*) Am 1. Januar 1900 bestehende Reallasten bleiben mit dem sich aus den bisherigen Gesetzen ergebenden Inhalt und Range bestehen (Art. 184 Einf. z. BGB.). Die Begründung, Uebertragung, Belastung und Aufhebung von Reallasten erfolgen nach den bisherigen Gesetzen, bis das Grundbuch als angelegt anzusehen ist, ebenso die Aenderung des Inhalts und des Ranges dieser Rechte. Ein nach den Vorschriften des BGB. unzulässiges Recht kann jedoch vom 1. Jan. 1900 ab nicht mehr begründet werden. Nach Eintritt des Grundbuchrechts erfolgt die Aufhebung einer in diesem Zeitpunkt bestehenden Reallast noch nach den bisherigen Gesetzen, bis das Recht in das Grundbuch eingetragen ist (Art. 189 Einf. z. BGB.).

Zu § 61.

¹) § 1105 BGB. Die Reallast des bisherigen Rechts definirt Stobbe-Lehmann (§ 138 Ziff. 42) als eine obligatio in rem scripta gegen den jedesmaligen Besitzer oder Eigenthümer eines Grundstücks auf Leistungen, wie sie die Bewirthschaftung des Grundstücks regelmäßig gewährt, verbunden, soweit ihr Leistungsinhalt es zuläßt, mit einem dinglichen Recht auf Benutzung des Grundstücks oder Aneignung von Ertragstheilen desselben, und in den meisten Rechtsgebieten geschützt durch ein für den Fall der Nichtleistung bestehendes, also bedingtes Veräußerungsrecht am Grundstück. Diese Begriffsbestimmung (persönliche Verbindlichkeit des Eigenthümers mit auf das Grundstück beschränkter Haftung) wird (Stobbe-Lehmann § 141 S. 87) auch den Vorschriften des Entw. II gegenüber für zutreffend gehalten.

²) Oeffentliche Lasten und Abgaben, Leistungen, die eine juristische Person des öffentlichen Rechts (Staat, Gemeinde ꝛc.) als solche, nicht auf Grund eines Privatrechtsverhältnisses zu fordern hat, kommen nicht in Betracht. Vergl. Staudinger 3 S. 199. Für die Kirchenbaulast und Schulbaulast sind die landesgesetzlichen Vorschriften aufrecht erhalten (Art. 132 Einf. z. BGB.), auch wenn die Verpflichtung privatrechtlichen Charakter hat.

des Grundstücks. Mit der Reallast ist zwar eine persönliche Verpflichtung des Grundeigenthümers vereinbar, es haftet sogar der Eigenthümer für die während der Dauer seines Eigenthums fällig werdenden einzelnen Leistungen nicht bloß mit dem Grundstück, sondern auch persönlich (mit seinem sonstigen Vermögen), soweit nicht ein Anderes in dem Begründungsakt festgesetzt ist, ebenso haften bei einer Theilung des Grundstücks die Eigenthümer der einzelnen Theile als Gesammtschuldner[3])[4]), allein wesentlich ist die persönliche Haftung des Grundeigenthümers für den Begriff Reallast nicht, eine Reallast liegt auch dann vor, wenn der Berechtigte keinen Anspruch gegen irgend eine Person hat, sein Recht sich vielmehr darauf beschränkt, daß auf dem Wege der Zwangsverwaltung und Zwangsversteigerung die aus dem Grundstück zu verlangenden Leistungen beigetrieben werden.

Die Leistungen sollen aus dem Grundstücke zu entrichten sein. Damit ist nicht gesagt, daß eine Reallast nur dann gegeben ist, wenn die Leistungen unmittelbar aus den Nutzungen des Grundstücks zu entnehmen sind, es soll nur ausgedrückt werden, daß zur Bewirkung der Leistungen der bei der Zwangsversteigerung sich ergebende Erlös oder die bei der Zwangsverwaltung zu ziehende Nutzung zu verwenden ist.

Ueber den Inhalt der einzelnen Reallasten trifft das BGB. keine Bestimmung, es ist der Landesgesetzgebung überlassen, die Belastung von Grundstücken mit Reallasten zu untersagen oder zu beschränken und den Inhalt und das Maß dieser Rechte näher zu bestimmen. Es können daher den Inhalt einer Reallast ebenso gut wiederkehrende Lieferungen aus der dem Grundstück zu entnehmenden Ausbeute bilden (z. B. Steine, Sand, Kohlen) oder wiederkehrende Lieferungen von Theilen der Erzeugnisse (z. B. Getreide, Holz) als auch Arbeitsleistungen (z. B. Hand-[6]) und Spanndienste, Wegunterhaltung, Grabenreinigung 2c.) oder Lieferungen von Sachen, welche nicht unmittelbar aus dem Grundstück gewonnen werden können, auch wenn die Sache nicht, wie das Geld, als Werthrepräsentant der

---

[3]) § 1108 BGB. Die persönliche Haftung der Miteigenthümer bestimmt sich nach allgemeinen Grundsätzen (§§ 420, 427 BGB.), Biermann S. 181, anders Dernburg.

[4]) Die landesgesetzlichen Vorschriften bleiben unberührt, wonach im Falle der Veräußerung eines Theiles des belasteten Grundstücks dieser Theil von der Belastung befreit wird, wenn von der zuständigen Behörde festgestellt wird, daß die Rechtsänderung für den Berechtigten unschädlich ist, ferner bleiben unberührt die Vorschriften, nach welchen unter der gleichen Voraussetzung im Falle der Theilung des Grundstücks die Reallast auf die einzelnen Theile des Grundstücks vertheilt wird, oder, im Falle der Theilung eines Grundstücks, das für den Staat oder eine öffentliche Anstalt mit einer Reallast belastet ist, nur ein Theil des Grundstücks mit der Reallast belastet bleibt, dafür aber zu Gunsten des jeweiligen Eigenthümers dieses Theiles die übrigen Theile mit gleichartigen Reallasten belastet werden (Art. 120, 121 Einf. z. BGB.).

[5]) Art. 115 Einf. z. BGB.

[6]) z. B. In-Gang-Halten einer Thurmuhr. (Reichsg.Entsch. 4 S. 132.)

Nutzungen des Grundstücks sich darstellt. Die Begrenzung des zulässigen Inhalts der Reallast ist Sache der Landesgesetzgebung.

Nicht zu den Reallasten gehört die Rentenschuld d. h. die Last, in regelmäßig wiederkehrenden Terminen eine bestimmte Geldsumme aus dem Grundstück zu zahlen [7]). Geldzahlungen, die in nicht regelmäßig wiederkehrenden Terminen aus dem Grundstück zu entrichten sind, sind Reallasten. — Altentheile, welche bei Ueberlassung landwirthschaftlicher Grundstücke vorbehalten werden, werden regelmäßig den Charakter von Reallasten haben und zwar nicht bloß in Betreff der Rechte des Auszüglers, welche aus dem Grundstück selbst gewährt werden können, sondern in Betreff aller dem Gutsannehmer auferlegten Leistungen [8]).

Die Leistungen müssen wiederkehrend sein; sie müssen sich von Zeit zu Zeit, wenn auch nicht in regelmäßig wiederkehrenden Terminen, wiederholen. Daher kann z. B. die Verpflichtung, dem Berechtigten bei seinem Tode ein anständiges Begräbniß zu besorgen, nicht den Inhalt einer Reallast bilden [9]); die dingliche Sicherung einer derartigen Berechtigung läßt sich mittels einer Kautionshypothek erreichen. Als wiederkehrende Leistung läßt sich ein Unterlassen nicht auffassen [10]). Soweit die zu unterlassende Handlung auf dem belasteten Grundstück vorzunehmen wäre oder aus dem Eigenthum an dem belasteten Grundstück sich ergeben würde, kann ein auf das Unterlassen gerichtetes dingliches Recht als Grunddienstbarkeit oder als beschränkte persönliche Dienstbarkeit begründet werden. Gerade darin unterscheidet sich die Reallast von der Dienstbarkeit, daß bei der Dienstbarkeit der Verpflichtete sich passiv zu verhalten hat, während der Berechtigte handelt, wogegen bei der Reallast eine Thätigkeit auf der belasteten Seite und, von der Zwangsvollstreckung abgesehen, ein passives Verhalten auf Seite des Berechtigten erwartet wird.

§ 62. Berechtigter und Gegenstand der Belastung.

Die Reallast kann einer bestimmten natürlichen oder juristischen Person oder dem jeweiligen Eigenthümer eines Grundstücks zustehen [1]). Die subjektiv-dingliche Berechtigung ist nicht übertragbar,

---

[7]) § 1199 BGB.

[8]) Vergl. Reichsg. Entsch. 27 S. 231. Nach Dernburg S. 561 ist Altentheil (Leibgedinge, Leibzucht, Auszug) der bei Abtretung eines Bauernguts, gewöhnlich auf Lebenszeit, gemachte Vorbehalt von Nutzungen und Leistungen zum Unterhalt des Abtretenden oder auch anderer Personen. Ueber die landesgesetzliche Regelung des sich aus einem solchen Vorbehalt ergebenden Schuldverhältnisses s. Art. 96 Einf. z. BGB. — Vergl. § 9 Einf. zu Zwangsverst.Ges.

[9]) Vergl. Mot. 3, 582.

[10]) Vergl. Reatz 1 S. 535. Kom.Prot. 3 S. 734.

Zu § 62.

[1]) § 1105 BGB.

kann nicht von dem Eigenthum an dem Grundstück getrennt werden[2]). Bei einer Veräußerung des Grundstücks kann die Reallast nicht zurückbehalten werden, sie geht mit dem Eigenthum an dem Grundstück auf den Erwerber über. Wird das Grundstück des Berechtigten getheilt, so kann der Berechtigte bestimmen, daß das Recht nur mit einem der Theile verbunden sein soll. Die Bestimmung hat dem Grundbuchamt gegenüber zu erfolgen und bedarf der Eintragung in das Grundbuch[3]). Veräußert der Berechtigte einen Theil des Grundstücks, ohne eine solche Bestimmung zu treffen, so bleibt das Recht mit dem Theile verbunden, den er behält. Gereicht die Reallast nur einem Theile zum Vortheil, so bleibt sie mit diesem Theile allein verbunden (z. B. wenn die Verpflichtung zur Reinigung eines Grabens in Frage steht, der nur einem Theile des Grundstücks zum Nutzen gereicht).[4]) Liegt keine dieser Voraussetzungen vor, so besteht die Reallast für die einzelnen Theile fort. Ist die Leistung theilbar, so bestimmen sich die Antheile der Eigenthümer nicht gleichheitlich, sondern nach dem Verhältnisse der Größe der Antheile. Ist die Reallast-Leistung nicht theilbar, so kann nur an Alle gemeinschaftlich geleistet werden und kann Jeder nur die Leistung an Alle fordern; Jeder kann die Hinterlegung für Alle oder die Ablieferung an einen gerichtlich zu bestellenden Verwalter verlangen, im Uebrigen wirkt eine Thatsache, die nur in der Person eines der Berechtigten eintritt, nicht für und gegen die übrigen Berechtigten[5]). Die Ausübung des Rechtes ist im Zweifel nur in der Weise zulässig, daß sie für den Eigenthümer des belasteten Grundstücks nicht beschwerlicher wird[6]).

Die subjektiv-persönliche Reallastberechtigung kann nicht mit dem Eigenthum an einem Grundstück verbunden werden[7]). Um an die Stelle einer subjektiv-persönlichen Reallast eine subjektiv-dingliche zu setzen, bedarf es der Aufhebung jenes und der Begründung dieses Rechtes. Die subjektiv-persönliche Reallast ist übertragbar und vererblich; wenn aber der Anspruch auf die einzelne Leistung nicht übertragbar ist[8]), so kann auch das Reallastrecht selbst nicht veräußert und nicht belastet werden[9]). Sind einige Leistungen unübertragbar, andere nicht, so ist das Recht selbst nicht übertragbar[10]).

---

[2]) § 1110 BGB. Auch durch Vereinigung oder Zuschreibung des Grundstücks (§ 890 BGB.) kann die Reallast nicht mit einem anderen Grundstück in Verbindung gebracht werden. Mot. 3, 592.

[3]) Die Vorschriften der §§ 876, 878 BGB. finden entsprechende Anwendung (§ 1109 BGB.).

[4]) Mot. 3, 591.

[5]) §§ 1109, 432 BGB.

[6]) § 1109 BGB. Vergl. Staudinger 3 S. 202.

[7]) § 1111 BGB.

[8]) Vergl. §§ 399, 400 BGB.

[9]) § 1111 BGB.

[10]) Nach § 1059 Entw. I sollte die Veräußerung ausgeschlossen sein, wenn und soweit der Anspruch auf die einzelne Leistung nicht übertragbar sei. Mot. 3,

Die Veräußerung oder Belastung eines Reallastrechtes erfolgt nach den allgemeinen Bestimmungen der §§ 873 ff. BGB. (s. § 8); die einzelnen Leistungen werden behandelt wie die Zinsen einer Hypothekforderung, vergl. insbesondere §§ 1158, 1159 BGB.

Soweit die Reallast übertragbar ist, ist sie auch pfändbar. Auf die Zwangsvollstreckung in eine Reallast finden die Vorschriften über die Zwangsvollstreckung in eine Forderung, für welche eine Hypothek besteht, entsprechende Anwendung[11].

Gegenstand der Reallast ist ein Grundstück oder ein dem Grundstück gleichgestelltes Recht. Ein Grundstückstheil kann mit einer Reallast belastet werden; es bedarf keiner Abschreibung, wenn keine Verwirrung zu besorgen ist[12]. Auch der Antheil eines Miteigenthümers kann mit einer Reallast belastet werden[13], eine Quote des Alleineigenthums oder eine Quote des Miteigenthums ist nicht belastbar.

Ist ein Grundstück mit einer Reallast belastet, so haftet es für die Reallast als Ganzes[14] und für die einzelnen Leistungen. Die einzelnen Leistungen stehen den Zinsen einer Hypothekforderung gleich[15], sie werden übertragen und belastet wie Zinsforderungen, erlöschen auch wie diese. Was die Haftung des Grundstücks für die einzelnen Leistungen betrifft, so ist kein Unterschied zu machen, ob die Leistung während der Dauer des Eigenthums fällig wird oder ob die Leistungen aus der Zeit vor dem Erwerb des derzeitigen Eigenthums rückständig sind, das Grundstück, und jeder Grundstückstheil, haftet für alle Leistungen. Anders ist es mit der persönlichen Haftung des Eigenthümers. Die persönliche Haftung tritt ein, soweit nicht der Begründungsakt ein Anderes bestimmt[16]. Der Eigenthümer haftet aber persönlich nur für die während der Dauer seines Eigenthums fällig werdenden Leistungen. Zur Beitreibung anderer Leistungen kann, sofern nicht die persönliche Schuld des Rechtsvorgängers sonstwie auf den Eigenthümer übergegangen ist, nur der Weg der Zwangsverwaltung und Zwangsversteigerung des Grundstücks beschritten werden[17].

---

592. Die Worte „und soweit" sind gestrichen worden, eine theilweise Uebertragung der Reallast erscheint daher nicht zulässig. Anders Biermann S. 182, Staudinger 3 S. 203.

[11]) § 857 Abs. 6 CPO. Als Drittschuldner ist der Eigenthümer des belasteten Grundstücks anzusehen. Vergl. Reichsg. Entsch. 40 S. 396.

[12]) § 6 GBO.

[13]) § 1107 BGB. Zwangsvollstreckung § 864 CPO.

[14]) Wegen der Reallast im Ganzen kann es nicht zur Vollstreckung kommen, die Haftung wegen des Rechtes wird nur bei einer von einem anderen Berechtigten durchgeführten Zwangsversteigerung wirksam. Staudinger 3 S. 200.

[15]) § 1106 BGB., jedoch haftet der Eigenthümer persönlich für die Leistungen, wenn nicht ein Anderes bestimmt ist, während für die Hypothekzinsen eine persönliche Haftung nicht besteht.

[16]) S. § 61 Ziff. 3 und 4.

[17]) Bei Veräußerung des belasteten Grundstücks während der Rechtshängigkeit

§ 63. Entstehung.

Eine Reallast entsteht nur durch Rechtsgeschäft. Ersitzung kommt nicht in Frage, weil die Reallast nicht zum Besitze des Grundstücks berechtigt und ihre Ausübung nicht nach Art des Besitzes geschützt ist. Kraft Gesetzes entstehen einige reallastähnliche Rechte, aber nicht wirkliche Reallasten [1]).

Zufolge der allgemeinen Vorschriften über die Rechte an Grundstücken sind für die Belastung eines Grundstücks mit einer Reallast, für die Uebertragung und Belastung einer Reallastberechtigung, für die Aenderung ihres Inhalts die Einigung des Eigenthümers des zu belastenden oder belasteten Grundstücks und des anderen Theiles über den Eintritt der Rechtsänderung und die Eintragung der Rechtsänderung in das Grundbuch erforderlich (§§ 873 ff. BGB. s. § 8). [2]). Für den dinglichen Vertrag ist keine besondere Form vorgeschrieben. Angabe des Höchstbetrages des Werthersatzes (§ 882 BGB.) s. § 31 Ziff. 6. Vermerk der subjektiv-dinglichen Reallast auf dem Blatte des Grundstücks, mit dessen Eigenthum das Recht verbunden ist (§ 8 GBO.) s. § 13 Ziff. 35 und 37. Auch für das Rangverhältniß gelten die allgemeinen Vorschriften s. § 9.

Ein besonderer Schutz ist für die Reallast nicht bestimmt. Besitzschutz kommt nicht in Frage, für den Feststellungsanspruch ist § 256 CPO. maßgebend, Berichtigung des Grundbuchs ist gemäß §§ 894 ff. BGB. (s. § 10) herbeizuführen. Im Uebrigen kann der Berechtigte für die einzelnen Leistungen das belastete Grundstück oder auch (§ 1108 BGB.) sonstiges Vermögen des Eigenthümers in derselben Weise wie ein Hypothekgläubiger in Anspruch nehmen [3]). S. § 24 Abs. 2 CPO.

---

eines Anspruchs aus einer eingetragenen Reallast wirkt das Urtheil in Ansehung des Grundstücks gegen den Rechtsnachfolger auch dann, wenn dieser die Rechtshängigkeit nicht gekannt hat (§ 325 Abs. 3 CPO.).

Zu § 63.

[1]) §§ 914 Abs. 3, 917, 1021 Abs. 2, 1022 BGB. Auf Grund der Bestimmungen der Landesgesetze können insbesondere im Wege des agrarrechtlichen Auseinandersetzungs- und Ablösungs-Verfahren Reallasten entstehen, vergl. Art. 113, 114 Einf. z. BGB.

[2]) Unberührt bleiben die landesgesetzlichen Vorschriften, nach welchen die dem Staate oder einer öffentlichen Anstalt in Folge der Ordnung der gutsherrlich-bäuerlichen Verhältnisse oder der Ablösung von Dienstbarkeiten, Reallasten oder der Oberlehensherrlichkeit zustehenden Ablösungsrenten und sonstigen Reallasten zu ihrer Begründung und zur Wirksamkeit gegenüber dem öffentlichen Glauben des Grundbuchs nicht der Eintragung bedürfen (Art. 114 Einf. z. BGB.). Vergl. § 9 Einf. z. Zwangsverst.Ges.

[3]) Die den Hypothekgläubigern nach §§ 1134, 1135 BGB. wegen Verschlechterung des belasteten Grundstücks zustehenden Rechte sind zu Gunsten des Reallastberechtigten entsprechend anzuwenden. Dernburg S. 554 Anm. 7.

§ 64. Endigung.

Eine Reallast erlischt mit dem Ablaufe der Zeit, für die sie bestellt ist, und mit dem Eintritt der Bedingung, an welche das Aufhören ihrer Wirksamkeit geknüpft ist. Sie erlischt ferner mit dem Wegfall des Berechtigten, sei es, daß der Wegfall mit dem Tode der natürlichen oder mit dem Erlöschen der juristischen Person erfolgt, oder daß das Grundstück, mit dessen Eigenthum das Recht verbunden ist, untergeht. Sie erlischt weiter mit dem Untergang des belasteten Grundstücks. Sie erlischt jedoch nicht dadurch, daß der Eigenthümer des belasteten Grundstücks das Recht oder der Berechtigte das Eigenthum des belasteten Grundstückes erlangt[1]), auch nicht dadurch, daß der Eigenthümer des belasteten Grundstücks das Eigenthum aufgibt[2]).

Die Reallast endigt auch durch Aufhebung des Rechts. Nach den allgemeinen Vorschriften bedarf es hiezu der Erklärung des Berechtigten, daß er das Recht aufgebe, und der Löschung im Grundbuch (§§ 875, 878 BGB. s. § 8). Zustimmung Dritter nach § 876 BGB. s. § 8 Ziff. 36 ff. Zum Verzicht auf rückständige Leistungen genügt die Erklärung des Berechtigten gegenüber dem Eigenthümer nach § 1178 Abs. 2 in Verbindung mit § 1107 BGB.

Die Reallast erlischt durch Zuschlag des Grundstücks in der Zwangsversteigerung, falls sie nicht bei der Feststellung des geringsten Gebots berücksichtigt worden ist[3]) oder gemäß § 9 Einf. z. ZVG. von der Zwangsversteigerung unberührt bleibt.

Eine subjektiv-persönliche Reallast erlischt in derselben Weise wie ein Vorkaufsrecht mit der Erlassung eines Ausschlußurtheils, das erwirkt werden kann, wenn der Berechtigte unbekannt ist und seit der letzten auf die Reallast sich beziehenden Eintragung in das Grundbuch 10 Jahre verstrichen sind, auch die Reallast nicht innerhalb dieser Frist von dem Eigenthümer des belasteten Grundstücks anerkannt worden ist[4]).

Durch Verjährung erlischt die Reallast nicht, auch wenn sie im Grundbuch mit Unrecht gelöscht sein sollte, da von einer Verjährung von Ansprüchen gegen den Eigenthümer[5]) nur bezüglich der einzelnen fälligen Leistungen gesprochen werden kann. Die Ansprüche auf die Rückstände der Leistungen verjähren in 4 Jahren von der Entstehung des einzelnen Anspruchs ab[6]).

Zu § 64.

[1]) § 889 BGB. Der Anspruch auf rückständige Leistungen dagegen erlischt gemäß §§ 1178 Abs. 1, 1107 BGB.

[2]) Vergl. §§ 58, 787 CPO. So lange das Eigenthum aufgegeben ist, kommt es zu keiner persönlichen Haftung für die Leistungen, die Haftung des Grundstücks besteht unverändert weiter.

[3]) §§ 91, 92 ZVG. Aehnliche Bestimmungen gelten für den Fall einer Enteignung auf Grund eines Reichsgesetzes s. Art. 52, 53 Einf. z. BGB.

[4]) § 1112 BGB. S. § 60 Ziff. 3 ff.

[5]) § 901 BGB.

[6]) §§ 902 Abs. 1 Satz 2, 197, 198, 1107 BGB.

Eine Reallast kann auch durch Ablösung endigen. Für die auf Grund gesetzlicher Bestimmung eintretende Ablösung gelten die landesgesetzlichen Vorschriften[7]); werden rechtsgeschäftlich, in dem Begründungsakt oder nachträglich unter Aenderung des Inhalts des Rechts, Bestimmungen über die Ablösung getroffen, so kommen die Vorschriften über die Bedingung (§ 158 ff. BGB.) zur Anwendung.

[7]) Art. 113 Einf. z. BGB. — Landesgesetzlich kommt insbesondere auch die Entziehung einer Reallast im öffentlichen Interesse in Betracht (Art. 109, 52, 53 Einf. z. BGB.).

VIII. Abschnitt.

Hypothek. Grundschuld. Rentenschuld.*)

§ 65. Uebersicht.

Den Bedürfnissen des Kredits dienen verschiedene Arten von Belastungen der Grundstücke. Das BGB. unterscheidet 3 Hauptformen solcher Belastungen: die Hypothek, die Grundschuld und die Rentenschuld. Die Rentenschuld ist zwar nur eine Unterart der Grundschuld, da aber der Gesetzgeber sie neben die Grundschuld stellt, muß sie als der Grundschuld gleichstehend behandelt werden.

Das BGB. unterscheidet weiter unter den Hypotheken: die gewöhnliche Hypothek[1]) und die Sicherungshypothek.

Unterarten der gewöhnlichen Hypothek sind: die Briefhypothek und die Buchhypothek. Unterarten der Sicherungshypothek sind: die Sicherungshypothek im engeren Sinne mit der

---

*) Uebergangsbestimmungen. Auch hier gilt die Regel, daß Rechte, mit denen eine Sache oder ein Recht am 1. Januar 1900 belastet ist, mit dem aus den bisherigen Gesetzen sich ergebenden Inhalt und Range bestehen bleiben (Art. 184 Einf.Ges. z. BGB) und daß die Begründung, Aenderung, Uebertragung, Belastung und Aufhebung von Rechten an Grundstücken oder von Rechten an solchen Rechten auch nach dem Inkrafttreten des BGB. nach den bisherigen Gesetzen erfolgen, bis das Grundbuch als angelegt anzusehen ist, ein nach den Vorschriften des BGB. unzulässiges Recht aber vom 1. Januar 1900 ab nicht mehr begründet werden kann, ferner, daß die Aufhebung eines begrenzten Rechtes auch nach Eintritt des Grundbuchrechtes nach den bisherigen Gesetzen erfolgt, bis das Recht in das Grundbuch eingetragen ist (Art. 189 Einf.).

Ausnahmen: Ein bei Eintritt des Grundbuchrechts an einem Grundstück bestehendes Pfandrecht gilt von dieser Zeit ab als gewöhnliche Buchhypothek. Ist der Betrag der Forderung nicht bestimmt, so gilt das Pfandrecht als Sicherungshypothek. Ist das Pfandrecht dahin beschränkt, daß der Gläubiger Befriedigung aus dem Grundstück nur im Wege der Zwangsverwaltung suchen kann (Revenuenhypothek), so bleibt diese Beschränkung bestehen (Art. 192 Einf.). Landesgesetzlich kann bestimmt werden, daß das Pfandrecht des alten Rechtes als Sicherungshypothek oder als Briefhypothek gelten soll und daß ein Gläubiger die Löschung einer Eigenthümerhypothek verlangen darf, wie wenn zur Sicherung des Rechtes auf Löschung eine Vormerkung eingetragen wäre (Art. 193 und 194 Einf.). Eine bei Eintritt des Grundbuchrechts bestehende Grundschuld gilt als Grundschuld des BGB.; landesgesetzlich kann bestimmt werden, daß sie als Briefhypothek oder als Sicherungshypothek gelten soll (Art. 195 Einf.).

Zu § 65.

[1]) § 1186 BGB. Die gewöhnliche Hypothek wird auch Normalhypothek genannt. Leske S. 494.

Zwangshypothek als prozessualer Form, die Sicherungshypothek für Inhaber- und Orderforderungen, die Maximalhypothek mit der Arresthypothek als prozessualer Form.

Gemeinsam ist allen diesen Rechten der Charakter der Dinglichkeit[2]). Sie haben sämmtlich unmittelbar Sachen zum Gegenstand und zwar unbewegliche Sachen, Grundstücke. Der Inhaber eines derartigen Rechtes steht in unmittelbarer Beziehung zu dem belasteten Grundstück und zwar besteht sein Recht darin, daß aus dem belasteten Grundstück (d. h. aus dem durch Zwangsversteigerung oder Zwangsverwaltung zu erzielenden Erlöse oder Ertrage) Geld an ihn zu zahlen ist.

Ist das dingliche Recht auf Zahlung einer bestimmten Summe, eines Kapitals, gerichtet, so kann es als Hypothek oder als Grundschuld sich darstellen. Ist kein Kapital, sondern sind Termine und zwar regelmäßig wiederkehrende Termine zu entrichten, so kann nur eine Rentenschuld in Frage kommen.

Ist das Grundstück mit einer Kapitalzahlung belastet worden behufs Befriedigung wegen einer (gegen eine Person bestehenden) Forderung, so liegt eine Hypothek vor; soll die Kapitalzahlung unabhängig von einer (persönlichen) Forderung vor sich gehen, so heißt das dingliche Recht Grundschuld. Steht die (persönliche) Forderung in derselben Weise wie das dingliche Recht unter dem Schutze des öffentlichen Glaubens des Grundbuchs, so handelt es sich um die gewöhnliche Hypothek. Bestimmt sich das dingliche Recht aus der Hypothek lediglich nach der (persönlichen) Forderung und kann der Gläubiger zum Beweise der Forderung sich nicht auf die Eintragung im Grundbuch berufen, so spricht das Gesetz von Sicherungshypothek.

Hypothek, Grundschuld und Rentenschuld können ohne oder mit Ausschließung der Ertheilung eines Briefes bestellt werden. Wird die Ertheilung des Briefes nicht ausgeschlossen, so entsteht eine Briefhypothek, Briefgrundschuld, Briefrentenschuld; wird sie ausgeschlossen, so heißt das Recht Buchhypothek, Buchgrundschuld, Buchrentenschuld. Mit dem Briefe ist das dingliche Recht in der Weise verbunden, daß die Geltendmachung des Rechts durch die Vorlegung des Briefes bedingt ist und die Uebertragung des Rechts durch die Uebergabe des Briefes vermittelt wird. — Bei der Sicherungshypothek ist die Ertheilung des Briefes immer ausgeschlossen.

---

[2]) Daß Hypotheken, Grundschulden und Rentenschulden nicht zu den Rechten an Grundstücken im Sinne der §§ 1821 (Genehmigung des Vormundschaftsgerichts zu Verfügungen des Vormunds) und 1551 (Fahrnißgemeinschaft) gehören, ändert nichts an der Eigenschaft als dinglicher Rechte. Ueber das Verfügungsrecht des Vorerben s. § 2114 BGB.

Die Hypothek dient dem mit Personalkredit verbundenen Grundkredit; die Briefhypothek im Besondern ist für den Hypotheken-Verkehr eingerichtet, die Buchhypothek erspart dem Gläubiger die Aufbewahrung der Urkunde und die mit ihrem Verluste verknüpften Unzuträglichkeiten. Grundschuld und Rentenschuld sind Rechtsformen für den reinen Realkredit [3]) [4]).

Hypothek, Grundschuld und Rentenschuld sind nach der Auffassung des BGB. keine Pfandrechte. Aus diesem Grunde wird wenigstens die Praxis davon absehen müssen, die Bestimmungen des neuen Rechts von pfandrechtlichem Gesichtspunkte aus zu betrachten [5]) [6]).

§ 66. Begriff und Inhalt der Hypothek, Grundschuld und Rentenschuld.

A. Hypothek.

Unter Hypothek ist zu verstehen das zur Sicherung einer (persönlichen) Forderung bestimmte dingliche Recht, Kraft dessen der Berechtigte aus dem belasteten Grundstück eine bestimmte Geldsumme verlangen darf [1]).

Das dingliche Recht ist zur Sicherung einer Forderung bestimmt. Die Begründung einer Hypothek kann nur in der Weise erfolgen, daß die aus dem Grundstück zu ziehende Geldsumme zur Befriedigung

---

[3]) Vergl. Denkschrift S. 669. Kom.Prot. 3 S. 516. 640.

[4]) Ueber die Vortheile und Schattenseiten der verschiedenen Formen Staudinger 3 S. 205.

[5]) Anderer Ansicht ist Dernburg S. 569.

[6]) Für das Rangverhältniß der Hypotheken, Grundschulden und Rentenschulden unter sich und zu anderen Rechten sind die allgemeinen Bestimmungen der §§ 879 ff. BGB. maßgebend. S. § 9. Wird eine Hypothekforderung, eine Grundschuld oder Rentenschuld getheilt, so ist zur Aenderung des Rangverhältnisses der Theilhypotheken, Theilgrundschulden oder Theilrentenschulden unter einander die Zustimmung des Eigenthümers nicht erforderlich (§ 1151 BGB.). — Bei der Zwangsversteigerung erfolgt die Befriedigung der Ansprüche nach der in den §§ 10 ff. ZVG. festgesetzten Rangordnung. — Landesgesetzlich kann für Meliorationsdarlehen des Staates oder einer öffentlichen Anstalt (Landeskultur-Renten-Anstalt) der Vorrang vor anderen Belastungen des Grundstücks eingeräumt werden, doch finden zu Gunsten Dritter die Vorschriften der §§ 892, 893 BGB. Anwendung (Art. 118 Einf.Ges. z. BGB.).

Zu § 66.

[1]) Nach Förtsch (S. 314) ist die Hypothek eine Realobligation des Grundstücks, die neben der persönlichen Verbindlichkeit des Eigenthümers oder eines Dritten steht, wie die Mitverpflichtung eines Gesammtschuldners neben der der anderen. Ueber Realobligation s. Windscheid § 225 Anm. 18. Vergl. Kom.Prot. 3 S. 572. 582. — Nach Stobbe-Lehmann (§ 155) ist die Hypothek des BGB. eine zur Sicherung eines bestimmten Anspruchs bestellte Forderung gegen den Eigenthümer eines Grundstücks auf eine Geldsumme, verbunden mit dem dinglichen Rechte, mangels anderweiter Erfüllung Befriedigung aus dem Grundstücke zu suchen. — Nach Endemann (2 S. 450) ist die Normalhypothek die dingliche Belastung eines Grundstücks, Kraft deren die zur Erfüllung einer Schuldverpflichtung erforderliche, bestimmte Geldsumme aus dem Grundstück zu zahlen ist.

wegen einer dem Erwerber der Hypothek zustehenden Forderung zu dienen habe, allein untrennbar sind die Forderung gegen eine Person und das dingliche Recht nicht. Das dingliche Recht, die Hypothek, kann bestehen, wenn auch die persönliche Forderung nicht zur Existenz gekommen ist (z. B. wenn die in Aussicht gewesene Darlehenshingabe nicht erfolgt ist), die Hypothek kann fortbestehen, wenn auch die (persönliche) Forderung (z. B. durch Zahlung) erloschen ist oder nur auf Grund des öffentlichen Glaubens des Grundbuchs fingirt wird. Das Recht an dem Grundstück, die Hypothek, kann zwar nicht ohne die (persönliche) Forderung und die Forderung nicht ohne die Hypothek übertragen werden [2]), aber Forderung und Hypothek können trotzdem getrennt werden, es kann der Gläubiger z. B. auf die dingliche Sicherung seiner Forderung verzichten, in solchem Falle behält er seine Forderung, während das dingliche Recht (allerdings unter dem Namen Grundschuld) auf den Eigenthümer des belasteten Grundstücks übergeht [3]). Auch ein Wechsel der Forderung ist möglich, es kann der Inhalt einer Hypothek dahin geändert werden, daß an die Stelle der ursprünglichen oder der bisherigen Forderung eine andere Forderung gesetzt wird. Die neue Forderung kann dem bisherigen Hypothekgläubiger oder einem Dritten zustehen; steht sie einem Dritten zu, so bedarf es außer der Einigung des bisherigen Hypothekgläubigers und des Eigenthümers über die Aenderung des Inhalts der Hypothek sowie der Eintragung in das Grundbuch noch der Zustimmung des Dritten [4]). Auf diese Weise kann trotz der Bestimmung des § 1153 BGB. eine Hypothek ohne Forderung auf einen anderen Gläubiger übertragen werden [5]).

Die Hypothek läßt sich — von der Sicherungshypothek abgesehen — unter solchen Verhältnissen nicht als Accessorium der (persönlichen) Forderung bezeichnen, sie ist nicht von der Forderung abhängig, die Forderung dient vielmehr regelmäßig nur als Legitimation für den Anspruch auf Befriedigung aus dem Grundstück [6]).

Nur die Sicherungshypothek [7]) hat den Charakter eines accessorischen Rechts. Bei ihr bestimmt sich das Recht des Gläubigers aus der Hypothek nach der Forderung und kann sich der Gläubiger zum Beweise der Forderung nicht auf die Eintragung berufen. In Folge

---

[2]) § 1153 Abs. 2 BGB.

[3]) §§ 1168, 1177 BGB.

[4]) § 1180 BGB.

[5]) Nach Kom.Prot. 3 S. 726 (Haidlen 2 S. 424) wurde Gewicht darauf gelegt, daß § 1153 die Uebertragung regele, § 1180 die Aenderung der Belastung zulasse, aus diesem Grunde wurde verneint, daß ein Widerspruch zwischen § 1180 und 1153 vorliege.

[6]) Kom.Prot. 3 S. 623. Biermann S. 186. Hachenburg S. 242.

[7]) § 1184 BGB. Durch Verpfändung einer Sicherungshypothek kann eine Sicherheitsleistung nicht erfolgen (§ 238 Abs. 2 BGB.), wohl aber kann durch Bestellung einer Sicherungshypothek an einem (inländischen) Grundstück Sicherheit geleistet werden (§ 232 BGB.).

dessen bleiben dem Eigenthümer alle auf die Forderung bezüglichen Einreden ohne Eintragung[8]) auch gegenüber dem gutgläubigen Erwerber des dinglichen Rechtes unbenommen[9]). Die Sicherungshypothek muß im Grundbuch als Sicherungshypothek bezeichnet sein. Eine Hypothek für die Forderung aus einer Schuldverschreibung auf den Inhaber, aus einem Wechsel oder aus einem anderen Papier, das durch Indossament übertragen werden kann, kann nur als Sicherungshypothek bestellt werden und gilt als Sicherungshypothek, auch wenn sie im Grundbuch nicht als solche bezeichnet ist[10]). Ebenso gilt die Maximalhypothek als Sicherungshypothek, auch wenn sie im Grundbuch nicht als solche bezeichnet ist[11])[12]).

Eine Sicherungshypothek kann in eine gewöhnliche Hypothek, eine gewöhnliche in eine Sicherungshypothek umgewandelt werden, ohne daß die Zustimmung der im Range gleich oder nachstehenden Berechtigten erforderlich wäre[13]). Die Einigung des Gläubigers und des Eigenthümers genügt neben der Eintragung der Rechtsänderung; ist die Hypothek belastet, so bedarf es auch der Zustimmung des Dritten[14])[15]). Ebenso kann eine Sicherungshypothek direkt in eine Grundschuld oder Rentenschuld umgewandelt werden.

Das Recht, das die Hypothek gewährt, ist ein Vollstreckungsrecht gegen das Grundstück, nicht ein Recht, von dem Eigenthümer eine Zahlung zu verlangen. Nicht einmal zur Zahlung der Zinsen ist der Eigenthümer verpflichtet, dagegen hat er ein Recht, zu zahlen. Der Eigenthümer ist berechtigt, den Gläubiger zu befriedigen, darf

---

[8]) Die Eintragung von Einreden wird aus diesem Grunde überhaupt unzulässig sein.

[9]) Nicht ausgeschlossen sind für die Sicherungshypothek die Vorschriften über die Eigenthümerhypothek und den Uebergang der Hypothek auf den den Gläubiger befriedigenden Schuldner.

[10]) § 1187 BGB.

[11]) § 1190 BGB. Der Ausdruck Maximalhypothek ließe sich wohl durch das Wort Höchsthypothek ersetzen. — Die Arresthypothek (§ 932 CPO.) ist eine Maximalhypothek, der Geldbetrag, durch dessen Hinterlegung die Vollziehung des Arrestes gehemmt werden kann, ist bei der Eintragung als der Höchstbetrag zu bezeichnen, für welchen das Grundstück haftet. Die Eintragung erfolgt auf Antrag des Gläubigers. Der Antrag auf Eintragung gilt als Vollziehung des Arrestes im Sinne des § 929 CPO. Sollen mehrere Grundstücke des Schuldners belastet werden, so ist der Betrag zu theilen. Wird der Arrest aufgehoben, so erwirbt der Eigenthümer des Grundstücks die Hypothek.

[12]) Auch die nach § 848 CPO. bestehende Hypothek ist Sicherungshypothek, ohne als solche im Grundbuch bezeichnet zu sein, wird sie jedoch eingetragen, so ist sie als Sicherungshypothek zu bezeichnen.

[13]) § 1186 BGB.

[14]) §§ 877, 876 BGB.

[15]) Für die Umwandlung einer Maximalhypothek in eine gewöhnliche Hypothek gilt nichts Besonderes, insbesondere bedarf es nicht der Zustimmung des persönlichen Schuldners, wenn Gläubiger und Eigenthümer vereinbaren, daß an Stelle der Maximalhypothek das Grundstück für einen bestimmten Forderungsbetrag haften soll. Anders Biermann S. 242.

ihn auch durch Aufrechnung oder durch Hinterlegung befriedigen [16]). Der Gläubiger seinerseits darf, obgleich sein Recht auf Befriedigung aus dem Grundstück geht, das sonstwie beschaffte Geld nicht zurückweisen.

B. Grundschuld.

Unter **Grundschuld** ist zu verstehen das dingliche Recht, Kraft dessen der Berechtigte aus dem belasteten Grundstück eine bestimmte Geldsumme verlangen darf [17]).

Der Grundschuldgläubiger kann eine persönliche Forderung haben, es kann auch in der persönlichen Forderung das Motiv liegen, aus dem die Grundschuld bestellt worden ist, allein als Erforderniß für die Begründung der Grundschuld kommt die persönliche Forderung nicht in Betracht. Ist die Grundschuld bestellt worden zur Sicherung einer Forderung gegen eine Person, so verbleibt die Grundschuld bei dem Grundschuldgläubiger, auch wenn die persönliche Forderung nicht zur Entstehung gelangt oder wenn sie erlischt. Der Eigenthümer hat in einem solchen Falle nur einen persönlichen Anspruch auf Rückgewähr gegen den Grundschuldgläubiger [18]). Die Grundschuld ist ein selbständiges Recht, sie hat ihren Zweck in sich selbst; sie soll dem Berechtigten eine bestimmte Summe Geld aus dem Grundstück verschaffen, gleichviel ob eine zur Zahlung verpflichtete Person vorhanden ist oder nicht [19]). Eine Zahlungsverbindlichkeit des Eigenthümers besteht ebensowenig wie bei der Hypothek. Der Grundschuldgläubiger kann von dem Eigenthümer nur beanspruchen, daß dieser dulde, daß die Beträge, welche den Gegenstand der Grundschuld bilden, im Wege der Zwangsverwaltung oder der Zwangsvollstreckung aus dem Grundstück beigetrieben werden [20]).

---

[16]) Vergl. § 1142 BGB.

[17]) Nach Stobbe-Lehmann (§ 155) ist die Grundschuld eine schlechthinnige Forderung gegen den Eigenthümer eines Grundstücks auf einmalige oder jährliche Zahlung einer bestimmten Geldsumme, verbunden mit dem dinglichen Rechte, mangels anderweiter Erfüllung Befriedigung aus dem Grundstücke zu suchen.

[18]) Auf das Nichtbestehen der persönlichen Forderung kann der Eigenthümer auch eine Einrede stützen und diese — unbeschadet der Vorschriften über den öffentlichen Glauben des Grundbuchs — einem neuen Gläubiger entgegensetzen (vergl. § 1157 BGB.). Diese Einrede läßt sich durch Eintragung eines Widerspruch (§ 899 BGB.) sichern. Vergl. Biermann S. 248.

[19]) Im Allgemeinen wird die Grundschuld behandelt, als ob ihr eine Forderung zu Grunde läge. So gelten die Vorschriften über den Nießbrauch an einer Forderung auch für den Nießbrauch an einer Grundschuld (§ 1080 BGB.), die Vorschriften über das Pfandrecht an einer Forderung auch für das Pfandrecht an einer Grundschuld (§ 1291 BGB.). Desgleichen finden auf die Zwangsvollstreckung in eine Grundschuld die Vorschriften über die Zwangsvollstreckung in eine Forderung, für welche eine Hypothek besteht, entsprechende Anwendung (§ 857 Abs. 6 CPO.).

[20]) Vergl. Mot. 3, 779.

C. Rentenschuld.

Die Rentenschuld ist eine Unterart der Grundschuld. Sie ist das dingliche Recht, Kraft dessen der Berechtigte in regelmäßig wiederkehrenden Terminen eine bestimmte Geldsumme aus dem belasteten Grundstück verlangen darf[21]).

Die Rentenschuld geht nicht auf Zahlung eines Kapitals, sondern bestimmter Rentenbeträge. Dem Grundschuldkapital entspricht die Summe, durch deren Zahlung die Rentenschuld abgelöst werden kann. Die einzelnen Renten stehen den Zinsen einer Grundschuld oder einer Hypothek gleich[22]). Eine Besonderheit besteht. Bei der Grundschuld kann das Kündigungsrecht dem Eigenthümer oder dem Gläubiger zustehen. Bei der Rentenschuld hat der Eigenthümer das Recht der Ablösung und dieses Recht darf vertragsmäßig nicht weiter beschränkt werden, als daß der Eigenthümer erst nach 30 Jahren[23]) kündigen kann und eine sechsmonatige Frist einhalten muß. Dem Gläubiger dagegen kann ein Kündigungsrecht nicht eingeräumt werden. Nur wenn im Falle einer Verschlechterung des Grundstücks die Sicherheit der Rentenschuld gefährdet ist und der Gläubiger erfolglos eine angemessene Frist zur Beseitigung der Gefährdung bestimmt hat, ist der Gläubiger berechtigt, die Zahlung der Ablösungssumme aus dem Grundstück zu verlangen, wenn nicht die Gefährdung durch Verbesserung des Grundstücks oder durch anderweitige Rentenschuldbestellung beseitigt worden ist[24]).

So wenig wie bei der Grundschuld hat der Eigenthümer des belasteten Grundstücks bei der Rentenschuld eine Zahlungspflicht; er ist berechtigt, den Rentenschuldgläubiger zu befriedigen, hat aber keine Zahlungsverbindlichkeit. Bei der Reallast, die ebenfalls auf wiederkehrende Geldleistungen gerichtet sein kann, haftet der Eigenthümer, soweit nicht ein Anderes bestimmt ist, für die während der Dauer seines Eigenthums fällig werdenden Leistungen auch persönlich. Bei der Rentenschuld ist eine derartige persönliche Haftung des Eigenthümers ausgeschlossen. Sollte sich der Eigenthümer persönlich zur Zahlung der Renten verpflichtet haben, so berührt dies die Belastung des Grundstücks nicht. Diese Belastung ist unabhängig von einem derartigen Schuldverhältnisse.

---

[21]) § 1199 BGB.

[22]) § 1200 BGB.

[23]) Die 30 Jahre werden nicht von der Entstehung der Rentenschuld zu berechnen sein, sondern von dem Zeitpunkt der Beschränkung des Kündigungsrechts ab.

[24]) §§ 1201, 1202 BGB. Unberührt bleiben die landesgesetzlichen Vorschriften, welche die Ausschließung des Kündigungsrechts des Eigenthümers nur für eine kürzere als die im § 1202 Abs. 2 BGB. bestimmte Zeit zulassen (Art. 117 Einf.Ges. z. BGB.).

§ 67. Gegenstand der Haftung.

Nur Grundstücke und selbständige Berechtigungen, die wie Grundstücke behandelt werden [1]), können mit Hypotheken, Grundschulden und Rentenschulden belastet werden.

Die Belastuug ruht immer auf dem Grundstück selbst, sie kann nicht auf die Nutzungen des Grundstücks beschränkt werden. Revenuenhypotheken sind nur als Ausnahmen zugelassen [2]).

Ein Grundstückstheil kann als nicht wesentlicher Bestandtheil des Grundstücks gesondert belastet werden; soll es aber mit einer Hypothek (Gr., R.) belastet werden, so soll dies nur in der Weise geschehen, daß er abzuschreiben und als selbständiges Grundstück einzutragen ist [3]). Die Landesjustizverwaltung kann Bestimmung treffen, inwieweit die Eintragung von einer Aenderung des amtlichen Verzeichnisses der Grundstücke oder von der Beibringung einer die Lage und die Grenzen des Grundstückstheils darstellenden Karte abhängig sein soll [4]).

Die Belastung eines ideellen Theiles des Grundstücks ist zulässig, jedoch nur, wenn der Bruchtheil in dem Antheil eines Miteigenthümers besteht, also das Recht des Bestellers an dem Grundstück sich in dem Bruchtheile erschöpft [5]). Es kann demnach Jemand, der zu $1/3$ Miteigenthümer des Grundstücks ist, dieses Drittel mit einer Hypothek (Gr., R.) belasten, nicht aber ist es zulässig, daß er einen Theil seines Antheils, also z. B. die Hälfte seines Drittels oder ein Sechstel des ganzen Grundstücks in dieser Weise belastet. Ebensowenig kann ein Alleineigenthümer einen Bruchtheil des Grundstücks hypothekarisch belasten. Vereinigen sich die Miteigenthümerantheile in der Hand eines Miteigenthümers, so daß dieser das Alleineigenthum erhält, so bleiben selbstverständlich die durch die einzelnen Miteigenthümer früher bewilligten Rechte unverändert [6]).

Zu § 67.

[1]) § 1017 BGB., Art. 63, 68, 196, 67 Einf.Ges. z. BGB. Vergl. §§ 7, 84, 83 GBO.

[2]) Revenuenhypotheken des alten Rechts s. Art. 192 Abs. 2 Einf. In Zukunft kann eine Revenuenhypothek nur in Fällen bestellt werden, in denen der Eigenthümer in der Verfügung über die Substanz des Grundstücks beschränkt ist, insbesondere bei Familienfideikommissen und Lehen, oder bei Grundstücken, die nach den Hausverfassungen nur beschränkt belastet werden dürfen. Art. 60 Einf.-Ges. z. BGB. Vergl. Leske S. 495.

[3]) § 6 GBO. Nach der Belastung können die Grundstücke wieder vereinigt werden (§ 890 BGB.), doch soll dies nur geschehen, wenn keine Verwirrung zu besorgen ist (§ 5 GBO.).

[4]) § 96 GBO.

[5]) §§ 1114, 1192, 1199 BGB. Wie groß der Antheil ist, läßt das Grundbuch ersehen (vergl. § 48 GBO.). Daß der Gesammthänder nicht über einen Antheil an einem einzelnen Gegenstand verfügen kann, s. § 29.

[6]) Zwangsvollstreckung in einen Miteigenthümer-Antheil nach § 864 CPO.

Die Hypothek (Gr., R.) umfaßt das Grundstück[7]) in seinem jeweiligen rechtlichen und wirthschaftlichen Bestande. Der Grundstückskörper wird von dem dinglichen Rechte grade so ergriffen, wie ihn das Grundbuch im Anschluß an das Flurbuch nachweist[8]). Wird ein belastetes Grundstück getheilt, so haftet jeder Theil für die ganze Schuld[9]). Die Belastung ist auf das Grundbuchblatt des Trennstückes mitzuübertragen, damit nicht auf Grund des öffentlichen Glaubens das Recht durch eine Verfügung an einen gutgläubigen Dritten verloren geht. Einer Genehmigung des Gläubigers zur Abtrennung bedarf es nicht[10]). Wird ein Grundstück zum Bestandtheil eines anderen Grundstücks gemacht, indem der Eigenthümer es diesem Grundstück (z. B. einem Hofgut) im Grundbuch zuschreiben läßt[11]), so erstrecken sich die an dem Hauptgrundstück bestehenden Hypotheken, Grundschulden und Rentenschulden auf das zugeschriebene Grundstück, gehen jedoch den Rechten, mit denen das zugeschriebene Grundstück belastet ist, im Range nach[12]). Anders ist es, wenn ein Eigenthümer zwei Grundstücke mit einander zu einem Grundstück vereinigt[13]); in diesem Falle bleibt die gesonderte Belastung der einzelnen Theile bestehen[14]).

Das dingliche Recht erfaßt auch die Rechte, welche mit dem Eigenthum an dem Grundstück verbunden sind und als Bestandtheile des Grundstücks gelten[15]). Es kommt dabei nicht darauf an, ob diese Rechte auf dem Blatte des Grundstücks vermerkt sind[16]) oder ob sie nur auf dem Blatte des durch sie belasteten Grundstücks stehen.

---

[7]) Bezeichnung des Grundstücks nach §§ 2, 28 GBO. — Unberührt bleiben die landesgesetzlichen Vorschriften über die Behandlung der einem Eisenbahn- oder Kleinbahnunternehmen gewidmeten Grundstücke und sonstiger Vermögensgegenstände als Einheit (Bahneinheit), über die Veräußerung und Belastung einer solchen Bahneinheit oder ihrer Bestandtheile, insbesondere die Belastung im Falle der Ausstellung von Theilschuldverschreibungen auf den Inhaber (Art. 112 Einf.Ges. z. BGB.).

[8]) Ist ein Flächentheil zur Zeit der Bestellung des dinglichen Rechtes als selbständiges Grundstück eingetragen, die Abschreibung aber unterblieben, so ist die Parzelle auf zwei Grundbuchblätter vorgetragen, im Falle eines Widerspruchs unter den Eintragungen versagt daher der öffentliche Glaube. Vergl. Mot. 3, 652. S. § 13 Anm. 16 und § 24 Anm. 40.

[9]) Wird ein Theil veräußert, so wird er von den Belastungen des Grundstücks befreit, wenn nach Maßgabe der Landesgesetze von der zuständigen Behörde festgestellt wird, daß die Rechtsänderung für die Berechtigten unschädlich ist (Art. 120 Einf.Ges. z. BGB.).

[10]) Vergl. Mot. 3, 654.

[11]) § 890 Abs. 2 BGB., § 5 GBO. Kom.Prot. 3 S. 552.

[12]) § 1131 BGB.

[13]) § 890 Abs. 1 BGB., § 5 GBO. Kom.Prot. 3 S. 552.

[14]) Daß, wenn es zur Zwangsvollstreckung kommt, das Gesammtgrundstück zur Zwangsvollstreckung gezogen werden muß, wie Biermann S. 199 im Anschluß an Hachenburg (S. 331) annimmt, erscheint nicht zutreffend. Es kann nur der Grundstückstheil zur Zwangsversteigerung gebracht werden, der mit dem dinglichen Rechte belastet ist.

[15]) § 96 BGB.

[16]) § 8 GBO.

Dem Rechte des Gläubigers unterstehen diese Rechte, gleichviel, ob sie zur Zeit der Bestellung der Hypothek (Gr., R.) mit dem Eigenthum an dem Grundstück verbunden waren, oder ob sie erst später erworben worden sind. Zur Aufhebung des subjektiv-dinglichen Rechtes ist die Zustimmung des Hypothek- (Grundschuld-, Rentenschuld-) Gläubigers erforderlich, sofern nicht sein Recht durch die Aufhebung nicht berührt wird [17]).

Soweit es sich um nicht wesentliche Bestandtheile des Grundstücks handelt, kann der Umfang der Haftung vertragsmäßig bestimmt werden [18]). Anders ist es mit den wesentlichen Bestandtheilen. Daß die wesentlichen Bestandtheile eines Grundstücks von den Belastungen, die auf dem Grundstück liegen oder darauf gelegt werden, getroffen werden müssen, ergibt sich aus der Bestimmung des § 93 BGB. [19]).

Zu den wesentlichen Bestandtheilen des Grundstücks gehören insbesondere die Erzeugnisse des Grundstücks, so lange sie mit dem Boden zusammenhängen [20]). Werden sie vom Boden getrennt, so hören sie auf, wesentliche Bestandtheile des Grundstücks zu sein und werden zu selbständigen beweglichen Sachen. Die Hypothek (Gr., R.) erstreckt sich aber auch auf die von dem Grundstück *getrennten Erzeugnisse* und sonstigen *Bestandtheile*, soweit sie nicht mit der Trennung in das Eigenthum eines Anderen als des Eigenthümers oder des Eigenbesitzers des Grundstücks gelangt sind. Soweit demnach ein Dritter vermöge eines dinglichen oder persönlichen Rechts oder als Nutzungsbesitzer befugt ist, sich die Erzeugnisse und Bestandtheile anzueignen [21]), auch dem nur persönlich Berechtigten der Besitz des Grundstücks überlassen ist, werden die Erzeugnisse und Bestandtheile mit der Trennung frei von dem dinglichen Rechte des Hypothek- (Gr., R.-) Gläubigers. Doch muß das Verhältniß, auf Grund dessen der Eigenthumserwerb für den Dritten vor sich geht, der Hypothek (Gr., R,) im Range vorgehen oder (bei persönlichen Rechten) vor der Hypothek (Gr., R.) begründet sein. Eine Ausnahme macht das Pachtverhältniß. Die dem Pächter zufallenden Früchte sind auch dann von der Haftung frei, wenn die Pacht nach der Bestellung der Hypothek (Gr., R.)

---

[17]) § 876 BGB. S. § 8 Ziff. 39 ff. — Landesgesetzliche Vorschriften über Erklärung der Unschädlichkeit der Aufhebung s. Art. 120 Abs. 2 Ziff. 2 Einf.Ges. z. BGB. Vergl. § 21 GBO. (s. § 13 Ziff. 57).

[18]) Die in § 95 BGB. bezeichneten Sachen fallen nie unter das dingliche Recht, sie gehören nicht zu den Bestandtheilen des Grundstücks. S. § 4 Ziff. 18 ff.

[19]) S. § 4 Ziff. 32.

[20]) § 94 BGB. Der Pfändung ungetrennter Erzeugnisse kann von dem Hypothek- (Gr., R.-) Gläubiger gemäß § 771 CPO. widersprochen werden (§ 810 CPO.).

[21]) §§ 954—957 BGB. (s. § 25 Ziff. 52 ff.).

begründet worden ist[22]). Das Recht des Pächters auf den Fruchtgenuß wird selbst von der Beschlagnahme des Grundstücks nicht berührt[23])[24]).

Um eine ordentliche Wirthschaftsführung zu ermöglichen, ist die Dauer der Haftung der beweglichen Sachen eingeschränkt.

Die Erzeugnisse und Bestandtheile können von der Haftung frei werden

a. in Folge Entfernung von dem Grundstück,
b. in Folge Veräußerung und Entfernung.

Damit durch die bloße Entfernung der Sachen von dem Grundstück die Haftung wieder aufhöre, ist erforderlich,

1. daß die Erzeugnisse und Bestandtheile innerhalb der Grenzen einer ordnungsmäßigen Wirthschaft von dem Grundstück getrennt worden sind,
2. daß sie von dem Grundstück entfernt worden sind, bevor ihre Beschlagnahme für den Gläubiger stattgefunden hat,
3. daß die Entfernung nicht zu einem vorübergehenden Zwecke stattgefunden hat[25]).

Beweispflichtig für die unter 1 und 2 angegebenen Voraussetzungen ist der Eigenthümer. Behauptet der Gläubiger, die Entfernung sei zu einem vorübergehenden Zwecke erfolgt, so trifft ihn für diese Aufstellung die Beweislast.

Auch die nicht innerhalb der Grenzen einer ordnungsmäßigen Wirthschaft getrennten Erzeugnisse und Bestandtheile werden von der Haftung frei; jedoch bedarf es in diesem Falle außer der Entfernung der Sachen von dem Grundstück auch ihrer Veräußerung. Gleichgültig, ob die Veräußerung vor der Entfernung oder die Entfernung vor der Veräußerung erfolgt, die Sachen werden von der Haftung frei, wenn sie veräußert und entfernt worden sind, bevor sie zu Gunsten des Gläubigers in Beschlag genommen worden sind[26]). Guter Glaube des Erwerbers hinsichtlich des dingliches Rechtes des Gläubigers ist nicht verlangt.

Erfolgt die Beschlagnahme[27]), ehe es zur Veräußerung oder ehe es zur Entfernung von dem Grundstück gekommen ist, so treten die

---

[22]) Biermann S. 191.

[23]) §§ 21 Abs. 3, 148 ZVG.

[24]) Erlischt das Eigenthum an Erzeugnissen oder Bestandtheilen durch Verbindung, Vermischung oder Verarbeitung, so erlischt nach §§ 949, 950 Abs. 2 BGB. auch das Recht des Gläubigers an den Sachen.

[25]) § 1122 Abs. 1 BGB. Es kommt nichts darauf an, ob die Sachen im Besitze des Eigenthümers geblieben sind, das Wegschaffen von dem Grundstück beendigt die Haftung.

[26]) § 1121 Abs. 1 BGB.

[27]) Unter Beschlagnahme ist nicht bloß die Beschlagnahme des Grundstücks zum Zwecke der Zwangsversteigerung oder der Zwangsverwaltung zu verstehen, sondern jede Zwangsvollstreckung des Gläubigers (Pfändung, Arrest, einstweilige Verfügung), die sich auf die haftenden Gegenstände erstreckt. Staudinger 3 S. 221. Die Beschlagnahme des Grundstücks zum Zwecke der Zwangsversteigerung umfaßt

von der Beschlagnahme getroffenen Sachen unter ein Veräußerungsverbot. Auch bei einem Veräußerungsverbot finden die Vorschriften zu Gunsten derjenigin, welche Rechte von einem Nichtberechtigten erwerben, entsprechende Anwendung[28]). Auf Grund einer solchen Vorschrift (§ 936 BGB.) erlischt das Recht an einer Sache, wenn ein Dritter das Eigenthum erwirbt und zur Zeit des Erwerbes in Ansehung des begrenzten Rechtes in gutem Glauben ist. Auf diese Bestimmung darf sich aber der Erwerber dem Gläubiger gegenüber nicht berufen, wenn die veräußerten Sachen zur Zeit der Beschlagnahme noch auf dem Grundstück sind, mag auch die Veräußerung schon vor der Beschlagnahme erfolgt sein. Die Unkenntniß von dem dinglichen Rechte des Gläubigers nützt dem Erwerber hier nichts. Entfernt jedoch der Erwerber die erworbene Sache von dem Grundstück, so ist die vor der Entfernung erfolgte Beschlagnahme ihm gegenüber nur wirksam, wenn er bei der Entfernung in Kenntniß oder grobfahrlässiger Unkenntniß von der Beschlagnahme war. Der Gläubiger hat das Fehlen des guten Glaubens zu beweisen. Die Kenntniß des Antrags auf Versteigerung des Grundstücks steht übrigens einer Kenntniß der Beschlagnahme gleich, auch gilt die Beschlagnahme in Ansehung der mithaftenden beweglichen Sachen als bekannt, sobald der Versteigerungs- oder Zwangsverwaltungsvermerk eingetragen ist[29]). — Werden die beweglichen Sachen erst veräußert, nachdem sie von dem Grundstück entfernt worden sind, so verbleibt es bei den allgemeinen Vorschriften, die zu Gunsten derjenigen gelten, welche Rechte von einem Nichtberechtigten herleiten.

Die Hypothek (Gr., R.) erstreckt sich weiter auf das Zubehör des Grundstücks[30]), mit Ausnahme der Zubehörstücke, welche nicht in das Eigenthum des Eigenthümers des Grundstücks gelangt sind[31]). Die Zubehörstücke werden von dem dinglichen Rechte des Gläubigers erfaßt, mögen sie vor oder nach der Begründung dieses Rechtes die Zubehöreigenschaft erlangt haben. Die Zubehörstücke werden von der Haftung frei, wenn die Zubehöreigenschaft innerhalb der Grenzen einer ordnungsmäßigen Wirthschaft vor der

zwar alle Gegenstände, auf welche sich die Hypothek (Gr., R.) erstreckt, aber land- und forstwirthschaftliche Erzeugnisse des Grundstücks nur, soweit die Erzeugnisse noch mit dem Boden verbunden oder soweit sie Zubehör des Grundstücks sind; das Recht des Pächters auf den Fruchtgenuß bleibt unberührt (§§ 20 Abs. 2, 21 ZVG.). Die Beschlagnahme zum Zwecke der Zwangsverwaltung umfaßt auch die getrennten Erzeugnisse (§ 148 ZVG.). Vergl. §§ 22, 23 ZVG. Sobald die Beschlagnahme der haftenden beweglichen Sachen im Wege der Zwangsvollstreckung in das unbewegliche Vermögen erfolgt ist, unterliegen diese Sachen nicht mehr der Zwangsvollstreckung in das bewegliche Vermögen (§ 865 Abs. 2 CPO.).

[28]) §§ 136, 135 Abs. 2 BGB.

[29]) § 23 Abs. 2 ZVG.

[30]) §§ 97, 98 BGB. S. § 4 Ziff. 40 ff.

[31]) § 1120 BGB. Einer Verschlechterung des Grundstücks steht es gleich, wenn Zubehörstücke, auf die sich die Hypothek erstreckt, verschlechtert oder den Regeln einer ordnungsmäßigen Wirthschaft zuwider von dem Grundstück entfernt werden (§ 1135 BGB.).

Beschlagnahme aufgehoben wird[32]). Trifft diese Voraussetzung nicht zu, so werden sie nur frei, wenn sie veräußert und von dem Grundstück entfernt werden, bevor sie zu Gunsten des Gläubigers in Beschlag genommen worden sind. Auch bezüglich der Zubehörstücke kann der Erwerber, wenn es zur Beschlagnahme gekommen und die Veräußerung vor der Entfernung vor sich gegangen ist, dem Gläubiger gegenüber sich nicht darauf berufen, daß er in Ansehung der Hypothek (Gr., R.) in gutem Glauben gewesen sei. Hat der Erwerber die Sache von dem Grundstück entfernt, so werden sie von der Haftung trotz der Beschlagnahme frei; es müßte denn sein, daß der Erwerber bei der Entfernung in Kenntniß oder grobfahrlässiger Unkenntniß von der Beschlagnahme war[33]).

Die Hypothek (Gr., R.) erstreckt sich, falls das belastete Grundstück vermiethet oder verpachtet ist, auch auf die Mieth- oder Pachtzinsforderungen. Es kommt nichts darauf an, wer vermiethet oder verpachtet hat, und ob zur Zeit der Vermiethung oder Verpachtung das dingliche Recht schon begründet war. Diese Forderungen werden, soweit sie fällig sind, mit dem Ablauf eines Jahres nach dem Eintritt der Fälligkeit frei, wenn nicht vorher die Beschlagnahme erfolgt. Ist aber der Zins im Voraus zu entrichten, so ererstreckt sich die Befreiung von der Haftung nicht auf den Mieth- oder Pachtzins für eine spätere Zeit als für das zur Zeit der Beschlagnahme laufende und das folgende Kalendervierteljahr[34]). Ist demnach am 1. Januar 1901 der Miethzins für die Jahre 1901 und 1902 fällig gewesen, aber nicht eingezogen worden, und erfolgt am 1. Februar 1902 die Beschlagnahme, so haftet noch die Miethzinsforderung für die Zeit vom 1. Juli 1902 ab.

Ueber die dem dinglichen Rechte des Hypothek- (Gr., R.-) Gläubigers unterliegenden Mieth- und Pachtzinsforderungen kann rechtswirksam verfügt werden, solange der Hypothek- (Gr., R.-) Gläubiger die Forderung nicht in Beschlag genommen hat. Die Einziehung oder sonstige Verfügung (Uebertragung, Belastung, Erlaß) der Forderung ist dem Realgläubiger gegenüber wirksam. Wird die Forderung auf einen Dritten übertragen, so erlischt die Haftung der Forderung; einer Uebertragung der Forderung steht es gleich, wenn das Grundstück ohne die Forderung veräußert wird. Wird die Forderung nicht übertragen, aber mit einem Rechte zu Gunsten eines Dritten belastet, so geht dieses Recht der Hypothek (Gr., R.) im

---

[32]) § 1122 Abs. 2 BGB.

[33]) § 1121 BGB. Zubehörstücke können nicht gepfändet werden (§ 865 Abs. 2 CPO.).

[34]) § 1123 BGB. Die Beschlagnahme zum Zwecke der Zwangsversteigerung umfaßt nicht die Mieth- oder Pachtzinsforderungen (§ 21 Abs. 2 ZVG.), wohl aber die Beschlagnahme zum Zwecke der Zwangsverwaltung (§ 148 ZVG.). Ist die Zwangsverwaltung eingeleitet, so unterliegen die Forderungen nicht mehr der Pfändung (§ 865 Abs. 2 CPO.).

Range vor. Aber jede Verfügung über den Mieth- oder Pachtzins (Einziehung, Uebertragung, Belastung, Erlaß) ist dem Realgläubiger gegenüber insoweit unwirksam, als sich die Verfügung auf den Mieth- oder Pachtzins für eine spätere Zeit als das zur Zeit der Beschlagnahme laufende und das folgende Kalendervierteljahr bezieht[35]. Unter allen Umständen soll dem Realgläubiger der Mieth- oder Pachtzins von dem zweiten auf die Beschlagnahme folgenden Kalendervierteljahr ab verbleiben; insoweit kann auch der Miether oder Pächter nicht eine ihm gegen den Vermiether oder Verpächter zustehende Forderung gegen den Hypothek- (Gr., R.-) Gläubiger aufrechnen[36].

Wie auf die Früchte erstreckt sich die Hypothek (Gr., R.) auch auf die Ansprüche aus einem Rechte auf wiederkehrende Leistungen[37], wenn ein solches Recht mit dem Eigenthum an dem Grundstück zur Zeit der Bestellung der Hypothek (Gr., R.) verbunden ist oder später damit verbunden wird. Soweit derartige Ansprüche fällig sind, werden sie mit dem Ablaufe eines Jahres nach dem Eintritt der Fälligkeit frei, wenn nicht vorher die Beschlagnahme erfolgt[38]. Verfügungen über die einzelnen Leistungen sind dem Hypothek- (Gr., R.-) Gläubiger gegenüber in derselben Weise wie Verfügungen über Mieth- oder Pachtzinsforderungen wirksam[39], unwirksam ist nur eine vor der Beschlagnahme erfolgte Verfügung über einen Anspruch auf eine Leistung, die erst drei Monate nach der Beschlagnahme fällig wird[40]. Ist die Verfügung dem Hypothek- (Gr., R.-) Gläubiger gegenüber unwirksam, so kann der Verpflichtete nicht eine ihm gegen den Eigenthümer zustehende Forderung gegen den Realgläubiger aufrechnen[41].

Das Recht des Hypothek- (Gr., R.-) Gläubigers erfaßt endlich auch die Forderungen gegen den Versicherer, wenn Gegenstände, die der Hypothek (Gr., R.) unterliegen, für den Eigenthümer oder Eigenbesitzer des Grundstücks in Versicherung gebracht sind[42]. Zur Versicherung verpflichtet ist der Eigenthümer nicht. Gegenstand

[35]) § 1124 BGB. Einer Anfechtung bedarf es nicht; die Forderungen sind als ausstehend zu betrachten.

[36]) § 1125 BGB. Die Aufrechnung ist ausgeschlossen, auch wenn die Gegenforderung auf dem Mieth- oder Pachtverhältniß beruht.

[37]) Z. B. Reallast.

[38]) §§ 1126, 1123 Abs. 2 Satz 1 BGB. Die Ausnahme für Vorausleistungen gilt hier nicht. — Die Beschlagnahme zum Zwecke der Zwangsversteigerung umfaßt auch die Ansprüche auf wiederkehrende Leistungen nicht (§ 21 Abs. 2 ZVG.), dagegen die Beschlagnahme zum Zwecke der Zwangsverwaltung (§ 148 ZVG.). Vergl. auch § 865 CPO.

[39]) §§ 1126, 1124 Abs. 1, 3 BGB.

[40]) § 1126 BGB.

[41]) §§ 1126, 1125 BGB.

[42]) § 1127 BGB. Eine Ausdehnung dieser Vorschrift auf andere Forderungen, die dem Eigenthümer in Folge Untergangs oder Beschädigung der haftenden Gegenstände zustehen, erscheint nicht statthaft. Staudinger 3 S. 225.

der Haftung sind die Forderungen aus der Versicherung, nicht die Versicherungsgelder, und zwar nur die dem Eigenthümer oder dem Eigenbesitzer, nicht die einem Dritten, zustehenden Forderungen[43]). Ob die Versicherung gegen Feuersgefahr oder gegen eine andere Gefahr genommen ist, macht keinen Unterschied, ebenso nicht, ob Gebäulichkeiten oder Zubehör, ungetrennte Erzeugnisse des Grundstücks oder sonstige Gegenstände, welche der Hypothek (Gr., R.) unterliegen, versichert sind. Das Realrecht umfaßt die Forderung aus der Versicherung gleichzeitig mit den versicherten Gegenständen, aber der Grund der Haftung der Versicherungsforderung liegt darin, daß für den Fall des Untergangs oder der Beschädigung der Gegenstände dem Realgläubiger ein Ersatz gesichert sein soll. Die Haftung der Forderung gegen den Versicherer erlischt demgemäß, wenn der versicherte Gegenstand wiederhergestellt oder sonstiger Ersatz für ihn beschafft ist[44]). Das Erlöschen tritt kraft Gesetzes ein, auch wenn schon eine Beschlagnahme erfolgt sein sollte. Ist der Ersatz nicht vollständig, so verbleibt es wegen der Differenz bei der Haftung[45]). Was die Legitimation des Versicherten zur Erhebung der Versicherungssumme betrifft, so ist, wenn nach Maßgabe der Versicherungsbestimmungen der Versicherer nur verpflichtet ist, die Versicherungssumme zur Wiederherstellung des versicherten Gegenstandes zu zahlen, eine diesen Bestimmungen entsprechende Zahlung an den Versicherten dem Hypothek- (Gr., R.-) Gläubiger gegenüber wirksam[46]), mag thatsächlich das Geleistete dem Zwecke gemäß verwendet worden sein oder nicht. Fehlt es an einer solchen Versicherungsbedingung, so muß zwischen Gebäudeversicherung und Versicherung anderer Gegenstände unterschieden werden. Ist ein Gebäude versichert, so kann der Versicherer die Versicherungssumme mit Wirkung gegen den Hypothek- (Gr., R.-) Gläubiger an den Versicherten erst dann zahlen, wenn der Eintritt des Schadens durch ihn oder durch den Versicherten dem Hypothek- (Gr., R.-) Gläubiger angezeigt worden ist und seit dem Empfange der Anzeige ein Monat verstrichen ist. Die Anzeige darf unterbleiben, wenn sie unthunlich ist; alsdann wird die Monatsfrist von dem Zeitpunkt an berechnet, in welchem die Versicherungssumme fällig wird. Bis zum Ablaufe der Frist kann der Hypothek- (Gr., R.-) Gläubiger dem Versicherer gegenüber der Zahlung widersprechen. Im Uebrigen finden bei der Gebäudeversicherung die für verpfändete Forderungen geltenden Vorschriften Anwendung. Der Hypothek- (Gr., R.-) Gläubiger hat die Stellung eines Pfandgläubigers, und zwar ohne daß eine Anzeige des dinglichen Rechtes an den Versicherer

[43]) Dem Eigenthümer steht die Forderung zu, wenn der Nießbraucher die Sache unter Versicherung bringt (§ 1045 BGB.); eine derartige Forderung haftet demnach dem Hypothek- (Gr., R.-) Gläubiger.

[44]) § 1127 BGB. Vergl. Mot. 3, 665.

[45]) Biermann S. 197.

[46]) § 1130 BGB. Mot. 3, 665.

erforderlich wäre, der Versicherer kann die bestehenden Hypotheken (Gr., R.) aus dem Grundbuch ersehen und kann sich nicht darauf berufen, daß er eine aus dem Grundbuch ersichtliche Hypothek nicht gekannt habe[47])[48]). Ist ein anderer Gegenstand als ein Gebäude versichert, also z. B. Zubehör, Früchte, auch Fensterscheiben eines Gebäudes[49]), so sind die Befugnisse des Eigenthümers erweitert. Die Versicherungsforderung wird in einem solchen Falle mit dem Ablaufe eines Jahres nach dem Eintritte der Fälligkeit von der hypothekarischen Haftung frei, wenn nicht vorher die Beschlagnahme zu Gunsten des Realgläubigers erfolgt ist. Eine Verfügung, die der Eigenthümer vor der Beschlagnahme über die Versicherungsforderung trifft (Einziehung, Uebertragung, Belastung, Erlaß) ist dem Hypothek- (Gr., R.-) Gläubiger gegenüber wirksam. Die Haftung der Forderung erlischt, wenn die Forderung auf einen Dritten übertragen oder das Grundstück ohne die Forderung veräußert wird; wird die Forderung belastet, so geht das Recht des Dritten der Hypothek (Gr., R.) vor[50]).

§ 68. Wofür wird gehaftet?

A. Hypothek.

Das mit einer Hypothek belastete Grundstück haftet

1. für eine bestimmte Geldsumme, deren Betrag bei Bestellung der Hypothek anzugeben ist, für ein bestimmtes Kapital. Das Grundstück bleibt für das bei der Bestellung angegebene Kapital belastet, auch wenn die persönliche Forderung, zu deren Sicherstellung die Hypothek begründet worden ist, überhaupt nicht oder nicht in der bezeichneten Höhe besteht. Dies gilt auch für die Sicherungs-

---

[47]) § 1128 BGB. Vergl. §§ 1273 ff. BGB. Damit an den Versicherten wirksam gezahlt werden kann, muß die Anzeige von dem Eintritt des Schadens den sämmtlichen eingetragenen Hypothek- (Gr., R.-) Gläubigern gemacht werden. Widerspricht einer der Gläubiger, so sind die Eingetragenen als Pfandgläubiger zu behandeln. Widerspricht keiner, so hört die Haftung der Forderung noch nicht auf, es kann aber wirksam an den Versicherten gezahlt werden. Erfolgt keine Zahlung, so besteht die Pfandhaftung fort. Eine Aufhebung der Forderung ist nur mit Zustimmung der Realgläubiger zulässig (§ 1276 BGB.). Vergl. Biermann S. 198.

[48]) Auf Grund landesgesetzlicher Vorschrift kann der dem Eigenthümer zustehende Entschädigungsanspruch von den Realrechten befreit werden, wenn von der zuständigen Behörde festgestellt wird, daß die Rechtsänderung für die Berechtigten unschädlich ist (Art. 120 Abs. 2 Ziff. 3 Einfges. z. BGB.).

[49]) Mot. 3, 667.

[50]) §§ 1129, 1123 Abs. 2 Satz 1, 1124 Abs. 1, 3 BGB. Die Beschlagnahme zum Zwecke der Zwangsversteigerung umfaßt die Forderung aus einer Versicherung land- und forstwirthschaftlicher Erzeugnisse des Grundstücks nur, soweit die Erzeugnisse noch mit dem Boden verbunden oder soweit sie Zubehör des Grundstücks sind (§ 21 Abs. 1 ZVG.). Die Beschlagnahme des Grundstücks zum Zwecke der Zwangsverwaltung umfaßt auch die Forderung aus der Versicherung der übrigen land- und forstwirthschaftlichen Erzeugnisse (§ 148 ZVG.). Vergl. § 865 CPO.

hypothek, es wird sogar für die Maximalhypothek zu gelten haben. Bei dieser Hypothek wird nur der Höchstbetrag bestimmt, bis zu welchem das Grundstück haften soll, die Feststellung der Forderung wird vorbehalten[1]). Immerhin wird auch hier das Grundstück unbedingt belastet mit der ganzen in ihrem Höchstbetrage angegebenen Forderung. Es tritt daher die dingliche Belastung auch insoweit ein, als die Forderung nicht zur Entstehung kommen wird.

Die im Grundbuch bestimmte Summe bildet nicht die höchste Grenze der Haftung. Die Haftung erstreckt sich auch auf

2. die vertragsmäßigen Zinsen[2]). Der Zinssatz ist im Grundbuch anzugeben. War die Forderung unverzinslich oder ist der im Grundbuch angegebene Zinsfuß niedriger als fünf vom Hundert, so kann die Hypothek ohne Zustimmung der im Range gleich oder nachstehenden Berechtigten dahin erweitert werden, daß das Grundstück für Zinsen bis zu fünf vom Hundert hafte[3]). Dies gilt auch bei einer Hypothek, die aus einer Maximalhypothek nach Feststellung der Forderung in eine gewöhnliche Hypothek umgewandelt worden ist. Bei der Maximalhypothek werden die vertragsmäßigen Zinsen in den Höchstbetrag eingerechnet. Ist aber die Maximalhypothek in eine gewöhnliche Hypothek umgewandelt, so steht der Erweiterung der Belastung durch Eintragung eines Zinsatzes zu fünf vom Hundert aus dem Höchstbetrage nichts im Wege[4]).

Wird der Zinssatz über 5 vom Hundert erhöht, so hat der Ueberschuß nicht den Rang des Kapitals, wenn er auch keine neue selbstständige Hypothek bildet[5]). Soll der Zinssatz ermäßigt werden, so bedarf es der Zustimmung des Eigenthümers[6]).

Für die Zinsen aus der eingetragenen Hauptsumme haftet das Grundstück auch, wenn und soweit die persönliche Forderung nicht besteht oder erlischt. Wird die Hypothek zur Eigenthümerhypothek, so bleiben in Ansehung der Verzinslichkeit und des Zinssatzes die für die Forderung getroffenen Bestimmungen maßgebend[7]).

3. sonstige Nebenleistungen (Vertragsstrafen, Kosten der Eintragung 2c.);

4. die gesetzlichen Zinsen der persönlichen Forderung. Hiezu gehören nicht allein die Verzugszinsen, sondern alle unmittelbar auf dem Gesetze beruhenden Zinsen[8]). Das Grundstück haftet für

Zu § 68.

[1]) § 1190 BGB.
[2]) Bei der Zwangsversteigerung haben nur die Zinsen für das laufende und für die letzten zwei Jahre den Rang des Kapitals s. § 10 Ziff. 4, 8 ZVG.
[3]) § 1119 BGB.
[4]) Kom.Prot. 3 S. 689, Staudinger 3 S. 281.
[5]) Biermann S. 191.
[6]) § 1183 BGB.
[7]) § 1177 BGB. Bezüglich etwaiger Rückstände s. § 1178 BGB.
[8]) § 1118 BGB. Vergl. §§ 288, 291, 452, 641, 849 BGB.

diese Beträge Kraft Gesetzes; es bedarf keiner Eintragung und keiner Eintragungsbewilligung. An der Haftung ändert auch der Umstand nichts, daß die Voraussetzungen, unter denen der Zinsenlauf beginnt, nicht aus dem Grundbuch ersichtlich sind.

5. die Verzugszinsen, die gegenüber dem Eigenthümer entstehen[9]). Die Haftung des Grundstücks besteht ohne Eintragung, sobald dem Eigenthümer gegenüber die Voraussetzungen vorliegen, unter denen ein Schuldner in Verzug kommt[10]).

6. die Kosten der Kündigung und der die Befriedigung aus dem Grundstück bezweckenden Rechtsverfolgung[11]) (Prozeß und Zwangsvollstreckung). Auch für diese Beträge wird keine Eintragung genommen, das Grundstück haftet Kraft Gesetzes. Unter den Kosten der Rechtsverfolgung sind nur die Kosten zu verstehen, die bei Verfolgung und Vollstreckung des dinglichen Rechtes gegen den Eigenthümer erwachsen; Prozeßkosten, die wegen der Forderung dem persönlichen Schuldner gegenüber entstehen, fallen nicht darunter. Auch die Kosten der Bestellung und Eintragung der Hypothek gehören nicht hierher. Nur bei der Zwangshypothek haftet das Grundstück auch für die dem Schuldner zur Last fallenden Kosten der Eintragung[12]).

Bei der Maximalhypothek werden die Kosten nicht in den Höchstbetrag der Forderung eingerechnet, auch haftet das Grundstück über den Höchstbetrag hinaus für die unter 5. bezeichneten Verzugszinsen, die gegenüber dem Eigenthümer entstehen, dagegen fallen die gesetzlichen Zinsen der persönlichen Forderung (Nr. 4) und etwaige Nebenleistungen (Nr. 3) in den Höchstbetrag[13]).

B. Grundschuld.

Wie bei der Hypothek haftet das mit einer Grundschuld belastete Grundstück

1. für eine bestimmte Geldsumme, ein bestimmtes Kapital,
2. für Zinsen aus dem Kapital[14]),
3. für andere Nebenleistungen.

Auch bei der Grundschuld kann ohne Zustimmung der im Range

---

[9]) § 1146 BGB.

[10]) Vergl. §§ 284, 285, 288, auch 1141 BGB. Befinden sich der persönliche Schuldner und der Eigenthümer in Verzug, so können die Verzugszinsen nur einmal gefordert werden. Biermann S. 210.

[11]) § 1118 BGB. Rangordnung s. §§ 10 Abs. 2, 12 ZVG. — Auch für Hypotheken des alten Rechtes bedarf es (vergl. Art. 192 Einf.) für die in § 1118 BGB. bezeichneten Ansprüche keiner Eintragung im Grundbuch. Anscheinend anders Staudinger 3 S. 218. Vergl. Biermann S. 190.

[12]) § 867 CPO.

[13]) Vergl. § 1190 Abs. 2 BGB. Staudinger 3 S. 281. Nach Biermann (S. 246) sind die sämmtlichen Ansprüche, für welche das Grundstück Kraft Gesetzes haftet, nicht in den Höchstbetrag einzurechnen.

[14]) § 1191 BGB. Vergl. Mot. 3, 780.

gleich oder nachstehenden Berechtigten die Haftung dahin erweitert werden, daß das Grundstück für Zinsen bis zu 5 vom Hundert hafte[15]). Deßgleichen haftet das Grundstück ohne Eintragung.

4. für gesetzliche Zinsen aus dem Kapital, sowie für die Kosten der Kündigung und der die Befriedigung aus dem Grundstück bezweckenden Rechtsverfolgung[16]).

Bei der Hypothek entscheidet sich die Frage, ob der Anspruch des Gläubigers fällig und an welchem Orte die Zahlung zu erfolgen hat, nach den für die persönliche Forderung geltenden Normen. Für die Grundschuld sind Bestimmungen über die Kündigung, über den Ort, wo die Zahlung des Kapitals, der Zinsen und Nebenleistungen erfolgen soll, bei Bestellung der Grundschuld besonders zu treffen. In Ermangelung besonderer Vereinbarung wird das Kapital der Grundschuld erst nach vorgängiger Kündigung fällig und steht die Kündigung sowohl dem Eigenthümer als dem Gläubiger zu. Die Kündigungsfrist beträgt, soweit nicht ein Anderes verabredet wird, 6 Monate[17]). Die Zahlung des Kapitals, der Zinsen und Nebenleistungen erfolgt, soweit nicht ein Anderes bestimmt ist, an dem Orte, wo das Grundbuchamt seinen Sitz hat[18]). In welchen Terminen die Zinsen zu zahlen sind, haben die Betheiligten zu bestimmen; fehlt eine Angabe, so ist aus dem Zinssatze, der regelmäßig für das Jahr und vom Hundert zu verstehen ist, auf jährliche Zahlungstermine zu schließen[19]).

C. Rentenschuld.

Bei der Rentenschuld haftet das Grundstück für die Ablösungssumme und für die einzelnen Renten, für gesetzliche Zinsen aus der Ablösungssumme, soweit Kündigung zulässig ist, auch für die Kosten der Kündigung, endlich für die Kosten der die Befriedigung aus dem Grundstück bezweckenden Rechtsverfolgung. Auf die Renten finden die für Hypothekzinsen geltenden Vorschriften entsprechende Anwendung; soweit Nebenleistungen aus Zinsen vorkommen, haftet das Grundstück auch für die Nebenleistungen[20]).

Die Zahlung erfolgt, soweit nicht ein anderes bestimmt ist, an dem Orte, an dem das Grundbuchamt seinen Sitz hat[21]).

---

[15]) §§ 1192, 1119 BGB.

[16]) §§ 1192, 1118, 1146 BGB.

[17]) § 1193 BGB. Landesgesetzlich kann die Belastung des Grundstücks mit unkündbaren Grundschulden untersagt oder die Ausschließung des Kündigungsrechts des Eigenthümers zeitlich beschränkt werden (Art. 117 Einf. z. BGB).

[18]) § 1194 BGB. In der Ortschaft, wo das Grundbuchamt seinen Sitz hat, hat das Grundstück seine rechtliche Existenz. Mot. 3, 789.

[19]) Mot. 3, 789.

[20]) § 1200 BGB. Vergl. §§ 248, 280 BGB.

[21]) § 1194 BGB.

§ 69. Entstehung der Hypothek, Grundschuld und Rentenschuld.

A. Hypothek.

I. Entstehung durch dinglichen Vertrag und Eintragung.

Da die Hypothek eine Belastung des Grundstücks ist, bedarf es zu ihrer Entstehung regelmäßig der Einigung des Eigenthümers und des Gläubigers über den Eintritt der Rechtsänderung, also des dinglichen Vertrags, und der Eintragung der Belastung in das Grundbuch. Die allgemeinen Vorschriften der §§ 873 ff. BGB. finden Anwendung [1]).

Berechtigt, die Belastung des Grundstücks zu bewilligen, ist der Eigenthümer des Grundstücks. An künftig zu erwerbenden Grundstücken kann die Hypothek nicht bestellt werden, dagegen ist die Verfügung eines Nichteigenthümers wirksam, wenn sie mit Einwilligung des Eigenthümers erfolgt, und sie wird wirksam, wenn der Eigenthümer sie genehmigt oder der Verfügende das Grundstück erwirbt [2]) oder wenn er von dem Eigenthümer beerbt wird und dieser für die Nachlaßverbindlichkeiten unbeschränkt haftet. Wird die Belastung durch einen Nichteigenthümer bewilligt, der im Grundbuch als Eigenthümer eingetragen ist, so kann der Gläubiger auf Grund des öffentlichen Glaubens des Grundbuchs die Hypothek erwerben.

Ist der dingliche Vertrag gerichtlich oder notariell beurkundet oder sind die Erklärungen des Eigenthümers und des Gläubigers vor dem Grundbuchamt abgegeben oder bei diesem eingereicht oder hat der Eigenthümer dem Gläubiger eine den Vorschriften der Grundbuchordnung entsprechende Eintragungsbewilligung ausgehändigt, und ist der Antrag auf Eintragung bei dem Grundbuchamte gestellt worden, bevor über das Vermögen des Eigenthümers das Konkursverfahren eröffnet worden ist, so kann die Eintragung der Hypothek noch nach der Eröffnung des Konkursverfahrens erfolgen [3]).

Die Belastung erfolgt zu Gunsten eines Gläubigers behufs Sicherung und Befriedigung wegen einer ihm zustehenden Geldforderung. Schuldner der (persönlichen) Forderung kann der Eigenthümer oder ein Dritter sein. Gläubiger kann der Eigenthümer nicht sein; Grundschuld und Rentenschuld können für den Eigenthümer bestellt werden, bei einer Hypothek ist dies nicht möglich. Dagegen braucht der Gläubiger keine bestimmte Person zu sein, es kann dem Inhaber

---

Zu § 69.

1) S. § 8.

2) § 185 BGB. Der Erwerber eines Grundstücks kann auf diese Weise, bevor er als Eigenthümer eingetragen ist, sich mit dem Verkäufer über die hypothekarische Belastung des Grundstücks zu Gunsten des Kaufpreises einigen und die Eintragung der Hypothek bewilligen. Die Eintragung der Auflassung kann von der Eintragung der Hypothek abhängig gemacht werden (§ 16 Abs. 2 GBO.).

3) §§ 878, 873 BGB., § 15 Konk.-Ordn., S. § 8 Ziff. 25.

einer Forderung eine Hypothek bestellt werden[4]). Die (persönliche) Forderung muß auf eine bestimmte Geldsumme gehen. Sie kann bereits zu Recht bestehen oder als künftig entstehend in das Auge gefaßt sein, sie kann fällig oder betagt oder bedingt sein[5]). Die Belastung tritt ein, gleichgültig, ob die Forderung besteht oder nicht, ob sie je zur Entstehung gelangen wird oder nicht. Es kann aber auch das dingliche Recht selbst an eine Bedingung oder Zeitbestimmung geknüpft werden. Für eine bedingte Forderung kann eine Hypothek unbedingt, für eine unbedingte Forderung kann eine Hypothek bedingt bestellt werden. Der Unterschied ist augenscheinlich; ist die Hypothek bedingt bestellt, so hängt die Belastung des Grundstücks von dem Eintritt der Bedingung ab, ist nur die Forderung bedingt, so ist ungewiß, wer zur Geltendmachung der Hypothek berechtigt sein wird.

Für den dinglichen Vertrag ist eine Form nicht vorgeschrieben. Die Willenserklärung kann durch Urtheil ersetzt werden, wenn z. B. der Eigenthümer durch Rechtsgeschäft oder durch Gesetz (vergl. z. B. § 648 BGB.) zur Einräumung einer Hypothek verpflichtet ist[6]).

Außer der Einigung des Eigenthümers und des Gläubigers ist zur Begründung der Hypothek die Eintragung nothwendig. Die Eintragung erfolgt auf Bewilligung des (eingetragenen[7]) Eigenthümers[8]); von dem Nachweise der Einigung ist die Eintragung nicht abhängig. Die Einigung kann der Eintragung nachfolgen. Die Eintragung erfolgt auf Antrag; antragsberechtigt sind der Eigenthümer und der Gläubiger[9]). Nachweis der Eintragungsbewilligung nach § 29 GBO.

In das Grundbuch gehört Alles, was für die Begründung, den Inhalt, Umfang und Rang der Hypothek Bedeutung hat. Ist die Hypothek unter einer Bedingung oder Zeitbestimmung bestellt, so ist dies selbstverständlich einzutragen. Jedoch ist zu unterscheiden. Es müssen bei der Eintragung angegeben werden 1. der Gläubiger, 2. der Geldbetrag der (persönlichen) Forderung, 3. wenn die Forderung verzinslich ist, der Zinssatz, 4. wenn andere Nebenleistungen zu entrichten sind, deren Geldbetrag. Ein Verstoß gegen diese Vorschriften bezüglich der Bezeichnung des Gläubigers oder des Geldbetrages der Forderung hat die Nichtigkeit der Eintragung zur Folge. Fehlt die Angabe des Zinssatzes oder des Betrags der Nebenleistungen, so haftet das Grundstück nicht für Zinsen oder Nebenleistungen. Im Uebrigen kann zur Bezeichnung der persönlichen Forderung und zur näheren Bezeichnung des Inhalts des dinglichen Rechts auf die Ein-

---

4) Vergl. § 1187 BGB.
5) § 1113 Abs. 2 BGB. Vergl. §§ 48, 111, 119, 120 ZVG.
6) Vorläufige Eintragung nach §§ 883, 885 BGB.
7) S. § 13 Ziff. 72 ff.
8) § 19 GBO. S. § 13 Ziff. 53 ff.
9) § 13 GBO. S. § 13 Ziff. 36 ff. Notar s. § 15 GBO.

tragungsbewilligung Bezug genommen werden[10]. Ist eine Hypothek für ein Darlehen einer Kreditanstalt einzutragen, deren Satzung von der zuständigen Behörde öffentlich bekannt gemacht worden ist, so genügt zur Bezeichnung der außer den Zinsen satzungsgemäß zu entrichtenden Nebenleistungen[11] die Bezugnahme auf die Satzung[12].

Was die Bezeichnung des Gläubigers angeht, so ist der Gläubiger so bestimmt zu bezeichnen, daß seine Identität festgestellt werden kann. Angabe des Namens ist nicht unbedingt erforderlich, es kann z. B. für unbekannte Erben einer dem Namen nach bekannten Person eine Hypothek bestellt werden[13]. — Als Geldbetrag der Forderung ist eine bestimmte Summe, und zwar in Reichswährung[14] anzugeben. — Bei der Eintragung des Zinssatzes genügt eine kurze Bezeichnung; bei verwickelten Verzinsungsbedingungen ist auf die Eintragungsbewilligung zu verweisen. Sind andere Nebenleistungen zu entrichten, so ist nur ihr Geldbetrag einzutragen; die Art dieser Leistungen ergibt sich aus der Eintragungsbewilligung. Auf die Eintragungsbewilligung kann weiter Bezug genommen werden für die Angabe des Grundes der Forderung, ob z. B. Darlehen oder Kaufpreis, für die Bestimmung, von wann die Zinsen laufen, wann die Zinsen zu zahlen sind, wann, wo und wie das Kapital zu entrichten ist[15] Eine Bezugnahme, auf die Schuldurkunde ist nicht zugelassen.

Wird eine Hypothek bestellt, ohne daß über die Art der Hypothek eine Angabe gemacht wird, so entsteht eine Briefhypothek. Soll eine Buchhypothek entstehen, so muß die Ertheilung des Briefes ausgeschlossen werden. Dies kann bei der Bestellung geschehen, indem in der Eintragungsbewilligung erklärt wird, die Ertheilung des Briefes sei ausgeschlossen, und der Ausschließungsvermerk in das Grundbuch eingetragen wird[16]. Die Ausschließung kann auch nachträglich erfolgen. Zur nachträglichen Ausschließung ist die Einigung des Gläubigers und des Eigenthümers und die Eintragung in das Grundbuch erforderlich. Für die Einigung gelten die allgemeinen Vorschriften

---

[10] §§ 1115, 874 BGB. Aus der Eintragung muß sich jedoch ergeben, daß das dingliche Recht für eine Forderung begründet wird. Vergl. Biermann S. 187.

[11] z. B. Vertragsstrafen, Provisionen.

[12] § 1115 Abs. 2 BGB. Kom.Prot. 3 S. 545.

[13] Ist es zulässig, daß ein Einzelkaufmann mit seiner Firma bezeichnet wird? Nach Biermann (S. 187), Staudinger (3 S. 213) u. A. ist es unzulässig. Jedenfalls empfiehlt es sich nicht, den Gläubiger in dieser Weise zu bezeichnen, da nicht die Firma Gläubigerin ist, sondern derjenige, welcher zur Zeit der Bestellung der Hypothek Inhaber der Firma ist. Da aber diese Person unter der angeführten Bezeichnung festgestellt werden kann, möchte es zu weit gehen, eine derartige Eintragung für nichtig anzusehen. Vergl. § 17 Abs. 2 Hand.Ges.B.

[14] § 28 GBO.

[15] Hierher gehören auch Bestimmungen über Annuitätenleistungen zur Abtragung des Kapitals. — Zu einer Aenderung der Zahlungszeit und des Zahlungsortes ist die Zustimmung der im Range gleich- oder nachstehenden Berechtigten nicht erforderlich (§ 1119 Abs. 2 BGB.).

[16] § 1116 Abs. 2 BGB.

der §§ 873 Abs. 2, 876, 878 BGB.; zur Eintragung ist die Bewilligung des Gläubigers und des Eigenthümers erforderlich [17]). Auf die gleiche Weise kann eine Briefhypothek in eine Buchhypothek umgewandelt werden [18]).

Die Ertheilung des Briefes ist Kraft Gesetzes ausgeschlossen dadurch, daß eine Hypothek als Sicherungshypothek bestellt und im Grundbuch als Sicherungshypothek bezeichnet wird. Auch ohne solche Bezeichnung gilt die Hypothek als Sicherungshypothek und ist die Ertheilung des Briefes ausgeschlossen, wenn für die Forderung aus einer Schuldverschreibung auf den Inhaber, aus einem Wechsel oder einem andern Papier, das durch Indossament übertragen werden kann, eine Hypothek bestellt wird. Die Forderungsurkunde versieht hier die Stelle des Hypothekenbriefs. Jede Eintragung ist auf der Urkunde zu vermerken [19]). Nur dann braucht die Urkunde nicht vorgelegt zu werden, wenn für den jeweiligen Gläubiger ein Vertreter, der Treuhänder, aufgestellt ist, und dieser die Eintragungsbewilligung ertheilt. Zur Bestellung eines solchen Vertreters ist die Eintragung in das Grundbuch erforderlich. Bei Schuldverschreibungen auf den Inhaber erfolgt die Aufstellung des Treuhänders durch den Eigenthümer, bei den anderen Papieren bedarf es der Einigung zwischen Eigenthümer und Gläubiger bei Begründung der Hypothek [20]).

Die Ertheilung des Briefes ist auch ausgeschlossen, wenn nur der Höchstbetrag, bis zu dem das Grundstück haften soll, bestimmt, im Uebrigen die Feststellung der Forderung vorbehalten wird [21]). Der Höchstbetrag muß in das Grundbuch eingetragen werden. Ist die Forderung verzinslich, so werden die Zinsen in den Höchstbetrag eingerechnet, ebenso werden die Nebenleistungen [22]) eingerechnet. Zinssatz und Nebenleistungen kommen daher nicht eigens zur Eintragung. Diese Hypothek ist eine Sicherungshypothek, auch wenn sie im Grundbuch nicht als solche bezeichnet ist.

Unterbleibt bei Eintragung einer Hypothek die Bezeichnung als Sicherungshypothek, obgleich diese Bezeichnung nothwendig wäre, so entspricht die Eintragung nicht dem dinglichen Vertrage, das Grundbuch ist daher unrichtig. Erst in der Hand eines Dritten, dem die Unrichtigkeit des Grundbuchs nicht bekannt ist, wird die unrichtig eingetragene Sicherungshypothek zur gewöhnlichen Hypothek.

---

[17]) Vergl. § 19 GBO. Behandlung des ertheilten Briefes nach § 69 GBO.

[18]) § 1116 Abs. 3 BGB.

[19]) § 44 GBO.

[20]) Vergl. § 1189 BGB. Die Befugnisse des Treuhänders ergeben sich aus der Eintragung. Er wird regelmäßig die Befugniß haben, für die jeweiligen Gläubiger zu kündigen, die Kündigung des Eigenthümers entgegenzunehmen, die Befreiung von Trennstücken aus der Haftung zu bewilligen 2c. Vergl. Biermann S. 245. Kuhlenbeck in Jur. Woch. 1899 S. 221.

[21]) § 1190 BGB. Maximal- oder Kautionshypothek.

[22]) Biermann S. 246.

Eine Hypothek kann entstehen

II. durch Umwandlung einer Grundschuld oder einer Rentenschuld in eine Hypothek. Bei der Umwandlung handelt es sich um eine Aenderung des Inhalts des Rechts, demnach finden die Bestimmungen der §§ 877, 873, 874, 876 BGB. (s. § 8) Anwendung (dinglicher Vertrag und Eintragung, Zustimmung der Personen, die an dem umgewandelten Rechte ein Recht erlangt haben). Der Zustimmung der im Range gleich- oder nachstehenden Berechtigten bedarf es nicht[23]. — Ueber die Umwandlung einer Sicherungshypothek in eine gewöhnliche Hypothek s. § 66 Ziff. 13 ff.

III. durch einseitige Erklärung des Eigenthümers und Eintragung.

Während für eine Forderung aus einem Wechsel oder aus einem anderen indossirbaren Papiere eine Hypothek nur mittels dinglichen Vertrags bestellt werden kann, genügt zur Bestellung einer Hypothek für die Forderung aus einer Schuldverschreibung auf den Inhaber[24]) die Erklärung des Eigenthümers gegenüber dem Grundbuchamte, daß er die Hypothek bestelle, und die Eintragung der Hypothek in das Grundbuch[25]). Wie schon angeführt, entsteht hiedurch eine Sicherungshypothek.

Regelmäßig wird es sich bei hypothekarischer Sicherstellung von Inhaber-Schuldverschreibungen um eine Hypothek für Theilschuldverschreibungen handeln. Hiebei braucht nicht für die Forderung aus jeder einzelnen Theilschuldverschreibung eine besondere Hypothek eingetragen zu werden, vielmehr genügt es, wenn der Gesammtbetrag der Hypothek unter Angabe der Anzahl, des Betrags und der Bezeichnung der Theile eingetragen wird[26]).

IV. durch Eintragung auf Antrag des Gläubigers.

Keiner Einigung des Eigenthümers und des Gläubigers bedarf es zur Entstehung der Zwangshypothek. Ein Gläubiger, der einen vollstreckbaren Titel gegen den Eigenthümer hat, kann sich eine Sicherungshypothek durch Antrag bei dem Grundbuchamt verschaffen, jedoch darf die Hypothek nur für eine den Betrag von 300 ℳ übersteigende Forderung eingetragen werden und findet auf Grund eines Vollstreckungsbefehles keine Eintragung statt. Die Hypothek entsteht mit der Eintragung. Die Eintragung ist Zwangsvollstreckung; die Voraussetzungen für eine Zwangsvollstreckung müssen daher vorliegen.

---

[23]) §§ 1198, 1203 BGB. Läßt sich eine Eigenthümergrundschuld auf Grund einer Erklärung des Eigenthümers in eine Hypothek umwandeln? Nach Biermann S. 251 steht dem nichts entgegen. Die Richtigkeit dieser Ansicht ist zu bezweifeln. So wenig eine Hypothek für den Eigenthümer bestellt werden kann, erscheint es zulässig, daß der Eigenthümer sich als Gläubiger eine Hypothek aus einer Grundschuld herstellt.

[24]) §§ 793 ff. BGB.

[25]) § 1188 BGB. Eröffnung des Konkursverfahrens oder Eintritt einer sonstigen Verfügungsbeschränkung s. § 878 BGB. (§ 8 Ziff. 25).

[26]) § 51 GBO.

Die Eintragung ist auf dem vollstreckbaren Titel zu vermerken. Sollen mehrere Grundstücke des Schuldners mit der Hypothek belastet werden, so ist der Betrag der Forderung auf die einzelnen Grundstücke zu vertheilen. Die Größe der Theile bestimmt der Gläubiger [27]).

In gleicher Weise entsteht die Arresthypothek in Vollziehung eines Arrestes. Die Arresthypothek ist eine Maximalhypothek [28]).

V. durch Eintragung auf Ersuchen einer Behörde.

S. hierüber §§ 130, 134, 145 Zwverst.Ges., § 54 Ges. über die Angel. d. freiw. Gerbk., Art. 91 Einf.Ges. z. BGB.

VI. ohne Eintragung.

Wie im Falle des § 1075 BGB. [29]) der Nießbraucher mit der Leistung des Schuldners den Nießbrauch an dem geleisteten Gegenstand erwirbt, so erwirbt ein Pfandgläubiger, der ein Pfandrecht hat an dem Rechte des Pfandschuldners, von einem Dritten das Eigenthum an einem Grundstück übertragen zu erhalten, in dem Augenblick, in dem der Pfandschuldner als Eigenthümer des Grundstücks im Grundbuch eingetragen wird, eine Sicherungshypothek für seine Pfandforderung an dem Grundstück [30]). Die Eintragung dieser Hypothek erfolgt auf dem Wege der Berichtigung des Grundbuchs. Rang der Hypothek von der Entstehung ab.

Ebenso verhält es sich bei der Pfändung eines Anspruchs auf Uebertragung des Eigenthums an einem Grundstück. Die Auflassung hat hier an einen Sequester als Vertreter des Schuldners zu erfolgen. Mit dem Uebergang des Eigenthums auf den Schuldner erlangt der Gläubiger eine Sicherungshypothek für seine Forderung. Der Sequester hat die Eintragung der Hypothek zu bewilligen [31]).

Im Uebrigen kommt auf Grund Gesetzes keine Hypothek zur Entstehung [32]), ebenso wenig auf Grund Richterspruchs oder durch letztwillige Verfügung oder durch Ersitzung [33]) [34]).

---

27) §§ 866 ff., 724 ff. CPO.

28) §§ 932, 929 Abs. 2 und 3 CPO.

29) S. § 45 Ziff. 19.

30) § 1287 BGB. Nach Stobbe-Lehmann § 173 Anm. 25 gewährt § 1287 nur einen Anspruch auf die Hypothek. Ebenso Hachenburg S. 227.

31) § 848 CPO.

32) Für bestehende gesetzliche Pfandrechte kann durch landesherrliche Verordnung bestimmt werden, daß sie vor dem 1. Januar 1910 der Eintragung nicht bedürfen (Art. 188 Einf.Ges. z. BGB.).

33) Die Rechte nach § 10 Ziff. 1, 2, 3 des Zw.Verst.Ges. sind keine Hypotheken.

34) In Folge des Zuschreibens eines Grundstücks zu einem anderen Grundstück erstrecken sich die bestehenden Hypotheken auf das zugeschriebene Grundstück, neue Hypotheken entstehen jedoch dadurch nicht (§ 1131 BGB.).

B. Grundschuld.

I. Dinglicher Vertrag und Eintragung.

Die Belastung eines Grundstücks mit einer Grundschuld erfolgt, wie bei der Hypothek, regelmäßig auf dem Wege der Einigung des Eigenthümers mit dem Grundschuldgläubiger und der Eintragung der Grundschuld. Ebenso wie die Hypothek kann auch die Grundschuld an eine Bedingung oder Zeitbestimmung geknüpft werden.

Die Bestellung der Grundschuld kann ihre Ursache in einer persönlichen Zahlungspflicht des Eigenthümers oder eines Dritten haben. Durch die Belastung des Grundstücks kann das Schuldverhältniß zum Erlöschen gebracht werden, indem der Gläubiger diese Leistung an Erfüllungsstatt annimmt[35]), es läßt sich auch durch eine Grundschuld die Erfüllung einer persönlichen Zahlungspflicht sichern, die Bestellung einer Grundschuld kann endlich auf Grund einer Vertragsverbindlichkeit vor sich gehen, ohne daß eine persönliche Verpflichtung zur Zahlung begründet wird. Wie auch die Verhältnisse gelagert sein mögen, jedenfalls kommt es auf den Rechtsgrund, aus welchem die Belastung des Grundstücks hervorgeht, für die Entstehung der Grundschuld nicht an. Fehlt es an einem Rechtsgrund, so kann auf Grund der Bestimmungen über ungerechtfertigte Bereicherung[36]) ein persönlicher Anspruch auf Rückgewähr gegen den Grundschuldgläubiger gegeben sein.

Die Eintragung der Grundschuld geschieht auf die Bewilligung des Eigenthümers, ohne daß der dingliche Vertrag nachzuweisen wäre[37]). Bei der Eintragung müssen der Grundschuldgläubiger, die Geldsumme und, wenn Zinsen bedungen sind, der Zinssatz, wenn andere Nebenleistungen zu entrichten sind, ihr Geldbetrag angegeben werden; im Uebrigen kann auf die Eintragungsbewilligung Bezug genommen werden[38]).

Wird eine Grundschuld bestellt, ohne daß die Ertheilung des Briefs ausgeschlossen wird, so entsteht eine Briefgrundschuld. Soll die Ertheilung des Briefes ausgeschlossen werden, so muß dies besonders vereinbart und eingetragen werden. Die Ausschließung der Ertheilung kann ebenso wie die Aufhebung der Ausschließung auch nachträglich erfolgen[39]).

---

[35]) § 364 BGB.
[36]) §§ 812 ff. BGB.
[37]) § 19 GBO.
[38]) §§ 1192, 1115 BGB. S. oben Ziff. 10 ff. Gibt es ein Darlehen (§§ 607 ff. BGB.) ohne persönliche Haftung (§ 1115 Abs. 2 BGB.)? Wenn auch diese Frage zu verneinen sein wird, wird doch nichts im Wege stehen, auch bei der Grundschuld auf Satzungen von Kreditanstalten Bezug zu nehmen, da eine persönliche Haftung neben der Grundschuld vorhanden sein darf.
[39]) §§ 1192, 1116 BGB. S. oben Ziff. 16 ff. Behandlung des Briefes s. § 70, 69 GBO.

II. Umwandlung.

Durch Umwandlung einer Hypothek oder einer Rentenschuld in eine Grundschuld kann die Grundschuld zur Entstehung kommen[40]. Mit der Umwandlung einer Hypothek in eine Grundschuld braucht die persönliche Forderung nicht zu erlöschen[41], es wird nur das dingliche Recht von der persönlichen Forderung unabhängig gemacht[42].

Zur Umwandlung ist die Zustimmung der im Range gleich- oder nachstehenden Berechtigten nicht erforderlich, jedoch darf in Folge der Umwandlung keine Mehrbelastung des Grundstücks eintreten[43].

III. Erklärung des Eigenthümers und Eintragung.

In zwei Fällen kann eine Grundschuld durch einseitige Erklärung des Eigenthümers und Eintragung in das Grundbuch entstehen.

In dem ersten Falle handelt es sich immer um eine Briefgrundschuld, nämlich um die Inhaber-Brief-Grundschuld. Während die Ausstellung eines Hypothekenbriefs auf den Inhaber unzulässig ist, die Inhaberhypothek (als Sicherungshypothek) immer Buchhypothek ist, gibt es bei der Grundschuld keine Buchgrundschuld auf den Inhaber. Zur Bestellung der Inhabergrundschuld genügt die Erklärung des Eigenthümers gegenüber dem Grundbuchamte, daß er die Grundschuld bestelle, und die Eintragung in das Grundbuch[44]. Der Grundschuldbrief wird auf den Inhaber ausgestellt. Die für den Inhaber des Briefes eingetragene Grundschuld kann in Theile zerlegt werden, über jeden Theil wird alsdann ein besonderer Brief hergestellt[45]. Auf den Grundschuldbrief finden die Vorschriften über Schuldverschreibungen auf den Inhaber entsprechende Anwendung[46].

---

[40] §§ 1198, 1203 BGB. S. oben Ziff. 23.

[41] Mot. 3, 796.

[42] Die Rechtsänderung ist, wenn nicht die Ertheilung eines neuen Briefes verlangt wird, auf dem Hypothekenbriefe zu vermerken, auch ist die mit dem Hypothekenbriefe verbundene Schuldurkunde abzutrennen (§ 65 GBO.).

[43] Vergl. jedoch § 1119 BGB.

[44] §§ 1188, 878 BGB. Aufstellung eines Treuhänders (§ 1189 BGB.) s. oben Ziff. 20. Vergl. § 43 GBO.

[45] §§ 51 Abs. 2, 70 GBO. Weitere Bestimmungen über Inhaber-Grundschuldbriefe in §§ 43, 54 Abs. 2, 62 GBO.

[46] § 1195 BGB. Diese Vorschriften sind enthalten in den §§ 793 ff. BGB. Demnach bedarf es zum Erwerb der Grundschuld nicht der Uebergabe des Briefes durch den Eigenthümer (§§ 793, 794 BGB.), die Unterschrift unter dem Briefe kann im Wege mechanischer Vervielfältigung hergestellt werden (§ 793 Abs. 2 BGB., vergl. Denkschrift zu § 70 GBO.), die Briefe dürfen nur mit staatlicher Genehmigung in den Verkehr gebracht werden (§ 795), dem Inhaber können nur solche Einwendungen entgegengesetzt werden, welche die Giltigkeit der Ausstellung betreffen oder sich aus dem Briefe ergeben oder dem Eigenthümer unmittelbar gegen den Inhaber zustehen (§ 796), der Eigenthümer ist nur gegen Aushändigung des Briefs zur Leistung verpflichtet (§ 797), Ertheilung eines neuen Briefes (§ 798 BGB., §§ 67, 68, 70 GBO.), Kraftloserklärung (§§ 799, 800), Erlöschen des Anspruchs mit dem Ablaufe von 30 Jahren nach dem Eintritt der für die Leistung bestimmten Zeit, wenn nicht der Brief vor dem Ablaufe der 30 Jahre gerichtlich geltend gemacht wird, Frist bei Zinsscheinen 4 Jahre

Der zweite Fall, in welchem eine Grundschuld durch Erklärung des Eigenthümers und Eintragung bestellt werden kann, liegt vor bei Begründung einer Grundschuld für den Eigenthümer selbst[47]. Eine Hypothek läßt sich, weil sie zur Sicherstellung einer persönlichen Forderung dienen soll, nicht für den Eigenthümer bestellen, wohl aber die von einer Forderung unabhängige Grundschuld. Zu der Bestellung ist die Erklärung des Eigenthümers gegenüber dem Grundbuchamt, daß die Grundschuld für ihn in das Grundbuch eingetragen werden soll, und die Eintragung erforderlich[48].

IV. Verwandlung.

Eine Grundschuld kann endlich entstehen durch Verwandlung einer Hypothek in eine Grundschuld, wenn nämlich die Hypothek sich mit dem Eigenthum in einer Person vereinigt, ohne daß dem Eigenthümer auch die (persönliche) Forderung zusteht[49]. Die Verwandlung geht Kraft Gesetzes vor sich. In Ansehung der Verzinslichkeit, des Zinssatzes, der Zahlungszeit, der Kündigung und des Zahlungsortes bleiben die für die Forderung getroffenen Bestimmungen maßgebend. Läßt der Eigenthümer das dingliche Recht auf seinen Namen umschreiben, so wird es als Grundschuld umgeschrieben. Selbstverständlich kann die Grundschuld wieder mit einer persönlichen Forderung vereinigt und in eine Hypothek umgewandelt werden.

Da die Zahlung der Ablösungssumme einer Rentenschuld durch den Eigenthümer die gleiche Wirkung hat wie die Zahlung des Kapitals einer Grundschuld, durch die Zahlung eines solchen Kapitals aber der Eigenthümer eine Grundschuld erwirbt, so kann eine Grundschuld auch entstehen durch die Ablösung einer Rentenschuld durch den Eigenthümer[50].

(§§ 801, 802 in Verbindung mit § 902, s. Fischer-Henle § 1195 Anm. 3, Biermann S. 250), Zins- und Erneuerungsschein (§§ 803, 804, 805), Umschreibung auf Namen unter Beachtung der Bestimmungen über Aenderung des Inhalts des dinglichen Rechts (§§ 806, 877 BGB.).

[47]) § 1196 BGB. Diese Form der Grundstücksbelastung ermöglicht, wie die Mot. 3 S. 792 hervorheben, eine „rationelle" Verwerthung des Realkredits. Hat z. B. Jemand ein nicht belastetes Gut im Werthe von 100 000 ℳ und bedarf einer Summe von 20 000 ℳ, die er nach den Verhältnissen des Geldmarktes bekäme, wenn auch das Gut schon mit 40 000 ℳ belastet wäre, so ist ihm durch die Eigenthümergrundschuld ermöglicht, den ganzen Gutswerth durch Schaffung von Grundschulden zu erschöpfen und zunächst die minder sicheren unterzubringen, die besseren auf schlimmere Zeiten aufzuheben. Er belastet das Grundstück mit einer Eigenthümergrundschuld von 40 000 ℳ (oder mit mehreren Eigenthümergrundschulden für diesen Gesammtbetrag) und bestellt alsdann erst die Grundschuld für die aufzunehmende Summe von 20 000 ℳ.

[48]) Für den Fall einer Konkurseröffnung oder sonstigen Verfügungsbeschränkung kommt die Bestimmung des § 878 zur Anwendung.

[49]) § 1177 BGB.

[50]) § 1200 Abs. 2 BGB. Vergl. Biermann S. 253.

C. Rentenschuld.

Die Rentenschuld kommt — abgesehen von der Verwandlung einer Hypothek in eine Grundschuld — zur Entstehung wie eine gewöhnliche Grundschuld. Die Rentenschuld kann mit Brief und unter Ausschließung der Ertheilung des Briefes bestellt werden, auch in der Weise, daß der Rentenschuldbrief auf den Inhaber gestellt wird, desgleichen kann die Rentenschuld für den Eigenthümer bestellt werden. Bei der Bestellung der Rentenschuld muß der Betrag bestimmt werden, durch dessen Zahlung die Rentenschuld abgelöst werden kann. Die Ablösungssumme muß im Grundbuch[51]) und bei Errichtung eines Briefes im Rentenschuldbriefe angegeben werden[52]). Ist die Bestimmung der Ablösungssumme unterblieben, so ist keine Rentenschuld begründet[53]).

Im Uebrigen kommen die Bestimmungen über die gewöhnliche Grundschuld zur entsprechenden Anwendung. Auch bei der Umwandlung einer Hypothek oder einer gewöhnlichen Grundschuld in eine Rentenschuld bedarf es, falls nicht die Belastung des Grundstücks unstatthaft erhöht wird, nicht der Zustimmung der im Range gleich oder nachstehenden Berechtigten[54]).

§ 70. Der Berechtigte.

Bei der Frage, wer legitimirt ist, das durch die Hypothek, Grundschuld oder Rentenschuld an dem Grundstück entstandene Recht geltend zu machen, erscheint es wiederum zweckmäßig, die einzelnen Formen der Grundstücksbelastung auseinanderzuhalten. Die Gesammthypothek, Gesammtgrundschuld und Gesammtrentenschuld bleiben hier außer Betracht.

A. Briefhypothek.

1. Eigenthümerhypothek bis zur Uebergabe des Briefes.

Eine Hypothek, für welche die Ertheilung des Briefes nicht ausgeschlossen ist, steht dem Eigenthümer zu bis zur Uebergabe des Briefes an den Gläubiger[1]). Die Hypothek entsteht, sobald die Einigung des Eigenthümers mit dem Gläubiger dahin stattgefunden hat, daß dem Gläubiger die Hypothek zustehe, und die Belastung eingetragen ist[2]). Ist dies geschehen, so wird dinglich berechtigt nicht der Gläubiger,

---

[51]) § 1199 BGB.

[52]) § 70 GBO.

[53]) Ob den Erfordernissen zur Begründung einer Reallast genügt ist, wird nach den Umständen des einzelnen Falles zu beurtheilen sein.

[54]) § 1203 BGB. Behandlung des Briefes nach § 65 Abs. 1 GBO.

Zu § 70.

[1]) § 1163 Abs. 2 BGB.

[2]) Kommt es nur zur Eintragung, nicht auch zur Einigung, so entsteht

sondern der Eigenthümer, dem Eigenthümer wird auch der Brief ausgehändigt[3]). Die (persönliche) Forderung ist bei dem Gläubiger verblieben, die Hypothek hat sich mit dem Eigenthum in einer Person vereinigt, ohne daß dem Eigenthümer die Forderung zusteht, demnach verwandelt sich die Hypothek mit ihrem Entstehen in eine Grundschuld[4]). Kommt es nicht zur Uebergabe des Briefes an den Gläubiger, so kann Antrag auf Berichtigung des Grundbuchs gestellt werden. Der Eigenthümer kann von dem Gläubiger, der in dem Buche und in dem Briefe als Berechtigter erscheint, die Zustimmung zu der Berichtigung des Grundbuchs verlangen[5]). Das Grundbuchamt hat alsdann das Grundbuch zu berichtigen und, sofern nicht die Ertheilung eines neuen Briefes beantragt wird, die Aenderung auf dem Briefe zu vermerken und eine mit dem Briefe verbundene Schuldurkunde abzutrennen[6]).

2. Uebergabe des Briefes an den Gläubiger.

Der Eigenthümer, dem der Hypothekenbrief von dem Grundbuchamt ausgehändigt worden ist, übergibt (z. B. bei dem Empfang des Darlehens) den Brief dem Gläubiger. Damit erwirbt dieser die Hypothek. Die Uebergabe des Briefes durch den Eigenthümer an den Gläubiger kann durch die Vereinbarung ersetzt werden, daß der Gläubiger berechtigt sein soll, sich den Brief vom Grundbuchamt aushändigen zu lassen[7]). Eine solche Vereinbarung hat das Grundbuchamt nur dann zu beachten, wenn sie vor ihm zu Protokoll gegeben oder durch eine öffentliche oder öffentlich beglaubigte Urkunde nachgewiesen ist[8]). Erfolgt diese Vereinbarung vor der Eintragung der Hypothek, so wird der Gläubiger mit der Eintragung Hypothekberechtigter, erfolgt sie nach der Eintragung, so wird der Gläubiger von der Vereinbarung ab Berechtigter. Ist ohne eine derartige Vereinbarung der Brief dem Gläubiger ausgehändigt worden, so genügt zum Erwerbe der Hypothek die Einigung des Eigenthümers und des Gläubigers über den Uebergang auf den Gläubiger. Ist der Brief dem Eigenthümer ausgehändigt worden, so kann der Gläubiger die Hypothek dadurch erwerben, daß zwischen ihm und dem Eigenthümer ein Rechtsverhältniß vereinbart wird, vermöge dessen der Gläubiger

die Hypothek nicht, auch nicht als Eigenthümerhypothek. Das Gleiche gilt, wenn die Hypothekbestellung aus anderen Gründen nichtig oder anfechtbar ist.

[3]) § 60 GBO.

[4]) § 1177 BGB.

[5]) Nach Dernburg (S. 587) kann der Eigenthümer die Hypothek noch einseitig löschen, auf seinen Namen oder auf den Namen eines Dritten einschreiben lassen. Das Grundbuchamt wird jedoch einem solchen Verlangen eines Eigenthümers nicht stattgeben können, denn nach dem Eintrag ist der Gläubiger der Berechtigte, seine Bewilligung ist in erster Linie zur Löschung oder Ueberschreibung erforderlich (§ 19 GBO.). Vergl. auch § 1117 Abs. 2 BGB.

[6]) § 65 GBO.

[7]) § 1117 Abs. 2 BGB.

[8]) § 60 Abs. 2 GBO.

den mittelbaren Besitz an dem in dem unmittelbaren Besitze des Eigenthümers verbleibenden Briefe erlangt. Sollte der Brief in den Besitz eines Dritten gelangt sein, so kann die Uebergabe an den Gläubiger dadurch ersetzt werden, daß der Eigenthümer dem Gläubiger den Anspruch auf Herausgabe des Briefes abtritt[9]). In diesem Falle erwirbt der Gläubiger die Hypothek mit der Abtretung des Herausgabe-Anspruchs.

Wird nach der Eintragung der Hypothek, aber vor Uebergabe des Briefes an den Gläubiger, das Grundstück veräußert, so verbleibt dem bisherigen Eigenthümer die Hypothek; übergibt er den Brief dem Gläubiger, so wird dieser Berechtigter[10]).

Sobald der Gläubiger in dem unmittelbaren oder mittelbaren Besitze des Briefes ist, wird vermuthet, daß die Uebergabe von Seite des Eigenthümers stattgefunden hat[11]). Dagegen knüpft sich nicht schon an die Thatsache, daß die Hypothek für den Gläubiger im Grundbuch eingetragen ist, die Vermuthung, daß ihm das Recht zustehe[12]).

3. Eigenthümerhypothek bei Nichtbestehen der Forderung.

Ist dem Gläubiger der Hypothekenbrief übergeben, so ist er zur Geltendmachung der Hypothek legitimirt. Ist aber die Forderung, für welche die Hypothek bestellt ist, nicht zur Entstehung gelangt (weil z. B. die Bedingung nicht eingetreten, das Darlehen nicht gegeben worden ist), so steht die Hypothek dem Eigenthümer zu, und zwar wieder als Grundschuld[13]). Ist die Forderung nur zum Theil zur Entstehung gelangt, so hat der Gläubiger für den Theilbetrag die Hypothek, der Eigenthümer für den anderen Theil die Eigenthümerhypothek (richtig Grundschuld), die aber Kraft gesetzlicher Bestimmung nicht zum Nachtheile der Gläubiger-Hypothek geltend gemacht werden kann[14])[15]).

4. Uebertragung durch Rechtsgeschäft.

Der Gläubiger kann Forderung und Hypothek auf einen Anderen übertragen. Mit der Uebertragung der Forderung geht die Hypothek auf den neuen Gläubiger über. Die Forderung kann nicht ohne die Hypothek, die Hypothek nicht ohne die Forderung übertragen

---

[9]) §§ 1117 Abs. 1, 929, 930, 931 BGB. Ist der Eigenthümer zur Bestellung einer Hypothek (Gr., R.) verurtheilt, so gilt die Uebergabe des Briefes als erfolgt, wenn der Gerichtsvollzieher den Brief zum Zwecke der Ablieferung an den Gläubiger wegnimmt (§ 897 Abs. 2 CPO.).

[10]) Biermann S. 189.

[11]) § 1117 Abs. 3 BGB.

[12]) Kom.Prot. 3 S. 646 und 729.

[13]) §§ 1163 Abs. 1, 1177 BGB. Es wird vorausgesetzt, daß die Hypothek wirksam begründet worden ist (s. Anm. 2).

[14]) § 1176 BGB.

[15]) Vermerk der Rechtsänderung auf dem Briefe s. § 65 GBO. Pflicht zur Vorlegung des Briefes behufs Berichtigung des Grundbuchs s. § 896 BGB.

werden [16]). Eine Erklärung, die Forderung ohne die Hypothek zu übertragen, ist unwirksam; die Hypothek geht trotz einer solchen Erklärung mit der Forderung über.

Die Abtretung der Forderung erfolgt durch Ertheilung einer *schriftlichen* [17]) *Abtretungserklärung* und Uebergabe des Hypothekenbriefes [18]); formloser Abtretungsvertrag (§ 398 BGB.) genügt nicht. Ermangelt die Abtretung der vorgeschriebenen Form, so ist sie nichtig [19]). Die Uebergabe des Briefes braucht nicht von Hand zu Hand zu geschehen, sie kann in derselben Weise ersetzt werden, wie vorstehend unter Nr. 2 bezüglich der Uebergabe des Briefes durch den Eigenthümer angegeben ist. Hat sich der Gläubiger zur Abtretung verpflichtet und ist demgemäß zur Abtretung verurtheilt worden, so gilt die Uebergabe mit der Wegnahme des Briefes durch den Gerichtsvollzieher als erfolgt [20]).

Die Abtretungserklärung kann auf den Brief oder auf ein besonderes Blatt geschrieben werden [21]). Der Erwerber der Forderung kann verlangen, daß der abtretende Gläubiger die Abtretungserklärung auf seine (des Gläubigers) Kosten öffentlich beglaubigen [22]) lasse [23]). Nur wenn die Abtretungserklärung öffentlich beglaubigt ist, ist sie geeignet, den Besitzer des Briefes zur Geltendmachung der Hypothek zu legitimiren [24]). In derselben Weise wie durch eine öffentliche Abtretungserklärung kann übrigens ein Gläubiger auch durch einen gerichtlichen Ueberweisungsbeschluß oder durch das öffentlich beglaubigte

---

[16]) § 1153 BGB. Diese Bestimmung schließt nicht aus, daß dem gutgläubigen Erwerber der Hypothek das Fehlen der persönlichen Forderung, falls es nicht aus Buch oder Brief ersichtlich ist, nicht entgegengesetzt werden darf (§ 1138), daß ferner bei Erlöschen der Forderung die Hypothek auf den Eigenthümer übergeht (§ 1163) und daß an Stelle der Forderung die Forderung eines Anderen treten kann (§ 1180).

[17]) § 126 BGB.

[18]) § 1154 Abs. 1. BGB. Auch zu Gunsten eines solchen Erwerbers gilt der Inhalt des Grundbuchs auf Grund der Bestimmungen der §§ 892, 1138 BGB. als richtig. Die Berufung auf den öffentlichen Glauben des Grundbuchs hängt nicht von der öffentlichen Beglaubigung der Abtretungserklärungen ab. Gegen den Einwand der Zahlung z. B. ist ein solcher Erwerber geschützt, aber nicht gegen die Bemängelung der Rechtswirksamkeit seines außerhalb des Grundbuchs erfolgten Erwerbes. Vergl. Haidlen 2 S. 404, Biermann S. 217.

[19]) § 125 BGB.

[20]) § 897 CPO.

[21]) Kann die Abtretungserklärung in der Art geschehen, daß der Name des neuen Gläubigers in der Urkunde offen gelassen wird (Blankoabtretung)? Die Kommission für die 2. Lesung hat einen dahin zielenden Antrag abgelehnt. Kom.Prot. 3 S. 649 ff.

[22]) § 129 BGB.

[23]) § 1154 Abs. 1 BGB.

[24]) Die einfache schriftliche Abtretung war bisher namentlich in Fällen der Beleihung von Hypotheken zur Befriedigung eines eiligen und vorübergehenden Geldbedürfnisses üblich. In solchen Fällen wurde regelmäßig die Hypothekforderung nicht verpfändet, sondern fiduciarisch abgetreten. Kom.Prot. 3 S. 651.

Anerkenntniß einer Kraft Gesetzes[25]) erfolgten Uebertragung der Forderung sich legitimiren[26]).

Der Erwerber einer Hypothekforderung hat die Abtretungserklärungen der Vorbesitzer, etwaige gerichtliche Ueberweisungsbeschlüsse und die Anerkenntnisse der Kraft Gesetzes erfolgten Uebertragungen bis zurück auf den in dem Grundbuch eingetragenen Gläubiger sich aushändigen zu lassen, da sonst der Geltendmachung der Hypothek widersprochen werden kann[27]).

Ergibt sich das Gläubigerrecht des Besitzers des Briefes aus einer zusammenhängenden, auf einen eingetragenen Gläubiger zurückführenden Reihe von öffentlich beglaubigten Abtretungserklärungen, Anerkenntnissen oder Ueberweisungsbeschlüssen, so kommt dem Gläubiger dieselbe Stellung zu, wie wenn diese Erklärungen im Grundbuch ständen. Es wird vermuthet, daß dem so Legitimirten das Recht zustehe, wie wenn er als Berechtigter im Grundbuch eingetragen wäre. Mängel im Rechte eines Vormannes sind dem gutgläubigen Erwerber gegenüber wirkungslos. Die Richtigkeit des Inhaltes der Uebertragungsurkunden wird fingirt. Die Einwendung, daß eine Uebergabe des Briefes an einen Vormann nicht stattgefunden habe, ist dem gutgläubigen Erwerber gegenüber unschädlich[28]). Die Vermuthung und die Fiktion der Richtigkeit sind nicht auf das dingliche Recht beschränkt, sie erstrecken sich auch auf die Forderung, denn bei der gewöhnlichen Hypothek gilt zu Gunsten des gutgläubigen Erwerbers der Inhalt des Grundbuchs als richtig nicht bloß hinsichtlich der Belastung des Grundstücks, sondern auch hinsichtlich der Forderung, für die das dingliche Recht bestellt ist. Der (gutgläubige) Dritte erwirbt die Forderung mit der Hypothek dem Inhalte des Grundbuchs entsprechend, mag auch die Forderung nie existirt haben oder mag sie ganz oder theilweise erloschen sein. Er kann die Hypothek geltend machen, wie wenn die Forderung bestünde und ihm zustünde[29]); eine etwaige Eigenthümerhypothek in Höhe der nicht bestehenden Forderung wird damit hinfällig. Der (gutgläubige) Erwerber hat auch keine nicht eingetragenen Einreden gegen die Forderung zu fürchten, denn wenn auch der Eigenthümer gegen die Hypothek die dem persönlichen Schuldner gegen die Forderung zustehenden Einreden und die einem Bürgen aus einem Anfechtungsrecht des Schuldners oder einer Aufrechnungsbefugniß des Gläubigers erwachsenden Einreden vorschützen darf, so gilt doch auch hinsichtlich dieser Einreden der Grundsatz des öffentlichen Glaubens des Grundbuchs[30]). Ebenso verhält es sich

---

[25]) Z. B. § 1143, 1150 BGB.

[26]) § 1155 BGB.

[27]) § 1160 BGB.

[28]) Vergl. Kom.Prot. 3 S. 657. Gegenüber der Legitimation des Erwerbers ist Berichtigung (§§ 894—899 BGB. zulässig.

[29]) Gegenüber dem persönlichen Schuldner kann sich der Erwerber nicht auf den öffentlichen Glauben des Grundbuchs stützen.

[30]) §§ 1138, 1137, 770 BGB.

mit Einreden, die dem Eigenthümer auf Grund eines zwischen ihm selbst und dem bisherigen Gläubiger bestehenden Rechtsverhältnisses gegen die Hypothek zustehen, auch sie sind dem Erwerber gegenüber ausgeschlossen, wenn sie nicht eingetragen sind oder dem Dritten sonstwie bei dem Erwerbe bekannt waren[31]).

Was den guten Glauben des Erwerbers angeht, so stehen in dieser Hinsicht die Einträge in dem Hypothekenbriefe den Bucheinträgen gleich. Das Gesetz geht davon aus, daß der Erwerber seinen Hypothekenbrief kennt. Die Berufung auf den Inhalt des Grundbuchs ist daher ausgeschlossen, soweit die Unrichtigkeit des Grundbuchs aus dem Hypothekenbrief oder aus einem Vermerk auf dem Briefe hervorgeht, ebenso steht ein Widerspruch gegen die Richtigkeit des Grundbuchs, der aus dem Briefe oder aus einem Vermerk auf dem Briefe hervorgeht, einem im Grundbuch eingetragenen Widerspruch gleich[32]). Alle Einträge, die im Buche bei einer Hypothek erfolgen, werden von dem Grundbuchamt auf dem Briefe vermerkt; die Vermerke werden mit Unterschrift und Siegel versehen[33]). In der Regel erfolgt eine Eintragung im Grundbuch nur, wenn der Brief vorgelegt wird[34])[35]).

Die Abtretung einer Hypothekforderung kann auch ohne schriftliche Abtretungserklärung vor sich gehen, nämlich in der Weise, daß die Abtretung in das Grundbuch eingetragen wird[36]). Die Eintragung ersetzt die schriftliche Abtretungserklärung, durch den Vermerk auf dem vorzulegenden Briefe[37]) erhält der neue Gläubiger eine öffentliche Urkunde über die Abtretung. Im Uebrigen ist die Stellung des Erwerbers die nämliche, wie wenn die Abtretung durch schriftliche öffentlich beglaubigte Abtretungserklärung erfolgt.

Zum Zwecke der Eintragung muß sich der abtretende Gläubiger legitimiren durch Vorlegung einer zusammenhängenden, auf einen eingetragenen Gläubiger zurückführenden Reihe von öffentlich beglaubigten Abtretungserklärungen, Anerkenntnissen oder Ueberweisungsbeschlüssen. Einer besonderen Eintragungsbewilligung des bisherigen Gläubigers bedarf es nicht; dieser Eintragungsbewilligung bedarf es auch dann nicht, wenn der Erwerber, nachdem ihm die Hypothekforderung außerhalb des Grundbuchs abgetreten worden ist, sich in das Grundbuch als Gläubiger eintragen läßt[38]). Hat der Erwerber sich als Gläu-

---

[31]) § 1157 BGB. Vergl. Kom.Prot. 3 S. 584.

[32]) § 1140 BGB.

[33]) § 62 Abs. 1 GBO.

[34]) § 42 GBO. S. § 13 Ziff. 77 ff.

[35]) Wenn auch der Brief die Berufung auf den öffentlichen Glauben des Grundbuchs ausschließen kann, so hat der Brief doch an sich nicht den öffentlichen Glauben, welcher dem Grundbuch beigelegt ist, noch die Aufgabe, durch seinen Inhalt eine zur Vollendung des dinglichen Vertrages erforderliche Eintragung zu ersetzen. Decken sich Brief und Buch in dieser oder in jener Beziehung nicht, so entscheidet das Buch. Mot. 3 S. 756. Vergl. Kom.Prot. 3 S. 662.

[36]) § 1154 Abs. 2 BGB.

[37]) §§ 62, 42 GBO.

[38]) § 26 Abs. 1 GBO.

biger eintragen lassen, so verlieren die bisherigen Abtretungserklärungen für den Verkehr ihren Werth.

Für Zinsen und sonstige Nebenleistungen sowie Kosten gelten besondere Bestimmungen. Das Recht auf die einzelne Zinsenrate löst sich mit der Fälligkeit von dem Rechte auf das Kapital, so daß es für den Gläubiger einen von der Hauptforderung unabhängigen Gegenstand der Verfügung bildet. Das Grundbuch selbst gibt über die geschuldeten Zinsen keine Auskunft[39]. Es werden daher Forderungen auf rückständige Zinsen und andere fällige Nebenleistungen sowie auf Kosten, für die das Grundstück Kraft Gesetzes (§ 1118 BGB.) haftet, wie gewöhnliche Forderungen, also durch formlosen Abtretungsvertrag[40], übertragen; auch das Rechtsverhältniß zwischen dem Eigenthümer und dem neuen Gläubiger bemißt sich nach den für die Uebertragung gewöhnlicher Forderungen geltenden allgemeinen Vorschriften[41]. Die Vorschriften über den öffentlichen Glauben des Grundbuchs finden auf diese Ansprüche keine Anwendung.

Zinsen und andere Nebenleistungen, die noch nicht fällig sind, können nur wie Theile des Kapitals übertragen werden[42]. Soweit aber die Forderung auf Zinsen oder andere Nebenleistungen gerichtet ist, die nicht später als in dem Kalendervierteljahre, in welchem der Eigenthümer von der Uebertragung Kenntniß erlangt, oder in dem folgenden Vierteljahre fällig werden, finden auf das Rechtsverhältniß zwischen dem Eigenthümer und dem neuen Gläubiger die Vorschriften der §§ 406 bis 408 BGB. Anwendung[43]. Der Eigenthümer kann dem neuen Gläubiger, ohne daß der öffentliche Glaube des Grundbuchs in Betracht kommt, alle Einwendungen entgegensetzen, die auf Grund eines zwischen ihm und dem bisherigen Gläubiger bestehenden Rechtsverhältnisses gegen die Hypothek ihm zustehen oder die zur Zeit der Abtretung der Forderung gegen den bisherigen Gläubiger begründet waren; der Eigenthümer kann eine ihm gegen den bisherigen Gläubiger zustehende Forderung auch dem neuen Gläubiger gegenüber unter den Voraussetzungen des § 406 BGB. aufrechnen, der neue Gläubiger muß eine Leistung, die der Eigenthümer nach der Abtretung an den bisherigen Gläubiger bewirkt, sowie jedes Rechtsgeschäft, das nach der Abtretung zwischen dem Eigenthümer und dem bisherigen Gläubiger in Ansehung der Forderung vorgenommen wird, gegen sich gelten lassen, sofern nicht der Eigenthümer die Abtretung bei der

---

[39]) Vergl. Mot. 3, 713.

[40]) §§ 398, 403 BGB.

[41]) §§ 1159, 398 ff. BGB. Pfändung § 830 Abs. 3, Ueberweisung § 837 Abs. 2 CPO.

[42]) Vergl. Kom.Prot. 4 S. 604.

[43]) § 1158 BGB. In Folge dessen kann bei Befriedigung für Zinsen und Nebenleistungen, die nicht später als in dem Kalendervierteljahr, in welchem die Befriedigung erfolgt, oder im folgenden Quartal fällig werden, oder für Kosten, für die das Grundstück nach § 1118 haftet, kein Zahlungsvermerk auf dem Briefe oder die Ausstellung eines Theilhypothekenbriefes verlangt werden (§ 1145 BGB.).

Leistung oder der Vornahme des Rechtsgeschäfts kennt; der neue Gläubiger muß unter den Voraussetzungen des § 407 Abs. 2 BGB. ein zwischen dem Eigenthümer und dem bisherigen Gläubiger ergehendes Urtheil über die Forderung gegen sich gelten lassen, der Eigenthümer ist endlich auch gemäß § 408 BGB. für den Fall geschützt, daß dieselbe Forderung an verschiedene Personen abgetreten oder nach Abtretung einem Dritten überwiesen wird. Der Eigenthümer kann unter diesen Umständen mit Sicherheit Zinsen auf ein halbes Jahr im Voraus entrichten.

5. Uebertragung durch richterliche Verfügung.

Zur Pfändung einer Hypothekforderung ist außer dem Pfändungsbeschlusse (§ 829 CPO.) die Uebergabe des Hypothekenbriefes an den Gläubiger erforderlich. Wird die Uebergabe im Wege der Zwangsvollstreckung erwirkt, so gilt sie als erfolgt, wenn der Gerichtsvollzieher den Brief zum Zwecke der Ablieferung an den Gläubiger wegnimmt. Zur Ueberweisung der gepfändeten Forderung genügt die Aushändigung des Ueberweisungsbeschlusses an den Gläubiger [44].

Der Pfandgläubiger kann sich weder auf die Fiktion der Richtigkeit des Grundbuchs noch auf die Fiktion der Richtigkeit öffentlich beglaubigter Abtretungserklärungen (§ 1155 BGB.) berufen, denn nur der rechtsgeschäftliche Erwerb, nicht auch der Erwerb im Wege der Zwangsvollstreckung wird in dieser Weise geschützt.

6. Uebergang der Forderung bei Befriedigung des Gläubigers.

Die Forderung kann Kraft Gesetzes auf einen Anderen übertragen werden. In bestimmten Fällen hat die Befriedigung des Gläubigers die Wirkung, daß die Forderung auf denjenigen übergeht, der die Befriedigung gewährt. Mit der Forderung geht die Hypothek selbst über [45].

Soweit z. B. ein Bürge des persönlichen Schuldners den Gläubiger befriedigt, geht die Forderung des Gläubigers gegen den persönlichen Schuldner auf den Bürgen über [46]. Gleiches gilt, soweit ein Gesammtschuldner, der den Gläubiger befriedigt, von den übrigen persönlichen Schuldnern Ausgleichung verlangen kann [47]. Ebenso verhält es sich bei einer Ablösung der Hypothekforderung. Verlangt nämlich der Gläubiger Befriedigung aus dem Grundstücke oder aus den übrigen der Hypothek haftenden Gegenständen, so ist Jeder, der Gefahr läuft, durch die Zwangsvollstreckung ein Recht an einem Gegenstand zu verlieren, auf den die Zwangsvollstreckung sich bezieht,

[44]) §§ 830, 837 CPO. Pfändung und Ueberweisung fälliger Zinsen, Nebenleistungen und Kosten s. Anm. 41.

[45]) Vergl. §§ 412, 401, 1153 BGB.

[46]) § 774 BGB.

[47]) § 426 BGB.

berechtigt, den Gläubiger zu befriedigen. Das gleiche Recht steht dem Besitzer einer Sache zu, wenn er Gefahr läuft, durch die Zwangsvollstreckung den Besitz zu verlieren. Dementsprechend kann jeder nachstehende Realgläubiger, aber auch der vorgehende, dessen Ansprüche wegen rückständiger Zinsen bedroht sind, ferner ein Miether, Pächter 2c., den Gläubiger, der den Anspruch aus der Hypothek erhebt, wenn auch die Zwangsvollstreckung noch nicht begonnen hat[48]), durch Bewirkung der geschuldeten Leistung sowie durch Hinterlegung[49]) oder durch Aufrechnung[50]) befriedigen. Der Gläubiger darf die angebotene Befriedigung, sofern es sich nicht um eine Theilleistung handelt, nicht ablehnen; wird nur wegen eines Theiles der Forderung die Befriedigung verlangt, so kann das Ablösungsrecht nur bezüglich dieses Theiles ausgeübt werden. Soweit der Gläubiger befriedigt wird, geht seine Forderung auf den Ablösenden über; der Uebergang der Forderung mit Hypothek tritt unabhängig von dem Willen des Eigenthümers ein. Das Ablösungsrecht kann auch nicht durch eine Vereinbarung zwischen Gläubiger und Eigenthümer ausgeschlossen werden. Unter mehreren Ablösungsberechtigten gebührt demjenigen der Vorzug, der die Leistung zuerst bewirkt. Eine bei theilweiser Befriedigung dem Gläubiger verbleibende Resthypothek geht dem von dem Ablösenden erworbenen Rechte vor[51]).

Der Eigenthümer, der nicht der persönliche Schuldner der Forderung ist, hat, selbst wenn er dem Schuldner gegenüber zur Befriedigung des Gläubigers sich verpflichtet haben sollte, die Stellung eines Bürgen. Soweit er den Gläubiger befriedigt[52]), geht die Forderung mit der Hypthek Kraft Gesetzes auf ihn über[53]). Forderung und Hypothek bleiben in solchem Falle vereinigt, der Eigenthümer hat eine wirkliche Hypothek, ein mit einer Forderung verbundenes dingliches Recht, aber dieses Recht kann in seiner Hand nicht der Sicherstellung der Forderung dienen, die Rechte des Eigenthümers und Gläubigers bestimmen sich daher, so lange die Vereinigung besteht, nach den für eine Grundschuld des Eigenthümers geltenden Vorschriften[54]). Erst wenn der Eigenthümer die Forderung oder das Grundstück auf einen Anderen übertragen hat, kann der Hypothek-

[48]) Kom.Prot. 3 S. 578.

[49]) §§ 372 ff. BGB.

[50]) §§ 387 ff. BGB.

[51]) §§ 1150, 268 BGB. Erfolgt die Zahlung nach dem Beginne der Versteigerung an das Gericht, so wird das Verfahren einstweilen eingestellt (§ 75 ZVG.).

[52]) Die Befriedigung kann auch durch Hinterlegung oder durch Aufrechnung erfolgen (§ 1142 Abs. 2 BGB.).

[53]) § 1143 BGB. Ob und inwieweit der Eigenthümer Regreß gegen den persönlichen Schuldner nehmen kann, bemißt sich nach dem zwischen den Beiden bestehenden Rechtsverhältnisse (§ 774 BGB.).

[54]) §§ 1177 Abs. 2, 1197 BGB. Er kann nicht die Zwangsvollstreckung zum Zwecke seiner Befriedigung betreiben, Zinsen gebühren ihm nur für die Dauer einer auf Antrag eines Anderen angeordneten Zwangsverwaltung, da ihm nur für diese Zeit die Einkünfte des Grundstücks entzogen sind. Mot. 3, 734.

berechtigte die Rechte eines wirklichen Hypothekgläubigers geltend machen. — Erfolgte die Befriedigung des Gläubigers durch den Eigenthümer nur theilweise, so kann der Uebergang der Hypothekforderung auf den Eigenthümer nicht zum Nachtheile des Gläubigers geltend gemacht werden[55]; die Resthypothek hat also Vorrang vor der Hypothek des Eigenthümers.

In Folge eines Kraft Gesetzes eintretenden Uebergangs der Hypothekforderung entsteht eine Unrichtigkeit des Grundbuchs. Zum Zwecke der Berichtigung des Grundbuchs hat der Gläubiger, der von dem Eigenthümer oder von einem Ablösungsberechtigten befriedigt wird, Zug um Zug den Hypothekenbrief und die sonstigen Urkunden auszuhändigen, deren der Andere bedarf, um über die auf ihn übergegangene Post verfügen zu können, sie auf seinen Namen umschreiben oder löschen zu lassen[56]. Erfolgt die Befriedigung des Gläubigers, ohne daß die Urkunden ausgehändigt werden, so kann auf Aushändigung des Briefes und der Urkunden geklagt, auch die Berichtigung des Grundbuchs nach §§ 894 ff. BGB. veranlaßt werden.

Wird der Gläubiger nur theilweise befriedigt, so behält bezüglich des Restes der Brief seine Bedeutung. Um den Eigenthümer oder den Ablösungsberechtigten zu schützen, ist die theilweise Befriedigung auf dem Briefe zu vermerken[57]. Um den Eigenthümer oder den Ablösungsberechtigten in den Stand zu setzen, über den auf ihn übergegangenen Theil der Hypothekforderung zu verfügen, ist der Gläubiger verpflichtet, den Brief behufs Berichtigung des Grundbuchs oder zum Zwecke der Löschung dem Grundbuchamt oder zur Herstellung eines Theilhypothekenbriefes für den Eigenthümer oder den Ablösenden der zuständigen Behörde oder einem zuständigen Notar vorzulegen[58]. — Bezüglich Zinsen, sonstiger Nebenleistungen und Kosten s. Anm. 43.

7. Uebergang der Hypothek auf den persönlichen Schuldner.

Etwas anders ist die Sachlage, wenn der persönliche Schuldner, der nicht zugleich der Eigenthümer ist[59], den Gläubiger befriedigt oder wenn Forderung und Schuld in einer Person zusammentreffen, der persönliche Schuldner aber von dem Eigenthümer oder einem Rechtsvorgänger des Eigenthümers Ersatz verlangen kann (wenn z. B. der Käufer des Grundstücks die Hypothek in Anrechnung auf den

[55]) § 774 Abs. 1 BGB.

[56]) §§ 1144, 1150 BGB. Verzug des Gläubigers nach § 298 BGB. Vergl. § 273 BGB. Berichtigung des Grundbuchs nach § 22 Abs. 1 GBO.

[57]) § 1145 BGB. Vergl. § 1140 BGB.

[58]) § 1145 BGB. Vergl. §§ 61, 68 GBO.

[59]) Ist der Schuldner zugleich der Eigenthümer, so kommt es zur Eigenthümerhypothek (vergl. Nr. 8), auch wenn nur der persönliche Anspruch geltend gemacht worden ist.

Kaufpreis übernommen hat, ohne daß der Gläubiger die Schuldübernahme genehmigte [60]), und der Verkäufer als persönlicher Schuldner Zahlung leistet [61])). In einem solchen Falle erlischt zwar die ursprüngliche Forderung, aber die Hypothek geht, insoweit der Schuldner Ersatz verlangen kann, auf den Schuldner über [62]) und zwar zur Sicherung der Ersatzforderung. Es tritt demnach Kraft Gesetzes an die Stelle der bisherigen Forderung die Ersatzforderung des Schuldners [63]). Der ersatzberechtigte Schuldner kann, ebenso wie ein Ablösungsberechtigter, bei Befriedigung des Gläubigers die Aushändigung des Briefs und der sonstigen Urkunden verlangen, die zur Berichtigung des Grundbuchs und Umschreibung der Hypothek erforderlich sind [64]). Zur Umschreibung selbst bedarf es eines der Vorschrift des § 29 BGB. entsprechenden Nachweises des Ersatzanspruchs [65]).

Ist dem Schuldner nur theilweise Ersatz zu leisten, so kommt es für diesen Theil zur Schuldnerhypothek, für den Rest der erloschenen Forderung zur Eigenthümerhypothek. Die Eigenthümerhypothek kann nicht zum Nachtheile des Schuldners geltend gemacht werden [66]).

Wird der Gläubiger nur theilweise befriedigt, so kann die dem Schuldner oder dem Eigenthümer zufallende Hypothek nicht zum Nachtheile der bei dem Gläubiger verbleibenden Hypothek geltend gemacht werden [67]).

Geht die Hypothek nur zu einem Theilbetrag auf den Schuldner über, sei es, weil er trotz Auszahlung der ganzen Forderung nur zu einem Theile ersatzberechtigt ist [68]), oder sei es, weil er den Gläubiger nur theilweise befriedigt, so kann er die Aushändigung des Briefes nicht verlangen. Es ist in diesem Falle zu verfahren, wie bei einer theilweisen Befriedigung des Gläubigers durch einen Ablösungsberechtigten [69]).

Damit die dem Schuldner gewährte Sicherung nicht dadurch vereitelt werden kann, daß der Gläubiger auf die Hypothek verzichtet [70])

---

[60]) Vergl. § 416 BGB.

[61]) Vergl. Denkschr. S. 672.

[62]) § 1164 BGB.

[63]) Vergl. § 1180 BGB. Biermann S. 224.

[64]) §§ 1167, 1144 BGB. S. oben Ziff. 56.

[65]) Biermann S. 224.

[66]) § 1164 BGB.

[67]) § 1176 BGB.

[68]) Nach Biermann S. 225 soll in diesem Falle der Schuldner die Aushändigung des Briefes verlangen können.

[69]) §§ 1167, 1145 BGB. S. oben Ziff. 57 ff. Die in den §§ 1144, 1145 BGB. bezeichneten Rechte hat der Schuldner auch, wenn er im Falle der Befriedigung ein sonstiges rechtliches Interesse an der Berichtigung des Grundbuchs hat (§ 1167 BGB.), wenn er sich z. B. dem Eigenthümer gegenüber zur Befreiung des Grundstücks verpflichtet hat. Mot. 3 S. 731. In anderen Fällen muß sich der Schuldner mit der Quittung des Gläubigers (§ 368 BGB.) begnügen.

[70]) § 1168 BGB.

oder sie mit Zustimmung des Eigenthümers aufhebt[71]) oder einem anderen Rechte den Vorrang einräumt[72]), bestimmt § 1165 BGB., daß in diesen Fällen der persönliche Schuldner insoweit frei wird, als er ohne eine solche Verfügung aus der Hypothek hätte Ersatz erlangen können.

Im Falle der persönliche Schuldner berechtigt ist, von dem Eigenthümer Ersatz zu verlangen, falls er den Gläubiger befriedigt, hat er auch Interesse daran, daß das belastete Grundstück bei einer Zwangsversteigerung nicht zu einem Preise zugeschlagen wird, der die Forderung des Gläubigers nicht deckt. Dem Gläubiger, der die Zwangsversteigerung des Grundstücks betreibt, obliegt es deßhalb, den persönlichen Schuldner, sofern dieser ersatzberechtigt ist, unverzüglich[73]) zu benachrichtigen. Unterläßt er dies und erleidet er bei der Zwangsversteigerung einen Ausfall, so kann der persönliche Schuldner die Befriedigung wegen dieses Ausfalls insoweit verweigern, als er in Folge der Nichtbenachrichtigung einen Schaden erleidet. Auf andere Gläubiger als den betreibenden bezieht sich diese Vorschrift nicht. Die Nichtbenachrichtigung hat die bezeichnete Folge nur, wenn die Unterlassung eine schuldhafte ist; die Benachrichtigung darf unterbleiben, wenn sie unthunlich ist[74]). Hat der Schuldner auf andere Weise Kenntniß von dem Zwangsversteigerungsverfahren erhalten, so ist ausgeschlossen, daß er einen Schaden in Folge der Unterlassung der Benachrichtigung erlitten hat[75]). Beweispflichtig für die Unterlassung der rechtzeitigen Benachrichtigung sowie für die Schädigung ist der Schuldner.

8. Eigenthümerhypothek bei Erlöschen der Forderung.

Erlischt die persönliche Forderung (z. B. durch Erfüllung, Hingabe an Erfüllungsstatt, Hinterlegung, Aufrechnung, Vereinigung der Forderung mit der Schuld, Eintritt der auflösenden Bedingung, des Endtermins), ohne daß die Hypothek auf den Schuldner übergeht, so geht die Hypothek auf den Eigenthümer über[76]); erlischt sie nur zum Theilbetrag, so kann die dem Eigenthümer zufallende Hypothek nicht zum Nachtheile der dem Gläubiger verbleibenden Hypothek geltend gemacht werden[77]). Ebenso wie in dem Falle, wo die Forderung von Anfang an nicht besteht, bleiben hier die nachstehenden Hypotheken

---

[71]) § 1183 BGB.

[72]) § 880 BGB.

[73]) § 121 BGB.

[74]) § 1166 BGB. Die Benachrichtigung ist unthunlich, wenn die Person oder der Aufenthalt des Schuldners dem Gläubiger nicht bekannt ist. Kom.Prot. 3 S. 612.

[75]) Kom.Prot. 3 S. 613. Der Schuldner soll Gelegenheit haben, durch eigenes Mitbieten und durch Herbeischaffung anderer Bieter den Ausfall der Hypothek des Gläubigers zu verhindern.

[76]) § 1163 BGB. Berichtigung des Grundbuchs s. § 22 GBO. — Eigenthümerhypothek aus der Zwangshypothek s. § 868 CPO., aus der Arresthypothek s. §§ 932, 868 CPO.

[77]) § 1176 BGB.

von dem Schicksale der Forderung unberührt, sie rücken nicht vor, sondern behalten den Rang, den sie von Anfang an hatten[78]), während der Eigenthümer die ihm zugefallene Eigenthümerhypothek mit dem Range, der ihr bisher zukam, weiterbegeben oder die Hypothek zur Löschung bringen kann. Die Verpflichtung zur Löschung kann der Eigenthümer vertragsmäßig übernehmen[79]) und zwar nicht bloß für den Fall des Erlöschens der Forderung, sondern allgemein für den Fall, daß die Hypothek sich mit dem Eigenthum in einer Person vereinigt. Der Anspruch auf Löschung läßt sich durch Vormerkung dinglich sichern mit der Wirkung, daß jede Verfügung, die durch den Eigenthümer oder die im Wege der Zwangsvollstreckung oder der Arrestvollziehung oder durch den Konkursverwalter nach der Eintragung der Vormerkung getroffen wird, insoweit unwirksam ist, als sie den Löschungsanspruch vereiteln oder beeinträchtigen würde[80]).

Sobald sich die Hypothek mit dem Eigenthum in einer Person vereinigt, verwandelt sie sich in eine Grundschuld s. oben Ziff. 13 und 4. Die Hypothek für Rückstände von Zinsen und anderen Nebenleistungen sowie für Kosten, die dem Gläubiger zu erstatten sind, erlischt, wenn sie sich mit dem Eigenthum in einer Person vereinigt. Insoweit kommt es nicht zur Eigenthümerhypothek. Das Erlöschen der Hypothek tritt nicht ein, solange einem Dritten ein Recht (z. B. Pfandrecht) an dem Anspruch auf eine solche Leistung zusteht[81]).

9. Eigenthümerhypothek bei Fortbestehen der Forderung, aber Verzicht auf die Hypothek.

Es kommt weiter der Fall in Betracht, daß die Forderung bestehen bleibt, der Gläubiger aber auf die Hypothek[82]) entgeltlich oder unentgeltlich verzichtet. Auch hier erwirbt der Eigenthümer die Hypothek[83]). Das Gleiche tritt ein, wenn in Folge einer Schuld-

---

[78]) Wer auf zweite oder dritte Hypothek Geld ausleiht, kann nicht darauf rechnen, daß die vorgehende Hypothek zu seinen Gunsten wegfällt. Kom.Prot. 3, S. 600.

[79]) Landesgesetzliche Bestimmung für Hypotheken des alten Rechtes s. Art. 194 Einf. z. BGB. (S. Seite 276).

[80]) §§ 1179, 883 BGB. Der Eintritt der Eigenthümerhypothek wird nicht verhindert, sondern nur ein Anspruch auf Löschung gewährt. Kann nach Eintragung der Vormerkung der Eigenthümer noch mit Wirkung gegen den Gläubiger seine Zustimmung zu einem Rangrücktritt (§ 880 Abs. 2 BGB.) geben? In der Zustimmung zu dem Zurücktreten der Hypothek liegt eine Verfügung über die Hypothek, die dem Vormerkungsberechtigten gegenüber unwirksam ist. Anders Strecker S. 83.

[81]) § 1178 BGB.

[82]) Wird auf die Forderung verzichtet, so entsteht die Eigenthümerhypothek nach Nr. 8.

[83]) § 1168 Abs. 1 BGB. In den Kom.Prot. (3 S. 603) heißt es, in der Begründung einer Hypothek liege zugleich die Bestellung einer Eigenthümerhypothek. Die Eigenthümerhypothek könne nicht geltend gemacht werden, so lange sie mit dem Rechte des Gläubigers belastet sei. Falle aber das Recht des Gläubigers durch Verzicht fort, so gelange die Eigenthümerhypothek zur Wirksamkeit und zwar ohne einen Akt der Uebertragung. Ob diese Konstruktion der Eigenthümerhypo-

übernahme das Recht des Gläubigers aus der für die Forderung bestehenden Hypothek erlischt[84]).

Der Verzicht auf die Hypothek ist dem Grundbuchamt oder dem Eigenthümer gegenüber zu erklären und bedarf der Eintragung. Die Vorschriften der §§ 875 Abs. 2, 876, 878 BGB. finden entsprechende Anwendung[85]).

Zum Verzicht auf die Hypothek für Rückstände von Zinsen und anderen Nebenleistungen sowie für Kosten genügt die Erklärung des Gläubigers gegenüber dem Eigenthümer, ohne daß es einer Eintragung bedarf. So lange aber einem Dritten ein Recht an dem Anspruch auf eine solche Leistung zusteht, ist die Zustimmung des Dritten erforderlich. Die Zustimmung ist demjenigen gegenüber zu erklären, zu dessen Gunsten sie erfolgt; sie ist unwiderruflich[86]).

Mit der Eintragung des Verzichts verwandelt sich die Hypothek in eine Grundschuld[87]). Die Eintragung der Rechtsänderung ist auf dem bisherigen Briefe zu vermerken, sofern nicht die Ertheilung eines neuen Briefes beantragt wird[88]). Verzichtet der Gläubiger nur für einen Theil der Forderung auf die Hypothek, so stehen dem Eigenthümer die Rechte aus § 1145 BGB. zu[89]). Die dem Eigenthümer zufallende Theilhypothek kann nicht zum Nachtheile der dem Gläubiger verbleibenden Hypothek geltend gemacht werden[90]).

Unter Umständen kann der Eigenthümer den Gläubiger zum Verzichte zwingen. Wenn nämlich dem Eigenthümer eine Einrede zusteht, durch welche die Geltendmachung der Hypothek dauernd ausgeschlossen wird, kann der Eigenthümer verlangen, daß der Gläubiger auf die Hypothek verzichtet[91]). Derartige Einreden, durch die die Hypothek zwar in ihrem Bestande nicht angegriffen, aber ihre Geltendmachung dauernd gehindert wird, sind nicht zahlreich. Sie können gegen die Forderung oder gegen die Hypothek begründet sein, es können auch Einreden sein, die dem persönlichen Schuldner gegen die Forderung zustehen[92]). Eine peremptorische Einrede gegen die Forderung, nämlich die aus § 1166 BGB., bleibt der Natur der Sache nach außer Betracht. Eine andere, die aus der Verjährung entspringende (§ 222 BGB.), gehört nicht hierher,

---

thek Anklang finden wird, dürfte zu bezweifeln sein. So lange die Gläubigerhypothek besteht, kann wohl die Eigenthümerhypothek nicht bestehen, es belastet auch die Gläubigerhypothek das Grundstück, nicht die Eigenthümerhypothek.

84) § 418 Abs. 1 BGB. Willigt der Eigenthümer in die Schuldübernahme ein, so bleibt die Hypothek bei dem Gläubiger.

85) S. § 8 Ziff. 31, 32, 38, 43. — Verpflichtung des Eigenthümers zur Löschung s. Ziff. 80, Rechte des persönlichen Schuldners s. Ziff. 70.

86) § 1178 Abs. 2 BGB.

87) § 1177 Abs. 1 BGB.

88) §§ 65, 67, 68 GBO.

89) S. Ziff. 57, 58, 43.

90) § 1176 BGB.

91) § 1169 BGB. Kom.Prot. 3 S. 601. Vergl. Hachenburg S. 235.

92) § 1137 BGB.

weil die Verjährung eines Anspruchs, für den eine Hypothek besteht, den Berechtigten nicht hindert, seine Befriedigung aus dem Grundstück zu suchen[93]). Im Uebrigen können die §§ 821, 853, 1973, 1989, 1990, 1992 BGB.[94]) in Frage kommen. Steht dem Eigenthümer eine solche Einrede zu, so entsteht die Eigenthümerhypothek, sobald der Gläubiger auf die Hypothek verzichtet hat oder zur Abgabe der Verzichtserklärung verurtheilt worden ist und im Grundbuch die Eintragung erfolgt ist[95]).

10. Eigenthümerhypothek auf Grund Aufgebots.

Auch nach dem Erlöschen der Forderung kann die Berichtigung des Grundbuchs nur erfolgen, wenn sie von demjenigen, den das Grundbuch als Berechtigten ausweist, bewilligt und die Bewilligung vor dem Grundbuchamt zu Protokoll gegeben oder durch öffentliche oder öffentlich beglaubigte Urkunde nachgewiesen wird[96]). Ist der Gläubiger unbekannt, so ist es dem Eigenthümer unmöglich, die Eintragungsbewilligung sich zu verschaffen. Für diesen Fall ist ein Aufgebotsverfahren zugelassen. Der seiner Person nach unbekannte Gläubiger kann im Wege des Aufgebotsverfahrens mit seinem Rechte ausgeschlossen werden, wenn seit der letzten sich auf die Hypothek beziehenden Eintragung in das Grundbuch zehn Jahre verstrichen sind und das Recht des Gläubigers nicht innerhalb dieser Frist von dem Eigenthümer durch Abschlagszahlung, Zinszahlung, Sicherheitsleistung oder in anderer Weise anerkannt worden ist. Sofern für die Forderung eine nach dem Kalender bestimmte Zahlungszeit besteht, beginnt die Frist nicht vor dem Ablaufe des Zahlungstages[97]). Für das Aufgebotsverfahren gelten die besonderen Bestimmungen der §§ 982 ff., 1024 CPO. Mit der Erlassung des Ausschlußurtheils erwirbt der Eigenthümer die Hypothek und zwar (gemäß § 1177 Abs. 1) als Grundschuld[98]). Gleichzeitig wird der dem Gläubiger ertheilte Hypothekenbrief kraftlos[99]). Auf Grund des Ausschlußurtheils kann die Ertheilung eines neuen Briefes beantragt werden, ebenso genügt die Vorlegung des Ausschlußurtheils, wenn die Ertheilung des Briefes nachträglich ausgeschlossen oder die Hypothek gelöscht werden soll[100]).

Auf dem Wege des Aufgebots kann der Eigenthümer auch die Befriedigung des Gläubigers herbeiführen. Voraussetzung des Verfahrens ist auch hier, daß der Gläubiger unbekannt ist; der antrag-

[93]) § 223 BGB.

[94]) Vergl. Planck 1 S. 253.

[95]) Ueber den Fall der Konkurseröffnung über das Vermögen des Gläubigers s. Kom.Prot. 3 S. 602.

[96]) §§ 19, 29 GBO.

[97]) § 1170 BGB. Die Behauptung, die Forderung sei erloschen, ist nicht erforderlich. Kom.Prot. 3 S. 619.

[98]) Verpflichtung zur Löschung im Falle des § 1179 BGB. (s. Ziff. 80).

[99]) § 1170 Abs. 2 BGB. Vergl. Mot. 3, 763.

[100]) §§ 42 Abs. 2, 67 GBO.

stellende Eigenthümer hat dies glaubhaft zu machen. Auf die Zeit, welche seit der letzten Eintragung verstrichen ist, kommt nichts an, dagegen muß der Eigenthümer zur Befriedigung des Gläubigers oder zur Kündigung berechtigt sein, sich vor Einleitung des Verfahrens zur Hinterlegung des dem Gläubiger gebührenden Betrags erbieten und den Betrag der Forderung für den Gläubiger unter Verzicht auf das Recht zur Rücknahme hinterlegen[101]). Die Hinterlegung von Zinsen ist nur erforderlich, wenn der Zinssatz im Grundbuch eingetragen ist; Zinsen für eine frühere Zeit als das vierte Kalenderjahr vor der Erlassung des Ausschlußurtheils sind nicht zu hinterlegen. Die Hinterlegung der Hauptsumme und der Zinsen braucht nicht bei der Einleitung des Verfahrens zu geschehen, das Ausschlußurtheil darf aber erst dann erlassen werden, wenn die Hinterlegung erfolgt ist. Mit der Erlassung des Ausschlußurtheils gilt der Gläubiger als befriedigt, sofern nicht nach § 378 BGB. die Befriedigung schon vorher erfolgt ist. Es treten demnach dieselben Rechtsfolgen ein, wie wenn der Eigenthümer den Gläubiger durch Zahlung befriedigt hätte, also im Falle der Eigenthümer nicht der persönliche Schuldner ist, Uebergang der Forderung auf ihn s. Nr. 6, und, falls der Eigenthümer der persönliche Schuldner ist, Erlöschen der Forderung s. Nr. 8.

Der dem Gläubiger ertheilte Hypothekenbrief wird kraftlos[102]). Auf Grund des Ausschlußurtheils kann der Eigenthümer die Ertheilung eines neuen Briefes beantragen oder die Ertheilung des Briefes ausschließen oder die Hypothek löschen lassen[103]).

Der Gläubiger, der sich nicht rechtzeitig gemeldet hat, erleidet den Nachtheil, daß er seine Befriedigung nicht mehr aus dem Grundstück, sondern nur aus dem hinterlegten Betrage fordern kann, und auch dieses Recht erlischt, wenn er sich nicht vor dem Ablaufe von 30 Jahren nach der Erlassung des Ausschlußurtheils bei der Hinterlegungsstelle meldet. Meldet sich der Gläubiger nicht innerhalb dieser Frist, so ist der Hinterleger zur Rücknahme berechtigt, auch wenn er auf das Recht zur Rücknahme verzichtet hat[104]).

B. Buchhypothek.

Wird die Ertheilung des Briefes bei der Bestellung der Hypothek ausgeschlossen, so erwirbt der Gläubiger die Hypothek sofort mit der Begründung, vorausgesetzt, daß die (persönliche) Forderung zur Entstehung gelangt ist. Ist die Forderung nicht zur Entstehung

---

[101]) § 376 BGB.

[102]) § 1171 Abs. 2 BGB.

[103]) §§ 42, 67 GBO.

[104]) § 1171 Abs. 3 BGB., Kom.Prot. 3 S. 619, § 987 CPO. Treffen die Landesgesetze über die Hinterlegung nähere Bestimmungen, so muß dem Hinterleger die Rücknahme des hinterlegten Betrags mindestens während eines Jahres von dem Zeitpunkt an gestattet werden, mit welchem das Recht des Gläubigers auf den hinterlegten Betrag erlischt (Art. 145 Einf.Ges. z. BGB.).

gelangt, so steht die Hypothek dem Eigenthümer zu[105]). So lange aber das Grundbuch nicht berichtigt oder ein Widerspruch eingetragen ist, ist das Recht des Eigenthümers gefährdet, da auch die (persönliche) Forderung unter dem Schutze des öffentlichen Glaubens des Grundbuchs steht[106]). Für Darlehenshypotheken ist deßhalb dem Eigenthümer ein besonderer Schutz gewährt. Ist bei der Bestellung einer Hypothek für ein Darlehen die Ertheilung des Hypothekenbriefes ausgeschlossen worden, so kann ein Widerspruch, der sich darauf gründet, daß die Hingabe des Darlehens unterblieben sei, auf einseitigen Antrag des Eigenthümers in das Grundbuch eingetragen werden, ohne daß also eine Bewilligung des Gläubigers oder eine gerichtliche Anordnung erfolgt wäre. Jedoch kann ein solcher Antrag nur vor dem Ablaufe eines Monats nach der Eintragung der Hypothek gestellt werden. Wird der Widerspruch rechtzeitig gestellt und auch noch innerhalb des Monats eingetragen, so hat er rückwirkende Kraft, die Eintragung des Widerspruchs hat alsdann die gleiche Wirkung, wie wenn der Widerspruch zugleich mit der Hypothek eingetragen worden wäre[107]). Wird der Widerspruch zwar rechtzeitig gestellt, aber erst nach Ablauf des Monats eingetragen, so ist er zwar wirksam, hat aber keine rückwirkende Kraft[108]). In jedem Falle sichert der Widerspruch nur den Gebrauch der Einrede der fehlenden Hingabe des Darlehens, ändert aber nichts an der Beweislast.

Auch für die Buchhypothek gilt selbstverständlich der Satz, daß mit der Uebertragung der Forderung die Hypothek auf den neuen Gläubiger übergeht und daß die Forderung nicht ohne die Hypothek, die Hypothek nicht ohne die Forderung übertragen werden kann[109]). Die Abtretung der Forderung selbst richtet sich nach den allgemeinen Vorschriften der §§ 873, 878 BGB., verlangt also Einigung und Eintragung[110]). Im Uebrigen s. unter A. Nr. 4.

Was die Uebertragung durch richterliche Verfügung angeht (A. Nr. 5), so ist zur Pfändung der Forderung die Eintragung der Pfändung in das Grundbuch erforderlich; sie erfolgt auf Grund des Pfändungsbeschlusses. Zur Ueberweisung an Zahlungsstatt ist die Eintragung der Ueberweisung erforderlich; sie erfolgt auf Grund des Ueberweisungsbeschlusses[111]).

Des Weiteren gilt das unter A. Nr. 6, 7, 8, 9 und 10 Gesagte auch für die Buchhypothek, nur hat sich die Berichtigung des Grundbuchs nach den allgemeinen Vorschriften zu vollziehen und bleiben Bestimmungen über den Hypothekenbrief außer Betracht.

[105]) § 1163 BGB. S. oben A. Nr. 3.
[106]) § 1138 BGB.
[107]) § 1139 BGB.
[108]) Kom.Prot. 3 S. 585.
[109]) § 1153 BGB.
[110]) § 1154 Abs. 3 BGB. S. § 8.
[111]) §§ 830, 837 CPO. Zinsen und Kosten s. Ziff. 41.

C. Sicherungshypothek.

Bei der Sicherungshypothek ist die Ertheilung des Briefes Kraft Gesetzes ausgeschlossen[112]). Da dem Eigenthümer alle Einwendungen gegen die Forderung auch gutgläubigen Erwerbern gegenüber unbenommen sind[113]), bleibt die Bestimmung über die Eintragung eines Widerspruchs bei der Darlehenshypothek außer Anwendung[114]). Dagegen gelten die Vorschriften über die Eigenthümerhypothek und über den Uebergang der Hypothek auf den den Gläubiger befriedigenden Schuldner.

Mit dem Entstehen der Hypothek wird demnach der Gläubiger Hypothekberechtigter, vorausgesetzt, daß die Forderung zur Entstehung gelangt ist. Ist die Forderung nicht zur Entstehung gelangt, so steht die Hypothek dem Eigenthümer zu. Die Abtretung der Forderung erfolgt wie bei der gewöhnlichen Buchhypothek nach den für die Uebertragung von Rechten an Grundstücken geltenden Vorschriften. So wenig aber der Erwerber einer Sicherungshypothek gegen Einwendungen geschützt ist, die zur Zeit der Uebertragung der Forderung bestehen, so wenig ist er geschützt gegen Einwendungen, die einem Schuldner nach Uebertragung der Forderung erwachsen können. Bei Uebertragung einer gewöhnlichen Forderung kann der Schuldner eine ihm gegen den bisherigen Gläubiger zustehende Forderung auch dem neuen Gläubiger gegenüber aufrechnen, wenn er nicht bei dem Erwerbe der Forderung von der Abtretung Kenntniß hatte oder die Forderung erst nach Erlangung der Kenntniß und später als die abgetretene Forderung fällig geworden ist. Weiter muß der neue Gläubiger eine Leistung (z. B. Auszahlung), die der Schuldner nach der Abtretung an den bisherigen Gläubiger bewirkt, und jedes Rechtsgeschäft, das nach der Abtretung zwischen dem Schuldner und dem bisherigen Gläubiger in Ansehung der Forderung vorgenommen wird, gegen sich gelten lassen, falls nicht der Schuldner die Abtretung bei der Leistung oder der Vornahme des Rechtsgeschäfts kennt, ebenso muß der neue Gläubiger, wenn in einem nach der Abtretung zwischen dem Schuldner und dem bisherigen Gläubiger anhängig gewordenen Rechtsstreit ein rechtskräftiges Urtheil über die Forderung ergangen ist, dieses Urtheil gegen sich gelten lassen, sofern nicht der Schuldner die Abtretung bei dem Eintritte der Rechtshängigkeit gekannt hat. Auch ist der Schuldner in dieser Weise einem früheren Erwerber gegenüber gesichert, wenn eine abgetretene Forderung von dem bisherigen Gläubiger nochmals an einen Dritten abgetreten oder die bereits abgetretene Forderung durch gerichtlichen Beschluß einem Dritten überwiesen oder von dem bisherigen Gläubiger dem Dritten gegenüber anerkannt wird, daß die bereits abgetretene Forderung Kraft Gesetzes auf den

---

[112]) § 1185 Abs. 1 BGB.
[113]) § 1138 BGB. gilt nicht, vergl. §§ 1185, 1184 BGB.
[114]) §§ 1139, 1185 Abs. 2 BGB.

Dritten übergegangen sei, und der Schuldner an den Dritten leistet oder zwischen ihnen ein Rechtsgeschäft vorgenommen oder ein Rechtsstreit anhängig wird. Diese Bestimmungen zum Schutze eines gutgläubigen Schuldners finden bei der gewöhnlichen Hypothek keine Anwendung, wenn der Anspruch aus der Hypothek gegen den Eigenthümer erhoben wird[115]), aber bezüglich einer Sicherungshypothek haben sie Geltung[116]), demnach kann insbesondere eine Zahlung, welche der Schuldner ohne Kenntniß der Abtretung nach dem Uebergange der Sicherungshypothek an den Cedenten leistet, dem Erwerber der Sicherungshypothek entgegengehalten werden.

Von der Regel, daß die Abtretung der Forderung mit Sicherungshypothek nach Maßgabe der §§ 873, 878 BGB. vor sich geht, gibt es Ausnahmen. Zur Abtretung der Forderung aus einer Schuldverschreibung auf den Inhaber, aus einem Wechsel oder aus einem anderen Papier, das durch Indossament übertragen werden kann, bedarf es keiner Eintragung in das Grundbuch[117]). Die Abtretung der Forderung mit der Sicherungshypothek vollzieht sich bei der Schuldverschreibung auf den Inhaber mit der Uebergabe des Papiers, bei Wechseln und indossabeln Papieren durch das Indossament. Die Schuldurkunde hat die Bedeutung eines Briefes, deshalb soll auch eine Eintragung in das Grundbuch nur erfolgen, wenn die Schuldurkunde vorgelegt wird oder wenn die Eintragung auf Grund der Bewilligung des Treuhänders oder auf Grund einer gegen ihn erlassenen gerichtlichen Entscheidung bewirkt werden soll[118]). Ueber die Pfändung und Ueberweisung solcher Forderungen s. §§ 830 Abs. 3, 837 Abs. 2 CPO.

Bei der Maximalhypothek kann die Forderung nicht allein nach Maßgabe der §§ 873, 878 BGB., sondern auch nach den für die Uebertragung gewöhnlicher Forderungen geltenden Vorschriften übertragen werden. Wird die Forderung oder ein Theil der Forderung durch formlosen Abtretungsvertrag[119]) übertragen, so geht die Hypothek nicht mit über[120]). Dadurch ist ermöglicht, daß eine einzelne Forderung aus dem durch die Hypothek gesicherten Verhältnisse (z. B. Kreditverhältniß) während der Dauer desselben abgetreten wird, ohne daß die Sicherheit für das Schlußguthaben sich mindert. Wird eine mit der Hypothek abgetretene Forderung getilgt, so kann es zur Eigenthümerhypothek kommen, wenn auch die Restbelastung für die schließliche Forderung des Gläubigers nicht ausreicht[121]). Ueber die Pfändung und Ueberweisung s. § 837 Abs. 3 CPO.

---

[115]) § 1156 in Verbindung mit §§ 406 bis 408 BGB. Mot. 3 S. 711.
[116]) §§ 1185 Abs. 2, 1156 BGB. Kom.Prot. 3 S. 682.
[117]) §§ 1187, 1154 Abs. 3 BGB.
[118]) § 44 GBO.
[119]) §§ 398 ff. BGB.
[120]) § 1190 Abs. 4 BGB.
[121]) Mot. 3 S. 768, 769. Vergl. Kom.Prot. 3 S. 690.

Im Uebrigen gelten für die Sicherungshypothek keine besonderen Bestimmungen bezüglich des Uebergangs der Forderung bei Befriedigung des Gläubigers, des Uebergangs der Hypothek auf den persönlichen Schuldner, der Eigenthümerhypothek bei Erlöschen der Forderung, der Eigenthümerhypothek bei Verzicht des Gläubigers auf die Hypothek und der Eigenthümerhypothek auf Grund Aufgebots [122]), nur ist bei einer Hypothek für die Forderung aus einer Schuldverschreibung auf den Inhaber die Ausschließung des Gläubigers mit seinem Rechte nach § 1170 nur zulässig, wenn die in § 801 BGB. bezeichnete Vorlegungsfrist verstrichen ist. Ist innerhalb der Frist die Schuldverschreibung vorgelegt oder der Anspruch aus der Urkunde gerichtlich geltend gemacht worden, so kann die Ausschließung erst erfolgen, wenn die Verjährung eingetreten ist [123]).

D. Brief-Grundschuld.

Auf die Grundschuld finden, wie schon angeführt, im Allgemeinen die Vorschriften über die Hypothek entsprechende Anwendung; für Zinsen der Grundschuld gelten die Vorschriften über die Zinsen einer Hypothekforderung [124]).

1. Eigenthümergrundschuld bis zur Uebergabe des Briefes.

Eine Grundschuld, für welche die Ertheilung des Briefes nicht ausgeschlossen ist, steht bis zur Uebergabe des Briefes an den Gläubiger dem Eigenthümer zu [125]). Der Brief ist dem Eigenthümer auszuhändigen [126]).

2. Uebergabe des Briefes an den Gläubiger.

Der im Grundbuch eingetragene Grundschuldberechtigte erwirbt die Grundschuld erst, wenn ihm der Brief von dem Eigenthümer übergeben wird. S. A. Nr. 2.

3. Uebertragung durch Rechtsgeschäft.

Für die Uebertragung des Anspruchs aus einer Grundschuld kommen die Vorschriften über die Abtretung einer Hypothekforderung zur Anwendung. Ertheilung der Uebertragungserklärung in schriftlicher Form — über die öffentliche Beglaubigung s. A. Nr. 4 — und Uebergabe des Grundschuldbriefes sind erforderlich [127]). Die schriftliche Form der Uebertragungserklärung kann dadurch ersetzt werden, daß die Uebertragung in das Grundbuch eingetragen wird [128]).

[122]) S. unter B., ferner A. Nr. 6 bis 10.

[123]) § 1188 Abs. 2 BGB. S. auch § 986 Abs. 2 CPO.

[124]) § 1192 BGB.

[125]) §§ 1192, 1163 Abs. 2 BGB.

[126]) §§ 60, 70 GBO. Im Falle nachträglicher Ertheilung wird der Brief dem Gläubiger ausgehändigt.

[127]) §§ 1192, 1154, 1155 BGB. Ueber die Unzulässigkeit einer Blankocession s. Kom.Prot. 3 S. 719.

[128]) Zur Eintragung einer übertragenen Grundschuld genügt die Vorlegung der Abtretungserklärung an Stelle einer Eintragungsbewilligung (§ 26 GBO).

Als Grundschuldberechtigter kann hienach auftreten, wer als Gläubiger in das Grundbuch eingetragen ist und den Grundschuldbrief besitzt, oder wer den Brief besitzt und sein Gläubigerrecht durch eine zusammenhängende, auf einen eingetragenen Gläubiger zurückführende Reihe von öffentlich beglaubigten Abtretungserklärungen oder gerichtlichen Ueberweisungsbeschlüssen oder öffentlich beglaubigten Anerkenntnissen von Kraft Gesetzes erfolgten Uebertragungen nachzuweisen vermag [129]. Der Geltendmachung der Grundschuld kann widersprochen werden, wenn der Gläubiger nicht den Brief und, falls er nicht eingetragen ist, die Abtretungsurkunden vorlegt [130].

Bei Inhabergrundschulden steht das Gläubigerrecht jedem Inhaber des Grundschuldbriefes zu; es gelten die Vorschriften über Schuldverschreibungen auf den Inhaber [131].

4. Uebertragung durch richterliche Verfügung.

Auf die Zwangsvollstreckung in eine Grundschuld finden die Vorschriften über die Zwangsvollstreckung in eine Forderung, für welche eine Hypothek besteht, entsprechende Anwendung [132].

5. Uebergang der Grundschuld bei Befriedigung des Gläubigers.

Die Grundschuld geht auf den Eigenthümer über, soweit er den Gläubiger befriedigt [133] [134].

Ebenso geht die Grundschuld auf einen Ablösungsberechtigten über, der den Gläubiger befriedigt [135].

6. Eigenthümer-Grundschuld bei Erlöschen des Anspruchs des Berechtigten.

Die Grundschuld geht auf den Eigenthümer über, wenn und soweit der Anspruch des Grundschuldgläubigers erlischt [136].

7. Eigenthümergrundschuld bei Verzicht des Berechtigten.

Verzichtet der Grundschuldgläubiger auf seine Rechte oder auf einen Theil der Geldsumme, so erwirbt der Eigenthümer, soweit der Verzicht geht, die Grundschuld [137].

8. Eigenthümergrundschuld auf Grund Aufgebots.

---

129) S. A Nr. 4. Zur Verfügung über die Grundschuld bedarf es, wie bei der Briefhypothek, der vorherigen Eintragung des Berechtigten nicht (§ 40 Abs. 2 GBO.).

130) §§ 1192, 1160 BGB.

131) §§ 1195, 793, 794, 796, 797 BGB. Vorlegung des Briefes bei Eintragungen, falls nicht ein Treuhänder bestellt ist, s. § 43 GBO.

132) § 857 Abs. 6 CPO. S. A Nr. 5.

133) §§ 1192, 1143 BGB. Nach Biermann S. 248 findet § 1143 bei der Grundschuld keine Anwendung; dagegen s. Fischer-Henle § 1143 Anm. 6.

134) Ueber Aushändigung des Briefes, Berichtigung des Grundbuchs, Theilgrundschuldbriefe (§§ 1144, 1145 BGB.) s. A Nr. 6.

135) S. §§ 1192, 1150 BGB. oben unter A Nr. 6.

136) §§ 1192, 1163 Abs. 1, 1176 BGB. Fischer-Henle § 1163 Anm. 8. Vergl. §§ 1195, 801, 802 BGB. Biermann S. 250.

137) §§ 1192, 1168, 1169 BGB. S. oben unter A Nr. 9.

Die Bestimmungen der §§ 1170, 1171 BGB. kommen zur entsprechenden Anwendung [138]). Für die Kraftloserklärung eines Inhaber-Grundschuldbriefes kommen die Vorschriften der §§ 799, 800 BGB., §§ 1003 ff. CPO. zur Anwendung.

E. Buch-Grundschuld.

Wird die Ertheilung des Briefes bei der Bestellung der Grundschuld ausgeschlossen, so wird die Grundschuld sofort mit ihrer Entstehung von demjenigen erworben, zu dessen Gunsten sie bestellt wird. S. oben unter B. Die Vorschrift des § 1139 über Eintragung eines Widerspruchs wegen Nichtempfangs des Darlehens erscheint unanwendbar, da die Grundschuld von dem Bestehen oder Nichtbestehen einer Forderung nicht berührt wird [139]).

Für die Uebertragung der Grundschuld gelten die allgemeinen Vorschriften über die Uebertragung von Rechten an Grundstücken [140]).

Ueber die Zwangsvollstreckung s. § 857 Abs. 6 CPO. und oben Ziff. 111.

Ueber den Uebergang der Grundschuld bei Befriedigung des Gläubigers s. D Nr. 5, über die Eigenthümergrundschuld bei Erlöschen des Anspruchs des Berechtigten s. D Nr. 6, bei Verzicht des Berechtigten s. D Nr. 7 und auf Grund Aufgebots s. D Nr. 8.

F. Rentenschuld.

Für die Rentenschuld gilt dasselbe, was unter D und E für die gewöhnliche Grundschuld gesagt ist, mit der Maßgabe, daß die Leistung der einzelnen Renten als Zinszahlung anzusehen ist und daß die Ablösungssumme dem Grundschuldkapital gleichsteht. Die Zahlung der Ablösungssumme an den Gläubiger hat die gleiche Wirkung wie die Zahlung des Kapitals einer Grundschuld [141]).

§ 71. Der Brief nach der Grundbuchordnung.

Der Hypotheken-, Grundschuld- oder Rentenschuldbrief wird von dem Grundbuchamt ertheilt und dem Eigenthümer des Grundstücks, im Falle nachträglicher Ertheilung dem Gläubiger ausgehändigt [1]). Der Brief muß die Bezeichnung als Hypothekenbrief oder als Grund-

[138]) S. A Nr. 10. Vergl. §§ 43, 42 GBO.

[139]) Die §§ 1137—1139 BGB. gelten nicht für Grundschulden. Biermann S. 248.

[140]) §§ 1192, 1154 Abs. 3, 873, 878 BGB. S. Ziff. 110.

[141]) § 1200 BGB. Durch die Zahlung der Ablösungssumme entsteht demnach eine Grundschuld. Biermann S. 253. Von dem Verzichte des Gläubigers (§ 1168 BGB.) wird nicht Gleiches gelten können, da ein Verzicht sich auf die einzelnen Renten beziehen wird. Anders Biermann a. a. O.

Zu § 71.

[1]) § 60 GBO. Das Eigenthum steht dem Gläubiger zu (§ 952 BGB.).

schuldbrief oder als Rentenschuldbrief enthalten, den Geldbetrag der Hypothek (Grundschuld, Rente) und das belastete Grundstück bezeichnen, sowie mit Unterschrift und Siegel versehen sein. Der Rentenschuldbrief muß auch die Ablösungssumme angeben[2]).

Der Brief soll die Nummer des Grundbuchblattes angeben und einen Auszug aus dem Grundbuch enthalten.

In den Auszug sollen aufgenommen werden

1. die Bezeichnung des Grundstücks nach dem Inhalte des Grundbuchs,

2. die Bezeichnung des Eigenthümers,

3. der Inhalt der die Hypothek (Grundschuld, Rentenschuld) betreffenden Eintragungen und, soweit zur Ergänzung einer Eintragung auf eine Urkunde Bezug genommen ist, auch der Inhalt dieser Urkunde. Im Falle des § 1115 Abs. 2 BGB. (Bezugnahme auf die Satzung einer Kreditanstalt) braucht der Inhalt der Satzung nicht aufgenommen zu werden. Ist die über die Forderung ausgestellte Urkunde in Urschrift oder in öffentlich beglaubigtem Auszuge mit dem Hypothekenbriefe verbunden, so unterbleibt die Aufnahme des Inhalts der Urkunde in den Hypothekenbrief.

4. die kurze Bezeichnung des Inhalts der Eintragungen, welche der Hypothek (Grundschuld, Rentenschuld) im Range vorgehen oder gleichstehen[3]).

Durch die Landesjustizverwaltung kann angeordnet werden, daß dieser Auszug noch andere Angaben über das Grundstück enthalten und daß, wenn sich der Betrag der Hypothek, Grundschuld oder Rentenschuld mindert, auf dem Briefe durch einen Vermerk ersichtlich gemacht werden soll, für welchen Betrag das Recht noch besteht[4]).

Wenn sich der Inhalt des Grundbuchs ändert, ist der Auszug auf Antrag zu ergänzen[5]).

Eintragungen, die bei der Hypothek (Grundschuld, Rentenschuld) erfolgen, sind von dem Grundbuchbeamten auf dem Briefe zu vermerken; der Vermerk ist mit Unterschrift und Siegel zu versehen. Ist zur Richtigstellung des Grundbuchs von Amtswegen ein Widerspruch oder ein Löschungsvermerk einzutragen, so hat das Grundbuchamt den Besitzer des Briefes zur Vorlegung anzuhalten. Ebenso ist zu verfahren, wenn nachträglich ein im Grundbuch eingetragener Widerspruch (§ 42 Abs. 1 Satz 2, § 54 Abs. 2 GBO.) auf dem Briefe zu vermerken ist[6]).

---

[2]) §§ 56, 70 GBO.

[3]) §§ 57, 58 Abs. 2, 70 GBO.

[4]) § 97 GBO.

[5]) § 57 Abs. 3 GBO.

[6]) §§ 62, 54 Abs. 1 GBO. Insbesondere ist auch, falls nicht die Ertheilung neuer Briefe beantragt wird, die Eintragung der Rechtsänderung auf dem bisherigen Briefe zu vermerken, wenn eine Hypothek sich in eine Grundschuld verwandelt (§ 1177 Abs. 1 BGB.) oder eine Umwandlung der Belastung vor sich

Ist eine Urkunde über die Forderung, für welche eine Hypothek besteht, ausgestellt, so soll die Urkunde mit dem Hypothekenbriefe verbunden werden. Erstreckt sich der Inhalt der Urkunde auch auf andere Angelegenheiten, so genügt es wenn ein öffentlich beglaubigter Auszug aus der Urkunde mit dem Hypothekenbriefe verbunden wird. Bei Verwandlung der Hypothek in eine Grundschuld oder Umwandlung in eine Grundschuld oder Rentenschuld oder bei Aenderung des Inhalts der Hypothek durch Einsetzung einer anderen Forderung ist die bisherige Schuldurkunde abzutrennen. Wird ein Hypothekenbrief unbrauchbar gemacht, so ist die Schuldurkunde ebenfalls abzutrennen und, wenn sie nicht mit einem neuen Hypothekenbriefe zu verbinden ist, zurückzugeben [7]. — Zum Nachweise, daß eine Schuldurkunde nicht ausgestellt ist, genügt eine darauf gerichtete Erklärung des Eigenthümers [8].

Wird ein Theilbrief hergestellt, so soll die Herstellung auf dem bisherigen Briefe vermerkt werden [9]. Ist eine für den Inhaber des Briefes eingetragene Grundschuld oder Rentenschuld in Theile zerlegt, so ist über jeden Theil ein besonderer Brief herzustellen [10]. Die Unterschrift kann in solchen Fällen (nach §§ 1195, 793 BGB.) im Wege mechanischer Vervielfältigung hergestellt werden [11].

Theilbriefe können von dem Grundbuchamt, einem Gericht oder einem Notar hergestellt werden. Der Theilbrief muß die Bezeichnung als Theilhypothekenbrief, Theilgrundschuldbrief oder Theilrentenschuldbrief sowie eine beglaubigte Abschrift der Angaben des bisherigen Briefes über die Bezeichnung dieses Briefes als Hypothekenbriefes, Grundschuldbriefes oder Rentenschuldbriefes, über den Geldbetrag der Hypothek, Grundschuld oder Rentenschuld, über die Ablösungssumme der Rentenschuld und über das belastete Grundstück enthalten, den Theilbetrag der Hypothek, Grundschuld oder Rentenschuld, auf den er sich bezieht, bezeichnen, auch mit Unterschrift und Siegel der ausstellenden Behörde versehen sein. Er soll außerdem eine beglaubigte Abschrift der sonstigen Angaben des bisherigen Briefes und der auf diesem befindlichen Vermerke enthalten. Eine mit dem bisherigen Briefe verbundene Schuldurkunde soll in beglaubigter Abschrift mit dem Theilhypothekenbriefe verbunden werden [12].

Ueber eine Gesammthypothek, Gesammtgrundschuld und Gesammtrentenschuld soll nur Ein Hypothekenbrief, Grundschuldbrief

---

geht (§ 1198 BGB.) oder an Stelle einer Hypothekforderung eine andere gesetzt wird (§ 65 GBO.).

[7]) §§ 58 Abs. 1, 65, 69 GBO.

[8]) §§ 58 Abs. 3, 29 GBO.

[9]) § 61 Abs. 3 GBO. Vergl. §§ 1145, 1151, 1152 BGB. Ein Vermerk im Grundbuch ist nicht vorgeschrieben.

[10]) § 70 Abs. 2 GBO.

[11]) Begründung zu § 70 GBO.

[12]) §§ 61, 70 GBO.

oder Rentenschuldbrief ertheilt werden. Sind die belasteten Grundstücke in den Bezirken verschiedener Grundbuchämter belegen, so soll jedes Amt für die Grundstücke seines Bezirks einen besonderen Brief ertheilen; die Briefe sind mit einander zu verbinden[13].

Wird nach der Ertheilung eines Briefes mit der Hypothek, Grundschuld oder Rentenschuld noch ein anderes, in dem Bezirke desselben Grundbuchamtes belegenes Grundstück belastet, so ist, sofern nicht die Ertheilung eines neuen Briefes über die Gesammthypothek, Gesammtgrundschuld oder Gesammtrentenschuld beantragt wird, die Mitbelastung auf dem bisherigen Briefe zu vermerken und zugleich der Inhalt des Briefes in Ansehung des anderen Grundstücks zu ergänzen[14].

Wird eine Gesammthypothek, Gesammtgrundschuld oder Gesammtrentenschuld auf die einzelnen Grundstücke vertheilt[15], so ist für jedes Grundstück ein neuer Brief zu ertheilen[16].

Stehen einem Gläubiger mehrere Hypotheken, Grundschulden oder Rentenschulden zu, die gleichen Rang haben oder im Range unmittelbar auf einander folgen, so ist ihm auf seinen Antrag mit Zustimmung des Eigenthümers über die mehreren Belastungen ein Brief in der Weise zu ertheilen, daß der Brief die sämmtlichen Hypotheken, Grundschulden oder Rentenschulden umfaßt[17].

Ein Brief, der abhanden gekommen oder vernichtet ist, kann im Wege des Aufgebotsverfahrens für kraftlos erklärt werden[18]. Zum Antrage ist der Inhaber des Realrechtes berechtigt. Das Verfahren richtet sich nach den §§ 1003 ff., 1024 CPO. Bei Grundschuldbriefen auf den Inhaber erfolgt die Kraftloserklärung nach Maßgabe der Bestimmungen über Schuldverschreibungen auf den Inhaber[19].

Ist der Brief für kraftlos erklärt oder ist in den Fällen der §§ 1170, 1171 BGB. Ausschlußurtheil ergangen, so ist dem Antrage des Berechtigten auf Ertheilung eines neuen Briefes stattzugeben, wenn das Ausschlußurtheil vorgelegt wird. In anderen Fällen ist dem Antrage des Berechtigten auf Ertheilung eines neuen Briefes stattzugeben, wenn der bisherige Brief vorgelegt wird[20]. Die Einwilligung des Eigenthümers ist nicht erforderlich.

Der neue Brief ist nach dem Grundbuch anzufertigen. Er hat die Angabe zu enthalten, daß er an die Stelle des bisherigen tritt. Aus dem bisherigen Briefe sind etwaige Vermerke, die nach §§ 1140,

---

[13]) § 59 GBO.
[14]) § 63 GBO.
[15]) Vergl. §§ 1132 Abs. 2, 1172, 1175 BGB.
[16]) § 64 GBO.
[17]) § 66 GBO.
[18]) § 1162 BGB. Vergl. § 136 Zwangsverst.Ges.
[19]) §§ 1195, 799 ff. BGB.
[20]) § 67 GBO.

1145, 1157 BGB. für das Rechtsverhältniß zwischen dem Eigenthümer und dem Gläubiger in Betracht kommen, auf den neuen Brief zu übertragen. Die Ertheilung des Briefes ist im Grundbuch zu vermerken[21]). Der neue Brief tritt in jeder Richtung an die Stelle des alten. Kommt der alte wieder zum Vorschein, so kann er doch nicht mehr, auch nicht zu Gunsten eines mit der Kraftloserklärung unbekannten Dritten, die Erwerbung des Realrechts vermitteln. Anders ist es, wenn das Ausschlußurtheil angefochten und in Folge der Anfechtung aufgehoben wird. Alsdann ist der neue Brief zurückzugeben und das Grundbuch zu berichtigen[22]).

Ein Brief ist unbrauchbar zu machen, wenn die Hypothek, Grundschuld oder Rentenschuld gelöscht wird, ebenso wenn die Ertheilung des Briefes über eine Hypothek, Grundschuld oder Rentenschuld nachträglich ausgeschlossen oder an Stelle des bisherigen Briefes ein neuer Hypotheken-, Grundschuld- oder Rentenschuldbrief ertheilt wird. Ist mit dem Hypothekenbriefe eine Schuldurkunde verbunden, so ist sie abzutrennen und, sofern sie nicht mit dem neuen Hypothekenbriefe zu verbinden ist, zurückzugeben[23]).

§ 72. Rechtsverhältniß zwischen dem Berechtigten und dem Eigenthümer.

Der Eigenthümer hat, soweit nicht das dingliche Recht entgegensteht, freie Verfügung über sein Grundstück. Diese Verfügungsbefugniß kann durch Rechtsgeschäft nicht ausgeschlossen und nicht beschränkt werden[1]). Obligatorisch kann sich ein Eigenthümer im Allgemeinen verbindlich machen, sein Grundstück nicht zu veräußern oder nicht zu belasten, dingliche Kraft oder Wirkung gegenüber Dritten hat aber eine solche Vereinbarung nicht, erhält sie auch nicht durch etwaige Eintragung in das Grundbuch[2]). Dem Inhaber einer Hypothek, Grundschuld oder Rentenschuld gegenüber kann sich der Eigenthümer nicht einmal obligatorisch verpflichten, das Grundstück nicht zu veräußern oder nicht weiter zu belasten, eine derartige Vereinbarung, die der Eigenthümer vor, bei oder nach Bestellung des dinglichen Rechtes dem Gläubiger gegenüber eingeht, ist nichtig[3]), kann in Folge dessen auch keinen Schadensersatzanspruch begründen.

---

[21]) § 68 GBO.
[22]) Vergl. Mot. 3 S. 763, auch § 1018 Abs. 2 CPO.
[23]) § 69 GBO. Vergl. § 127 Zwangsverst.Ges.

Zu § 72.

[1]) § 137 BGB.
[2]) Biermann S. 203.
[3]) § 1136 BGB. Wird einem Vorbesitzer wegen rückständigen Kaufgeldes eine Hypothek bestellt, so ist er Hypothekgläubiger, eine Verpflichtung, das Grundstück nicht zu veräußern oder weiter zu belasten, kann daher ihm gegenüber nicht bestehen. A. A. Staudinger 3 S. 233. Zulässig dagegen ist die Vereinbarung, daß der Gläubiger zur Kündigung berechtigt sei, wenn das Grundstück veräußert oder weiter belastet werde. Biermann S. 203.

Nach freiem Belieben darf der Eigenthümer trotzdem nicht mit dem Grundstück verfahren. Der dinglich Berechtigte hat einen Anspruch darauf, daß die mit der Haftung des Grundstücks gegebene Sicherheit ungeschmälert bleibe. Wirkt der Eigenthümer oder ein Dritter in solcher Weise auf das Grundstück ein, daß eine die Sicherheit des Realrechts gefährdende Verschlechterung des Grundstücks zu besorgen ist, so kann der Gläubiger auf Unterlassung klagen[4]). Ein solcher Fall der drohenden Verschlechterung des Grundstücks ist z. B. dann gegeben, wenn der Eigenthümer den auf dem Grundstück stehenden Wald einem anderen zum Abholzen überlassen, das Gutsinventar verkauft, die Entfernung desselben aber noch nicht veranlaßt hat[5]). Voraussetzung für den Anspruch des Gläubigers ist eine positive Einwirkung seitens des Eigenthümers oder eines Dritten, da der Gläubiger Kraft seines dinglichen Rechtes kein Thun, sondern nur die Unterlassung von Einwirkungen verlangen kann, durch die sein Recht beeinträchtigt wird[6]). Geht die Einwirkung von dem Eigenthümer aus, so hat das Gericht auf Antrag des Gläubigers die zur Abwendung der Gefährdung erforderlichen Maßregeln anzuordnen. Dies hat auch zu geschehen, wenn die Verschlechterung deshalb zu besorgen ist, weil der Eigenthümer die erforderlichen Vorkehrungen gegen Einwirkungen Dritter oder gegen andere Beschädigungen unterläßt[7]). Welche Maßregeln zum Schutze des Realrechts geeignet sind, müssen die Umstände des einzelnen Falles ergeben. Die Einleitung einer Zwangsverwaltung ist nicht ausgeschlossen, sie wird insbesondere am Platze sein, wenn es sich um die Bestellung von Feldern oder um nothwendige Bauten zur Abwendung drohender Schäden handelt. Die Maßregeln sind im Wege der Klage gegen den Eigenthümer zu beantragen, so daß das Urtheil, welches sie anordnet, den Beklagten zugleich verurtheilt, die Vornahme zu dulden. Auf ein Thun geht der Anspruch gegen den Eigenthümer nicht[8]).

Ist eine Verschlechterung des Grundstücks schon eingetreten (z. B. ein Gebäude niedergerissen) oder sind Zubehörstücke, auf welche die Hypothek (Grundschuld, Rentenschuld) sich erstreckt, verschlechtert oder den Regeln einer ordnungsmäßigen Wirthschaft zuwider vom Grundstück entfernt worden, und ist in Folge davon die Sicherheit des Realrechtes gefährdet, so kann der Gläubiger, auch wenn sein Anspruch noch nicht fällig ist, dem Eigenthümer[9]) eine angemessene

[4]) § 1134 Abs. 1 BGB. Verschulden ist nicht erforderlich. Zwangsvollstreckung nach § 890 CPO.

[5]) Mot. 3 S. 670. § 1135 BGB. Die Verfügungen über Früchte, welche keine Zubehörstücke sind, über Pacht- oder Miethzinsforderungen rc. können nicht als Verschlechterung des Grundstücks aufgefaßt werden.

[6]) Kom.Prot. 3 S. 569.

[7]) § 1134 Abs. 2 BGB.

[8]) Mot. 3 S. 670. Die Zulässigkeit einstweiliger Verfügungen bemißt sich nach der Civilprozeßordnung.

[9]) Bei Verfolgung des dinglichen Rechts gilt zu Gunsten des Gläubigers

Frist zur Beseitigung der Gefährdung bestimmen und nach Ablauf dieser Frist sofort Befriedigung aus dem Grundstück suchen[10]), bei einer Rentenschuld die Zahlung der Ablösungssumme aus dem Grundstück verlangen, wenn nicht die Gefährdung durch Verbesserung des Grundstücks (z. B. Wiederaufbau des Hauses) oder durch anderweitige Bestellung einer Hypothek, Grundschuld oder Rentenschuld[11]) beseitigt worden ist. Ist die Forderung unverzinslich und noch nicht fällig, so gebührt dem Gläubiger nur die Summe, welche mit Hinzurechnung der gesetzlichen Zinsen[12]) für die Zeit von der Zahlung bis zur Fälligkeit dem Betrage der Forderung gleichkommt[13]). Der Anspruch des Gläubigers ist nicht davon abhängig, daß ein Verschulden des Eigenthümers vorliegt, der Anspruch besteht, auch wenn die Verschlechterung eine Folge von Naturereignissen ist. Zur Beseitigung der Verschlechterung oder der Gefährdung der Sicherheit ist der Eigenthümer berechtigt, aber nicht verpflichtet. Die Verschlechterung des Grundstücks braucht nur insoweit beseitigt zu werden, daß die Sicherheit des dinglichen Rechtes nicht mehr gefährdet ist[14]).

Den Kern der Rechte, welche dem Hypothek-, Grundschuld- oder Rentenschuldberechtigten dem Eigenthümer gegenüber zustehen, bildet die Befugniß, die Zwangsvollstreckung in das belastete Grundstück und in die Gegenstände, auf welche das dingliche Recht sich erstreckt, vorzunehmen und aus dem durch Versteigerung oder Verwaltung zu erzielenden Erlöse oder Ertrage sich zu befriedigen[15]). Der Eigenthümer hat sich passiv zu verhalten, er hat das Vorgehen des Berechtigten zu dulden, eine Zahlungspflicht obliegt ihn in seiner Eigenschaft als Eigenthümer nicht, dagegen hat er ein Recht, den Gläubiger zu befriedigen, sobald die Forderung oder Grundschuld oder Rentenschuld ihm gegenüber fällig geworden oder bei der Hypothek der persönliche Schuldner zur Leistung berechtigt ist[16]).

derjenige, welcher im Grundbuch als Eigenthümer eingetragen ist, als der Eigenthümer (§ 1148 BGB.).

[10]) Fälligkeit der persönlichen Forderung wird nicht herbeigeführt. Reichsg. 23. Juni 1897 Entsch. 39 S. 324.

[11]) Mit einer sonstigen Sicherheitsleistung braucht sich der Gläubiger nicht zu begnügen.

[12]) § 246 BGB.: 4 vom Hundert.

[13]) §§ 1133, 1135 BGB. Hofmannsche Formel: (100 + Zinsen zu 4 % für die Zeit von der Zahlung bis zur Fälligkeit) : 100 = Kapital : x oder

$$x = \frac{100 \times k}{100 + (z \times 4)}.$$

[14]) Vergl. Mot. 3 S. 671, Kom.Prot. 3 S. 570. Ist in der Unterlassung einer Weiterversicherung von Gebäulichkeiten eine Verschlechterung des Grundstücks zu erblicken? Für Preuß. Recht bejaht durch Reichsg. 28. Juli 1896 Entsch. 37 S. 356, Jurist. Woch. 1896 S. 623[68]. Wenn auch der Eigenthümer nicht verpflichtet ist, seine Gebäulichkeiten unter Versicherung zu halten, so wird doch nicht in Abrede zu stellen sein, daß die Sicherheit der Hypothek gefährdet sein kann, wenn statt versicherter Gebäulichkeiten nichtversicherte haften.

[15]) § 1147 BGB. Vergl. §§ 866, 865 CPO., § 47 Konk.Ordn.

[16]) § 1142 BGB. Die Leistung darf vor sich gehen, wie wenn der Eigen-

Der Berechtigte hat ein Zwangsvollstreckungsrecht. Der gesetzliche Inhalt des dinglichen Rechtes kann nicht durch Rechtsgeschäft verändert werden. Ein dingliches Recht an dem Grundstück, die Veräußerung auf dem Wege des Privatverkaufes zu bewirken, kann rechtsgeschäftlich nicht begründet werden, ebenso läßt sich das Recht, das Grundstück zur Versteigerung zu bringen, nicht mit dinglicher Wirkung ausschließen [17]). Abmachungen dieser Art sind zwar nicht unzulässig, sie wirken aber nur obligatorisch. Unter bestimmten Voraussetzungen besteht auch keine obligatorische Wirksamkeit unter den Vertragschließenden. Der Eigenthümer kann dem Gläubiger das Recht einräumen, zum Zwecke der Befriedigung die Uebertragung des Eigenthums an dem Grundstücke zu verlangen [18]), oder das Recht, die Veräußerung des Grundstücks auf andere Weise als im Wege der Zwangsvollstreckung zu bewirken [19]), aber eine derartige Vereinbarung darf erst eingegangen werden, wenn die Hypothekforderung oder Grundschuld dem Eigenthümer gegenüber fällig geworden oder bei der Rentenschuld die Kündigungsfrist abgelaufen ist [20]). Wird eine solche Vereinbarung vorher abgeschlossen, so ist sie nichtig.

Keine Einschränkung ist getroffen für einen obligatorischen Vertrag, der dahin geht, daß der Gläubiger das Grundstück in Bewirthschaftung nehme, um sich aus den Nutzungen des Grundstücks zu befriedigen. Der Gläubiger, dem das Grundstück in Vollziehung eines solchen Vertrages übergeben wird, erlangt die Rechte eines Besitzers, Wirkung gegen Dritte hat das unter den Vertragschließenden bestehende Rechtsverhältniß nicht [21]).

Ist der Eigenthümer selbst Hypothek-, Grundschuld- oder

---

thümer persönlicher Schuldner wäre; die Befriedigung kann durch Hinterlegung oder durch Aufrechnung erfolgen, sofern die Voraussetzungen dazu vorliegen (§§ 372, 387 BGB.). Der Eigenthümer kann eine persönliche Forderung gegen den Anspruch aus der Hypothek, Grundschuld oder Rentenschuld aufrechnen, der Gläubiger hat diese Aufrechnungsbefugniß nicht, denn die Voraussetzungen zur Aufrechnung sind nur gegeben, wenn 2 Personen einander Leistungen schulden (Kom.Prot. 4 S. 603). Ueber die Aufrechnung mit einer Forderung des persönlichen Schuldners s. §§ 1137, 770 Abs. 2 BGB.

[17]) Ueber Revenuenhypothek s. Art. 60 und 192 Einf. z. BGB. Vergl. § 67 Ziff. 2 und § 65 Anm. *.

[18]) § 313 BGB. Dingliche Sicherung kann durch Vormerkung (§ 883) erlangt werden.

[19]) Diese Vereinbarung bedarf keiner Form, falls nicht der Gläubiger zugleich bevollmächtigt wird, die Auflassung an einen Dritten zu erklären. Biermann S. 212. Vergl. § 168 Satz 2 BGB., § 30 GBO.

[20]) § 1149 BGB. Unter Hinweis auf Mot. 3 S. 681 behauptet Biermann (S. 212), die Vereinbarung sei zulässig, daß an den Veräußerer, dem wegen des rückständigen Kaufgeldes eine Hypothek bestellt sei, das Eigenthum des Grundstücks zurückfallen solle, wenn der Kaufpreis oder die Zinsen nicht pünktlich bezahlt würden. Die Motive verweisen in dieser Hinsicht auf § 871 des Entw. I, aber dieser Paragraph ist gestrichen worden (Kom.Prot. 3 S. 183). Mit der Vorschrift des § 925 Abs. 2 des Gesetzes erscheint die angeführte Ansicht unvereinbar.

[21]) Mot. 3 S. 631. Vergl. Dernburg S. 638.

Rentenschuldberechtigter, so kann er das Zwangsvollstreckungsrecht nicht ausüben, die Gläubigerrechte kann er nur bei der von einem Anderen betriebenen Zwangsvollstreckung den übrigen Realberechtigten gegenüber für sich geltend machen[22]). Den auf ihn fallenden Theil des Versteigerungserlöses erhält er nicht als Gläubiger, sondern als Eigenthümer. Ein Bestandtheil seines Vermögens wird in Geld umgesetzt; das begrenzte Recht, das er an seinem eigenen Grundstück hat, schützt ihn gegenüber den begrenzten Rechten, die, seinem eigenen begrenzten Rechte nachstehend, sein Grundstück belasten[23]).

Daß der Eigenthümer seine Rechte auf einen Dritten übertragen kann, der alsdann gegen ihn mit Zwangsvollstreckung vorgehen darf (z. B. zur Beseitigung von Rechten, die dem Realrechte des Eigenthümers nachgehen), bedarf keiner Hervorhebung.

Zinsen gebühren dem Eigenthümer nur, wenn das Grundstück auf Antrag eines Anderen zum Zwecke der Zwangsverwaltung in Beschlag genommen ist, und nur für die Dauer der Zwangsverwaltung[24]).

Der Gläubiger kann Befriedigung aus dem Grundstück regelmäßig erst verlangen, wenn das geltend zu machende Recht fällig ist; Verzug wird nicht erfordert. Hängt die Fälligkeit einer Hypothekforderung von einer Kündigung ab, so ist die Kündigung von dem Gläubiger dem Eigenthümer gegenüber oder von dem Eigenthümer dem Gläubiger gegenüber zu erklären. Eine Kündigung durch oder an den persönlichen Schuldner, der nicht zugleich der Eigenthümer ist, ist für das dingliche Recht unwirksam[25]). So kann es aber auch vorkommen, daß die Forderung gegenüber dem persönlichen Schuldner (Mangels Kündigung) noch nicht fällig ist, während für die Hypothekforderung in der Richtung gegen den Eigenthümer Fälligkeit eingetreten ist. Bezüglich der Kündigung gilt der Eingetragene als Eigenthümer, auch wenn der Gläubiger die Unrichtigkeit des Eintrages kennt[26]). Kündigt der Eigenthümer dem Gläubiger, so ist die Kündigung wirksam, wenn auch der bisherige Gläubiger seine Rechte schon auf einen Anderen übertragen hatte, es müßte denn sein, daß diese Uebertragung zur Zeit der Kündigung dem Eigenthümer bekannt oder im Grundbuch eingetragen war[27]). Eine Kündigung, die der

---

[22]) §§ 1197, 1177 BGB.

[23]) Vergl. Kom.Prot. 3 S. 573. Daß es den persönlichen Gläubigern des Eigenthümers unbenommen ist, im Wege der Vollstreckung sich an das Realrecht des Eigenthümers zu halten, erscheint selbstverständlich.

[24]) § 1197 Abs. 2 BGB. S. § 70 Anm. 54.

[25]) § 1141 BGB. Durch die Kündigung des Gläubigers an den Schuldner kann übrigens der Eigenthümer zur Befriedigung des Gläubigers berechtigt werden (§ 1142). — Landesgesetzliche Vorschriften über das Kündigungsrecht s. Art. 117 Abs. 2 Einf. z. BGB.

[26]) § 1141 Abs. 1, vergl. dagegen § 893 BGB. Kom.-Prot. 3 S. 575.

[27]) § 1156 BGB.

bisherige Gläubiger nach der Uebertragung dem Eigenthümer erklärt, ist für den neuen Gläubiger unwirksam[28]. Bei der Briefhypothek oder Briefgrundschuld hat der Gläubiger sich durch Vorlegung des Briefes und, wenn er nicht im Grundbuch eingetragen ist, durch Vorlegung der öffentlich beglaubigten Abtretungserklärungen, Ueberweisungsbeschlüsse oder Anerkenntnisse (§ 1155 BGB.) auszuweisen. Legt der Gläubiger bei der dem Eigenthümer gegenüber erfolgenden Kündigung oder Mahnung diese Urkunden nicht vor, so ist die Kündigung oder Mahnung unwirksam, falls der Eigenthümer sie aus diesem Grunde unverzüglich zurückweist[29]. Diese Vorschrift gilt auch für die Geltendmachung der persönlichen Forderung, wenn der Eigenthümer der persönliche Schuldner ist[30], dagegen gilt sie auch im Verhältnisse zwischen Gläubiger und Eigenthümer nicht, soweit es sich um die Ansprüche auf Rückstände von Zinsen oder anderen Nebenleistungen oder um den Anspruch auf Erstattung von Kosten handelt, für die das Grundstück Kraft Gesetzes haftet[31], denn für die Uebertragung derartiger Ansprüche ist das Recht der Schuldverhältnisse maßgebend.

Will der Gläubiger kündigen, hat aber der Eigenthümer im Inland keinen Wohnsitz oder befindet sich der Gläubiger über die Person des Eigenthümers in einer nicht auf Fahrlässigkeit beruhenden Unkenntniß oder ist der Aufenthalt des Eigenthümers unbekannt, so hat das Amtsgericht, in dessen Bezirk das Grundstück liegt, auf Antrag des Gläubigers einen Vertreter zu bestellen, dem gegenüber die Kündigung des Gläubigers erfolgen kann[32].

Bei der Sicherungshypothek muß die Fälligkeit der Forderung, deren Accessorium die Hypothek ist, zwischen dem persönlichen Schuldner und dem Gläubiger eintreten, die Kündigung hat also zwischen dem persönlichen Schuldner und dem Eigenthümer zu erfolgen. Es bedarf nicht einmal einer Anzeige an den Eigenthümer[33].

Bei der Grundschuld erfolgt, falls nicht eine Kündigungsfrist ausgeschlossen ist, die Kündigung wie bei der gewöhnlichen Hypothek zwischen Eigenthümer und Grundschuldgläubiger; sie kann dem Eigenthümer oder dem Gläubiger oder beiden Theilen zustehen. Die Kündigungsfrist beträgt, falls keine abweichende Bestimmung getroffen ist, 6 Monate[34].

Ueber die Kündigung einer Rentenschuld s. § 66 Ziff. 23 und 24.

Die Wirkungen einer stattgehabten Kündigung bestehen für und

---

[28] Biermann S. 218.

[29] § 1160 Abs. 2 BGB.

[30] § 1161 BGB.

[31] §§ 1160 Abs. 2, 1159 BGB.

[32] § 1141 Abs. 2 BGB. Ist der Gläubiger unbekannt, so kann der Eigenthümer nach § 1171 BGB. vorgehen.

[33] § 1185 Abs. 3 BGB. Kom.Prot. 3 S. 684. Ob etwa dem siegreichen Kläger die Prozeßkosten zur Last gelegt werden können, ist nach § 93 CPO. zu entscheiden.

[34] § 1193 BGB. Landesgesetzliche Vorschriften s. Art. 117 Einf. z. BGB.

gegen jeden Rechtsnachfolger des Eigenthümers oder Gläubigers fort, ohne daß die Kündigung in das Grundbuch eingetragen zu sein braucht. Die Kündigung ist der Erfüllung einer rechtsgeschäftlichen oder gesetzlichen Bedingung zu vergleichen. Wenn die Bedingtheit eingetragen oder unmittelbar durch das Gesetz bestimmt ist, so wird hiedurch ein jeder Erwerber darauf hingewiesen, daß er sich über den Stand der Bedingungs-Erfüllung außerhalb des Grundbuchs zu vergewissern habe[35].

Für die Rechtsverfolgung des Gläubigers gilt zwar nach den allgemeinen Grundsätzen der Schutz des öffentlichen Glaubens des Grundbuchs nicht, aber zu Gunsten des Gläubigers, der das dingliche Recht verfolgt, gilt derjenige, welcher im Grundbuch als Eigenthümer eingetragen ist, als Eigenthümer. Der dingliche Anspruch ist gegen den Eingetragenen begründet, weil er in Folge seiner Eintragung der Verwirklichung dieses Anspruchs im Wege steht[36]. Ob der Gläubiger den wirklichen Eigenthümer kennt oder nicht, ist belanglos. Der gegen den eingetragenen Nichteigenthümer erlangte Vollstreckungstitel genügt vorerst, der Eigenthümer kann nicht schon nach § 750 CPO. formelle Beanstandungen erheben. Dagegen bleibt das Recht des nicht eingetragenen Eigenthümers, die ihm gegen das Realrecht zustehenden Einwendungen geltend zu machen, unberührt. Das Verfahren ist nur in der Weise vereinfacht, daß der Eigenthümer die Einwendungen im Wege der Interventionsklage nach § 771 CPO. geltend machen muß und nicht den Gläubiger durch Berufung auf § 750 CPO. zwingen kann, gegen ihn von neuem Klage auf Duldung der Zwangsvollstreckung zu erheben[37][38].

Zur Betreibung der Zwangsvollstreckung bedarf der Gläubiger eines vollstreckbaren Titels und zwar eines Titels gegen den Eigenthümer. Ein Titel gegen den persönlichen Schuldner, der nicht Eigenthümer des belasteten Grundstücks ist, genügt nicht.

Der Anspruch aus einer Hypothek sowohl wie aus einer Grundschuld oder Rentenschuld kann im gewöhnlichen Verfahren oder auch im Urkunden- oder Wechselprozeß oder im Mahnverfahren geltend gemacht werden, da, trotzdem ein Recht, von dem Eigenthümer Zahlung zu verlangen, nicht besteht, doch der Anspruch aus einer

---

[35]) Mot. 3 S. 689.

[36]) Kom.Prot. 3 S. 575. Vergl. § 17 Zw.Verst.Ges. Hat der Gläubiger gegen den wahren Eigenthümer einen vollstreckbaren Titel, so kann er gemäß §§ 14, 22 Abs. 2 GBO. die Eintragung des Eigenthümers erwirken und sodann gegen ihn die Zwangsversteigerung betreiben, vorausgesetzt, daß er sich die zur Berichtigung erforderlichen Urkunden (vergl. § 792 CPO.) verschaffen kann. Die Ueberweisung des Berichtigungsanspruchs des Eigenthümers gegen den Eingetragenen wird der Gläubiger nur betreiben können, wenn er einen vollstreckbaren Titel gegen den Eigenthümer als persönlichen Schuldner hat.

[37]) Kom.Prot. 3 S. 576.

[38]) Ist der Eigenthümer in Konkurs, so geht die Klage des Realgläubigers gegen den Konkursverwalter (§ 6 Abs. 2 Konk.Ord.). Dernburg S. 644.

Hypothek, einer Grundschuld oder einer Rentenschuld als ein Anspruch gilt, welcher die Zahlung einer Geldsumme zum Gegenstande hat[39]). Diese Bestimmung ist auch für Notarsurkunden getroffen[40]). Ein Urtheil, das einen Anspruch aus einer eingetragenen Hypothek, Grundschuld oder Rentenschuld betrifft, wirkt im Falle einer Veräußerung des belasteten Grundstücks in Ansehung des Grundstücks gegen den Rechtsnachfolger auch dann, wenn dieser die Rechtshängigkeit nicht gekannt hat. Gegen den Ersteher eines im Wege der Zwangsversteigerung veräußerten Grundstücks wirkt jedoch das Urtheil nur dann, wenn die Rechtshängigkeit spätestens im Versteigerungstermine vor der Aufforderung zur Abgabe von Geboten angemeldet worden ist[41]).

Der Anspruch des Gläubigers gegen den Eigenthümer geht dahin, daß der Eigenthümer die Zwangsvollstreckung in das Grundstück zum Zwecke der Befriedigung des Gläubigers in Höhe der zu bezeichnenden Summe dulde[42]). Ein gleicher Anspruch entspringt übrigens dem dinglichen Rechte des Gläubigers gegen einen Jeden, dessen Verhalten das Vollstreckungsrecht des Gläubigers beeinträchtigt[43]) [44]).

---

[39]) §§ 592, 688 CPO.

[40]) § 794 Ziff. 5 CPO. Der bisherige § 706 Abs. 2 CPO. fällt weg; es bleiben aber die landesgesetzlichen Vorschriften über die Vollstreckbarkeit von Hypothekenurkunden in Ansehung der Hypotheken in Kraft, welche schon zu der Zeit bestehen, zu welcher das Grundbuch als angelegt anzusehen ist (Art. VIII des Ges. v. 17. Mai 1898). Für Bayern s. Art. 127 ff. des Ausf.Ges. zur CPO.

[41]) § 325 Abs. 3 CPO. Der Eigenthümer kann sich in einer nach § 794 Ziff. 5 CPO. aufgenommenen Notarsurkunde in Ansehung einer Hypothek, einer Grundschuld oder einer Rentenschuld der sofortigen Zwangsvollstreckung in der Weise unterwerfen, daß die Zwangsvollstreckung aus der Urkunde gegen den jeweiligen Eigenthümer des Grundstücks zulässig sein soll. Die Unterwerfung bedarf in diesem Falle der Eintragung in das Grundbuch; eine Bezugnahme auf die Eintragungsbewilligung an Stelle der Eintragung genügt nicht. Bei der Zwangsvollstreckung gegen einen späteren Eigenthümer, der im Grundbuch eingetragen ist, bedarf es nicht der Zustellung der den Erwerb des Eigenthums nachweisenden Urkunde. Vergl. § 800, auch § 799 CPO.

[42]) Der Klagantrag geht nicht auf Verurtheilung, bei Vermeidung der Zwangsvollstreckung zu zahlen. Biermann S. 211. Brzezinski in Bl. f. RA. 63 S. 167. Dernburg (S. 642) hält den Antrag für richtig, dem Beklagten gegenüber festzustellen, daß die hypothekarischen Ansprüche des Klägers in das Grundstück vollstreckbar sind. Gegen den Antrag, den Beklagten zu verurtheilen, wegen der eingetragenen Summe die Zwangsvollstreckung in das Grundstück zu dulden, wendet Dernburg ein, es sei nicht Inhalt einer privatrechtlichen Verpflichtung, eine Zwangsvollstreckung zu gestatten. Das mag richtig sein, der Antrag geht aber auch nicht auf ein Gestatten, sondern auf ein Dulden (vergl. § 890 CPO.).

[43]) Nach § 17 ZVG. darf die Zwangsversteigerung nur angeordnet werden, wenn der Schuldner (d. h. derjenige, gegen den vollstreckt werden soll, nicht etwa der persönliche Schuldner) als Eigenthümer des Grundstücks eingetragen oder wenn er Erbe des eingetragenen Eigenthümers ist. Für die Zwangsverwaltung ist eine Ausnahme gemacht, es findet die Zwangsverwaltung wegen des Anspruchs aus einem eingetragenen Rechte auch dann statt, wenn zwar derjenige, gegen den vollstreckt werden soll, nicht als Eigenthümer eingetragen oder Erbe des eingetragenen Eigenthümers ist, aber das Grundstück im Eigenbesitze hat (§ 147 ZVG.). Es

Was die Einwendungen des Eigenthümers betrifft, so kann der Geltendmachung des dinglichen Rechtes[45]) bei der Briefhypothek, Briefgrundschuld oder Briefrentenschuld widersprochen werden, wenn der Gläubiger nicht den Brief vorlegt. Ist der Gläubiger nicht im Grundbuch eingetragen, so kann der Eigenthümer auch die Vorlegung der öffentlich beglaubigten Abtretungserklärungen, Anerkenntnisse und gerichtlichen Ueberweisungsbeschlüsse (§ 1155 BGB.) verlangen[46]). Die Vorlage des Briefes und dieser Urkunden gehört nicht zur Begründung des Klaganspruchs, sondern ist Voraussetzung der Leistungspflicht; die Leistungspflicht ist von der Vorlegung des Briefes und der übrigen Urkunden auf Verlangen des Beklagten abhängig zu zu machen und dementsprechend der Urtheilstenor zu fassen[47]). Betrifft der geltend gemachte Anspruch nur Rückstände von Zinsen (Renten) oder anderen Nebenleistungen oder Kosten, für die das Grundstück kraft Gesetzes haftet, so kann der Eigenthümer die Vorlegung nicht verlangen[48]). — Bei der Buchhypothek, Buchgrundschuld oder Buchrentenschuld ergibt sich der Nachweis des Rechtes des Gläubigers aus dem Grundbuch.

Im Uebrigen können die Einwendungen entweder gegen den Bestand oder die Wirksamkeit des von dem Gläubiger geltend gemachten dinglichen Rechtes sich richten, oder soweit eine (persönliche) Forderung in Betracht kommt, gegen diese Forderung.

Daß der Eigenthümer die aus dem Grundbuch hervorgehenden und die das Bestehen des dinglichen Rechtes verneinenden Einwendungen (z. B. Einwendungen gegen den dinglichen Vertrag) vorbringen darf, ist selbstverständlich, ebenso unterliegt es keinem Zweifel, daß er die Einwendungen geltend machen darf, welche in einem zwischen ihm und dem Gläubiger bestehenden Rechtsverhältnisse sich gründen, also Einwendungen aus einem persönlichen Rechte, z. B. wenn der Gläubiger dem Eigenthümer gegenüber sich verpflichtet hat, von seinem dinglichen Rechte keinen oder nur einen in irgend welcher Richtung beschränkten Gebrauch zu machen[49]). Es können aber auch dem Erwerber des dinglichen Rechtes die dem Vorgänger gegenüber begründeten, aus einem Rechtsverhältniß zwischen dem Vorgänger des

---

genügt also in diesem Falle ein vollstreckbarer Titel gegen den Besitzer, vorausgesetzt, daß für den Anspruch das Grundstück belastet und das dingliche Recht eingetragen ist.

[44]) Wird ein Grundstück versteigert, das sich in fremdem Besitze (d. h. nicht in dem Besitze des Erstehers) befindet, so bildet der Beschluß, durch welchen der Zuschlag ertheilt wird, einen Vollstreckungstitel, aus dem gegen den Besitzer die Zwangsvollstreckung auf Räumung und Herausgabe erfolgt. Vergl. § 93 ZVG.

[45]) Ist der Eigenthümer der persönliche Schuldner, so hat er diese Einwendung auch gegen die Geltendmachung der (persönlichen) Forderung (§ 1161 BGB.).

[46]) § 1160 Abs. 1 BGB.

[47]) Kom.Prot. 3 S. 664. Staudinger 3 S. 254.

[48]) § 1160 Abs. 3 BGB.

[49]) Vergl. Mot. 3 S. 696 ff., Kom.Prot. 3 S. 581.

Gläubigers und dem Eigenthümer entstandenen Einwendungen entgegengesetzt werden, jedoch nur, soweit nicht der Sondernachfolger durch die Bestimmungen über den öffentlichen Glauben des Grundbuchs geschützt ist[50]). Derartige Einwendungen können demnach demjenigen, der das Realrecht durch Rechtsgeschäft erworben hat[51]), nur entgegengehalten werden, wenn sie im Grundbuch eingetragen oder auf dem Briefe vermerkt oder ihm sonstwie zur Zeit seines Erwerbes bekannt waren[52]). Für die Eintragung oder Löschung solcher Einwendungen gelten die Vorschriften über die Berichtigung des Grundbuchs, insbesondere auch über die Sicherung durch Widerspruch[53]).

Zinsen (Renten) und andere Nebenleistungen kann der Eigenthümer, auch wenn sie nach der Uebertragung der Hypothek, Grundschuld oder Rentenschuld fällig werden, dem bisherigen Gläubiger so lange fortzahlen, bis ihm die Uebertragung angezeigt oder sonst bekannt wird. Es darf auch der Eigenthümer solche Leistungen für das laufende und das folgende Vierteljahr vorausentrichten, der Erwerber muß sich den Einwand der Tilgung insoweit gefallen lassen, als es sich um Leistungen der bezeichneten Art handelt, die in dem Vierteljahr, in welchem der Eigenthümer von der Uebertragung Kenntniß erlangt, und in dem folgenden Vierteljahr fällig werden[54]). — Ansprüche auf rückständige Zinsen (Renten) oder andere Nebenleistungen werden behandelt wie gewöhnliche nicht dinglich gesicherte Forderungen. Während das Recht auf künftige Zinsen (Renten) ein Nebenrecht ist, das das Schicksal des Kapitals theilt, löst sich das Recht auf verfallene Zinsbeträge (Renten) mit dem Eintritt der Fälligkeit von dem Rechte auf das Kapital, allerdings unter fortdauernder Haftung des Grundstücks[55]). Hinsichtlich der Ansprüche auf Rückstände von Zinsen (Renten), anderen Nebenleistungen und auch hinsichtlich des Anspruchs auf Erstattung von Kosten, für die das Grundstück Kraft Gesetzes haftet, bestimmt sich daher das Rechtsverhältniß zwischen dem Eigenthümer und dem neuen Gläubiger nach dem Rechte der Schuldverhältnisse. Unter dem Schutze des öffentlichen Glaubens des Grundbuchs stehen diese Ansprüche nicht[56]).

Bei der Hypothek kann die Vertheidigung des Eigenthümers sich auch gegen die Forderung richten, die dem Gläubiger gegen den persönlichen Schuldner zusteht. Sowohl wenn der Eigenthümer persönlicher Schuldner ist, als auch dann, wenn er nicht persönlich haftet, sei es, weil er die Hypothek für die Schuld eines Dritten bestellt

[50]) § 1157 BGB.

[51]) Der öffentliche Glaube des Grundbuchs schützt nur den rechtsgeschäftlichen Erwerb (s. § 7 Ziff. 7).

[52]) §§ 1157, 892, 1140 BGB. Vergl. Kom.Prot. 3 S. 583.

[53]) §§ 1157, 894—899 BGB.

[54]) § 1158 BGB. S. § 70 Ziff. 42 ff.

[55]) Mot. 3 S. 713.

[56]) § 1159 BGB. S. § 70 Ziff. 39 ff.

oder das Grundstück erst nach Bestellung der Hypothek erworben hat, kann der Eigenthümer gegen die Hypothek die dem persönlichen Schuldner gegen die Forderung zustehenden Einreden [57]) geltend machen [58]). Der Eigenthümer kann auch, gleich einem Bürgen, die Befriedigung des Hypothekgläubigers verweigern, so lange dem persönlichen Schuldner das Recht zusteht, das seiner Verbindlichkeit zu Grunde liegende Rechtsgeschäft anzufechten oder solange sich der Gläubiger durch Aufrechnung gegen eine fällige Forderung des persönlichen Schuldners befriedigen kann [59]). Die Einrede der Vorausklage (§ 771 BGB.) hat der Eigenthümer nicht. Auf die Verjährung der (persönlichen) Forderung kann, was das Kapital betrifft, der Eigenthümer sich nicht berufen, wohl aber auf die Verjährung von Ansprüchen auf Rückstände von Zinsen oder anderen wiederkehrenden Leistungen [60]). Dagegen ist die Einrede, daß der Erbe des persönlichen Schuldners für die Schuld nur beschränkt hafte, dem Eigenthümer versagt [61]). Steht dem Eigenthümer eine Einrede zu, so verliert er sie, wenn er nicht der persönliche Schuldner ist, nicht dadurch, daß der persönliche Schuldner auf sie verzichtet. Gleichwie aber der Bürge die Einreden nach § 770 BGB. nur so lange hat, als dem Hauptschuldner das Recht zusteht, das Rechtsgeschäft anzufechten oder dem Hauptschuldner eine fällige Forderung gegen den Gläubiger zusteht, werden auch die auf § 770 beruhenden Einreden des Eigenthümers gegenstandslos, sobald durch Verzicht des persönlichen Schuldners die Anfechtungsbefugniß erloschen oder die Aufrechnungsmöglichkeit ausgeschlossen ist [62]). In der Geltendmachung der Einreden gegen die Hypothekforderung ist der Eigenthümer, — falls es sich nicht um eine Sicherungshypothek handelt [63]) — dadurch beschränkt, daß die Bestimmungen über den öffentlichen Glauben des Grundbuchs auch auf die Forderung und die Einreden gegen die Forderung sich erstrecken [64]). In Folge dessen hat der Gläubiger bei der Briefhypothek oder der gewöhnlichen Buchhypothek die Rechtsvermuthung für sich, daß die Forderung ihm zustehe, und

---

[57]) Die Einrede hebt den Anspruch des Berechtigten nicht auf, begründet nur das Recht, die Erfüllung zu verweigern. Planck 1 S. 48. Die Einreden können peremtorische (s. S. 317, 318) oder dilatorische (s. § 202 BGB.) sein. Vergl. Mot. 3 S. 699. Wird behauptet, die Forderung sei ganz oder zum Theile nicht entstanden oder erloschen, so wird die Legitimation des Hypothekgläubigers bestritten und das Vorliegen einer Eigenthümerhypothek behauptet. Vergl. § 70 Nr. 3 und 8.

[58]) Der Eigenthümer kann auch Einreden, welche dem persönlichen Schuldner aus der Person des Rechtsvorgängers des Gläubigers zustehen, gegen die Hypothek geltend machen. Biermann S. 203.

[59]) §§ 1137, 770 BGB.

[60]) §§ 223 Abs. 1 und 3, 902 BGB. Mot. 3 S. 699.

[61]) § 1137 Abs. 1 BGB.

[62]) Ebenso Biermann S. 203. Anders anscheinend Staudinger 3 S. 234.

[63]) §§ 1185 Abs. 2, 1138 BGB.

[64]) § 1138 BGB. Diese Beschränkung gilt nur für die Hypothek, nicht auch für den Anspruch des Gläubigers gegen den persönlichen Schuldner.

ist demjenigen, der, ohne die Unrichtigkeit des Grundbuchs zu kennen, die Hypothekforderung oder ein Recht an ihr erwirbt oder an den eingetragenen Gläubiger eine Leistung bewirkt oder mit ihm ein die Forderung betreffendes Rechtsgeschäft vornimmt, der Inhalt des Grundbuchs als richtig gewährleistet[65]). Erleidet die Forderung des Hypothekgläubigers eine Aenderung oder wird eine Einrede begründet, so ist es Sache des Eigenthümers, die Berichtigung des Grundbuchs herbeizuführen, nöthigenfalls sein Recht durch Widerspruch zu sichern. Die Berufung auf den öffentlichen Glauben des Grundbuchs ist übrigens ausgeschlossen, soweit die Unrichtigkeit des Grundbuchs aus dem Briefe oder einem Vermerk auf dem Briefe hervorgeht; auch steht ein Widerspruch gegen die Richtigkeit des Grundbuchs, der aus dem Briefe oder einem Vermerke auf dem Briefe hervorgeht, einem im Grundbuch eingetragenen Widerspruch gleich[66]).

Ueber die Einwendung der fehlenden Hingabe des Darlehens s. § 70 Ziff. 107.

Inwieweit die für die Uebertragung einer Forderung geltenden Vorschriften der §§ 406 ff. BGB. auf das Rechtsverhältniß zwischen dem Eigenthümer und dem neuen Gläubiger in Ansehung des dinglichen Rechtes Anwendung finden, ist in § 70 Ziff. 115 ff. Ziff. 41, 43 schon angeführt. —

Ist der Gläubiger im Besitze eines vollstreckbaren Titels gegen den Eigenthümer, sei es, daß er bei Begründung des dinglichen Rechtes einen solchen erhalten, sei es, daß er ihn sich später verschafft hat, so kann er zur Zwangsvollstreckung schreiten, und zwar steht ihm der Weg der Zwangsvollstreckung in das unbewegliche Vermögen offen für die Grundstücke und die Berechtigungen, für welche die sich auf Grundstücke beziehenden Vorschriften gelten[67]), einschließlich der Gegenstände, auf welche sich außerdem eine Hypothek erstrecken kann, aber auch der Weg der Zwangsvollstreckung in das bewegliche Vermögen hinsichtlich dieser Gegenstände, soweit sie kein Zubehör sind und solange nicht ihre Beschlagnahme im Wege der Zwangsvollstreckung in das unbewegliche Vermögen erfolgt ist[68]).

Daß der Eigenthümer als Hypothek- oder Grundschuld- oder Rentenschuldberechtigter nicht selbst die Zwangsvollstreckung betreiben kann (§§ 1197, 1177 BGB.), ist schon hervorgehoben.

§ 73. Die Gesammthypothek, Gesammtgrundschuld, Gesammtrentenschuld.

Ruht ein und dasselbe dingliche Recht (Hypothek, Grundschuld, Rentenschuld) auf mehreren Grundstücken, so besteht eine Art

---

[65]) Vergl. §§ 892, 893 BGB.
[66]) § 1140 BGB.
[67]) § 864 CPO.
[68]) § 865 CPO.

Gesammtschuldverhältniß unter den Grundstücken. Der Gläubiger kann die Leistung nur einmal fordern, er kann aber aus jedem der Grundstücke die ganze Leistung verlangen; jedes Grundstück haftet für die ganze Hypothek, Grundschuld oder Rentenschuld. Nach seinem Belieben, ohne Rücksicht auf die Interessen der nachstehenden Berechtigten, kann der Gläubiger die Befriedigung aus jedem der Grundstücke ganz oder zu einem Theile suchen[1]).

Eine Gesammthypothek, Gesammtgrundschuld oder Gesammtrentenschuld kann dadurch entstehen, daß von vornherein mehrere Grundstücke mit dem Rechte belastet werden oder daß nachträglich mit dem an einem Grundstück bestehenden Rechte noch ein anderes selbständiges Grundstück belastet wird oder daß von dem einen belasteten Grundstück ein Theil als selbständiges Grundstück abgetrennt und veräußert wird oder in der Hand des bisherigen Eigenthümers eine besondere Stelle im Grundbuch erhält[2]).

Aus einer Gesammt-Hypothek (G., R.) kann eine Einzelhypothek (G., R.) entstehen dadurch, daß der Gläubiger nur das dingliche Recht an einem Grundstück behält und auf das Recht an den anderen Grundstücken verzichtet. Der Berechtigte[3]) kann auch aus der Gesammt-Hypothek (G., R.) Einzel-Hypotheken (G., R.) bilden, indem er den Geldbetrag, für den die Grundstücke zusammen haften, auf die einzelnen Grundstücke in der Weise vertheilt, daß jedes Grundstück nur für den zugetheilten Betrag haftet. Bei der Vertheilung handelt es sich um eine Entlastung der einzelnen Grundstücke, also um Aufhebung von Rechten an Grundstücken, es finden daher auf die Vertheilung die allgemeinen Vorschriften über die Aufhebung eines Rechtes an einem Grundstück (§§ 875, 876, 878 BGB. s. § 8) entsprechende Anwendung[4]). Bei einer Zwangshypothek oder einer

---

Zu § 73.

[1]) § 1132 Abs. 1 BGB. Vergl. § 47 Konk.Ord.

[2]) Soweit eine Mitbelastung besteht, ist sie im Grundbuch auf dem Blatte jedes Grundstücks erkennbar zu machen, soweit eine Mitbelastung erlischt, ist dies von Amtswegen zu vermerken (§ 49 GBO.). Damit die Zusammengehörigkeit der Grundstücke noch mehr hervortritt, soll über das Gesammtrecht nur Ein Brief ertheilt werden. Liegen die belasteten Grundstücke in den Bezirken verschiedener Grundbuchämter, so soll jedes Amt für die Grundstücke seines Bezirkes einen besonderen Brief ertheilen; die Briefe sind miteinander zu verbinden (§ 59 GBO.). Wird nach der Ertheilung eines Briefes noch ein anderes, im Bezirke desselben Grundbuchamts belegenes Grundstück belastet, so ist, sofern nicht die Ertheilung eines neuen Briefes über die Gesammtbelastung beantragt wird, die Mitbelastung auf dem bisherigen Briefe zu vermerken und zugleich der Inhalt des Briefes in Ansehung des anderen Grundstücks zu ergänzen (§ 63 GBO.).

[3]) Das Recht der Vertheilung hat selbstverständlich auch der Eigenthümer, wenn ihm das begrenzte Recht zusteht.

[4]) § 1132 Abs. 2 BGB. Wird die Vertheilung vorgenommen, so ist für jedes Grundstück ein neuer Brief zu ertheilen, falls nicht die Ertheilung eines Briefes ausgeschlossen ist (§ 64 GBO.). Die Benutzung des bisherigen Gesammtbriefes oder der mehreren verbundenen Briefe (§ 59 GBO.) ist unstatthaft.

Arresthypothek ist die Vertheilung nicht in den Willen des Gläubigers gestellt. Für diese Fälle gebietet das Gesetz, daß der Forderungsbetrag auf die einzelnen Grundstücke des Schuldners zu vertheilen ist; die Größe der Theile bestimmt der Gläubiger[5]).

Besonderheiten bestehen bezüglich der Eigenthümerhypothek[6]).

Die Gesammt-Hypothek (G., R.) steht den Eigenthümern der belasteten Grundstücke gemeinschaftlich zu und zwar ganz oder zum Theile:

1. wenn die Ertheilung des Briefes nicht ausgeschlossen ist, bis zur Uebergabe des Briefes,

2. bei der Hypothek, wenn die Forderung nicht zur Entstehung gelangt ist,

3. ebenfalls bei der Hypothek, wenn die Forderung erloschen ist, ohne daß der Eigenthümer eines der belasteten Grundstücke oder ein ersatzberechtigter Schuldner den Gläubiger befriedigt hat[7]). Besteht die Eigenthümerhypothek nur zu einem Theilbetrage, so kann sie nicht zum Nachtheile des dem Gläubiger verbleibenden Realrechts geltend gemacht werden.

Die Gemeinschaft unter den Eigenthümern ist eine Art Gemeinschaft zur gesammten Hand, es können nur Alle gemeinsam und einheitlich über die Gesammthypothek verfügen[8]). Falls nicht ein Anderes verabredet ist, kann jeder Eigenthümer die Auseinandersetzung in der Weise verlangen, daß das dingliche Recht an seinem Grundstück auf den entsprechenden Theilbetrag beschränkt und in dieser Beschränkung ihm zugetheilt wird. Der auf das einzelne Grundstück treffende Theilbetrag wird in der Weise berechnet, daß vor Allem der Werth[9]) der einzelnen Grundstücke ermittelt wird. Von dem Werthbetrage sind alsdann die Belastungen in Abzug zu bringen, die der Gesammt-Hypothek (G., R.) im Range vorgehen. In dem Verhältnisse in welchem der so gefundene freie Werth des einzelnen Grundstücks zu dem freien Werthe der übrigen Grundstücke steht, wird die Eigenthümer-Hypothek (G., R.) auf die einzelnen Grundstücke ausgeschlagen und den einzelnen

---

— Der Gläubiger kann nicht etwa die Gesammt-Hypothek (G., R.) in der Weise vertheilen, daß er das dingliche Recht an dem einen Grundstück abtritt, an einem anderen zurückbehält, oder das dingliche Recht an den einzelnen Grundstücken auf verschiedene Erwerber überträgt. Biermann S. 200.

[5]) § 867 Abs. 2, 932 Abs. 2 CPO.

[6]) Ueber die Gründe s. Kom.Prot. 3 S. 620 ff.

[7]) §§ 1172, 1163, 1173, 1174, 1176 BGB. S. § 70 A Nr. 1, 3, 6, 8, B, C, D Nr. 1, F. Gehören die belasteten Grundstücke einem und demselben Eigenthümer, so hat dieser das Gesammtrecht allein und kann es, vorbehaltlich der Rechte Dritter (§ 876 BGB.), nach Belieben auf die einzelnen Grundstücke vertheilen.

[8]) Staudinger 3 S. 263. Biermann S. 229. Hachenburg S. 337.

[9]) Es wird der Werth zur Zeit der Vertheilung maßgebend sein müssen. Nach Kom.Prot. 3 S. 629 bestand übrigens Einverständniß darüber, daß der Zeitpunkt entscheiden solle, in welchem die Hypothek als Gesammt-Hypothek zur Entstehung gelangt sei. Vergl. Biermann S. 229. Hachenburg S. 336.

Eigenthümern zugetheilt[10]). Im Grundbuch kommt die Vertheilung in der Weise zum Ausdruck, daß bei dem einzelnen Grundstück der auf die übrigen Grundstücke entfallende Betrag und der Vermerk der Gesammthaft gelöscht wird[11]).

Den Eigenthümern der mit einer Gesammt-Hypothek (G., R.) belasteten Grundstücke fällt

4. das Gesammtrecht gemeinschaftlich zu, wenn der Gläubiger auf die Gesammt-Hypothek (G., R.) verzichtet[12]), und

5. wenn der Gläubiger wegen Nichtbestehens seines Rechtes im Wege des Aufgebotsverfahrens ausgeschlossen wird[13]). Die Auseinandersetzung unter den Eigenthümern geht auch in diesen Fällen in der vorgeschilderten Weise vor sich. Hat der Gläubiger nur auf einen Theilbetrag verzichtet, so können die Theilrechte der Eigenthümer nicht zum Nachtheile des dem Gläubiger verbleibenden Rechtes geltend gemacht werden[14]).

Anders verhält es sich, wenn der Gläubiger nur auf das dingliche Recht an einem der Grundstücke verzichtet oder wenn er nur bezüglich eines Grundstücks nach § 1170 BGB. mit seinem Rechte ausgeschlossen wird. In diesem Falle *erlischt* das dingliche Recht an diesem Grundstück, fällt also weder dem Eigenthümer dieses Grundstücks noch der Gesammtheit der Eigenthümer zu[15]). Das Gesetz geht

---

[10]) § 1172 BGB. Beispiel: Drei Grundstücke der Eigenthümer A, B und C sind mit einer Gesammt-Hypothek von 5000 ℳ belastet. Die Forderung erlischt. Das Grundstück des A hat einen Werth von 3000 ℳ, das des B von 4000 ℳ, das des C von 6000 ℳ. Der Gesammt-Hypothek geht im Range vor auf dem Grundstück des A eine Hypothek von 2000 ℳ, bleibt freier Werth dieses Grundstücks 1000 ℳ, auf dem Grundstück des B geht eine Belastung in Höhe von 1000 ℳ vor, bleibt freier Wert 3000 ℳ, auf dem Grundstück des C steht die Gesammt-Hypothek an erster Stelle, freier Werth 6000 ℳ. A erhält demnach eine Sonderhypothek für den Betrag von 500 ℳ $\left(\frac{1000}{10000} = \frac{x}{5000}\right)$, B eine Sonderhypothek für den Betrag von 1500 ℳ $\left(\frac{3000}{10000} = \frac{x}{5000}\right)$, C eine solche in Höhe von 3000 ℳ $\left(\frac{6000}{10000} = \frac{x}{5000}\right)$. Bei Abrechnung der Belastungen werden nur wirkliche Belastungen, nicht bloße Rangvorbehalte (§ 881 BGB.) oder Vormerkungen (§ 883 BGB.) zu berücksichtigen sein — Staudinger S. 263, anders (hinsichtlich der Vormerkungen) Biermann S. 229 —, die Hypotheken ꝛc. aber auch dann, wenn sie zu Gunsten des Eigenthümers bestehen. Vorgehende Gesammt-Hypotheken werden bei jedem Grundstück mit dem ganzen Betrage angesetzt.

[11]) Kom.Prot. 3 S. 629. Die Vorschriften der §§ 875, 876, 878 BGB. kommen zur Anwendung. Ausstellung neuer Briefe s. § 64 GBO.

[12]) §§ 1175, 1168 BGB. S. § 70 A Nr. 9, B, C, D Nr. 7, E, F. Die Schuldübernahme hat dieselbe Wirkung wie der Verzicht auf die Hypothek (§ 418 BGB.).

[13]) §§ 1175, 1170 BGB. Vergl. § 70 A Nr. 10 Ziff. 97 bis 99, B, C, D Nr. 8, E, F.

[14]) § 1176 BGB.

[15]) § 1175 BGB. Die Denkschrift (S. 673) behauptet, der Erwerb der

zwar von dem Falle aus, daß die mit der Gesammt-Hypothek (G., R.) belasteten Grundstücke mehreren Eigenthümern gehören, allein der Verzicht hat keine andere Wirkung, wenn die mehreren Grundstücke in der Hand eines einzigen Eigenthümers sich befinden. Gibt also der Gläubiger nicht alle Grundstücke, sondern nur eines oder einige frei, so erlischt die Hypothek an den freigegebenen Grundstücken und rücken die nachstehenden Berechtigten vor.

Die Gesammt-Hypothek (G., R.) erlischt ferner, wenn der Gläubiger aus den sämmtlichen belasteten Grundstücken oder auch nur aus einem der haftenden Grundstücke oder aus den übrigen Gegenständen, auf die sich das Realrecht erstreckt, befriedigt wird [16]. Es erlangt demnach auch bezüglich der frei gewordenen Grundstücke der Eigenthümer keine Verfügung über die Belastungen. Nur soweit der Eigenthümer des Grundstücks, aus dem der Gläubiger befriedigt wird, von dem Eigenthümer eines der anderen Grundstücke oder einem Rechtsvorgänger dieses Eigenthümers Ersatz verlangen kann, geht das dingliche Recht an dem Grundstück dieses Eigenthümers auf ihn über [17]. Dieses Kraft Gesetzes auf den ersatzberechtigten Eigenthümer übergehende dingliche Recht kann aber nicht zum Nachtheile der dinglichen Rechte geltend gemacht werden, mit denen das ausgleichungspflichtige Grundstück belastet ist, wenn auch diese Rechte der Gesammt-Hypothek (G., R.) im Range gleich- oder nachstanden. Das Gesetz geht auch hier davon aus, daß bei der Begründung dieser Rechte die Betheiligten darauf gerechnet haben, daß die gleich- oder vorstehende Gesammt-Hypothek (G., R.) erlöschen werde, falls der Gläubiger aus einem anderen mithaftenden Grundstücke Befriedigung erlange [18]. Damit diese Erwartung nicht getäuscht werde, soll das dem Ersatzberechtigten zufallende Recht nicht zum Nachtheile der auf dem Grundstück des Ersatzpflichtigen schon ruhenden dinglichen Rechte geltend gemacht werden können. Dagegen stehen Rechte, welche erst nach Entstehung des Ersatz-Rechtes an dem Grundstück des Ersatzpflichtigen begründet werden, dem Ersatz-Rechte nach [19]. Ist der Gläubiger nur theilweise

---

aus der Gesammthaft losgelösten Hypothek durch den Eigenthümer würde die Rechte gleich- oder nachstehender Gläubiger beeinträchtigen.

[16]) § 1181 BGB. Das Verhältniß der Gesammthypothek ist in der Weise gedacht, daß die Summe, mit welcher die mehreren Grundstücke belastet sind, nur einmal verlangt werden kann und daß die Belastung jedes einzelnen Grundstücks unter der auflösenden Bedingung erfolgt, daß die Belastung erlischt, wenn der Gläubiger seine Befriedigung aus einem anderen der mitverhafteten Grundstücke erlangt. Kom.Prot. 3 S. 623.

[17]) § 1182 BGB. Daß eine Grundschuld oder Rentenschuld, sobald sie auf den ersatzberechtigten Eigenthümer übergeht, sich in eine Hypothek verwandle, bestimmt das Gesetz nicht. Vergl. Kom.Prot. 3 S. 710. Es erscheint deshalb fraglich, ob, wie Biermann S. 238 annimmt, der ersatzberechtigte Eigenthümer in allen Fällen eine Sonderhypothek erwirbt.

[18]) Denkschrift S. 673.

[19]) Biermann S. 238. Beispiel: Der Grundbesitzer A hat ein Grundstück b, das mit anderen ihm gehörigen Grundstücken mit einer Gesammthypothek von

befriedigt worden, so kann das dingliche Recht für den Ersatzanspruch auch nicht zum Nachtheile des dem Gläubiger verbleibenden Rechtes geltend gemacht werden[20]).

Befriedigt der Eigenthümer eines der mit der Gesammt-Hypothek (G., R.) belasteten Grundstücke — gleichgültig, ob er persönlicher Schuldner ist oder nicht[21]) — den Gläubiger freiwillig, so erwirbt er das dingliche Recht an seinem Grundstück, während die Belastung der übrigen Grundstücke erlischt. Der Befriedigung des Gläubigers steht es gleich, wenn das Gläubigerrecht auf den Eigenthümer übertragen wird oder wenn sich Forderung und Schuld in der Person des Eigenthümers vereinigen (z. B. der Eigenthümer und persönliche Schuldner den Gläubiger beerbt). Kann aber der Eigenthümer, der den Gläubiger befriedigt, von dem Eigenthümer eines der anderen Grundstücke oder einem Rechtsvorgänger dieses Eigenthümers Ersatz verlangen, so geht in Höhe des Ersatzanspruchs auch das dingliche Recht an dem Grundstück dieses Eigenthümers auf ihn über und bleibt mit dem Rechte an dem eigenen Grundstück Gesammt-Hypothek (G., R.)[22]). Die Grundstücke, deren Eigenthümer oder Vorbesitzer nicht ersatzpflichtig sind, werden also frei, das dingliche Recht an ihnen erlischt Kraft Gesetzes, das eigene Grundstück des ersatzberechtigten Eigenthümers und die Grundstücke, bezüglich deren die Ersatzpflicht besteht, bleiben gemeinschaftlich belastet mit einem Gesammtrecht, das theils Eigenthümergrundschuld, theils Hypothek sein oder das als Hypothek zum Theil für die ursprüngliche Forderung, zum Theile für die Ersatzforderung bestehen kann. Die Gesammthaftung dient zum Vortheile derjenigen, die an dem Grundstück des Ersatzberechtigten im Range nach der Gesammt-Hypothek (G., R.) Rechte haben. Sie rücken z. B. vor, wenn der Ersatzberechtigte in Höhe der Gesammt-Hypothek aus den mithaftenden Grundstücken befriedigt wird[23])[24]). —

3000 ℳ belastet ist, an B verkauft unter der Verpflichtung, das Grundstück frei zu machen. Der Gläubiger befriedigt sich jedoch aus dem verkauften Grundstück. B hat in Folge dessen einen Anspruch auf Ersatz von 3000 ℳ gegen A und eine Hypothek an dessen Grundstücken, soweit sie mit der Gesammt-Hypothek belastet waren. Diese Hypothek des B hat zwar den Rang der alten Gesammt-Hypothek, aber sie kann nicht zum Nachtheile der Rechte geltend gemacht werden, die zur Zeit der Befriedigung des Gesammt-Hypothek-Gläubigers auf den Grundstücken des A ruhten.

[20]) § 1182 BGB.

[21]) §§ 1173, 1143 Abs. 2 BGB. Kom.Prot. 3 S. 632 ff. Ist der Eigenthümer der persönliche Schuldner, so verwandelt sich die auf ihn übergehende Hypothek in eine Grundschuld, ist er nicht der persönliche Schuldner, so erwirbt er die Hypothek als Hypothek. Biermann S. 230.

[22]) § 1173 BGB. Gehören die Grundstücke einem und demselben Eigenthümer, so erwirbt er das dingliche Gesammtrecht an allen Grundstücken.

[23]) S. oben Ziff. 16.

[24]) Nach Biermann S. 231, Hachenburg S. 344 soll einer entsprechenden Anwendung des § 1165 nichts im Wege stehen, so daß, wenn der Gläubiger auf die Hypothek an den ersatzpflichtigen Grundstücken verzichtet, der ersatzberechtigte Eigenthümer eine Einrede gegen den hypothekarischen Anspruch erlangen würde.

Wird der Gläubiger nur für einen Theilbetrag befriedigt, so kann das dem Eigenthümer zufallende dingliche Recht nicht zum Nachtheile des dem Gläubiger verbleibenden Rechtes geltend gemacht werden[25].

Befriedigt der persönliche Schuldner, der nicht Eigenthümer eines der haftenden Grundstücke ist, den Gesammthypothekgläubiger, ohne daß ihm ein Ersatzanspruch gegen einen der Eigenthümer oder den Rechtsvorgänger eines Eigenthümers zusteht, so kommt es in Folge Erlöschens der Forderung zur gemeinschaftlichen Eigenthümerhypothek[26]. Hat der Schuldner den Ersatzanspruch gegen alle Eigenthümer, so erwirbt er bis zur Höhe dieses Anspruchs die Gesammt-Hypothek, falls er, ohne Eigenthümer eines der haftenden Grundstücke zu sein, den Gläubiger befriedigt oder Forderung und Schuld in einer Person sich vereinigen[27]; für den etwaigen Ueberschuß der Gesammt-Hypothek über die Ersatzforderung kommt es wieder zu der gemeinschaftlichen Eigenthümerhypothek. Hat aber der Schuldner nur von dem Eigenthümer eines der Grundstücke oder von dem Rechtsvorgänger eines der Eigenthümer Ersatz zu verlangen, so geht die Hypothek an diesem Grundstück auf ihn über, während die Hypothek an den übrigen Grundstücken erlischt. Wird der Gläubiger nur für einen Theilbetrag befriedigt, so kann die dem Schuldner zufallende Hypothek nicht zum Nachtheile der dem Gläubiger verbleibenden Gesammt-Hypothek geltend gemacht werden. Ist dem Schuldner nur für einen Theil der getilgten Hypothek von dem Eigenthümer eines der Grundstücke oder dem Rechtsvorgänger eines der Eigenthümer Ersatz zu leisten, so geht die Hypothek an dem ersatzpflichtigen Grundstück nur zu diesem Theilbetrage auf den Schuldner über[28], während für den Restbetrag die Eigenthümer die Gesammt-Hypothek gemeinschaftlich erhalten. Bei der Auseinandersetzung unter den Eigenthümern hat sich der Eigenthümer, hinsichtlich dessen die Hypothek zu dem Theilbetrage auf den Schuldner übergegangen ist, diesen Betrag auf den ihm gebührenden Theil des übrigbleibenden Betrags der Gesammt-Hypothek anrechnen zu lassen[29].

Vergl. Kom.Prot. 3 S. 636. Eine derartige Ausdehnung der Vorschrift des § 1165 wird jedoch nicht statthaft sein, man müßte sonst wohl auch dazu kommen, den Gläubiger in seinem Rechte, den Betrag der Gesammthypothek nach Belieben auf die einzelnen Grundstücke zu vertheilen, zu beschränken.

[25]) § 1176 BGB.

[26]) S. Seite 342.

[27]) § 1164 BGB.

[28]) Dies gilt auch, wenn ein Ersatzanspruch gegen alle Eigenthümer, aber gegen jeden nur für einen bestimmten Theil der Gesammt-Hypothek besteht. Wenn bei dem Verkaufe von 3 Grundstücken, die mit einer Gesammt-Hypothek von 6000 ℳ belastet sind, der eine Käufer 1000 ℳ, der andere 2000 ℳ, der Dritte 3000 ℳ abzutragen übernimmt, so erhält der Verkäufer, wenn er als persönlicher Schuldner den Hypothekgläubiger befriedigt, drei Sonderhypotheken für Ersatzansprüche von 1000, 2000 und 3000 ℳ. Hachenburg S. 349.

[29]) § 1174 BGB. Beispiel: Die Grundstücke a, b und c der Eigenthümer A, B und C sind belastet mit einer Gesammt-Hypothek wegen einer Forderung

Für die Uebertragung oder Belastung einer Gesammt-Hypothek (G., R.) sind besondere Bestimmungen nicht getroffen. Es wird demnach, soweit eine Eintragung in das Grundbuch überhaupt erforderlich ist, die Uebertragung oder Belastung der Gesammt-Hypothek (G., R.) erst wirksam sein, wenn bei sämmtlichen belasteten Grundstücken die Eintragung geschehen ist[30]).

Ueber die Behandlung der Gesammt-Hypothek im Zwangsversteigerungsverfahren s. §§ 64, 83 Ziff. 3 ZVG.

§ 74. Endigung der Hypothek, Grundschuld, Rentenschuld.

Eine Hypothek (G., R.) kann endigen, ohne daß im Grundbuch eine Löschung erfolgt, sie kann auch gelöscht sein, ohne daß eine Endigung eingetreten ist. Die Löschung ist kein Endigungsgrund*).

Das dingliche Recht endigt — von den Sonderbestimmungen über die Gesammt-Hypothek (G., R.) abgesehen —

1. mit dem Untergange des Grundstücks, auf dem sie ruht, d. h. mit dem Verschwinden von der Erdoberfläche. Die Zerstörung

---

des F gegen D in Höhe von 5000 ℳ. D war früher Eigenthümer der drei Grundstücke, hat c an Z verkauft, der die Verpflichtung übernahm, 2000 ℳ für D an F zu zahlen. Ohne dieser Verpflichtung nachzukommen, hat Z sein Grundstück an C verkauft. Die Grundstücke a und b hat D an A und B veräußert und dabei sich verbindlich gemacht, den Hypothekgläubiger baldigst zu befriedigen. D zahlt an den Gläubiger F die Summe von 5000 ℳ. Für den Betrag von 2000 ℳ hat D einen Ersatzanspruch gegen Z, den Rechtsvorgänger des C. Für den Betrag von 2000 ℳ hat auf Grund der Zahlung D eine Hypothek an c; bezüglich dieser 2000 ℳ erlischt die Gesammt-Hypothek an den Grundstücken a und b. In Höhe von 3000 ℳ geht die Gesammt-Hypothek auf A, B und C über; sie steht ihnen gemeinschaftlich zu. Beträgt der freie Werth des Grundstücks a 1000 ℳ, b 3000 ℳ, c 6000 ℳ (vergl. Anm. 10), so wird auf A eine Eigenthümerhypothek von 500 ℳ, auf B eine solche von 1500 ℳ und auf C eine solche von 1000 ℳ zu fallen haben. Vergl. Best S. 120, Stobbe-Lehmann § 160 Anm. 12, Staudinger 3 S. 265, Biermann S. 232, Hachenburg S. 350. Mit dem Wortlaute des Gesetzes dürfte dies jedoch nicht in Einklang stehen, denn auf diese Weise wird nicht der „übrigbleibende Betrag der Gesammt-Hypothek" (= 3000 ℳ), sondern die ganze Gesammt-Hypothek (= 5000 ℳ) unter A, B und C vertheilt und von dem auf C treffenden Betrage der Gesammt-Hypothek der Betrag der Regreßhypothek in Abzug gebracht. Würde der „übrigbleibende Betrag der Gesammt-Hypothek" mit 3000 ℳ auf A, B und C ausgeschlagen, so würden bei einem Werthverhältniß von 1, 3, 6 auf A 300 ℳ, auf B 900 ℳ, auf C 1800 ℳ treffen. Wollte man nun die Regreßhypothek mit 2000 ℳ „auf den dem C gebührenden Theil des übrigbleibenden Betrages der Gesammt-Hypothek anrechnen", so ginge C, da sein Theil nur 1800 ℳ beträgt, leer aus, während die auf A und B treffenden Theile auf 750 und 2250 ℳ zu erhöhen wären. Ein solches Ergebniß ist vom Gesetze wohl nicht gewollt.

[30]) Vergl. Kom.Prot. 3 S. 637.

Zu § 74.

*) Das Realrecht geht auch nicht unter bei lastenfreier Uebertragung des Grundstücks auf ein neues Blatt (§ 47 Abs. 2 GBO.), wie Matthiaß (2 S. 130) annimmt. Eine derartige Uebertragung gilt als Löschung des Rechtes.

von Gebäulichkeiten, die auf dem belasteten Grundstück errichtet sind, hat auf den Bestand des dinglichen Rechtes keinen Einfluß.

2. mit dem Eintritt der auflösenden Bedingung oder des Endtermins. Die Endigung tritt ein, ohne daß es einer Löschung bedarf; die Löschung erfolgt zur Berichtigung des Grundbuchs. Zur Löschung bedarf es der Zustimmung des Eigenthümers [1]).

3. durch Befriedigung des Gläubigers aus den belasteten Gegenständen oder einem Theile derselben im Wege der Zwangsvollstreckung [2]). Die Endigung erfolgt ohne Löschung. Soweit es sich um Rechte an dem Vollstreckungsobjekte handelt, erfolgt die Löschung auf Ersuchen der Vollstreckungsbehörde [3]), im Uebrigen werden die Eigenthümer für die Berichtigung des Grundbuchs zu sorgen haben [4]).

4. durch Zuschlag des belasteten Grundstücks bei der Zwangsversteigerung, wenn auch der Gläubiger keine Befriedigung erhält. Gemäß § 91 ZVG. erlöschen durch den Zuschlag alle Rechte, welche nicht nach den Versteigerungsbedingungen bestehen bleiben sollen. Die Berichtigung des Grundbuchs erfolgt von Amtswegen [5]).

5. durch rechtsgeschäftliche Aufhebung. Zur Aufhebung ist die Erklärung des Berechtigten, daß er sein Recht aufgebe, und die Löschung des Rechtes im Grundbuch erforderlich, falls das dingliche Recht selbst belastet ist, auch die Zustimmung dieser Berechtigten (§§ 875, 876, 878 BGB. s. § 8). Unter allen Umständen ist zur rechtsgeschäftlichen Aufhebung des dinglichen Rechtes die Zustimmung des Eigenthümers erforderlich. Die Zustimmung ist dem Grundbuchamt oder dem Gläubiger gegenüber zu erklären; sie ist unwiderruflich [6]). So lange die Zustimmung des Eigenthümers nicht vorliegt, ist die Aufhebungserklärung des Berechtigten unwirksam [7]). Ist der Eigenthümer selbst der Berechtigte, so genügt zur Aufhebung des Rechts seine Erklärung, daß er das Recht aufgebe, und die Löschung im Grundbuch [8]).

Soweit der Anspruch aus dem dinglichen Rechte des Hypothek- (G., R.) Gläubigers einer Verjährung unterliegt, kann

6. eine Hypothek (G., R.) auch durch Verjährung endigen, falls das Recht im Grundbuch mit Unrecht gelöscht oder ein Kraft Gesetzes

---

[1]) § 27 Abs. 1 GBO. Vernichtung des Briefes s. §§ 69, 70 GBO.

[2]) § 1181 BGB. S. jedoch § 73 Ziff. 17.

[3]) §§ 130, 158 ZVG. Vergl. §§ 117, 118 ZVG.

[4]) Hachenburg S. 347.

[5]) § 130 ZVG.

[6]) § 1183 BGB. § 878 kommt bezüglich der Zustimmung des Eigenthümers nicht zur Anwendung; eine nachträgliche Verfügungsbeschränkung ist schlechthin ohne Einfluß. Biermann S. 239.

[7]) Sie darf nicht etwa als Verzicht aufgefaßt werden. Hachenburg S. 252.

[8]) Kom.Prot. 3 S. 616. — Ist die Bestellung einer Hypothek einem Vormerkungsberechtigten gegenüber unwirksam (§ 888 BGB.), so bedarf es zur Aufhebung der Zustimmung des Hypothekberechtigten und der Löschung (s. S. 59). Die Hypothek geht in einem solchen Falle nicht ohne Löschung bei Aufhebung des Eigenthums des Bestellers unter. Anderer Ansicht Matthiaß 2 S. 130.

entstandenes Recht an einem fremden Grundstück nicht in das Grundbuch eingetragen worden ist[9][10]).

In anderen Fällen, in denen das Recht eines Gläubigers erlischt, geht das dingliche Recht nicht unter, sondern auf einen Anderen über. Ueber diese Fälle s. § 70.

Besonderheiten bestehen für die Hypothek (G., R.) hinsichtlich der Zinsen (Renten) und anderen Nebenleistungen, sowie der Kosten, die dem Gläubiger zu erstatten sind. Das dingliche Recht erlischt hinsichtlich dieser Ansprüche, wenn es sich mit dem Eigenthum in einer Person vereinigt; es kommt also in der Regel nicht zu einer Eigenthümer-Hypothek (G., R.) bezüglich dieser Beträge. Doch tritt das Erlöschen nicht ein, solange einem Dritten ein Recht an den Anspruch auf eine solche Leistung zusteht. Hat ein Dritter ein Recht an dem Anspruch auf eine solche Leistung, so entsteht auch in dieser Richtung die Eigenthümer-Hypothek (G., R.). Zu einem Verzicht auf das dingliche Recht für die bezeichneten Leistungen genügt die Erklärung des Gläubigers gegenüber dem Eigenthümer. Eintragung des Verzichts ist nicht erforderlich. Dagegen bedarf es zum Verzicht der Zustimmung des Dritten, dem ein Recht an dem Anspruch auf eine solche Leistung zusteht. Die Zustimmung ist demjenigen gegenüber zu erklären, zu dessen Gunsten sie erfolgt; sie ist unwiderruflich[11]).

---

[9]) § 901 BGB. Kom.Prot. 3 S. 620.

[10]) Auf Grund landesgesetzlicher Vorschriften kann ein Erlöschen eines Hypothek- (Gr., R.) Rechtes stattfinden, insbesondere auf Grund einer Zwangsenteignung (Art. 109 Einf.), Flurbereinigung 2c. (Art. 113 Einf.), bezüglich abgetrennter Grundstückstheile auf Grund eines Unschädlichkeitszeugnisses (Art. 120 Einf.).

[11]) § 1178 BGB. S. § 70 Ziff. 81, 86.

IX. Abschnitt.

Pfandrecht an beweglichen Sachen und an Rechten.*)

§ 75. Arten.

Für die Erfüllung einer persönlichen Verbindlichkeit kann Sicherheit durch ein Pfand gewährt werden. Die Haftung des Pfandes kann durch Rechtsgeschäft begründet werden, sie kann auf Grund gesetzlicher Vorschrift entstehen oder durch Pfändung erwirkt werden; auf Ersitzung kann sie nicht beruhen [1]). Das Pfändungspfandrecht ließe sich als gesetzliches Pfandrecht bezeichnen, denn wie bei dem gesetzlichen Pfandrecht die Haftung des Pfandes unabhängig von dem Willen der Betheiligten eintritt, sobald die Voraussetzungen gegeben sind, an die das Gesetz die Entstehung der Pfandhaftung knüpft, so schließt sich auch das Pfändungspfandrecht an die Vornahme der nach Maßgabe der Prozeßordnung erfolgenden Pfändung an, unabhängig davon, ob der Eintritt des Pfandrechts gewollt ist oder nicht [2]). Das Gesetz unterscheidet jedoch drei Arten: durch Rechtsgeschäft bestellte Pfandrechte [3]), gesetzliche Pfandrechte und durch Pfändung erlangte Pfandrechte.

Im bürgerlichen Gesetzbuch ist die rechtsgeschäftliche Begründung des Pfandrechts geordnet. Die Voraussetzungen zur Entstehung eines gesetzlichen Pfandrechtes sind den betreffenden Gesetzen zu entnehmen [4]); ist Kraft Gesetzes ein Pfandrecht entstanden, so finden die Vorschriften des Bürgerl. Gesetzbuches über das durch Rechtsgeschäft begründete Pfandrecht, insbesondere über die Befriedigung aus dem Pfande, entsprechende Anwendung [5]). Für das Pfändungspfandrecht sind nur

---

*) Ein Pfandrecht, mit dem eine Sache oder ein Recht am 1. Jan. 1900 belastet ist, bleibt mit dem sich aus den bisherigen Gesetzen ergebenden Inhalt und Range bestehen (Art. 184 Einf. z. BGB.).

Die landesgesetzlichen Vorschriften, welche den Geschäftsbetrieb der gewerblichen Pfandleiher und der Pfandleihanstalten betreffen, sind aufrechterhalten (Art. 94 Einf. z. BGB.).

Zu § 75.

[1]) Für Nießbrauch ist in § 1033 BGB. Bestimmung getroffen.

[2]) Vergl. Mot. 3 S. 796 ff.

[3]) Der Ausdruck Faustpfandrecht ist im Gesetze vermieden und in § 48 Konk.Ord. durch die Worte „durch Rechtsgeschäft bestelltes Pfandrecht" ersetzt.

[4]) Vergl. §§ 233, 559—563, 581, 585, 590, 704, 647 BGB., §§ 397, 410, 421, 440, 623, 674, 725, 751, 755 Hand.Gesetzb., ferner das Binnenschifffahrtsgesetz §§ 67, 77, 89, 97, 103, 109, 112, das Gesetz über die privatrechtlichen Verhältnisse der Flößerei §§ 22, 28.

[5]) § 1257 BGB.

die Bestimmungen der Prozeßordnung maßgebend; die aushilfsweise Heranziehung der Vorschriften über das durch Rechtsgeschäft begründete Pfandrecht erscheint ausgeschlossen[6] [7].

§ 76. Das Pfand.

Ein Pfandrecht kann begründet werden

1. an beweglichen Sachen. Alle Sachen, welche nicht Grundstückseigenschaft haben[1], können Gegenstand eines Pfandrechts sein, auch verbrauchbare Sachen, auch Geldstücke, deßgleichen Sachen, die der Pfändung nicht unterworfen sind oder nicht gepfändet werden sollen[2]. Die Sache muß eine eigene, abgesonderte Existenz haben, ein ungetrennter Theil einer beweglichen Sache läßt sich nicht als Pfand bestellen. Dagegen ist ein Pfandrecht an dem ideellen Theile einer Sache möglich, insbesondere an dem Antheile eines Miteigenthümers[3]. Das Pfandrecht kann an mehreren Einzelsachen bestehen, jede Sache haftet alsdann für die ganze Forderung[4], eine Verpfändung eines Sachinbegriffs oder eines aus Sachen und Rechten bestehenden Vermögens gibt es nicht, nur die einzelnen Bestandtheile der Gesammtheit können verpfändet werden[5].

Die verpfändete Einzelsache haftet in allen ihren Theilen; wird sie körperlich zerlegt, so besteht das Pfandrecht an den in Einzelsachen getrennten Theilen fort. Dasselbe gilt, wenn der von der Hauptsache getrennte Theil die Eigenschaft eines Erzeugnisses hat. Das Pfandrecht erstreckt sich auf die Erzeugnisse, die von dem Pfande getrennt werden[6], und zwar auch dann, wenn sie mit der Trennung Eigenthum eines Dritten werden. Eine künftige Sache, z. B. das zu erwartende Junge eines Thieres, läßt sich in der Weise zum Pfande geben, daß das Mutterthier verpfändet wird unter der Bedingung der Rückgabe nach der Geburt des Jungen. — Das Zubehör wird nicht

---

[6] Vergl. Mot 3 S. 797. Auch bei gutem Glauben des Pfändenden wird die Pfändung eines dem Schuldner nicht gehörenden Gegenstandes dem Eigenthümer gegenüber nicht auf Grund des § 1207 BGB. Wirksamkeit erlangen. Vergl. Reichsg. Entsch. 26 S. 101.

[7] Für Privatpfändungen zum Schutze der Grundstücke und der Erzeugnisse von Grundstücken gelten die landesgesetzlichen Vorschriften (Art. 89 Einf.); vergl. jedoch § 18 des Gesetzes über das Postwesen. Der Landesgesetzgebung ist auch die Entscheidung darüber überlassen, ob der Pfändende ein gesetzliches Pfandrecht, ein Zurückbehaltungsrecht oder was sonst für ein Recht durch die Pfändung erlangt (Mot. zu Einf.Ges. S. 189).

Zu § 76.

[1] Pfändungspfandrecht ist auch an nicht getrennten Bodenerzeugnissen möglich (§ 810 CPO.).

[2] §§ 811, 812 CPO. Für das Pfandrecht des Vermiethers s. jedoch § 559 BGB.

[3] Vergl. § 1258 BGB.

[4] § 1222 BGB.

[5] Anders Biermann S. 255, Dernburg S. 726.

[6] § 1212 BGB.

ohne Weiteres von dem Pfandrechte ergriffen; im Zweifel erstreckt sich die Verpflichtung, eine Sache zu verpfänden, auch auf das Zubehör[7]).

2. an Rechten. Ausgenommen sind die Rechte, welche wie Grundstücke behandelt werden (Erbbaurecht rc.). Die Rechte können dinglich sein oder persönlich; soweit jedoch ein Recht nicht übertragbar ist, kann ein Pfandrecht daran nicht bestellt werden[8]). Bei Rechten, welche, wie z. B. der Nießbrauch, zwar nicht übertragen werden können, bei denen aber die Ueberlassung der Ausübung möglich ist, kann das Recht selbst nicht verpfändet werden, aber an dem übertragbaren persönlichen Rechte zur Ausübung kann ein Pfandrecht bestellt werden[9]). Ein subjektiv dingliches Recht, das nicht von dem Eigenthum des Grundstücks getrennt werden kann (Grunddienstbarkeit, Vorkaufsrecht, Reallast), kann nicht verpfändet werden. Das Pfandrecht selbst ist kein selbständiges Recht, sondern ein Anhängsel der Pfandforderung, ein Pfandrecht an einem Pfandrecht läßt sich daher nicht begründen, wohl aber ein Pfandrecht an der Forderung des Pfandgläubigers, soweit diese Forderung übertragbar ist.

Das Pfandrecht an einer Forderung (einschließlich Grundschuld und Rentenschuld[10])) erstreckt sich, vorbehaltlich der Ausnahme für Werthpapiere, auf die Zinsen der Forderung[11]). Soweit die Zinsen (Renten) fällig sind, werden sie mit dem Ablaufe eines Jahres nach dem Eintritt der Fälligkeit von der Haftung frei, wenn nicht vorher der Pfandgläubiger dem Schuldner anzeigt, daß er von dem Einziehungsrechte Gebrauch mache. Sind die Zinsen (Renten) im Voraus zu entrichten, so erstreckt sich die Befreiung nicht auf die Zinsen für eine spätere Zeit als das zur Zeit der Anzeige laufende und das folgende Kalendervierteljahr. Werden die Zinsen eingezogen, bevor die Anzeige des Pfandgläubigers an den Schuldner gemacht ist, oder wird vor der Anzeige in anderer Weise über sie verfügt, so ist die Verfügung dem Pfandgläubiger gegenüber wirksam. Besteht die Verfügung in der Uebertragung der Zinsforderung an einen Dritten, so erlischt die Haftung der Zinsforderung; erlangt ein Dritter ein Recht an der Zinsforderung, so geht das Recht dem Pfandrechte im Range vor. Der Uebertragung der Zinsforderung auf einen Dritten steht

---

[7]) § 314 BGB.

[8]) § 1274 BGB. Für Pfändungen s. §§ 828 ff., 850 ff. CPO. Vergl. §§ 377, 725, 751 BGB. Ueber unübertragbare Rechte s. § 43 Anm. 4. Ein Pfandrecht kann nur an bestehenden, nicht an erst zu begründenden Rechten bestellt werden. Ein dingliches Recht des Inhalts, daß der Gläubiger eine Sache, statt sie zu verkaufen, mit einem Rechte solle belasten können, um auf diesem Wege zu seiner Befriedigung zu gelangen, ist nicht zugelassen. Mot. 3 S. 852.

[9]) Kom.Prot. 3 S. 517. Es kann auch dem Gläubiger die Ausübung des Nießbrauchs zu Pfandzwecken überlassen werden. Biermann S. 298. — Pfändung s. § 857 Abs. 3 CPO.

[10]) § 1291 BGB.

[11]) §§ 1289, 1123 Abs. 2, 1124, 1125 BGB. S. § 67 Ziff. 34 ff. Kom. Prot. 3 S. 534.

es gleich, wenn die Hauptforderung ohne die Zinsforderung veräußert wird. Soweit sich eine Verfügung auf die Zinsen für eine spätere Zeit als das zur Zeit der Anzeige laufende und das folgende Kalendervierteljahr bezieht, ist sie dem Pfandgläubiger gegenüber unwirksam. — Soweit die Einziehung der Zinsen dem Pfandgläubiger gegenüber unwirksam ist, kann der Schuldner nicht eine ihm gegen den Gläubiger zustehende Forderung gegen den Pfandgläubiger aufrechnen.

Bei Werthpapieren erstreckt sich das Pfandrecht nur dann auf die zu dem Papiere gehörenden Zins-, Renten- oder Gewinnantheilscheine, wenn sie dem Pfandgläubiger übergeben sind. Aber auch wenn sie dem Pfandgläubiger übergeben sind, kann der Eigenthümer in Ermangelung einer abweichenden Vereinbarung die Herausgabe der Scheine verlangen, soweit sie vor Eintritt der Verkaufsberechtigung des Pfandgläubigers fällig werden [12]).

§ 77. Begriff des Pfandrechts.

Das Pfandrecht ist das zur Sicherung einer Forderung bestimmte dingliche Recht, Kraft dessen der Berechtigte aus der belasteten beweglichen Sache oder dem belasteten Rechte Befriedigung für seine Forderung suchen darf.

Daß das Pfandrecht an einer beweglichen Sache ein dingliches, kein obligatorisches Recht ist, wird nach der Bestimmung des § 1204 BGB. einem Zweifel nicht unterliegen können. Es besteht in diesem Falle eine unmittelbare Herrschaft des Berechtigten über die Sache, die unabhängig von der Person ihres Eigenthümers haftet. Die Belastung der Sache dient dazu, für die Erfüllung einer persönlichen Verbindlichkeit Sicherheit zu bieten. Die Befugniß, welche die dingliche Belastung gewährt, geht dahin, daß der Berechtigte durch Verkauf der Sache sich Befriedigung verschaffen kann.

Das Pfandrecht an einem Rechte ist seiner Natur nach von dem Pfandrecht an einer beweglichen Sache nicht verschieden. Auch das Pfandrecht an einem Rechte ist ein Recht, Kraft dessen der Berechtigte sich für seine Forderung aus dem Pfandgegenstand, der fremdes Vermögensstück bleibt, aus eigener Machtvollkommenheit Befriedigung verschaffen darf. Wenn man unter dem Ausdrucke dingliche Rechte nicht bloß solche Rechte verstehen will, die an Sachen, also an körperlichen Gegenständen, bestehen, sondern auch eine unmittelbare Herrschaft einer Person über ein Rechtsverhältniß anerkennt, in welchem eine andere Person zu einer Sache oder einer Person [1]) steht,

[12]) § 1296 BGB. Kom.Prot. 3 S. 536. — Werthpapiere sind Urkunden, in denen das verbriefte Recht verkörpert ist. Vergl. Reichsg. Entsch. 26 S. 45, 36 S. 38. Nach Kuhlenbeck (1 S. 158) ist Werthpapier eine Urkunde über ein Vermögensrecht, welches mit voller Wirksamkeit nur zugleich mit der Urkunde verwerthet werden kann.

Zu § 37.

[1]) Pfandgläubiger und Drittschuldner können Eine Person sein. Vergl. Reichsg. 20 S. 368.

so wird man auch das Pfandrecht an einem Rechte als dingliches Recht bezeichnen dürfen. Die Unmittelbarkeit der Herrschaft über das Rechtsverhältniß, in welchem der Pfandschuldner als Berechtigter steht, zeigt sich darin, daß eine Verfügung des Pfandgläubigers hinsichtlich des fremden Rechtsverhältnisses stattfindet, ohne daß die Mitwirkung des Berechtigten nothwendig wäre. Wenn der Pfandgläubiger P. ein Recht, das dem G. gegen Sch. zusteht, ohne Mitwirkung des G. wirksam veräußern und den Erlös zur Befriedigung der Forderung, die er gegen H. hat, verwenden kann, erscheint es nicht ungeeignet, von einem dinglichen Rechte zu sprechen, das dem Pfandgläubiger an dem Rechte eines Anderen zusteht[2]).

§ 78. Die Forderung des Pfandberechtigten.

Das Pfandrecht ist ein accessorisches Recht. Es kann nur begründet werden zur Sicherung einer Forderung, läßt sich von der Forderung nicht trennen, erlischt mit der Forderung[1]); es kann nicht ohne die Forderung übertragen werden, es geht mit der Uebertragung der Forderung auf den neuen Gläubiger über. Wird bei der Uebertragung der Forderung der Uebergang des Pfandrechts ausgeschlossen, so erlischt das Pfandrecht[2]).

Die Forderung muß, damit ein Pfandrecht mit ihr verknüpft werden kann, eine vermögensrechtliche sein, denn nur wenn ihr Gegenstand Geld ist oder in Geld übergehen kann, kann der Zweck der Pfandbestellung, dem Gläubiger durch Veräußerung des Pfandes Befriedigung zu gewähren, erreicht werden[3]). Im Uebrigen erscheint jeder Anspruch geeignet, durch Pfandbestellung gesichert zu werden, mag seine Erfüllung in einer Geldleistung, in der Hingabe einer Sache oder in der Leistung von Diensten bestehen, mag er bedingt oder betagt sein, auf Rechtsgeschäft beruhen oder einer unerlaubten Handlung entspringen, mag die Schuld die eigene des Verpfänders oder die eines Dritten sein[4]). Daß für eine künftige Forderung ein Pfandrecht bestellt werden kann, ist ausdrücklich bestimmt; die Zulässigkeit ist nicht davon abhängig gemacht, daß schon ein Rechtsverhältniß besteht, aus welchem die künftige Forderung hervorgehen soll[5]). Auch wenn die durch das Pfandrecht zu sichernde Forderung eine künftige oder bedingte ist, kommt das dingliche Recht sofort mit der Bestellung des Pfandrechts zur Entstehung und hat Rang von dem Zeitpunkte

---

[2]) S. § 3 Ziff. 4.

Zu § 78.

[1]) § 1252 BGB.
[2]) § 1250 BGB.
[3]) Vergl. Mot. 3 S. 798.
[4]) Förster-Eccius 3 S. 466.
[5]) § 1204 Abs. 2 BGB. Vergl. Förster-Eccius 3 S. 468, Windscheid 1 S. 674 Anm. 6.

der Bestellung ab[6]). Ist das Pfandrecht selbst bedingt oder betagt, so datirt es erst vom Eintritt des Termins oder der Bedingung[7]).

In wiefern mit einer Forderung, deren Rechtswirksamkeit eingeschränkt ist (sog. natürliche Verbindlichkeit), ein Pfandrecht verbunden sein kann, ist aus den Bestimmungen zu entnehmen, welche den Umfang der Unvollkommenheit der Verbindlichkeit festsetzen[8]). Was im Besonderen die verjährte Forderung angeht, so hindert der Eintritt der Verjährung einer Forderung, für welche ein Pfandrecht besteht, den Berechtigten nicht, seine Befriedigung aus dem verhafteten Gegenstand zu suchen, soweit es sich nicht um Rückstände von Zinsen oder anderen wiederkehrenden Leistungen handelt[9]). Einer verjährten Forderung kommt aber auch insoweit Rechtswirksamkeit zu, daß zu ihrer Sicherstellung ein Pfandrecht bestellt werden kann; der Pfandschuldner kann sich nicht darauf berufen, daß seine Leistung ohne rechtlichen Grund erfolgt sei, selbst wenn die Sicherstellung in Unkenntniß der Verjährung bewirkt worden ist[10]).

Veränderungen, welche die durch das Pfand gesicherte Forderung erleidet, sind auf den Bestand des dinglichen Rechtes ohne Einfluß. Sofern nicht ein anderes vereinbart worden ist, haftet das Pfand für die Forderung in ihrem jeweiligen Bestande und Umfang, insbesondere auch für die auf Gesetz oder Rechtsgeschäft beruhenden Zinsen, für Vertragsstrafen, für die Ansprüche des Pfandgläubigers auf Ersatz von Verwendugen, für die dem Pfandgläubiger zu ersetzenden Kosten der Kündigung und der Rechtsverfolgung mit Einschluß der Kosten des Verkaufs des Pfandes[11]). Ob und inwieweit rechtsgeschäftliche Erweiterungen der Forderung durch das Pfand gesichert sind oder sein sollen, ist nach den Umständen des einzelnen Falles zu entscheiden. Regelmäßig wird es darauf ankommen, ob es sich um Aenderung einer bestehenden Schuld oder um Kontrahirung einer neuen Schuld handelt[12]). Ist der persönliche Schuldner nicht Eigenthümer des Pfandes, so wird durch ein Rechtsgeschäft, das der Schuldner nach der Verpfändung vornimmt, die Haftung nicht erweitert[13]). Dies gilt sowohl in dem Falle, wenn das Pfandrecht für eine fremde Schuld bestellt worden ist, als auch in dem Falle, wenn nach der Verpfändung das Eigenthum des Pfandes ohne die persönliche Schuld auf einen Andern übertragen worden ist.

---

6) § 1209 BGB.
7) Biermann S. 259.
8) Mot. 3 S. 798.
9) § 223 BGB.
10) § 222 BGB.
11) § 1210 BGB. — Durch einen Zwangsvergleich werden die Rechte aus dem Pfandrecht nicht berührt (§ 193 Konk.Ordn.).
12) Kom. Prot. 3 S. 448.
13) § 1210 Abs. 1 BGB.

§ 79. Bestellung.

Die regelmäßige Form der Bestellung eines Pfandrechts an einer beweglichen Sache ist die, daß der Eigenthümer die zu verpfändende Sache dem Gläubiger oder einem Dritten, der für den Gläubiger den Besitz ausüben soll, übergibt und Gläubiger und Verpfänder darüber einig sind, daß dem Gläubiger das Pfandrecht zustehen soll [1] [2]).

Wie bei der Uebertragung des Eigenthums an einer beweglichen Sache ist auch hier unter Uebergabe der Sache die Ueberlassung des Besitzes der Sache zu verstehen. Ist der Gläubiger schon im Besitze der Sache, so genügt die Einigung über die Entstehung des Pfandrechts. Ist der Eigenthümer im mittelbaren Besitze der Sache, so kann die Uebergabe des Besitzes dadurch ersetzt werden, daß der Eigenthümer den mittelbaren Besitz auf den Pfandgläubiger überträgt und die Verpfändung dem Besitzer anzeigt [3]). In Folge dieser Anzeige hat der Besitzer die Sache nicht dem Verpfänder, sondern dem Pfandgläubiger herauszugeben. Die Uebertragung des Herausgabeanspruchs des Eigenthümers gegenüber einem Besitzer, zu welchem der Eigenthümer nicht in dem Verhältnisse eines mittelbaren Besitzers steht, hat, auch wenn sie dem Besitzer angezeigt wird, nicht die Wirkung, daß der Besitzer verpflichtet wäre, die Sache an den Pfandgläubiger herauszugeben, es kann daher in dieser Weise kein Pfandrecht bestellt werden [4]). Dagegen genügt an Stelle der Uebergabe der Sache die Einräumung des Mitbesitzes, sofern die Sache unter dem Mitverschlusse des Gläubigers sich befindet, oder, falls sie im Besitze eines Dritten ist, der Dritte verpflichtet ist, die Herausgabe nur an den Eigenthümer und den Gläubiger gemeinschaftlich zu bewirken. Ein Mitverschluß besteht aber nicht schon dann, wenn dem Gläubiger der Zugang zu der Sache ermöglicht ist, sondern nur, wenn dem Verpfänder die freie Verfügung genommen ist, wenn also Verpfänder und Gläubiger zusammenwirken müssen, um zu der Sache gelangen zu können [5]).

Zu § 79.

[1]) § 1205 BGB. Die besonderen Vorschriften für die Schiffe (§§ 1259 ff. BGB.) bleiben außer Betracht. Ueber Pfandrecht an einem im Bau begriffenen Schiffe s. Art. 20 Einf. z. Hand.Gesetzb. Ueber Bestellung eines Pfandrechts gegenüber dem Vertreter der Inhaber von Pfandbriefen 2c. s. § 17 Einf. z. Konk.-Ord. mit Art. III des Ges. v. 17. Mai 1898.

[2]) Der Gläubiger braucht keine individuell bestimmte Person zu sein, es kann z. B. ein Pfandrecht durch Uebergabe des Pfandes an einen Pfandhalter für den Forderungsberechtigten aus einem Wechsel oder aus einer Schuldverschreibung auf den Inhaber bestellt werden. Kom.Prot. 3 S. 440.

[3]) § 1205 BGB.

[4]) Kom.Prot. 3 S. 442.

[5]) § 1206 BGB. Unter dieser Voraussetzung werden die verpfändeten Sachen auch in den Räumlichkeiten des Verpfänders (z. B. in dem Keller, auf dem Speicher) lagern können. Vergl. Dernburg S. 722, Staudinger 3 S. 294. Wenn aber der Verpfänder 2 Schlüssel hat, den einen dem Gläubiger behändigt,

Die Uebergabe der Sache kann nicht dadurch ersetzt werden, daß der Gläubiger und der Eigenthümer ein Rechtsverhältniß vereinbaren, vermöge dessen der Gläubiger den mittelbaren Besitz an der im Besitze des Eigenthümers verbleibenden Sache erlangt. Solange der Eigenthümer im Besitze ist, kann das Pfandrecht nicht entstehen[6]).

Außer der Uebergabe der Sache ist zur Bestellung des Pfandrechtes erforderlich, daß der Eigenthümer und der Gläubiger darüber einig sind, daß dem Gläubiger das Pfandrecht zustehen soll. Dieser dingliche Vertrag bedarf keiner besonderen Form. Die Pfandhaftung kann, wie schon hervorgehoben, von einer Bedingung oder Befristung abhängig gemacht werden; in diesem Falle tritt die Wirkung der Bestellung des Pfandrechtes ein mit dem Eintritt der aufschiebenden Bedingung oder des Anfangstermins und endigt mit dem Eintritt der auflösenden Bedingung oder des Endtermins.

Die Bestellung eines Pfandrechtes ist wirksam, wenn der Besteller befugt ist, über die Sache zu verfügen. Die Befugniß zu einer solchen Verfügung steht dem Eigenthümer zu; ein Miteigenthümer kann nur seinen Antheil an der Sache belasten. Die Bestellung eines Pfandrechts, die ein Nichteigenthümer vornimmt, ist wirksam, wenn sie mit Einwilligung des Eigenthümers vor sich geht, sie wird wirksam, wenn der Eigenthümer sie genehmigt oder wenn der Verfügende die Sache erwirbt oder wenn er von dem Eigenthümer beerbt wird und dieser für die Nachlaßverbindlichkeiten unbeschränkt haftet[7]). Gutgläubige Dritte sind auch bei dem Erwerbe eines Pfandrechtes besonders geschützt. Ein Gläubiger erwirbt das Pfandrecht selbst auf Grund der Bestellung durch einen Nichtberechtigten, sofern ihm nicht bei der Uebergabe der Sache oder, wenn er bei der Einigung über die Verpfändung den Besitz von dem Verpfänder schon erlangt hat, zur Zeit der Einigung bekannt oder nur in Folge grober Fahrlässigkeit unbekannt ist, daß die Sache nicht dem Verpfänder gehört. Ist der Verpfänder mittelbarer Besitzer der fremden Sache, so erwirbt der Gläubiger das Pfandrecht mit der Uebertragung des mittelbaren Besitzes auf ihn und der Anzeige der Verpfändung an den (unmittelbaren) Besitzer, es sei denn, daß er zu dieser Zeit nicht in gutem Glauben ist. Der Erwerb des Pfandrechtes durch Einigung mit einem Nichteigenthümer tritt jedoch nicht ein, wenn es sich um andere Sachen als Geld oder Inhaberpapiere handelt und die Sachen dem Eigen-

---

den anderen für sich behält, so wird keine Verpfändung bewirkt. Vergl. Reichsg. Entsch. 37 S. 31.

[6]) Zur Begründung des Pfandrechts genügt ein constitutum possessorium nicht. Die Zwecke einer Pfandbestellung können übrigens dadurch erreicht werden, daß Eigenthum gemäß § 930 BGB. übertragen wird entweder unter der Verpflichtung der Rückübertragung nach Tilgung der Forderung oder unter der Bedingung, daß der frühere Zustand wieder eintritt, sobald die Forderung getilgt wird. Erfolgt die Eigenthumsübertragung nur zum Scheine, so kommt § 117 Abs. 2 BGB. zur Anwendung.

[7]) § 185 BGB.

thümer, oder, falls der Eigenthümer nur mittelbarer Besitzer war, dem (unmittelbaren) Besitzer gestohlen worden, verloren gegangen oder sonst abhanden gekommen waren[8])[9]). — Diese Vorschriften finden auch Anwendung, wenn der Nichteigenthümer zur Bestellung des Pfandrechtes verurtheilt worden ist[10]).

Für die Bestellung des Pfandrechtes an Rechten gelten einige Besonderheiten[11]).

Inhaberpapiere werden als bewegliche Sachen behandelt. Es erfolgt demnach die Bestellung des Pfandrechtes so, wie wenn an dem Blatt Papier das Pfandrecht zu begründen wäre[12]).

Die Verpfändung eines sonstigen Rechtes geht im Allgemeinen nach den Vorschriften vor sich, die für die Uebertragung des zu belastenden Rechtes gelten. Soweit ein Recht nicht übertragbar ist, kann ein Pfandrecht durch Rechtsgeschäft nicht begründet werden[13]). Demgemäß wird an einer Buchhypothek z. B. das Pfandrecht in der Weise begründet, daß der Hypothekgläubiger als Verpfänder und der Pfandgläubiger sich über die Belastung der Hypothek einigen und die Belastung in das Grundbuch eingetragen wird, wobei die allgemeinen Vorschriften der §§ 873 ff. BGB. zur Anwendung kommen.

Ist zur Uebertragung des Rechts die Uebergabe einer Sache erforderlich, so finden auf die Uebergabe die Vorschriften der §§ 1205, 1206 (s. Ziff. 3 ff.) Anwendung[14]). Zur Uebertragung einer Briefhypothek ist z. B. gemäß § 1154 Ertheilung einer Abtretungserklärung in schriftlicher Form und Uebergabe des Hypothekenbriefs erforderlich. Die Verpfändung kann nun in der Weise vor sich gehen, daß eine Verpfändungserklärung in schriftlicher Form ertheilt und der Hypothekenbrief nach Maßgabe der Vorschriften der §§ 1205, 1206 übergeben wird, wobei also die Uebergabe durch Constitutum possessorium ausgeschlossen ist[15]).

---

[8]) §§ 1207, 932, 934, 935 BGB. Da auf dem Wege öffentlicher Versteigerung kein Pfandrecht begründet wird, kommt § 935 Abs. 2 nicht in allen Theilen zur Anwendung. Schadloshaltung s. § 816 BGB. — Unberührt bleiben die landesgesetzlichen Vorschriften, nach welchen öffentlichen Pfandleihanstalten das Recht zusteht, die ihnen verpfändeten Sachen dem Berechtigten nur gegen Bezahlung des auf die Sache gewährten Darlehens herauszugeben (Art. 94 Abs. 2 Einf.Ges. z. BGB.).

[9]) Ueber Verpfändung im Betriebe eines Handelsgewerbes oder an einen Kaufmann s. §§ 366, 367 Handelsges.B.

[10]) §§ 894, 897, 898 CPO.

[11]) Landesgesetzliche Vorschriften nach § 17 Einf. Konk.Ord. mit Art. III des Ges. vom 17. Mai 1898 s. Anm. 1. Ueber Belastung von Forderungen, die in ein Staatsschuldbuch eingetragen sind, s. Art. 97 Einf.Ges. z. BGB.

[12]) § 1293 BGB. Auch die Bestellung des Pfandrechtes durch Einräumung des Mitbesitzes (§ 1206) ist nicht wegen der Bestimmung des § 1294 ausgeschlossen. Anders Biermann S. 308.

[13]) § 1274 BGB.

[14]) § 1274 Abs. 1 BGB. Mot. 3 S. 855, Kom.Prot. 3 S. 518. Das Pfandrecht erlischt durch Rückgabe der Sache (§ 1278).

[15]) Eintragung s. § 26 Abs. 2 GBO.

Für die Verpfändung einer Forderung, zu deren Uebertragung der Abtretungsvertrag genügt, genügt nicht die Einigung über die Bestellung des Pfandrechts. Die Verpfändung einer solchen Forderung ist nur wirksam, wenn der Forderungs-Gläubiger sie dem Schuldner anzeigt[16]). Verpfändungsvertrag und Anzeige sind formlos. Die dingliche Bindung tritt erst mit der Benachrichtigung des Schuldners[17]) durch den Gläubiger ein; Benachrichtigung durch den Pfandgläubiger genügt nicht. Die Uebergabe einer Schuldurkunde an den Pfandgläubiger ist nicht erforderlich[18]).

Zur Verpfändung eines Wechsels oder eines anderen Papiers, das durch Indossament übertragen werden kann, bedarf es keiner Anzeige an den Schuldner. Es genügt die Einigung des Gläubigers und des Pfandgläubigers und die Uebergabe des indossirten Papiers[19]). Dem Pfandgläubiger wird dadurch das Recht selbst übertragen, er ist aber obligatorisch gebunden, das ihm übertragene Recht für fremde Rechnung dem Pfandzwecke entsprechend auszuüben[20]).

§ 80. Rang.

Wird an einer beweglichen Sache[1]), die mit dem Rechte (Pfandrecht oder Nießbrauch) eines Dritten belastet ist, ein Pfandrecht bestellt, so erlischt das Recht zwar nicht wie bei der Uebertragung des Eigenthums[2]) an der Sache, aber es tritt im Range hinter das Pfandrecht zurück, sofern nicht dem Pfandgläubiger zur Zeit des Erwerbes des Pfandrechts das die Sache belastende Recht bekannt oder nur in Folge grober Fahrlässigkeit unbekannt ist[3]). Dieser Rangverlust für die alten Rechte tritt nicht ein, wenn der Pfandgläubiger zur Zeit der Einigung schon im Besitze der Sache war, den Besitz aber von einem Andern als dem Verpfänder erlangt hatte, ferner, wenn das Pfandrecht bestellt worden ist unter Uebertragung des mittelbaren Besitzes auf den Pfandgläubiger, das die Sache belastende Recht aber dem (unmittelbaren) Besitzer zusteht, endlich, wenn die Sache — Geld und Inhaberpapiere ausgenommen — dem Eigenthümer, oder bei mittelbarem Besitze des Eigenthümers dem Besitzer, gestohlen worden, verloren gegangen oder sonst abhanden gekommen war[4]).

---

[16]) § 1280 BGB.
[17]) Vergl. §§ 130 ff. BGB.
[18]) § 15 Einf. Konk.Ord. ist aufgehoben.
[19]) § 1292 BGB. Vergl. Kom.Prot. 3 S. 527. Die Verpfändung nach den allgemeinen Vorschriften bleibt zulässig.
[20]) Mot. 3 S. 868.

Zu § 80.

[1]) Für Inhaberpapiere gilt dasselbe (§ 1293 BGB.).
[2]) § 936 BGB.
[3]) Ist das Recht aufgehoben, die Aufhebung aber anfechtbar, so besteht der gute Glaube in der Unkenntniß der Anfechtbarkeit der Aufhebung. Mot. 3 S. 806.
[4]) § 1208 BGB. Wie bei der Uebertragung einer fremden Sache zu

Bei dem Pfandrechte an einem Rechte — Inhaberpapiere ausgenommen — kommen diese Bestimmungen nicht zur Anwendung. Das neu begründete Pfandrecht geht demnach, wenn das verpfändete Recht mit dem Rechte eines Dritten belastet ist, diesem Rechte nicht vor, auch wenn der Pfandgläubiger in Unkenntniß von dem Rechte des Dritten ist[5]).

Im Uebrigen richtet sich der Rang eines bestellten oder gesetzlichen Pfandrechts[6]) nach der Zeit der Bestellung oder Entstehung des Rechts. Die Zeit der Bestellung ist auch maßgebend, wenn das Pfandrecht für eine künftige oder eine bedingte Forderung besteht[7]). Eine Bevorzugung eines Pfandrechtes wegen der Art der Forderung kennt das Bürgerliche Gesetzbuch nicht, dagegen finden sich solche Bestimmungen an anderen Orten. So geht das Recht der Reichskasse, der Staatskassen und der Gemeinden, ferner der Amts-, Kreis- und Provinzialverbände wegen öffentlicher Abgaben und in Ansehung der zurückgehaltenen oder in Beschlag genommenen zoll- und steuerpflichtigen Sachen den durch Rechtsgeschäft bestellten, den gesetzlichen und den durch Pfändung erlangten Pfandrechten auch außerhalb des Konkurses vor[8])[9]).

Eine rechtsgeschäftliche Aenderung in der Rangordnung mehrerer an einem und demselben Gegenstande bestehender Pfandrechte läßt sich nur durch Aufhebung oder Neubegründung der Rechte unter Betheiligung aller Personen, die dabei interessirt sind, bewirken. Ein Vertrag, in welchem ein vorgehender Pfandgläubiger zu Gunsten eines nachfolgenden auf den seinem Pfandrechte zukommenden Rang verzichtet, hat nur obligatorische Wirkung.

§ 81. Uebertragung.

Der Erwerb eines bestehenden, rechtsgeschäftlich begründeten oder gesetzlichen, Pfandrechtes tritt ein mit dem Erwerbe der Forderung, zu deren Sicherung das Pfandrecht besteht. Wird die durch das Pfandrecht gesicherte Forderung abgetreten oder geht sie Kraft Gesetzes auf einen Anderen über, so geht auch das Pfandrecht auf

---

Eigenthum der Mangel des Verfügungsrechtes auf Seite des Veräußerers durch den guten Glauben des Erwerbers gedeckt wird, so wird bei der Begründung eines Pfandrechtes der hinsichtlich der fremden Rechte bestehende Mangel im Verfügungsrechte des Pfandbestellers durch den guten Glauben des Pfandgläubigers geheilt.

[5]) §§ 1273 Abs. 2, 1208 BGB.

[6]) Für Pfändungspfandrechte s. § 804 CPO.

[7]) § 1209 BGB.

[8]) § 49 Abs. 2 Konk.Ord., Art. III Ges. v. 17. Mai 1898. Vergl. § 443 Handelsges.B.

[9]) Rangrücktritt des Pfandrechtes hinsichtlich der Zinsen einer verpfändeten Forderung s. S. 352.

den neuen Gläubiger über[1]), ohne daß es einer Uebergabe des Pfandes oder einer Eintragung im Grundbuch bedürfte[2]). Das Pfandrecht kann auf diese Weise vom Besitze des Pfandes getrennt werden, aber der neue Pfandgläubiger ist berechtigt, von dem bisherigen Pfandgläubiger die Herausgabe des Pfandes zu verlangen. Hat sich der bisherige Pfandgläubiger bei der Uebertragung der Forderung den Besitz des Pfandes vorbehalten, so wirkt diese Vereinbarung nur obligatorisch, nicht dinglich. Der Sondernachfolger des neuen Pfandgläubigers ist nicht daran gebunden[3]).

Mit der Erlangung des Besitzes des Pfandes tritt der neue Pfandgläubiger in die mit dem Pfandrechte verbundenen Verpflichtungen gegen den Verpfänder ein. Erfüllt er die Verpflichtungen nicht, so haftet für den von ihm zu ersetzenden Schaden der bisherige Pfandgläubiger wie ein Bürge, der auf die Einrede der Vorausklage[4]) verzichtet hat. Diese Haftung tritt jedoch nicht ein, wenn die Forderung Kraft Gesetzes auf den neuen Gläubiger übergeht (vergl. z. B. §§ 426, 774 BGB.) oder ihm auf Grund einer gesetzlichen Verpflichtung abgetreten wird[5]). Ein Uebergang Kraft Gesetzes findet statt, wenn der Verpfänder, der nicht der persönliche Schuldner ist, den Pfandgläubiger befriedigt[6]); soweit er den Pfandgläubiger befriedigt, geht die Forderung auf ihn über, wie wenn er als Bürge den Gläubiger befriedigt hätte[7]). Ist der Verpfänder Eigenthümer des Pfandes, so erlischt in der Regel das Pfandrecht bei diesem Forderungsübergang, da das Pfandrecht überhaupt erlischt, wenn es mit dem Eigenthum in einer Person zusammentrifft[8]).

Zu § 81.

[1]) §§ 1250, 1273 BGB.

[2]) Besteht das Pfandrecht an einem eingetragenen Rechte (Hypothek, Grundschuld, Rentenschuld, Reallast), so wird durch die außerhalb des Grundbuchs sich vollziehende Uebertragung der Forderung des Pfandgläubigers das Grundbuch unrichtig. Der bei dem gebuchten Rechte als Pfandgläubiger Eingetragene ist für den Eigenthümer der buchmäßig Berechtigte, gegenüber welchem nach § 893 BGB. alle vorkommenden Rechtsgeschäfte ohne Gefahr vorgenommen werden können, so lange dem Eigenthümer keine Kenntniß von einer Rechtsübertragung und von der Person des neuen Pfandgläubigers verschafft ist. Das Interesse des neuen Pfandgläubigers erfordert, die Uebertragung eintragen zu lassen. Um die Eintragung der Uebertragung der Forderung, für die ein eingetragenes Recht als Pfand haftet, zu bewirken, genügt es, wenn (an Stelle einer Eintragungsbewilligung) die Abtretungserklärung des bisherigen Gläubigers vorgelegt wird (§ 26 Abs. 2 GBO.). Vergl. Mot. 3 S. 853.

[3]) Vergl. Mot. 3 S. 837.

[4]) § 771 BGB.

[5]) § 1251 BGB. Kom.Prot. 3 S. 483. Ueber Verweigerung der Herausgabe des Pfandes bei Ueberweisung einer durch ein Pfandrecht an einer beweglichen Sache gesicherten Forderung s. § 838 CPO.

[6]) Vergl. § 1217 Abs. 2, 1223 Abs. 2 BGB.

[7]) § 1225 BGB. Die Befriedigung kann auch durch Hinterlegung oder durch Aufrechnung erfolgen (§ 1224 BGB.).

[8]) § 1256 BGB. Das Erlöschen tritt nicht ein, solange die Forderung,

Die mit dem Pfandrecht gesicherte Forderung geht auch über, wenn ein Ablösungsberechtigter den Gläubiger befriedigt. Ablösungsberechtigt ist, wer durch die Veräußerung des Pfandes ein Recht[9]) an dem Pfande verlieren würde d. i. der Eigenthümer der beweglichen Sache, ein Pfandberechtigter[10]), ein Nießbraucher. Jede dieser Personen kann den Pfandgläubiger befriedigen, sobald der Schuldner zur Leistung berechtigt ist; der Einleitung der Vollstreckung bedarf es nicht. Die Befriedigung kann durch Hinterlegung oder Aufrechnung erfolgen. Zum Nachtheile des Gläubigers kann der Uebergang der Forderung und des Pfandrechtes nicht geltend gemacht werden[11]), und zwar gilt dies auch, soweit dem Gläubiger wegen anderer Forderungen etwa ein Zurückbehaltungsrecht zustehen sollte[12])[13]).

§ 82. Rechte und Pflichten des Pfandgläubigers.

Durch die Bestellung des Pfandrechts erlangt der Pfandgläubiger den Besitz oder doch den Mitbesitz der verpfändeten Sache[1]). Zur Benutzung des Pfandes ist er regelmäßig nicht berechtigt; der Gebrauch des Pfandes ruht, die abgetrennten Erzeugnisse haften selbst als Pfand. Es kann aber das Pfandrecht in der Weise bestellt werden, daß der Pfandgläubiger dinglich[2]) berechtigt ist, die Nutzungen des Pfandes zu ziehen, also die Früchte sich anzueignen und die Vortheile, welche der Gebrauch des Pfandes gewährt, zu genießen. Ist eine von Natur fruchttragende Sache dem Pfandgläubiger zum Alleinbesitze übergeben, so ist sogar im Zweifel anzunehmen, daß der Pfandgläubiger zum Bezuge der natürlichen Früchte berechtigt sein soll[3]). Diese Auslegungsregel gilt jedoch nicht für das Pfandrecht an Rechten, auch wenn sie Erträge liefern[4]).

---

für welche es besteht, mit dem Rechte eines Dritten belastet ist. Das Pfandrecht gilt als nicht erloschen, soweit der Eigenthümer ein rechtliches Interesse an dem Fortbestehen des Pfandrechts hat.

[9]) Besitz (vergl. §§ 268 Abs. 1, 1150 BGB.) genügt hier nicht. Vergl. Biermann S. 283.

[10]) Wenn ein nachstehender Pfandgläubiger gemäß § 1232 veräußern kann, ist auch das Recht des vorstehenden Pfandgläubigers gefährdet.

[11]) §§ 1249, 268 Abs. 2, 3 BGB.

[12]) Kom.Prot. 3 S. 465. Es kann demnach die Herausgabe des Pfandes nicht verlangt werden.

[13]) Erlöschen des Pfandrechts bei Vereinigung mit dem Eigenthum s. Ziff. 8.

Zu § 82.

[1]) Für das Pfandrecht an einem Inhaberpapier gelten die Vorschriften über das Pfandrecht an beweglichen Sachen (§ 1293 BGB.).

[2]) Vergl. § 954 BGB. Daß einem Pfandgläubiger ein Benutzungsrecht mit obligatorischer Wirkung eingeräumt werden kann, unterliegt keinem Bedenken.

[3]) § 1213 BGB. Es kommt besonders die Verpfändung von Vieh hier in Betracht.

[4]) § 1273 Abs. 2 BGB. Die Berechtigung, die Nutzungen zu ziehen, kann auch bei dem Pfandrecht an einem Rechte eingeräumt werden, vergl. § 1283 Abs. 1 BGB.

Steht dem Pfandgläubiger das Recht zu, die Nutzungen zu ziehen, so ist er, soweit nicht abweichende Bestimmungen getroffen sind, verpflichtet, für die Gewinnung der Nutzungen zu sorgen und Rechenschaft[5]) abzulegen, denn er bezieht die Nutzungen zwar Kraft eigenen Rechts, aber für fremde Rechnung. Der Ertrag der Nutzungen, die der Pfandgläubiger gezogen hat oder hätte ziehen sollen, wird nach Abzug der Kosten der Gewinnung auf die geschuldete Leistung und, wenn Kosten und Zinsen zu entrichten sind, zunächst auf diese angerechnet[6]). Abweichende Vereinbarungen, z. B. daß keine Rechnungsstellung stattzufinden habe und dem Pfandgläubiger die Nutzungen an Zahlungsstatt zur Tilgung der Zinsen zufallen sollen, sind zulässig[7]) und können mit dinglicher Wirkung getroffen werden, so daß sie für und gegen Sondernachfolger gelten.

Dem Rechte des Pfandgläubigers auf den Besitz des Pfandes entspricht seine Verpflichtung, das Pfand zu verwahren[8]). Die Verwahrungspflicht besteht gegenüber dem Verpfänder. Der Eigenthümer der verpfändeten Sache ist auf die Eigenthumsansprüche angewiesen. Der Pfandgläubiger, als bewußter Besitzer einer fremden Sache, begeht übrigens durch jede Ueberschreitung der durch sein obligatorisches Verhältniß zum Verpfänder bestimmten Grenzen seines Rechtes zugleich eine objektive Verletzung des Eigenthums[9]).

Besteht das Pfandrecht an dem Antheile eines Miteigenthümers, so übt der Pfandgläubiger die Rechte aus, die sich aus der Gemeinschaft der Miteigenthümer in Ansehung der Verwaltung der Sache und der Art ihrer Benutzung ergeben[10]). Vor dem Eintritte der Verkaufsberechtigung kann der Pfandgläubiger nur gemeinschaftlich mit dem Miteigenthümer die Aufhebung der Gemeinschaft verlangen, nach diesem Zeitpunkt kann er, falls er nicht von seinem Rechte, den Antheil zu verkaufen, Gebrauch machen will, die Aufhebung der Gemeinschaft verlangen, ohne daß es der Zustimmung des Miteigenthümers bedarf. Er ist dabei nicht an eine Vereinbarung gebunden, durch welche die Miteigenthümer das Recht, die Aufhebung der Gemeinschaft zu verlangen, für immer oder auf Zeit ausgeschlossen oder eine Kündigungsfrist bestimmt haben. Wird die Gemeinschaft aufgehoben, so gebührt dem Pfandgläubiger das Pfandrecht an den Gegenständen, welche an die Stelle des Antheils treten[11]).

Bei dem Pfandrecht an Rechten tritt statt des Besitzes des Pfandes und der Verwahrungspflicht eine theilweise Succession in das

---

[5]) Vergl. § 259 BGB.
[6]) Die Anrechnung erfolgt in erster Linie auf die Kosten, vergl. 367 BGB.
[7]) § 1214 BGB.
[8]) § 1214 BGB. Vergl. §§ 688 ff. BGB.
[9]) Kom.Prot. 3 S. 456.
[10]) Vergl. Mot. 3 S. 834.
[11]) § 1258 BGB. Vergl. § 45 Ziff. 13.

belastete Recht ein. Ist ein Recht, Kraft dessen eine Leistung[12]) gefordert werden kann, Gegenstand des Pfandrechts, so finden auf das Rechtsverhältniß zwischen dem Pfandgläubiger und dem Verpflichteten die Vorschriften entsprechende Anwendung, welche im Falle der Uebertragung des Rechts für das Rechtsverhältniß zwischen dem Erwerber und dem Verpflichteten gelten[13]). Die Aufhebung eines verpfändeten Rechtes durch Rechtsgeschäft oder eine das Pfandrecht beeinträchtigende Aenderung ist nur mit Zustimmung des Pfandgläubigers möglich. Die Zustimmung ist demjenigen gegenüber zu erklären, zu dessen Gunsten sie erfolgt; sie ist unwiderruflich. Ist das verpfändete Recht ein Recht an einem Grundstück, so kann die Zustimmung auch dem Grundbuchamt gegenüber erklärt werden[14]). Uebrigens bleiben die Vorschriften zu Gunsten gutgläubiger dritter Erwerber unberührt; bei dem Fehlen der Zustimmung liegt ein theilweiser Rechtsmangel vor, der außer Betracht bleiben muß, wo der gänzliche Rechtsmangel außer Betracht bleiben würde[15]).

Die Befugniß zur Ausübung des dem Pfandrecht unterliegenden Rechtes ist in der Regel nicht in dem Pfandrecht enthalten, sondern nur das Recht, aus dem Pfande sich zu befriedigen. Bei Wechseln, anderen Papieren, die durch Indossament übertragen werden können, und Inhaberpapieren ist aber der Pfandgläubiger allgemein, auch wenn eine Verkaufsberechtigung noch nicht eingetreten ist, zur Einziehung und, falls Kündigung erforderlich ist, zur Kündigung berechtigt. Der Schuldner kann nur an ihn leisten[16]). Der Pfandgläubiger hat für die ordnungsmäßige Einziehung zu sorgen, und von der erfolgten Einziehung den Gläubiger unverzüglich zu benachrichtigen, sofern nicht die Benachrichtigung unthunlich ist[17]). Ist eine andere Forderung (auch Grundschuld, Rentenschuld[18])) mit einem Pfandrecht belastet, so kann, wenn nicht Pfandgläubiger und Gläubiger ein Anderes vereinbaren, der Schuldner, so lange die Verkaufsberechtigung noch nicht eingetreten ist, nur an den Pfandgläubiger und den Gläubiger gemeinschaftlich leisten[19]). Jeder von beiden kann verlangen, daß an sie gemeinschaftlich geleistet wird; jeder kann statt der Leistung verlangen, daß die geschuldete Sache für beide hinterlegt oder, wenn sie sich nicht zur Hinterlegung eignet, an einen gerichtlich zu bestellenden Verwahrer abgeliefert wird[20]). Für die Bestellung des Verwahrers ist das

---

[12]) § 241 BGB.

[13]) § 1275 BGB. Vergl. § 45 Ziff. 16.

[14]) § 1276 BGB. Durch Vereinigung des verpfändeten Rechtes mit der Verbindlichkeit erlischt das Pfandrecht nicht. Kom.Prot. 3 S. 536.

[15]) Mot. 3 S. 857.

[16]) § 1294 BGB.

[17]) § 1285 Abs. 2 BGB.

[18]) § 1291 BGB.

[19]) Pfandgläubiger und Gläubiger sind einander verpflichtet, zur Einziehung mitzuwirken, wenn die mit dem Pfandrecht belastete Forderung fällig ist (§ 1285 BGB.).

Amtsgericht zuständig, in dessen Bezirk sich die Sache befindet. Vor der Bestellung sind die Betheiligten soweit thunlich zu hören, ebenso vor der Entscheidung über eine von dem Verwahrer beanspruchten Vergütung[21][22].

Hängt die Fälligkeit der verpfändeten Forderung (auch Grundschuld, Rentenschuld) von einer Kündigung ab, so steht das Kündigungsrecht bei dem Gläubiger, dieser bedarf jedoch zur Kündigung der Zustimmung des Pfandgläubigers, falls der Pfandgläubiger berechtigt ist, die Nutzungen zu ziehen. Kündigt der Schuldner, so muß die Kündigung, um wirksam zu sein, dem Pfandgläubiger und dem Gläubiger erklärt werden[23]. Abweichende Vereinbarungen des Pfandgläubigers und Gläubigers sind statthaft[24]. Der Pfandgläubiger kann von dem Gläubiger die Kündigung verlangen, wenn die Einziehung der Forderung wegen Gefährdung ihrer Sicherheit nach den Regeln einer ordnungsmäßigen Vermögensverwaltung geboten ist[25].

Leistet der Schuldner, sei es an den Pfandgläubiger und den Gläubiger gemeinschaftlich, sei es an den Verwahrer, sei es an den Pfandgläubiger allein, so erwirbt mit der Leistung der Gläubiger den geleisteten Gegenstand (Sache oder Recht), der Pfandgläubiger aber ein Pfandrecht an dem Gegenstand, sofern ein Pfandrecht an dem Gegenstand überhaupt bestehen kann[26]. Besteht die Leistung in der Uebertragung des Eigenthums an einem Grundstück, so erwirbt der Pfandgläubiger mit der Leistung des Schuldners eine Sicherungshypothek an dem Grundstück[27]. Der Erwerb der Sicherungshypothek tritt ohne Weiteres ein; eine Eintragung erfolgt nur zur Berichtigung des Grundbuchs und zur Sicherstellung des Pfandgläubigers gegenüber dem öffentlichen Glauben des Grundbuchs.

Wird eine Geldforderung (auch Grundschuld, Rentenschuld) vor Eintritt der Verkaufsberechtigung eingezogen, so sind Pfandgläubiger und Gläubiger einander verpflichtet, dazu mitzuwirken, daß der eingezogene Betrag, soweit es ohne Beeinträchtigung des Interesses des Pfandgläubigers thunlich ist, nach den für die Anlegung von Mündelgeld geltenden Vorschriften verzinslich angelegt und gleichzeitig dem Pfandgläubiger das Pfandrecht bestellt wird. Die Art der Anlegung bestimmt der Gläubiger[28] (nicht Pfandgläubiger).

---

20) § 1281 BGB.

21) § 165 Ges. über Angel. d. freiw. Gerichtsbarkeit.

22) Ist die Verkaufsberechtigung eingetreten, so ist an den Pfandgläubiger allein zu leisten (§ 1282 BGB.).

23) § 1283 BGB.

24) § 1284 BGB.

25) § 1286 BGB.

26) Vergl. Mot. 3 S. 864.

27) § 1287 BGB. Abgesehen von den Wirkungen des öffentlichen Glaubens des Grundbuchs hat die Hypothek des Pfandgläubigers Rang von der Uebertragung des Eigenthums dem Grundstück ab, nicht erst von der Eintragung an. — Für Pfändung s. § 848 CPO.

28) §§ 1288, 1281 BGB.

Der Pfandgläubiger, der eine Sache in Besitz hat, ist, wie schon angeführt ist, zur Verwahrung verpflichtet; dagegen obliegt ihm keine Verpflichtung zu Verwendungen. Macht er Verwendungen auf das Pfand, so handelt er regelmäßig in eigenem Interesse. Die Ersatzpflicht des Verpfänders bestimmt sich daher nur nach den Vorschriften über die Geschäftsführung ohne Auftrag[29]), nicht nach den Vorschriften über die Verwahrung[30]). Für die Verwendungsansprüche haftet das Pfand. Einrichtungen, mit denen der Pfandgläubiger das Pfand versehen hat, kann er jederzeit wegnehmen[31]). Die Ansprüche des Pfandgläubigers auf Ersatz von Verwendungen oder auf Gestattung der Wegnahme einer Einrichtung verjähren in 6 Monaten. Die Verjährung beginnt mit der Beendigung des Pfandverhältnisses[32]). — Gegenüber dem Eigenthümer sind für die Verwendungsansprüche des Pfandgläubigers die Bestimmungen maßgebend, welche für die Verwendungsansprüche des Besitzers gegenüber dem Eigenthümer gelten, sie sind also davon abhängig, daß der Eigenthümer die Sache wieder erlangt oder die Verwendungen genehmigt[33]).

Besondere Vorschriften bestehen für den Fall, daß der Verderb des Pfandes oder eine die Sicherheit des Pfandgläubigers gefährdende Werthsminderung zu besorgen ist. Ist der Verderb der Pfandsache zu besorgen, so hat der Pfandgläubiger dem Verpfänder unverzüglich Anzeige zu machen, sofern nicht, was der Pfandgläubiger zu beweisen hat, die Anzeige unthunlich ist. Droht nur eine, wenn auch wesentliche, Werthsminderung, so obliegt dem Pfandgläubiger keine Benachrichtigungspflicht. Aber in beiden Fällen, sowohl wenn der Verderb des Pfandes droht, als auch, wenn eine wesentliche Minderung des Werthes zu besorgen ist, muß der Pfandgläubiger auf Verlangen des Verpfänders das Pfand gegen anderweitige Sicherheitsleistung zurückgeben. Die Sicherheitsleistung durch Bürgen braucht der Pfandgläubiger nicht anzunehmen[34]). Der Pfandgläubiger seinerseits kann, wenn seine Sicherheit durch den drohenden Verderb des Pfandes oder durch eine zu besorgende wesentliche Minderung des Werthes gefährdet wird[35]), das Pfand öffentlich[36]) versteigern lassen. Die Versteigerung ist erst zulässig, nachdem sie dem Verpfänder angedroht worden ist;

---

[29]) §§ 677 ff. BGB.

[30]) § 693 BGB.

[31]) § 1216 BGB.

[32]) § 1226 BGB.

[33]) Kom.Prot. 3 S. 460. S. § 27 Ziff. 66 ff.

[34]) § 1218 BGB. Eine Werthsminderung liegt z. B. vor, wenn der Kurs des Werthpapiers sinkt.

[35]) Die Sicherheit ist gefährdet, sobald zweifelhaft ist, ob bei einem Verkaufe des Pfandes die Forderung gedeckt wird.

[36]) § 383 Abs. 3 BGB. Hat das Pfand einen Börsen- oder Marktpreis, so kann der Pfandgläubiger den Verkauf aus freier Hand durch einen zu solchen Verkäufen öffentlich ermächtigtigten Handelsmäkler oder durch eine zur öffentlichen Versteigerung befugte Person zum laufenden Preise bewirken (§ 1221 BGB.).

die Androhung darf unterbleiben, wenn, was der Pfandgläubiger zu beweisen hat, das Pfand dem Verderb ausgesetzt und mit dem Aufschub der Versteigerung Gefahr verbunden oder die Androhung sonstwie unthunlich ist. Im Falle der Werthsminderung hat außerdem der Pfandgläubiger dem Verpfänder, damit dieser das Pfand sich erhalten kann, eine angemessene Frist zur Leistung anderweitiger Sicherheit zu bestimmen. Die Fristbestimmung darf unterbleiben, wenn sie unthunlich ist. Von der Versteigerung oder dem Verkaufe hat der Pfandgläubiger dem Verpfänder unverzüglich zu benachrichtigen, wenn nicht die Benachrichtigung unthunlich ist; im Fall der Unterlassung ist er zum Schadensersatze verpflichtet. Der bei der Versteigerung oder dem Verkaufe erzielte Erlös tritt an die Stelle des Pfandes. Auf Verlangen des Verpfänders ist der Erlös zu hinterlegen[37]).

Nach dem Erlöschen des Pfandrechts hat der Pfandgläubiger dem Verpfänder das Pfand zurückzugeben[38]).

Das Hauptrecht des Pfandgläubigers ist das Verkaufsrecht[39]). Das Recht, durch Verkauf sich aus dem Pfande zu befriedigen, ist für den Pfandvertrag wesentlich. Ein Vertrag, nach welchem nur durch den Besitz oder durch die Nutzungen einer Sache Befriedigung für eine Forderung gewährt werden soll, ist kein Pfandvertrag. Auf der anderen Seite ist eine Vereinbarung, nach welcher dem Pfandgläubiger, falls er nicht oder nicht rechtzeitig befriedigt wird, das Eigenthum zufallen oder, sei es auch zum Börsen- oder Marktpreis, übertragen werden soll, nichtig, sofern diese Vereinbarung vor dem Eintritt der Verkaufsberechtigung getroffen worden ist[40]). Eine solche Vereinbarung hat nicht einmal obligatorische Wirkung. Dagegen ist nicht verboten, nach dem Eintritt der Verkaufsberechtigung zu vereinbaren, daß das Eigenthum an dem Pfande behufs Tilgung der Forderung auf den Pfandgläubiger übergehe.

Die Verkaufsberechtigung des Pfandgläubigers tritt ein, sobald die durch das Pfandrecht gesicherte Forderung ganz oder nur zum Theil fällig ist, vorausgesetzt, daß es sich um eine Geldforderung handelt. Besteht der geschuldete Gegenstand nicht in Geld, so ist der Verkauf erst zulässig, wenn die Forderung in eine Geldforderung übergegangen ist[41]). Verzug des Schuldners ist keine Voraussetzung der Verkaufsberechtigung. Wird verkauft, ehe die Forderung ganz oder zum Theil fällig ist, oder ehe sie in eine Geldforderung

---

[37]) §§ 1219—1221 BGB.

[38]) § 1223 BGB.

[39]) Eine Verkaufspflicht besteht nicht, aber der Schuldner kann einer Vollstreckung in sein sonstiges Vermögen unter den Voraussetzungen des § 777 CPO. widersprechen. Für Bürgen s. § 772 Abs. 2 BGB.

[40]) § 1229 BGB. Auflösend bedingte Eigenthumsübertragungen gehören nicht hierher. Vergl. Mot. 3 S. 821. — Welche Wirkung hat die lex commissoria bei Verpfändung von Geld? S. Kom.Prot. 3 S. 467.

[41]) § 1228 BGB. Vergl. §§ 280, 283, 286, 325 BGB.

übergegangen ist, so ist die Veräußerung des Pfandes nicht rechtmäßig[42]).

Ein vollstreckbarer Titel oder eine gerichtliche Ermächtigung ist zum Pfandverkaufe nicht erforderlich. Ist das Verkaufsrecht des Pfandgläubigers dem Eigenthümer gegenüber durch einen vollstreckbaren Titel festgestellt, so kann der Pfandverkauf nach den §§ 814 ff. CPO. bewirkt werden[43]).

Hat der Pfandgläubiger mehrere Pfänder, so kann er, soweit nicht ein Anderes bestimmt ist, diejenigen auswählen, welche verkauft werden sollen. Er darf aber nur so viele Pfänder zum Verkaufe bringen als zu seiner Befriedigung erforderlich sind. Wird ein Pfand veräußert, ohne daß die Veräußerung zur Befriedigung des Pfandgläubigers erforderlich ist, so ist die Veräußerung nicht rechtmäßig[44]).

Um den Verkauf vornehmen zu können, muß der Pfandgläubiger im Besitze des Pfandes sein; mittelbarer Besitz genügt. Ist der Pfandgläubiger nicht im — unmittelbaren oder mittelbaren[45]) — Alleinbesitz des Pfandes, so kann er nach dem Eintritte der Verkaufsberechtigung die Herausgabe des Pfandes von dem Verpfänder oder dem Dritten, dem gegenüber sein Pfandrecht wirkt, fordern; auf Verlangen des Verpfänders hat an Stelle der Herausgabe die Ablieferung an einen gemeinschaftlichen Verwahrer zu erfolgen, der sich bei der Ablieferung zu verpflichten hat, das Pfand zum Verkaufe bereitzustellen[46]). Ein vorgehender Pfandgläubiger ist nicht verpflichtet, einem ihm im Range nachstehenden Pfandgläubiger das Pfand zum Zwecke des Verkaufs herauszugeben[47]). Ist der vorgehende Pfandgläubiger nicht im — unmittelbaren oder mittelbaren — Besitze des Pfandes, so kann er, sofern er nicht selbst den Verkauf betreibt, dem Verkaufe durch den nachstehenden Pfandgläubiger nicht widersprechen[48]). Haben die Pfandgläubiger gleichen Rang (ist z. B. die Forderung getheilt), so findet in Ansehung des Rechtes auf den Pfandbesitz eine Art von Gemeinschaftsverhältniß statt; der einzelne Genosse kann den zur Veräußerung des Pfandes erforderlichen Maßnahmen nicht widersprechen[49]).

Für die Vornahme des Verkaufs der Pfandsache[50]) stehen zwei Wege offen:

---

[42]) §§ 1243, 1244 BGB.

[43]) § 1233 Abs. 2 BGB. S. Ziff. 53.

[44]) § 1230, 1243, 1244 BGB. Für Pfändungen s. §§ 803, 818 CPO. — Bei theilweiser Befriedigung des Pfandgläubigers kann von dem Verpfänder nicht Rückgabe einzelner Gegenstände verlangt werden.

[45]) Kom.Prot 3 S. 463, Biermann S. 271.

[46]) § 1231 BGB.

[47]) Verwerthung durch Konkursverwalter s. § 127 Konk.Ord.

[48]) § 1232 BGB. Für Pfändung s. § 805 CPO.

[49]) Mot. 3 S. 820; §§ 744 ff. BGB.

[50]) Inhaberpapier (§ 1293 BGB.).

a. Verkauf nach den Vorschriften, die für den Verkauf einer gepfändeten Sache gelten[51]).

Diesen Weg kann der Pfandgläubiger nur einschlagen, wenn er einen vollstreckbaren Titel gegen den Eigenthümer erlangt hat. Vollstreckbarer Titel gegen den persönlichen Schuldner genügt nicht. Ist der Eigenthümer auch der Schuldner der durch das Pfandrecht gesicherten Forderung, so kann der Pfandgläubiger gegen ihn als den Schuldner vorgehen, sich einen vollstreckbaren Titel verschaffen und das Pfand als Gegenstand der Zwangsvollstreckung benutzen. Um die Realisirung des Pfandrechts handelt es sich bei solchem Vorgehen nicht[52]). Ist der Eigenthümer nicht zugleich Schuldner der Forderung, so kann der Pfandgläubiger gegen ihn nur den dinglichen Anspruch geltend machen und sich für die Verpflichtung des Eigenthümers, die Vornahme des Pfandverkaufs zu dulden, einen vollstreckbaren Titel verschaffen[53]). Im Urkundenprozeß (§ 592 CPO.) oder im Mahnverfahren (§ 688 CPO.) oder durch Notarsurkunde (§ 794 Abs. 1 Ziff. 5 CPO.) kann ein solcher Titel, da er nicht die Zahlung einer Geldsumme zum Gegenstande hat und nicht Kraft gesetzlicher Vorschrift als ein solcher Anspruch gilt, nicht erlangt werden.

Wird im Wege der Zwangsvollstreckung ein Pfand veräußert, ohne daß dem Veräußerer ein Pfandrecht zusteht, so wird der Erwerber trotzdem — und zwar auch wenn die Pfandsache verloren oder gestohlen war — Eigenthümer, sofern ihm nicht bekannt oder in Folge grober Fahrlässigkeit unbekannt ist, daß dem Veräußerer das Pfandrecht nicht zusteht, gleichzeitig erlöschen auch unter den Voraussetzungen des § 936 die an der veräußerten Sache bestehenden Rechte Dritter[54]).

b. Außergerichtlicher Verkauf.

Der Pfandgläubiger kann den Pfandverkauf außergerichtlich betreiben. Er handelt hiebei Kraft eigenen Rechtes, nicht als Vertreter des Eigenthümers. Auf Grund seines dinglichen Rechtes an dem Pfande kann er für Rechnung des Eigenthümers den Kaufververtrag im eigenen Namen abschließen und durch Verschaffung des Eigenthums an dem fremden Vermögensgegenstande erfüllen.

Ueber die Art des Pfandverkaufs können Eigenthümer[55]) und Pfandgläubiger Vereinbarungen mit dinglicher Wirkung treffen[56]).

---

[51]) §§ 814 ff. CPO.; § 1233 Abs. 2 BGB.

[52]) Kom.Prot. 3 S. 475.

[53]) § 1233 Abs. 2 BGB.

[54]) § 1244 BGB.

[55]) Bei dem Verkaufe des Pfandes gilt zu Gunsten des Pfandgläubigers der Verpfänder als der Eigenthümer, es sei denn, daß der Pfandgläubiger weiß, daß der Verpfänder nicht der Eigenthümer ist (§ 1248 BGB.).

[56]) Steht einem Dritten an dem Pfande ein Recht zu, das durch die Veräußerung erlischt, so ist die Zustimmung des Dritten erforderlich. Die Zustimmung ist demjenigen gegenüber zu erklären, zu dessen Gunsten sie erfolgt; sie ist unwiderruflich (§ 1245 BGB.). Vergl. § 1242 Abs. 2 BGB.

Vertragsmäßige Beschränkungen des Rechtes des Pfandgläubigers sind unbedingt zulässig; es kann z. B. der außergerichtliche Pfandverkauf ganz ausgeschlossen und der Pfandgläubiger auf den Weg der Zwangsvollstreckung verwiesen werden. Dagegen kann der Eigenthümer vor dem Eintritt der Verkaufsberechtigung nicht darauf verzichten, daß der Verkauf im Wege der öffentlichen Versteigerung oder um den Börsen- oder Marktpreis erfolge, daß Zeit und Ort der Versteigerung öffentlich bekannt zu machen und Gold- oder Silbersachen nicht unter dem Gold- oder Silberwerthe zuzuschlagen seien[57]).

Erscheint die Beobachtung der gesetzlichen Vorschriften über die Formen des Pfandverkaufs (§§ 1235 bis 1240) unzweckmäßig und entspricht eine davon abweichende Art des Pfandverkaufs nach billigem Ermessen den Interessen der Betheiligten, so kann jeder von ihnen, auch der berechtigte Dritte, verlangen, daß der Verkauf in dieser Art erfolgt. Bei mangelnder Einigung entscheidet das Amtsgericht des Ortes, wo das Pfand aufbewahrt wird. Vor der Entscheidung sind die Betheiligten soweit thunlich zu hören[58]).

Hat der Verkauf nach Maßgabe der gesetzlichen Vorschriften zu erfolgen, so hat der Pfandgläubiger nach dem Eintritt der Verkaufsberechtigung dem Eigenthümer (Verpfänder gemäß § 1248) den Verkauf anzudrohen und dabei den Geldbetrag zu bezeichnen, wegen dessen der Verkauf stattfinden soll; Benachrichtigung des Schuldners ist nicht vorgeschrieben. Die Androhung darf unterbleiben, wenn sie, was der Pfandgläubiger zu beweisen hat, unthunlich[59]) ist. Der Verkauf darf nicht vor dem Ablaufe eines Monats nach der Androhung oder, wenn die Androhung unthunlich war, nach dem Eintritt der Verkaufsberechtigung erfolgen[60]). — Die Rechtmäßigkeit der Veräußerung ist von der Beobachtung dieser Vorschriften nicht abhängig gemacht; der Pfandgläubiger ist aber zum Schadensersatze verpflichtet, wenn er eine dieser Vorschriften in schuldhafter Weise verletzt[61]).

Der Verkauf des Pfandes ist im Wege öffentlicher Versteigerung zu bewirken, also öffentlich durch einen für den Versteigerungsort bestellten Gerichtsvollzieher oder anderen zu Versteigerungen befugten Beamten oder öffentlich angestellten Versteigerer. Hat das Pfand einen Börsen- oder Marktpreis, so kann der Pfandgläubiger den Verkauf aus freier Hand durch einen zu solchen Verkäufen öffentlich ermächtigten Handelsmäkler oder durch eine zur

---

[57]) § 1245 Abs. 2 BGB.

[58]) § 1246 BGB. § 166 Ges. über die Angel. d. freiw. Gerichtsbarkeit. Kom.Prot. 3 S. 480. Eine Abweichung von der Vorschrift des § 1234 über die Androhung des Verkaufs und über die einzuhaltende Frist darf nicht angeordnet werden.

[59]) Bei der Frage der Thunlichkeit kommt § 132 Abs. 2 BGB. über die öffentliche Zustellung von Willenserklärungen nicht in Betracht. Mot. 3 S. 824.

[60]) § 1234 BGB. Abkürzung der Frist bei Handelsgeschäften s. § 368 Handelsges.B.

[61]) § 1243 BGB.

öffentlichen Versteigerung befugte Person zum laufenden Preise vornehmen[62]). — Wird gegen diese Vorschriften verstoßen, so ist die Veräußerung des Pfandes nicht rechtmäßig[63]).

Die Versteigerung hat in der Ortschaft zu erfolgen, wo das Pfand aufbewahrt wird. Ist von einer Versteigerung an dem Aufbewahrungsort kein angemessener Erfolg zu erwarten, so ist das Pfand an einem geeigneten anderen Orte zu versteigern. Der Pfandgläubiger hat darüber zu entscheiden. Schuldhafter Verstoß gegen die durch diese Vorschrift begründete Verpflichtung macht schadensersatzpflichtig[64]).

Zeit und Ort der Versteigerung sind unter allgemeiner Bezeichnung des Pfandes öffentlich bekannt zu machen. Wird gegen diese Vorschrift verstoßen, so ist die Veräußerung des Pfandes nicht rechtmäßig[65]). Der Eigenthümer (Verpfänder § 1248) sowie Dritte, denen Rechte an dem Pfande zustehen, sind besonders zu benachrichtigen. Die Benachrichtigung des Eigenthümers kann mit der Androhung des Pfandverkaufs verbunden werden. Die Benachrichtigung darf unterbleiben, wenn sie unthunlich ist. Ein Verstoß hiegegen macht, wenn Verschulden vorliegt, den Pfandgläubiger schadensersatzpflichtig[66]).

Der Verkauf des Pfandes erfolgt gegen Baarzahlung. Das Pfand darf nur mit der Bestimmung verkauft werden, daß der Käufer den Kaufpreis sofort, Zug um Zug mit der Uebergabe, baar zu entrichten hat und seiner Rechte verlustig sein soll, wenn dies nicht geschieht. Eine Stundung geschieht auf Gefahr des Pfandgläubigers; erfolgt der Verkauf ohne die bezeichnete Bestimmung, so ist der Kaufpreis als von dem Pfandgläubiger empfangen anzusehen, die Rechte des Pfandgläubigers gegen den Ersteher bleiben unberührt. Das Gleiche gilt, wenn die Bestimmung der Baarzahlung mit der Verwirkungsklausel aufgenommen ist, aber nicht vor dem Schlusse des Versteigerungstermins von dem Vorbehalte der Rechtsverwirkung Gebrauch gemacht wird. Bei der Versteigerung können der Pfandgläubiger, der Eigenthümer und der Schuldner mitbieten, nicht aber auch der mit der Vornahme oder Leitung des Verkaufs Beauftragte und die von ihm zugezogenen Gehilfen. Da gegen den Eigenthümer und den Schuldner die Vermuthung spricht, daß es ihnen an den nöthigen Mitteln fehlt, darf ihr Gebot zurückgewiesen werden, wenn nicht der Betrag baar erlegt wird. Erhält der Pfandgläubiger den Zuschlag, so ist der Kaufpreis als von ihm empfangen anzusehen[67]).

Gold- und Silbersachen dürfen nicht unter dem Gold- oder

---

[62]) § 1235 BGB.
[63]) §§ 1243, 1244 BGB.
[64]) §§ 1236, 1243 BGB.
[65]) §§ 1237, 1243, 1244 BGB.
[66]) §§ 1237 Satz 2, 1243 BGB.
[67]) §§ 1238, 1239, 457, 456, 458 BGB. Vergl. Mot. 3 S. 826. Für Versteigerung gepfändeter Sachen s. § 816 Abs. 4 CPO.

Silberwerthe zugeschlagen werden. Wird kein genügendes Gebot abgegeben, so kann der Verkauf durch eine zur öffentlichen Versteigerung befugte Person aus freier Hand zu einem den Gold- oder Silberwerth erreichenden Preise erfolgen[68]). Wird gegen diese Vorschrift verstoßen, so ist die Veräußerung des Pfandes nicht rechtmäßig[69]).

Von dem erfolgten Verkaufe und dem Ergebnisse hat der Pfandgläubiger den Eigenthümer (Verpfänder § 1248) unverzüglich zu benachrichtigen, sofern nicht die Benachrichtigung unthunlich ist. Schuldhafte Unterlassung macht schadensersatzpflichtig[70]).

Durch die rechtmäßige Veräußerung des Pfandes erlangt der Erwerber — auch der Pfandgläubiger, wenn ihm der Zuschlag ertheilt wird, — die gleichen Rechte, wie wenn er die Sache von dem Eigenthümer erworben hätte. Er wird Eigenthümer, sollte auch der Pfandgläubiger sein Pfandrecht von einem Nichtberechtigten hergeleitet haben. Wird eine Sache als Pfand veräußert, ohne daß dem Veräußerer ein Pfandrecht zusteht, oder ist gegen Vorschriften verstoßen worden, von denen die Rechtmäßigkeit der Veräußerung abhängt, so wird der Ersteher Eigenthümer, sofern wenigstens der Verkauf des Pfandes im Wege öffentlicher Versteigerung vor sich geht oder aus freier Hand durch eine zur öffentlichen Versteigerung befugte Person zum Börsen- oder Marktpreis oder zu einem den Gold- oder Silberwerth erreichenden Preise erfolgt, es müßte denn sein, daß der Ersteher in Kenntniß oder grobfahrlässiger Unkenntniß davon ist, daß dem Veräußerer das Pfandrecht nicht zusteht oder daß den bezeichneten Formvorschriften nicht genügt ist[71]). Mangelt es in der einen oder in der anderen Richtung, so bleibt die veräußerte Sache im Eigenthum des bisherigen Eigenthümers und ist der Ersteher dem Herausgabeanspruch des Eigenthümers ausgesetzt.

Mit dem Erwerb des Eigenthums durch den Ersteher erlöschen alle Rechte an der Sache, auch wenn sie dem Erwerber bekannt waren, nur ein Nießbrauch, der allen Pfandrechten im Range vorgeht erlischt nicht, wenn der Erwerber in Ansehung dieses Rechtes nicht in gutem Glauben ist[72]).

Soweit der Erlös aus dem Pfande dem Pfandgläubiger zu seiner Befriedigung gebührt, gilt die Forderung als von dem Eigenthümer berichtigt; im Uebrigen tritt der Erlös an die Stelle des Pfandes[73]). Ist der Pfandgläubiger selbst der Ersteher oder gilt aus einem sonstigen Grunde der Kaufpreis als von dem Pfandgläubiger empfangen[74]), so ist seine Forderung, soweit ihm Befriedigung

---

68) § 1240 BGB. Für Pfändungen s. § 820 CPO.
69) §§ 1243, 1244 BGB.
70) §§ 1241, 1243 BGB.
71) §§ 1242, 1244 BGB.
72) §§ 1242 Abs. 2, 1244 BGB. Biermann S. 279.
73) § 1247 BGB.
74) §§ 1238 Abs. 2, 1239 BGB.

gebührt, erloschen, gleich als ob der Eigenthümer zur Tilgung der Forderung den Kaufpreis an ihn gezahlt hätte; für den Betrag, der ihm nicht zukommt, hat der Eigenthümer eine Forderung gegen den Pfandgläubiger, die aber beschränkt wird durch die Nießbrauch- und Pfandrechte, die an dem Pfande bestanden hatten und an dem Pfande erloschen sind, aber jetzt an der Forderung des Eigenthümers gegen den Pfandgläubiger bestehen. Die Befriedigung der dinglich Berechtigten erfolgt nach dem Rangverhältniß, in welchem ihre Rechte stehen, der verbleibende Rest gebührt dem Eigenthümer. Besteht der Erlös in Baargeld, das bei der Veräußerung von dem Erwerber gezahlt worden ist, so bezieht der Pfandgläubiger den Theil, der ihm nach dem Rangverhältnisse zu den übrigen Betheiligten gebührt, als sein Eigenthum, wie wenn der Eigenthümer die Forderung berichtigt hätte; das Geld, das ihm nicht gebührt, hat er für den Eigenthümer oder für diejenigen inne, welche dingliche Rechte an dem Pfande hatten und nunmehr an dem Surrogate des Pfandes besitzen[75]).

Bei dem Pfandrechte an einem Rechte ist der Privatverkauf regelmäßig unstatthaft. Der Pfandgläubiger kann, sofern nichts Anderes bestimmt ist, seine Befriedigung nur auf Grund eines vollstreckbaren Titels gegen den Schuldner nach den Vorschriften, die für die Zwangsvollstreckung gelten[76]), suchen. Auch hier ist eine vor dem Eintritte der Verkaufsberechtigung getroffene Vereinbarung, nach welcher dem Pfandgläubiger, falls er nicht oder nicht rechtzeitig befriedigt wird, das mit dem Pfandrechte belastete Recht zufallen oder übertragen werden soll, nichtig. Ebenso kann, auch wenn vereinbart ist, daß Privatverkauf stattfinden dürfe, vor dem Eintritt der Verkaufsberechtigung nicht darauf verzichtet werden, daß ein Verkauf des Pfandes im Wege öffentlicher Versteigerung zu bewirken ist und daß nur, wenn das Pfand einen Börsen- oder Marktpreis haben sollte, der Pfandgläubiger den Verkauf aus freier Hand durch einen zu solchen Verkäufen öffentlich ermächtigten Handelsmäkler oder durch eine zur öffentlichen Versteigerung befugte Person zum laufenden Preise bewirken kann, ferner, daß Zeit und Ort der Versteigerung unter allgemeiner Bezeichnung des Pfandes öffentlich bekannt zu machen sind, endlich, daß der Verkauf von Rechten, die sich auf Gold- oder Silbersachen beziehen, nicht unter dem Gold- oder Silberwerthe vor sich gehen darf und daß, wenn ein genügendes Gebot nicht abgegeben wird, der Verkauf durch eine zur öffentlichen Versteigerung befugte Person aus freier Hand zu einem den Gold- oder Silberwerth erreichenden Preise zu erfolgen hat[77]).

---

[75]) Schwierigkeiten, die bei der Ausscheidung sich ergeben könnten, lassen sich durch die Annahme eines Miteigenthums erledigen, das dem Pfandgläubiger an dem Gelde zusteht nach dem Verhältnisse des ihm gebührenden Betrages zu der Summe des Erlöses. Vergl. Mot. 3 S. 834.

[76]) §§ 828 ff. CPO.

[77]) §§ 1277, 1229, 1245 Abs. 2 BGB.

Ohne Einhaltung der Vorschriften über die Zwangsvollstreckung und ohne die für einen Privatverkauf vorgeschriebenen Förmlichkeiten kann der Pfandgläubiger ein verpfändetes Papier, das durch Indossament übertragen werden kann und einen Börsen- oder Marktpreis hat, nach dem Eintritt der Verkaufsberechtigung aus freier Hand durch einen zu solchen Verkäufen öffentlich ermächtigten Handelsmäkler oder durch eine zur öffentlichen Versteigerung befugte Person zum laufenden Preise verkaufen lassen[78]).

Bei Forderungen (auch Grundschulden, Rentenschulden), die mit einem Pfandrechte belastet sind, hat der Pfandgläubiger, soweit nicht er und der Gläubiger ein Anderes vereinbaren, auch ein Einziehungsrecht. Zur Einziehung ist, wenn mehrere Pfandrechte an der Forderung (Grundschuld, Rentenschuld) bestehen, nur derjenige Pfandgläubiger berechtigt, dessen Pfandrecht den übrigen Pfandrechten vorgeht[79]). Im Allgemeinen besteht das Einziehungsrecht erst von dem Zeitpunkte der Fälligkeit der durch das Pfand gesicherten Geldforderung an; erst wenn dieser Zeitpunkt eingetreten ist (§ 1228 Abs. 2), ist der Pfandgläubiger zur Einziehung der Forderung berechtigt und kann der Schuldner nur an ihn leisten[80]). Ist aber ein Wechsel, ein anderes Papier, das durch Indossament übertragen werden kann, oder ein Inhaberpapier Gegenstand des Pfandrechts, so ist, auch bevor die Fälligkeit der Forderung des Pfandgläubigers eingetreten ist, der Pfandgläubiger zur Einziehung und zur Kündigung berechtigt und kann der Schuldner nur an ihn leisten[81]).

Ist der Eintritt des in § 1228 Abs. 2 bezeichneten Zeitpunktes Voraussetzung des Einziehungsrechtes, so ist es Sache des Schuldners, zu prüfen, ob die durch das Pfandrecht gesicherte Forderung fällig und ob sie eine Geldforderung ist[82]). Dem Gläubiger gegenüber ist der Pfandgläubiger, soweit er berechtigt ist, ohne Mitwirkung des Gläubigers die Forderung einzuziehen, verpflichtet, für die ordnungsmäßige Einziehung zu sorgen, auch hat er den Gläubiger von der erfolgten Einziehung unverzüglich zu benachrichtigen, sofern nicht die Benachrichtigung unthunlich ist[83]).

Leistet der Schuldner, so erwirbt mit der Leistung der Gläubiger den geleisteten Gegenstand und der Pfandgläubiger ein Pfand-

---

[78]) § 1295 BGB. Für Inhaberpapiere ist gemäß § 1293 die Vorschrfft des § 1234 zu beachten. Biermann S. 310.

[79]) § 1290 BGB. Haben die Pfandrechte gleichen Rang, so kann der Schuldner mit Sicherheit nur an die Pfandgläubiger gemeinschaftlich leisten.

[80]) § 1282 BGB. Nur zur Einziehung, nicht auch zu anderen Verfügungen über die Forderung (z. B. Privatverkauf) ist der Pfandgläubiger berechtigt, abgesehen von dem Rechte, auf Grund eines vollstreckbaren Titels die Zwangsvollstreckung zu betreiben (§ 1282 Abs. 2).

[81]) § 1294 BGB.

[82]) Vergl. § 1228 Abs. 2 BGB.

[83]) § 1285 BGB.

recht an dem Gegenstand. Besteht die Leistung in der Uebertragung des Eigenthums an einem Grundstücke, so erwirbt der Pfandgläubiger eine Sicherungshypothek[84]). —

Die Einziehung einer Geldforderung (auch Grundschuld, Rentenschuld) steht, wenn nicht ein Anderes vereinbart ist, dem Pfandgläubiger nur insoweit zu, als sie zu seiner Befriedigung erforderlich ist[85]). Mit der Einziehung gilt die Forderung des Pfandgläubigers, soweit ihm der eingezogene Betrag zu seiner Befriedigung gebührt, als von dem Gläubiger berichtigt[86]). Soweit der Pfandgläubiger zur Einziehung berechtigt ist, kann er auch verlangen, daß ihm der Gläubiger die Geldforderung an Zahlungsstatt abtrete[87]). Mit der Abtretung gilt der Pfandgläubiger als befriedigt, soweit die Forderung besteht.

So lange die durch das Pfandrecht gesicherte Forderung noch keine Geldforderung oder noch nicht fällig ist, steht[88]) dem Gläubiger das Recht zu, eine verpfändete Forderung zu kündigen, wobei er der Zustimmung des Pfandgläubigers nur bedarf, wenn dieser berechtigt ist, die Nutzungen zu ziehen. Geht die durch das Pfandrecht gesicherte Forderung auf eine Geldleistung und ist sie fällig, so ist auch der Pfandgläubiger zur Kündigung der verpfändeten Forderung berechtigt. Daneben besteht das Kündigungsrecht des Gläubigers fort, der nach wie vor zur Kündigung der Zustimmung des Pfandgläubigers bedarf, wenn dieser berechtigt ist, die Nutzungen zu ziehen. Für die Kündigung des Schuldners genügt, sobald die bezeichneten Voraussetzungen des § 1228 Abs. 2 eingetreten sind, die Erklärung gegenüber dem Pfandgläubiger, während vor Eintritt der Fälligkeit der durch das Pfandrecht gesicherten Geldforderung die Kündigung des Schuldners, um wirksam zu sein, dem Pfandgläubiger und dem Gläubiger zu erklären ist[89]). Pfandgläubiger und Gläubiger können bezüglich der Kündigung andere Vereinbarungen treffen[90]), an die sich auch der Schuldner zu halten hat, wenn sie ihm bekannt sind. Bedarf der Gläubiger der Zustimmung des Pfandgläubigers zur Kündigung, so kann er von dem Pfandgläubiger diese Zustimmung — nöthigenfalls auf dem Klageweg — verlangen, wenn die Einziehung der verpfändeten Forderung wegen Gefährdung ihrer Sicherheit nach den Regeln einer ordnungsmäßigen Vermögensverwaltung geboten ist[91]). —

---

[84]) § 1287 BGB. Die zu dem Erwerbe des Eigenthums erforderlichen Erklärungen gibt der Pfandgläubiger für den Pfandschuldner ab, mit dem Uebergange des Eigenthums auf den Pfandschuldner entsteht die Hypothek. S. Ziff. 27.

[85]) §§ 1282 Abs. 1, 1284 BGB.

[86]) § 1288 Abs. 2 BGB.

[87]) § 1282 Abs. 1 BGB. Abweichende Vereinbarungen sind zulässig (§ 1284 BGB.).

[88]) S. Ziff. 23 ff.

[89]) § 1283 BGB.

[90]) § 1284 BGB.

[91]) § 1286 BGB.

Dem Pfandgläubiger kommt während des Bestehens des Pfandverhältnisses, insoweit er Sachbesitzer ist, Besitzschutz zu (s. § 17). Außerdem ist ihm als dinglich Berechtigten eine ähnliche Stellung eingeräumt wie dem Eigenthümer. Wird das Recht des Pfandgläubigers durch Entziehung oder Vorenthaltung des Besitzes oder in anderer Weise beeinträchtigt, so kann der Pfandgläubiger auf Grund des ihm zustehenden Pfandrechts vor oder nach Eintritt der Fälligkeit der durch das Pfandrecht gesicherten Forderung, in ähnlicher Weise Ansprüche geltend machen, wie sie dem Eigenthümer bei Beeinträchtigung des Eigenthums zustehen (s. § 27)[92]. Diese Ansprüche bestehen gegenüber dem Eigenthümer und jedem Dritten, der das Recht des Pfandgläubigers beeinträchtigt.

Besondere Vorschriften bestehen für einzelne Fälle gesetzlicher Pfandrechte, so für das Pfandrecht des Vermiethers in § 561, des Gastwirthes in § 704.

§ 83. Rechte des Verpfänders (Eigenthümers, Gläubigers).

So lange das Pfand nicht durch den Pfandgläubiger zur Veräußerung gebracht ist, kann der Eigenthümer insoweit darüber verfügen, als den Rechten des Pfandgläubigers kein Eintrag geschieht. Der Eigenthümer kann das Pfand veräußern und weiter belasten, soweit eine Weiterbelastung ausführbar ist. Der Verpfänder ist mittelbarer Besitzer, kann auch Mitbesitzer sein[1]), daher stehen ihm, wenn das Pfand eine Sache ist, die Befugnisse eines Sachbesitzers zu. Dem Verpfänder gegenüber bestehen die Verpflichtungen, welche durch das Gesetz dem Pfandgläubiger auferlegt sind; sie haben ihre Grundlage in dem Verpfändungsvertrage. Der Eigenthümer, der nicht der Verpfänder ist, ist auf seine Eigenthumsansprüche angewiesen. Da aber der Pfandgläubiger das Pfand als bewußter Besitzer einer fremden Sache inne hat, enthält jede Ueberschreitung der für das Verhältniß zu dem Verpfänder gezogenen Grenzen auch eine objektive Verletzung des Eigenthums. Dabei kommt nichts darauf an, ob der Pfandgläubiger den Verpfänder für den Eigenthümer hält oder nach dem Erwerbe des Pfandrechts den Rechtsmangel des Verpfänders erfahren hat. Von Bedeutung wird dieser Umstand nur insoweit, als es sich um die Frage handelt, ob eine mit Genehmigung des Verpfänders vorgenommene Verfügung über das Pfand ihm als Verschulden anzurechnen ist. Im Uebrigen haftet der Pfandgläubiger

---

[92]) § 1227 BGB. Der Umstand, daß das Interesse des Pfandgläubigers an der Sache ein Pfand- und Sicherungsinteresse und kein Eigenthumsinteresse ist, wird auf die Feststellung des zu ersetzenden Schadens und der herauszugebenden Bereicherung sowie auf die Erstattungspflicht des Pfandgläubigers in Ansehung der von dem Besitzer auf die Sache gemachten Verwendungen nothwendig Einfluß ausüben (Mot. 3, S. 809). Vergl. Biermann S. 268.

Zu § 83.

[1]) Vergl. § 1206 BGB.

dem Eigenthümer, Verschulden vorausgesetzt, für Untergang, Verschlechterung und subjektives Unvermögen zur Rückgabe des Pfandes[2]).

Der Verpfänder kann — abgesehen von den Einwendungen gegen das dingliche Recht — auch wenn er nicht der persönliche Schuldner ist, dem Pfandgläubiger gegenüber die dem persönlicheu Schuldner gegen die Forderung des Pfandgläubigers zustehenden Einreden — die Einrede der beschränkten Haftung des Erben ausgenommen — vorbringen, auch wie ein Bürge die Erfüllungsverweigerung geltend machen, so lange dem persönlichen Schuldner das Recht zusteht, das seiner Verbindlichkeit zu Grunde liegende Rechtsgeschäft anzufechten, und so lange sich der Pfandgläubiger durch Aufrechnung gegen eine fällige Forderung des persönlichen Schuldners befriedigen kann. Der Verpfänder, der nicht der persönliche Schuldner ist, verliert eine Einrede nicht dadurch, daß der persönliche Schuldner auf sie verzichtet[3]); befriedigt er den Pfandgläubiger, so geht die Forderung mit dem Pfandrecht auf ihn über[4]).

Steht dem Pfandrecht eine Einrede entgegen, durch welche die Geltendmachung des Pfandrechts dauernd ausgeschlossen wird, so kann der Verpfänder sowohl wie der Eigenthümer die Rückgabe des Pfandes verlangen, und dadurch das Pfandrecht zum Erlöschen bringen[5]).

Verletzt der Pfandgläubiger die Rechte des Verpfänders (z. B. durch unbefugte Benutzung des Pfandes) in erheblichem Maße und setzt er das verletzende Verhalten ungeachtet einer Abmahnung des Verpfänders fort, so kann der Verpfänder verlangen, daß das Pfand auf Kosten des Pfandgläubigers hinterlegt, oder, wenn es sich nicht zur Hinterlegung eignet, an einen gerichtlich zu bestellenden Verwahrer abgeliefert werde. Für die Bestellung des Verwahrers ist das Amtsgericht zuständig, in dessen Bezirk sich die Sache befindet. Vor der Bestellung sind die Betheiligten soweit thunlich zu hören[6]). Statt der Hinterlegung oder der Ablieferung an einen Verwahrer kann der Verpfänder die Rückgabe des Pfandes gegen Befriedigung[7]) des Gläubigers verlangen. Ist die Forderung unverzinslich und noch nicht fällig, so gebührt dem Pfandgläubiger nur die Summe, welche

---

[2]) Vergl. Kom.Prot. 3 S. 456. Bei dem Verkaufe des Pfandes gilt zu Gunsten des Pfandgläubigers der Verpfänder als der Eigenthümer, es sei denn, daß der Pfandgläubiger weiß, daß der Verpfänder nicht der Eigenthümer ist (§ 1248 BGB.). Grobfahrlässige Unkenntniß steht dem Wissen nicht gleich.

[3]) § 1211 BGB. Daß die Verjährung des persönlichen Anspruchs die Geltendmachung des Pfandrechtes nicht hindert, ergibt sich aus § 223 BGB.

[4]) S. § 81 Ziff. 6 ff.

[5]) § 1254 BGB. Vergl. § 1169 BGB. (s. § 70 Ziff. 91 ff.).

[6]) Das Amtsgericht entscheidet auch nach Anhörung der Betheiligten über eine von dem Verwahrer beanspruchte Vergütung (§ 165 Ges. über die Angel. d. freiw. Gerichtsbarkeit).

[7]) Die Befriedigung kann auch durch Hinterlegung oder durch Aufrechnung erfolgen (§ 1224 BGB.).

mit Hinzurechnung der gesetzlichen Zinsen für die Zeit von der Zahlung bis zur Fälligkeit dem Betrage der Forderung gleichkommt[8]).

Ist an einem Rechte ein Pfandrecht bestellt und ist in der vorbezeichneten Weise die Ausübung des Pfandrechts einem Verwahrer übertragen, so ist dem Verpflichteten gegenüber, von dem Kraft des verpfändeten Rechtes eine Leistung gefordert werden kann, die Uebertragung erst wirksam, wenn er von der getroffenen Anordnung Kenntniß erlangt oder wenn ihm eine Mittheilung von der Anordnung zugestellt wird. Das Gleiche gilt von der Aufhebung der gerichtlichen Anordnung[9]).

Die Rückgabe des Pfandes gegen anderweitige Sicherheitsleistung kann der Verpfänder verlangen, wenn der Verderb des Pfandes oder eine wesentliche Minderung des Werthes zu besorgen ist. Es kommt dabei nicht darauf an, ob die Sicherheit des Pfandgläubigers gefährdet ist. Die Sicherheitsleistung durch Bürgen ist ausgeschlossen[10]).

Die Rückgabe des Pfandes gegen Befriedigung des Pfandgläubigers kann der Verpfänder verlangen, sobald der persönliche Schuldner zur Leistung berechtigt ist; die Befriedigung kann durch Hinterlegung oder durch Aufrechnung erfolgen[11]). Befriedigt der Verpfänder, der nicht der persönliche Schuldner ist, den Pfandgläubiger, so geht die Forderung auf ihn über. Der Uebergang kann nicht zum Nachtheile des Pfandgläubigers geltend gemacht werden, auch bleiben Einwendungen des Schuldners aus einem zwischen ihm und dem Verpfänder bestehenden Rechtsverhältnisse unberührt[12]).

§ 84. Endigung des Pfandrechts.

Das Pfandrecht erlischt

1. mit dem Eintritt der Bedingung, wenn die Bestellung unter einer auflösenden Bedingung vorgenommen worden ist[1]);

2. mit dem Eintritt des Endtermins, wenn für das Pfandrecht ein Endtermin bestimmt ist[2]);

---

[8]) § 1217 BGB. S. § 1133 BGB. § 72 Ziff. 13. — Die Ersatzansprüche des Verpfänders wegen Veränderungen oder Verschlechterungen des Pfandes verjähren in 6 Monaten. Die Verjährung beginnt mit dem Zeitpunkt, in welchem er die Sache zurückerhält. Mit der Verjährung des Anspruchs des Verpfänders auf Rückgabe des Pfandes verjähren auch die Ersatzansprüche (§ 1226 BGB.).

[9]) §§ 1275, 1070 Abs. 2 BGB.

[10]) § 1218 BGB. Für Miethe und Pacht s. §§ 562, 590, für das Pfandrecht des Gastwirths § 704 BGB.

[11]) §§ 1223, 1224 BGB. S. § 81 Ziff. 6 ff. Ueber das Befriedigungsrecht des Eigenthümers (§ 1249) s. § 81 Ziff. 9 ff.

[12]) §§ 1225, 774 BGB. Ueber die Nichtanwendbarkeit des § 774 Abs. 2 s. Biermann S. 267.

Zu § 84.

[1]) §§ 158 ff. BGB.

[2]) § 163 BGB.

3. mit dem Untergange des Pfandes. Das Pfandrecht erstreckt sich nicht ohne Weiteres auf die dem Verpfänder aus der Zerstörung der Sache erwachsenden Ersatzansprüche oder auf eine aus einer Versicherung zustehende Forderung[3]). Das Pfandrecht an einer Forderung erlischt nicht dadurch, daß die verpfändete Forderung und die Verbindlichkeit in derselben Person sich vereinigen, der Gläubiger (Verpfänder) z. B. seinen Schuldner beerbt oder der Schuldner den den Gläubiger[4]).

4. durch Erlöschen[5]) der Forderung[6]), für die das Pfandrecht besteht[7]). Ein Eigenthümerpfandrecht an einer beweglichen Sache ist vom Gesetze nicht anerkannt. Nicht jede Befriedigung des Pfandgläubigers führt zum Erlöschen der Forderung. Bei Befriedigung durch den Verpfänder, der nicht der persönliche Schuldner ist, geht die Forderung auf den Verpfänder über, ebenso geht sie auf den Berechtigten über, der durch die Veräußerung des Pfandes ein Recht an dem Pfande verlieren würde[8]). Kommt der Grund, aus welchem die Forderung als erloschen anzusehen war, in Wegfall, weil z. B. das aufhebende Rechtsgeschäft anfechtbar oder auflösend bedingt ist oder der Aufhebungsgrund sonstwie nachträglich entkräftet wird, so muß sich aus den Vorschriften, in deren Folge der Aufhebungsgrund eine Schwächung erleidet, ergeben, was alsdann Rechtens ist[9]).

Das durch Rechtsgeschäft bestellte Pfandrecht erlischt auch in Folge einer Schuldübernahme, sofern nicht der Eigenthümer in die Schuldübernahme einwilligt[10]).

5. durch Rückgabe des Pfandes. Das Pfandrecht erlischt, wenn der Pfandgläubiger die mit dem Pfandrechte belastete Sache oder das verpfändete Inhaberpapier oder die Sache, deren Uebergabe zur Verpfändung des Rechts erforderlich war (z. B. Hypothekenbrief, Wechsel), dem Verpfänder oder dem Eigenthümer aus freien Stücken oder auf Grund einer Verpflichtung, für immer oder nur zu einem vorübergehenden Gebrauche zurückgibt[11]). Es ist nicht der Fortbestand des Pfandrechts an den Fortbestand des Pfandbesitzes geknüpft, es bedarf vielmehr zum Eintritt des Erlöschens des Pfandrechtes einer Willenserklärung. Diese Willenserklärung braucht jedoch nicht auf

---

[3]) Biermann S. 285. Kom.Prot. 3 S. 451. Der Pfandgläubiger ist auf seine Ansprüche wegen Beeinträchtigung des Pfandrechts angewiesen (§ 1227).

[4]) Vergl. § 1223 Entw. I. Kom.Prot. 3 S. 536.

[5]) Dieses Erlöschen kann bewirkt werden durch auflösende Bedingung, Endtermin, Erfüllung, Aufrechnung, Hinterlegung, Erlaß 2c.

[6]) Einschließlich der Nebenansprüche, s. z. B. § 1210 Abs. 2 BGB.

[7]) § 1252 BGB. Die Verjährung der Forderung führt nicht zum Erlöschen des Pfandrechts, sofern es sich nicht um Ansprüche auf Rückstände von Zinsen oder anderen wiederkehrenden Leistungen handelt (§ 223 BGB.).

[8]) §§ 1225, 1249 BGB. S. § 81 Ziff. 6 ff.

[9]) Mot. 3 S. 840. Vergl. z. B. §§ 142, 158 Abs. 2, 379 BGB.

[10]) § 418 BGB.

[11]) §§ 1253, 1293, 1278 BGB.

das Erlöschen des Pfandrechtes, sondern nur auf die Rückgabe gerichtet zu sein, das Erlöschen des Pfandrechtes knüpft sich alsdann Kraft Gesetzes an die Handlung der Rückgabe. Der Vorbehalt der Fortdauer des Pfandrechtes ist unwirksam. Wie es unzulässig ist, daß ein Pfandrecht bestellt wird, während der Verpfänder im Alleinbesitze des Pfandgegenstandes verbleibt, so kann auch das Pfandrecht nicht fortbestehen, wenn das Pfand mit dem Willen des Pfandgläubigers in den Besitz des Verpfänders oder Eigenthümers oder eines Vertreters des Verpfänders oder Eigenthümers gelangt [12]).

Ist der Pfandgegenstand im Besitze des Verpfänders oder des Eigenthümers, so wird bis zum Beweise des Gegentheils vermuthet, daß das Pfand ihm von dem Pfandgläubiger zurückgegeben worden ist. Diese Vermuthung gilt auch, wenn sich das Pfand im Besitze eines Dritten befindet, der den Besitz nach der Entstehung des Pfandrechts von dem Verpfänder oder Eigenthümer erlangt hat [13]).

6. durch Erwerb des Eigenthums der Pfandsache von Seite eines gutgläubigen Dritten (vergl. §§ 936, 945, 949, 964, 974 BGB.)

7. durch rechtsgeschäftliche Aufhebung. Es genügt zur Aufhebung des Pfandrechtes die Erklärung des Pfandgläubigers gegenüber dem Verpfänder, Eigenthümer oder Gläubiger, daß er das Pfandrecht aufgebe. Ist die durch das Pfandrecht gesicherte Forderung mit dem Rechte eines Dritten belastet, so ist die Zustimmung des Dritten erforderlich. Diese Zustimmung ist demjenigen gegenüber zu erklären, zu dessen Gunsten sie erfolgt, sie ist unwiderruflich [14]). Durch den formlosen Verzicht des Pfandgläubigers erlischt das Pfandrecht auch, wenn es an einer Hypothek, Grundschuld oder Rentenschuld besteht. Die Löschung im Grundbuch erfolgt nur zum Zwecke der Berichtigung des Grundbuchs [15]).

8. durch Uebertragung der durch das Pfandrecht gesicherten Forderung unter Ausschluß des Uebergangs des Pfandrechts [16]). In diesem Falle handelt es sich nicht um eine rechtsgeschäftliche Aufhebung des Pfandrechts, sondern das Pfandrecht erlischt, weil es ohne die Forderung nicht bestehen kann, gleichviel ob das Erlöschen des Pfandrechtes bei der Uebertragung der Forderung gewollt war oder nicht.

9. durch Zusammentreffen des Pfandrechtes mit dem Eigenthum der Pfandsache oder mit dem belasteten Rechte [17]). Das

[12]) Vergl. Mot. 3 S. 839. In ähnlicher Weise erlischt das gesetzliche Pfandrecht des Vermiethers (Gastwirths) mit dem Wegschaffen der Sache von dem Grundstück s. §§ 560, 561, 704 BGB.

[13]) § 1253 Abs. 2 BGB.

[14]) §§ 1255, 1273 Abs. 2 BGB. Wirkung auf Bürgschaft s. § 776 BGB.

[15]) Vergl. § 27 Abs. 2 GBO.

[16]) § 1250 Abs. 2 BGB.

[17]) §§ 1256, 1273 Abs. 2 BGB.

Pfandrecht erlischt, wenn es mit dem Eigenthum in derselben Person zusammentrifft oder wenn eine und dieselbe Person Pfandgläubiger und Inhaber des mit dem Pfandrechte belasteten Rechtes ist. So lange jedoch die Forderung, für welche das Pfandrecht besteht, mit dem Rechte eines Dritten belastet ist, tritt das Erlöschen des Pfandrechtes nicht ein. Fällt das Recht des Dritten nachträglich hinweg, so erlischt das Pfandrecht. Es gilt als nicht erloschen, soweit der Eigenthümer oder Gläubiger ein rechtliches Interesse an dem Fortbestehen des Pfandrechtes hat (z. B. gegenüber nachstehenden Pfandrechten). Aus diesem Grunde darf ein Pfandrecht, das an einer Hypothek, Grundschuld oder Rentenschuld besteht, — außer den Fällen der Berichtigung des Grundbuchs — nur mit Zustimmung desjenigen gelöscht werden, dem die Hypothek, Grundschuld oder Rentenschuld zusteht[18]).

10. durch Veräußerung des Pfandes gemäß §§ 1242 Abs. 2, 1244 BGB., soweit nicht gemäß § 1247 BGB. der Erlös an die Stelle des Pfandes tritt.

In den Fällen 1, 2, 4, 7 und 8 hat der Pfandgläubiger das Pfand nach dem Erlöschen des Pfandrechts dem Verpfänder zurückzugeben[19]).

---

[18]) § 27 Abs. 2 GBO.

[19]) § 1223 BGB.

Sachregister.

Die Zahlen bedeuten die Seiten.

A.

Abgaben, öffentliche, Vorrang vor Pfandrechten 360.
Abhanden gekommene Sachen, Eigenthumsvermuthung 111, 159, — Erwerb von Nichteigenthümer 143, — Ersitzung 144, — Fund 153, — Nießbrauch 220, — Verpfändung 358, 359.
Ablehnung der Grundbuchbeamten 64, 65, — Richter der Beschwerdeinstanzen 89.
Ablösung von Dienstbarkeiten 197, — Reallasten 273, 275.
Ablösungsrecht für Besitzer 112; — bei Hypothek 311, — Grundschuld 324, — keine Ausschließung durch Vereinbarung zwischen Gläubiger und Eigenthümer 312; — bei Pfandrecht 362. Rentenschuld s. Ablösungssumme.
Ablösungsrenten, keine Eintragung 33.
Ablösungssumme bei Rentenschuld, Festsetzung und Eintragung 82, 304, — Haftung des Grundstücks 294, — Angabe in Brief 326, — Zahlung durch Eigenthümer 303, 325.
Abmarkung 128, 129, — Anwendung des neuen Rechts 128.
Abschreiben von Grundstückstheilen 69.
Abschrift von Grundbucheinträgen 85.
Absonderungsrecht des Nießbrauchers 231.
Abstraktes Rechtsgeschäft 21 ff., abstrakter Konsens 30.
Abtheilungen des Grundbuchs, Rangverhältniß der Rechte 47.
Abtrennungsrecht s. Wegnahmerecht; Abtrennung der Schuldurkunde vom Hypothekenbrief 327.
Abtretung des Herausgabe-Anspruchs des Eigenthümers 157, 158; — Abtretung des Herausgabe-Anspruchs zur Uebertragung des mittelbaren Besitzes 98, Eigenthumsübertragung 143, 162, — Uebertragung des Briefes 306, — Nießbrauchbestellung 219, — Pfandbestellung 356; — Abtretung der Forderung bei Briefhypothek 307, — öffentliche Beglaubigung 307, — Eintragung der Abtretungserklärung 75, 309, — Eintragung des Erwerbers 309; — Abtretung von Forderungen auf Zinsen, Kosten Nebenleistungen bei Briefhypotheken 310, 311; — der Forderung bei Buchhypothek 320, — Sicherungshypothek 321, 322, — Maximalhypothek 322, — Schuldverschreibung auf den Inhaber 322, — Wechsel oder anderem indossabeln Papier 322; — der Forderung bei Pfandrecht 360; — Abtretung an Zahlungsstatt bei Pfandrecht an einer Forderung 375.
Aenderung des Inhalts eines Rechts, Verfügung 21, — Eintragung und Einigung 39, 41, — Bewilligung des Eigenthümers und des Berechtigten für Eintragung 73, — Zustimmung Dritter 46, — des Nießbrauchers 250, — des Pfandgläubigers 364.
Agrarrechtlicher Erwerb 32.
Altentheil, Begriff 270, — Reallast 270, — landesgesetzl. Regelung des Schuldverhältnisses 270, — Bezugnahme auf Eintragungsbewilligung 81, — Nichtberücksichtigung bei Feststellung des geringsten Gebots 256, — Nießbrauch 230.
Amortisation eines Kapitals 14, 230, 297.
Amortisationsgesetze 114.
Amtsgericht, Abänderung von Entscheidungen des Grundbuchamts 86, 87; — Aufstellung eines Vertreters zur Entgegennahme der Kündigung des Hypothekgläubigers 334, — eines Verwahrers zur Entgegennahme der Leistung bei Pfandrecht an Forderung 364, 365, — zur Verwahrung des Pfandes bei Verletzung der Rechte des

Verpfänders 377; — Entscheidung über Art des Pfandverkaufs 370.
Amtspflichtverletzung, Ersatzleistung 85.
Amtsverbände, Vorrang vor Pfandrechten 360.
Androhung des bevorstehenden Pfandverkaufs 366, 367, 370.
Aneignung, Rechtshandlung 17, 152, — Erwerb des Eigenthums an Grundstücken 138, 139, — an beweglichen Sachen 152, — Erbbaurecht 194.
Anerkenntniß einer Kraft Gesetzes erfolgten Uebertragung der Hypothekforderung 308, 321, 75.
Anfangstermin bei Rechtsgeschäft 23, 25.
Anfechtung einer Willenserklärung 19, — des dinglichen Vertrags 43, — einer Hypothekbestellung 305, — des Schuldvertrags durch persönlichen Schuldner, Einrede des Eigenthümers gegenüber Hypothekgläubiger 339, — des Verpfänders gegenüber Pfandgläubiger 377, — der Aufhebung eines Rechtes, guter Glaube des Erwerbers eines Rechtes 359.
Anlagen zur Ausübung von Grunddienstbarkeiten, Unterhaltung 205 ff., — Negatorienklage 174, — Beeinträchtigung einer Grunddienstbarkeit, Verjährung 210; — zur Gewinnung von Bodenbestandtheilen, Nießbrauch 228, 232, — zur Ausübung einer beschränkten persönlichen Dienstbarkeit 255; — gewerbliche Anlagen, Eigenthumsbeschränkung 120; — schädliche für Nachbargrundstück 120, 121.
Anlandungen 145.
Anlegung der Gelder bei Einziehung von Nießbrauchforderungen 226, 227, 235, — Inhaberpapieren und Orderpapieren 236, — von verpfändeten Forderungen 365.
Annuitätenleistungen, Bezugnahme auf Eintragungsbewilligung 297.
Anschwemmungen 145.
Anspruch 5, — Verjährung 61, — Sicherung durch Vormerkung 57; — Ansprüche aus Eigenthum 157 ff., — obligatorische Ansprüche bei Vindikation 163 ff., — bei Störungsklage 175, — aus früherem Besitze 171, — aus Erbbaurecht 196, — Nießbrauch 231, — Hypothek, Grundschuld, Rentenschuld 336, — Pfandrecht 376.
Antrag auf Eintragung 44, 70 ff., Form 76, — Zeitfolge, Rangverhältniß 48, — Feststellung des Einlaufs 72, — Zusammentreffen mehrerer Anträge 55, 57, 58.
Anzeige des Fundes 154, — von Zerstörung &c. der Nießbrauchsache 234, — von Verpfändung einer Sache durch den mittelbaren Besitzer 356, — einer Forderung 359, — Anzeige bei drohendem Verderb des Pfandes 366. S. auch Benachrichtigung.
Arbeitsverhältniß, Willenserklärungen beschränkt geschäftsfähiger Personen 18.
Arglist, Anfechtung 19, 43.
Arrestbefehl, Verfügungsbeschränkung 36.
Arresthypothek 277, — Maximalhypothek 280, — kein rechtsgeschäftlicher Erwerb 32, — Eintragung 280, — Vertheilung auf mehrere Grundstücke 280, 300, 342, — Eigenthümerhypothek 280, 315.
Arrestvollziehung, Verfügung 21, 23, 34, — Erwerb, kein rechtsgeschäftlicher 32.
Aufbewahrung der Urkunden bei Grundbuchamt 84.
Aufgeben des Eigenthums 156, 139, 153.
Aufgebot zur Beseitigung einer Vormerkung 60, — ein. Vorkaufsrechts 267, — einer Reallast 274, — Erwerb des Eigenthums an einem Grundstück 137, 138, — Aufgebot der Hypothek 318, 319, — Grundschuld 324, 325, — Gesammthypothek u. Gesammtgrundschuld 343, 344, — Hypothek für Forderung aus Schuldverschreibung auf Inhaber 323, — Kraftloserklärung eines Briefes 328.
Aufhebung eines Rechts, Verfügung 21, — Eintragung 41, — Erklärung des Berechtigten 45, — Zustimmung Dritter 46; — Aufhebung eines Erbbaurechts 195, — einer Grunddienstbarkeit 209, 210, — beschränkten persönlichen Dienstbarkeit 257, — eines Nießbrauchs 250, — eines mit Nießbrauch belasteten Rechtes 250, — eines Vorkaufsrechts 266, — einer Reallast 274, — eines Pfandrechts 380, — eines mit Pfandrecht belasteten Rechtes 364, — einer Hypothek (Gr., R.) 348, 315.
Auflassung 134 ff., — Form 42, 134, — Nachweis des obligatorischen Vertrags vor Auflassung 73, 42, — Nachweis der Auflassung vor Eintragung 135; — Auflassung vor Nachlaßgericht 77, — bei Theilungen 133, — bei Einbringen von Grundstücken in eine Gesellschaft 133, — Verurtheilung zur Abgabe von Auflassungserklärungen 135.
Aufrechnung einer mit Nießbrauch belasteten Forderung 225, — des Miethoder Pachtzinses gegen Hypothekgläubiger 289, — Aufrechnung gegenüber dem Erwerber einer Forderung 321, —

der Forderung auf Zinsen ꝛc. 310, — Aufrechnung behufs Ablösung des Hypothekgläubigers 312, — zur Befriedigung des Hyp. (Gr., R.)-Berechtigten 332, — Einrede des Eigenthümers aus Aufrechnungsbefugniß gegenüber dem persönlichen Schuldner 339, — des Verpfänders 377; — Aufrechnung zur Befriedigung des Pfandgläubigers 378, 362, — zur Tilgung des dem Pfandgläubiger zustehenden Zinsanspruchs 353.

Aufsuchen von Sachen auf fremden Grundstücken 110, 177.

Aufwendungen des Besitzers 168. S. auch Verwendungen.

Ausbesserungen der Nießbrauchsachen 234, 246.

Ausbeute s. Früchte.

Auseinandersetzung unter Nutzungsberechtigten 15, — bei Theilung gemeinschaftlicher Sachen 184, — über eheliches Gesammtgut 188, — zwischen Eigenthümer und Nießbraucher 231, — der Eigenthümer bei Gesammthypothek 342, 346.

Ausgleichung des Rechtsverlustes in Folge des öffentlichen Glaubens des Grundbuchs 38. S. Bereicherung.

Ausländer, Erwerb von Grundstücken 114.

Ausschließung der Ertheilung eines Briefes 297, 301, — Kraft Gesetzes 298.

Ausschlußurtheil, Erwerb des Eigenthums an einem Grundstück 137, 138, — eines Erbbaurechts 194, — Beseitigung einer Vormerkung 60, — eines Vorkaufsrechts 267, — einer Reallast 274, — Ausschlußurtheil gegen unbekannten Hypothekgläubiger 318, 319, — bezüglich Gesammthypothek 343, — bezüglich einzelner Grundstücke 343, 344, — Ertheilung eines neuen Briefes 328. S. auch Aufgebot.

Auszug s. Altentheil.

B.

Baarzahlung, Bedingung beim Pfandverkauf 371.

Bahnunternehmen, Grundstücke buchungsfrei 67.

Bau über die Grenze s. Ueberbau.

Bauhütte, kein Grundstücksbestandtheil 9.

Baum, Eigenthum 122, 131, — Sondereigenthum 10, 115, — auf der Grenze 131, — keine schädliche Anlage 120, — Eindringen von Wurzeln in Nachbargrundstück 122, — überhängende Zweige 122, — überfallende Früchte 123.

Baumschule, Bäumchen in Baumschule kein Grundstücksbestandtheil 9.

Bauordnung, Eigenthumsbeschränkung 115.

Bauwerk 191, 9, bei Erbbaurecht 190, 191.

Bedingung, aufschiebende 23 ff., — auflösende 23 ff., — Beweislast 24, — Verfügungsbeschränkung 36, — kein Besitzübergang bei Eintritt einer auflösenden Bedingung 97, 99, — über Erfüllung einer Bedingung gibt das Grundbuch keine Auskunft 25, 41, 335, — Rang bedingter Rechte 48, — Vormerkung für bedingte Ansprüche 57, — keine Bedingung bei Eintragungsantrag 72; — Bedingung macht Auflassung unwirksam 135, 332, — zulässig bei Uebertragung des Eigenthums beweglicher Sachen 141, — Eintritt der Bedingung 39, 40, — Eigenthumserwerb bei Veräußerung durch bedingt Berechtigten 144, — Bedingung bei Erbbaurecht 190, 193, 195, — Sicherung der Unterhaltung der Anlage 192; — Bedingung bei Grunddienstbarkeit 203, 209; — bei Nießbrauch 217, 249, — bei beschränkten persönlichen Dienstbarkeiten 256, — Vorkaufsrecht 259, 266, — Reallast 274, — Hypothek und Grundschuld 296, 301, 348, — Pfandrecht 354, 355, 357, 360, 378.

Beeinträchtigung des Eigenthums, Negatorienklage 173 ff., — Beeinträchtigung einer Grunddienstbarkeit 213, — eines Nießbrauchs 231, — einer beschränkten persönlichen Dienstbarkeit 257, — eines Pfandrechts 376.

Befriedigung des die Zwangsvollstreckung betreibenden Gläubigers durch Besitzer 112, — des Hypothek (Gr., R.)-Gläubigers durch Ablösungsberechtigten 311, 324, 325, — durch den Eigenthümer 312, 315, 324, — bei Gesammt-Hypothek (Gr., R.) 345, — durch den persönlichen Schuldner 313, 320, 323, — bei Gesammthypothek 346, — des Pfandgläubigers durch den Verpfänder 361, 379, — durch Ablösungsberechtigten 362.

Befristung s. Bedingung.

Beglaubigung der Abtretungserklärung der Hypothekforderung 307.

Begräbnißstätte, öffentliche 8.

Behörde, Ersuchen um Eintragung 78, — Beschwerde 88, — Fundsachen und Sachen, deren Eigenthümer unbekannt 155, 156.

Bekanntmachung s. öffentliche Bekanntmachung.
Belastung eines Gegenstandes 21, — einer durch Pfandrecht an einem eingetragenen Rechte gesicherten Forderung 76, — eines Grundstücks 39, 40, — eines begrenzten Rechtes mit Nießbrauch oder Pfandrecht 39, 40, — eines Erbbaurechts 195, — einer Gesammthypothek 347; — Verpflichtung gegenüber Hypothek (Gr., R.)-Berechtigten, das Grundstück nicht weiter zu belasten 329.
Benachrichtigung von Eintragungen 84, — des persönlichen Schuldners von Zwangsversteigerung durch Hypothekgläubiger 315, — des Drittschuldners von Verpfändung der Forderung 359, — des Gläubigers von Einziehung des Wechsels rc. durch Pfandgläubiger 364, — des Verpfänders von dem bevorstehenden Pfandverkaufe 371, von dem vollzogenen 367, 372, — von der Einziehung der Forderung 374. S. auch Anzeige.
Benennung des mittelbaren Besitzers im Vindikationsprozeß 161, — bei Störungsklage 175, — bei Beeinträchtigung einer Grunddienstbarkeit 213.
Bereicherung ungerechtfertigte, Herausgabe 22, 43, — condictio possessionis 105, — Rechtsverlust durch Verfügung Nichtberechtigter 144, — in Folge Verbindung 146, — Vermischung 147, — Verarbeitung 148, — Fund 155, — Verpfändung durch Nichtberechtigten 358; — Herausgabe der Nutzungen durch redlichen Besitzer bei Vindikation 163 ff., — Verwendungsansprüche des Besitzers 169; — Anspruch auf Rückgewähr gegen einen Grundschuldgläubiger 301.
Bergrecht 70.
Bergwerk, Nießbrauch, Wirthschaftsplan 228 ff., 246, 233.
Berichtigung des Grundbuchs, Unwirksamkeit des dinglichen Vertrags 43, — keine Verjährung des Berichtigungsanspruchs 54, — Kosten der Berichtigung 54, — Sicherung durch Widerspruch 54 ff., — Eintragungsbewilligung 74, — Vorlegung des Briefs 54, — Anspruch des Eigenthümers 175 ff., — des Ehegatten 187, 188, — des Erbbauberechtigten 196, — des Grunddienstbarkeitsberechtigten 213, — Nießbrauchers 232, — bei beschr. pers. Dienstbarkeit 257, des Reallastberechtigten 273, — wegen Entstehens der Eigenthümerhypothek 305, 315, — Berichtigungsanspruch gegenüber der Legitimation des Erwerbers der Briefhypothek 308, — Berichtigung bei Uebergang der Hypothek auf Grund Befriedigung des Gläubigers 313, 314, — hinsichtlich der Einreden gegen die Forderung des Hypothekgläubigers 340, — Berichtigung nach Uebertragung des Pfandrechts an einem eingetragenen Rechte 361, — Eintragung der Sicherungshypothek des Pfandgläubigers 365, — Erlöschen des Pfandrechts durch Verzicht 380.
Beschädigungen, Haftung des Besitzers 164 ff., — Anzeigepflicht des Nießbrauchers 234, — des Wohnungsberechtigten 256.
Beschlagnahme, Verfügungsbeschränkung 36, — von Erzeugnissen rc. zu Gunsten d. Hypothek(Gr., R.)-Berechtigten 286 ff.
Beschränkte Geschäftsfähigkeit 17.
Beschränkte persönliche Dienstbarkeit 197, 251 ff., — Inhalt 252, — Umfang 252, — Bestellung 254, — Ersitzung 63, 254, Berechtigter 253, — Ausübung 254 ff., — Erwerb des Eigenthums an Nutzungen 152, — Schutz 257, — Besitzschutz 110, — Endigung 256, 257, — Verjährung 61, 256, — Uebergangsbestimmungen 251, 257.
Beschwerde gegen Entscheidungen des Grundbuchamts 86 ff., — weitere Beschwerde 88, — Widerspruch auf Anordnung des Beschwerdegerichts 55, 87, 57, 88, — Vormerkung 58, 87, 60, 88.
Besitz 90 ff., — Begriff 90, — Besitzdiener 91, 99, 100, 104, — mittelbarer Besitz s. mittelbar, — Besitzmittler 92, — Eigenbesitz 92, — Fremdbesitz 92, — Verwaltungsbesitz 93, — Nutzbesitz 93, fehlerhafter Besitz 93, — Besitzer 93, — Mitbesitzer 94, — Gegenstand 94, — kein Rechtsbesitz 95, — Erwerb 95, — Besitzwille 95, 96, — Stellvertretung beim Besitzerwerb 96, — Uebertragung 97, — Beendigung 98 ff., — Uebergang auf Erben 100, — Selbstschutz 101 ff., — gerichtlicher Schutz 104 ff., — Besitzschutz für Rechte 110, — für Nothweg 128, — verbotene Eigenmacht 102, — Besitzentziehung 102, 103, 106 ff., — Besitzstörung 102, 105 ff., — Eigenthumsvermuthung 111, — Anspruch auf Herausgabe auf Grund besseren Besitzes 112, 171, — Ablösungsrecht 112, 312, 362, — Eigenthumserwerb an Erzeugnissen rc.

149 ff., — Herausgabe-Anspruch des Eigenthümers 157 ff., — ficta possessio 160, — Herausgabe von Nutzungen 163 ff., — Haftung für Beschädigungen 164 ff., — Verwendungsansprüche 167 ff., — Wegnahmerecht 169, 170, — Ersatz von Bestellungskosten 170.

Besitzklagen 104 ff., — Besitzstörungsklage 105 ff., — Besitzentziehungsklage 106 ff., — Einwendung des fehlerhaften Besitzes 108, — erlaubter Eigenmacht 108, Erlöschen des Klagerechts durch Zeitablauf 109, — rechtskräftige Feststellung des Rechtes 109.

Besitzschutz für Erbbaurecht 196, — für Grunddienstbarkeiten 211, — für Nießbrauch 231, — für beschränkte persönliche Dienstbarkeiten 257, — für Pfandrecht 376. S. auch Besitz.

Bestandtheile einer Sache, wesentliche 8, 10 ff., — nicht wesentliche 8, 11 ff., — eines Gebäudes 10, — eines Grundstücks 9, 10, — Rechte 11, — Zubehör 12, — Eigenthumserwerb 149 ff.

Betrug s. Arglist.

Beurkundung, gerichtliche oder notarielle, für Rechtsgeschäfte 44, — Verpflichtung zur Uebertragung des Eigenthums an einem Grundstück 42, 134, — Schenkungsversprechen 218, — Verpflichtung zur Bestellung des Nießbrauchs an einem Vermögen 218, 221.

Beweggründe bei Rechtsgeschäft 21.

Bewegliche Sachen 6, 7, — begrenzte Rechte an beweglichen Sachen 4. S. auch Sache.

Beweislast bei Bedingung 24, — Vindikation 158, — Störungsklage 173.

Bewilligung der Eintragung 43, 73, — Form 76, — Bezeichnung des Grundstücks 76, — Eintragung einer Rechtsänderung oder Aufhebung ohne Bewilligung Drittberechtigter 47, — Eintragungsbewilligung bei Berichtigung des Grundbuchs 53, — Eintragung und Löschung eines Widerspruchs 55, 57, — einer Vormerkung 58, 60, — Bewilligung zur Eintragung der Eigenthümerhypothek 305, — einer abgetretenen Brief-Hypothek (Gr., R.) 309, 323, 325.

Bezugnahme auf Eintragungsbewilligung 81, — bei Vormerkung 81, — Erbbaurecht 193, — Hypothek 296, 297, — Grundschuld 301, — Bezugnahme auf die Satzung einer Kreditanstalt 297, — bei Anfertigung des Briefes 326.

Bienenschwarm, Einfangen auf fremden Grundstücken 111, 153, — Eigenthumserwerb bei Vereinigung 147, — herrenlos 153.

Blankoabtretung einer Hypothekforderung 307, — Grundschuld 323.

Bodenbestandtheile, Frucht 14, — Wirthschaftsplan bei Nießbrauch 228 ff., 233, 246.

Börsen- oder Marktpreis, Pfandverkauf zur Sicherung des Pfandgläubigers 366, — zur Befriedigung 370, — Verzicht des Eigenthümers 370, 373.

Brauhaus Zubehör, 13.

Brief 277, — Ausstellung, Inhalt 325, — Eigenthum 149, 325, — Verbindung der Schuldurkunde mit Hypothekenbrief 327, — Abtrennung bei Umwandlung einer Hypothek in Grundschuld 302, — ein Brief für mehrere Hypotheken (Gr., R.) 328, — Herstellung bei Gesammt-Hypothek (Gr., R.) 327, 328, — Vertheilung einer Gesammt-Hypothek (Gr., R.) 328, 341, — Inhaber-Grundschuldbrief 302, — Ausschließung der Ertheilung eines Briefs 297, 301, 318, 319, — Kraft Gesetzes 298, — Aushändigung des Briefes an Eigenthümer 305, 323, — Uebergabe an Gläubiger 305, 306, 323, — Uebergabe bei Abtretungen 307, 323, — Wegnahme durch Gerichtsvollzieher 306, 311, — Aushändigung bei Befriedigung des Gläubigers 313, 314, — Vorlegung bei Grundbuchamt 54, 78 ff., 309, 324, — Vermerk der Grundbuch-Eintragungen 326, — Widerspruch 56, 83, 326, — Löschungsvermerk 83, 326, — Verzicht des Gläubigers 317, 326, — Vermerk über Einwendungen des Eigenthümers 338, 340, — Zahlung von Zinsen 2c. 310, — theilweise Befriedigung des Berechtigten 313, — Inhalt des Briefes und öffentlicher Glaube des Grundbuchs 309, 308, — Vorlegung bei Geltendmachung des Rechts 308, 324, 325, 337, — bei Kündigung 334, — Kraftloserklärung 328, — Kraftloswerden auf Grund Ausschlußurtheils 318, 319, — Unbrauchbarmachung 329, — Ausstellung neuer Briefe 328, 329.

Briefgrundschuld 277, — Entstehung 301, Berechtigter 323 ff.

Briefhypothek 276 ff., — Bestellung 277, 297, — Eigenthümerhypothek bis zur Uebergabe des Briefs 304, — Erwerb durch den Gläubiger 305, — Uebertragung durch Rechtsgeschäft 306 ff., — durch richterliche Verfügung 311, —

Uebergang bei Befriedigung des Gläubigers 311, 312, — Uebergang auf den persönlichen Schuldner 313, — Umwandlung in Buchhypothek 297, — Widerspruch gegen die Geltendmachung der Hypothek 308, — Berichtigung des Grundbuchs 313, — Nießbrauch an der Hypothek 220, 221, — Verpfändung 358, — Erlöschen des Pfandrechts 379.
Briefrentenschuld 277, 304.
Buchgrundschuld 277, 301, — Berechtigter 325.
Buchhypothek 276, — Ausschließung der Ertheilung d. Briefes 297, — Umwandlung in Briefhypothek 298, — Berechtigter 319 ff., — Erwerb durch den Gläubiger 319, — Uebertragung 320, — Pfändung 320, — Verpfändung 358. S. auch Hypothek und Eigenthümerhypothek.
Buchrentenschuld 277, 304.
Buchungsfreie Grundstücke, Ersitzung von Dienstbarkeiten 63, — Begründung und Aufhebung von Grunddienstbarkeiten 197.
Bürge, Befriedigung des Hypothekgläubigers, Uebergang der Forderung 311, — Geltendmachung der Bürgen-Einreden 339.

C.

Cession s. Abtretung.
Chikaneverbot 117.
Constitutum possessorium, Eigenthumserwerb 143, — Nießbrauchbestellung 219, — Pfandbestellung 357, 358.

D.

Dämpfe, Zuführung 119, — Leitung 120.
Darlehen, Widerspruch wegen Nichtempfangs 320, 56, — Bezugnahme auf Satzung einer Kreditanstalt 82, 297, — Grundschuld 301.
Datum der Eintragungen 80, — Rangverhältniß 47, 48.
Dereliktion eines Grundstücks 138, — einer beweglichen Sache 153.
Destinatio patris familias 203.
Dienstbarkeit 197 ff., 11, 40, 69, — Ablösung, Umwandlung, Einschränkung von Dienstbarkeiten 197, — Recht auf Ueberbaurente 124, — Nothwegrente 127. S. auch Grunddienstbarkeit, Nießbrauch, beschränkte persönliche Dienstbarkeit.
Dienste, Nießbrauch an Forderung auf Dienste 225.
Dienstverhältniß, Willenserklärungen beschränkt geschäftsfähiger Personen 18.
Dingliche Rechte 3, 4, 11, 45, 61, 353.
Dinglicher Vertrag 20, 29, 42, 43.
Drohung, Anfechtung einer Willenserklärung 19.
Drucken, Eigenthumserwerb 148.
Dunggrube, schädliche Einwirkung auf Nachbargrundstück 120.

E.

Ehefrau, keine Eintragung der Beschränkung des Verfügungsrechts 35.
Eheliche Gütergemeinschaft s. Gütergemeinschaft.
Eigenbesitz 92, — Ausschließung des Eigenthümers 137, — Ersitzung 139, 144, Erwerb der Früchte 150 ff., — Aneignung 152 ff.
Eigenmacht, verbotene 102, — erlaubte 108, — Haftung gegenüber Eigenthümer 166.
Eigenthum 4, 113 ff., — Uebergangsvorschriften 113, — Erwerb außerhalb des Grundbuchs 39, — Erwerbsarten 133; — Eigenthum an Grundstücken, Erwerb 133 ff., — Auflassung 134 ff., — 39, 42, — Aufgebotsverfahren 137 ff., — Aneignung 138, 139, — Ersitzung 139, 62 ff., — Zuschlag 140, — an beweglichen Sachen, Erwerb 140 ff., — Uebertragung 141 ff., — Ersitzung 144 ff., — Verbindung und Vermischung 145 ff., — Verarbeitung 147 ff., — Erzeugnisse und sonstige Bestandtheile 149 ff., — Aneignung 152, — Fund 153 ff., — Schatz 156; — Erlöschen des Eigenthums in Folge Erwerbs durch Andern 143, 156, — Verlust durch Aufgeben 156, 139, 153, — Untergang der Sache 156; — Ansprüche aus dem Eigenthum 157 ff., — dinglicher Anspruch auf Herausgabe 157, — obligatorische Ansprüche 163, — Störungsklage 173, — Berichtigungsanspruch 175, — Feststellungsklage 177, — Anspruch auf Gestattung des Aufsuchens und Wegschaffens der Sache 177.
Eigenthumsbeschränkungen 113, — gesetzliche 115 ff., — Rechte der Dritten 116, Grunddienstbarkeiten 201, — Chikaneverbot 117, — Nothlage 117, — Höhe und Tiefe 118, 119, — Zuführung unwägbarer Stoffe 119, — schädliche Anlagen 120, 121, — baufällige Werke 121, — gefährliches Graben 122, — Eindringen von Wurzeln 122, — Ueberhängen von Zweigen 122, — überfallende Früchte 123, — Ueber-

bau 123 ff., — Nothweg 126 ff., — Grenzverwirrung 129, — Grenzeinrichtungen zu beiderseitigem Vortheil 130, — Grenzbäume und Grenzsträucher 131.
Eigenthumsfreiheitsklage 173.
Eigenthumsvermuthung aus Besitz 111.
Eigenthümer, Befugnisse 113 ff., — Eintragung zum Zwecke der Grundbuchberichtigung 74, — Pflichten gegenüber Grunddienstbarkeitsberechtigten 205 ff.; — Rechte gegenüber Nießbraucher 232, 244 ff., — Einziehung von Kapitalien 246, — Ausbesserung oder Erneuerung der Nießbrauchsache 246, 249, — Klagrechte 246 ff., — Ersatzansprüche wegen Veränderung oder Verschlechterung der Sache 248, — Rechte gegenüber Miether oder Pächter der Nießbrauchsache 243, — Verbindlichkeiten gegenüber Nießbraucher 248 ff.; — Befugnisse gegenüber beschr. persönl. Dienstbarkeit 254 ff.; — Hypothekbestellung 295, — keine Hypothekbestellung zu Gunsten des Eigenthümers 295, — Bestellung einer Grundschuld oder Rentenschuld für den Eigenthümer 303, — Hypothekbestellung für Forderung aus Schuldverschreibung auf den Inhaber 299, — Bestellung einer Inhaber-Brief-Grundschuld 302, — Rechte und Pflichten gegenüber dem Hypothek (Gr., R.) berechtigten 329, — Unzulässigkeit der Verpflichtung, das Grundstück nicht zu veräußern oder weiter zu belasten 329, — Gefährdung der Sicherheit des Berechtigten 330, 331, — Versicherung der belasteten Gebäulichkeiten 331, — keine Zahlungspflicht 280, 331, 336, — Recht auf Zahlung 280, 281, 331, — Kündigung u. Mahnung 333, 334, — Aufstellung eines Vertreters zur Entgegennahme der Kündigung 334, — Haftung des Grundstücks für Verzugszinsen 293, — Zwangsvollstreckung des Berechtigten 331 ff., — Geltendmachung des Realrechts durch den Eigenthümer 333, — Rechte des Eigenthümers bei Vollstreckung gegen eingetragenen Nichteigenthümer 335, — Anspruch des Realberechtigten gegen Eigenthümer 336, — Einwendungen gegen die Geltendmachung d. Realrechts 337 ff., — gegen die Forderung des Hypothekgläubigers 338, 339, 340, — Befriedigung des Realberechtigten 312, 313, 324, 325, — bei Gesammt-Hypothek (Gr., R.) 345, — Zustimmung des Eigenthümers zur Löschung des Realrechts 348, — zur Aufhebung 348, 46, — zum Rangrücktritt 50; — Rechte gegenüber Pfandgläubiger 376 ff., — Verwendungsansprüche des Pfandgläubigers 366, — Verkauf des Pfandes 369 ff., — Mitbieten des Eigenthümers 371, — Rechte am Erlös 373.
Eigenthümergrundschuld 323 ff., — Bestellung 303, — Umwandlung in Hypothek 299.
Eigenthümerhypothek, Grundschuld 303, — aus Sicherungshypothek 280, — aus Arresthypothek 280, — bei Gesammthypothek 342 ff., — Verzinslichkeit 292, — Zinsbezug 312, 333, — Eigenthümerhypothek bis zur Uebergabe des Briefs 304, — bei Gesammthypothek 342, — wegen Nichtbestehens der Forderung 306, 319, 320, 321, — bei Gesammthypothek 342, — in Folge Erlöschens der Forderung 315, 316, 320, 323, — bei Gesammthypothek 342, 345, 346, — Befriedigung des Gläubigers durch Schuldner, der nur zum Theil ersatzberechtigt ist 314, — bei Gesammthypothek 346, — Verzicht des Gläubigers auf die Hypothek 316, 317, 320, 323, — Gesammthypothek 343, — Erlöschen des Rechtes des Hypothekberechtigten durch Schuldübernahme 317, — bei Gesammthypothek 343, — auf Grund Aufgebots 318, 319, 320, 323, — bei Gesammthypothek 343, — Verpflichtung zur Löschung der Eigenthümerhypothek 316, 50, — Erlöschen der Hypothek für rückständige Zinsen 2c. 316, 349, — Geltendmachung der Eigenthümerhypothek 333, — Zwangsvollstreckung in die Eigenthümerhypothek 333, — Aufhebung der Eigenthümerhypothek 348. S. auch Hypothek des Eigenthümers.
Eigenthümerrentenschuld 304.
Einigung, dingliche, Vertrag 20, 39 ff., — Konsensprincip 30, — Erforderniß einer Rechtsänderung 42, — nicht vor der Eintragung nachzuweisen 43, — Widerruf 44, — Rangänderung 49, — Einigung bei Besitzübertragung 97, — Uebertragung des Eigenthums an Grundstücken 134, — an beweglichen Sachen 141, — Bestellung des Erbbaurechts 193, — von Grunddienstbarkeiten 202 ff., — des Nießbrauchs 217, 219, — einer beschr. pers. Dienstbarkeit 254, — des Vorkaufsrechts 261, — einer Reallast 273, — einer Hypothek 295, 296, — Einigung über Ausschließung

der Ertheilung des Briefes 297, — Bestellung einer Grundschuld 301, — eines Pfandrechts 356 ff.

Einrede, Begriff 59, — peremtorische und dilatorische 339, — öffentlicher Glaube des Grundbuchs 33, 308, 309, 338, 339, 340, — Einrede gegen Forderung bei Sicherungshypothek, keine Eintragung 280, — Verzicht auf Hypothek wegen Einrede des Eigenthümers 317, 318, — Einreden des Verpfänders 377; — Einreden des Besitzers bei der Vindikation 161 ff.

Einseitiges Rechtsgeschäft 20, — beschränkte Geschäftsfähigkeit 18.

Einsicht der Grundbucheinträge und Eintragungsanträge 85.

Einstweilige Verfügung, Verfügungsbeschränkung 36, — Widerspruch 55, 57, 79, — Vormerkung 58, 61.

Einsturz drohende Werke 121.

Eintragung, Erforderniß für Rechtsänderung 29 ff., — Eintragung von Verfügungsbeschränkungen 36 ff., — endgiltige Eintragungen 39 ff., — vor oder nach Einigung 43, — Reihenfolge, Rangverhältniß 47, 48, — Aenderung des Rangverhältnisses 49, — Rangvorbehalt 51, — vorläufige Eintragungen 54 ff., unzulässige Eintragungen 54, 55, 83, — widersprechende Einträge 67, 140, — Eintragung nach Reihenfolge der Anträge 72, 73, — Eintragungsbewilligung 73 ff. (s. auch Bewilligung und Bezugnahme), — vorgängige Eintragung des Berechtigten 53, 78, — Form für Eintragungsbewilligung 76, — für sonstige Nachweise 76, 77, — Eintragung auf Ersuchen einer Behörde 78, — Form, Datum und Unterschrift 80, 82, — Eintragung gemeinschaftlicher Rechte 80, — einer Gemeinschaft zur gesammten Hand 185, — einer offenen Handelsgesellschaft 185, — eines nicht rechtsfähigen Vereins 186, — eines Vorerben 82, — unrichtige Eintragungen 83, — Benachrichtigung von Eintragungen 84; — Eintragung für Eigenthum an Grundstücken 133, 135, — Verzicht auf Grundeigenthum 138, Regelung der Verwaltung und Benutzung gemeinschaftlicher Grundstücke 180, — Ausschließung oder Beschränkung des Rechts der Miteigenthümer auf Aufhebung der Gemeinschaft 181, — Eintragung für Verzicht auf Ueberbau- und Nothwegrente 125, 127, — Festsetzung der Höhe der Renten 125, 127, — Bestimmung des Werthersatzes für begrenzte Rechte 193, — Eintragung der Erbbaurechte 193, — bestehender Grunddienstbarkeiten 204, — beschränkter persönl. Dienstbarkeiten 252, — der Vorkaufsrechte 258, — von Reallasten 273, — Bestellung einer Hypothek 295, 296, 82, — Ausschließung der Ertheilung des Briefes 297, — Bezeichnung als Sicherungshypothek 280, — Bestellung der Hypothek für Forderung aus Schuldverschreibung auf den Inhaber 299, — Eintragung der Zwangshypothek 299, — Grundschuld 301, — Inhaber-Grundschuld 302, — Eigenthümer-Grundschuld 303, — des Erwerbes einer Briefhypothek (Gr., R.) 309, 323, — der Abtretung der Forderung bei der Buchhypothek 320, — der Pfändung und Ueberweisung 320, — des Verzichts auf das Realrecht 317, — der Einreden des Eigenthümers 338, — Eintragung der Unterwerfung unter sofortige Zwangsvollstreckung für den jeweiligen Grundstücks-Eigenthümer 336, — Eintragung der Vertheilung einer Gesammthypothek 341, 343.

Eintragungsprinzip im Grundbuchrecht 29 ff.

Einwendungen bei der Vindikation 161 ff., Störungsklage 175, — gegen Hypothek (Gr., R.) 337 ff., 321.

Einwilligung 28.

Einzelsache 5.

Einziehung, Eigenthumserwerb 141, — Rechte des Nießbrauchers 224 ff., — des Pfandgläubigers 364, 374.

Eisenbahnen, Grunddienstbarkeiten 198, — Bahneinheit 284.

Empfangsbedürftiges Rechtsgeschäft 20.

Endtermin bei Rechtsgeschäft 23, 25, — Erlöschen des Rechts ohne Eintragung 41, 348, — Berichtigung des Grundbuchs 53, — Pfandrecht 378. S. auch Zeitbestimmung.

Enteignung 40.

Erbbaurecht 190 ff., — Bestellung 193 ff., 40, 42, — Ersitzung 62, 194, — Uebertragung 40, 42, 194, — Nachweis der Einigung vor der Eintragung 43 ff., 73, 193, — Aneignung 194, — Ausschlußurtheil 194, — Grundbuchblatt 70, 194, — Belastung 195, 197, 202, 40, — Schutz 196, — Berichtigungsansprüche 196, — Berichtigung des Grundbuchs durch Eintragung des Berechtigten 74; — Recht

auf Ueberbau- und Nothwegrente 124, 127, 196; — Verfügung über Bauwerk 191, — Unterhaltung 192, — Zinspflicht 192, — Erlöschen 195, 196.
Erbe, Erwerb nicht unter öffentlichem Glauben des Grundbuchs 32, 133, — Verfügungsbeschränkung 35, — Eintragung der Ernennung des Testamentsvollstreckers 82, — Besitzübergang 100.
Erbengemeinschaft, gesammte Hand 189.
Erbpachtrecht, Grundbuchblatt 70.
Erbschaft, Nießbrauch an Erbschaft 216, — Bestellung 222, — Schuldentilgung 239.
Erbschaftsbesitzer 95, — Einfluß der Besitzergreifung durch den Erben 100, — Ersitzung durch den Erben 140, 144.
Erbschaftskauf, rechtsgeschäftlicher Erwerb 39.
Erbschein, Nachweis der Erbfolge 77.
Erlös aus Pfandverkauf 372, 373.
Erlöschen eines Rechts ohne Eintragung 41.
Errungenschaftsgemeinschaft, gesammte Hand 189.
Ersatzforderung des Eigenthümers bei der Gesammt-Hypothek (Gr., R.) 345, — des persönlichen Schuldners bei Befriedigung des Hypothekgläubigers 314, — bei Gesammthypothek 346.
Ersatzpflicht bei Verletzung der Amtspflicht des Grundbuchbeamten 85, — bei Verwendungen des Pfandgläubigers 366, — bei Veränderung und Verschlechterung des Pfandes 377, 378. S. auch Schadensersatzpflicht.
Erschütterungen, Zuführung 119.
Ersitzung 61 ff., — Rang des Rechtes 48, — Hemmung der Ersitzung durch Widerspruch 56, — Ersitzung des Eigenthums beweglicher Sachen 144, 145, — des Eigenthums an Grundstücken 139, — des Erbbaurechts 194, — einer Grunddienstbarkeit 204, — des Nießbrauchs 222, 62, — keine Ersitzung einer Hypothek 300, — eines Pfandrechts 350.
Ersuchen einer Behörde, Eintragung 78, Hypothek 300.
Ertrag einer Sache oder eines Rechtes 14.
Erwerb, rechtsgeschäftlicher, öffentlicher Glaube des Grundbuchs 32, — entgeltlicher oder unentgeltlicher 32, — Eintragung und Einigung 39.
Erwerbsgeschäft, Willenserklärungen beschränkt geschäftsfähiger Personen 18, — Nießbrauch 216.
Erzeugnisse, wesentliche Bestandtheile des Grundstücks 9, — Sondereigenthum 10, — Pfändung 10, — Früchte 14, — selbständiger Besitz 94, — Eigenthumserwerb 149 ff., — Haftung bei der Hypothek (Gr., R.) 285 ff., — bei dem Pfandrecht 351.

F.

Fabrik, Zubehör 13.
Fälligkeit der Hypothekforderung 294, 333, — der Grundschuld 294, 333, — Aenderung der Zahlungszeit 297, — Fälligkeit der Forderung des Pfandberechtigten 367.
Fahrnißgemeinschaft, gesammte Hand 189.
Faustpfandrecht 350.
Fehlerhafter Besitz 93, 106, — Erbe 100, — verbotene Eigenmacht 102, — Selbstschutz des Besitzers 104, — Besitzklage 106, — Einrede 108.
Feststellungsklage des Eigenthümers 177, — des Besitzers 105, — des Grunddienstbarkeitsberechtigten 212, — des Nießbrauchers 232, — des Berechtigten bei beschr. pers. Dienstbarkeit 257, — des Reallastberechtigten 273.
Ficta possessio 160.
Finderlohn 154.
Firma eines Einzelkaufmanns, Bezeichnung im Grundbuch 297.
Fiskus, buchungsfreie Grundstücke 67, — Aneignung herrenloser Grundstücke 138, 139, — Erwerb von Vereins- und Stiftungsvermögen 133.
Fischerei, Landesgesetz 116, — kein Eigenthumserwerb durch unberechtigte Fischerei 152.
Flächenabschnitte der Grundstücke 10, 11.
Flurbereinigung, landesgesetzlich 40, — Begründung, Aenderung oder Aufhebung von Grunddienstbarkeiten 201, — Erlöschen von Hypotheken (Gr., R.) 349.
Flurbuch 66, — Abschreibung von Grundstückstheilen 69.
Forderung, dingliches Recht an Forderungen 3, — Nießbrauch an Forderung 224, 235, — Forderung bei Hypothek 278, 279, 295, 296, — Forderung neben Grundschuld 301, — Forderung des Hypothekgläubigers unter öffentlichem Glauben des Grundbuchs 33, 308,

339, 340, — Nichtbestehen der Forderung, Eigenthümerhypothek 306, — Erlöschen der Forderung 315, — Uebertragung 306, 307, 320, 321, — Uebergang bei Befriedigung des Hypothekgläubigers 311 ff., — Einwendungen des Eigenthümers 338 ff., 321 ff.; — Forderung des Pfandberechtigten 354 ff., — Uebertragung 360 ff., — Fälligkeit 367 ff., — Erlöschen 379, — Pfandrecht an Forderungen 358 ff., — Kündigung und Einziehung 364 ff., 374 ff.

Formfreiheit im Sachenrecht 22 ff.

Formmangel, Nichtigkeit 23.

Forstberechtigungen 201.

Forstordnungen, Eigenthumsbeschränkungen 115.

Frist, Ersitzung 139, 140, — Vorkaufsrecht 263, — Kündigung einer Grundschuld 334, — Sicherheitsleistung bei Werthminderung des Pfandes 367, — Pfandverkauf 370. S. auch Gefährdung.

Früchte 14, — Auseinandersetzung 15, — Herausgabe, Kostenersatz 15, — Eigenthumserwerb 149 ff., — auf Nachbargrundstück fallende 123, — Früchte eines Grenzbaumes 131, — Herausgabepflicht bei Vindikation 163 ff., — Rechte des Nießbrauchers 228 ff., — Rechte der Hypothek (Gr., R.) -Berechtigten 285, 330, — der Pfandgläubiger 362.

Fund 153 ff.

G.

Gase, Zuführung 119.

Gastwirth, gesetzliches Pfandrecht 350, 376, 378, 380.

Gebäude 9, — als bewegliche Sache 7, 119, — Bestandtheile 10, — baufällige 121, — Ueberbau 123 ff.

Gebäudeversicherung, Rechte der Hypothek (Gr., R.) -Berechtigten 290.

Gebrauch, Nutzung 15.

Gefährdung der Sicherheit einer Hypothek (Gr., R.) 330, — eines Pfandrechts 366, — bei Nießbrauch 247, 236 ff.

Geistiges Eigenthum 114.

Geld, Eigenthumsvermuthung für Besitzer 111, — Eigenthumserwerb 143, — Vermischung oder Vermengung 147, — Vindikation 147, 158, 159, — Herausgabe-Anspruch aus früherem Besitze 172, — Nießbrauchbestellung 220, 247, — Verpfändung 357, 359.

Geldforderung des Hypothekgläubigers 295, — des Pfandgläubigers 354, 367, — Einziehung einer mit Pfandrecht belasteten Geldforderung 365, — zur Befriedigung des Pfandgläubigers 375.

Gemeinde, Grunddienstbarkeiten zu Gunsten einer Gemeinde 198, — an der Gemeindeflur 198, — Eigenthumserwerb an Fundsachen 154, — Vorrang vor Pfandrechten 360.

Gemeingebrauch einer Sache 8, 95, 198.

Gemeinheitstheilung, landesgesetzliche Vorschriften 40, 201.

Gemeinschaft nach Bruchtheilen 178, — Eintragung 80, — Aufhebung 181, — Theilung 182, — Gemeinschaft der Eigenthümer bei Gesammthypothek 342 ff. S. auch gesammte Hand.

Gemeinschaftliches Recht 2, 178, — Eintragung 80, — Vorkaufsrecht 262.

Genehmigung 18, 28.

Geräusch, Zuführung 119.

Gerüche, Zuführung 119.

Gerechtigkeiten, selbständige 70, 283.

Gesammte Hand 178, 185 ff., — Eintragung 80.

Gesammtgut der Ehegatten 187.

Gesammtgrundschuld s. Gesammthypothek.

Gesammthypothek 340 ff., — ausgeschlossen bei Zwangshypothek und Arresthypothek 300, — Ausstellung des Briefs 327, 341, — Haftung des einzelnen Grundstücks 341, — Vermerk im Grundbuch 341, 81, — Vertheilung auf die einzelnen Grundstücke 341, — Eigenthümerhypothek 342 ff., 345, — Freigeben einzelner Grundstücke 343, — Vollstreckung oder freiwillige Befriedigung 344, 345, 346, — Ersatzforderungen 344 ff., — Uebertragung und Belastung 347, — Behandlung bei Zwangsversteigerung 347.

Gesammtschuldner, Befriedigung des Hypothekgläubigers 311.

Geschäftsfähigkeit 17, — keine Verfügungsbeschränkung 34, — Besitzerwerb 93, — Aufgaben des Besitzes 99, — guter Glaube eines Erwerbers 144, — Eintritt der Geschäftsunfähigkeit nach Abschluß des dinglichen Vertrages 44.

Gesellschaft, Gemeinschaft zur gesammten Hand 185.

Gesellschaftsantheile, Nießbrauch 216, 217.
Gesetzliche Pfandrechte 350, — Rang 360, — Uebertragung 360.
Gewässer, öffentliche, buchungsfrei 67.
Gewalt gegen verbotene Eigenmacht 102, 103, — Gewalt keine Voraussetzung der Besitzklage 105.
Gewerbebetrieb, Zubehörstücke 13, — Grunddienstbarkeiten 199.
Gewerbliche Anlagen 120, 121, 175.
Gewinnantheilscheine, Pfandrecht 353.
Glaube s. Oeffentlicher Glaube und Guter Glaube.
Gold- und Silbersachen, Pfandverkauf 370 ff.
Graviren, Eigenthumserwerb 148.
Grenzbaum 131.
Grenzeinrichtungen (Mauer, Hecke 2c.) zu beiderseitigem Vortheile 130.
Grenzen des Grundstücks 114, 130, — Abmarkung 128, Grenzstreitigkeit 129.
Grundakten, Anlegung 84, — Einsichtnahme 85, — Ertheilung von Abschriften 85.
Grundbuch, Kenntlichmachung der Rechtsverhältnisse 29, — Eintragungsprinzip 29, — Prinzip des dinglichen Vertrags 29, — Oeffentlichkeitsprinzip 29, — Prioritätsprinzip 29, — Spezialitätsprinzip 29, — Legalitätsprinzip 30, — Vermuthung der Richtigkeit 30, — öffentlicher Glaube 31 ff., 309, Anlegungsverfahren 64, — Einrichtung 65, — bisherige Hypothekbücher 68, — Abtheilungen 66, — Berichtigung 52 ff., — Berichtigung auf Grund Aenderung des Flurbuchs 66, Einsichtnahme 85, — aus Grundbuch keine Auskunft über geschuldete Zinsen 310, — Vermerk über Ertheilung eines neuen Briefes 329. S. auch Eintragung.
Grundbuchamt 64 ff., — Löschung unzulässiger Einträge 54, 86, 87, — Eintragung eines Widerspruchs 55, 87, — einer Vormerkung 58, — Löschung 60, — Feststellung des Einlaufs von Eintragungsanträgen 72, — Aufbewahrung der Urkunden 84, — Einsicht der Akten 85, — Ertheilung von Abschriften 85, — Entscheidungen, Form 86, — Zustellung 86, Beschwerde 86 ff., — Ertheilung der Briefe 325 ff.
Grundbuchbeamter, Haftung 85, 86.
Grundbuchbezirk 66.
Grundbuchblatt 66, — gemeinschaftliches 67, 69, — Beibehaltung von Hypothekbüchern 68, — Grundbuchblatt für Rechte 70, 194, 283.
Grundbuchordnung 64 ff.
Grunddienstbarkeit 197 ff., — Begriff 198, — Arten 200, 201, — Vortheil für (herrschendes) Grundstück 198, 199, 200, — Nachbarschaft 200, — übertragbar 40, — Uebergangsvorschriften 201, 204, — Grunddienstbarkeiten an buchungsfreien Grundstücken 197, — Bestellung einer Grunddienstbarkeit 201 ff., — Eintragung 204, 33, Ersitzung 63, 204, — Aenderung des Inhalts 202, — destinatio patris familias 203. — Vorbehalt bei Veräußerungen 203, — an gemeinschaftlichen Grundstücken 203, — Gegenleistungspflicht des Berechtigten 203, 204, — Ausübung 205 ff., — Erwerb des Eigenthums an Nutzungen 152, — Endigung 209, — Verjährung 210, 61 ff., — Schutz 211 ff., — Besitzschutz 211 ff., 110, — Uebergangsbestimmungen 212, — Feststellungsklage 212, — Störungsklage 212, 213, — Berichtigungsanspruch 213, — keine Verpfändung 352.
Grundschuld 276 ff., — Begriff 281, — Unterschied von Rentenschuld und Hypothek 277, — Brief- und Buch-Grundschuld 277, — Gesammtgrundschuld 340 ff., — Bestellung 301 ff., 40, 82, — Bestellung für den Eigenthümer 295, — Umwandlung 302, — Verwandlung 303, — Rangverhältniß 278, — für Rangrücktritt Zustimmung des Eigenthümers 50, — Uebertragung 323, 40, 338, — Ueberweisung einer Nachlaßgrundschuld an einen Miterben 77, — Zerlegung einer Inhaber-Grundschuld in Theile 82, — Vollstreckungsrecht 281, 336, — Haftung des Grundstücks 283, — für Kapital, Zinsen 2c. 293, 294, — Fälligkeit und Zahlungsort 294, — unkündbare 294, — Kündigung 334, — Zwangsvollstreckung 331 ff., — Einwendungen des Eigenthümers 337 ff., — Uebergang auf den Eigenthümer 323, 324, — Umwandlung in Hypothek 299, 41, — keine Verwandlung in Hypothek 344, — Endigung 347 ff., 45, 75, — Uebergangsbestimmungen 276; — Nießbrauch an Grundschulden 224 ff.; —

Pfandrecht 352 ff., — Uebertragung des Pfandrechts 361, — Kündigung und Einziehung der mit Pfandrecht belasteten Grundschuld 364, 365, 375, — Verzicht des Pfandgläubigers 380, — Zustimmung der Grundschuldberechtigten zur Löschung des Pfandrechts 381. S. auch Hypothek und Brief.

Grundstück 8, Eigenthumsgrenzen 114, 115, 118, — subjektiv dingliche Rechte 2, 11, — buchungsfreies 8, 67, — Bestandtheile 9, 11, 146, — Erzeugnisse 9, 10, — Flächenabschnitte keine wesentl. Bestandtheile 10, — zusammengesetztes Grundstück 10, — Grundstück kein Zubehör 12, — Bezeichnung im Grundbuch 66, — Löschung untergegangener Grundstücke 67, — Einträge über Größe und Werth 30, 31, — Verbot der Theilung oder Zusammenschlagung 34, — — Zusammenlegung von Grundstücken, landesgesetzliche Vorschriften 40, 201, — Zuschreibung und Vereinigung von Grundstücken im Grundbuch 68, — Abschreibung bei Veräußerung 69, — Belastung von Grundstückstheilen 69, — gemeinschaftliche Grundstücke, Grundbuchblatt 69, — Recht an einem Grundstück 9, — Mitbelastung 81, — Besitzschutz 103, — keine Eigenthumsvermuthung aus Besitz 112, — Eigenthum 114 ff., — Sondereigenthum an Erzeugnissen, Stockwerken 115, — gefährliches Graben 122, — Abmarkung 128, — Grenzverwirrung, 129, — Belastung mit begrenzten Rechten 2 ff., 39, 40, — Belastung von Grundstücken, die dem Gemeingebrauch dienen, 8, 198, — Erbbaurecht 190 ff., — Dienstbarkeiten 197 ff., — Vorkaufsrecht 260, — Reallast 269, — Hypothek (Gr., R.) 283 ff.

Guter Glaube, Erwerb des Eigenthums beweglicher Sachen durch Uebergabe 142, 144, — Ersitzung 142, 144, — Erwerb der Früchte 2c. 150, 151, — guter Glaube des Besitzers bei Vindikation 163 ff., — bei Herausgabeanspruch aus früherem Besitze 172, — hinsichtlich der mangelnden Geschäftsfähigkeit eines Contrahenten 144, — guter Glaube bei Erwerb eines Nießbrauchs 219, — eines Pfandrechts 357, 359, 360, — bei Erwerb eines veräußerten Pfandes 369, 372, — einer Hypothek (Gr., R.), Briefeinträge 309. S. auch Oeffentlicher Glaube.

Gütergemeinschaft, eheliche, Eigenthumserwerb 39, 133, — Gemeinschaft zur gesammten Hand 187, — fortgesetzte Gütergemeinschaft 188, 189.

H.

Hauptsache und Zubehör 12, — Verbindung mit Hauptsache 147.

Hecke auf der Grenze 130.

Heerde 6.

Herausgabe 160, — von Früchten, Kostenersatz 15, — ungerechtfertigter Bereicherung bei Rechtsverlust in Folge des öffentlichen Glaubens des Grundbuchs 39, — in Folge Verfügung eines Nichtberechtigten 144, — Anspruch des Eigenthümers auf Herausgabe 157 ff., — Abtretung des Anspruchs 143, 306, — Anspruch des früheren Besitzers 171 ff., — des Nießbrauchers 231, — Herausgabe des Pfandes an den Erwerber des Pfandrechts 361, — an Pfandgläubiger zur Veräußerung 368.

Herrenlose Grundstücke, Aneignung 138, 139, — bewegliche Sachen, Aneignung 152 ff.

Hinterlegung eines mit Nießbrauch belasteten verzinslichen Kapitals 226, — Inhaber- oder Orderpapieres 227, — Hinterlegung behufs Ablösung eines Hypothek (Gr., R.)-Berechtigten 312, 324, — durch den Eigenthümer 331, 332, 312, — im Aufgebotsverfahren 319; — Ablösung des Pfandgläubigers 362, — Einziehung einer mit Pfandrecht belasteten Forderung 364, 365, — Hinterlegung des Pfandes bei Verletzung der Rechte des Verpfänders 377, — des Erlöses bei Versteigerung wegen Gefährdung der Sicherheit des Pfandgläubigers 367, — Hinterlegung zur Befriedigung des Pfandgläubigers 378.

Hypothek, gewöhnliche 276, — Begriff 278, — kein Accessorium einer Forderung 278, 279, — Unterschied von Sicherungshypothek, Grundschuld und Rentenschuld 277, — Umwandlung in Sicherungshypothek 280, — Grundschuld 302, — Entstehung der Hypothek 295 ff., 304, 305, 40, 42, 43, 56, 82, — Grundstücksbelastung 283 ff., — 340 ff., — reeller und ideeller Theil 283, — jeweiliger Bestand 284, — Theilung 284, — Zuschreibung und Vereinigung 284, — subjektiv dingliche Rechte 284, 285, — Bestandtheile 285 ff., — Dauer der Haftung der Erzeugnisse ꝛc. 286, 287, — des Zubehörs 287, 288, — der Mieth- und Pachtzinsforderungen 288, — wiederkehrende Leistungen aus subjektiv dinglichen Rechten 289, — der Versicherungsforderungen 289, 290, — Haftung für Kapital 291, — Zinsen und andere Nebenleistungen, Kosten 292, 293; — Rangverhältniß 278, — Rangrücktritt, Zustimmung des Eigenthümers 50, — Uebertragung 40, 306 ff., — Hypothek des Eigenthümers 312, 319, 344, — Vollstreckung, Befriedigungsrecht des Eigenthümers 280, 281, — Fälligkeit und Zahlungsort 294, — Rechte des Gläubigers bei Gefährdung der Sicherheit 330, — Kündigung 333, 334, — Vollstreckung 335, 286, 287, — Einwendungen des Eigenthümers 337 ff., — Endigung 347 ff., — Uebergangsbestimmungen 276, — Nießbrauch an Hypothek 224 ff., 74, — Pfandrecht 358, — Uebertragung des Pfandrechts ohne Eintragung 361, — Kündigung und Einziehung der Hypothek vor Fälligkeit der Forderung des Pfandgläubigers 364, 365, — nach Eintritt der Fälligkeit 374, — Verzicht des Pfandgläubigers 380, — Zustimmung des Hypothekberechtigten zur Löschung des Pfandrechts 381. S. auch Hypothekgläubiger, Brief, Briefhypothek, Buchhypothek, Eigenthümerhypothek, Gesammthypothek, Sicherungshypothek und Zinsen.

Hypothekenurkunden, Vollstreckbarkeit 336.

Hypothekgläubiger 295, — Bezeichnung im Grundbuch 297, — Erwerb der Briefhypothek 305, — Ablösung 311, 312, — Benachrichtigung des ersatzberechtigten Schuldners von Zwangsversteigerung 315, — Verzicht auf die Hypothek 316, 317, — Aufgebotsverfahren 318, 319, — Schutz gegen Verschlechterung des Grundstücks 330, 331, — Bewirthschaftung des Grundstücks durch den Hypothekgläubiger 332, — Vereinbarung über Privatverkauf 332, — Kündigung und Mahnung 334, — Vollstreckungstitel 335, — Anspruch gegen den Eigenthümer 336.

J.

Jagd, Landesgesetz 116, — kein Eigenthumserwerb durch Wildern 152.

Immission von Imponderabilien 119.

Inbegriff von Sachen 6.

Indossirbares Papier, Sicherungshypothek 280, 298, — Bestellung 295, 299, — Treuhänder 298, — Abtretung 322, — Pfändung und Ueberweisung 322, — Verpfändung 359, — Einziehung vor und nach Eintritt der Fälligkeit der Forderung des Pfandgläubigers 364, 374.

Irrthum, Willensmangel 18 ff.

Inhaber, Bestellung einer Grundschuld (Rentenschuld) auf den Inhaber 302, 304, — Uebertragung 324, — Pfandrecht 358, — Inhaber-Grundschuld (R.)-Brief 302, — Eintragung eines Widerspruchs 79, 83, — Zerlegung der Grundschuld (R.) in Theile 82, — Herstellung von Theilbriefen 327, — Kraftloserklärung eines Inhaber-Grundschuld-(R.)-Briefs 328; — Bestellung einer Hypothek für den Inhaber einer Forderung 295, 296, 277, 280, 322; — Bestellung eines Pfandrechts gegenüber dem Vertreter der Inhaber von Pfandbriefen 356.

Inhaberpapiere, Eigenthumsvermuthung für Besitzer 111, — Eigenthumserwerb 143, Vindikation 158, 159, — Herausgabeanspruch aus früherem Besitze 172, — Nießbrauch 220, 221, 227, 230, 235, 245, 246, — Pfandrecht 358, 357, 359, 362, 364, 368, 369, 374, 379. S. auch Schuldverschreibung auf den Inhaber.

Inhalt eines am 1. Januar 1900 bestehenden begrenzten Rechtes 4; — Aenderung des Inhalts eines Rechtes an einem Grundstück 38, 41, — Bewilligung des Eigenthümers und des Berechtigten 43, — Zustimmung Dritter 46, — Bezugnahme auf Eintragungsbewilligung 81.

Interesse, berechtigtes, zur Grundbucheinsicht 85.

Inventar eines Grundstücks 229, 6, — Zubehör 13, — Nießbrauch 229, 233, 235, 242.

Juristische Personen, Beschränkung des Erwerbs von Rechten 114, — Erlöschen eines Nießbrauchs 249, — einer beschr. pers. Dienstbarkeit 256,

— eines Vorkaufsrechts 266, — Reallast 274.

K.

Kataster 66.
Kauf eines Grundstücks, Gefahrübergang, Nutzungen, Lasten, Kosten der Auflassung 135.
Kaufmann, Verpfändung an einen Kaufmann 358.
Kaufvertrag 20.
Käufer, Hypothekbestellung 42, — Einwendung gegen den Herausgabe-Anspruch des Eigenthümers 162, — Uebernahme einer Hypothek, Zahlung durch Verkäufer 313, 314.
Kausales Rechtsgeschäft 21 ff.
Kausalvertrag und dinglicher Vertrag 42.
Kautionshypothek s. Maximalhypothek.
Keller, Erbbaurecht 191.
Kenntniß des Vertreters 26, — von Unrichtigkeit des Grundbuchs 37 ff., — von Inhalt des Briefs 38, 309.
Kirchenstuhl 8.
Kirchhof, Grunddienstbarkeit 198.
Kirchenbaulast 268.
Körperliche Gegenstände, Sachen 5.
Konfessorienklage 212.
Konfusion, Recht des Nießbrauchers 225, 251, — Uebergang der Hypothek 313, bei Gesammthypothek 346, 345, — Recht des Pfandgläubigers 364, 379.
Konkurseröffnung, Verfügungsbeschränkung 34, — nach Abschluß des dinglichen Vertrags 44, — Eintragung einer auf Erklärung des Eigenthümers beruhenden Hypothek (Gr., R.) 299, 302, 303; — Konkurs über Vermögen des Verpächters 150, — des Ehemannes 187, — über Nachlaßvermögen 189.
Konkursverwalter, Verfügung 21, — bei Bedingung 23, — Wirkung einer Vormerkung 58, — Vereinbarung der Miteigenthümer über Abschluß oder Beschränkung des Rechts auf Aufhebung der Gemeinschaft 182, — Veräußerung eines mit Vorkaufsrecht belasteten Grundstücks durch den Konkursverwalter 262, — Veräußerung eines Pfandes 368, — Klage des Hypothek (Gr. R.)-Berechtigten gegen den Konkursverwalter 335.
Konsensprinzip, materielles und formelles 29.
Konsolidation, Erbbaurecht 196, — Nießbrauch 251, — beschränkte pers. Dienstbarkeit 257, — Reallast 274, — Pfandrecht 361, 362, 380, 381, — Ansprüche auf Zinsen ꝛc. bei Hypothek (Gr., R.) 349.
Kontrahiren mit sich 27.
Konvalescenz 28, 42, — Hypothek 295, — Pfandrecht 357.
Kosten der Berichtigung des Grundbuchs 54, — Einsichtnahme von Grundbuch 85, — Ertheilung von Abschriften 85, — der Abmarkung 129, — Beseitigung eines Grenzbaums 132, — Auflassung und Eintragung 135, — Herausgabe bei Vindikation 161, — der Verlegung der Ausübung einer Grunddienstbarkeit 207, — der Beseitigung der Beeinträchtigung der Grunddienstbarkeit 213, — Feststellung des Zustandes oder Werthes der Nießbrauchsachen 222, 223, — für Verzeichniß 223, — Wirthschaftsplan bei Nießbrauch 229; — Eintragung der Hypothek (Gr., R.) 292, 293, — Kündigung und Rechtsverfolgung 293, 294, — Beglaubigung der Abtretung der Hypothek (Gr., R.) 307, 323, — Abtretung von Kostenforderungen 310, 338, — Verzicht des Gläubigers 317, — Befriedigung 313, 310, — Vereinigung der Hypothek (Gr., R.) für Kosten mit dem Eigenthum 316, 349; — Kosten der Kündigung und Rechtsverfolgung bei Pfandrecht 355.
Kraftloserklärung von Briefen 325, 328.
Kreditanstalt, Bezugnahme auf Satzung 82, 297, 301.
Kreisverbände, Vorrang vor Pfandrechten 360.
Kündigung von Forderungen durch Nießbraucher 224, 226, 235, — der Hypothek (Gr., R.) 333, 334, 282, — keine Eintragung 335, — Kosten 293, 294, — Kündigung gegenüber Treuhänder 298, — Kündigung bei Pfandrecht 364, 365, 375.
Künftige Sachen, Verpfändung 351, — künftige Forderung, Verpfändung 354, — Rang 360.

L.

Landesherr, Grundstücke, buchungsfrei 67.
Landgericht, Beschwerdegericht in Grundbuchsachen 87.

Landgut, Begriff 13, — Zubehör 13, — Rückgabe nach Beendigung des Nießbrauchs 241.
Landwirthschaftliches Grundstück, Herausgabe, Ersatz der Bestellungskosten 170, — Rückgabe nach Beendigung des Nießbrauchs 241.
Lasten, Vertheilung 16, — der gemeinschaftlichen Sache, Tragung durch Miteigenthümer 181, — Tragung der Lasten durch Nießbraucher 238.
Legalservituten 116.
Legitimation des Hypothekgläubigers 307, 308.
Leibrente, Nießbrauch 230.
Leistungen, öffentlicher Glaube des Grundbuchs 32, — wiederkehrende Leistungen, Verjährung 61, 379, — Leistungen bei Pfandrecht an Forderung 364, 365, — Rechte des Pfandgläubigers an dem geleisteten Gegenstand 365, 375.
Lex commissoria bei Hypothek 332, — bei Pfandrecht an bewegl. Sache 367, — an Recht 373.
Löschung, Eintragung 82, 83, Aufhebung von Rechten 45, — Löschung einer Hypothek (Gr., R.), Zustimmung des Eigenthümers 46, 75, 348, — eines Rechtes auf Lebenszeit rc. zur Berichtigung des Grundbuchs 74, — eines Widerspruchs 57, — einer Vormerkung 60, — des Pfandrechts oder Nießbrauchs an Hypothek oder Grundschuld 74.

M.

Mahnung, Legitimation des Hypothekgläubigers 334.
Mahnverfahren für den Anspruch aus Hypothek (Gr., R.) 335, — unzulässig für Pfandrecht 369.
Malen, Eigenthumserwerb 148.
Marktpreis, Pfandverkauf 366.
Maschinen, Zubehör 13.
Mauer auf der Grenze 130.
Maximalhypothek 277, 298, — Sicherungshypothek 280, — Umwandlung in gewöhnliche Hypothek 280, — Haftung des Grundstücks 292, 293, — Einrechnung von Zinsen und Nebenleistungen 298, — Abtretung 322, — Eigenthümerhypothek 280, 322, — Pfändung und Ueberweisung 322.
Mehrheit von Personen 2, — von belasteten Grundstücken bei Hypothek (Gr., R.) 340 ff., — von Pfändern 368.
Meliorationsdarlehen, Rangvorzug 278.
Mentalreservation 19.
Miethe eines Nießbrauchgrundstücks 242 ff.
Miether, mittelbarer Besitzer 92, — Einwendungen gegen den Herausgabe-Anspruch des Eigenthümers 162, — Ablösung des Hypothekgläubigers 312, — Sicherheitsleistung zur Abwendung des gesetzlichen Pfandrechts 378.
Miethrecht, dingliches 33, 190.
Miethzinsforderung, Rechte der Hypothek (Gr. R.)-Berechtigten 288, — Verfügung des Eigenthümers über Miethzinsforderung, keine Verschlechterung des Grundstücks 330.
Mitbelastung anderer Grundstücke 81.
Mitbesitz 94, — Schutz 101, — Mitbesitz des Nießbrauchers 227, — des Nießbrauchbestellers 245, — des Pfandgläubigers 356, 362, — des Verpfänders 356, 376.
Miteigenthum 177 ff., — gemeinschaftliches Grundbuchblatt 69, — Verwaltung und Benutzung der gemeinschaftlichen Sache 179, 180, — Lastentragung 181, — Aufhebung der Gemeinschaft 181 ff.
Miteigenthümer 178 ff., — Widerspruch gegen Ueberbau 124, — Vindikation 150, 179, — Störungsklage 173, — Berichtigungsanspruch 176, Anspruch auf Gestattung des Aufsuchens und Wegschaffens der Sache 177, — begrenztes Recht an der gemeinschaftlichen Sache 179, — Verfügungsrecht über Antheil 180, — Auflassung 178, — Dereliktion 139, 178, — Belastung 181, — Bestellung von Vorkaufsrecht 180, 181, — keine Bestellung eines Erbbaurechts 191, — einer Grunddienstbarkeit 202, — Aufhebung einer Grunddienstbarkeit 210, — Nießbrauch an Antheil 214, 224, — Vorkaufsrecht 261, — Reallast 272, 269, — Hypothek (Gr., R.) 283, — Pfandrecht 351, 357, 363.
Miterben, gesammte Hand 189, — Vorkaufsrecht 261, — Ueberweisung einer Nachlaßhypothek 77.
Mittelbarer Besitz 92, 93, — Mitbesitz 94, — Erwerb 96, 98, — Uebertragung 98, — Uebergang auf den Erben 100, — Beendigung 100, 101, — Schutz 104, 106, 107, — Besitzklage gegen mittelbaren Besitzer 106, — Aufsuchen und Wegschaffen von Sachen

110, — Eigenthumsvermuthung 111, 159, — Ersitzung beweglicher Sachen 144, — Vindikationsbeklagter 159, 160, — Vollstreckung 161, — obligatorische Ansprüche des Vindikationsklägers 165, 166, — mittelbarer Besitz bei Erbbaurecht 196, — mittelbarer Besitz des Nießbrauchbestellers 224, 245, — des Nießbrauchers 224, — des Verpfänders 376, — Verpfändung durch mittelbaren Besitzer 356, 357, 359, — Uebergabe des Pfandes wird nicht durch Begründung mittelbaren Besitzes ersetzt 357.

Mitverschluß des Pfandgläubigers 356.

Mühle, Zubehör 13.

N.

Nachbarrecht 116, — Zuführung unwägbarer Stoffe 119, — schädliche Anlagen 120, — baufällige Werke 121, — gefährliches Graben 122, — Neidbau 117, — Eindringen von Wurzeln 122, — Ueberhängen von Zweigen 122, — überfallende Früchte 123, — Ueberbau 123, — Nothweg 126, — Abmarkung 128, — Grenzverwirrung 129, — Grenzeinrichtungen zum beiderseitigen Vortheil 130, — Grenzbaum, Grenzsträucher 131.

Nachlaß, Erbengemeinschaft 189.

Nachlaßgericht, Zeugniß über Ueberweisung einer Hypothek (Gr., R.) 77.

Natürliche Verbindlichkeit, Pfandbebestellung 355.

Nebenleistungen bei Hypothek (Gr,, R.), Eintragung 82, 296, 297, 301, — bei Maximalhypothek Einrechnung, keine Eintragung 298, — Abtretung von Forderungen auf Nebenleistungen 310, — Verzicht 317, 349, — Befriedigung 313, 310, 338, — Vereinigung mit Eigenthum 316, 349, — Kündigung und Mahnung 334, — Legitimation zur Geltendmachung 337.

Negatorienklage 173.

Nichteigenthümer, Auflassung 136, — Uebergabe beweglicher Sachen in Eigenthum 142 ff., — Bestellung von Grunddienstbarkeiten 202, — Nießbrauch 218, 219, 220, — Hypothek (Gr., R.) 295, — Rechtsverfolgung des Hypothek (Gr., R,) -Berechtigten 335, — Verpfändung 357, 358, 372,

Nichtigkeit wegen Formmangels 23, — einer Hypothekbestellung, keine Eigenthümerhypothek 305.

Nießbrauch 197, 214 ff., — Begriff 214, — unübertragbar 40, 214, — unvererblich 214, — Nießbrauch an Eigenthumsbruchtheilen 214, 216, — Entstehung 217 ff., — Bestellung 41, 217 ff., — Bestimmung des Wertherſatzes 218, 193, — Besteller gilt als Eigenthümer 223, 232, — Nießbrauch an Rechten 215, — Bestellung 220, — Nießbrauch an Forderung gegen den Nießbraucher 226, — Ersitzung des Nießbrauchs 62, 222, — Nießbrauch an Wald, Bergwerk 2c. 228, 229; — Recht auf die Nutzungen 215, — Eigenthumserwerb der Früchte 152, 229, — Uebertragung der Ausübung 214, 230, 242 ff., 250; — uneigentlicher Nießbrauch 215, 244, 220, — Sicherheitsleistung 237, 244, 238, — Wertherſatz 240, 241, 244; — Schutz des Nießbrauchs 213 ff., — Besitzschutz 231, — Herausgabe-Anspruch 231, — Störungsklage 232, — Feststellungsklage 232, — Berichtigungsanspruch 232, 52 ff., — Endigung 249 ff., 372, 41, — Pfandrecht an Ausübung des Nießbrauchs 352, — Uebergangsbestimmungen für Nießbrauch 214, 249. S. auch Nießbraucher.

Nießbraucher, Rechte 222 ff., — besitzberechtigt 223, — Gebrauch und Fruchtbezug 227 ff., — Wiederherstellung der Sache bei Mißbrauch 228, — Ersatzpflicht für übermäßig bezogene Früchte 229, 230, 233, — Sicherheitsleistung hiefür 238, — Recht auf die Erträge des Nießbrauchrechts 230, — Auseinandersetzung mit dem Besteller wegen der Nutzungen 231, — Ausbesserung und Erneuerung der Sache 231, — Verwendungen, Ersatzpflicht des Eigenthümers 231, — Wegnahme von Einrichtungen 231, — Pflichten gegenüber Eigenthümer 232 ff., — Erhaltung der wirthschaftlichen Bestimmung der Sache 232, — ordnungsmäßige Wirthschaft 233, — Erhaltung der Sache, Anzeige von Beschädigungen 2c. 234, — Einziehung von Forderungen 235, — Versicherung 236, — Sicherheitsleistung 236, 237, — Anordnung einer Verwaltung 237, — Lastentragung 238,

— Schuldentilgung 239 ff., — Rückgabe 241 ff.

Normalhypothek 276.

Nothlage, Eigenthumsbeschränkung 117.

Nothweg 126 ff., — keine Eintragung der Rente 40, 127, — Verjährung 62, 127, — Besitzschutz für Nothweg 128.

Nothwehr gegen verbotene Eigenmacht 102, 103.

Notar, Auflassung 42, 134 ff., — obligatorischer Vertrag für Uebertragung des Eigenthums an Grundstücken 42, 134, — Beurkundung dinglicher Verträge 44, — Eintragungsantrag 71, — Beschwerderecht 87, — weitere Beschwerde 88, — Aufnahme des Verzeichnisses der Nießbrauchsachen 223, — Theilbriefe 313, 327, — Vollstreckungstitel für Hypothek (Gr., R.) berechtigte 336, — nicht für Pfandgläubiger 369. S. auch Beurkundung.

Nutznießung, eheliche und elterliche, öffentlicher Glaube des Grundbuchs 32, 35, 40, — Vorschriften über Nießbrauch 217.

Nutzungen einer Sache oder eines Rechts 15.

Nutzungsrecht, Fruchterwerb 151 ff., — Zusammentreffen mehrerer Nutzungsrechte 196, 209, — Nutzungsrecht eines Hypothek (Gr., R.)-Berechtigten 332, — eines Pfandgläubigers 362, 365.

O.

Oberlandesgericht, Entscheidung über weitere Beschwerde 88.

Oberstes Landesgericht, Zuständigkeit in Grundbuchsachen 88.

Obligatorischer Vertrag 20, — bei Eigenthumsübertragung 42, — Begründung eines Erbbaurechts 193, — einer Dienstbarkeit 203, — eines Nießbrauchs 218.

Obstbäume, Landesgesetze 123, 132.

Occupation s. Aneignung.

Oeffentliche Abgaben, Vorrang vor Pfandrechten 360.

Oeffentliche Beglaubigung einer Abtretungsurkunde bei der Hypothek (Gr., R.) 307, 323.

Oeffentliche Bekanntmachung der Pfandversteigerung 370, 371, 373, — von Fundsachen 155.

Oeffentlicher Glaube des Grundbuchs 29, 31 ff., 66, 76, — Rangänderung 49, — widersprechende Einträge 67, 140, — Ueberbaurente 124, — Briefhypothek (Gr., R.) 307 ff., — nicht für Ansprüche auf rückständige Zinsen 2c. 310, 338, — Einreden des Eigenthümers bei Hypothek (Gr., R.) 338 ff., — bestehende Grunddienstbarkeiten 204.

Oeffentlichkeitsprinzip für Grundbuch 29.

Oeffentliche Versteigerung 370, — Eigenthumserwerb an abhanden gekommenen Sachen 143.

Offene Handelsgesellschaft, Bezeichnung im Grundbuch 185.

Orderpapier, Nießbrauch 221, 227, 230, 235, 245, 246, — Sicherungshypothek 277, — Pfandrecht 359, 273 ff.

P.

Pachtrecht, dingliches 33.

Pachtzinsforderung, Rechte des Hypothek (Gr., R.)-Berechtigten 288, 330.

Pächter, Aussaat des Pächters Grundstücksbestandtheil 9, — mittelbarer Besitzer 92, — Erwerb des Eigenthums an den Erzeugnissen 2c. 149 ff., — Rechte des Hypothek (Gr., R.)-Berechtigten 285, 286, — Ablösung durch Pächter 312, — Einwendungen des Pächters gegen den Herausgabe-Anspruch des Eigenthümers 162, — Pächter eines Nießbrauchgrundstücks 242 ff.

Person 1, 2.

Personalfolium 65, 67.

Persönlicher Schuldner, Geltendmachung der Einreden durch Eigenthümer 338, 339, — Verzicht des persönlichen Schuldners 339, — Uebergang der Hypothek auf den persönlichen Schuldner 313, 314, — der Sicherungshypothek 322, — Gesammthypothek 346, — Regreß des Eigenthümers 312, — Kündigung der Hypothek und Mahnung 334, — Benachrichtigung des persönlichen Schuldners von Zwangsversteigerung 315, — Freiwerden des ersatzberechtigten Schuldners bei Verzicht oder Rücktritt des Hypothekgläubigers 315, — Mitbieten des persönlichen Schuldners bei Pfandveräußerung 371, — Verzicht auf Einreden 377.

Pertinenzen s. Zubehör.

Petitorische Klage und Besitzklage 109.

Pfand, Herausgabe an Erwerber eines Pfandrechts 361.

Pfandbriefe, Verpfändung gegenüber dem Vertreter der Inhaber der Pfandbriefe 356.

Pfandgläubiger, mittelbarer Besitzer 92, — Rechte und Pflichten 361 ff., 377, — Besitz oder Mitbesitz 362, 368, — Benutzung 362, 365, 375, — Anrechnung der Nutzungen 363, — Verwahrung 363, 366, — Verwendungen 366, — drohender Verderb 366, 378, — wesentliche Werthminderung 366, 378, — Androhung der Versteigerung 366, 367, — Benachrichtigung von Versteigerung, Behandlung des Erlöses 367; — Pfandrecht an Miteigenthumsantheil 363, — an Rechten 364, — Einziehung bei Wechseln, indossirbaren Papieren, Inhaberpapieren 364, — bei sonstigen Forderungen 364, 365, — Kündigung 364, 365, — Rechte an dem geleisteten Gegenstand 365, 300, — Anlegung des eingezogenen Geldes 365; — Verkaufsrecht 367 ff., — lex commissoria 367, 373, — Fälligkeit der Forderung des Pfandgläubiges 367, — vollstreckbarer Titel 368, — Auswahl unter Pfändern 368, — gerichtlicher Verkauf 369, — außergerichtlicher 369 ff., — Androhung 370, — Frist 370. — Versteigerung 370, 371, — Stundung des Steigpreises 371, — Benachrichtigung von Veräußerung 372, — Behandlung des Erlöses 372, 373; — Befriedigung des Pfandgläubigers bei Pfandrecht an Rechten 373 ff., — Verkauf eines indossirbaren Papiers 374, — Einziehung von Forderungen 374, 375, — Schutz des Pfandgläubigers 376, — Rückgabe des Pfandes gegen Sicherheitsleistung 378, — gegen Befriedigung 378.

Pfandrecht 350 ff., — Begriff 353, 367, — an beweglichen Sachen 351, 352, — an Rechten 352, — an Werthpapieren 353, — Forderung des Pfandberechtigten 354, 355, — rechtsgeschäftliche Erweiterung der Forderung 355, — Bestellung an beweglichen Sachen 356 ff., — constitutum possessorium 357, — durch Miteigenthümer 357, 363, — durch Nichteigenthümer 357, — Bestellung an Rechten 358, 359, — Rang 359, 360, — Uebertragung 360 ff., 379, — Uebergang Kraft Gesetzes 361, 362, — Rechte des Verpfänders 376 ff., — Verletzung durch Pfandgläubiger 377, — Hinterlegung des Pfandes, Ablieferung an Verwahrer, Rückgabe gegen Befriedigung 377, — gegen Sicherheitsleistung 378, — Verjährung der Ersatzansprüche 378, — Endigung des Pfandrechts 378 ff., — Rückgabe des Pfandes 379, 380, — Aufhebung des Pfandrechts 380, — Zusammentreffen mit dem Eigenthum oder mit dem belasteten Rechte 380, 381; — Uebergangsbestimmung 350, — Pfandrecht an Grundstücken, Uebergangsbestimmung 276, 300.

Pfandleihanstalten 350, 358.

Pfändung, kein rechtsgeschäftlicher Erwerb 32, 311, — Privatpfändung 111, 351, — Pfändung von Rechten 352, — des Antheils eines Miteigenthümers 182, — eines Gesellschafters 186, — eines Ehegatten 187, — von Nachlaßantheilen 189, — der Ausübung des Nießbrauchs 214, 352, — der Ausübung einer beschr. persönl. Dienstbarkeit 253, — der Reallast 272, — ungetrennter Erzeugnisse, Widerspruch des Hypothek (Gr., R.)-Berechtigten 285, — keine Pfändung von Zubehörstücken 288, — Pfändung des Anspruchs auf Uebertragung des Eigenthums an einem Grundstück 300, 365, — von Forderungen auf rückständige Zinsen ꝛc. 310, 320, — Pfändung der Hypothekforderung 311, 320, — der Grundschuld 324, — Pfändung der Forderung aus Schuldverschreibung auf den Inhaber, Wechsel und anderen indossirbaren Papieren 322, — Pfändung bei Maximalhypothek 322.

Pfändungspfandrecht 350, 351, — Rang 360.

Pflanze, Grundstücksbestandtheil 9, — Sondereigenthum 115.

Pfründenrecht 214.

Platzrecht 190.

Polizeibehörde, Fundsachen 153 ff.

Polizeigesetze, Eigenthumsbeschränkungen 116.

Prämien statt Zinsen, Recht des Nießbrauchers 230.

Privatpfändung 351, 111.

Privatrecht 1.

Privatverkauf durch Hypothek (Gr., R.)-Berechtigten 332.

Provinzialverbände, Vorrang vor Pfandrechten 360.
Prozeßführung, keine Verfügung 21, — kein Rechtsgeschäft 33, — Prozeßführung des Ehemanns für Gesammtgut 187, 188.
Prozeßkosten des Hypothek (Gr., R.) Berechtigten 293, 294.
Publizianische Klage 171.

R.

Rang bestehender Rechte 4, — nach Eintragung 45, 48, 73, 63, — nach Entstehung des Rechts 300, 365, — Vereinbarung über Rang 49, — Sicherung des Ranges durch Widerspruch 57, — Rang nach Vormerkung 60, — Rang der Zinsen und Kosten bei Zwangsversteigerung 292, 293, — Rang der Pfandrechte 354, 355, 360, 352.
Rangabtretung 49, — bei Hypothek, die als Eigenthümerhypothek zu löschen ist 316, — Freiwerden des ersatzberechtigten Schuldners bei Hypothek 315.
Rangverhältniß dinglicher Rechte 47 ff., — Grunddienstbarkeiten 208, 209, — Nießbrauch 215, 215, 359, — Vorkaufsrecht 262, — einer auf ersatzberechtigten Eigenthümer übergehenden Gesammthypothek 344, 345, — Rangverhältniß von Pfandrechten 359, 360.
Rangvorbehalt 50 ff.
Rauch, Zuführung 119.
Realfolium 65, 67.
Reallast, Begriff 268, — Inhalt 269, — Begründung 273, — Berechtigter 270, 271, — Gegenstand 272, — an Grundstückstheil 272, 69, 11, — Uebertragung 270 ff., 40, — Haftung des Eigenthümers 272, — Schutz 273, — Endigung 274, 275, — eintragungsfreie Reallasten 33, 273, — Uebergangsbestimmung 268, — Pfandrecht 352, 361, 272.
Rechnungsstellung beim Nutzungspfandrecht 363.
Recht, objektives und subjektives 1, — bürgerliches 1, — gemeinschaftliches 2, 178, — subjektiv dingliches 2, 11, immaterielles 5, — dingliches 2, 4, 9, 11, — persönliches 3, 4, 5, — begrenztes 4, 114, — selbständiges begrenztes Recht 70, 283, — relatives und absolutes 4, — an fremder Sache 4, 114, — an einem Grundstück 9, — Recht auf Lebenszeit, Löschung zur Berichtigung des Grundbuchs 53, — Recht, kein Zubehör 13, — kein Besitz 95, — Ausübung gegen die guten Sitten 117, — Nießbrauch an einem Recht 215, 216, 224 ff., — Pfandrecht 352.
Rechtmäßige Veräußerung eines Pfandes 372, — Fälligkeit der Geldforderung des Pfandgläubigers 367, 368, — unnöthige Veräußerung von Pfändern 368, — Verstoß gegen die Vorschriften über öffentliche Versteigerung oder Verkauf zum Börsenpreis 371, — über öffentliche Bekanntmachung des Termins 371, — Veräußerung von Gold- und Silbersachen 372.
Rechtsanwalt, Unterzeichnung der Beschwerdeschrift 88.
Rechtsfähigkeit 1.
Rechtsgeschäft 16 ff., — unwirksames 17, — Geschäftsfähigkeit 17, — einseitiges 20, 18, — empfangsbedürftiges 20, — obligatorisches und dingliches 20, — kausales und abstraktes 21 ff., — Erwerb durch Rechtsgeschäft, öffentlicher Glaube des Grundbuchs 32, 39, — Prozeßführung 33, — Verfügungsbeschränkung 36.
Rechtsgrund 21 ff., — dinglicher Vertrag 43.
Rechtshandlung 17.
Rechtshängigkeit, Verfügungsbeschränkung 34, — des Herausgabe-Anspruchs des Eigenthümers 164, — des Anspruchs aus der Reallast 273, — aus Hypothek (Gr., R.) 336.
Registergericht, Zeugnisse 76.
Reichsgericht, Entscheidungen in Grundbuchsachen 89.
Reichskasse, Vorrang vor Pfandrechten 360.
Rei vindicato 157.
Renten der Rentenschuld, Zinsen 282, 325, 338, — Vorauszahlung 338, — Verjährung 339, — Konsolidation 349, — Verzicht 349, — Verpfändung der Rentenschuld 352.
Rentenscheine, Pfandrecht 353.
Rentenschuld 276 ff., — Unterschied von Hypothek und Grundschuld 277, — Rangverhältniß 278, — Begriff 282, — Eintragung der Ablösungssumme 304, 82, — Befriedigungsrecht des Eigenthümers 282, — Haftung des Grundstücks 294, — Haftung mehrerer Grundstücke (Gesammtrentenschuld) 340 ff., — Bestellung für den Eigen-

thümer 295, — Umwandlung 299, 302, 304, — Verwandlung in Grundschuld 303, — Uebertragung 325, — Kündigung 282, 331, 334, — Vollstreckung 331 ff., — Anspruch gegen den Eigenthümer 336, — Einwendungen 337 ff., — Endigung 347 ff., — Pfandrecht an Rentenschuld 352, 361, 364, 365, 375, — Verzicht des Pfandgläubigers auf Pfandrecht 380, — Löschung 381. Im übrigen s. Grundschuld, auch Brief.

Rentenschuldbrief auf den Inhaber s. Inhaber.

Revenüenhypothek 283, 332, 276.

Rückgabe der Nießbrauchgegenstände 241, — des Pfandes 366, 368, 377, 378, 379, 381, — Vermuthung der Rückgabe des Pfandes 380.

Rückstände von Leistungen, Verjährung 61, — Rückstände von Hypothekzinsen ꝛc., — Abtretung 310, — Verzicht 317, — Zahlung 338, — Vereinigung mit Eigenthum 316, — Geltendmachung ohne Brief 337, — Kündigung und Mahnung 334; — Verjährung der Zinsen der Forderung des Pfandgläubigers 379.

Rückwirkung bei Bedingung 23 ff., — der Genehmigung 28.

Ruß, Zuführung 119.

S.

Sache 5; — bewegliche, dingliche Rechte 4, — Besitz 94, — Eigenthumsvermuthung 111, — Anspruch auf Herausgabe auf Grund bessern Besitzes 112, 171 ff., — Eigenthumserwerb 140 ff., — Nießbrauch 219, — Pfandrecht 351 ff., — unbewegliche Sache 6, — verbrauchbare 7, — Nießbrauch an verbrauchbaren Sachen 220, 225, 237; — vertretbare Sachen 7, — in und außer Verkehr 7, 8, 198, — dem Gemeingebrauch dienende Sachen, 8, 95, 198, — Bestandtheile 8.

Sachgesammtheit 5, 114, 160.

Sachinbegriff 6, 114, 235, 351.

Sachverständige, Feststellung des Zustandes oder Werthes der Nießbrauchsachen 223, 245.

Samen, wesentlicher Bestandtheil des Grundstücks 9.

Schadensersatzpflicht, bei verbotener Eigenmacht 102, 108, 109, — Ueberschreitung der Nothwehr 102, — Selbsthilfe 103, — Aufsuchen und Wegschaffen von Sachen 111, — von Bienen 153, — bei Ausübung eines Rechts unter Verstoß gegen die guten Sitten 117, — Einwirkung auf fremdes Eigenthum zur Abwendung einer Gefahr 117, 118, — bei schädlichen gewerblichen Anlagen 121, — gefährlichem Graben 122, — bei Verfügungen Nichtberechtigter 144, 146, 147, 148, — Schadensersatzpflicht des Finders 154, — des Besitzers bei Vindikation 163 ff., 166, 167, — bei Verletzung der Pflichten des Servitutberechtigten 206, — Beeinträchtigung einer Grunddienstbarkeit 213, — bei Nießbrauch 226, 236, — Vorkaufsrecht 263, — des Hypothekgläubigers gegenüber dem persönlichen Schuldner 315, — des Pfandgläubigers bei Verstoß gegen die Vorschriften über den Pfandverkauf 370, 371, 372, — bei Untergang ꝛc. des Pfandes 377.

Schatz 156, — Erbbaurecht 191, — Nießbrauch 219.

Scheidemauer, Benutzung 131.

Scheingeschäft 19.

Scherz, Willensmangel 18.

Schmiede, Zubehör 13.

Schreiben, Eigenthumserwerb 147.

Schulbaulast 268.

Schuldentilgung bei Nießbrauch an Vermögen oder Erbschaft 239.

Schuldner s. Persönlicher Schuldner.

Schuldschein 148, 149, 220.

Schuldübernahme bei Hypothek 317, — Pfandrecht 379.

Schuldurkunde, Verbindung mit Hypothekenbrief, Abtrennung 327, 329.

Schuldvertrag 20.

Schuldverschreibung auf den Inhaber 302, — Sicherungshypothek 280, — 298, 299, — Treuhänder 298, — Eintragungen im Grundbuch 80, 298, 82, — Abtretung der Forderung 322, — Pfändung 322, — Ausschließung des Gläubigers 323, — Pfandrecht 356.

Schweineställe, schädliche Einwirkung auf Nachbargrundstück 120.

Selbsthilfe 102, 103.

Selbstschutz des Besitzers 102.

Sequester bei Pfändung des Anspruchs auf Uebertragung des Eigenthums an einem Grundstück 300. S. auch Verwalter und Verwahrer.

Servituten 197 ff.

Sicherheitsleistung des Nießbrauchers 236 ff., 247, — des Verpfänders bei Rücknahme des Pfandes 378, 366.
Sicherungshypothek 276 ff., 298, 321, — Unterschied von der gewöhnlichen Hypothek 277, — Ertheilung des Briefes ausgeschlossen 277, 298, 321, — Zwangshypothek 299, — Sicherungshypothek auf Grund Eintragung eines Pfandschuldners als Eigenthümers 300, 365, — nach Pfändung des Anspruchs auf Uebertragung des Eigenthums an Grundstück 300; — Sicherungshypothek Accessorium der Forderung 279, 280, — Bezeichnung im Grundbuch 280, — Unterlassung 298, — Umwandlung 280, 299, — Berechtigter S. 321 ff., — Abtretung 321, 322, — Uebergang 323, — Eigenthümerhypothek 280, 321, 323, — Einwendungen gegen die Forderung 321, — Uebergang auf den zahlenden Schuldner 280, 321, 323, — Kündigung 334. S. auch Maximalhypothek und Arresthypothek.
Siegel, auf Brief 326, — bei Brief-Vermerken 309.
Sitten, gute, Verstoß bei Ausübung eines Rechts 117.
Specifikation 147, 148, 17.
Staat, Haftung für Grundbuchbeamte 86.
Staatskasse, Vorrang vor Pfandrechten 360.
Staatsschuldbuch, Verpfändung eingetragener Forderungen 358.
Stellvertretung beim Besitzerwerb 96.
Steuerpflichtige Sachen, Vorrang vor Pfandrechten 360.
Stockwerkseigenthum 10, 115, 182.
Störungsklage des Eigenthümers 173 ff., — des Erbbauberechtigten 196, — des Grunddienstbarkeitsberechtigten 212, 213, — des Nießbrauchers 232, — des Berechtigten bei beschr. pers. Dienstbarkeit 257, — des Pfandgläubigers 376.
Strafbare Handlung, Haftung des Besitzers 166.
Strauch s. Baum.
Subjektiv dingliches Recht, Bestandtheil des Grundstücks 11, 12, — Vermerk im Grundbuch 70, — Aufhebung, Aenderung, Zustimmung Dritter 46, 47, 70, 74, 285, — Rangrücktritt 50; — Grunddienstbarkeit 197, — Vorkaufsrecht 260, — Reallast 270, — nicht Erbbaurecht 192, — keine Verpfändung 352.
Subrogation s. Ablösungsrecht.
Superficies 190.

T.

Tabularersitzung s. Ersitzung.
Täuschung, arglistige, Anfechtung 19.
Tauben, Aneignung 173.
Testamentsvollstrecker, Verfügungsbeschränkung des Erben 35, — Veräußerung durch Erben 144, — Legitimation des Testamentsvollstreckers 77, — Eintragungsbewilligung des Testamentsvollstreckers ohne vorgängige Eintragung des Erben 78, — Eintragung der Ernennung bei Eintragung des Erben 82.
Theilbesitz 94.
Theilbrief, Herstellung 327.
Theile einer Sache 8, — Belastung von Grundstückstheilen 69.
Theilgrundschulden, Rangänderung ohne Zustimmung des Eigenthümers 278, 50, — Zerlegung einer Inhaber-Grundschuld 302, — Theilgrundschuldbriefe 324, 327,
Theilhypothek, Vorrang der dem Gläubiger verbleibenden Theilhypothek vor der dem Eigenthümer, Ablösungsberechtigten oder persönlichen Schuldner zufallenden 312, 313, 314, — bei Gesammthypothek 342, 343, 345, 346, — Rangänderung ohne Zustimmung des Eigenthümers 50, 278, — Theilhypothek, wenn Forderung nur zum Theil entstanden 306, — Gläubiger theilweise befriedigt 312 ff., — Forderung zum Theil erloschen 315, — Forderung getheilt 327, — auf Theil der Forderung verzichtet 317, — bei Gesammthypothek 342, 246.
Theilhypothekenbrief, Herstellung 327, bei Befriedigung für Zinsen rc. 310.
Theilrentenschulden, Theilbriefe 327, — Rangänderung ohne Zustimmung des Eigenthümers 278, 50.
Theilschuldverschreibungen auf den Inhaber 299, 82.
Theilung eines Grundstücks, landesgesetzliche Vorschriften 10, — einer gemeinschaftlichen Sache 182 ff., — Auflassung 133, 182, — Einfluß auf Grunddienstbarkeiten 208, 211, — bei Reallasten 271.
Theilungsurtheil 182.
Theilungsvertrag 182.
Tod eines Vertragschließenden 44.

Trennung der Erzeugnisse ꝛc., Eigenthumserwerb 149.
Treuhänder, Aufstellung und Befugnisse 298, 302, — Eintragungsbewilligung 80, 322, 324.

U.

Ueberbau 123 ff., 126, — Rente 40, 124, — Verjährung 62, 125.
Uebergabe beweglicher Sachen in Eigenthum 141, — des Briefes 305, 306, 307, — des Pfandes 356 ff., 361,
Uebergang der Hypothek auf den persönlichen Schuldner 313, — der Hypothekforderung 311, — Grundschuld 324, 325, — der Forderung des Pfandgläubigers 361. S. auch Eigenthümerhypothek.
Uebertragung des Eigenthums an Grundstücken 134 ff., 39, 42, — an beweglichen Sachen 141 ff., — eines begrenzten Rechts 39 ff., — des Besitzes 97, 98, — Erbbaurechtes 194, — einer Briefhypothek (Gr., R.) 306, 323, 75, — von Zinsforderungen 310, 338, — einer Buchhypothek (Gr., R.) 320, 325, — Gesammthypothek (Gr., R.) 347, — der Forderung des Pfandgläubigers 354, 360 ff., 76.
Ueberweisung zur Einziehung oder an Zahlungsstatt, kein rechtsgeschäftlicher Erwerb 32, — Ueberweisung von Ansprüchen auf Zinsen ꝛc. 310, — nach Abtretung 311, — Ueberweisung der schon abgetretenen Forderung bei der Sicherungshypothek 321, — Ueberweisung der gepfändeten Hypothekforderung 311, 320, 75 — der Forderung aus Schuldverschreibung auf den Inhaber, Wechseln oder anderen indossirbaren Papieren 322, — der Maximalhypothekforderung 322, — Ueberweisung von Grundschulden und Rentenschulden 324, 325, 75.
Umwandlung einer Grundschuld oder Rentenschuld in eine Hypothek 299, — einer Sicherungshypothek in eine gewöhnliche Hypothek und umgekehrt 280, 299, — einer Hypothek oder Rentenschuld in eine Grundschuld 302, — einer Hypothek oder Grundschuld in eine Rentenschuld 304.
Unbekannter Eigenthümer, Kündigung des Hypothekgläubigers 334.
Unbewegliche Sache 6.
Unentgeltlich erlangter Besitz 164.
Unerlaubte Handlung, vorsätzlich begangen, kein Zurückbehaltungsrecht des Besitzers 170. S. auch Schadensersatzpflicht.
Ungerechtfertigte Bereicherung s. Bereicherung.
Unkenntniß des Vertreters 26.
Unrichtigkeit des Grundbuchs 52 ff., — Kenntniß 37, — auf Grund der Briefeinträge 309.
Unschädlichkeitszeugniß 46, — bei Aufhebung eines subjektiv-dinglichen Rechts 285, — einer Grunddienstbarkeit 209, — bei Theilung eines mit einer Reallast belasteten Grundstücks 269, — bei Abtrennung eines Theiles des mit Hypothek (Gr., R.) belasteten Grundstücks 284, — bei Befreiung des dem Eigenthümer zustehenden Anspruchs aus einer Gebäudeversicherung 291.
Unterbrechung des Besitzes, Fruchterwerb 151 ff.
Untergang der Sache, Haftung des Besitzers 164, — Untergang des Pfandes, Haftung des Pfandgläubigers 377.
Unterhaltung des Bauwerks des Erbbauberechtigten 192, — der Sache durch Nießbraucher 234, — von Anlagen zur Ausübung einer beschr. pers. Dienstbarkeit 255.
Unterlassen, Inhalt einer Reallast 270.
Unterlassung von Störungen, Anspruch des Eigenthümers 174 ff., 248, — des Nießbrauchers 231, 232, — des Grunddienstbarkeitsberechtigten 213, — des Hypothek (Gr., R.) - Berechtigten 330.
Unterschrift bei Eintragung 80, — auf Brief 326, 327, — bei Brief-Vermerken 309.
Unübertragbarkeit des Nießbrauchs 40, 214, — beschr. pers. Dienstbarkeiten 40, 253, — sonstiger Rechte 216, — subjektiv dinglicher Reallasten 270, 271 — und subj. dingl. Vorkaufsrechte 260.
Unveräußerlichkeit, Festsetzung 216.
Unwirksamkeit der Rechtsgeschäfte 17, 18, 43.
Urkunden, Aufbewahrung bei Grundbuchamt 84, — Einsichtnahme 85, — Ertheilung von Abschriften 85.
Urkundenprozeß für Anspruch des Hypothek (Gr., R.)-Berechtigten 335, — nicht für Pfandgläubiger 369.
Urtheil, Rechtsgeschäft 16, 32, 33, 142, — Auflassung 42, 135, — vorläufig vollstreckbares, Widerspruch 55, 57,

Vormerkung 58, 61, — Festsetzung des Nothwegs 127, — Urtheil bei Grenzverwirrung 129, — Uebertragung des Eigenthums an beweglichen Sachen 142, — bei Theilungen 182, — Hypothekbestellung 296, — Wirkung des Urtheils gegenüber dem Cessionar 311, 321, 336.

V.

Verarbeitung 147, 148.
Veräußerung 21, — eines Grundstücktheiles bei Nothweg 126, — eines Grundstücks durch Nichteigenthümer 136, — beweglicher Sachen 142, — Eigenthumserwerb an den Erzeugnissen eines Grundstücks durch Pächter bei Veräußerung des Grundstücks 150, — Veräußerung der Erzeugnisse rc., Rechte des Hypothek (Gr., R.)-Berechtigten 286, — Veräußerung des Grundstücks nach Bestellung der Hypothek (Gr., R.) vor Aushändigung des Briefes 306.
Veräußerungsverbot, Verfügungsbeschränkung 34 ff., — Erwerb des Eigenthums durch Gutgläubigen 144, — Verpflichtung zur Nichtveräußerung des Grundstücks gegenüber Hypothek (Gr., R.)-Berechtigten 329.
Verbindung, Eigenthumserwerb 145 ff.
Verbrauchbare Sachen 7.
Verderb der Pfandsache 366.
Verein, nicht rechtsfähig, Gemeinschaft zur gesammten Hand 186.
Vereinigung von Grundstücken 68, 284, — von Forderung und Schuld bei der Hypothek 313, — Gesammthypothek 345, 346, — bei Nießbrauch 225, — Pfandrecht 364; — Vereinigung begrenzter Rechte mit dem Eigenthum, bei Erbbaurecht 196, — Grunddienstbarkeit 211, — Nießbrauch 251, — beschr. pers. Dienstbarkeit 257, — Reallast 274, — bei Zinsansprüchen des Hypothek (Gr., R.)-Berechtigten 349, — bei Pfandrecht 361, 362, 380, 301.
Verfügung 21, — Konvalenscenz 28, — öffentlicher Glaube des Grundbuchs 33, — Verfügung trotz Vormerkung 59, — Verfügung über eheliches Gesammtgut 187, 188, — über Nachlaßgegenstände 189, — über Zinsen einer verpfändeten Forderung 352, 353. S. auch Einstweilige Verfügung und Nichteigenthümer.
Verfügungsbeschränkung 34 ff., — Eintragung im Grundbuch 33, 48, — dinglicher Vertrag 44, 295, 299, — — Belastungserklärung des Eigenthümers 299, 302, 303, — Verzichtserklärung 45, 348, — Zustimmung Dritter 47, — Rangänderung 49; — Berichtigung des Grundbuchs 52 ff., 74, 60.
Verjährung 61, — Einrede 317, 318, — Verjährung des Berichtigungsanspruchs 54, — Eintragung eines Widerspruchs 56, — einer Vormerkung 58, 59; — Verjährung der Rentenansprüche bei Ueberbau 62, 125, — des Herausgabe-Anspruchs des Eigenthümers 162, 61 ff., — des früheren Besitzers 172, — der Grunddienstbarkeit 210, 213, — der Ansprüche des Nießbrauchers 231, 250, — des Pfandgläubigers 366, 379, — der Ansprüche des Eigenthümers wegen Veränderung und Verschlechterung der Nießbrauchsache 248, — bei Wohnungsrecht 256, — bei Pfandrecht 378, — Verjährung der beschr. pers. Dienstbarkeit 256, — keine Verjährung des Vorkaufsrechts 263, — Verjährung bei der Reallast 274, — Verjährung bei Hypothek 339, 348, — Pfandbestellung für eine verjährte Forderung 355.
Verkäufer und Hypothekgläubiger, Vereinbarung mit Eigenthümer, daß das Grundstück nicht veräußert und nicht weiter belastet werde, 329.
Verkehr, Sachen außer Verkehr 7, — Grunddienstbarkeiten 198.
Verkehrsanstalt, Fundsachen 155, — Grunddienstbarkeiten 198.
Verlorene s. abhanden gekommene Sachen.
Vermächtniß, rechtsgeschäftlicher Erwerb 39.
Vermerke auf Briefen s. Brief.
Vermiether, gesetzliches Pfandrecht 350, 376, 380.
Vermischung, Eigenthumserwerb 147.
Vermögen, Nießbrauch 221, — Schuldentilgung 239.
Vermuthung des Eigenthums für Besitzer 111, — der Freiheit des Eigenthums 113, — Vermuthung für Uebergabe des Briefs 306, — für die Richtigkeit des Grundbuchs 30, — des Briefes 308, — für Rückgabe des Pfandes 380.

Verpächter, Gestattung des Eigenthumserwerbs des Pächters 150, — Abwendung des Pfandrechts des Pächters durch Sicherheitsleistung 378.
Verpfänder gilt als Eigenthümer 369, 377, — Rechte 376 ff., — Einreden 377, — Befriedigung des Pfandgläubigers 377, — Verjährung der Ersatzansprüche 378, — Uebergang der Forderung des Pfandgläubigers 378.
Verpfändung s. Pfandrecht.
Verschlechterung einer Sache, Haftung des Besitzers 164 ff., — des Nießbrauchers 228, 234, 248, — Verschlechterung eines mit Hypothek (Gr., R.) belasteten Grundstücks 330, 331, — des Pfandes 377, 378.
Versicherung, Rechte des Nießbrauchers an Versicherungsforderung 236, 227, 246, — Verwendung der Versicherungsgelder 236, 246, — Rechte des Hypothek (Gr., R.) -Berechtigten 289 ff., 331.
Versteigerung, Auflassungserklärungen 42, — Ausschluß der Versteigerung bei Hypothek (Gr., R.) 332, — Versteigerung des Pfandes wegen Verderbs oder Werthminderung 366, — zur Befriedigung des Pfandgläubigers 370 ff., — Versteigerung gepfändeter Sachen 371.
Vertheidigung gegen verbotene Eigenmacht 102, 103.
Vertrag 20, — obligatorischer oder Schuldvertrag, dinglicher 20, 42.
Vertragsfreiheit für Schuldverhältnisse 17, — nicht für Sachenrecht 22.
Vertragsstrafe bei Hypothek 292, — bei Pfandrecht 355.
Vertretbare Sachen 7.
Vertreter, Abschluß des Rechtsgeschäfts 25 ff., — gesetzliche, Besitzdiener 91, — Vertreter des Eigenthümers zur Entgegennahme der Kündigung der Hypothek 334.
Vertretungsmacht 25 ff.
Verwahrer, mittelbarer Besitzer 92, — Ablieferung des Pfandes an einem gerichtlich zu bestellenden Verwahrer 377, 364, 365, — Ablieferung an einen gemeinschaftlichen Verwahrer 368.
Verwahrungspflicht des Finders 154, — des Pfandgläubigers 363.
Verwalter zur Ausübung des Nießbrauchs 237, 247, — zur Sicherung des Hypothek (Gr., R.) -Berechtigten 330.
Verwandlung einer Hypothek in eine Grundschuld 303, 305, — einer Rentenschuld 303, — keine Verwandlung in eine Hypothek 344.
Verwendungen 167, — Ersatzansprüche bei Verbindung 146, — Vermischung 147, — Verarbeitung 148, — gegenüber Herausgabe-Anspruch des Eigenthümers 162, 167 ff., — Zurückbehaltungsrecht 170, — nothwendige Verwendungen 167, — nützliche 168, — Verwendungen des Nießbrauchers 231, 249, — des Wohnungsberechtigten 256, — des Finders 154, — des Pfandgläubigers 355, 366.
Verwirkungsklausel bei der Pfandveräußerung 371.
Verzeichniß der Nießbrauchsachen 223, 245, 248.
Verzicht 45, — öffentlicher Glaube des Grundbuchs 33, — Verzicht auf Ueberbaurente 125, — Nothwegrente 127, — auf Abmarkung 128, — auf das Eigenthum 138, 153, — auf Miteigenthumsantheile 139, — auf Grunddienstbarkeiten 210, — auf Nießbrauch 250, — auf Reallastleistungen 274, — Verzicht des Gläubigers auf Hypothek (Gr., R.), Uebergang des dinglichen Rechtes auf den Eigenthümer 316, 317, 324, 325, — auf Gesammthypothek 343, — Verzicht auf die Haftung einzelner Grundstücke, Erlöschen des Rechts 343, 344, — Ersatzforderung eines Eigenthümers 345, — des Hypothekschuldners 314, 315, — Verzicht auf das dingliche Recht für rückständige Zinsen ꝛc. 317, 349, 41, — Verzicht des persönlichen Schuldners auf Einreden gegenüber Forderung des Hypothekgläubigers 339, — Verzicht auf den Rang eines Pfandrechts 360, — des Eigenthümers auf Beobachtung der Vorschriften über den Pfandverkauf 370.
Verzug, Haftung des unredlichen Besitzers 166, — des Hypothekgläubigers 313.
Verzugszinsen bei der Hypothek, Haftung des Grundstücks 292, 293, — des Pfandes 355.
Vieh, Privatpfändung 111.
Villenbau, Grunddienstbarkeit 201.
Vindikation 157 ff.
Vollmacht 26, — zur Stellung eines Eintragungsantrags 76, — Widerruf 71, 76, — Stempelfreiheit 73.

Vollstreckbarer Titel des Hypothek (Gr., R.) -Berechtigten 335, 336, — des Pfandgläubigers 368, 369.
Vollstreckungsbefehl, keine Zwangshypothek 299.
Vorbehalt bei Eintragungsantrag 72. S. auch Rangvorbehalt.
Vorerbe, Beschränkung der Verfügungsbefugniß 35, — Eintragung 82, — Eigenthumserwerb eines gutgläubigen Dritten 144.
Vorkaufsrecht, Begriff 258, — Bestellung 261, — Berechtigter 260, — Gegenstand 260, 261, — Uebertragung 262, 40, — Leistungen des Berechtigten 259, 264, — Ausübung 262 ff., — Gesammtpreis 264, — Stundung des Kaufpreises 265, — Erstattung an Käufer 266, — Endigung 259, 266, 267, — Uebergangsbestimmungen 258.
Vormerkung 54, 57 ff., — durch Vormerkung gesicherte Rechte nicht dinglich 4, — Rang des Rechtes 48, — Vormerkung bei Zusammentreffen von Eintragungsanträgen 73, — Löschung der Vormerkung auf Grund Aufhebung der gerichtlichen Entscheidung 75, — Bezugnahme auf Eintragungsbewilligung bei Eintragung 81, — Anordnung einer Vormerkung durch Beschwerdegericht 87, 78, — Ersatz für bedingte Auflassung 136, — Vormerkung für Löschung der Eigenthümerhypothek 50, 316.
Vorrangseinräumung 49 ff., — Befreiung des ersatzberechtigten persönlichen Hypothekschuldners 315.
Vorrücken der nachstehenden Hypothek (Gr., R.) -Gläubiger bei dem Gesammtrealrecht 344, 345.

W.

Wärme, Zuführung 119.
Waldgrundstücke, landesgesetzliche Vorschriften 115, 123, 132, — Wirthschaftsplan bei Nießbrauch 228, 233, 246.
Wandeläcker 65.
Wasserrecht, landesgesetzlich 40, 119.
Wechsel, Hypothek, Bestellung 295, 299, — Sicherungshypothek 298, 290, — Treuhänder 298, — Vorlegung bei Eintragungen 298, 80, — Abtretung 322, — Verpfändung 359, — Pfändung und Ueberweisung 322, — Einziehung der Forderung bei Pfandrecht 364, 374, — Erlöschen des Pfandrechts durch Rückgabe 379, — Pfandbestellung für einen Wechselgläubiger 356, — Wechselprozeß für Anspruch aus einer Hypothek (Gr., R.) 335.
Wege, öffentliche, buchungsfrei 67, — Regulierung der Wege, landesgesetzliche Vorschriften 201, 40.
Wegnahmerecht bei Verbindung und Vermischung 146, 147, — Verarbeitung 148, — des Besitzers 169, — des Nießbrauchers 231, — des Wohnungsberechtigten 256, — des Pfandgläubigers 366.
Wegschaffen von Sachen auf fremden Grundstücken 110, 177.
Weideberechtigungen 201, 208.
Werth, Berechnung des Werthes der Grundstücke bei Gesammthypothek 342, — Eintragung des Werthersatzes bei Rechten 193, — Werthminderung eines Pfandes 366, 367.
Werthpapiere, Begriff 353, — Pfandrecht 353.
Wesentliche Bestandtheile einer Sache 8, 10 ff., — eines Grundstücks 9, — Gebäudes 10, — Untergang dinglicher Rechte 11, — Eigenthum 115, 146.
Widerruf der Einwilligung 28, — bei dinglichem Vertrag 44, — Widerruf einer Vollmacht zur Stellung eines Eintragungsantrags 71, — der Gestattung der Aneignung von Erzeugnissen rc. 150.
Widerspruch 54 ff., — Löschung 57, 75, — öffentlicher Glaube des Grundbuchs 31, 38, — Widerspruch auf Grund vorläufig vollstreckbaren Urtheils 53, — Verjährung 61, — Ersitzung 139, — Widerspruch bei Zusammentreffen von Eintragungsanträgen 73, — Widerspruch gegen Löschung eines Rechtes auf Lebenszeit rc. 75, — Eintragung eines Widerspruchs ohne Vorlegung des Briefes 79, 83, — Eintragung auf Anordnung des Beschwerdegerichts 87, 88, — Widerspruch gegen Ueberbau 123, — gegen Buchhypothek wegen Nichtempfangs des Darlehens 320, — nicht bei Sicherungshypothek 321, — Grundschuld 325, — Widerspruch zur Sicherung von Einwendungen des Eigenthümers gegen Hypothek (Gr., R.) 338, — Vermerk der einen Widerspruch begründenden Thatsache auf einem Briefe 340.
Wiederkaufsrecht 260.

Wilde Thiere, Aneignung 152, 153.
Willenserklärung, Rechtsgeschäft 16, — Geschäftsfähigkeit 17, — Anfechtung 19, — Willenserklärung durch Vertreter 25, — Verurtheilung zur Abgabe einer Willenserklärung 32, 142.
Willensmängel 18, bei Vertretung 26.
Wirthschaftsplan bei Nießbrauch 229, 233, 246.
Wohnungsrecht 252, 254, 255, 257, 62.
Wurzeln in Nachbargrundstück 122.

Z.

Zahlungsort und Zahlungszeit für Hypothekforderung (Gr., R.) 294, — Aenderung 297.
Zahlungsvermerk auf Brief für Zinsen ꝛc. 310.
Zeichnen, Eigenthumserwerb 147.
Zeitbestimmung, Verfügungsbeschränkung 36, — Vormerkung für künftige Ansprüche 57, — Besitzübertragung 97, — Auflassung 135, — Eigenthumsübergang für bewegliche Sachen 141, 40, — Zeitbestimmung bei Erbbaurecht 190, 193, 195, — Grunddienstbarkeit 203, 209, — Nießbrauch 217, 249, — beschr. pers. Dienstbarkeit 256, — Vorkaufsrecht 259, 266, — Reallast 274, — Hypothek 296, — Grundschuld 301.
Zerstörung, Anzeigepflicht des Nießbrauchers 234, — des Wohnungsberechtigten 256.
Zinsen 226, — Rang bei Zwangsversteigerung 292, — Verjährung 61, 339, — Haftung des Grundstücks bei Hypothek und Grundschuld 292, 293, bei Eigenthümerhypothek 292, 312, 333, 316, — bei Rentenschuld für Zinsen aus der Ablösungssumme 294, — Einrechnung der Zinsen bei der Maximalhypothek 298, — Zahlungstermin für Zinsen 294, — Uebertragung 313, 310, 338, — Verzicht auf Rückstände 317, 41, — Vereinigung der Hypothek mit Eigenthum 316, — Hinterlegung im Aufgebotsverfahren 319, — für Geltendmachung des Anspruchs keine Vorlegung des Briefes 337, — Mahnung 334, — Vorauszahlung von Zinsen 338; — Zinsen der Grundschuld 323, 325, 349; — Haftung eines Pfandes für Zinsen ꝛc. 355, — Erstreckung des Pfandrechts an einer Forderung auf die Zinsen 352, — Rangrücktritt des Pfandrechts 352, — Verjährung rückständiger Zinsen der Forderung des Pfandgläubigers 379.
Zinsfuß der Hypothek oder Grundschuld, Eintragung 296, 297, 301, — nicht bei der Maximalhypothek 298, — Erhöhung, Ermäßigung 292, 294.
Zinspflicht des Erbbauberechtigten 192.
Zinsscheine, Pfandrecht 353.
Zinszahlung, öffentlicher Glaube des Grundbuchs 32, 337.
Zollpflichtige Sachen, Vorrang vor Pfandrechten 360.
Zubehör 12 ff., — Erwerb mit Grundstück 136, 137, — Nießbrauch 218 ff., 250, — Wohnungsrecht 254, 257, — Vorkaufsrecht 260, — Hypothek 287, 288, 330, — Pfandrecht 351, 352.
Zurückbehaltungsrecht des Besitzers 162, 170 ff., — Finders 154, — Nießbrauchers 231, — nach Ablösung des Pfandgläubigers 362.
Zusammenlegung von Grundstücken, landesgesetzliche Vorschriften 201, 40.
Zusammentreffen von Nutzungsrechten 196, 209.
Zuschlag bei Zwangsversteigerung 140, 348.
Zuschreibung eines Grundstücks zu einem anderen 68, 284.
Zustimmung 27, — Einwilligung 17, 28, — Genehmigung 18, 28, — Dritter zur Aufhebung eines Rechts 46, 195, — zur Rangänderung 50, — Zustimmung zur Berichtigung des Grundbuchs 52, — Zustimmung des Eigenthümers zur Löschung einer Hypothek (Gr., R.) 348, 46, — des Pfandgläubigers zur Aufhebung oder Aenderung des belasteten Rechts 364.
Zwangsenteignung 32, 115, 211, 349.
Zwangshypothek 277, — kein rechtsgeschäftlicher Erwerb 32, — Entstehung 299, 300, — Eigenthümerhypothek 315, — Vertheilung auf mehrere Grundstücke 342.
Zwangsversteigerung, keine Eintragung für Eigenthumserwerb 39, 140, — Rangordnung der Rechte 48, — Widerspruch 56, — Vormerkung 58, — Ueberbaurente 124, — Zwangsversteigerung von Grundstücken zur Aufhebung der Gemeinschaft 183, — Grunddienstbarkeiten 211, — Altentheil, Leibgedinge, Leibzucht 256, —

Reallasten 274, — Hypothek, Vollstreckung gegen Eingetragenen 336, — Benachrichtigung des persönlichen Schuldners 315, — einstweilige Einstellung der Zwangsversteigerung 312.

Zwangsverwaltung, Anordnung zur Sicherung des Hypothek (Gr., R.) -Berechtigten 330, — Zwangsverwaltung gegen den Eigenbesitzer 336, — Zinsanspruch des Eigenthümers als Hypothekberechtigten 312.

Zwangsvollstreckung, Verfügung im Wege der Zwangsvollstreckung 21, — für Bedingung 23, — gegen Veräußerungsverbot 34; — Zwangsvollstreckung in herrenlose Grundstücke 139, — in Gesellschaftsvermögen 186, — in Antheil des Gesellschafters 186, — gegen nicht rechtsfähigen Verein 186, — in das Gesammtgut der ehelichen Gütergemeinschaft 187 ff., — in Nachlaß 189, — in Miteigenthümerantheil 283, — in Erbbaurecht 194, — Nießbrauch 214, — Ausschluß des Vorkaufsrechts 262, — Zwangsvollstreckung wegen Reallastleistung 272, — Zwangsvollstreckung des Hypothek- (Gr., R.) -Berechtigten 331 ff., 340, 293, 294, 286 ff., — des Eigenthümers 333, 312, — Zwangsvollstreckung in Hypothek (Gr., R.) 311, 320, 321, 324, 325, 333, — Zwangsvollstreckung des Pfandgläubigers 369, 373.

Zweige, überhängende 122.

Zwischenzins, Abzug bei vorzeitiger Befriedigung des Hypothek (Gr.) -Gläubigers 331, — des Pfandgläubigers 377.

FSC
www.fsc.org
MIX
Papier | Fördert
gute Waldnutzung
FSC® C083411

Kolibri 360 GmbH
Ferdinand-Jühlke-Straße 7
99095 Erfurt, Deutschland
produktsicherheit@kolibri360.de